革命文献与民国时期文献
保护计划

成果

# 中国共产党早期新闻史史料汇编

第二卷

下

《中国共产党早期新闻史史料汇编》编写组　编

人民日报出版社
北　京

# 目录

解放日报

| 解放日报 | 时间 | 1943-11-6 | 期 | 第899期 |
| --- | --- | --- | --- | --- |
| | | | 版 | 第2版 |

# 临县某村纺织业发达每月织布七千三百丈

【新华社晋西北四日电】踏进临县某村，便会听到嗒嗒的织布声，这是临县大川有名的纺织村。全村六十五户，男女九百二十余人中有纺妇二百二十余人，织布的三十九户。抗战前一年这里纺织还很落后，另有土机十多架，敌占太原后，织布工人李喜贤初次买回改良机，但至一九三九年冬才只有三台，一九四〇年新政权奖励纺织，该村改良机增加到二十台，一九四一年春天即成二十四台，一九四二年底增至三十五台，现在全村共有四十九台。三十九家纺户中，五家以织布为专业，其余都捎带种一些地。村人纺织热情很高，从纺织中他们获得饱暖的生活，许多家庭是十二岁至五十岁的男女都涌进了纺织阵线，从早到晚不休息，有的一日工作达十二小时。例如种四垧地的李某，一边在村中担任着一些工作，一边开导他的婆姨参加纺织，他那六十二岁的老母亲，也帮助他收谷子，纺织的盈余解决了每年不足的两月粮食。李维发的全家都参加了纺织，十二岁的外甥也学会络线，单靠纺织年来不但全家生活丰裕，而且还付清了他父亲逝世留下六千五百元的债。另一纺户李生发夫妻两个，妻纺他织，不到三个月便赚了二千三百五十元。今年七月间临县市面因受时局影响经线来路断绝，该村改良织布机一度停工。接着行署指示精纺，提倡织纯土布，李维荣被选为工会祕书，首先试用纯织土布，经过三次失败，终于成功。事后他召开一次技术座谈会，交换土经织布经验，研讨的结果，一致认为：（一）浆线。一斤线只用二两的面，（过去多用四两）用多则发硬发脆，浆时先将白面用冷水化为浓糊，用开水冲将其搅开，勿使有圪□[瘩]，糨糊不宜过浓，普通碗两碗水即合适，浆前线子须先用开水浸过，浸入糨糊后，须用两手臂套成圈状急转，使侵□均匀，然后揉到盆里，只剩些许清水时，拿出晒成半干，再放在盆里搁一会取出，扮开晒干即成；（二）络线。络时车周围地下要干净，勿使废纱锭混接，结头要结实，虚线勿太长，两个线头一粗一细时，结前或弄□[湿]，或将粗地弄细后再结；（三）轮经。轮线时更要注意头，切勿□[塌]边，卷轴时要紧快，但用力须均匀；（四）织布。织时与洋线不同，成活板外缘要比里缘高三分，低了时容易跑梭，架线杆约比经眼高五寸，虽费力但织的布密。架布杆要比径高一寸，织的布就粗。如果线子过硬或过软时，可将线子弄湿，或在线子上放块湿布，如此不但好织，而且织出的布紧密光滑，而且色泽亦颇漂亮。从此村中织户，便都筹款买纱复工，不过土纱的来源目前还多仰给于临南、离石、临县只能纺出一少部分。如果不有计划地建立纱市，专门收纱，或以棉花换纱，复工的织户仍有废工的危险。要能彻底解决这个问题，全村四十九架改良机，都动起来，每架每日平均织出土布五丈（李维荣已能织十丈），则在一个月内，可织纯土布七千三百五十丈。该村的纺织户，现在正朝着一个新的方向——“学习精纺与织纯土布”发展，同时有计划的解决供销问题，以打破敌寇封锁，及解决根据地内一部分军民穿衣问题。

# 安塞秋糧正打場入倉 全縣增產兩萬七千石

# 本市各界明日舉行紀念十月革命節大會

留直各單位將深入群衆宣傳

# 臨縣某村紡織業發達 每月織布七千二百丈

# 延長四區機關生產成績優異 收糧十石棉花百五十斤

# 晉察冀行政公署開荒隊第一期任務勝利完成

# 青年劇院節約成績好 半年節炭兩萬斤 自己修房子省費四萬元

# 同宜耀計劃 秋冬安置移民四百餘戶 籌集經費開秋荒地

# 歐洲一部二營 助民收秋四百餘畝

# 武安武鄉模範農戶 吳啓明李海川受獎

多施肥勤鋤地收穫量比人強

# 赤水五鄉的修埝經驗

謝玉明

# 难民工厂五个月完成全年计划百分之八七

【本报通讯】据刘宗文、殷杰两同志报道：难民工厂在五月间厂联会后，开展了赵□[占]魁运动。几月来的事实证明，这一运动，不仅是工厂向前发展不可缺少的武器，而且是一种具有生动内容的革命教育。全厂多数职工在这种教育下，思想上有了转变，认清革命工厂工作的意义。因此，使该厂得到突飞猛进的发展。自这个运动以后，该厂在产量上，打破了空前未有的纪录。如织布、机件制造、弹纺等各种产量日益提高，平均三个月计划两个月即顺利完成。尤以布匹产量增加的速度，更为惊人。由过去月产五〇〇疋左右的土毛布，而在赵占魁运动以后，一月比一月超过，直至八月份产量竟达一、〇〇〇匹以上。此数字是该厂过去历史上所未有的。按政府五月至十二月规定总生产任务五、〇〇〇匹计；那么，五月至九月五个月的产量达三、九一三疋（十二码），即完成总生产任务百分之八七.三。如果原料供给上不发生困难，超过计划是完全有把握的。在成品制作时间上，逐渐减少，劳动效率不断地增强。三月间铁机每疋土布平均需时六.五四八天（每天以十小时计），而在八月间减为四.八二五天，依照目前情况，今年布匹制作时间，全年平均（包括赵占魁运动前）不致超过七天。如果与一九四二年铁机土布每疋八.七九天相比，便看出一九四三年土纱在生产每一过程（如浆、络、整经、织）使用上的进步。纺织机件制造部，旋纬管，一月至四月平均每个纬管需时〇.〇三一天，而在五月至八月的平均中，只需时〇.〇一九天，生产力提高了百分之三五.七。旋经筒一月至四月每个经筒平均需时〇.三一天，五月至八月平均需时〇.一一二天，生产力提高了百分之六四.〇八。在劳动态度上，许多工友把工厂看成了自己的家庭。一个工友说："我死也不离开工厂，公家待我太好了。"残废张义同志说："我的身体虽然残废了，但我的心并不残废，愿意尽一切力量完成上级给的生产任务"。师徒间的关系表现得更加密切与亲近，如一个学徒经轴不好织，工人王公武就把自己好织的换给他织，大部分工人教给学徒技术，学徒尊敬着师傅。工人李成云织吴兰英络的纬子，遇到不好织的纬子，自己耐烦的织，并把吴兰英叫到机子旁边看，直到她认识不好织的原因，保证以后络好为止。木工组长王武定一贯积极负责，勤苦劳作，在赵占魁运动开始以后，他做了“量材使用”的活榜样。利用废料做成许多小成品（纬纱盘及机上小零件），利用坏铁机架做成一部水车。烘炉组李季华曾一人掌握两盘炉，产量不但提高百分之七十五，而且还省下了两个人。同时在原料与人力的节省上，也有着显著的进步。如棉织科的废纱浪费，过去每月平均在三〇〇斤以上，而在七月里提出不留纬巴巴（没织完的纬子）后，减为二三八斤，八月份则为二〇一斤。络纱工友也都能将一尺以上的纱头接上，在以前铁木机的零件，机子下面到处可以看见，损坏数目是很大的，并且，经常因机件损坏浪费工作时间，据一月至五月统计，平均每月修□时间占一七三.五六天。工友劳动态度有了转变后，就减至九二.九天（九月份统计）。五月前，工房里每天不下五个做杂工的，七月份减为一个人。下□轴过去有一个人帮忙，现在取消了。检验室由四人减为三人，三个技工减成一个，工务上二个统计员减为一个人，发纱室由五人减至三人。染毛呢每匹用黑矾十二斤，八月份至多不超过二斤。颜色仍然美观。又如，总务工作，单烧开水每月用木柴一七、〇〇〇斤，五月改灶后减至八、〇〇〇斤左右。全厂点灯油每月由三〇〇斤以上减至一一五斤。

# 紀念十月革命節 太行舉行擴大宣傳週

## 本市影展秧歌宣傳昨日開始

## 保小今開慶祝大會

展覽生產成績手工製品達四百件

## 蘇捷商妥同盟互助

貝奈斯將赴蘇京簽約

## 那不勒斯學生集議 爭取民主打倒意王

意境德軍一部調赴東綫

## 美參院通過 康納利戰後法案

## 羅斯福宣佈 英美中完成戰略會議

邱吉爾任魏亞特為中國戰區軍事代表

## 難民工廠五個月 完成全年計劃百分之七八

## 武安種棉英雄宋慶祥 每畝收花三四百斤

## 吳堡人民講究農作法 一垧地收糧一石

辛家溝區高立輝等可為榜樣

## 同宜耀退伍軍人曾志忠 八畝地收玉米五石

冬季領導訓練自衛隊

(5) 518

# 边区纺织厂选出十八个劳动英雄

## 纪念苏联工农解放的节日，全厂一致表示决心加倍生产

【本报讯】据本报通讯员□[吴]汉同志报道：为纪念十月革命节这一个工人阶级解放的伟大日子，边区纺织厂全体职工皆以加倍的力量从事工作，并以下列条件选举劳动英雄：（一）数量最高，质量最好，且有经常性；（二）节省原料、□材和爱护公物；（三）工作一贯积极负责、安心、遇困难不消极；（四）严守一切厂规和劳动纪律，并能督促别人执行；（五）一贯能站在革命立场团结群众和发扬互助友爱精神；（六）工作中有创造性，学习成绩优良。根据这些条件经过小组会及全厂大会的讨论结果，有高玉山、张春长等十八人当选为全厂劳动英雄。高玉山同志是木机班的班长，在该厂赵占魁运动一开始时，他首先提议利用废纱接头，过去织布经纱总是把好纱来接，而机头或较次的纱都当作废纱不用，以致有很大的浪费。高玉山提出利用废纱接头后，他便亲自到堆废纱的地方把能用的废纱一绞一绞的拣出来，发给每个织布的人去接头，这样一来，每月可节□[省]十五斤十一两用作接头的好纱。同时为了热烈开展赵占魁运动，他曾发动他们全班向铁机班提出竞赛。他自己则更加倍的工作，进行检查和督促别人，并拟定工房规则，结果生产的数量质量都大□[大]提高。过去木机班的浪费很大，他便提出每天规定时间由班长上油，这办法在木机班实行以后，其他四个班也仿效实行，结果每月节省了十二斤四两清油。他还能经常的说服和教育工人，有的工人过去不大爱惜线子，有时一二尺长的纱都丢掉了，在他的说服下，现在大家都知道了爱护公物，做到不浪费三寸以上的线头。他是班长，除了进行本身工作以外，一有空便坐到机子上去织布。对革命对党一贯忠实，热爱边区，今年自卫□[动]员，他自动捐了三千元。由于他这些模范事迹，这次被二百五十个工友选为模范生产工作者。张春长是木机班的织布工人，以前在兴华厂。当去年

六月该厂提出增加产量的号召，当时大家都认为木机最高产量不过二十匹小布，但张春长同志却打破了这个纪录，第一个月他就织了二十七匹，这样一来鼓舞了全厂工友，产量便飞快地提高。他是厂里的工会副主任，除了工会工作以外，每月仍能织到三十四小布（现在是织铁机）。今年五月间开始织土布，有的人感到无法织，张春长同志又提出试织，开始时每天织三四丈，到七月份提高到每月织二十八匹二丈。在他的推动下，到八月份为止，织土布纪录达到了四十三匹二丈（只二十五个生产日），不仅巩固了大家织土布的信心，而且超过了半洋布的纪录。张春长同志一直到现在，仍然保持着最高的纪录。同时又能爱护工厂，能帮助和团结工友，此次大会上被举为全厂劳动英雄。此次选出的十八位劳动英雄，当场发奖。全体职工皆一致表示为纪念十月革命节，今后要更加倍的生产，提高技术，增加产量，克服困难，取得抗战胜利！

# 隴東舉行三大盛會

## 生產展覽會勞動英雄會與騾馬大會同時開幕

# 本市各界熱烈紀念十月革命節

## 黨校舉行蘇聯影展　各秧歌隊活躍街頭

## 時評　紅軍大捷收復基輔

正當十月革命前夜，紅軍宣告了收復基輔的大捷報，給今年的節日增加了無限的光輝，無限的歡欣。

## 邊區紡織廠選出十八個勞動英雄

### 紀念蘇聯工農解放的節日　全廠一致表示決心加倍生產

## 岡野進同志做詳盡報告

### 日本工農學校紀念會

## 延市騾馬大會昨日起會

### 農民賣掉糧食後換購布疋　騾馬豬羊紛紛從各地湧來

## 林南我消滅偽軍一大隊

### 生俘偽中隊長以下二百二十名

## 太行三分區被服所職工紛紛捐款救濟災胞

## 太行區高級幹部加緊深入整風學習

### 改造思想迎接明年新的任務

## 斯大林同志報告蘇聯衛國戰爭一年總結

（上接第一版）

| 解放日报 | 时间 | 1943-11-9 | 期 | 第902期 |
| --- | --- | --- | --- | --- |
| | | | 版 | 第2版 |

## 太行三分区被服所职工纷纷捐款救济灾胞

【新华社太行四日电】三分区被服所职工同志，看到彭副总司令把稿费交公，并号召全体同志，把不必要的钱拿出来交给公家解决困难的消息后，全体同志都很感动，认为在目前严重的灾荒面前，每个同志都应节食俭用，消灭个人享乐现象。所以大家都自动地把不必要的钱拿了出来，工友贾敬整、钟建业等把剩余的工资数百元都交了出来，所长邓甫淦同志是长征过来的老干部，他把过去储存了多□的三十元钱也拿了出来，因为他已经深刻认识到，整个革命事业有办法时，个人才有办法；革命没办法时，个人是不会有办法的。沙河县政府吴育仁同志，一九三九年就参加了抗战，节俭廉洁是他的长处，不好吃零食，没有任何嗜好，在今天这样严重的灾荒情况下，他第一声响应了彭副总司令的节约归公的号召，他将五年来省吃俭用所节省下的一百五十元津贴，和从家里带出来的一百元零七毛钱，慷慨捐给救济委员会救济灾民。

【新华社太行三日电】武安桃源沟张西，被全县生产自救座谈会公认是生产度荒的模范劳动者，县政府□[赠]给“劳动英雄”奖旗一面，救联会又奖给刘振华发明的新犁一张。大会评判委员种棉能手宋庆祥，并号召大家学习张西。原来张西是一个很穷的灾民，靠全家勤劳节省，渡过了今年灾荒，还买了八亩半地，八间房，一片场，一头毛驴。当他向大会报告时，全场立刻响起热烈的欢呼声，张西又告诉大家，“生产就是摇钱树，节省才是聚宝盆”。

# 隴東舉行三大盛會

## 生產展覽會勞動英雄會與縣馬大會同時開幕

## 本市各界熱烈紀念十月革命節

### 黨校舉行藝聯影展 各秧歌隊活躍街頭

### 時評 紅軍大捷收復基輔

## 邊區紡織廠選出十八個勞動英雄

### 紀念節工人發揚熱忱 全廠一致表示決心加緊生產

### 日本工農學校紀念會 岡野進同志做詳細報告

## 延市縣馬大會昨日起會

### 農民賣把糧食後换購布疋 羊紡猪騾遠從各地趕來

## 林南我消滅偽軍一大隊

### 生俘偽中隊長以下兩百餘名

## 太行三分區被服所職工 紡紗捐款救濟災胞

## 太行區高級幹部 加緊深入整風學習

### 改造思想迎接明年新的任務

## 斯大林同志報告 蘇聯衛國戰爭一年總結（上接第一版）

| 解放日报 | 时间 | 1943-11-10 | 期 | 第903期 |
| --- | --- | --- | --- | --- |
| | | | 版 | 第2版 |

# 志丹明年计划织布六千丈每个纺妇教会一人

## 萧老汉一年劳动三年余粮

【本报志丹讯】本县明年妇纺计划业已拟就，全县原有纺妇一五八名，明年扩大到二九六名，全年共纺线六二六五斤，织布六〇〇〇丈，其具体办法为：志丹市原有纺妇四〇名，两人教会一人，明年可有纺妇六十名；每人每日平均纺二两多，全年共纺线二八〇〇斤。农村纺妇原有一一八人，每人教会一个，明年共可有二三六人，利用一、二、三、四、七、十、十一七个月农闲时间，除家务外，每人每日平均可纺一两多，共可纺线三四六五斤。因本县植棉较少，而群众养羊特多（只白羊即有五万只，除春毛外，可剪秋毛五万斤），为利用此项土产，决定明年以纺毛为主，纺棉为副。同时为便利各纺户起见，生产社及各区合作社应给予种种帮助。纺妇们如自己有羊毛纺成线后，可卖给生产社或各区合作社。如自己没羊毛，可到生产社或各区合作社去领毛交钱，由生产社或合作社发给工资。生产社将毛线收起后织布，共可织布六〇〇〇丈。

【本报志丹讯】此间模范公民萧老汉，今年粮食蔬菜丰收。现在他的院子里放着一大堆黑豆和青麻，门前用新土盖着一两百斤黄萝卜，窑口放着一大缸醃黄瓜，柴棚下放着两百颗大南瓜，地洞里保存了许多青辣子。记者去访问时，他正在另外一块菜地收白菜，那些白菜多得好像打谷场上的庄稼一样，一圈圈的摆着，当我们称赞他时，他笑 眯眯的很谦逊地说："人老啦，做不出多少活了，咱那能比得上人家呢！"但实际上他以七十岁高龄，共种菜地十余亩，收的东西有：白菜三千斤，黄瓜五百斤，白萝卜六百斤，大葱二百斤，豆角二百斤，南瓜两百颗，西瓜两百颗，扫帚二百把，捎带着种的粮食，收获玉米和高粱二斗，青麻子三大斗，黑豆三大斗，红豆一斗，其余卖掉的瓜菜和自己吃的茄子、韭菜、辣子、菠菜、洋柿子等，尚未计算在内。萧老汉的瓜菜不仅数量多，而且肥美。其原因：第一，是播种适时；第二，是留苗稀疏得当，如种白菜，许多人是贪多留苗稠，以为这样可以多收，其实这样长出来的，却很瘦弱；第三，他会利用地面，高粱中间种黑豆，黑豆旁边种白萝卜和蔓菁。据谈他每年种菜，除了以菜换回粮食和制新衣而外，还剩钱不少。今年除零星出卖菜蔬得洋五千元以外，现收之瓜菜可值洋五万元，杂粮可值洋五千元，共计全年生产值洋六万元，按市价折合可买回粮食四石余，其勤劳所得，并不亚于一个青年的劳□[动]者。他现在粮食已经准备够吃到明年新粮上市。明年他还准备扩大生产，崖地种青麻、扫帚、南瓜和一些杂粮，平地完全种蔬菜，而且种东西比较起今年还要有计划。萧老汉做到丰衣足食，当问他每年能剩余多少时，他说：“咱今年收的东西三年吃不完。”

# 華池秋收種麥大部完成
## 計劃地凍前開足秋荒四萬畝
## 趕年底運鹽可超過原數二千馱

# 中央印廠水房佟玉新同志被全廠選為特等勞動英雄
## 十個月中節省石炭萬餘斤

# 鹽池三區二鄉發動羣衆耕牛馱鹽
## 政府貸款協助幹部以身作則

# 固臨一個鄉的生產檢查
曹九德

### 概況

### 春耕工作的佈置

### 組織勞動

### 分工負責，定期檢查

### 夏耘和夏收

### 收穫和成績

# 執行黨中央文藝政策
## 平劇院創作新劇

# 志丹明年計劃織布六千丈
## 每個紡婦教會一人
## 蕭老漢一年勞動三年餘糧

# 安塞康士忠馱鹽
## 超過任務兩倍

# 交西崔三娃民兵中隊
## 反「掃蕩」中屢創敵寇

解放日报 | 时间 1943-11-11 | 期 第904期 | 版 第2版

# 关中劳动英雄大会

## 军民模范生产者欢聚一堂交换经验，纷纷订出明年扩大生产计划

【本报关中九日电】分区劳动英雄及模范生产工作者会议，从上月二十九日在马栏开幕，并于本月三日举行给奖会议。会议共开五日，参加者除民众外，计有各县农民劳动英雄二十四名，机关部队劳动英雄九名，模范生产工作者三名。会议的前三天由各位劳动英雄叙述各自的英雄模范事迹，并初步选出出席延安边区劳动英雄大会代表十四名。第四日进行集体讨论，研究安置移难民、劳动力组织、运盐、植棉等经验，第五日举行群众给奖大会，由专署奖冯云鹏、张清益、田英贵、张芝兰等四人为特等移民与生产劳动英雄，前三名各获奖品耕牛一条、锦旗一面，纺织英雄张芝兰受奖织布机一架、棉花五斤、锦旗一面，淳耀白塬村模范村主任石明德受奖锦旗一面及农具□[镢]、铧、锄、锹等四件。各县群众劳动英雄获得专署头等奖状的计有：陈兼伯、胡文贵、王向富、屈小凤、冯思义、张希圣、刘福珍、李银花、罗怀玉等十一名，各由专署奖予农具四件、口袋两条、棉衣一套。受奖为二等劳动英雄者共十九名，各奖农具三件、棉花四斤。给部队劳动英雄的奖品，则俟驻军政治部给奖时一并授予。在五日来的劳动英雄会议上，地委张德生同志，专署张副专员，驻军政治部李主任，均先后与各位劳动英雄作亲切谈话，并倾听他们对生产、移民等各方面的经验。数日来，各劳动英雄情绪异常兴奋，他们都认为开这样的会议，是自古以来从未听说过的。在会议中，各人尽量叙述自己的优良方法与经验，并积极学习别人的新方法与新经验。会议第四日，各位劳动英雄的情绪更加高涨，当张副专员征求到会英雄们领导群众创建义仓意见时，英雄们一致举手赞同，并宣言在开秋荒中即尽先开辟义田。专署二科提出试验植棉的意见，平原地区的群众劳动英雄便纷纷报名，声言明年自己一定要试植，并宣传别人种植，他们更表示负责选购明年全乡

的棉籽和技术指导。以往个别尚未参加劳动互助组织的劳动英雄，在会议中坚决声称，今后自己不仅要参加，而且还要□[动]员别的群众参加；而以往曾领导劳动互助组织的英雄们，则表示要把劳动互助组织和保卫关中的动员工作结合起来。劳动英雄们对于这次会议的反映，可由给奖大会上劳动英雄张清益答词中看到，他说："我们要把大会的各种生产新经验带回去，我们要更努力地发展生产，更积极地帮助□[劳]动群众立刻进行开秋荒，翻秋地，组织运盐帮，推动妇女纺线。"张清益并做出了新正二区一乡明年全年的生产计划，特别着重推动全乡义仓的建设。模范村主任石明德也订出了白塬村明年全村的生产计划，许多劳动英雄都订出了自己今冬和明年的扩大生产方针。参加给奖大会的广大群众，对于各位劳动英雄的荣膺奖誉，备致赞扬，他们都异口同声地说："明年要更加油地努力生产，政府最能看得起好劳动的人。"他们从这次大会中，越发知道了边区的政府是真正领导人民丰衣足食的政府，是全体劳动人民自己的政府。

# 關中勞動英雄大會

## 軍民模範生產者歡聚一堂交換經驗

## 紛紛訂出明年擴大生產計劃

## 移民英雄王向富

## 全家勤勞秋收豐稔

### 去冬自湖北逃難來邊區現已饒食暖衣

## 楊樹枝是怎樣轉變的

劉玉

### 秋收結束了

### 今年的生產計劃

### 今年的收穫

### 他一流子

### 轉變的經過

## 太行全區熱烈慶祝十月革命節

### 擴大宣傳週各地同時舉行

## 「綠洲」部全體指戰員

## 展開冬季習武競賽

## 下鄉宣傳

## 吳堡辛家溝區級幹部

## 幫助抗屬收秋

### 戰士家屬時彩家收穫明年吃不完

## 安塞馬家溝

## 婦女參加打場

## 中直軍直、邊區、留直三大單位

## 生產展覽會即將開幕

### 特優產品正運往會場

## 邊區參議員李丹生

## 公餘種菜親自拾糞

## 美坚木作厂启事

（一）本厂现由城内西山迁移文化沟，原西北菜社地址，已正式开工，特此敬告。（二）本厂专制细致木器，零星粗活，概不制作，请注意！（三）来本厂定活者，须在每日午前，午后学习，概不接洽，请原谅！（四）本厂无论过去或现在，所出之细致木器，均绝对负责保险长期使用，如有损伤者，请送来修理，不另取资。

# 解放日報

中華民國卅二年十一月十二日　第九〇五號　今日出版一大張

社址：延安　半年一五〇元　全年二九〇元　三月八十元　每月三十元　零售一元　本期




聲明

本會遺失紅邊民字第〇〇二二一和第〇〇二二二符號兩枚，特聲明作廢。

邊區抗聯會



# 北嶽區八路軍
# 攻入保定望都唐縣
## 十月份斃傷俘敵偽一千

[illegible]

# 東台新四軍
# 擊破李堡敵據點
## 斃傷偽軍陳家庵戰鬥斃偽團附以下多名

[illegible]

## 如皋小學校長黃通之等
## 氣節崇高抗敵不屈殉國

[illegible]

# 基輔西[illegible]戰線中
# 紅軍擊斃德寇一千
## 繳獲大批坦克大砲及作戰物資

[illegible]

# 時評
# 讀斯大林報告

[illegible]

# 綏德生產展覽會開幕
## 全分區增產糧二萬五千石
## 紡紗五十萬斤織布十七萬疋

[illegible]

| 解放日报 | 时间 | 1943-11-12 | 期 | 第905期 |
| --- | --- | --- | --- | --- |
| | | | 版 | 第1版 |

# 绥德生产展览会开幕

## 全分区增产粮三万五千石，纺纱五十万斤织布十七万匹

【本报绥德五日电】绥德分区第一届生产展览会，已于四日上午正式开幕，党、政、军、民、学二千余人集聚于展览会门前广场，参加开幕典礼。“向劳动英雄看齐”“兄妹开荒”等歌声，不绝于耳，会场洋溢着努力生产后丰衣足食的欢愉情绪，军乐声起，会场群众即向中国人民领袖毛泽东同志巨像致敬，大会通过习仲勋同志、袁专员，刘玉厚以及各县男女劳动英雄代表、机关生产劳动英雄杨生玉同志（地委）、工人劳动英雄王福禄、部队劳动英雄冯僧、二流子转变的劳动英雄马顺等十二人为主席团，群众以热烈的鼓掌和欢呼声把他们拥上主席台。主席袁专员致开会辞中称：“绥德分区自建立新政权以来，在中国共产党的领导下，一方面实行减租减息，一方面号召生产，今年我们在农业、工业等方面，都有很大进步，在毛主席‘丰衣足食”的号召下，分区广大人民的劳动热忱大大地提高了。这一年除了部队机关以外，有一百零八个劳动英雄从群众中产生出来，有农业的、植棉的、纺织的、工业的，他们在整个分区生产运动中，起了极大的推动作用；甚至大批二流子也参加了生产，四千多个二流子中，已经有一千五百多个改造好了。”袁专员继总结绥德整个分区本年生产所获得的总成绩：（一）耕地开荒比去年增加了七万多垧，增产粮三万五千石，现共有耕地一百二十万垧。（二）十二万多个全劳动力中，今年已有四万零九百人参加了变工劳动，编成了三千六百三十二个变工小组。（三）九万九千多农户计划，由于劳动热忱的提高和农作法的改进，虽在天年不好的影响下，平均每垧还打了五斗多粮。(四)今年植棉面积比去年增加了三倍，共有四万一千多亩棉地，可收净花四千万斤。（五）植树也有了很大的成绩，杨、槐、榆、果梨等树，共栽了四十六万多株，连过去的共有八十三万多株。(六)畜牧方面，今

年共有牛、驴、骡、骆驼四万二千八百五十六头，比去年增加了四千六百多头。猪、羊也增加了四万五千多只。（七）蚕桑方面，今年喂蚕四万三千多斤，缫丝一千八百斤。其次在工业生产上：（一）纺织业，今年参加纺线的六万八千五百多人，共纺了五十一万多斤纱。今年织布的有二万九千多人，织了十七万多匹布。（二）毡织业，去年只有两家工厂十架机子，今年已增高为二十家工厂、一百零五架机子，产品数量均大有进步。（三）造纸二十一万二千刀。且有麦秸纸的新创造。（四）盐业生产，今年共有一百十五个盐井，产了六千六百驮盐，比去年增加了三个井，六百多驮盐。袁专员末谓："广大的人民在努力生产下是走向丰衣足食了。我们的机关生产也在毛主席的'自己动手'号召下，走上了自给的道路，各机关经费的开支，百分之八十二以上，已由自己解决了。抗大和驻军"前进"部也种了菜蔬粮食，开办了工矿业，经营了商业、运输业，各机关学校的菜蔬粮食，作到自给十个月，因此大大地减轻了人民的负担，而且机关人员也在自力更生下达到了丰衣足食的目的。"袁专员讲话毕，群众高呼："坚决完成毛主席丰衣足食的号召！""庆祝生产展览会开幕！""中国人民的领袖毛主席万岁！""中国共产党万岁！"等口号，与会群众旋即挨次进入生产展览室参观。分区劳动人民各种各样优异的生产品，分别陈列于九室：第一室是棉花和谷子。纺织的经验证明棉花中以绿仃花为最好，生长的时期短，而产量多，纤维长，纺线织布的质量，都因而提高了。谷子以狼尾种最好，穗子长而粗，不怕虫蚀和鸟啄。第二室是农作法。勤惰对比之下，人们了解了要多上粪，多除草，选好种，才能多打粮食。第三室是豆类、药材、木料、兽皮。第四室是模范村郝家桥和刘玉厚的作物，及张家圪塄村在革命前后的生活对比，以及边区内外的负担对比。第五室是工矿类。这里有警区出产的盐、炭、呢绒、纸张、火柴、肥皂、丝等产品。第六、七、八、九室是各机关部队和抗大的展览品。这些产品与实际的统计数字说明了警区农、工、矿、商等生产事业正向自给自足道路迈进，且减轻了人民的负担。每个展览室中，劳动人民成绩在革命的艺术工作者的描绘装饰下，更充分地显示了边区政府和人民今年发展生产的优异成绩，使每个参观者均留下一个深刻的印象。因此，也使大家更进一步认识：新民主主义的经济，广大人人丰衣足食的经营，只有在民主政府的领导和帮助下，以及全体劳动人民努力发展生产下，才能达到。展览会原定展览六天，因观众异常拥挤，已将展览日期延长。六日召开分区劳动英雄代表大会，届时将有一百零八个劳动英雄出席参加，总结今年生产成绩，介绍生产经验，并研究今后发展生产的方向。七日分□[区]骡马大会开幕，在全会期间，均由民众剧社演出秦腔助兴。绥市各商号除以减价庆祝大会外，并按□筹演大戏。现各县区乡劳动人民秋收已毕，正纷纷来绥参加大会。近年来，绥德市面日趋繁荣，大会期□[间]将更为活跃。

解放日報

中華民國卅二年十一月二十日　第九〇五號　今日出版一大張

社址：延安　半年一五〇元　全年二九〇元　三月八十元　每月三十元　零售一元　本期

## 美豐木作廠啟事

（一）本廠現由城內西山遷移交際處，原西北菜社地址，已正式開工，特此敬告。

（二）本廠專製細緻木器，特星期[illegible]，請注意！

（三）來本廠定活者，須在每日午前，午後學習，概不接洽，希原諒！

（四）本廠無論過去或現在，所出之器具木器，[illegible]，如有損傷者，[illegible]修理，不另[illegible]。

## 聲明

本會遺失紅邊民字第〇〇二一一和第〇〇二一二符號兩枚，特聲明作廢。

邊區抗聯會

[illegible]中直軍直第二屆生產展覽會正式開幕，歡迎各界自由參觀。[illegible]每日開放時間：上午八時至下午四時。地址：北門外文化溝。[illegible]

# 北嶽八路軍

# 攻入保定望都唐縣

## 十月份斃傷俘敵偽一千

[illegible]

# 東台新四軍

# 擊破李堡敵據點

## 華家庵戰鬥斃偽團附以下多名

[illegible]

## 如皋小學校長黃通之等

# 氣節崇高抗敵不屈殉國

[illegible]

## 時評

# 讀斯大林報告

[illegible]

## 基輔以西繼續推進

# 紅軍擊斃敵逾二千

## 繳獲大批坦克大砲及軍需物資

[illegible]

# 綏德生產展覽會開幕

## 全分區增產糧三萬五千石

## 紡紗五十萬斤織布十七萬疋

【本報綏德五日電】綏德分區第一屆生產展覽會，已於四日上午正式開幕。[illegible]

| 解放日报 | 时间 | 1943-11-13 | 期 | 第906期 |
| --- | --- | --- | --- | --- |
| | | | 版 | 第1版 |

# 展览会开幕启事

中直军直第二届生产展览会正式开幕，欢迎各界自由参观。展览期限：由本月十三号起，至十五号止。每日开放时间：上午八时至下午四时。地址：北门外文化沟。

中直军直生产展览会筹委会启

解放日報

今日出版一大張　第九〇六號　中華民國卅二年十一月十三日

本期零售一元　每月三十三元　三月八十元　半年一九〇元　全年三九〇元　社址：延安

## 展覽會開幕啓事

中直軍直第二屆生產展覽會正式開幕，歡迎各界自由參觀。

展覽期限：由本月十三號起，至十五號止。

每日開放時間：上午八時至下午四時。

地址：北門外文化溝。

中直軍直生產展覽會籌委會啓

## 美堅木作廠啓事

（一）本廠現由城內西山遷移文化溝，原西北菜社地址，已正式開工，特此敬告。

（二）本廠專製細緻木器，零星粗活，概不製作，請注意！

（三）來本廠定活者，須在每日午前，午後學習，概不接洽，請原諒！

（四）本廠無論過去或現在，所出之細緻木器，均絕對負責保險長期使用，如有損傷者，請送來修理，不另取資。

## 淮海新四軍反「蠶食」戰鬥中

# 克林橋等敵據點五處

## 泰興民兵空手捉獲偽營長等七名

[illegible]

## 晉西北各分區部隊

# 深入敵後予敵痛創

## 襲武附近擊毀敵火車一列

[illegible]

## 蘇中偽軍不斷被殲被繳械反正

# 黃橋偽軍一部反正

## 傳李逆長江陷敵時遇害中毒

[illegible]

# 定邊開展減租鬥爭

## 因宜制宜按收成規定租額

[illegible]

## 基輔紅軍冒雪挺進

# 光復拉多米施爾城

## 涅菲爾前綫激戰斃敵五千餘

[illegible]

# 半月國際述評

## 三國會議成功與紅軍繼續勝利

在今年十月革命節的前夕，發生了兩件大事。第一就是蘇英美三國外長會議，自上月十九至卅一日，經過十二天的縝密討論，在莫斯科勝利閉幕，並發表了關於縮短戰爭與戰後和平安全的各項重要議定和宣言。第二就是本月一日至六日，紅軍完全肅清了諾加伊斯克草原德寇，進抵德涅泊河口，並在德涅泊中游勝利發展攻勢，一舉攻克蘇聯第三大城市烏克蘭首都基輔。在基輔戰鬥中，紅軍擊潰德寇十二師，殲俘敵軍二萬餘人，繳獲勝利品無算。在以上兩個偉大事件之後，全世界反法西斯人民以萬分景仰和感激的心情，慶祝十月革命廿六週年紀念日。各盟國要員、名人和群衆團體紛紛致電蘇聯道賀。

[illegible]

## 三國會議對歐陸人民的影響

[illegible]

## 日寇動向

莫斯科三國外長會議的偉大成就，對於日寇，也是一個嚴重的打擊。美英蘇中四國在關於普遍安全的宣言中，重申『各向其現與作戰之軸心國家進行戰爭的盟國，在無條件投降下屈服為止之決心』，粉碎了日寇在希特勒敗亡後倖免覆滅的幻想。日寇目前正面臨着盟國反攻緬甸的嚴重威脅；同時又遭受盟國在新幾內亞及所羅門群島一帶一連串的打擊。半月以來日寇洪次自新幾內亞東北岸及所羅門中部敗退，盟國空軍所予日寇的損失異常巨大，十月份中擊傷日機九百九十六架、艦船二百艘以上。

在這種形勢下，日寇一方面在國內實施『加強國內體制綱要』，以增加軍火生產（特別是飛機）、儲備空防、壓抑人民反戰運動；上月二十五日至二十八日召開的臨時議會，就是為了通過這類法案。另一方面，日寇積極活動其他的附庸，排演了好幾齣傀儡戲，從緬甸『獨立』、菲律賓『獨立』，一直到成立偽『印度臨時政府』，其目的不僅是為了欺騙南洋各地人民，而且也是為了刺激日益頹喪的本國民氣。上月三十日日寇與汪偽訂立所謂『日華同盟條約』，陰謀加緊消耗我國。紛演了這些醜劇以後，日寇猶以為未足，更於本月五、六兩日召開所謂『大東亞會議』，集大小傀儡於一堂，沐猴而冠，叫囂鼓噪，不知人間有羞恥事。

然而，所有這些均不能拯救日寇於困境。日寇統治集團內部正發展着劇烈的鬥爭，法西斯派首中野正剛之切腹自殺，即為明證。[illegible]目前日寇在緬印邊境集中兵力，在新幾內亞及所羅門區增援，以及在我國戰場上的某些蠢動，均值得嚴重注視。

# 敵酋召開傀儡會議

## 羣狗吠聲自壯膽色

## 三國會議的震撼下

[illegible]

# 绥德分区植棉四万余亩收花四十万斤

## 明年拟增加棉田至八万亩

【本报绥德讯】根据秋收后检查，全分区植棉三万七千亩，业已胜利完成任务，六县共植棉四万一千零四十八亩，计超过任务百分之十一，关于棉田的收成，据专署派人到辛店区六乡二乡，及崔家湾区二乡的典型调查，十八户棉农植棉三十一亩三分三，共可收净花七百余斤，平均每亩可得二十二斤七两，较同样土地的谷子收获量（每亩收细粮一斗），其获利当超过十八倍。又据各县植棉情形，以清涧一九、六三八亩为最多，绥德一〇、九二九亩次之，依各县平均产量每亩收净花十斤至十五斤计算，则全分区今年可收四十万斤到六十万斤，如以全分区五十万人口每人需花两斤计算，今年绥德分区棉花已可自给百分之四十至六十。经过这一年政府奖励植棉的号召后，分区人民已获得实际利益，对明年大量发展植棉——八万亩至十万亩，亦已奠定基础。政府工作人员以及广大群众，一致认为经过明年继续发展植棉后，绥德分区即可达到棉花自给和丰衣的目的。在今年政府奖励植棉过程中，政府发放了植棉贷款五十万元，及二次贷款一五〇万元，政府帮助人民代购棉籽，并大量印发了植棉技术——打卡摘游条——的图画，植棉方法的小册子，以及防治虫病害方法。此外，又选派技术人员下乡指导，发动群众中有植棉经验者在农村里相互帮助，奖励植棉模范等。据清涧的植棉报告，全县种花最多的，首推袁家沟区一乡高家洼村高明和，及二乡马蹄山村贺生枝，他们各种二十四亩。贺生枝曾受过两次植棉模范的奖，今年共可收一百多斤，他到处宣传植棉的好处，对附近群众影响很大，他已计划明年种四十八亩棉花。袁家沟区共六个乡，今年植棉七、三七七亩，全区棉产量除自给穿用外，尚可余三万余斤。又绥德辛店区二乡原有棉农只植棉十余垧，但经今春政府号召和奖励植棉后，该乡棉田即激增至二〇九垧，目前该乡农民正在兴奋中进行价值超过其他作物十倍以上的丰收。吉镇区六乡任家沟农民马呈维，今年种了半垧棉花，他并没有下多大功夫，却收了二十五斤生花，计熟花十二斤半，按每斤二、三〇〇元计算，可得边币二八、七五〇元，可买小米九斗六升；如种谷子的话，最多可得小米一斗，所以全村人都说，无论如何还是种棉利大，明年一定要种棉花了。专署于总结今年植棉工作后，提出如下几点经验：（一）棉籽必须充分准备，提早分发各棉农；（二）在植棉新推广区，如米脂、绥西、葭县应特别注意下种时之技术指导，使棉籽种下后，一定能保证出苗；（三）棉苗茁长后，必须加强打卡摘游条的技术指导，能使产量提高，得到每亩平均产净花二十斤的标准；（四）棉田带种杂粮，如芝麻、黑豆、萝卜、麻子等，容易侵占棉花的养分，影响棉产量三分之二，故今后棉田可不必带种杂粮；（五）防止病虫害，主要是“路虎”和“油汗”两种，据棉农经验谈：有“路虎”的棉田，大多是靠近树木、坟墓、草多、河畔等地区，因此明年应注意向群众宣传，选择好的地方种棉。用烟叶水防治“油汗”病，明年应派人下乡指导，以便收得实际效果。此外，如发放棉籽及棉贷时，亦应注意纠正平均发放的现象。

# 安塞五區郝起雲全家
# 響應政府號召積極紡織
## 紡綫百斤織布二百丈獲利廿八萬
## 影響一鄉紡婦較去年增加五倍

# 計劃明年擴大生産
## 合作社幫助成立工廠

# 申長林同志種的大南瓜
## 送生產展覽會陳列

# 志丹一區一鄉支部工作轉變

李志杰
梁雜玉

# 北嶽區靈壽游擊隊
# 廣泛發動地雷戰殲敵
## 一二兩區民兵三個月共傷斃敵偽二百餘名

# 「揚州」部秋收完畢

# 定延路上牲口擁擠
# 各地農閒紛紛出發運鹽

# 綏德分區植棉四萬餘畝
# 收花四十萬斤
## 明年擬增加棉田至八萬畝

# 河南災民李繼倫一家五口
# 到邊區一年衣食豐足
## 志丹縣府給住給吃幫助他們安居生產

# 新鄉長郝學棠
## 蘇中進行鄉選

| 解放日报 | 时间 | 1943-11-15 | 期 | 第908期 |
| --- | --- | --- | --- | --- |
| | | | 版 | 第1版 |

# 留直生产展览会开幕启事

欢迎各界自由参观。展览期限：由本月十五日至十八日止预展四天。开放时间：上午九时至十二时，下午二时至五时止。地址：八路军大礼堂留直生产展览总筹委会启

中華民國三十二年十一月十五日　　BIEFANG RIBAO　　星期一　　第一版

# 解放日報

中華民國卅二年十一月十五日　第九〇八號　今日出版一大張
社址：延安　半年一五〇元　全年二九〇元　每月三十八元　三月一百一十元　本期零售一元

**通知**

茲定於本月十六日至十八日為賽馬期，每日下午二時……舉行賽馬大會，……各機關……此外……延安市賽馬大會籌備處



**中直軍直生產展覽會延長展覽期啟事**

本展覽會為便利各界參觀起見，特再延長兩天，自十五日起至十七日止，每日開放時間仍照舊。

# 中直軍直生產成績卓著

# 超過全年任務六倍

## 展覽會開幕日觀眾擁擠

【本報訊】中直軍直第二屆生產展覽會，已於十三日上午八時假文化溝青年俱樂部舉行，在自己動手發展生產的號召下，一切勞動產品更顯出其光輝與價值，尤為觀眾所讚賞。……

# 光復什托米爾

## 攻克車虐霍夫及馬林等城

## 蘇紅軍挺進百哩

# 忻縣民兵大舉破路

## 三交衛近擊斃敵指揮官

# 社論

# 開展群眾減租運動

目前陝甘寧邊區秋收已告完竣。在邊區未分土地區域，農民群眾經過了辛勤的春耕、夏耘和秋收，都渴望自己終歲勞動的結果，能夠保證飽食暖衣，並有餘儲，以為明年再生產之資，因此他們迫切地要求減租。各地農民的減租運動正在開展着。

溯自去年秋季以來，各地減租運動已有顯著的進步，其主要表現是：在若干地區（如葭縣的店鎮、城關、烏龍、通鎮等區，米脂的河岔、臥羊、桃花等區及印斗區八鄉，綏德的義合、沙灘坪等區，以及合水和鎮原的個別區鄉）已經組織起來成立各種群眾組織，進行減租鬥爭，使減租成為集體性和群眾性的運動。凡是這類貫徹了減租的地方，農民群眾的生產熱忱大大發揚了，政治覺悟大大提高了。群眾於減租後，自動實行變工扎工，修畔溜崖，多施肥，多鋤草，增加生產，同時更加積極參加自衛動員工作和防奸工作，熱烈響應政府每一號召，推行各項建設工作。而地主和農民的關係也獲得了合理的調整，農民減輕了負擔，改善了生活，發揚了生產積極性，地主方面，則保證了合理的收入。這些事實，說明在邊區未分土地區域，減租運動實是發動群眾積極性，增強各階層人民抗戰團結的關鍵。但是這種群眾性的減租運動，還沒有在所有未分土地的區域內普遍地開展。有些地方不把減租看作農民的群眾運動，而誤解為政府對農民的「恩賜」，因而在這些地方群眾的自動性積極性沒有發動起來，減租也就無法貫徹。這種情形必須立即糾正，不應該再繼續下去了。

要貫徹減租，必須依靠群眾自己團結鬥爭的力量。政府站在執行減租法令及調節雙方利益的立場上，自應給群眾以必要的幫助，但決不能代替群眾的鬥爭。廣大農民群眾雖有減租的要求，但由於某些地主違抗政府減租法令和對於要求實行減租農民的威脅和打擊，使農民不敢堅意實行減租，或對減租抱有各種顧慮。故必須經過群眾中的積極份子，召開租戶會議，成立各種群眾團體，如各地現已成立的農會、減租會、租戶會、減租保地會等，這種組織召開群眾的減租大會，發揚群眾力量，議定實施減租的辦法和糾正少數違抗減租法令的頑固地主，廣大群眾的積極性才會發動，減租才能貫徹。

去年秋季以來，減租運動的經驗證明什麼呢？證明當着某些頑固地主違抗政府法令破壞減租運動時，必須用群眾力量進行鬥爭，予以抵制，……

## 中直军直生产展览会延长展览期启事

本展览会为便利各界参观起见，特再延长两天，自十五日起至十七日止，每日开放时间仍照旧。

# 解放日報

中華民國卅二年十一月十五日　第八〇九號　今日出版一大張

社址：延安　一五〇元（半年）、二九〇元（全年）　每月三十三元　八十三元　本期零售一元


## 通知

茲定於本月十六日至十八日為賽馬期，每日下午二時[illegible]舉行賽馬大會，計有很多名馬[illegible]，各機關[illegible]時自己機關[illegible]比賽時[illegible]大會評[illegible]以評定成績，[illegible]獎品[illegible]，頭等獎洋二萬元、二等獎[illegible]，三等獎洋五千元，四大[illegible]時隨時入場。

此外，倘[illegible]在各機關團體部隊內所有高等騎手（各種馬術表演都可）也均歡迎[illegible]到會報名，大會[illegible]時給予表演，並望各機關團體所有人員都能[illegible]參觀，不勝歡迎之至。

延安市賽馬大會籌委會啟

## 留直生產展覽會開幕啟事

歡迎各界自由參觀。展覽期限：由本月十五日至十八日止，預展四天。開放時間：上午九時至十二時，下午二時至五時止。地址：八路軍大禮堂

留直生產展覽總籌委會啟

## 中直軍直生產展覽會延長展覽期啟事

本展覽會為便利各界參觀起見，特再延長兩天，自十五日起至十七日止，每日開放時間仍照舊。

# 中直軍直生產成績卓著
# 超過全年任務六倍
## 展覽會前日開幕觀眾擁擠

【本報訊】中直軍直第二屆生產展覽會，已於十三日上午八時假文化溝青年俱樂部舉行，在自己勞動爭取展[illegible]生產的[illegible]下，一切勞動產品更[illegible]其光輝與價值，用[illegible]數[illegible]證實。在分類陳設的四個展覽室裏，從[illegible]

# 開展群眾減租運動
社論

目前陝甘寧邊區秋收已告完竣。在邊區未分土地區域，農民群眾經過了辛勤的春耕、夏耘和秋收，都渴望自己終歲勞動的結果，能夠保證飽食暖衣，並有餘蓄，以為明年再生產之資，因此他們迫切地要求減租。各地農民的減租運動正在開展着。

[illegible]自去年秋季以來，各地減租運動已有顯著的進步，其主要表現是在地區（如葭縣的店鎮、坊[illegible]、烏鎮、通鎮等區，米脂的河岔、鳳翠、[illegible]等區及印斗區八鄉，綏德的義合、沙灘坪等區，以及合水和鎮原的個別區鄉）[illegible]已經開展成立各種[illegible]租鬥爭，進行減租鬥爭，使減租成為集體性和群眾性的運動。凡是這類貫徹了減租的地方，農民群眾的生產熱忱大大發揚了，政治覺悟大大提高了。群眾於減租後，自動實行[illegible]多施肥，多[illegible]，增加生產，同時更加積極參加自衛動員工作和防奸工作，熱烈響應政府每一號召，推行各項建設工作。而地主和農民的關係也獲得了合理的調整，農民減輕了負擔，改善了生活，發揚了生產積極性，地主方面，則保證了合理的收入。這些事實，說明在邊區未分土地區域，是發動群眾積極性，增強各階層人民抗戰團結的鑰匙。但是這種群眾性的減租運動，還沒有在所有未分土地的區域內普遍地開展。有些地方不把減租看作農民的群眾運動，而誤解為政府對農民的「恩賜」，因而在這些地方群眾的自動性積極性沒有發動起來，減租也就無法貫徹。這種情形必須立即糾正，不應該再繼續下去了。

要貫徹減租，必須依靠群眾自己團結鬥爭的力量。政府站在執行減租法令及調節個東利益的立場上，自應給群眾以必要的幫助，但決不能代替群眾的鬥爭。廣大農民群眾要有減租的要求，但由於某些地主違抗政府減租法令和對於要求實行減租農民的威嚇和打擊，使農民不敢鬱意實行減租、或對減租抱有各種顧慮。故必須選擇群眾中的積極份子，召開租戶會議，成立各種[illegible]

# 忻縣民兵大舉破路
## 三交附近擊斃敵指揮官

[illegible]

# 蘇聯紅軍挺進百哩
# 光復什托米爾
## 攻克車盧霍夫及馬林等城

[illegible]

# 阜東開展農村教育
## 成立農村俱樂部五十八處

[illegible]

# 神府婦女日夜趕製
## 數萬套棉衣運前方

[illegible]

解放日报 | 时间 | 1943-11-15 | 期 | 第908期 | 版 | 第1版

# 中直军直生产成绩卓著超过全年任务六倍

## 展览会前日开幕观众拥挤

【本报讯】中直军直第二届生产展览会，已于十三日上午八时假文化沟青年俱乐部举行，在自己动手发展生产的意义下，一切劳动产品更增加其光辉与价值，而为无数观众所赞赏。在分别陈设的四个展览室里，从早到晚都拥挤着，欢笑和惊羡之声充溢了会场。毛泽东同志庆祝今年生产胜利的题字：“群众生产，群众利益，群众经验，群众情绪，这些都是领导干部们应时刻注意的”；和朱总司令的题词：“今年做到了丰衣足食，明年要做到建立丰衣足食的家务。”更给此次展览会以深刻的启示。四间展览室是以丰衣足食、农产品、工业品等区分的，无数美丽的图表照片和黄立德生产等连环画，装饰着墙壁，给予各种展览品和生产成绩以详细具体的说明，从这些图表和照片里，可以看出中直军直各单位高度的劳动热情，和所创造的生产成绩。其中几个总的数目字如种地一万三千一百四十九亩二分三厘，畜牧业获利九百二十六万七千零二十元三角七分（内仅养猪一项即获利八百二十八万五千七百四十二元八角三分，而现存之一千四百多头猪，尚未计入），个人生产获利一千八百九十五万万元，蔬菜收获，共达四百二十六万三千一百一十八斤……更表示了劳动生产的丰富成果。今年全中直军直生产六千二百万元的计划，估计当超过六倍（仅中管局经建处直属各单位与党校、杨家岭三个机关，今年全年生产之纯收益在二万万元以上），并真正做到了打下明年的生产基础。在丰衣足食方面，除展览了大批精美的衣帽鞋袜毛毯和百余种菜肴外，并用具体的数字标明各单位由于生产的结果，丰衣足食的情形，其中第一、二保管处和杨家岭的成绩，是极其卓越的，前者除粮食自己供给两月外，其他已做到全部自给，且给每人补充单鞋一双、衬衣三套、毛巾两条、蓝单衣两套、毛袜子一双，毛衣一件。后者即每人交一千五百元，由公家帮助解决衬衣一套，毛衣一件，还另外由机关本身给每人解决毛毯一床，毛巾一条，工作人员布鞋一双，事务人员布面皮底鞋一双，使衣服穿不了。在农业方面的展览品是很丰富的，从二十五斤的南瓜，十余斤的茴子白，七斤的大萝卜到像茶杯般大的辣子，一丈五尺高的大麻和一些珍奇的菜蔬，共计不下数百种，肥美可爱。中央党校一个单位，菜蔬总收获就达一、〇二五、〇〇〇斤，枣园机关仅茴子白一项，就有五万多个。还有使人注意的是各种各样精美的手工业展品，包括刺绣、缝纫、丝织、木工、纸张、糖果、玩具、酱菜、用品等，而且大部均系个人公余生产。其中尤引人注目者为西北商店丝织厂的绸子和哔叽，杨家岭的点心和酱菜，王家坪区自制的织袜机，中央党校的铜匙和食叉；以及美坚木工厂陈设为办公室、卧室、餐室、浴室、会客室、副室（储藏室等）等所需要的全副家具，它的特点不仅式样精美，且设计极有创造性，如适用于战时的折叠桌，和简单舒适的沙发等均是。此外，在四个展览室外，尚有五条一百五十斤以上的肥猪，和一只凶猛的大狼。虽前日为非休假日，但前往参观者，至少达千人以上，而在十四日参观者达二千余人，因观众很多，闻展览日期已决定延长两天，至十七日晚闭幕。

解放日報

中華民國卅二年十一月十五日　第九〇八號　今日出版一大張

社址：延安　全年（二九〇）元　半年一五〇元　三月八十元　每月三十元　本期零售一元

## 通知

茲定於本月十六日至十八日召開賽馬大會，每日下午二時[illegible]賽馬場舉行賽馬大會，希有很多名馬參加[illegible]各機關[illegible]比賽時自己機關[illegible]比賽時請參加評判，給予以評審獎勵。其獎品辦法：以頭三等獎一萬元，二等獎二萬元，三等獎五千元，四大宗獎時備有獎品[illegible]。

此外備有各機關團體部隊內所有為馬騎手（各機關馬夫騎兵都可）也可報名到台參加，大會屆時給予走馬出場表演，並望各機關團體所有人員都隨時到來參觀，不勝歡迎之至。

延安市賽馬大會籌備處

## 留直生產展覽會開幕啟事

歡迎各界自由參觀。

展覽期限：由本月十五日至十八日止預展四天。

開放時間：上午九時至十二時，下午二時至五時止。

地址：八路軍大禮堂

留直生產展覽總籌委會啟

## 中直軍直生產展覽會延長展期啟事

本展覽會為便利各界參觀起見，特再延長兩天，自今日起至十七日止，每日開放時間仍照舊。

# 中直軍直生產成績卓著

# 超過全年任務六倍

## 展覽會前日開幕觀衆擁擠

【本報訊】中直軍直第二屆生產展覽會，已於十三日上午八時假文化溝青年俱樂部舉行，在自己動手發展生產的號召下，一切勞動作品更增加其光輝與價值，因為無數觀衆所讚賞。在分別展覽的四個展覽室裏，從早到晚都擠滿了，歡笑和驚讚之聲充溢了會場。毛澤東同志題贈今年生產勝利的題字：「[illegible]」[illegible]

[illegible]今年全中直軍直生產六千二百萬元的計劃，估計完成超過六倍以上[illegible]

[illegible]點不俗式樣精美，且設計極有創造性，如適用於戰時的折疊桌，和簡單舒適的沙發等均是。此外，在四個展覽室外，尚有五隻一百五十斤以上的肥豬，和一隻碩大的大豬。開展第一天參觀者達二千餘人，因觀衆很多，開展日期已決定延長兩天，至十七日晚閉幕。

# 忻縣民兵大舉破路

## 三交附近擊斃敵指揮官

【新華社晉西北十日電】忻縣民兵為配合興縣保衛地區我軍反「掃蕩」戰及保衛秋收，大舉向敵進行破擊戰。該縣民兵於九月三日晚開始破壞從忻縣城至三交、三交至[illegible]的公路，截至十月止，共破路卅餘里，毀壞橋樑二座，[illegible]我民兵並進行全面大破路二次，小破路每日不斷，敵曾圖修復，均被民兵襲擊未逞。九日，[illegible]

[illegible]

# 社論

# 開展羣衆減租運動

[illegible]

# 卓東開展羣衆教育

## 成立農村俱樂部五十八處

【新華社晉西北十三日電】九月以來，卓東縣各區積極開展[illegible]，各區文教會自俱、擊窩教育講座、和農村俱樂部等紛紛成立，近統計，全縣已成立五十八個俱樂部[illegible]

[illegible]

# 蘇聯紅軍挺進百哩

# 光復什托米爾

## 攻克車霍夫及熙林等城

[illegible]

# 神府婦女日夜趕製

## 數萬套棉衣運前方

【新華社晉西北十二日電】神府各村婦女正日夜趕製抗屬及部隊的棉衣。在秋收時，各個村莊的婦女三萬[illegible]

[illegible]

# 难民工厂选袁光华同志为边区劳动英雄大会代表

## 吴厂长被选为模范生产工作者大会代表

【本报讯】难民工厂于十月革命节举行职工大会，除了庆祝苏联建国二十六周年纪念及红军反攻大胜利外，大会的另一重大意义，即是检阅了每个工友自赵占奎运动以来，在生产战线上的成绩。会议上，首由柏映群同志讲话称："我们庆祝十月革命节及东线红军大胜利的唯一礼物，就是选举模范工人、劳动英雄、模范工作者。"又着重指出：我们工人今后必须：（一）百倍的增加产量，并把过去积存下来的废土纱完全整理起来，织成土布。（二）加强技术、政治、文化的学习，彻底改造自己的思想，坦白一切。（三）提高警惕性，严防破坏分子暗地活动。（四）向赵占魁同志看齐。继由工务科长详述选举模范工人的经过，略谓："此次选举模范工人，同往年完全不同。在方式上采取了更广泛的民主，由下而上的普遍展开讨论，尤其是组长以上干部会议，对各小组提出的候选人检讨和评定，均极慎重。互相争论，各持己见，各有理由，一点好处也不抹杀，一点缺点也不包庇，直到大会通过当选模范工人为止。"接着，依次介绍了高德山等二十五位模范工人在生产上的优良成绩及各个人的不同特点，对革命的高度热情。同时，且指出："认识牺牲个人，忠于革命。"是二十五位模范工人今后共同努力的方向。在同一会议上，当天下午公选坚苦卓著奋斗十多年（七年战争生活，受伤七次，六年致力于工业建设），生产一贯积极的袁光华同志，为出席边区劳动英雄大会的代表。以边区实际情况创办工厂，发展生产，成绩优良特出的厂长——吴生秀同志，为出席边区模范生产工作者大会代表。此外，该厂制造部木工组长王武定同志，被选为本厂劳动英雄。

# 邊區黨民系統
# 展覽生產成績
## 西北局收菜廿六萬斤有牲口六十頭
## 西北黨校平均每人每天吃肉三兩六錢

【本報訊】邊區黨民系統的生產展覽會，已於六日開幕，要算是延安的展覽會開得最早的一個。這個展覽會上陳列了西北局、邊區抗聯會、西北黨校、文協等幾個單位和延屬地委的一部份展覽品。會場設在西北局新落成的辦公廳內，在這一展覽會中，展覽品和圖表都比較精緻，圖表幾乎全部是繪畫或圖案。文協的明年生產計劃繪成十二幅小圖，最為通俗。西北局的圖表多用圖畫圖案合繪，且有關於大北溝農場的建設圖畫。各業生產的聯繫圖，表現農場作坊與供給需要上的相互關係，如農場所產豆子如何供給豆腐坊，豆腐可以人吃，豆渣可以餵豬，豬肉人吃，豬糞上地等等，凡生產上各種聯繫關係都一一用圖形表出，尤其通俗有趣。陳列的實物中首先是農業生產的成績，在大門兩旁有一丈二尺餘高的大蘇和向日葵。進門來擺列的一排南瓜，最大的為西北局二十九斤重的一個，計十八斤半。西北局的一棵白菜重十六斤，可惜不是包心菜，有一棵包心的重十三斤，茄子白一般重九斤，延屬地委的一棵重十斤四兩。黃瓜有重到一斤九兩的，特別是西北局菜園裏的一個，是幾個連長在一起的，竟重五斤半，若不是耕作得法，普通的菜蔬是不會長得這樣大的。抄黨的白蘿蔔八斤七兩、蔓菁二斤十兩，舊在西北局菜園農場並不是稀有的，甚不多都這樣大。延屬地委的茄子重二斤一兩，抗聯的穀穗長一尺八寸，西北局的穀子有辮頭大，抗聯的一個洋芋一斤二兩……。

# 明年將擴大耕地一倍以上

許多圖表報導了今年農業的輝煌成績。以抗聯來說，抗聯今年種地六百八十畝，所使用的資金為全部生產事業資金的百分之五十六點八，今年收穫了菜蔬五萬三千餘斤，為了菜食都製作水菜，僅西紅柿就收穫一萬七千斤，產量為洋芋的二倍。西北黨校的菜地達了一百五十七畝，今年糧地可收八十石，西北局則種地一千零八十畝，生產人員六十七人。僅菜蔬就收穫二十六萬七千斤，假如以一人一天吃一斤計算，可以夠一個人吃用七百三十一年半。明年的農業生產都預備更加擴大，文協將要由今年的四十八畝，擴大為二百一十畝，西北黨校要耕種到一千八百五十畝，西北局更要突增至二千七百八十五畝。

運輸隊在這幾個單位都有。發展得好的是西北黨校和西北局。西北黨校現在有大車四輛，騾馬八頭，除為本校使用以外，還可以用大約一半的時間去作營業。西北局的運輸力在一九三九年不過騾子二頭，去年就增到騾子十一頭，大車兩輛，今年更增到大車七輛，騾子四十三頭，騾駝二十頭。西北局的運輸牲口，明年計劃至少運輸一百萬斤以上的物品，其中包括運鹽三十六萬餘斤。作坊有磨坊、粉坊、醬菜坊、油坊、皮坊、豆腐坊、玩具工廠等七類，都是近兩年才發展起來的，抗聯合和西北黨校還合夥開辦了一個燒石炭場。在各種作坊中，以磨坊與皮坊贏利最大。這些作坊都有一個共同任務：供給本單位生活上的需要。明年各作坊的任務都已初步規定，西北局的磨坊從盈利部份中，要經常供給全機關人員糧食一萬八千斤，屠宰坊要經常供給肉食六萬一千五百斤，而且都還有增殖資本的任務。西北黨校個人生產的植類有甘餘種之多。個人生產任務前後收入二萬零九百餘元。邊抗聯雖然因為搬家耽誤了生產，而且土地條件也很壞，但個人為完成生產最差，但不到三十人竟完成了西紅柿一千八百餘斤。西北局個人生產任務總共折米三十五石一斗，六個月便已完成六十六石三斗，青年隊有人得了一張獎面，一張木毛毯。個人生產中最寶貴的，是西北黨校劉毅查把的木杓，每天可做六個，超大碗的合皮線又勻又緊，她用土機織的人字呢和方格呢幾乎和機器織一樣，幾乎純和正與的蘇聯也得受人讚美。

在各單位和各個人努力勞動下面，豐衣足食的生活確實達到了相當的程度。西北黨校一月份每人每天平均食肉一兩二錢、油二錢、菜四兩八錢，各月逐漸改善，九月份究竟每人每天平均吃肉三兩六錢、油四錢八分、菜一斤三兩，都提高到了原來的三倍左右。邊抗聯則每天每人平均吃油四錢七分、肉一兩三錢、鹽十一兩九錢。在伙食上各單位的自給部份，都超過政府所發的部份，西北局自給百分之五十上，抗聯自給百分之五十四。不但菜蔬肉食自給，而且自給一部份糧食。——這是大家動手，減輕民負的具體成績。豐衣足食的生活條件下，大家的娛樂生活更為活躍，西北黨校黨出了蘇回爲大晚會上演唱、說書、下棋、跳舞、玩撲克、說相聲種種娛樂活動。為生產人員所演劇邪爲一般同志所敬仰的幾位模範生產工作者和勞動英雄，西北局爲陳蘭英、何有才、朱文成、柴良選、袁鳳亭、張成銘，西北黨校爲劉奠渙、雷玉川、楊德順，都照了相片或畫了像在牆上懸掛着。

# 太行軍民
# 慶祝十月革命節
## 加緊備戰迎接敵寇「掃蕩」

【新華社太行十三日電】太行軍民各界，於本月九日舉行大集會，慶祝蘇聯十月革命節及紅軍偉大勝利。這是一個慶祝會，又是一個備戰的動員會。會場上懸掛着「保衛勝利就是中國勝利」、「加緊備戰迎接敵寇掃蕩」、「努力生產克服困難」等幾幅巨型標語。興奮、愉快與對未來戰鬥的信心，洋溢在參加人們的心裏。會場附近貼滿各種彩色標語。主席台上高懸蘇、蘇兩大國旗及斯大林、毛澤東同志的巨像，緊貼着中蘇兩國民族的親密團結。各機關團體組織的宣傳小組，事先紛紛向到會群眾宣傳，用淺顯地圖告訴群眾關於紅軍勝利的消息。勞動一年，秋收已畢的農民們……

# 開荒的果實
## 記鎮原石佛區一鄉二行政村群眾集體秋收

朱藩民

今年四月，縣政府發出了開荒的指示。石佛區一鄉二村的群眾，在鄉長王高林同志的領導下，全村以集體的力量，在短短五天的突擊中，開了九十多畝的荒地。他們進行開墾、播種、鋤草、收割都是集體的（除此以外還有個人開的）。現在，已經收割了，由於他們集體努力的結果，勝利果實已經獲得。以下就是他們收割時的一般情形。把它簡略的介紹出來。

十月四日前，連下幾天的陰雨，道路泥濘，老鄉們都躲在家裏，不能出去。雨下得太久了，大家心裏很着急：「老天爺！你爲什麼還下呢？晴開吧，如再下雨，我們黃熟了的糜穀，不是涵被你豬獺掉到地裏了嗎？」

五日的上午，涼風吹散了天空的黏雲，數日未見的陽光，開始照射到地面。老鄉們臉上就現出喜色。道路雖然仍帶雜泥濘，可是人們已經開始行走。

下午，陽光蒸發了地面的濕氣，山峁上、坡地裏和塬上的莊稼再也看不見水珠了。在夕陽的照射下，結得肥實黃熟的糜穀，還閃出了燦爛的金黃，它胎滿圓鼓鼓地擺着。王鄉長，他站在寬長的高個子。他坐在鄉政府的土炕上，和村主任朱修榮說：「今天晴了一天，地也乾了，二村大家合種的九十畝荒地糜子，明天無論如何要收割，不然北風一刮，糜食就掉到地裏了。」

……

# 光華農場優良品種

| |
|---|
| 粮尾穀每垧收二石零二升 |
| 馬齒玉米每垧收四石五斗 |
| 白稃黃硬糜每垧收二石四斗半 |
| 黃皮洋芋每垧收四千三百斤 |

【本報訊】光華農場今年的生產與各種試驗的成績，均比往年優良。本月十日該場舉行小型展覽會，農藝方面：幾十種穀物中，以狼尾穀、乾場穀、紅穀最好，長的較好。這四種穀子，又以粮尾穀的產量最高，每垧地收二石零二升（小石），比其他穀子多收二斗到三斗。……

# 安塞馬家溝
## 打場完畢趕開秋荒

【本報安塞訊】第四區馬家溝的同志報導：馬家溝全村的穀子，已全部打完入倉了。……

# 李樹榮來延縣三年
## 開荒種地吃不完穿不完
## 現自動要參加自衛軍出五石公糧

【本報延安縣訊】柳林區四鄉王家溝居民李樹榮，在一九三九年由米脂逃來本縣，先當僱工，後來得到政府和群眾的幫助，開荒種地……

# 中央療養所
## 修補公路

【本報訊】中央療養所生產隊，鑒於石疙瘩至李家灣有六處道路不易行走，致常發生跌傷牲口事件，特在秋收忙迫中，抽出兩天半的工夫加以修補，現已全部完成，往來牲口人員暢行無阻。

# 高等法院粉房經營得法
# 獲利將達七十萬
## 以粉條換糧食做粉以粉渣喂豬

【本報訊】高等法院在安塞所開設的粉房，係工商當教已成本合併經營的企業。他們把作好的粉條運到市鎮售賣，換些布疋及日常用品，又帶到農村去與農民換成糧食或豬，回來後再把糧食作成粉條又去交換，粉渣又喂了肥豬出售，幾個循環和粉的方式，把商業和農業結合在一起……

# 難民工廠選袁光華同志
# 爲邊區勞動英雄大會代表
## 吳廠長被選爲模範生產工作者大會代表

【本報訊】難民工廠於十月革命節舉行職工大會，除了慶祝蘇聯建國廿六週年紀念及紅軍反攻大勝利外，大會的另一個大收穫，即是檢閱了每個工友自從占領以來，在生產戰線上的成績。……此外，該廠選出木工組長王斌定同志，為出席邊區勞動英雄大會代表。

# 记关中第一届展览会

关中生产展览会陈列于马栏“关中盐业公司”的五间大商厅和五间栈房里，参与展览会的物品种类有农产、棉织、畜牧、木料、编织、工艺、瓷器、煤炭、铁矿和关中特产的药材六十余种；品类众多，生产浩大，给观众一种繁荣建设的快感。从无数位亲身参加过关中土地革命斗争的干部和群众对于展览会的谈吐感慨中，清晰地流露出革命的巨大创造力。他们洋溢着喜悦的情绪，赏阅着每一件物品；把十来年前黑暗统治下人民饥啼号寒的群众的暗影，和今日新民主主义政权下人民丰衣足食、发展生产创造的盛况，比较一下，真是有天壤之别。在宽敞的农展室内，各种农作物琳琅满目。专署二科长于分析研究了十三种麦种之后，便把各类麦子的特性解释给观众听。参加展览的许多劳动英雄说：这个工作是很需要的，比如红芒麦适宜山地，不怕野猪吃，这一点我们以前就不知道；同样坡地不宜种小白麦，而很多农民也不太懂得……在十种以上的谷种里，每种都在展览中得到精确的比拟；只有狼尾谷、绳头谷和小红毛谷，产量最好。在农展会中很重要的一面，是表明关中某些塬地是可以植棉的。在会上数位棉农受奖的佳讯，给予了更多的农民以鼓励；当政府工作人员以植棉利益问到一些群众时，有不少的农民就高兴地表示：明年要试种棉花了。农展室内每一种优异的产品，都博得无数的人们的称赞。一株玉米结五个棒子的主人——何老白（淳耀五区二乡劳动英雄）就被人们念颂着、称道着，说他那玉米每亩至少能打一石以上；从一个秤了二十八斤半的大南瓜上面，很多的人新识了一位劳动英雄——胡文贵。由一株一丈二尺多高的大麻子上，留给了人们一个美好的观念：要在道路上修理“通田水渠”引雨水灌地。这道理虽早为许多群众所熟知，但从那株□[大]麻子中却给予了群众更深刻的好印象。在菜蔬的展览当中，机关生产占了很重要地位，于数十个大萝卜的对照中，地委是一个八斤重——这自然不是独特的，像那样的大萝卜在地委机关是可以挑出很多很多的；同样在洋芋的比较中，仍以某机关的一粒十五两为最显著；关师留存下来的西红柿，虽并不顶大，可是它给若干群众的宣传启发，却起着作用。此外如茄子、甘蓝、红萝卜、莲花白……都证明着关中可以种植各种各样的好菜，在群众中起着实际的倡导作用。往昔几乎引不起群众兴趣的果木，在农展会中也被人们注意到了。原来事实是这样的：有些群众对于栽植果木，还为一种旧的观感所束缚，因为在革命前种果木人家曾眼看成担的水果腐烂，而卖不出去。农展会给了广大群众一个新鲜刺激：淳耀一株大胡桃树可收获三千元，而且全部能卖出。关中的土壤是适宜于培植胡桃、梨和柿子的。另一间引人神往的展览室，是棉织物品。这里有赤水民众工厂（为该县合作社所创办）的各种条子布、格子布、铁机布、木机布。……有新正、新宁纺织工厂的袜子、毛巾和许许多多的布匹；而比这些合作公营工厂更有雄厚基础的，则是一匹匹、一堆堆民间的纺织物。孙葱娃、刘钮如用木机子织成的极细致的窄面白布，被誉为纺织英雄的杰作；沙老婆、王珍珠一天所纺的七两、六两棉纱，可以抵得住洋纱。药材、木料是关中的重要特产，引起广大群众的重视。他们把这些特产当作副业。展览会努力把每种药材的标识和挖药的时间、方法，向观众解释，把各类木料的用途、培植和保护法认真地讲授给群众，对他们有很大的帮助，这是本届展览会的特点。（关中通讯）

# 納粹元帥李斯特等密謀反對希魔被捕

## 戈林等妒忌希姆萊勢力增長

[illegible]

## 東線德寇瓦解徵兆

# 一排德兵向三名紅軍投誠

[illegible]

# 納粹人力枯竭

## 希魔提前調用軍校學生

## 德軍自供缺乏熟練勞工

[illegible]

# 記關中第一屆展覽會

[illegible]

（關中路訊）

## 南斯拉夫全境

# 解放軍挫敵攻勢

## 法游擊隊廣泛追究賣國賊

[illegible]

## 路透社稱

# 斯羅邱會議在準備中

[illegible]

## 盟國成立

# 管制意大利委員會

[illegible]

## 對法軍在巴黎嫩行爲

# 伊拉克嚴重抗議

## 亞歷山大港學生示威

[illegible]

# 英第八軍佔領阿特薩

## 意境德軍車數百列開赴東線

[illegible]

## 盟國救濟善後總署

# 將討論蘇聯印度需求

[illegible]

# 盟軍增援布肯維爾島

## 空戰中日寇中將一名被擊斃

## 英記者稱緬境大戰行將爆發

[illegible]

# 日寇深懼空襲

## 倉皇準備疏散東京機關學校

[illegible]

〔5〕 551

# 绥德分区生产展览会开幕三天观众八千人

## 刘培润每钵谷子长十四个穗子

【本报绥德十四日电】绥德南关一带，已为各地赶来参观生产展览会的群众所拥塞，民众剧团成天连夜地演出秦腔，实小秧歌队亦活跃在街头与广场上，为成千成万的群众所欢迎。他们挨次地进入展览会场，对展品绿籽花、狼尾谷等，大加赞美。成千的妇女们特别注意着纺织类的展品，这里有比洋纱还白还细匀的土纱；比洋布还漂亮的土经土纬布。农作法展览室里，陈列着引人注目的刘培润的全部庄稼，事实证明了，刘培润的确名不虚传，他的谷子，一钵（一钵即一窝，普通的一钵只长几个穗子）长了十四个穗子，一钵洋芋结了十五颗，还有他的好糜子、大西瓜。但刘培润说，这并不是特殊的东西，因为他的庄稼都是长得一样好。刘玉厚的全部作物、农具，三斤重的一双鞋，以及刘玉厚和郝家桥的连环画，明确而具体地给了参观者以深刻的印象。张家圪塄村的展览品将革命前后的生活作一对比，告诉了大家，革命给他们带来了幸福的生活。人们参观了马丕恩移到延安生产起家的故事，又看了二流子马顺儿变为劳动英雄的经过，以及其他许多优良品种的大西瓜、大南瓜和各种各样瓜果菜蔬的典型代表。此外，还有很多工厂的出品，陈列着五十多种布匹、呢绒，以及各种肥皂、毛织品、陶瓷器、纸张、铜铁器皿、盐和炭、土产药材、各色点心，葭县的火腿，各县的水果，清涧的蚕丝、绢绸，米脂的栽绒、毛毯等。由于人民经济生活的提高，也需要这些漂亮而考究的东西了。还有机关的、抗大的，驻军某部的展品，自己动手下的结晶，也给群众以极好的印象，参观者赞叹着："现在公家真有办法，那样东西都有，实在是减轻了咱们老百姓的负担呀！"成千件以上的展品，说明了警区有着无数的财富、宝藏，正在被劳动人民努力的开展，并且也正由劳动人民享受着。一个老婆婆看了说："活了七十多岁，才见到这样美的好事！婆姨们看了要回家加紧纺织。”汉子们说：“明年要好好谋虑，努力生产。”参观者赞扬展览会说：“现在的公家，才把世事闹美了。”展览会开放三天来，参观者已有八千三百多人，每天鸣钟开门以前，群众即拥挤于门首伫候，每晚闭门后，群众尚恋恋不舍。有的已经参观了三四回还要参观，有的从几十里外赶来。据郝家桥村主任谈：全村已有半数以上人家挂上门锁，全家男女老少都来参观，由于广大群众的热烈参加，展览会筹委会已决定延期，估计将有全分区五十万人口中的二十分之一参加此次盛会。

解放日報

中華民國三十二年十一月十六日　第九〇九號　今日出版一大張

社址：延安　全年二九〇元　半年一五〇元　每月三十元　三月八十元　本期零售一元

## 通知

茲定於本月十六日至十八日為賽馬期，每日下午二時在南門外賽馬場舉行賽馬大會，將有很多名馬準備出場比賽，故望各機關團體屆時將自己機關內所有的良好之馬牽來賽跑，並在比賽時大會評判會準備予以評定獎勵，其獎勵辦法是以頭三等為合格受獎。一等良馬規定獎洋二萬元，二等獎洋一萬元，三等獎洋五千元，仰大家到時踴躍入場。

此外倘能在各機關團體部隊內所有高等騎手（各種騎術技術都可）也請準時到會報名，大會能臨時給予表演出場與表演，並望各機關團體所有人員都能準時前來參觀，不勝歡迎之至。

延安市賽馬大會籌委會

## 留直生產展覽會開幕啟事

歡迎各界自由參觀。

展覽期限：由本月十五日至十八日止預展四天。

開放時間：上午九時至十二時，下午二時至五時止。

地址：八路軍大禮堂

留直生產展覽總籌委會啟

## 中直軍直生產展覽會延長展覽期啟事

本展覽會為便利各界參觀計，特再延長兩天，自十五日起至十七日止，每日開放時間仍照舊。

# 本市賽馬大會日趨熱鬧

# 前日營業達八百萬元

## 毛主席朱總司令親臨訪問

# 綏德分區生產展覽會

# 開幕三天觀眾八千人

## 劉培潤每缽穀子長十四個穗子

# 太行軍政機關

## 繼續深入整風

# 浙東新四軍三個月中

# 斃傷俘敵偽五百餘

## 三北自衛隊痛擊「掃蕩」之敵

## 光復勝迅……故鄉民眾熱烈慶祝

# 淮南路西參議會

## 決定秋糧徵收率

# 魯中蘇中敵士兵

# 反戰厭戰逃亡頻仍

# 德涅泊河曲處

# 紅軍卅師猛攻德寇

## 凱赤半島旬日中挫敵百次反攻

# 敵寇燒殺阜寧花園鄉

## 我政府民眾合力救濟

| 解放日报 | 时间 | 1943-11-17 | 期 | 第910期 |
| --- | --- | --- | --- | --- |
| | | | 版 | 第2版 |

# 子长中心合作社八个月来为群众谋利千六百万

## 人民亲身体验到合作社是自己的，代表大会当场入股三百四十万元

【子长讯】本县中心合作社于日前召开社员代表大会，总结合作社过去八个月工作及讨论今后业务，共到代表二百余人。大家一致认为过去合作社有了很大成绩：（一）合作社用生产、营业、运输，分散经营，统一支筹等方法，从今年三月起，八个月中共长毛利九、四四五、四三八元，净利八、三五三、二七三元，社员的股金，平均每元可得十元红利。（二）在发展纺织方面，合作社以建立纺织据点的办法，进行了放花收线，共放花七、一八四斤，占全县放花数量的一半。以二斤花交换一斤线，领花妇女得花三、五九二斤，如以每斤两千元计，则人民可获利七、一八四、〇〇〇元，并用一〇五架纺车轮流贷放，解决了四百多户无力制纺车的农家的困难。（三）八个月中帮助人民运盐十四次，共运回二四、八八三斤。（四）替人民捎售货物，总值洋九、〇八二、五五七元，主要货物如棉花三、四一六斤，老布七一七疋，洋火九一二包，铧三六〇页，市布二十疋，还有收土产如食盐二四、二八三斤，羊绒一、一二〇斤，麻油三、〇四五斤，并在捎货中以低价售货七五〇、〇〇〇元，总计今年八个月来，合作社为人民赢利和放花，低价售货，使人民获利共达一六、二八七、二七三元。同时合作社本身也有了很大的发展，原有股金二二七、一八三元，后扩大到六八一、九四二元，社员也由四、五一六人增加到四、五二六人，工作人员由八人增加到二十五人（运输队在内），运输牲口由三月间的七头毛驴发展到现有骡子二十头、马三匹，生产部还增加了木铺一家，织袜机一架。此种成绩的获得，一方面是创造了新的办法，如在业务上采用了分散经营、统一支筹，营业上的灵活运用周转，与各方面建立关系等。另方面合作社的工作干部的积极负责，起了很大作用。如主任栾国人同志，经常亲自出发买货、驼盐，劝说亲友加入合作社，买卖牲

口，扩大运输队等。采买员李春桂曾因运输队缺少人员，自动参加帮助赶牲口两个多月。他们说："只要对人民有利，咱们吃点苦没啥关系！"由于合作社替人民谋得了很大利益，使得群众都真正地了解了合作社是自己的，此次社员代表大会上，全体代表一致称赞过去合作社的成绩，并对今后工作提出许多意见，如放花要普遍，要设立流动营业至各乡村，以便利群众买货等等。当大会讨论分红与扩股时，大家一致同意这次红利不分转为股金，许多代表并当场提出入股，如南区张文福说："我去年入了四百元，现在连红利有了八千多元，我还要再入一万元。"劳动英雄贺生云也自动提出入股二万元。接着十万、三万、五万、五十万……纷纷自动入股。瓦市张昌娃，张侯保感动地说："我要连货带钱，全部参加合作社"。当时入股总计达三、四五五、〇〇〇元。代表们都说："回去要我的亲戚朋友，也来参加合作社。"

# 子长中心合作社八个月来 为群众谋利千六百万

## 人民亲身体验到合作社是自己的 代表大会当场入股三百四十万元

# 新正马栏收粮万石 够全区吃用一年半

## 秋收组织好较去年省半月时间

# 拦羊

# 昨日骡马大会上 举行跑马预赛

## 各地客商运大批布疋抵延

# 大光纺织厂赶占魁运动中 模范工人大批涌现

## 王福禄最高纪录一天织布廿丈

# 定边春季植树 种活九千株

# 固临运盐完成任务

## 年底可超过任务一八八驮

# 「长城」一部召开炊事员会议 改进烹调技术

# 延川第一完小课余生产 六天打柴五万斤

| 解放日报 | 时间 | 1943-11-17 | 期 | 第910期 |
| --- | --- | --- | --- | --- |
| | | | 版 | 第2版 |

# 大光纺织厂赵占魁运动中模范工人大批涌现

## 王福禄最高纪录一天织布二十丈

【绥德讯】大光纺织厂在这次赵占魁运动中，模范生产工作者纷纷涌现。工人崔森林织土纱布，会用六根脚踏杆，平均每日可织六丈以上，技术有进步，且能帮助别人，在这次赵占魁运动中，表现最好。在发动织土经土纬布中，他推动大家织土经土纬布，别人在试织土布时没把握，而崔森林则能一天织五丈二尺多，提高了别人的信心。常有财，每天平均织土布七丈多，在织土布中成绩最好，他每周能节省机油三两，工作积极，甚至常带病做工，刘长和技术很好，是四十五岁的老工人，曾创造制铁机上的皮码子，又利用节省下的废纱捻成绳子，现为修理员，一贯埋头苦干，任劳任怨，始终如一，从来不说怪话。齐德成掏综组员，业务学习有进步，例如学珠算，还能布置轮轴头数，能用多少纱，能出多少布，他都学得很熟练。平常忠实可靠，工作踏实，且有经常性。韩洪仁有研究性，富创造力，创制铁机梭子、提花篓子、双梭盒子……工具（都是警区所没有的工具），且爱护工具如自己的东西一样。徐清泉是五十五岁老工人，在这次赵占魁运动中，保证了不缺轴用，能团结工人帮助别人，如给学徒鞋子、裤子等，善于接受别人对他的批评，改正他的错误，自己有病时不愿休息，仍要求做工。李银通以手拉机织毛呢，起初很难织，但他不怕困难，坚决研究，在这次赵占魁运动中，起了领导与推动作用，全组十四人都能团结在他的周围，生产成绩很好，织毛呢的数量、质量都在逐渐进步中。周明武工作很细心，没打过瞎缌子，是全厂遵守劳动纪律的模范，学习有自动性。齐学涛每日平均能打四斤至五斤土纱缌子，且在管理上能以身作则，起模范作用，节省特别好，没浪费过五寸线子。十五岁的女工李桂兰是妇女组第一组组长，工作努力经常，纺毛纱特别积极，在团结工人上、学习上，能起模范作用。另一女工李秀英她纺的毛线，数量质量都算全班第一，每天平均能纺十两毛线，质量是一等纱。平日自己努力学习，还能帮助别人。而且织布做针线的手艺也很熟巧。

【本报绥德讯】警区工人劳动英雄王福禄，最近在大光纺织厂举行的赵占魁运动中，他的生产成绩，又有很大的进步，据该厂刘厂长报道：（一）织洋土布每天平均生产量为九丈八尺八寸二分，在四月份赵占魁运动时，最高纪录一天织出二百零八尺。（二）质量都是一等布，现在质量比五个月前更有进步，织褡裢布能每匹织到十一斤重。（三）在织土纱布时，他起了推动作用，别人怕难不愿意织，而他不但提倡织，还能代别人织。（四）节省原料，把五寸的短线子都接上使用，在织布中节省，要算第一。（五）爱护工具，没换过多余的零星工具，皮码子坏了，他会加上一点皮子再用，螺丝（螺丝是钢质的，在边区不易买到）坏了，他可以用小木轴代替。（六）在工人中威信很高，他当副组长，能团结群众，对病员很关心，常利用工余时间来慰问有病工友。（七）学习方面，过去他仅仅认识很少的字，现在可以向抗战报上投稿，也能写短诗及标语，来鼓动大家工作情绪，对本组学习上起了领导作用。（八）其他生产，大光纺织厂没有号召私人农业生产，但他却利用时间种一些南瓜和千岁谷子，秋收时把收获的五十个南瓜、一升千岁谷交给公家。（九）文化娱乐方面，能讲笑话，对于打篮球很□[感]兴趣，星期日常带领着一些工人，去和学校机关上的同志比赛篮球。全厂工人在王福禄的影响下，生产热忱大大提高，模范生产者也在不断涌现中。

# 解放日報

# 子長中心合作社八個月來為群衆謀利千六百萬

## 人民親身體驗到合作社是自己的　代表大會當場入股三百四十萬元

【子長訊】米糧中心合作社於日前召開八個月代表大會，總結合作社過去八個月工作及討論今後業務，共到代表二百餘人。

# 新正馬欄收糧萬石 夠全區吃用一年半

## 秋收組織好較去年省半月時間

【本報新正四日電】新正馬欄區今秋豐收，共收繳各種糧食一〇、五二三石。

# 昨日縣馬大會上舉行跑馬競賽

## 各地客商濱大批布疋低延

【本報訊】昨日下午在市縣馬大會上，最精彩的活動為賽馬。

# 大光紡織廠趙占魁運動中模範工人大批湧現

## 王鳳祿最高紀錄一天織布廿丈

【綏德訊】大光紡織廠在趙占魁運動中，模範工人大批湧現。

# 定邊春季植樹　種活九千株

## 秋季植樹的更有萬株

# 固臨運鹽完成任務

## 年底可超過任務一八八馱

# 一長城一部召開炊事員會議　改進烹調技術

# 攔羊

延　直

（下接第三版）

# 延川第一完小課餘生產　六天打柴五萬斤

| 解放日报 | 时间 | 1943-11-18 | 期 | 第911期 |
| --- | --- | --- | --- | --- |
| | | | 版 | 第1版 |

# 边区被服厂四个月节省布四百五十疋

## 生产力平均提高百分之五五

【本市讯】边区被服厂今年棉衣产量超过往年一倍以上。依照今春计划，全厂应增加一百五十人，方能完成今年的生产任务，但自检查工作及赵占魁运动开展后，人力工具虽未增加，而生产力却大大提高了。计裁剪房提高百分之八十五，机子房提高百分之四十二.五，手工组提高百分之五十，装花组提高百分之二十五。平均皆提高了百分之五十五，生产质量亦提高百分之二十。在此紧张的生产战斗下，每一工作日平均产二.四套棉衣成品（此数系熟练与不熟练劳动的平均数，熟练的占百分之二十五，不熟练的工人及学徒占百分之七十五）。每套棉衣制造过程从裁衣到缝成共需时四时二十五分。又，在原料节省方面，每套棉衣预算平均为面布二十八方尺，里布平均为二十六.五方尺，从七月至十月四个月中共节省布一〇八、二七九方尺，合二百四十方尺之甲字洋布共四百五十余匹。在用线方面，四个月中共节省三百二十余码。

【本市讯】边区被服厂在赵占魁运动中，五个月来不仅将工厂面目焕然一新，同时也涌现出大批优秀的赵占魁运动者。本月九日晚，全体职工进行劳动英雄之选举，候选名单由各股讨论后提出，交学委会审查，由全体职工大会通过。计选出刘国华、张秉约、李凤莲（女）、吴士云等四人为该厂甲等劳动英雄。另有二十余名优良工作者受奖。刘国华同志，为一长征过来的老干部，工作一贯艰苦积极。张秉约同志生产质量最经常，且是一个突击手，他能领导与影响工人积极生产，保证质量合标准。李凤□[莲]同志，为厂内唯一的女劳动英雄，她是带有两个孩子的母亲，而生产一贯积极，数量质量均好，平日对同志帮助友爱，有如手足，并三次被选为劳动英雄。吴士云同志为本厂有名的青工学徒，屡次当选为青工学徒中的模范者，整风以来政治上更有显著的进步。此外，尚有二十名模范者，因整风后有显著的进步，将在该厂棉衣工作总结中受到奖励与表扬。（张力克）

解放日報
中華民國卅二年十一月十八日　第一九一一號　今日出版一大張
社址：延安　定價：每月三十八元　三十元　本期零售一元

**通知**

[illegible]本月十六日至十八日為賽馬期，[illegible]騾馬大會，[illegible]
此外當兒在各地開展騎乘隊內所有各等騎手（[illegible]各機關馬技術都可）由即日起到會報名，大會優勝時給予走馬騎馬獎[illegible]，並望各機關[illegible]有人員都能即時前來參觀，不勝歡迎之至。

延安市騾馬大會籌委會

**詩錢**

[illegible]

**聲明作廢**

[illegible]

西北局行政處

# 山東軍民展開破襲

## 沭河沿線平毀敵新修封鎖溝

## 臨郯路上民兵八百積極破路

【新華社華中十五日電】山東各地反對敵門爭正日益激烈。年來敵對我山東的分割封鎖，除部份不原外，基本上尚未完成，加以今年我軍在各地展開反蠶食鬥爭，拔除一部份據點，克復部份地區，更使敵箍縮加緊其對我封鎖分割的企圖；故山東敵在推行其「新四[illegible]」陰謀[illegible][illegible]

[illegible]

## 鹽阜報印刷所生產量增加

【新華社華北十五日電】[illegible]

## 保德政府撥糧救濟難胞

### 人民在反「掃蕩」中嚴守秘密，保護公物，遭敵毒刑，堅不屈服。

【新華社晉西北十三日電】[illegible]

# 紅軍鉗擊科羅斯梃

## 法斯托夫區殲敵逾克百輛

【塔斯社莫斯科十六日電】[illegible]

# 美國民主青年團成立

## 共產主義青年團宣佈解散

## 團結廣大青年反對法西斯

【新華社延安電】[illegible]

## [illegible]

[illegible]

# 本市騾馬大會八天來平均每天營業八百萬

## 農民工人買布做新衣

【本報訊】[illegible]

# 邊區被服廠四個月節省布四百五十疋

## 生產力平均提高百分之五五

【本市訊】邊區被服廠今年搞衣產量超過往年一倍以上。依照今春計劃，全廠應增加一百五十人，方能完成今年的生產任務，但自檢查工作及組織紡織運動開展後，人力工具雖未增加，而生產力卻大大提高了。計縫房提高百分之八十五，帽子房提高百分之四十二·五，手工組提高百分之五十，綴花組提高百分之二十。平均每提高了百分之五十五，生產質量亦提高百分之二十。在此緊張的生產戰鬥下，每一工作日平均[illegible]四套棉衣成品（此數係熟練與不熟練勞動的平均數，熟練的佔百分之二十五，不熟練的工人及學徒佔百分之七十五）。[illegible]

【本市訊】邊區被服廠在組織勞動英雄運動中，[illegible]

（張力克）

| 解放日报 | 时间 | 1943-11-18 | 期 | 第911期 |
| --- | --- | --- | --- | --- |
| | | | 版 | 第2版 |

# 绥德合作社与群众结合　增加人民收入千万元

## 石家湾合作社被誉为模范

【绥德讯】上月绥德县府召开了一次合作社主任联席会，总结该县一年来之合作社工作。由霍县长主持，专署也派人出席指导，经过三天的讨论，对于绥德合作社本年的工作有了详尽的检讨与总结，各合作社主任均表示这次会议对于今后开展合作社工作，有着重大的意义。在最后一天总结会上，大家选沙滩坪区石家湾合作社主任安锦城同志为模范合作社主任，并提出“向石家湾合作社看齐”的口号。绥德县去年共有十三个合作社，但大多是有名无实的，六七个合作社均在停滞状态中，如辛店合作社并入绥德市一毡房内，田庄合作社与私人合并，沙滩坪合作社毫无生气，延义合作社与民义工厂合并，所有这些均说明去年在本县合作社工作中存在着严重缺点。今年绥德在高干会决议传达后，即提出“向南区合作社看齐”的口号，从此，本县合作事业才有很大的发展。去年全县合作社股金共四十六万元，今年已增至二百三十万元，去年全年盈利四十六万元，今年已盈利五百五十万元。今年代永昌公司纺了一万二千斤纱，使五千余纺妇收入增加九百余万元（纺妇计得工资四百五十九石小米，每斗以二千元计）。不仅群众困难得以解决，且使合作社与群众开始真正结合起来。今年全县合作社出售日用必需品计染布二千一百七十四，每匹较当时市价便宜一百八十元，卖棉花三千零三十斤，每斤便宜六十七元，卖火柴九百包，每包便宜十元，卖铧二百零九页，每页便宜十元，卖麻油一百六十斤，每斤便宜二十九元，卖碱五百三十斤，每斤便宜九元，卖布四百匹，每匹便宜二百元，卖纸一百一十刀，每刀便宜二百元，以上八项日用品共便宜七十三万元。大大地为群众节省了时间和开支。其中被称为绥德合作社模范之石家湾合作社，创立于本年七月十五日，它的创立是受了沙滩坪马家洼合作社代永昌公司纺纱的影响，人民看见纺纱可以收入较高的工资（特等纱每斤四升米，上等纱三升米，中等纱二升米），因此要求在石家湾成立合作社，在该乡乡文书刘堆山及安锦城等同志领导下，自动集股六万元，开始以代永昌公司纺线为主，不满三四个月，人民即由合作社中得到九一石小米的工资。九月份合作社社员纷纷要求集股开粉坊，因为石家湾水地多，但缺乏肥料，因此在允许社员有买粪的优先权的条件下，人民即抢先入股，有的以黑豆、绿豆入股，有的以猪娃入股，有的社员更愿无代价借出粉坊全套家具。此外，石家湾合作社本着为群众解决困难的精神，给穷困的人民借粮食，如石家湾有一老婆的窑塌了，合作社即借米给她。有些纺妇在未交纱以前，困难时即可预支工资米，同时，石家湾合作社在教育群众中起了很大作用，经过合作社的宣传，许多原来不赞成合作社的人，都拥护合作社，并愿入股了（如周家湾党思义），最近有人想以驴入股，组织运盐队，有的想以布机入股，开纺织工厂，总之，石家湾合作社与群众真正结合起来了，这是由于合作社方向基本上是合乎南区合作社的方向的缘故。又，联席会上一致认为延义合作社最无成绩，因延义合作社主任田增泉没有转变其商人思想，脑中只想发财，表现最坏的地方，是代永昌公司纺纱中的消极怠工，结果使得义合纺妇无棉花可纺，减少了纺妇的收入。田增泉领导的合作社只知道以投机取巧的办法去赚钱，以数十万资金，出卖日用品只便宜了二千五百九十元，抵不上薛家坪石峁合作社的一个尾数（石峁合作社替老百姓节省了二十三万四千六百元）。大家提议要延义合作社主任彻底接受大家的批评，改变他陈旧的商人思想，“向石家湾合作社看齐。”最后并决定：坚持南区合作社方向，统一合作社领导，建立合作社制度，并责成各合作社须于最短时间内整顿好，并组织运输事业。提早代收运盐代金，明年由合作社代交政府，原本作为股金。同时，并准备大量农具（如铧、锄、镢等），以便明年扩大生产供给人民的需要。（林肖硖）

# 隴東地委檢查減租工作
# 鎮原減租較爲澈底
## 慶合鎮三縣將深入開展群衆鬥爭

【隴東十日電】自前次縣書會議以後至十月底的減租工作，曾經檢查，總計時間約五個月，然已獲得相當成績，這期間進行減租的共有二十個鄉，計鎮原十個鄉（鎮原共卅三鄉），慶陽四個鄉（合縣共四十三鄉），合水六個鄉（合縣共卅八鄉），減租佃戶共四八八家，出租土地者二二九戶，減免民國廿八年以前欠租及今年按二五減租及再減再免的租子共一、〇〇八石一斗零五合，此外，地主退出多收的租子一百四十六石一斗八升五合，與草一、八九三斤。在減租鬥爭中，有些鄉的農民組立了自己的群衆組織——農會、減租小組，領導和堅持了減租鬥爭。……

# 綏德合作社與群衆結合
# 增加人民收入千萬元
## 石家灣合作社被譽爲模範

【綏德訊】上月綏德縣府，召開了一次合作社主任聯席會，總結該縣一年來之合作社工作。由霍縣長主持，專署也派人出席指導，經過三天的討論，對於綏德合作社本年的工作有了鄭重的檢討與總結，各合作社主任均表示這次會議對於今後開展合作社工作，有着重大的意義。在最後一天總結會上，大家選沙灘坪區石家灣合作社主任安錦城同志爲模範合作社主任，並提出「向石家灣合作社看齊」的口號。綏德縣去年共有十三個合作社，但大多是有名無實的，六、七個合作社均在停滯狀態中，如辛店合作社併入綏德市一區房內，田莊合作社與私人合併，沙灘坪合作社毫無生氣，延續合作社與民衆工廠合併，所有資金均被……去年在本縣合作社工作中存在着嚴重缺點。今年綏德在高幹會決議傳達後，即提出「向南區合作社看齊」的口號，從此，本縣合作事業才有很大的發展。去年全縣合作社股金共四十六萬元，今年已增至二百卅萬元，去年全年獲利四十六萬元，今年已獲利五百五十萬元。今年代永昌公司紡了一萬二千斤紗，使五千餘紡婦收入增加九百餘萬元（紡婦計得工資四百五十九石小米，每斗以二千元計）。不僅群衆困難得以解決，且使合作社與群衆關係更結合起來。今年本縣合作社出售日用必需品計洋布二千一百七十疋，每疋較當時市價便宜一百八十元，賣棉花三千零卅斤，每斤便宜六十七元，賣火柴九百包，每包便宜十元，賣鹽二百零九頁，每頁便宜十元，賣鹼一百六十斤，每斤便宜二十九元，賣鐵五百三十斤，每斤便宜九元，賣布四百疋，每疋便宜二百元，賣紙一百一十刀，每刀便宜……

# 淳耀國民小學
# 課餘生產與學習結合
## 群衆稱讚紛送子弟入學

# 固臨出現十二歲女英雄
# 閻改春種地百畝
## 一家五口生活主要靠她勞動

# 子長各界慶祝十月革命節
## 號召努力生產自衛學習

# 定邊四區變工收秋
# 幫助抗工屬四百個工
## 賀保元秋收糧夠全家吃用四年

# 鄜縣二流子張德清轉變
## 變工贖回三十畝地

# 勞動英雄人人敬愛

# 張大虎種菜記

# 今年跟去年不同了

# 他的經驗談

## 美坚木作厂

粉刷房洞门面承做油漆彩画本厂特聘高等技师专门制造细致木器式样摩登坚固耐用零售包批价码克己如蒙惠顾竭诚欢迎厂址：文化沟

解放日报

中华民国卅二年十一月十九日　第二一九一号　今日出版一大张

社址：延安　每月三十元　三月八十元　半年一五〇元　全年二九〇元　本期零售一元



## 寻钱

本处某某同志携款去市场买炭，于城内一带，遗失边币十五万元，外裹白布包皮，如发各界同志拾得请即寄知，本处定当重酬。

中央总务处　十一月十七日

## 声明作废

本局人员，先后遗失政府发给红布符号〇〇〇六三，〇〇〇七五，〇〇〇八九，〇〇〇九九，〇〇一二四，蓝边符号〇〇〇四六，〇〇〇七〇，〇〇一一七。除另行发给外，以上符号，特声明作废。

西北局行政处

# 鲁南八路军大胜利

# 击毙汉奸惯匪刘桂棠

## 生俘伪军千余缴获极多

## 克敌四据点解放民众五百余

# 东坎附近 新四军白刃战却敌

# 滨海军区直属队大会决议

# 贯彻党中央"十一"指示

## 厉行生产节约拥政爱民

# 曼努意斯基六十寿辰

# 苏政府授以列宁勋章

## 奖励他四十年来的革命功勋

# 红军攻入莱敌察西郊

## 基辅西北收复车诺贝尔等城

## 德涅泊河曲歼敌两千

# 边区生产展览会月内开幕

# 各地展品陆续运延

## 关中送来百余单位所产麦棉煤铁

# 英国工人日报

## 反对释放法西斯魁首

# 三边盐产完成任务

## 较去年增加百分之二一四

## 盐民丰收家家生活富裕

# 边区生产展览会月内开幕各地展品陆续运延

## 关中送来两百余单位所产麦棉煤铁

【本报时讯】将于本月二十五日开幕的边区生产展览会，各种展览品现正陆续向延安会址汇集中，筹备处整日应接不暇，正式登记者已达数千件。从遥远的关中分区，送来了包括二百三十七个单位的小麦、棉花、铁矿、煤炭等展览品数大箱，三边分区的食盐、甘草、皮毛等亦已送到了一部分，绥德分区在给大会筹备处的电报中说："我们的展览品太多了，运送至少需四十多头牲口"。现筹备处已专派汽车前往接运，预计今日黄昏当可抵延。从延属分区已经收到延安、安塞、延市、延川、固临、甘泉等六个县市琳琅满目的展览品中，已可明显窥见未来总展会上光辉灿烂的景象。这些展览品有：延安县农家所产，比普通高三尺，每垧地多打三斗的白色洋玉米，一个棵上结桃八十余枚的棉花，两人高的老麻子，二十八斤的大南瓜，吴满有一尺半长的谷穗子等数百件。安塞送展览品的农家逾三百户，主要者有狼尾谷，及其他谷子十八种，豆类二十四种。延川以出产棉花、水果著名，此次有大批的棉花、棉纱、土布，及水果香梨、红果等运来。各工厂的展览品，已运到的有新华化学厂、纬华工厂、南区合作社纺织厂等数单位，新华化学厂的展览品中，不仅有大批的各式肥皂、牙粉、精盐、墨水等，而且有制造肥皂的详细说明及原料样品。纬华工厂的彩色毛线、色泽鲜明、质地匀整。闻此种毛线将于大会开幕期间，在会场上廉价出售二千磅，以优待观众，南区合作社纺织厂出产的布匹、毛巾、袜子，不亚于国内大工厂的产品。当筹备处工作人员接受这些展览品的时候，常以笑容满面，连连称赞为："经济建设的花朵。"展览品除实物之外，尚有各种连环画、照片、图表等数百幅，筹备处一月以来即专辟一室延聘名画家，统计学家等数人，绘制劳动英雄彩色画像及各种统计表格，当记者参观时见已绘成吴满有、马杏儿、李位等巨像悬挂石壁上。

各种图表已绘就者有边区阶级变化统计表、开荒面积统计表、耕地面积统计表、植棉面积统计表、集体劳动与个体劳动成绩比较统计表等近百幅，这些统计表格为了便于群众观览，数字均以实物标明，注解悉用中国字码。展览会址现亦已建筑就绪，××山下除二十二孔石窑及一座大礼堂外，今明两日即将再动工搭筑相当于二十孔窑洞的布篷数座；闻展览品布置以合乎政策，中心扼要，实事求是，简单明了为原则。在展览中各地分展均有划定地点，计延属、绥德、关中、三边、陇东等五个分区在新建之二十二孔石窑内展出，中直、军直、留直、边直各分展在布篷内出展，总展则在附近一大礼堂内。各个地区、各个机关系统之生产特点，在各该单位的分展中均可一目了然，总展则尽力表现全边区生产之特点，故参观时观众先睹各分展情形，然后进抵总展，如此巡行一周，对于边区各地生产建设及总的方针，当可一目了然。

解放日報

今日出版一大張　第九一二號　中華民國卅二年十一月十九日

社址：延安　全年二九〇〇元　半年一五〇〇元　每月三百八十元　三十元　每份一元　本期零售

## 尋錢

## 聲明作廢



# 魯南八路軍大勝利

# 擊斃漢奸慣匪劉桂棠

## 生俘偽軍千餘繳獲極多

## 克敵四據點解放民衆五百餘

# 東坎附近

# 新四軍白刃戰卻敵

# 貫徹黨中央「十一」指示

## 厲行生產節約擁政愛民

## 濱海軍區直屬隊大會決議

# 曼努意斯基六十壽辰

# 蘇政府授以列寧勳章

## 獎勵他四十年來的革命功勳

# 紅軍攻入豪蔽察西郊

## 基輔西北收復車諾貝爾等城

## 德涅泊河曲殲敵兩千

# 英國工人日報

# 反對釋放法西斯魁首

# 三邊鹽產完成任務

## 較去年增加百分之二一四

## 鹽民豐收家家生活富裕

# 邊區生產展覽會月內開幕

# 各地展品陸續運延

## 關中送來百餘單位所產麥棉煤鐵

# 延川纺织厂劳动英雄刘随成推动全厂提高产量

【延川讯】本县纺织工厂劳动英雄刘随成，在今年该厂发动的赵占魁运动中，表现了高度的积极性和责任心，他的工作速度大大提高，而且织的布比以前好。每天早晨当其他工人还在洗脸的时候，他便上工了，到别人上工时他已织了五尺大洋布。礼拜日大家都休息了，他自动地做工不休息，还劝其他工人也不休息。由于他这样积极生产的结果、推动了全厂职工，于九月份开始时每人都订出了生产计划，并互相提出竞赛，全厂生产量突飞猛进，如七八两月生产量较以前增加了百分之二十五，而九月份又较七八月份增加了百分之十五。刘随成更是其中最杰出的一个，他在七八两月中每天织洋布一匹，九月份增加到每天织布六丈，他不但是一个积极的生产者，同时也是个学习模范，过去他连自己的名字也不认得，现在已能写单据，会记账了。（袁世富）

# 志丹擬定明年經建計劃

## 開荒四萬四千畝增產細糧九千石

## 今冬積肥三萬袋修廁所一千個

【志丹訊】此間縣政府當局在縣區鄉幹部聯席會議之前，已擬就具體任務及經濟建設計劃，其綱要如下：（甲）農業：擴大耕地面積，今年秋開荒一萬二千畝（已完成），明年春開荒三萬二千畝，共開荒四萬四千畝……

## 發展運輸牲口至千七百頭 擴大紡婦紡毛兩萬四千斤 機關生產自給糧食七個月

## 草灘子胡文桂

張越

（一）

## 葭縣葭蘆合作社 組織牲口運石油

## 邊府辦公廳 種菜超過計劃兩萬斤

### 醬泡菜七十三缸

# 中直軍直生產人員 冬季教育整風爲主

## 生產工作幹部着重業務學習

## 延大生產蔬菜四十二萬斤 超過任務八萬斤

### 同學自己動手燒木炭七萬五千斤

## 吳旗黨政機關 幫助羣衆調劑耕地

### 貧農獲得土地熱烈開秋荒

## 臨菜公司延安二分棧 自建房屋節約鉅款

## 延川紡織廠勞動英雄劉隨成 推動全廠提高產量

【延川訊】本縣紡織工廠勞動英雄劉隨成，在今年的勞動中，表現了高度的積極性和責任心。他的工作熱情大大提高，而且織的布比以前好。每天已織了五尺大洋布，晚上大家都休息了，他也不休息，還動員其他工人也不休息。由於他積極的帶動，推動了全廠職工，於九月份開始時都訂了生產計劃，兩月份生產量較以前增加了百分之二十五，而九月比八月份增加了百分之十五。他在七八兩月中每天織洋布一疋，九月份增加爲六丈，他不但是一個積極的生產者，同時也是……過去他連自己的名字也不認得，現在已能寫會認了。（寶世富）

## 赤水完小課餘生產

### 種秋菜四畝改善生活

### 打柴六十車冬天暖炕

## 新正農民俞海山 今秋收穫夠兩年吃用

## 現有資本廿萬

# 留守兵团直属队举行生产展览会

## 今年收粮千八百石菜两百六十万斤，钢铁石油产量与质量均在提高中

【本报特讯】留直首届生产展览会于本月十五日揭幕以来，观众已达五千余人，各种展览品均大为观众所赞赏。该展览会之特色，就是除展览各种劳动产品外，同时展览八路军在敌后缴获的战利品一部，及国内外赠予八路军的慰劳品一部。八路军在前线则英雄杀敌，在后方则努力生产，特别是在今年发展生产丰衣足食的号召下，留直机关部队以高度的劳动热忱和充分发挥创造性，克服了物质困难，提高了生活水平，并在水利灌溉上，皮革制造上，玻璃陶瓷器和药材的改造与发明上，表现了卓著的成绩，许多参观者，看到这些经济建设的成绩后，表示更大的兴奋；有几个赶来参观的老乡，他们还是初次看到这样精美的物品，特别感到惊异，经招待员解说后，连声赞赏不绝。留直展览会给予广大观众以生产与战斗结合的深刻印象，表示八路军无比雄伟的力量，由此更加增强了广大观众抗战胜利的信心。展览会场在宏伟的八路军大礼堂，墙外右侧高悬“兵强马壮，丰衣足食”的大字标语，在正面入口两边墙上，悬挂巨幅油画，会场极为壮观。礼堂内划分为农业、工业、战利品、慰劳品、印刷、医药卫生陶瓷、牧畜等部，各部门都被帷幕隔开，且均配置各种统计图表、巨幅油画、漫画连环画、赵占魁巨像，和各种劳动场所的照片。整个会场布置得很新颖。在农业第一的口号下，留直各单位今年共开新荒一万一千七百亩，合原种地共种一万四千九百八十六亩，秋后共计收获各种粮食约一千八百石，全年收获各种菜蔬二百六十余万斤。此外，尚有小量瓜果花生棉花等农产品。在农产品展览部里，就陈列着一个二十七斤重的大金瓜、十八斤的黄萝卜、十八斤重的茴子白，一棵大白菜比两岁的娃娃还大，一株西红柿结了四十八个，还有叶嫩味鲜的包心菜，由包心白或

卷心白授粉的变种菜，都依然青绿的可爱。留卫材料厂的白萝卜平均每亩产五千六百二十斤，留政菜地每亩平均收四千余斤。“长城”部送来的谷子，穗子有二百个旁塔的，今秋“长城”部的庄稼，因遭受雹袭，损失达三分之一，不然会更加丰收。在解决各种农具方面，“长城”部自制了连枷、镰刀、木锨、扫把、锄头、犁铧等，这些农具在观众看来，和市上的一样适用。在展览的农产品里，还有一株一丈五尺高的麻，在延长种的一株棉花，结了七十多个花，一丈高的向日葵……。

## 一架脚踏水车每天灌地三十亩

在农业部门中，尤值得一提的是三种水车的制成，它便利了灌溉。三种水车的模型都陈列在会场里，有两种水车和南方的水车形式相似，一种是脚踏的，另一种是用牲口推的，每天每架水车能灌地三十亩。第三种水车是一种轮车，这是兵站部邓政委设计的，他是一个南方农民出身的长征老同志，这个水车是利用延河水力转动车轮灌水的，尚未试用；在前两种水车中，有一种也是由邓政委凭记忆设计起来的。在久经革命斗争锻炼的邓政委身上，已发现伟大的创造才能，他曾透露过一个改善延安水利建设的计划，他又想利用延河水力推动弹花机弹花等。当观众由农产品部分转入工业品部分时，农具工厂的边区工业劳动英雄赵占魁的大画像，挂在壁上，表现着新劳动者无限的愉悦，留直各单位在他的影响下，已浮现出将近一百九十名的农工劳动英雄及模范生产工作者，其中且有十六人已被选为出席边区劳动英雄大会的代表，这将大大增加赵占魁运动及留直系统在生产战线上新的光辉。在另一张照片上，反映出一个钢铁生产的场面，在高大的高热度的溶铁炉边，赵占魁式的新劳动英雄便不断出现，在一个木匣子里，装着用××矿石炼灰生铁的过程，而在边区许多地方铁矿的蕴藏是很丰富的。用土产钢铁制造出来的各种器械，其精美程度，特别引人注目。轧油墨机、手摇钻、老虎铅、各种锉子、油印铜板、弹子锁、天秤、犁蓄，及仪器弹簧划规、圆规、直角尺、丁字规、三角板等自制的质量，并不逊于大都市的出品。石油厂的烟囱和井架矗立着，——一张巨幅图画和许多照片挂在迎面的布帷上。钢铁与石油的产量与质量，均在提高中。在工业部门的另一类是燃料类，青年剧院炊事员王华同志创设的灶炉模型，为大家所赞扬，采用这样的灶炉，每天可节省石炭九十斤，青剧全年节省之石炭已达二万四千斤（关于该灶炉的制造过程本报第四版已有介绍），现留直系统中已有少数单位仿照改造，牧效甚大。此外，那里还陈列有“长城”部自烧的砖瓦等。从燃料类的展览品看过去，那里摆着各色各样的纺织品、毛织品、缝纫刺绣、童装、鞋袜、毡呢等，好一个丰衣景象。这里有雪白的土纱，并有图表说明由生花变成纱线的过程，这里有用手工捻线的工具线托、线锭，……接着陈列着各色各种的男女老少的毛衣、毛背心、毛裤、毛手套，和平医院两幅毛主席、朱总司令的肃像，手工很精致。缝纫问题上，用剪裁好的衣裳示例说明节省的剪法，童装陈列品，有三个穿了各种颜色毛衣毛裤，戴了红绿毛线帽的假装孩童，但猛一看去，就有真孩子的神气。再过去放着一大堆鞋袜，新新针织厂能自织洋纱袜子，在毡呢制成的产品中有白色的毡鞋毡袜，有着“二五”“三八”“四八”各种质料的毛毡，而黄色的呢制服，深蓝色的呢大衣，均是利用边区土产加工制成的生产品，可与机制上等呢媲美。（兵站、留政、青剧、“长城”部成绩最为卓著）。吃的方面也有了很多进步。供给部制的葡萄、梨、桃等果子酒，色美味香，留政的一套中秋月饼，重四斤半，今年中秋做了一千三百二十个。留政、青年剧院腌泡咸菜多达二十三种，有豆腐乳、五香萝卜干，令人回忆起南方的酒家小吃。西红柿制酱，在留政、青年剧院都做了，评剧院并以西瓜做酱。现在大小灶的菜是花样翻新了。留政小灶常吃米粉肉、清炖鸡、红烧肘子、三合菜，而大灶各种肉菜的做法，陈列的已有二十八种。自制的摇烟，是以合水烟叶制成，丰足牌香烟，味道还好。在留直系统所做到的丰衣足食的程度，一般的都由公家发了新棉衣、单衣、衬衣各一套外，各单位自己还能补充一件毛衣或毛裤，一双毛袜或一副毛手套。肉食标准十月份已能做到每人吃二斤十一两二大秤，菜由一月份的三十二斤四两上升到十月份的四十五斤，私人生产所得用以改善自己的生活。军法处制造的军棋、象棋、扑克，电影团利用坏胶卷制的四五十种纪念章和徽章，青年剧院自制的风纪扣、别针、这些小手工业的生产，都因产品的优良或新颖，市上销售甚

解放日報

中華民國卅二年十一月二十日　第九一三號　今日出版一大張

社址：安延（延安）　本期零售一元　每月三十三元　三月八十八元



# 邊府提前放出

# 明年農貸一萬萬元

## 以貧苦農民為主要貸放對象

# 留守兵團直屬隊

# 舉行生產展覽會

## 今年收糧千八百石菜兩百六十萬斤

## 鋼鐵石油產量與質量均在提高中

### 一架腳踏水車

### 每天灌地三十畝

# 冀南軍民半年來

# 作戰千次殲敵萬人

## 繳槍六千克敵據點十一處

# 邊區勞動英雄大會

## 各地代表起程來延

### 太行大量編印

### 通俗讀物

（下接第二版）

# 海州新四軍

# 攻入響水口敵據點

## 斃俘偽軍徐繼泰部三百人

# 紅軍西進連克一名城

## 萊啓察　科羅斯挺

多。医大编筐小组利用进戏时间编造筐子，已卖了三四十万元，新市场的筐子生意，完全是他们占上风了。留卫材料厂的一位同志，利用马兰草打的绳子，像麻绳一样，另两位同志经过数月的研究试验，完成了制造丰足牌香烟的私人生产。和平医院的医生方禹镛同志，是一个朝鲜籍的国际友人，今年他的私人生产是很出色的：开了二亩半菜地，菜和洋芋吃不完，买了一头猪，养了六个猪娃；两只母鸡中有一只抱了三窝孵了六十多只鸡，从二月至九月鸭鸡共生了二千多个蛋，私人生产能搞到这个样子，自然私人生活就大大改善了。据留直初步统计图表所示：参加农业、手工业、土木等私人生产的获利，私人处理用于解决被服的有三百四十二万九千五百余元，消费于日用品的有九十三万五千元，用于食品及其他共七十九万九千余元。由于公私生产运动的发展，使他们在自给的比例上提高了而且能受到丰衣足食的生活。自一月至十月，留直各项费用自给已达百分之六十四，同时节省各种费用达二百五十六万八千四百元，其中建筑费节省最巨。在兵站部，今年私人生产每人都解决了十三件物品：毛衣、烟叶、牙膏、牙刷、肥皂、手套、线袜子、毛袜、棉鞋、单鞋、草鞋、手巾、扫把，是留直系统中生产工作做得好的四个单位之一。其余三个是留政、青年剧院、“长城”部。**皮革制品精美新创水力碾浆机**　在工业展览品的另一个部分就是皮革业。皮革有用植物鞣、矿物鞣两种，植物鞣牛羊皮完全是采集边区土产，鞣制之主要材料，是搜集边区大森林中各种植物提炼出来，有鞣性的丹宁所鞣成，其助成材料也是采用边区土产，鞣成之牛羊皮革，制成产品有枪支带、腰皮带、各种子弹带、各种枪套、刺刀、大刀套、挂包、带毛军用皮大衣、皮靴等等，其质量异常优良。此外，尚有篮球皮套，用丝线缝的，很坚实。狐狸皮帽子也引人注意。皮革生产中，尚有值得介绍的，就是利用皮革的废毛，制成麻袋，坚实耐用。在造纸业中，工艺厂的超等麻纸、普通麻纸、甲等布纸甚好。而水力碾浆机的发明，将促进碾造纸浆的速度加快。展览会中陈列了一架比原机缩小十分之一的模型，其利用水力冲打旋转速度大轮为六转，小轮为十转，等于二十个牲口的碾量。产量在二十四小时内，两轮可碾八令纸的纸浆，这个辗浆机是青年剧院同志所设计，振华纸厂已在采用试验中。利华毛笔厂自制古塔、持久战、延河水、纯羊毫等水笔，解决全直属队用笔。在木工厂方面，留政记木工厂的大车，在全延安是很闻名的。他能保用五年不要修理，主要是在车轮上的铁木工做得好，制轮的木料是经过日曝雨打晒干了的榆木，而车轮四周的铁瓦则要打得厚，这样大车就能耐用了。木工展览品中，兵站部自制的纺毛车，一只脚踏，两只手纺，一天能纺一斤半毛线。医大弹花弓也很实用。“长城”部的木工厂规模很大，拿来展览的大木板有二三尺宽。青年剧院的木工厂，大都是木工部的学生，做的产品技巧上很精致，他们做的乐器二胡三弦，很精美经济。留政做的乐器吉他琴、扬琴和舶来品可相媲美。**侨胞与国际人士向八路军献的锦旗**　战利品和慰劳品一部均陈列于大礼堂讲台上，从右侧登台，悬挂着一面锦旗，系西班牙民军第十一师赠予八路军的。讲台上共悬挂十五面锦旗，大部是南洋侨胞遥赠英勇八路军的，其中有一面是南洋各界青年救国代表大会所赠，题词：“抵抗到底”、英国英伦华侨儿童团所赠的锦旗题词：“驱逐胡虏”。每个参观者看到这些华侨爱国热忱的高度表现，立即想到英勇作战努力生产的八路军是没有辜负大家的热望的。讲台上与辉煌的锦旗相映成趣的，是日寇的好几面大小太阳旗受了创伤的无力地躺在下边；千人力背心、千人针、护心符，并不能挽救日本士兵的生命，且成为八路军的虏获品；日本大地图、平汉沿线十万分之一的军用图，战刀、金星肩章臂章，黄呢大衣、黄呢军毯……映入了观众的眼帘，掷弹筒、马尾手榴弹、防毒面具、剪形望远镜，都成了这里的展览品，在台中央前端还放着一尊山砲，所有这一切，和光辉的劳动产品，血和汗的结晶放在一起，它激起人们燃烧着更高的热情，对祖国的保卫者——八路军的热情。**发明简便油印机自造安瓿、制酸器**　往右，是留政印刷厂的展览位置。新创造的简便油印机，其质量超过胶滚油印机，后者是日本货，前者纯是边区原料，而原料工资又仅二千五百元，舶来品则要一万五千元；一张蜡纸能印二千份以上且仍非常清楚，舶来品只能印到三至五百张，有时还糊涂不清。不用胶滚，用块板子推，所以匀称。这个简便油印机是留卫材料厂教育处主任研究成功的，现拟赶制一批，准备在边展会卖出，并拟略加改造，仿照胶滚油印机、蜡纸能向上揭，则印刷速度更可加快。留政印厂并排出一个由原稿的印刷装订到完成的过程，可给一般观众以印刷术的概念。留政印刷厂在节省原料及发明上尚有许多贡献：一、拼版时以纸条代铅条，每年可节省青铅三百斤。

二、三校做清样，每月可节省有光纸一百五十张，人工十个。三、以边区马兰草纸做薄刑纸，可浇铸四块铅版，在四一年六月即试验成功了。四、利用废纸边钉书，每月可节省细铁丝十五斤。五、用边区产青石，代替外来的磨板石，全年可节省二千元。安瓿、制硫酸的器皿和碳酸氯钠是边区化学工业上新的成就。走到这个展览部门，一盏燃起火的高脚煤油灯，首先吸引住了观众的视线。陶瓷厂自制的高脚灯座，陶瓷厂自制的灯罩，构成了这盏煤油灯的两个主要部分，而捻灯芯的龙头正试验制造中，如果成功，则油灯及灯油全部是边区的土产了。安瓿是医药上使用注射麻醉剂的玻璃管，现已制成注射一CC至五CC的吸管、试管、滴管、牛痘苗毛细管等类，都制造得很精美，过去因制造的质量很差，不能装麻醉剂注射，现则扫除这种障碍了。玻璃原料除硼砂依靠外来外，其余碳酸镁、火硝、石英、石灰石、砒等，边区均有丰富的藏量，玻璃工业发展大有前途。陶瓷厂制造各种陶瓷器，各种大小药瓶，洗眼杯，耐酸的一百磅的硝酸□，其他有天线电瓷瓶、电话线瓷瓶、小电器瓶、分流瓷瓶、瓷纽扣等，而最成功的，是制成了制造硫酸的一套器皿，这套制造化学工业重要原料硫酸器皿的成功，将保证边区化学工业大踏步地发展。**中西药六十种帮助群众一千人工**　药材方面，除特殊地方性的外，其余边区都能产，展览会中陈列的药品即有主要的六十余种。西药方面，福白龙、士的宁、氧化钙、麦角、吗啡因等均能自制。碳酸氢钠（俗称小苏打），系留卫材料厂化学实验主任李光训病中于九月底试验成功，本年底可大批出产。此外，尚有丸剂片剂制造过程，碳酸镁、黄芩精、牙粉等制造过程图画的说明。最后，医大陈列展览九种病理标本，陈列的医疗展览品中，有自制的血球沉降器。陈列的生产品的最后一部分是牧畜，走到这里就似走进了动物园，出色的有医大一只二百五十五斤的公猪，留直马场牵来的一匹母马和马驹子，这只母马一年能下一个马驹，生利很大。此外，方禹镛医生抱三窝蛋、孵六十余只鸡的一只母鸡，也是一个珍奇的家禽。留直系统一年来的真实生产成绩，尚不止此。据筹委会同志谈：因生产任务以十个月计算，故各种统计数字无完整总结，更多优异的生产品亦来不及收集。但，从这里，广大观众已能作一留直四三年生产的巡礼，而在工业方面的成就上尤其卓著。而在过去十个月中，帮助人民群众方面也有很大成绩，如帮助人工一千个，开荒一千五百亩，节省群众工资十五万九千九百元。群众生病住院者六十二名，门诊者一千一百四十二人，节省群众医药费八万八千八百余元。帮助群众物资、资金七万二千余元。节省群众运输费用五百二十二万三千四百元，这是革命军队对革命人民的实际帮助。革命的经济和技术工作者，及任何革命战士，均能发挥自己的创造性，在经济建设战线上有所贡献，并获得丰衣足食的生活。毛泽东同志赠予他们的题词："不要自满，要更精，更好，更进步"，鼓舞着他们为实现全部的自给和更加丰足的物质生活而斗争的决心和热情。

# 皖中貫徹減租

## 羣衆鬥爭違法地主減租四萬石

## 泰縣敵佔區民衆擁護農會

[illegible]

# 鄜縣數千人集市上 羣衆展開減租鬥爭

## 高劉張三家佃戶要地主減了二年租子

[illegible]

## 山東軍區政治部指示所屬

# 加強民運生產工作

## 明年三人種地一畝五人喂一羊

[illegible]

## 邊區一級機關

# 展覽今年生產成績 舉行勞動英雄大會

[illegible]

## 晉中軍民

# 破獲敵寇大特務案

## 五年來告密殘殺無惡不作

[illegible]

## 留守兵團直屬隊

# 舉行生產展覽會

（上接第一版）

## 兵站、團部、警政、劇團、「長城」部 成績最爲卓著

[illegible]

## 皮革製品精美 新創水力碾漿機

[illegible]

## 僑胞與國際人士 向八路軍獻的錦旗

[illegible]

## 發明簡便油印機 自造安瓿、製酸器

[illegible]

## 中西藥六十種 幫助群衆一千人工

[illegible]

## 邊區幹部休養所 改善生活有成績

[illegible]

# 安塞展品全部运延

## 杨朝臣的谷穗像马鞭一样长，各界筹备热烈迎送劳动英雄

【安塞讯】安塞县党政对于征集农展品，极为重视，月余以来，县级不少干部亲自下乡动手征集优良农业及各种工业、手工业等产品，在大家努力和群众的踊跃选送下，现已全部征齐，于本月十六日运送延属专署。所送陈展品百余种，其中以农产物为主，计有谷子十八种，糜子十四种，豆子二十四种，高粱八种，此外，尚有本县今年特别试种成功的棉花及各种杂粮、玉米、苜蓿、芝麻等，所有生产品中均以劳动英雄的产物最优，如杨朝臣的马鞭梢谷子，穗子长得像马鞭子，玉米像根棒子。张万库的白溜沙谷子又粗又重，洋芋都像小瓜，最大的有十四两重。白家坪王老太太的金红色的大番瓜，约重十四斤，安义元、李□[应]富送来的谷子糜子，都是比别人的好。二区送来紫□[盖]头软糜子竟达六尺高，一区四乡王家河李祥生的绿皮南瓜，一个二十七斤半重，一区送的黄萝卜一尺二三长，四区四乡张怀旺的蔓菁一个有二斤十两多重。此次农展品之征集甚为普遍，各种庄稼每种都集有许多人家的，且数量丰富，均在数十穗（或枝）以上。如紫盖头□[硬]糜子，就包括五个区的和十多家的产品，数□[量]亦达近三百穗之多，大旗线谷子也是三四个区所送来的。在工业品方面有枣湾、陈家洼等工厂与五区郝起云家庭织布。二区农村自烧的瓦壶、银矿。三区发现的石膏、煤炭、白玉等。二区周福财、阎生旺等早送来豹皮、獭皮，都很好看，此外，并制作本县有关经济建设各项图表画片约三四十幅，图表系以简明表格和线条说明，如全县人口、劳动组织、运输事业、妇纺等，自四〇年以来的发展比例；画片有全县自春耕动员群众生产，夏耘、夏收、运盐、秋收各个时期的生产活动场面，有陈家洼、魏家塔大变工队，张庆丰运盐、许多集体的个人的生产活动，典型的连环画，其中特以劳动英雄杨朝臣的五尺巨像为最引人注目。又此间人民在丰收的愉

快中，均以极热烈的心绪迎接行将到来的全边区的生产展览会、劳动英雄代表大会之开幕，而本县出席大会的劳动英雄代表，业经选就杨朝臣、张庆丰等四人，党政及各界正积极筹备，决定于劳动英雄代表赴延时，举行群众大会欢送，并以酒筵招待，其时当有秧歌队、街头剧等表演，并进行扩大宣传。其他县或其他分区的劳动英雄代表，赴延经过本县境内者，如真武洞高桥市等处，亦筹设会场，于代表到达时，举行大会，表示欢迎欢送，并相互交换生产经验，以资观摩。（仵遵一）

# 綏德分區生產展覽會閉幕

# 勞動英雄向毛主席致敬

你是中國人民的救星，你是咱們勞動人民的救星。咱們心向着你，響應你的一切號召。

【本報綏德電】綏德分區第一屆生產展覽會，已於十二日勝利閉幕，勞動英雄及模範生產工作者……亦於三千羣衆前隆重舉行。習仲勳同志、袁任遠對今年生產總結及明年發展生產的方向等，均有詳盡指示。因展覽會時間延長至九天，故綏米葭清吳四縣羣衆，甚至延川縣內勞動人民，均跋涉長途紛紛來綏參觀……九天中參觀者先後達三萬餘人……[illegible]

你是中國人民的救星，你是咱們勞動人民的救星……[illegible]

# 安塞展品全部運延

## 楊朝臣的穀穗像馬鞭一樣長

## 各界籌備熱烈迎送勞動英雄

【安塞訊】安塞縣黨政對一月餘以來，縣級不少幹部親自下鄉動手徵集優良農產品及各種工業、手工業等產品，於徵集展品，極爲重視……在大家努力和羣衆的踴躍……[illegible]

# 興縣反「掃蕩」戰中

# 陽會崖我殲敵百餘

【新華社晉西北十四日電】陽會崖村位於蔚汾河上游，興縣城東三十里的地方……[illegible]

# 高等法院計劃

# 明年生產千六百石細糧

【本市訊】高等法院於本月十三日召集各生產部門負責幹部……[illegible]

# 靖邊鎮羅區四鄉民辦社

# 一個月獲利百萬

## 今年榨油運鹽明年代辦羣衆包繳負担

【三邊訊】[illegible]

# 慶陽召開鄉級以上幹部會議

# 討論試行農業統一累進稅

【本報慶陽訊】試行農業統一累進稅……[illegible]

# 張書學去冬逃難到鄜縣

# 開荒廿畝修水地兩畝半

## 收穫一年吃用不完深感政府的幫助

【鄜縣訊】[illegible]

# 德寇在斯摩林斯克的暴行

## ——蘇聯國家非常委員會聲明書——

【塔斯社莫斯科六日電】國家非常委員會對德法西斯侵略者及其幫兇的暴行以及他對蘇聯公民、集體農場、公共團體、國營企業，及國家機關所造成的損害，發表聲明如下：

關於斯摩林斯克城的毀壞及德法西斯侵略者對蘇維埃公民所犯之罪行。最古代的俄羅斯城市斯摩林斯克——它的發展經歷過許許多多的演變……[illegible]

## （一）毀壞工廠及市政建設

一九四一年七月十五日，希特勒強盜闖入了斯摩林斯克。二十六個月另十天……[illegible]

## （二）德寇徵發被俘紅軍和蘇維埃公民

[illegible]

（下接第三版）

| 解放日报 | 时间 | 1943-11-22 | 期 | 第915期 |
| --- | --- | --- | --- | --- |
| | | | 版 | 第1版 |

## 陇东劳动英雄会议研讨改进生产技术

### 马专员报告今年经建成绩，农工商各业均有飞快进步

【本报陇东十九日电】分区劳动英雄大会，第三四两日，劳动英雄们互相交换生产经验，研讨生产技术的改进。在大会和小组会中，他们发言极为踊跃热烈。安兆甲、吴生华等讲怎样种蓝和打靛；张振财、陈第让讲怎样组织和领导变工；其余对种棉、耕地、种菜、植树等都作了研究，提出了不少改进的办法，大家并向政府建议多准备棉种，以发动种棉，解决分区军民穿衣问题。大会第二日马专员作了今年经济建设工作的总结报告，谓：一年中，陇东分区农、工、商业各方面均有飞快地进步。农业生产方面，春秋两季共开荒三十二万亩，耕地面积大为扩大。夏耘中，广泛地组织了群众除草，参加除草的男劳动力占全数百分之九十一，女劳动力占百分之五十三，共组织了八百六十一个变工队，参加者达一三、五四七人，故今年除草比往年都强。又如植棉，仅庆、合、曲三县即种棉七九一亩，每亩平均可收细花十斤、工业方面，庆、合、曲三县去年有皮坊十四家，今年增为十九家，资本由一五一、五〇〇元，增加到四四二、〇〇〇元。毡房去年有八家，今年十二家，资本由一〇七、七〇〇元，增到九七〇、〇〇〇元。铁匠铺由去年的六家增加到十一家。纺织方面，陇联厂自三月至九月，即织布七、一七七丈，制毛被胎一、六〇〇床，毛毯一六〇条，绒帽五千顶，还能织白洋布等，质量都大大提高了。牲畜方面，牛发展三、二〇九头，驴发展三、三四七头，羊发展十万余只。运输方面，发动半长脚驴共运回盐七六、六〇八驮。合作事业亦有不少改进，合作社已真正转变成民办，股金比去年扩大三倍。现有股金一、六二三、一五〇元，上半年获纯利八六一、五四五元。民办运输合作社已普遍成立，现有牲口七七一头。群众纺织亦较往年开展，现有纺妇八、〇五六人，纺车六千四五百架，织机一、八〇六架，仅上半年即纺纱一八、

七二七斤，织布二三、五八三丈；而去年只有纺妇四、四二七人，纺车三、六〇三架，织机七〇五架。商业方面，商店由去年九二三家，增加到今年的一、四〇五家，资本由五六、〇一九、〇〇〇元，增加到二六一、七五八、〇〇〇元。其次在机关部队生产方面，菜蔬已达到自给地步。部队种菜二、六九八亩，收菜二、六二六、〇五〇斤；养猪一、二一二条，养羊八三〇只，养鸡一、〇八五只，养兔二二三只。"白河"部从十月份起，每顿且能做到吃两个菜。机关种菜四八五亩，收菜六五二、四八〇斤，能吃到明年四月。最后马专员指出：上面的成绩是辉煌的，但仍需要继续努力，更好地向前发展。而今年所以获得如此成绩，是各级干部及全分区人□[民]真正响应了党中央"生产第一"、"丰衣足食"的号召，共同努力和党的正确领导所致；再就是政府具体的帮助群众解决了困难问题，如今年放农贷四十八万元，运盐贷款六百万元，给群众借粮一千七百石，发救济粮三百八十石；同时只庆、合、镇三县就减租四千三百石，这就大大地提高了群众的生产热忱，展开了生产运动。

【本报陇东二十日电】陇东植棉工作，由于政府积极提倡和党政干部的亲手试种，故群众种棉信心倍增，种棉者亦日益增多。庆阳去年种一三五亩，收棉花五一九斤，今年即种棉三二八亩五分，收棉花约四千斤。合水去年种一四五亩，今年即种四三八亩一分。庆阳苏县长对种棉推行更有力，曾亲自播种、除草、打卡、收摘，以做示范，所种二亩半地，共收棉花四十余斤。曲子劳动英雄孙万福今年试种三分地，收子花十二斤，他的两个已出嫁的女儿因受其影响，明年亦准备种植。总之，植棉工作今年在各县都有发展。其次，关于种蓝，曲子去年曾试种几亩地，今年县联社主任李建堂同志种了十五亩，并推动与帮助群众种三十三亩，共打夏靛一、三九〇斤，每斤以最低估价三百元计，则共值四十一万七千元。镇原今年亦试种蓝四十亩，打靛九百余斤（因是试种，缺少经验，故收获量较少），共值二十七万余元。但即按今年的收获量和麦相较，种一亩蓝等于种几亩麦。李建堂同志是曲子推行种蓝的第一人，他曾跑十几里路以外去帮群众下种、除草和打靛。故曲子称他为"种蓝模范"，曾在分区首届劳动英雄大会上得奖。

中華民國三十二年十一月二十二日　GIEFANG RHBAO　星期一　第一版

# 解放日報

今日出版一大張　第一九五號　中華民國卅二年十一月廿二日
社址：延安　本期零售一元　每月三十元　三月八十元　半年一五〇元　全年二九〇元



## 中央醫院小兒科啓事

本科門診時間自本月二十二號起改爲星期一和星期四，十二時掛號，一時就診（此時已停止掛號），複診者一定要帶複診證，否則概不掛號。

中央醫院

## 緊急啓事

本校同學於本月十八日在七里鋪至市場途中遺失白色毛嗶嘰五條（上有「婦女合作社」標記）如蒙拾得請即寄知或逕交七里鋪本校供銷合作社當致酬謝。

西北黨校生産科

## 隴東勞動英雄會議
# 研討改進生産技術
## 馬專員報告今年經建成績
## 農工商各業均有飛快進步

## 分區明春將開荒六萬畝
### 推廣種棉種藍組織羣衆生産競賽

# 臨縣熱烈進行減租
## 租額最高不超過百分之卅
## 千五百戶農戶生活得保障

## 蘇中黨政軍負責同志
## 深入下層調查研究

## 北嶽唐縣地區
# 我軍伏擊殲敵百餘
## 孟平某村村民石頭戰擊退寇軍

## 晉冀魯豫邊府公佈
# 增進主僱關係辦法
## 保障僱工生活發展農村經濟

# 紅軍續進殲敵一營
## 博里普亞特河下游
### 車爾卡綏前線殲德寇重砲兵團

## 涉縣獨立營新創造
# 鍊松柏油點燈施肥

# 中直军直生产展览会闭幕

## 开放五天万余观众交口称赞，生产与节约总值近七万万元

【本报特讯】中直、军直第二届生产展览会已于十七日正式闭幕。此次展览会，乃今春一月八日李富春同志根据毛主席的经济、财政政策总结，在中直、军直经济工作人员会议上所做之“丰衣足食，为改善物质生活而斗争”底报告一年来成绩的检阅。富春同志在那个会议上曾说：“这是一个严重的经济任务与政治任务，它是充满着积极意义的。”故中直、军直生产展览会自本月十三日起至十七日止，短短五天当中，已轰动全延安，前后前往参观者达万余人。十七日天气骤冷，延河初次结冰，寒风自晨至晚吹刮不息，然冒风寒前往参观者仍极踊跃。大会展览品计分管理局系统、军直、杨家岭机关、枣园、战卫团、清凉山区、党校、经建处等八区。共有展品二百三十二种，内有蔬菜类如白菜、萝卜、辣椒、西红柿、茴子白、茄子、南瓜、莙达菜、小糖瓜、糖萝卜、洋葱、凤尾菜、花叶生菜等三十二种；有丰衣类如衬衣、毛毯、呢制服、皮鞋、毛衣等十二种；有足食类如各色大灶小灶之精美菜饭、菜谱七十四种；有手工业类如毛织品、丝织品、精致木器、乐器、酱园作坊制品等二十七种；有畜牧类如鸡、鸭、兔、猪、牛等五种；有矿产类如石炭等；有种子类如粮食种子，各色菜籽二十八种；有边区土产药材七十六种。总计各项陈列品总数将近三千件。此项展品分四室陈列：第一室为丰衣足食展品；第二室为农产品；第三室为种子展品；第四室为工业展品。各室布置亦均新颖别致，如工业展览室之一角有美坚木器厂所布置之新型家庭用具，最能令人注意。展览室四壁张贴各种图表，如农业生产之总数字，如纸厂质量增高之绘图，如各机关丰衣足食比较图，如各机关粮食节省之比较表格等，图表设计、色彩，均别出心裁，颇得观众称道，总计各种图表有一百一十八种之多。各色照片：除了生产情况以外，杨家岭聚餐、中央医院治疗病人情

况，亦均摄制成六寸相片，总计此项照片共达一百三十八幅。各种连环画如“黄立德之生产”，“自己动手”，“丰衣足食”，卫生连环画等共八套。此外，展览室内四壁并张贴题字，如毛主席题：“群众生产，群众利益，群众情绪，这些都是领导干部们应时刻注意的，庆祝今年生产的胜利。”朱总司令题：“今年做到丰衣足食，明年要做到建立丰衣足食的家务。”李副主席题：“生产是抗战的基础，要战胜敌人就要努力生产。”不少参观者从早至晚逗留于展览室内细心记载，研究材料。燕京大学班威廉教授参观两次后，在批评簿上写道：“一个令人敬服而详细的展览会，一个无可比拟的起政治领导作用的范例。”许多参观的农民从展览室走至出口处，招待员请他们批评，他们含笑说：字我解不下写，你替我写上：“好□好吧。”许多机关工作人员参观以后都纷纷计议说：“明年我们一定要赶上别的机关，拿几样成绩来比赛比赛。”这次中直、军直生产展览会检阅着这么一个任务：在自己动手的方针下，今年中直、军直所属各机关的生产成绩到底达到了什么程度？据统计，中直、军直一九四三年原定生产任务为六千二百万元，全年生产与节约实际收获照市价计算共值六万万六千六百一十七万元，等于救国公粮四万四千四百石。这次展览会就检阅着这个生产成绩。**农业第一成绩巨大收粮近两千石菜蔬五百余万斤**　在四个展览室里，农产品占着主要部分，无数肥美的菜蔬、瓜类、粮食和种子，摆满了第二第三展览室，这说明了在农业第一的方针下，其成绩是极其巨大的。在各种农业图表和统计数字中，即可看出中直军直各机关，在农业生产中的努力和收获。首先在种地面积上，□图表指出，原计划种地数为一万零一百三十三亩一分，但实种地却为一万三千一百四十九亩二分三厘，其中计水地八五九亩二分五厘，山地九一四四.八亩，川地三一四五.一八亩，共超过原计划三千零一十六亩一分三厘。在参加此项生产的劳动力方面，由于各工作机关劳动力的缺乏，和工作的繁忙，故经常荷锄劳作者仅有人力五〇六人，畜力七九头，其中强劳动力四〇七人，弱劳动力九九人，而当农忙时临时补助的工数已达九千六百六十三个。平均每个劳动力可种地二十四亩以上，在搜集肥料工作中，其总和数字亦属惊人，除黑豆二十五石五斗外，其他肥料共三百三十七万零四百三十九斤，内包括大粪七十七万二千二百九十八斤，廐粪二百五十八万四千八百八十一斤，骨灰一万三千二百六十斤。其中施于菜地者三百万零二千四百零八斤，施于□地者三十六万八千零三十一斤。此外，在工具统计的图表上，说明了中直、军直各单位去年原有工具一千八百六十五件，今年新购三千零十九件，合计共四千八百八十四件，较去年增加一倍有余，特别是“战卫”部工具由四百六十余件增至一千零五十件，充分地说明了今年农业生产的发展。在修水利事业上，除过去水井水渠不计外，今年又新打水井二十口，增加水地一百九十二亩一分五厘。在全部耕地面积上，据统计共播种粮食八千九百八十三亩六分五厘，原估计收获量为一千三百零六石，结果实收一千八百二十五石，其中成绩最好者为“战卫”部，他们今年共种粮地三千零九十七亩八分（其中新开荒地一千八百六十七亩），产细粮四百零七石，每亩最高平均产量为谷子二斗六升，而且产品质量亦佳，如陈列在这次展览会中的一尺五的谷穗，一丈五的大麻，脸盆大的向日葵，一人高的糜子等，均极得观众的赞赏，此外，经建处南泥湾农场的稻子，一亩收获两石的成绩也打破了边区任何稻子收获量的纪录。但中直军直农业生产中最优者尚不属此，而是展品中令人惊喜的菜蔬。今年菜蔬播种面积为四千一百六十一亩，计划收获三百四十八万六千一百一十六斤，而实收却达五百三十九万五千二百七十斤，这数字巨大而惊人。正因为如此，其作用不仅平抑了市场菜价，而且直接保障了今年的丰衣足食。其中种茴子白成绩最好者当首推枣园区，该区仅茴子白一项即收获五万颗，其中如像展品中重十二斤一颗者为数极多，若以目前市价□[每]颗平均二百五十元计，则可得一千二百五十万元之收入。另外二千四百斤洋葱的收获打下了明年扩大种植的基础，该区菜蔬花样繁多，如展品中凤尾菜、花叶生菜、大叶生菜、石刁柏（□[芦]笋）、红菜头、□[蒜]叶葱、美国菠菜、美国芹菜头等均为多数观众初次看见，故对之极感兴趣。此外重达十八斤的卷心白、糖萝卜，经建处农场二十五斤的南瓜，杨家岭的小糖瓜（由华中带来的种子，可作糖果吃）和灯笼辣子，清凉山的大茄子和十三斤重的大白菜等，均为此次菜蔬展品中之特出者。其次，杨家岭机关的种菜成绩，亦较其他机关为好，原订计划为三十六万斤，实际收获却达四十万八千六百九十斤，超过任务四万余斤，特别是该区枣园之五十亩菜地，在短小精悍、细耕细种经营的原则下生产了菜蔬十八万斤（大秤），平均每亩产量高达三千六百斤，其中西红柿产量在四千二百斤以上，保证菜蔬全部自给仍绰绰有余。据估计冬藏的菜蔬，尚可供至明年四月。但今年收菜最多者，当首推中央党校，其收获总量为一百余万斤，其他如军直、管理局系统、中央医院等处，亦收获极佳，均能自给或大部自给。总之，从以上菜蔬生产的成绩来看，在自己动手，多种、种好的方针下，我们的生活较诸去年显有飞跃的改进。中直军直生产指导今年以农业为主，其中首先菜蔬自给的任务已圆满完成，正像一般观众所反映的："假如我们今年不种这样多的菜，现在菜会贵得使我们吃不起，更谈不到什么丰衣足食了。"在农业展览品中，中央党校肥大的烟叶也是引人注意的，特别是其产量占全中直，军直烟叶总产量（三万零七百七十五斤）的百分之九十以上（三万斤）。该校今年共种烟二五七亩，平均每亩产量为一百一十六斤十两，以市价四百元一斤计算，则值四万六千余元，以此收益和种谷（每亩产量细粮一斗五升，折价二千二百五十元）相较，则实相差甚远，再加以该校将此项烟叶加工制造成纸烟，其获利将更可以数倍计算。此外该校试种苜蓿三百五十亩，亦获成功，解决了该校马草问题。在今日马草困难的情况下，若能推广苜蓿种植，各机关马草当均可自给。**九个月中肉食供给十五万斤现有猪牛羊五千五百头**　　**在畜牧**业方面，图表上告诉我们上半年主要是解决了肉食，九个月中杀了三一九六条猪，得肉一二七八四〇斤；杀了八五头牛，得肉五九五〇斤，杀了七七九只羊，得肉一五〇二二斤。其次是短期的饲养，使架子猪长肉。在另一张图表上就表示了新的方向，就是由饲养过渡到繁殖与肉食的自给。现已有了一一二只母猪生了三二四个猪娃，在这方面，以中央管理局成绩最好，现有母猪已生过五窝小猪，共六十五个，仅有六个损失，还是因奶不够吃饿死的，总计中直军直各机关现存二七九一只羊，七七六头牛，二千零四十二条猪，现各机关正扩大养猪，搜集了大批的猪食。这就奠下了明年畜牧业发展的基础。据估计明年六月份以后，中直军直大部分都能做到肉食自给。展览会上还有党校送来的一百五十斤重的三个大肥猪，并有管理局的老母猪与猪娃，颇得参观人的赞许。**食品疋头用具各有特色出豆腐二十五万斤酱五万斤**　　第四展览室有五间小型窑洞陈列各种手工业制成品，其中以下列各种手工业品最为特出：一、军直某校自制之手摇织袜机，据说是如技术熟练，每日每人可制袜四十八双，即不熟练者每人每日最少亦可织袜十二双，较普通人工织袜效率高过五十倍以上。若以十架织袜机计每日即可织袜二百双，每月可织袜六千双即可解决延安工作人员的袜子问题。此外，该校豆腐房一斗豆子能出豆腐八十三斤，亦为各机关之冠。二、“战卫”部纸厂之纸。该部一九四一年产纸一八八四刀，四二年产纸三二五三刀。四三年增至五四四分。纸质亦大加改进，四一年该厂纸质重四斤十四两，四二年减至四斤十一两，至今年则又减轻至六斤六两（小秤）。该厂所制图表又说明该厂纸张节约与生产情形，今年一月至九月共节约纸浆七四四七斤，一月至九月共产纸五四〇〇刀，超过任务三八四刀。该厂造纸技术、设备与经验均有很大的成绩。三、经建处丝织厂的绸子。艳丽光洁的丝绸，以往在边区还不多见，此次展览会中，即将丝织厂所出各色丝绸哔叽陈列，计有红湖绉，蓝纺绸、灰哔叽、白哔叽等十余种，平均每尺仅售千元，较市场布价贵不过一倍，而且质量好，均以全丝制成，不掺杂麻线。该厂丝绸产量，日有增加，今年一月出十六匹，至十月即出六十疋。四、党校的点心和木炭。党校自制各种点心如绣球酥、金银糕、核桃酥、鸡蛋糕、宁波饼等十余种，均以细花白色小瓷盘装着陈列，此项点心手工细致精巧，原料均为边区所常见之鸡蛋、面粉与白糖，然经过加工焙制后，即成为精美的食品，其质量可与都市中之西洋各点相比，参观者有人提议党校点心制法，应向边区民间推广，使我边区人民均能发展此项小手工艺，更格外丰富民间丰衣足食生活的内容。党校木炭生产今年成绩极佳，全校共产木炭四十万斤，平均每日每人可烧炭二百二十斤，在展览室进口处即陈列一长约四尺，粗一尺多，重一百二十斤之大木炭一根，其大实属罕有。五、实验工厂的毛线。该厂自今年一月至七月，共纺毛二千四百六十五斤，制毡二千五百条，获纯利九〇二五九一元。陈列室所展览之颜色不同的毛线有三十几种，毛质与色泽均不劣于任何上等毛线。六、杨家岭的酱园。展览室中各家酱园比较，当以杨家岭的最有特色，陈列酱菜二十五种，其中以芝麻糖、山西米醋、南方霉干菜、西红柿酱最好。各种食品之下均列置说明书，介绍其制作法。按糖系以小米和碾碎的麦芽子加水熬成，一斗小米搀二升麦芽子可出净糖二十斤，该酱园过去一个月熬糖时间内共出芝麻糖一千斤。醋的原料是小米和麦子，该酱园已生产醋三千斤以上，供给了该机关全年需要，且可外销。霉干菜，该酱园今年春秋两季已出一千五百斤，以之炒肉煮汤，味最鲜美。今年该区西红柿丰收，过去一个月内，制成二千四百斤西红柿酱，现已成为杨家岭机关主要食品。七、中央印刷厂以莙达菜菜根制糖亦已成功，熬成流汁红糖，比市价便宜得多，莙达菜根九斤可以制一斤。八、枣园的石炭，炭层深一尺八寸（大尺），现每天可产×万斤。此外，在第四展览室的窑外，布棚下陈列着美坚木厂所制之木器用具最为醒目，该厂以所制淡黄色之全套木器分会客室、办公室、卧室、浴室、副室等五室陈列，所有沙发，桌椅，书柜，食厨的制造，均十分精细坚固，且式样设计亦很新式，所有油漆不仅色彩润泽，而且油漆质量极好，不会烫坏，不易脱落，遇冷遇热不起皱皱。油漆的原料都是边区自制。美坚木厂木器手工业的成就，已大大影响其他木作业及边区老百姓，这种成就的推广与普遍的必要，已成为观众一致的意见。今年中直、军直各手工业作坊的生产成绩也极优异，展览室内各色图表上分别写着下列各种数字：豆腐房出豆腐二四九四六一斤，酱园出酱四七四〇七斤，粉房出粉九三〇〇斤，出酒一九五一四斤，石炭厂出炭一〇三七〇〇〇〇斤，木炭厂出炭二三九一〇〇〇斤，鞋厂出鞋二四〇一〇双，木工厂出大车六六辆，修大车九八辆，出品四五三一件、修理一〇一二六件，挂面房出面条四九三四〇斤，杀猪房出肉三六五六七五斤，榨油房出油四七〇〇〇斤，收麻子八〇〇石，实验工厂出线四五一五斤，出毡二五〇〇条，磁窑产品二九二五件，砖瓦窑出砖四二三六六块，出瓦九三七八八块，铁炉产品四〇〇件，马掌铺产品一八〇〇〇个，焊炉成品七七〇件，修理七八〇〇件，机械厂作织袜机十四架，未成者十架，制洗车一个，修理三三〇件，纸烟厂产烟一二〇条，面厂产面包九五〇磅，饼干一二〇斤，缝衣坊制衣一四一〇〇件，纸厂产纸五七四八刀，砍建筑材□[料]二一九七伍件。私人生产收益甚大“战卫”部创**造各种应用品**　中直、军直各机关的私人生产，在这次展览中亦极为观众赞赏，其中除农产品及一部分女同志精美的刺绣和编织外，最引人注目者为中印厂的乐器吉他、胡琴，杨家岭的以猪鬃木柄所自制之坚实耐用的毛刷，与用颜料筒的铁片所自制的水壶、茶缸和玩具等。但特别使人赞赏者为“战卫”部战士们创造性的最大表现，其中包括以稻草、蒲草、羊毛、驼毛所编织的各种样式的鞋子，以桦树皮做成的草帽，以龙须草扎成的扫帚，以各种枝条所编成的精致实用的筐篮、筷、笼等。所有这些私人业余的生产品，证明了在边区困难的物质条件下，自己动手生产的结果、可以解决很多实际困难，同时也节省了公家的开支。如杨家岭在丰衣部分展品的说明上曾说私人向公家交生产费一千五百元，由公家帮助解决一件毛衣、一套衬衣，还有一部分人解决了被面，或者牙刷牙膏等日用品。同样地、“战卫”部由于私人生产的成绩优良，自己种菸，做鞋子，捻毛线等，今年普遍地每人解决了草鞋两双，单鞋两双，棉鞋一双，以及毛衣、毛袜、手套等各一件，为公家节省一百六十余万元。同时旱烟（其总数为四千四百余斤）已做到全年自给，且有剩余。从这些图表说明和实物中，不仅充分地看出了私人生产的群众性，每个人都完成了或超过了任务，而且看出其种类的广泛和成绩的巨大，正像一张图表所总结的，据不完全的统计，今年私人生产在农业上共收获蔬菜七十五万二千九百一十四斤，其中党校即占二十五万斤之多。收获粮食八十四石九头四升，收获西瓜一万八千三百八十八个，以及其他（烟叶等）收获四千七百六十七斤半。在手工业上，除去数十种小宗不计外，主要的完成有毛织品九千五百四十一件。纺毛二千八百八十八斤，缝衣七千七百九十二件，做鞋六千四百三十六双。另外从事社会劳动（修理建筑等）所节省的工价，是相当大的，就已有统计就打土墙一千六百一十丈，在修建上已用了二万五千九百一十七个工。其中如中央党校建筑大礼堂时，即参加人工六一一八个工，折洋四百八十九万四千余元。又如“战卫”部社会劳动的统计为：修房子三十四间，打墙一百一十八丈，打窑洞四十二孔，背石头五十磊，挖水井两孔，泥房顶四十八间，共用人工四千九百三十二个，折合洋二百九十五万九千二百元。其他如王家坪、中印厂的建筑大礼堂，杨家岭、枣园的打土墙等，在私人生产上均收益极大。而这些收入在私人生活费用的补给上起了极大的作用，据另一张图表的统计，大致均用于添置被毯，丰衣，足食，储蓄，买日用品及书籍文具等。**运输事业飞速发展今年运输量千四百万斤**　在这次展览会中，虽然涉及运输业的仅只有两张简单的图表和一些零零碎碎的材料。然而从这里我们也可以看出中直军直的运输业是在飞速的发展，运输力也在逐日提高。其中特别是杨家岭机关和中管局辎重营等处，在这项工作上成绩卓著。杨家岭的运输队在公私有利的原则下，改为运输合作社，因而刺激了运输力的提高，由一个月运输十九万斤，提高到一个月可运输三十五万斤，几增加一倍。更重要的是不仅解决了杨家岭本身的运输问题，而且使延安机关整个的运输力大大地提高了一步，如王家坪、中央党校、中央医院、招待所等，均先后出现了运输合作社的组织形式，且显有成绩。其次辎重营，在一月份的运输重量是一百一十五万斤，同样的运输工具与牲口，到十月份就增加到一百九十万斤，即以同样条件运输力提高了七十五万斤，十个驮骡一年也运不完（以一天短程计算）。他们不仅运输力提高了，牲口也喂好了，同时也消除了浪费的现象。以上两处成绩所以如此，其主要原因是由于组织上采用了分红奖励的公私结合的办法，和运输人员整风后的思想转变。而整个中直、军直各机关，运输力的提高，则可由下列事实中求得证明，即:（一）抽出了半个月的时间为运输人员进行整风教育;（二）运回了三个月的积存;（三）抽出了八千四百三十一个劳动日去三边运盐，这些都是在去年运输力单薄和运输人员忙碌的情况下，所不能进行的。至于运输力究竟提高了多少，据不完全的统计，中直、军直今年运输总量增至一千四百三十一万八千斤，若以每斤运费三元计，则共合洋四千余万元。**工作人员衣着丰足衬衣、制服、棉衣、被毯俱全**　在第一展览室内，沿壁四周陈列各机关今年所发给工作人员之各色衣物。今年中直军直所属各机关一般均发给儿童蓝土洋布三丈二尺，白宽布八尺，棉花二斤四两。发给初生孩童花土布五十尺，棉花二斤。一般人员均发给衬衣一套、蓝色学生装一套（事务人员发两套）、毛巾两条、棉衣一套（部分干部发毛布棉衣）、棉鞋一双、单鞋两双。今年并平均补充被服百分之四十，补充羊皮大衣百分之二十。所有丰衣展览品中，以杨家岭机关第一、二保管处陈列衣物所显示之丰衣情景最令人发生兴趣。杨家岭机关与工作人员都增发边区自制花色全毛毯一条，每条值洋七千二百元。高级干部每人增发绿色卡机布衬衣一套，值洋一万二千八百余元。此外一般工作人员均增发衬衣一套，值洋三千四百余元，每人发给羊毛线一磅，值洋二千七百余元。干部每人另发皮鞋一双，值洋二千余元。故杨家岭机关今年所补充每个人之实物如折价，仅被服一项，即达两万零九百元。杨家岭机关对小孩待遇亦大大改善，除政府供给者外，本机关另发给小孩木炭大秤三十斤。自十月份起，每个小孩发大米一升，并发给冬季用毛线一磅。第一、二保管处由机关生产之收益来解决工作人员衣物情况亦极优异，该处今年共发单鞋二双，粗布衬衣一套，蓝单衣两套，毛衣一件，毛袜一双，毛巾二条。第二保管处今年除粮食自给两月外，其他已做到全部自给。党校区的生产人员增发毛毯一床。军直工作人员发细布衬衣一套。所有展览之衣服，均附制表说明；今年中直、军直总计解决服装统计，可见下表：鞋六九四五双，毛巾二四九六条，衬衣七三六六套，单衣三七〇套，毛衣二〇〇三件，毛手套一〇五四双，毛袜一七三五双，毛毯一〇〇二条，被子布六〇五一尺，羊毛八四〇斤；由私人生产又解决了以下许多衣物：鞋一九〇六双，毛巾三十一条，衬衣二九九套，单衣四套，毛衣七七六件，毛手套一二五一双，毛袜七五三双，毛毯二七九条，被子布六三二五尺，被褥八十四条，羊毛六十八斤，棉花二十七斤，大衣二件，总计中直军直机关解决衣物折价为六千四百一十四万六千四百元，私人生产解决衣物折价为一千二百七十八万六千零九十元。**大小灶菜肴七四种油肉菜馍每月增加**陈列室中有一巨大之长方形餐棹，上置各机关平日大小灶所食菜、饭种类，每一食品旁置有卡片，说明其制作法。以杨家岭机关大灶所制菜肴花样最多，新颖味美。各种制法不同之菜肴有：狮子头、红烧肉、酥肉、水花肉、麻婆豆腐、金钩钓鱼、酿腊肉、金银洋芋丝、红烧肠子、醋熘排骨、米粉丸子等七十四种。其中杨家岭机关大灶吃菜即达五十种之多，如萝卜丸子，黄米丸子，炸黄酥干，加干肉，腐卷肉，回锅粉皮肉，粉皮肉丸子等。其中以肉做菜的只占十分之一。各机关所做之馒头方法也很别致，有所谓洋芋馒头，以洋芋□[配]面粉制成者，颜色洁白如雪。有营养馒头，系配制豆代乳粉制成者，有瓜面馒头，以面粉南瓜合制而成，色黄味甜。今年各机关肉食、吃馍、菜饭等均较往日大大提高，杨家岭机关自十一月份起，由小米一斤三两的范围内调剂吃□[馍]每隔一日□[一]次，十月份吃馍十五次之多。吃肉，大灶十月份吃牛肉二斤，羊肉二斤，猪肉一斤四两，折合猪肉在大秤三斤以上，超过过去吃肉标准一倍以上。仅以杨家岭机关为例，除政府供给外，每人伙食折成现价当在三万八千三百四十元左右，办公，杂支折钱为三千六百元，故以杨家岭机关生产所补充各人之实物折价总计今年每人当在六万二千八百四十元以上。此外逢年过节还发水果，夏季每人发西瓜一个，

解放日报

中华民国三十二年十一月廿四日 第九一七号 今日出版一大张

社址：延安 本期零售一元 每月三十三元 三月八十八元

# 中直军直生产展览会闭幕

## 开放五天万余观众交口称赞

## 生产与节约总值近七万万元

## 农业第一 成绩巨大

### 收粮近二千石 菜蔬五百余万斤

## 九个月中 肉食供给十五万斤

### 现有猪牛羊五千五百头

## 食品走头用具各有特色

### 出豆腐廿五万斤酱五万斤

## 私人生产收益甚大

### 「机关」部创造各种应用品

## 运输事业飞速发展

### 今年运输量千四百万斤

## 工作人员衣着丰足

### 衬衣、制服、棉衣、被毯俱全

（下转第二版）

秋季每人发梨子十个，桃子五个，这些都还不算在内。两年来中直、军直各机关生活改善的进度，在一幅红线上升的图表中可以看出：油——标准七钱，一月份五钱，二月份五钱，三月份五钱，四月份六钱，五月份七钱，六月份七钱，七月份九钱，八月份一两，九月份九钱七，十月份九钱八。菜——标准平秤一斤，一月份十四两，二月份十四两，三月份十四两，四月份十三两八钱，五月份十五两，六月份十八两六钱，七月份二十两九钱，八月份二十四两七钱，九月份二十四两。馍——标准每月吃六次，一月份六次，二月份六次，三月份七次，四月份七次，五月份八次，六月份九次，七月份八次，八月份九次，九月份十次。肉——标准每月大秤三斤，一月份二斤十二两，二月份二斤十二两，三月份二斤十三两，四月份二斤十四两，五月份三斤，六月份三斤一钱，七月份三斤四钱，八月份三斤八钱，九月份四斤，现平均每月可吃肉大秤四斤二两。**产妇儿童病员获得更好营养**　解放日报社发现制豆代乳粉方法，以豆粉九两一钱，白面一两八钱，糖三两一钱，乳酸钙二钱六分，盐一钱四，配水六磅，即可制成代乳粉。丰衣足食的生活，使得产妇、儿童和病员（医疗病员每月发肉八斤）的营养，获得更大的益处，而我中央医院产妇儿无死亡者。且由于母亲营养充足，初生胎儿的重量已普遍由五、六磅增至平均七磅。这只餐桌的另一端，就陈列着发给产妇一斤半红糖，一百八十张麻纸和三只大活雄鸡。九个月来机关生产的成绩，使所有工作人员过着愉快而康健的生活。中央印厂医务所几幅图表说明病员大大减少的情形：一九四一、四二两年，得伤寒病者共有十一人，今年则仅一人。泻肚、痢疾及其他肠胃病也大大减少。一九四二年该厂工作人员请病假者共约耗费一〇二五小时，今年请病假所耗费之工作时间减至四九九小时。病假减少所换来的时间等于两个半人做一年的工作，可多印解放日报二五、五二四、七九五份，可多排字八五四、六九三铅字。**九个月来节省粮八百二十一石**　今年中直、军直生产成绩中有一项最使观众注意者，即各机关今年粮食节省所获成绩很大，在一幅食粮节约图上指出：管理局系统节省食粮二百二十石零八升，党校区节省二百零三石九斗七升五合，军直节省一百零二石一斗八升，杨家岭机关节省九十一石七斗二升，侯家沟区节省六十石零五斗五升三合，清凉山区节省九十八石四斗六升，枣园区节省四十四石八斗五升。总计中直军直所属各机关自一月至九月份止，已节省食粮八百二十一石八斗一升八合。除粮食节约外，尚有运输节约，今年中直军直各机关运输力、运输量均大大提高，运输物资共达一千四百三十一万八千斤，值洋四千三百万元。建筑材料费节约数字亦颇巨大，各机关人员自己动手修建礼堂、房屋，仅砍木材一项即达二万一千九百七十五件之多。此外如社会劳动节约数字尚未计入。各机关今年不但完全消除浪费现象，而且大家亲自动手，以节约所得更进一步改善物质生活，今年丰衣足食成绩的创造，就是由生产与节约两大内容构筑而成的。**减轻人民公粮负担四万四千四百十石**　总观此次中直、军直生产展览会，其最大特色即丰衣足食的景象，已由这三千余件展览品中表现出来了。无论是农产品、手工业产品都证明毛主席“自己动手，发展生产”的思想以及李富春同志底“丰衣足食为改善生活而斗争”的号召，获得了胜利的结果。这次生产成绩的检阅，证明自己动手生产方针的正确，证明生产群众化力量的伟大，不仅如此，若以中直、军直今年生产总值六万万六千六百一十七万元折成粮食，可折四万四千四百一十石，就等于减轻人民公粮负担四万四千四百一十石。这一生产任务的完成与超过，是具有极重大的政治意义的。许多机关、学校工作人员，青年同志参观过这个展览会以后，都极为兴奋，更加认识了中国共产党为人民、为改造世界而斗争的无比力量。他们从展览会上不仅带回丰衣足食的全面印象，且由展览会里带回去一颗革命一定胜利的坚决信心。**奠定明年生产基础**　这次展览会还表现在今年已为明年的生产奠定下一块基础，今年粮食是有剩余的，菜蔬是吃不完的，土地面积，劳动工具，牛羊，籽种，运输力量……都大大地增加了。这次中直、军直生产展览会描画出边区生产事业日益发展的方向：第一，它证明以农业生产为主的生产方向，就能使我们的生活日渐走上自给自足的境地。第二，由于畜牧业的发展，各机关大批养猪，肉食的分量就大大提高，奠定了各机关丰衣足食的基础。第三，所有作坊手工业，使丰衣足食的生活更加丰富起来，各机关工作人员以自己的劳力创造了满足愉快的生活。第四，由于节约的努力，使生产的果实更加长得丰盈。中直军直各机关物质生活大大提高。今年中直、军直系统的生产成绩，已为明年农业奠定下：农场二十九个，菜园十四个，土地一万三千亩，水井二十余个，工具四千八百余件，耕牛八十余头，明年菜种齐全；已为明年牧畜业奠定下：猪二〇四二条，羊二七九一只，牛七七六头；已为明年作坊手工业奠定下：豆腐房十四所，酱园六所，粉房四所，石炭窑五个，鞋厂五个，木工厂九家，挂面房二家，磨坊十九个，杀猪房四所，榨油房二个，机子房×个，实验场一个，磁窑一个，砖瓦窑三个，焊匠铺□[三]个，铁匠铺三个，马掌铺一个，机械修理厂一个，纸烟厂一个，面包房一个，商店×个。此外今年尚培养出大批生产干部，生产人员，还有巨大的生产资金，还有无限宝贵生产的经验与领导生产的经验，这些都是今年中直、军直各机关生产的收获与明年生产更进一步发展的基础。在党的领导之下，我们展望来年生产景况，眼前自然涌上一片更加丰衣足食生活的光辉。但我们不能满足于现有的成就，还要继续努力，加强劳动；把丰衣足食更加提高一步。

# 貫澈黨的文藝政策

## 西北局宣傳部 組織劇團下鄉工作

## 完縣我軍猛襲陳侯敵據點 斃僞團長及敵顧問

## 太岳某團截擊搶糧敵僞

## 昨日本報全體同人 紀念楊松同志逝世週年

對：一心一德，努力工作，來追念死者。

## 太行軍區政治部 開秋荒一百三十畝

### 每人每天開荒一畝二分

## 中直軍直生產展覽會閉幕

### 大小灶菜餚七四種 油肉菜饃每月增加

### 產婦兒童病員 獲得更好營養

（上接第一版）

### 九個月來 節省糧八百廿一石

### 減輕人民公糧負担 四萬四千四百十石

### 奠定明年生產基礎

## 綏西裴寧區秋收完畢

### 翻秋地千五百垧積肥萬七千袋 棉花收成好明年準備大量種植

## 中央黨校 慰勞生產人員

## 兵站個人生產 値洋六十萬元

## 綏西駝耳區王文元 種棉二垧收花百六十斤 比種糜穀獲利大二十倍

## 志丹婦女勞動英雄陳林芳 積極生產生活豐裕

# 赤水涌现纺织能手

## 王德元家九个月纺线五十斤，孙老婆一天织布四丈二尺

【赤水讯】赤水三区二乡王德元家的妇女，从今年一月到九月止，共纺线五十斤，织布一百零一丈（内有去年纺的十五斤）。今年冬夏缝衣五十七丈布，另缝新被三床。全家十九人不仅没有一个穿烂衣服，且能按时换新。五年以来，该纺织家庭所需衣被全系自纺自织。自民国二十八年来，王德元即按家中人口向市上购买棉花，每一大人各分花一斤半，娃娃分花一斤，分花以后，每个妇女都积极参加纺织。她们在民国二十五年时，原只有一人会织，两人会纺，在“分花”的刺激下，现已有四人会织五人会纺了。她们比别家都睡得迟，第二天东方微明时，就又起身纺织了。现全家已有两架织机，六个纺车。在家务管理方面则采取分工制，每人轮做一月饭，大婶单喂牲口。余时均从事纺织。她们每人除供给全家衣被外，还卖布换钱，负担日常零用。据王德元谈，他和他的婆姨在民国二十八年分了三斤花，五年以来，除两个人经常穿新衣外，现尚存十七丈布一斤线，另并出卖六丈布，获洋一千零二十五元。他婆姨现在又买下一条新的垫毡了。（天苍）

【赤水讯】赤水四区五乡南壕村有两个纺织能手。一个叫程发兰，今年三十八岁，日常除照料家事外，从今年二月到八月，计纺线十八斤，织布一百零三丈，其中自织三十三丈，给别人织了七十丈。在这七个月中，除去自己日常零用外，现又买得价值万余元的毛驴一头。另一个是年近六十的孙□婆、她一天有织一匹布（四丈二尺左右）的本领，从今年一月起至八月底止。除给别人织布一百八十丈外，并教会了十一名妇女学会纺织。有时为了节省灯油，并常在月下纺纱。她家平时吃用的油盐，都是靠她纺织赚下的钱来解决的。她最近卖了五个布，获洋六千元。（黄建邦）

【赤水讯】赤水四区八乡桃家村纺织模范景白芝，在一年半中，赚洋近

六千元。并教会同村另一妇女纺线四斤半，织布六丈九尺。景白芝去年以一千三百五十元买棉花二十五斤半，纺线二十五斤，织布四十丈，自用十八丈（值二千余元），今年卖布二十二丈，获洋二千五百元，净赚三千二百元，当以一千二百元买驴一头。今年以一千五百元买棉花十斤，织十五丈布，自用二丈四尺（值六百八十余元），卖布八丈四尺，换得价值二千四百元的玉米一石，尚余布四丈二尺，可值一千二百元，除去棉花资本外，净赚大洋约二千八百元。（南永福）

【赤水讯】赤水高□村罗端儿之母，年已五十余岁，今年在乡政府给穷人放棉花的鼓励下，在近五个月内，即以向乡政府领得的两斤棉花通过合作社的交换赚到十二斤线子，除还清放花外，这十二斤线子约值三千一百二十元。平常她还要抽出一部分时间，帮助媳妇一些零活。现她全家已换上新衣。她已表示，今年一定也要把她的媳妇教会纺线。（葛新民）

【新正讯】新正二区五乡共有难民妇女三十四人，其中会纺者三十二人，经常纺线者二十人。该难民等原有纺车三架，公家发给七架，自做十架。近数月来已给工厂纺线一百三十五斤。在男耕女织的劳动情形下，难民生活可以郭□[和]义为例：他家两个妇女已纺线三十五斤十二两，织布四丈，缝棉衣三件，挣工资洋二千四百元，另并抽暇做鞋四双、草帽四顶及出外织布等，共得三千二百八十元。现正计划买耕牛一头。郭和义本人则按时种地二十余亩，又和妇女拾了几斗秋粮，现已食饱衣暖。（宇艇）

# 關中繼續成立義倉

## 新正二區區鄉長領導開義田

## 新寧五區一鄉開義田四處

# 安塞佈置徵糧工作

## 決定首先進行宣傳調查

# 濱沬水模範農民李仲福

# 自己勤勞生產推動旁人

## 六天中一人開荒五畝種地五畝

# 赤水湧現紡織能手

## 王德元家九個月紡綫五十斤

## 孫老婆一天織布四丈二尺

# 清澗慰候親屬姊妹生產勤勞受獎

# 延川趙家溝黨的小組領導生產的辦法

郝亞田

# 中央黨校收煤炭二萬斤

## 修造銅鐵器九千件

# 吳旗縣農村經濟調查

張汗樑

# 延川禹居區四鄉已開秋荒六十三畝

## 清澗區劉賀氏一天織布一丈



第二卷（下）

| 解放日报 | 时间 | 1943-11-30 | 期 | 第923期 |
| --- | --- | --- | --- | --- |
| | | | 版 | 第2版 |

## 三边新塞工厂迅速发展

### 去年织毛呢百匹毛毯二千条，资金增至四千万织机三十五部

【本报三边讯】这次荣膺模范生产工作者率领分区全体劳动英雄及模范生产工作者赴延参加大会的新塞工厂厂长王彩文同志，他在一九四〇年十月，仅向专署四科领款三百元，工具费一千元，开办新塞工厂。几年来逐步发展，资本逐渐增加，目前已成为拥有四千万资金，担负巨大供给任务的工厂。该厂在开办时，只有五名工人四个职员，抗工家属二十来名纺线。当时产品少，资金周转不灵。开工后征得难民工厂投资五万元，并购得七七纺线机十五台，弹毛机一部，雇请工人及招学徒，扩大生产。至四一年八月结算，资金八万元，共盈利三十余万。今年正月又扩充资金，原计划织毛呢，供给分区党、政、军、民全体干部冬衣，在六月份始置织毛布机六部，织毛毯机两部。截至目前止，该厂已织出毛呢一百余匹，毛毯二千余条，今年厂为计划并完成衣胎九千套，皮袄一千五百件。该厂出品质地精细，颜色光泽，且经久耐穿，足与舶来品媲美。现该进一步供给分区全体干部人员在明年均能穿上此种服装，最近已扩大资金到四千万，购来织毛布机十四部，以后还能再运来十部，并招请工人及学徒一百人，现正修整房屋，安置机器。预计从明年一月开动二十部织毛布机，到九月即能织出毛呢一万丈。此外，并承制毡、衣、被胎等。该厂所以能有很大发展，并担负此项巨大供给任务，即系由于王彩文同志的领导和全厂职工的努力。

# 三邊新塞工廠迅速發展

## 去年織毛呢百疋毛毯二千條

## 資金增至四千萬織機卅五部

[illegible]

# 延川完成今年經建

## 開荒植棉安廁所均超過計劃

## 各項生產中都湧出勞動英雄

[illegible]

# 吳旗五區秋開荒怎樣超過了任務？

王國達

[illegible]

## 赤水三區羣衆紛紛開荒翻地

[illegible]

## 延縣松樹嶺民辦社

# 為羣衆謀利百萬元

## 代放農貸買耕牛幫助變工

[illegible]

# 肥料是米麥黃金

李　　　　

[illegible]

十一月十七日

## 吳堡劉家溝區三鄉

## 康步輝等被選為勞動英雄

[illegible]

## 冀南銀行等職工

# 展開甄榮典運動

## 膠東棲東行署舉行生產展覽

[illegible]

## 三邊秧歌劇工作者

## 採用現實題材編劇

[illegible]

## 興縣反掃蕩中

# 民衆踴躍動員救傷帶路

讓好房住，給好吃的，一切供給作戰部隊。

[illegible]

## 濱海日照縣設示範農場

## 試驗灌溉施肥改良作法

[illegible]

## 臨沭王壽福發明新式紡車

[illegible]

# 劳动英雄献词一束

献给毛主席（一）毛主席：你是中国人民的救星！你是咱们劳动人民的救星！你使咱们这些过去被人看不起的受苦人，现在翻了身，成了光荣的劳动英雄，咱们实在高兴，咱们心里向着你，响应你一切号召，拥护你一切号召。警备区在何绍南统治的年代，咱们只有被压迫、剥削、奴役、榨取、欺骗，咱们不能抬头，没有作为一个中国人民的权利，咱们过的日月，只有悲惨、饥饿、黑暗和痛苦。现在，警备区是咱们人民自己的了。尤其是咱们劳动人民，从此得到了地位，咱们过的是丰衣足食和民主自由的生活。咱们要告诉全警区老百姓，把自卫军整顿起来。人人学会打退任何敌人进攻的本事，保卫咱们父、母、妻子、土地、牛、羊和粮食，保卫家乡，保卫边区！你天天为人民谋利，你号召发展生产，叫咱们多种棉花多打粮食，你号召减租减息，号召移民南下开荒，使咱们的日月达到丰衣足食。咱们还已经照着你指示的办法，把防奸运动深入到广大群众中去，彻底肃清汉奸特务，保卫咱们丰衣足食的生活。咱们是全分区劳动英雄、模范生产工作者推选的代表来延安开会，居然能亲身听到你的指示，你想是何等的高兴，咱们一定要把你的一字一句牢记在心里，回去传达到每一个的老百姓身上，并坚决执行你的指示，咱们没有很好的礼物，只是带来了全分区五十万人民拥护你的热烈的心情，来向你献旗致敬！并祝你身体永远的健康！绥德分区劳动英雄、模范生产工作者代表刘玉厚等二十二人敬上（二）敬爱的毛主席、朱总司令：在你们英明的指导伟大的生产号召下，我们五十九个被选为全陇东的生产模范者，劳动英雄，我们感觉这是世界上最珍贵的称号！这光荣，这幸福，是你们给我们的，是你们正确领导的果实。过去，我们也曾一年到头的辛勤劳动，一点汗一点血地做着庄稼，那时不但没人奖励我们，而且所收的粮食，都叫地主豪绅强抢去了，弄得我们少吃穿，一天还要受那些官厅衙役狗腿子的气，真是尝尽了人间的痛苦，眼泪只往肚里吞。红军来了，共产党来了，把那些压迫人的王八蛋一扫而光，我们的腰伸直了，永远脱离了火坑，现在我们自己有着牛羊牲畜和土地，自己动手，过着丰衣足食的生活，政府是我们亲自选举的，所以再没有人压迫我们，欺侮我们了。谁从苦海中救出我们的？是你们，是你们领导下的共产党和工农红军——八路军，你们是我们的救星，是全中国人民的救星，也是全世界人民的救星。我们坚决拥护拯救我们的八路军，共产党，坚决保卫边区，肃清边区内隐藏着的汉奸特务。最后我们高呼：中国共产党万岁！敬献锦旗一面。并祝你们身体健康陇东分区劳动英雄张振财等五十九人敬献（三）毛主席、朱总司令：你们和中国共产党是东方的革命导师，人民的救星，没有你们和中国共产党，就没有坚持抗战与边区的生产运动，也就没有丰衣足食的边区；同时也就没有将来的独立自由幸福的新中国。我们愿永远在你们的领导之下，努力生产，帮助抗战，以达到最后胜利。我们以无限的热忱敬献锦旗一面，猴头一枚，党参一束，以表微忱，并祝健康。此致敬礼！关中分区全体劳动英雄代表谨献（四）毛主席、朱总司令：首先让我们二十三位代表向你们致亲爱的敬礼。我们这次来参加边区劳动英雄代表大会，觉得非常兴奋和愉快，又非常荣幸。数年来，陕甘宁边区在你们的英明领导下，使咱全边区的老百姓都过着丰衣足食的生活，也只有在你们的正确领导下，对于我们的莫大关怀，才使我们能有今天的翻身和幸福生活，这次选我们当劳动英雄，使我们真有说不出来的高兴，但又觉惭愧，因为我们还觉得做得不够。我们要以最大的努力，明年更好好生产来报答你们的好意和至高的关心。这次我们带来一点很小的礼物，以表我们的敬意。此致敬礼！三边贺保元、李文焕、王彩文等二十三人敬献（五）我们敬爱的领袖毛主席！你是中华民族的舵师！你改造了我们的思想和工作，你指示我们“自己动手，丰衣足食”，我们已执行了你的号召，各机关部队学校的人员，都动了手，创造了革命的财富。我们丰衣足食了！这是新民主主义经济的创造和胜利！毛主席！我们在你的旗帜下获得了劳动英雄、模范生产工作者的光荣称号。我们光荣！我们愉快！但是我们并不自满，我们正在总结经验、研究如何提高技术、组织劳动力、增加产量！我们将永远在你的旗帜下，前进！直到最后胜利！我们要高呼：毛主席万岁！中直军直边直留直

# 中長林明年生產計劃
# 擴大種地二十垧
## 每垧要打糧八斗以上　拿糧四石幫助移難民

## 延縣郭虎存妻　榮膺勞動英雄

## 子長中區政府、完小師生　發展生產積極開秋荒
### 影響羣衆組織變工開荒

# 勞動英雄連日漫談
# 合作養路植棉等問題
### 馮雲鵬首先向吳滿有應戰

# 勞動英雄獻詞一束

## 獻給毛主席
### （一）

毛主席：

你是中國人民的救星！你是咱們勞動人民的救星！你使咱們這些過去被人看不起的受苦人，現在翻了身，成了光榮的勞動英雄，咱們實在高興，咱們衷心的擁護你，響應你一切號召，擁護你一切號召。

### （二）

### （三）

### （四）

### （五）

## 半月軍事動態（上接第一版）

### 二、正面戰場

## 配合正面戰役，鄂境新四軍全面向敵出擊

## 推動紡織
### 綏德二區副區長

# 開展冬學運動
### 晉冀魯豫邊府　太行軍區司令部聯合指示
### 涉縣已成立冬學一一四處

劳动英雄及模范生产工作者代表团敬献（一）亲爱的朱总司令：我们过去的光景，和现在国内好些地方一样，比牛马还不如，没有土地，没有吃，没有穿，眼看着活不成；自从高司令领导受苦的闹革命，成立红军，打垮了豪绅地主的统治，我们才分得了土地，有吃有穿，光景一天天地好起来。在毛主席和你来边区以后，我们红军的力量更强大了。老百姓的生活也更好了。抗战后，共产党领导下的八路军新四军，坚持敌后抗战，抵住了日本鬼子，抗击了侵犯我国的大部分敌伪军，对国家民族建立了大功劳。假如没有八路军新四军，中国早就被日本消灭，老百姓早就当亡国奴了；假如没有八路军的留守兵团，边区也不会有安宁的日子。有了八路军在敌后的抗战和在边区的驻防，才保住中国没有亡国，才有今天的边区，老百姓安居乐业、丰衣足食。几年来，你指挥下的八路军，真正执行了共产党和毛主席的指示，一方面拿枪在前方勇敢打敌人，一方面又拿起锄头努力生产，帮助老百姓除草、秋收，大大减轻了人民的负担，使我们的光景过得更好。当老百姓想到八路军的好处时，就首先不能不感激我们的毛主席和朱总司令。我们劳苦了四五十年，今天才受人尊敬，当选为劳动英雄，心里很是高兴。但我们不仅为了自己的光景好，主要是为了革命，为了后世子孙。因为我们在几十年的经历中，亲身体验到没有像毛主席和你这样的领袖天天为老百姓打算，想尽办法要解放穷人，使工人农民个个吃得好穿得好，为老百姓流血打仗，为老百姓流汗生产，所以我们很喜欢让自己的娃娃去当八路军。我们当中有些人胡子都白了，也有饭吃有衣穿，仍然亲自出来上山开荒，不辞劳苦，这是为了跟着你们往前干，解放全中国劳苦人民，使将来全国都和边区一样好，不再有一块地方的老百姓受人压迫和剥削，或者像河南的难民那样饿死冻死，保证我们子子孙孙永远不再做人的奴隶，光景比我们过得更好。自古以来，从没有一个总司令来向老百姓讲话，你在劳动英雄大会上向我们讲话，我们非常喜欢，你的每一句话，都是为的我们人民，我们一定照着你说的话去做，总结今年的生产经验，做出明年的生产计划来；援助前方，实行勤劳节省，好好喂牲畜；学习放枪打手榴弹，拥护八路军抗战，保卫边区。八路军、新四军万岁！祝你永远健康！附呈锦旗一面及土产礼物一部延属分区劳动英雄代表吴满有、赵占魁、申长林、杨朝臣等四十五人。（二）朱总司令：毛主席和你，是中国胜利的旗帜！尤其是咱们劳动人民胜利的旗帜！你数十年来的革命奋斗，都是为了咱们广大的劳动人民，咱们也没有一时一刻可以离开你们的保护。你领导的八路军新四军是人民的军队，不仅用武器来保卫人民，还要自己来生产，解决自己的给养，你们创造了古今中外未有的奇迹。你们不仅领导着部队生产，还时刻帮助着人民来生产。你的“建立革命的家务”的号召，已深入人民心里。我们还记得，你为了巡视工作，曾经到过一次分区，全分区的人民，正个个想来看你，而你又匆忙地返回延安，到现在全分区五十万的人民，没有一个不在纪念着你，因为咱们能从过去的黑暗统治下解放出来，过着今天丰衣足食民主自由的生活，都是你们所给予和保障的。咱们是创造革命家务最忠实的信徒，是全分区劳动英雄模范生产工作者选举的代表，咱们一定要告诉全分区的劳动人民更加努力生产，加强自卫，来完成你们的号召，现在代表着全分区五十万人民，来向你们献旗致敬！并祝你们身体健康！绥德分区劳动英雄模范生产工作者代表刘玉厚等二十人献（三）我们敬爱的朱总司令：“建立革命家务！实行南泥湾政策！”这是你英明的指示，伟大的号召！我们在你这一指示号召之下，开辟了农场作坊，发展了运输畜牧；克服了困难，保证了供给。今天，我们敢说革命的家务有了一个基础；这是你英明指导的成功！我们知道建立革命的家务，是个战斗的任务，前面还有困难，我们还要继续努力，克服困难。巩固与发展我们的家务。我们永远在你这面中国人民胜利的旗帜之下前进！谨向你致最崇高的敬礼！

中直军直边直留直劳动英雄及模范生产工作者代表团敬献

# 斯城生活恢復常態

## 數十萬居民歸來積極工作
## 著名拖拉機工廠開始出貨

【塔斯社斯大林格勒廿八日電】十個月前，斯大林格勒只有瓦礫廢墟。居民從破毀的地下室和地窖中，從在山溝裏挖掘的土窟中搬出來重新住居。現在斯大林格勒已有數十萬居民了。白天，人們參加工廠的恢復工作或在已開動的工廠、機關和學校中工作。在一天工作完畢後，他們沿着小巷，拿着鐵鍬，建築或修理他們自己的房子、醫院、俱樂部和戲院。[illegible]

## 哈爾科夫從廢墟中重建起來

## 庫爾斯克州三萬四千所新屋落成

## 法國淪陷區游擊隊日益壯大

## 勝利襲擊德寇「討伐隊」

## 匈反對派抨擊政府

## 要求撤回東線部隊

## 德寇在蘇罪行

### 果梅爾城一片瓦礫　廿萬居民橫遭屠戮蹂躪

## 拉脫維亞人民頑強抗擊德寇

## 德寇自供

## 增產糧食失敗

## 挪京學生激烈反德

### 納粹當局橫加逮捕　瑞典各界羣起抗議

## 南解放軍大捷

## 斃傷德寇三千

### 阿爾巴尼亞志士狙擊賣國賊

## 法解委會決議

## 組織反法西斯委員會

## 羅馬尼亞

### 鐵路油田區罷工

## 意諮詢委員會成立

### 維辛斯基等離北非赴意

# 勞動英雄獻詞一束（上接第二版）

## 獻給朱總司令

（一）

親愛的朱總司令：

我們邊區的老百姓，和現在這內好些地方一樣，比牛馬還不如，沒有土地，沒有吃，沒有穿，眼看着活不成；自從高司令領導受苦的鬧革命，成立紅軍，打垮了豪紳地主的統治，我們才分得了土地，有吃有穿，生活一天天的好起來。在毛主席和你來邊區以後，我們紅軍的力量更強大了，老百姓的生活也更好了。抗戰後，共產黨領導下的八路軍新四軍，堅持敵後抗戰，抵住了日本鬼子，挽救了從把我國的大部份敵偽軍，對國家民族建立了大功勞。假如沒有八路軍新四軍，中國早就被日本消滅，老百姓早就當亡國奴了；假如沒有八路軍的留守兵團，邊區也不會有安寧的日子。有了八路軍在敵後的抗戰和在邊區的生產，才保住中國沒有亡國，才有今天的邊區，老百姓安居樂業，豐衣足食。

幾年來，你指揮下的八路軍，真正執行了共產黨和毛主席的指示，一方面拿槍在前方勇敢抄敵人，一方面又在後方努力生產，幫助老百姓鋤草、秋收，大大減輕了人民的負担，使我們的光景過得更好。當我們老百姓想到八路軍的好處時，就首先不能不想起我們的毛主席和朱總司令。

我們勞苦了四五十年，今天才受人尊敬，當選爲勞動英雄，心裏很是高興。但我們不能忘了自己的光景好，是要是爲了革命，爲了後世子孫。因爲我們在幾十年的經驗中，親身體驗到沒有像毛主席和你這樣的領袖天天爲老百姓打算，想盡辦法要解放窮人，使工人農民個個吃得好穿得好，爲老百姓流血打仗，爲老百姓流汗生產，所以我們很喜歡認自己的娃娃去當八路軍。我們當中有些人鬍子都白了，也有飯吃有衣穿，仍然親自出來上山開荒，不辭勞苦，這是爲了跟隨你們往前幹，解放全中國勞苦人民，使將來全國都和邊區一樣好，不再有一塊地方的老百姓受人壓迫和剝削，或者像河南的難民那樣餓死凍死，保證我們子子孫孫永遠不再做人的奴隸，光景比我們過的更好。

自古以來，從沒有一個總司令來向老百姓講話，你在勞動英雄大會上向我們講話，我們非常榮幸，你的每一句話，都是爲我們人民，我們一定照着你說的話去做，總結今年的生產經驗，訂出明年的生產計劃來；援助前方，實行勞武結合，好好學會打手榴彈，擁護八路軍抗戰，保衛邊區。

八路軍、新四軍萬歲！祝你永遠健康！

附呈錦旗一面及土產禮物一部。

延屬分區勞動英雄代表吳滿有、趙占魁、申長林、楊朝臣等四十五人。

（二）

朱總司令：

毛主席和你，是中國勝利的旗幟！尤其是咱們勞動人民勝利的旗幟！

你數十年來的革命奮鬥，都是爲了咱們廣大的勞動人民，咱們也沒有一時一刻可以離開你們的保護。

你領導的八路軍新四軍是人民的軍隊，不僅用武器來保衛人民，並且自己來生產，解決自己的給養，你們創造了古今中外未有的奇蹟。你們不僅領導着部隊生產，還時刻幫助着人民來生產。你的「建立革命的家務」的號召，已深入人民心裏。

我們還記得，你爲了邊區工作，曾經到過一次分區，全分區的人民，正個個想來看你，而你又匆忙的返回延安，到現在全分區五十萬的人民，沒有一個不在記念着你，因爲咱們能從過去的黑暗統治下解放出來，過着今天豐衣足食民主自由的生活，都是你們所給予和保障的。

咱們是創造革命家務最出色的積極者的代表，全分區勞動英雄模範生產工作者選舉的代表，咱們一定要告訴全分區的勞動人民更加努力生產，加緊自衛，來完成你們的號召，現在代表着全分區五十萬人民，來向你們致敬！並祝

你們身體健康！

綏德分區勞動英雄模範生產工作者代表劉玉厚等廿二人獻

（三）

我們敬愛的朱總司令：

「建立革命家務！實行精兵簡政！」這是你英明的指示，偉大的號召！我們在你這一指示號召之下，開展了變工作坊，發展了運輸畜牧；克服了困難，保證了供給。今天，我們敢說革命的家務有了一個基礎；這就是你英明指導的成功！

我們知道建立革命的家務，是個艱巨的任務，前面還有困難，我們還要繼續努力，克服困難，鞏固與發展我們的家務。我們永遠在你英明的領導之下，向着中國人民勝利的旗幟之下前進！謹向你致最崇高的敬禮！

中直軍直機關直屬勞動英雄及模範生產工作者代表[illegible]

# 新民主主义经济建设辉煌成果
# 边区生产展览会盛况空前

## 农工各业飞跃发展丰衣足食兵强马壮

【本报特讯】边区劳动人民一年来亲手辛勤创造的生产成绩展览大会，已于上月二十七日晨正式开放。距会场半里以外，即可望见两座布塔耸立于延水河畔，上悬红色大字："边区生产展览会"。数日来，延安周围五十里远近的人民，均纷传展览会开幕消息，男女老少相偕来延参观。会场前后左右到处拥挤着人群，又适逢边区举行劳动英雄代表大会，骡马大会亦未闭幕，故倍形热闹。佩戴红花的农工兵劳动英雄，机关、学校，部队的模范生产工作者，自卫军、保卫边防的英勇战士、机关工作人员、学生等均成群结队伫候参观。总展门前高悬大红色五角星，左右为毛主席及朱总司令彩色画像，其下分列高岗同志、贺龙同志、林主席、李副主席肖像，还有劳动英雄吴满有、申长林、黄立德、李位、冯云鹏、张振财、刘玉厚、赵占魁、郭凤英、张芝兰、贺保元等之彩色画像，亦分列于高岗同志肖像左右。一群儿童在总展门前指着劳动英雄画像，看谁认识吴满有，谁认识赵占魁。劳动英雄的荣誉，亦充满在儿童的心目中。大会展览品分两大部分陈列，一为总展，陈列边区各种生产事业总的情景，其中以各种统计图表最为详尽，且亦最富教育意义；一为分展，计有中直、军直、留直、边区系统之机关生产展览部，绥德分区展览部，延属分区展览部，关中、陇东、三边等分区展览部。延县柳林区农民金科堂从早到晚整整看了一天，他很快活地说："这是我们农民辛苦换得来的成绩，是毛主席领导的功劳。"大会全部展品完全证明我党领袖毛泽东同志所指示的新民主主义经济方向的成功，证明高岗同志具体领导的胜利，证明边区人民在共产党领导下，摧毁封建统治，建立自己政权以后才能更好地发挥自己的一切力量，创造自己的革命家务，来争取抗战建国的胜利。大会上陈列着我英勇八路军在华北敌后战斗中所缴获之日寇巨型山炮、九二式步兵炮、高射机关枪、轻机枪、掷弹筒等无数战利品。此一景象亦适足说明共产党所领导的劳动人民及其军队既能打仗又能生产，既能抗日又能建国，这是不可战胜的力量。机关生产展览部与延、绥分区展览部的大布幔上，以红色木制大字写道："兵强马壮"。"自己动手，丰衣足食"、"兵精粮足，人寿年丰"等语，语意充满抗□[战]必胜建国必成的信念。群众观此，情绪更为振奋，大会远景亦极壮观，会场上各种生产彩画、标语装置相映生辉，还望×××山坡竟成一片灿烂绚光。此次大会以各种各样的农业、畜牧业、运输业、合作事业、自给工业等生产展览品，表现我边区生产事业蓬勃发展与劳动人民生活蒸蒸日上的景况，现将总展各类概况分别报道如后：**狼尾谷不怕雀子吃马齿玉米一垧打四石多**　总展的第一部分是边区农业的缩影，室内陈列谷糜种类有数十种之多，有产量多雀子不吃的狼尾谷，有谷头拳曲的龙爪酒谷，有光华农场的马齿玉米，有劳动英雄吴满有种的疙瘩黄硬糜，有杨朝臣山地的黄玉米，有张万库种的白流沙谷，有申长林的马鞭谷……劳动英雄的庄稼都较一般谷糜长得丰满、粗大，参观群众对于狼尾谷和马齿玉米最为喜爱，许多农民都团聚在马齿玉米左右，纷纷谈论它的好处。有的说："马齿玉米每垧产四石五，我家种的黄玉米每垧顶多打两石四，差得太呢！"有的说："它一根穗子长五六百粒大玉米，我家玉米一穗只长一百多粒，公家一蛮有办法。"许多农民都纷纷向招待员索取马齿玉米种子。这些谷物收获的丰美，是我们边区今年生产成绩优越的表现，室内许多图表正说明这今年粮食增产情形。**今年耕地面积扩大为一千三百三十八万亩粮食总产量一百八十四万石**　今年边区春开荒总数达九十七万六千二百二十四亩半，去年的开荒总数只有三十八万一千四百十三亩，即以四〇年边区开荒运动最热烈的一年而论，那年也只开荒六十九万八千九百八十九亩。四年来边区耕地面积日益扩大，四〇年耕地面积为一千一百七十四万二千零八十二亩，而今年则扩大耕地面积为一千三百三十八万七千二百一十三亩三分。今年粮食总产量为一百八十四万石，增产细粮十六万石，大大超过原来增产八万石的计划。今年所增产之十六万石粮食，由于开荒面积增加而增产者十四万五千石，由于改良农作法而增产者一万五千石。在毛主席朱总司令的号召和西北人民领袖高岗同志的领导下，今年边区全体人民辛苦地操作着，把一百万亩荒地都变成了良田。今年所产食粮除消费一百六十二万石外，尚能余粮二十二万石。在这一澎湃的生产运动中，许多劳动英雄起了很大的推动作用，如今年吴满有领导吴家枣园开荒竟达四百四十七亩，而去年开荒只一百七十一亩，今年超过原计划两倍半。今年粮食产量增加了，大部分人民已经能有存粮，如甘泉二区二乡全乡今年共存粮一百九十九石，**全乡有五十六户存粮一百七十六石。人民负担减轻六倍革命前—百分之四十六革命后—百分之八.五** 展览会中另有一张图表画着七年前与今天农户成分变化比较：一九三六年延安县柳林区四乡有雇农十四户共四十二人，贫农四十八户共一百零八人，中农四十四户共二百三十一人；而今年该区四乡仅有雇农一户共四人，贫农十五户六十四人，中农竟达九十四户之多，共有四百三十人，富农亦增至十五户共八十五人。这表现了人民掌握政权以来，农村经济的上升。另一张图表把固临临镇区一乡□[觉]德村革命前后的负担做了一个对比，革命前一九三四年人民负担占其总收入百分之四十六，而革命以后，一九四一年农民负担仅占其农业及副业收入百分之八.五，这张图表画出两个不可比拟的世界。**全边区劳动力三十三万集体劳动占四分之一四千五百二流子积极参加生产** 今年边区生产运动中劳动力的组织工作，也做得极有成绩。展览会上有幅孟庆成札工队的故事连环画，它以很生动的人物活动描写参加札工队的好处：孟庆成札工队本来计划开荒一百四十四亩，结果因为大家集体劳动，情绪高，对庄稼照应得好，不仅工资劳力节省，而且超过计划完成了二百七十八亩。村里有个王骡子不肯参加札工队，去年种麦五垧，收四石五，今年只收了二石，计划开十亩荒，但是他一个人开荒不起劲，趴在地上睡觉了，结果一亩也没开成，这幅连环画把分散劳动与集体劳动的好坏模样写得十分明确有趣。另有一张图表以三个典型乡的材料来比较集体与个体开荒的效率：同宜耀一区二乡参加集体劳动的有一百一十人，参加个体劳动的有三百三十四人，集体开荒达全乡土地百分之七十，而个体开荒只占百分之三十。延安川口区六乡八十三人参加变工队，开荒占全乡土地百分之四十八，个体七百人仅开荒占全乡土地百分之五十二。安塞四区三乡变工队，集体劳动者一百七十七人，开荒占百分之五十，个体劳动者五百二十九人开荒亦只占百分之五十。除草也是如此，变工队平均一人一天除草三亩，华池温台区三乡李中领导一个六人变工队，每天除草十八亩；而个体劳动六人，每天仅除草十四亩。总计今年全边区原有全劳动力三十三万八千七百六十人，参加集体劳动者达八万零一百一十八人之多，占全部劳动力四分之一强，这种集体劳动运动是新民主主义经济最主要特色之一。不仅如此，生产运动的巨流把成百成千的二流子也卷进来了，这给边区生产劳动军增加了一个很大的力量。今年全边区共有二流子六千四百二十四人，现已转变积极参加生产的达四千五百余人，边区三分之二的二流子都转变了，而且三边还出现了转变后的二流子当了劳动英雄。今年安置移民八千户移民每劳动力开荒八亩室内有几帧关于移难民的照片是十分动人的，有政府给粮的情形，有老户让窑的情形，有借□、借牛的情形。从榆林来边区的石匠王文焕参观到这里，看着这些照片，十分感动起来，自言自语地说道："我们穷人只有依靠共产党，我来边区，政府待我宽厚，就是照片上的情形。政府待我们穷人一满没说的。"在移难民照片两旁挂着几幅图表，说明三年来边区安置移难民数字的增长：四一年边区安置七千八百五十户，二万零七百四十人，四二年安置五千零五十六户，一万二千四百三十一人，四三年安置八千零二十一户，二万九千零三十人。移民的生产热忱很高，劳动力也强大，以关中分区四三年老户与移难民开荒的比较，移民每劳动力开荒七亩九分八，共开荒三万八千七百七十四亩七分，老户每劳动力开荒一亩八分九，共开荒五万三千二百二十四亩一分。部队开荒二十一万亩几达民众开荒三分之一部队生产力量的巨大，在展览会中也表现十分惊人，农展室一个角落上拥挤着一群老百姓，一个招待员向他们解释今年部队生产的情形，这确是一个惊人的成绩，今年全边区群众开荒七十六万九千余亩，而部队战士就开荒二十万六千八百七十六亩之多，与全边区群众生产的比例几达三与一之比。有许多老百姓在批评簿上差不多都写着同样的话："我今天十分高兴八路军能与老百姓生产，老百姓少了负担，这就是我的意见。"室内另一角有四幅连环画，说明今年生产搞得好的另一原因是党政领导具体，帮助群众做按户生产计划，其中有一幅画着靖边有一个阎俊旺老汉，有地二十五垧，驴一头，牛一头，还有一百多只羊，就是没有劳动力。另外有李来禄夫妇二人是两个好劳动力，一没牛，二没地，有劳动力没处使，政府帮助按家计划后，实行劳动互助，阎老汉有了劳动力，李来禄夫妇也就有了耕地，人民生产热情就这样更空前地提高起来。**三年扩大植棉面积十倍今年收花百七十三万斤种棉一垧——得利三万三千元种谷一垧——得利六千元**　许多参观者，看到洁白如雪、产量多、纤维长的延川斯字棉时，都十分喜爱，大家纷纷大声谈论起来。老百姓又看见安塞，甘泉，延安等县也能种棉，就更加惊喜。一年来群众生产的经验证明在陕北是可以大量植棉的，这样便打破了过去棉花不能在陕北大量种植的陈旧观点。一九四〇年边区植棉面积仅一万五千一百七十七亩，而今年植棉面积竟达十五万零二百八十七亩半，总计收花一百七十三万斤，三年以来植棉面积扩大十倍之多。以后如能进一步改良植棉与提高产量，扩大植棉面积，明年就完全有自给的希望。展览会中有一幅棉花打卡的绘图，叙述打卡的方法和过程，打卡的棉花每亩可收净花二十斤，每株开棉桃十六个；不打卡的棉花每亩只能收净花八斤，每株开棉桃五个。还有一张数字统计图引起观众对于植棉的兴趣，它把种谷子与种棉收益做一比较：种一垧棉地支出牛工一个半，合一千二百元，人工二十个，合八千元，轧花工资四千二百元，合计一万三千四百元，收入净花三十斤，值四万五千元，收棉籽六十斤值二千一百元，合计四万七千一百元，可得净利三万三千七百元。而种谷一垧，支出牛工一个半合一千二百元，人工十二个合四千八百元，合计六千元，收入米五斗值九千元，草二百斤三千元，合计一万二千元，净利只得六千元。粮食生产增加了，还要增产棉花，这是保证边区人民丰衣足食生活的一个重要问题。**四年来畜牧业发展**　畜牧展览品中有一套医治牛羊瘟的针药器具，及病牛的□、胆标本。今年牛瘟在某些地区曾发生严重的死亡现象，但政府帮助注射血清后，病牛多被治愈。闻此种治牛瘟办法正向民间推广中。边区四年来牲畜发展的状况是令人愉快的，据畜牧业图表统计：另有一张精致的表格画着边区羊毛、羊皮、羊绒的产量情况：今年产白羊毛六十七万一千零九十斤，黑羊毛三十三万三千六百九十七斤，羊绒二十五万一千六百五十九斤，大羊皮九万一千五百一十二张，羊羔皮四万五千七百五十六张。四年来边区牲畜的发展使我们无论在农业上（耕地）、运输业上（驮运）以及丰衣足食的生活上都获得巨大的利益，农民群众对于牲畜的爱护是十分殷切的，他们在展览会上纷纷要求畜牧业招待员详细解释牛羊得病原因及其治疗方法。**今年产盐六十万驮运输合作公私兼顾牲口去年——□二四六头今年——三七〇〇头**运输合作展览部份以盐粒摆一大“盐”字，壁上悬有盐池风景照片，及盐场，打盐过程照片六幅。有一幅盐池工人以新创的木轮车运盐，场面最为新颖。由照片上看见那堆积如山的洁白如银的盐堆，它却堆积成两年不同的数字：四二年盐池产盐二十七万六百一十七驮，四三年九个月即产盐四十七万零四十二驮，今年全年可产盐六十万驮。运输合作事业的发展，采取了公私兼顾的方针，运盐采取运输合作社与运输队的方法，运盐能力的提高就在这种政策下获得充分的发展。有一张图表指出一九四二年边区运输合作牲口仅二百四十六头，今年运输合作牲口即有三千七百零六头。私人长脚牲口也有发展，一九四二年私人长脚牲口为一五、二四七头，今年私人长脚牲口有一七、六三一头。总计今年参加运盐牲口数为五万二千九百四十头。以延安县运输合作发展状况而论，四一年仅有牲口一百八十头，今年则为七百二十五头。由南区合作社过去两年与今年运盐发展的比较上也可看出今年边区运盐事业的进步：该社四一年运盐一千零五十驮，四二年二千七百驮，今年十个半月即运盐一万六千八百驮。自从边区政府统一管理食盐后，就取消了盐店对于脚户的过分剥削，有一张表格标出一个很明显而且尖锐的区别：政府统一管理前，盐价暴涨暴跌，不能随到随收，暗里挖一碗，大斗进小斗出，大秤进小秤出，秤高进，秤平出，有房盐客盐之分，有盐尾子归店的陋习，还有掺假盐的积弊，但自政府统一管理后不但盐价稳定，而且一切的不平与剥削都完全取消了。**合作社二五五处股金一万万五千万元生产运输交换能力提高**　　合作事业展览室有一张标语写道：“地广人稀小农经济占优势的边区，要贯彻政府的经济政策，组织与倡导人民发展经济，就必须依赖真正群众性的合作引起杠杆作用。以下有各种图表显示边区合作事业在发展边区国民经济中的巨大作用。延安等二十县市各种合作社及所属单位有下列的统计：单纯生产社十六个，单纯消费社七十五个，单纯运输社有十九个，单纯信用社一个，各种业务综合的合作社一百一十七个；共二百二十八社，有运输队一百一十个，骡马店六十个，工厂及作坊十三个，消费营业部门一百七十九个，信用部门一个。一九四三年延长、志丹、绥德、靖边等三十五个合作社十个月代人民收买主要土产有以下各项：土纱六百斤，羢毛五万斤，麻籽六百石，棉花十二万斤。今年延安等七县合作社推广妇纺的情况也证明合作社在发展国民经济中的作用，今年发展纺妇七千二百四十四人，发出纺车一千四百三十八辆，放出棉花四万七千八百九十五斤。边区合作社生产、运输、交换能力也飞跃的提高：若以每月计，边区合作社运输能力四二年为三百零九驮，四三年则为四千三百驮。生产能力，四二年为一千五百匹，四三年则为三千一百。匹交换能力，四二年为二百四十四万四千元，今年则为二千七百六十万元。（按：其中运输量系以同一时间的一次驮量计算的，生产能力系以各种生产品均折成布匹计算的，内布匹生产占百分之七十，布匹为单经线土布，大匹。）据统计全边区共有合作社二百五十五社（四〇年只有一百二十一社）财富总值粮食六万三千六百四十石，参加合作社的社员，四〇年只有一万余人，至今年则有十一万五千人，股金由四〇年之二十三万六千元至今年则为一万万五千万元。**南区合作社为人民谋利折粮五千八百余石**　关于运输合作的展品，最出色的要推南区合作社。这一部展品的起头就挂着毛泽东同志的亲笔题字："合作社的模范"。其后即为刘主任的照片与各种产品和表格。今年南区合作社社务的发达状况，可从下列数字中看出：今年该社生产五百三十万元，运输一亿二千六百二十万元，消费供给一千三百五十万元，信用放款四百一十万元，药社二十万元，骡马店两千万元。这是一个完全和群众利益相结合的合作社，从他今年信用放款的用途上也可看出他是完全为人民服务的：今年向群众信用放款买牲口一百九十万元，变札工、买粮、开工资九十五万元，小商贷款三十万元，婚丧、过事一百零四万元。再以推广妇纺而论，该社四一年仅推广妇纺七人，纺花一百五十斤，今年推广妇纺八百一十五人，纺花六千五百二十五斤。四年来南区合作社员股金年年增加，四〇年社员只有九百二十人，股金十万元，今年社员增至一千六百三十九人，股金增至二千万元。另一幅表格指出南区合作社给群众供给各主要日用品的情况：今年供给群众小布三千匹，食盐三万斤，洋火五万一千包。它不仅起着供给作用，而且起着生产的作用，有一幅图表画着它三年来生产发展的状况：四一年产布六十疋，四二年产布二百五十匹，四三年产布七百匹，布为土经土纬，十丈大匹。从南区合作社身上看出边区合作事业把国民经济中的消费、供给、生产三者统一起来了。南区合作社为人民谋利益的实际情况图表分析，是最引观众注意的：代人民运盐节省劳动力可增产粮食五千石，供给日用品节省人民支出一百五十万元，合粮一百石，包公粮减轻人民负担二十五万元，合粮十八石，收买土产增加人民收入十万元，合粮六石，信用放款使人民少出利六十万元，合粮四十石，放花收入棉纱三千斤合粮三百石，代人民交公盐代金六百万元合粮四百石，总计为人民谋利益折粮五千八百六十四担。这一切都证明壁上悬挂着的标语是完全正确的："南区合作社的道路，就是边区合作事业的道路，发展南区合作社的合作运动，就是发展边区人民经济重要工作之一。"完全做到用土纱织布政府布匹自给十分之七自制火柴品质优良工业展览品陈列在一座用布幔装置起来的礼堂内，内分纺织、服装、化学工业、造纸、印刷等类。走进展览室就听见两种声音：一种是划火柴的嚓嚓之声，一种是试验难民纺织厂自制铁织布机的响声。延市参议员吴汉章老先生一听见划洋火的声音立刻就兴奋起来，大声说道："我们边区也能自制火柴了。"许多参观者都拥至化学工业展品部参观火柴展品。边区自制的火柴现已取名"丰足"牌，室内陈列有自制火柴蘸头器，有药锅，有石英砂，有夹立器（系蘸火柴头以前将火柴棒排列于机上所必需之物），有火柴盒的薄底片，有黄磷，黄磷全系自制，半斤黄磷可出火柴二千四百盒，群众目睹边区自制火柴成功，莫不喜形于色，有以"丰足"牌划着吸烟者，一划即着，不下于外来产品，有许多农民还索取了几根绿头火柴兴高采烈而去。室内的西壁陈列着一排颜色鲜丽的纺织品，阳光照射在纬华毛织厂所出的一列毛线上，所有谷色、桃红、枣红、驼色、品蓝、草绿色的毛线和边区各厂所出的呢绒、布匹都更加显得柔软艳丽。这些纺织展品把边区的纺织事业描出一种活泼的景象，今年边区政府直属各工厂九个月内产毛呢一百五十六匹，毛布一千〇二十一匹，半洋布三千四百八十六匹，土布七千一百九十五匹，毛线一万八千九百磅，毛巾十一万三千二百八十三条，毛毯三千七百七十九条。今年边区政府直属各纺织厂九个月完成全年生产计划百分之八十四，今年一月份产布仅七百五十三匹，九月份产布则为一千六百七十一匹。如以四年来边区政府直属纺织厂的生产量来看，今年政府布匹已自给百分之七十三，四〇年织三千〇八大匹，四一年产八千六百九十五大匹，四二年产一万一千九百八十大疋，四三年产一万五千八百四十大疋。室内有一幅令人兴奋的比例表，说明我们的纺织业经过几年的艰苦努力已能做到全部采用边区自制棉纱、毛纱织布：四〇年我们织布用土纱占百分之五十五,四一年土纱就占百分之五十九了，四二年土纱占到百分之六十八,四三年上半年土□[纱]占百分之八十八，下半年土纱就占百分之一百，今年所有洋纱都被边区棉纱代替了。**边区生产展览会盛况空前公营工厂达百余家各种用品日渐自给**　此外，展品中有肥皂，有纸张，有印刷业的各种展品。边区今年出产肥皂四十八万条，出纸四千五百令，边区公营印刷厂所需的张纸可自给百分之八十。陈列室中高悬一牌上书：“自给自足，保障供给”八字，从展览品中不仅可以看出布匹、肥皂等日用必需品已日渐走上完全自给的道路，而且在工业部门中还有一套化学用具亦系以边区原料自造成功者，如自制之一百磅的硝酸坛，五十磅的硫酸坛，耐烧考克，接流三通管，电话线瓷瓶，蒸发皿，坩埚，以及玻璃产品如灯罩、安瓿等，这些器材的自造成功，可使我边区工业向自给道路更迈前一步。总计边区公营工业有纺织厂二十三个，石炭厂十八个，造纸厂十二个、化学工业厂十三个，工具业厂十三个，被服厂十个，印刷厂五家，其他工业九家，共计公营工厂达一百家以上。这是革命家务的一部分。这是边区工人劳动的结果。关于工人生活的改善有一幅难民工厂工资逐月增加的图表，它说明：工资收入在五斗以上的人数百分比：五月份有百分之四十一,六月份有百分之四十八,七月份有百分之五十二,八月份有百分之五十三,九月份有百分之五十五。工资收入在八斗小米以上的：五月本来只有百分之一,六月有百分之八,七月有百分之十三,八月有百分之十三,九月有百分之十六，以上两种工资收入者人数是逐月增多的，以下的一种工资收入者人数就逐月减少了：工资收入在五斗小米以下的，由一月份百分之五十九至九月就减为百分之四十五了。这个工资上升的事实说明在新民主主义政策下公营工厂里劳动和在资本家工厂里劳动有着绝不相同的区别，那就是劳动的果实是革命人民自己的，工厂是革命人民的亲爱家庭。但可恨的是我边区工业中却暗藏了一批破坏分子，据不完全统计，汉奸特务分子破坏工业生产损失总数达二五六、九二一、三八〇元，合小米二五、三九一石。自整风以后，边区各厂工业生产猛进，四三

中華民國三十二年十二月四日　GIEFANG RHBAO　星期六　第一版

# 解放日報

中華民國卅二年十二月四日　第九二七號　今日出版一大張
社址：延安　半年一五〇元　全年二九〇元　三月八十元　每月三十元　本期零售一元





## 新民主主義經濟建設輝煌成果
# 邊區生產展覽會盛況空前
## 農工各業飛躍發展豐衣足食兵强馬壯

## 狼尾穀不怕雀子吃
### 馬齒玉米一垧打四石多

## 今年耕地面積擴大爲一千三百卅八萬畝
### 糧食總產量一百八十四萬石

## 人民負担減輕六倍
### 革命前—百分之四十六
### 革命後—百分之八．五

## 全邊區勞動力卅三萬
### 集體勞動佔四分之一
### 四千五百二流子積極參加生產

## 今年安置移民八千戶
### 移民每勞動力開荒八畝

## 部隊開荒二十一萬畝
### 幾達民來開荒三分之一

## 三年擴大植棉面積十倍
### 今年收花百七十三萬斤
### 種棉一垧—得利三萬三千元
### 種穀一垧—得利六千元

## 今年產鹽六十萬馱
### 運輸合作公私兼顧
### 牲口　去年—二四六頭　今年—三七〇〇頭

## 合作社二五五處
### 股金一萬萬五千萬元
### 生產運輸交換能力提高

## 四千來畜牧業發展

## 南區合作社爲人民謀利
### 折糧五千八百餘石

## 完全做到用土紗織布
### 政府布疋自給十分之七
### 自製火柴品質優良

（下轉第二版）

年一月份肥皂生产只一万九千五百三十五条，八月份工人数目不加，而肥皂生产激增至五万八千九百三十四条，增加三倍多。总展入口处即悬了一列破坏分子破坏边区工业的连环画，群众由此经过，莫不表示义愤。总展最后一室为中直、军直、留直、边区等系统之展开生产展览部，除陈列各机关生产照片外，其中以一红字大标语最令人注目，上书各系统机关生产总数："二十万万元"。今年各该系统共种地三万五千八百九十三亩九分，打粮六千零十一石三斗六升，收草九十七万五千五百三十九斤，收菜蔬一千四百八十四万六千四百九十七斤，私人生产合八千六百二十二万五千七百五十二元。边区生产展览大会开幕仅历三日，而参观者已达万人，该会空前盛况已轰动全延，现悉为满足广大观众要求，大会会期或将延长云。

# 馬雲鵬致書吳滿有應戰

## 明年移民三百二十戶拾糞六千担

## 開荒三千畝比今年要增產一倍糧

# 太行八路軍攻入高平南關

# 白家崖的減租運動

楊林西

# 濱海區軍民萬人

# 展開四天大破襲

## 民衆支援邊綫敵佔區同胞鬥爭

# 蒲縣唐鎮紡織廠

## 資金擴大百萬元

# 淮南來六縣周村民衆

# 今年增產糧食一分之一

## 圍山村互助組成績優異

# 敵機轟炸涉縣

# 本報燒炭同志超過任務兩萬斤

## 大家捐款熱烈慰勞

# 邊區生產展覽會盛況空前（上接第一版）

## 公營工廠達百餘家

## 各種用品日漸自給

此外，展品中有肥皂，有紙張，有印刷業的各種展品。邊區今年出產肥皂四十八萬條，出紙四千五百令，邊區公營印刷廠所需的紙張可自給百分之八十。陳列室中高懸一牌上寫：「自給自足，保證供給」八字，從展覽品中不難可以看出布疋、肥皂等日用必需品已日漸走上完全自給的道路，而且在工業部門中還有一套化學用具亦係以邊區原料自造成功者，如自製之一百磅的磅秤，五十磅的[illegible]，玻璃三通管，蒸發皿，坩堝，以及玻璃產品如燈罩、安瓶等，這些器材的自造成功，可使我邊區工業向自給道路更邁前一步。總計邊區公營工業有紡織廠二十三個，石炭廠十八個，造紙廠十二個，化學工業廠十三個，工具業廠十三個，被服廠十個，印刷廠五家，其他工業九家，共計公營工廠達一百家以上。這是革命家務的一部份。獲此邊區工人勞動的結果。關於工人生活的改善有一幅邊區工廠工資逐月增加的圖表，它說明：工資收入在五斗以上的人數百分比：五月份有百分之四十一，六月份有百分之四十八，七月份有百分之五十二，八月份有百分之五十三，九月份有百分之五十五。工資收入在八斗小米以上的：五月份只有百分之一，六月有百分之八，七月有百分之十三，八月有百分之十三，九月有百分之十六。以上明確工資收入者人數是逐[illegible]的一種工資收入者人數就逐月減少了：工[illegible]來以下的，由一月份百分之五十九至九月[illegible]十五了。這個工資上升的事實說明在邊區[illegible]營工廠要勞動和在資本家工廠要勞動有若[illegible]，那就是勞動的果實是革命人民自己的，[illegible]的發展家務。但可恨的是我邊區工業中[illegible]份子，據不完全統計，潛好特務份子破壞[illegible]數達二五六、九二一、三八〇元，合小米[illegible]。自糾風以後，邊區各廠工業生產猛進，[illegible]皂生產只一萬九千五百三十六條，八月份[illegible]而肥皂生產激增至五萬八千九百三十九條[illegible]總展入口處即懸了一幅破壞份子破壞邊區[illegible]觀衆由此經過，莫不義憤填膺(?)。

總展覽後一部份為中直、軍直、留直、邊[illegible]生產展覽部，除陳列各機關生產照片外，[illegible]標語最令人注目，上書各系統機關生產總[illegible]元」。今年各系統共種地三萬五千八百[illegible]打粮六千零十一石三斗六升，收草九十七[illegible]九斤，收菜蔬一千四百八十四萬六千四百[illegible]生產合八千六百二十二萬五千七百五十二[illegible]

邊區生產展覽大會開幕僅僅三日，而參[illegible]該會空前盛況已轟動全延，現悉為滿足[illegible]會將延長展覽時期(?)。

| 解放日报 | 时间 | 1943-12-4 | 期 | 第927期 |
| --- | --- | --- | --- | --- |
| | | | 版 | 第2版 |

# 葭县店镇纺织厂资金扩大百万元

【本报绥德讯】葭县店镇民□纺织厂，于去年十一月成立、共有资本十六万元、现余开支外，本利发展到二十多万元。他们的生活非常好，每天吃馒头、肉菜一顿，工人们的生产情绪很高，出品质量也好。织袜工人老杨每日能织线袜四十多只，老李每天在大架上能织布十三丈。这次算账后、又有很多民众先后来工厂投资，现已集资百余万元，且仍在扩大中，群众提议派高光荣去延安购买棉花和纺线机器、准备发展妇纺，由此可见一般群众对其爱护之深。（刘佩凡）

# 馬雲鵬致書吳滿有應戰

## 明年移民三百二十戶拾糞六千担

## 開荒三千畝比今年要增產一倍糧

# 太行八路軍攻入高平南關

# 白家崁的減租運動

楊林西

# 濱海區軍民萬人展開四天大破襲

## 民衆支援邊緣敵佔區同胞鬥爭

# 邊區生產展覽會盛況空前（上接第一版）

## 公營工廠達百餘家 各種用品日漸自給

### 葭縣店鎮紡織廠 資金擴大百萬元

【本報綏德訊】葭縣店鎮民×紡織廠，於去年十一月成立，共有資本十六萬元，現除開支外，本利發展到二十多萬元。他們的生產非常好，每天吃饅頭，肉菜一碗，工人們的生產情緒很高，出品質量也好。……十三丈。這次展覽後，又有很多人要求來工廠投資，現已收資百萬元，且仍在繼續擴大中。……去綏德買棉花和紡織機器、準備發展紡織，由此可見一般群衆對其愛護之深。（劉偉凡）

# 淮南來六縣周村民衆今年增產糧食三分之一

## 國山村互助組成績優異

# 本報燒炭同志超過任務兩萬斤

## 大家捐款熱烈慰勞

### 敵機轟炸涉縣

# 前日劳动英雄代表大会刘生海谈亲身经验
# 二流子变成劳动英雄

## 高仲和刘生海等向吴满有应战，高副厅长报告代表资格审查情形

【本报讯】全边区劳动英雄及模范生产工作者代表大会，经最近数日之小组漫谈，关于农作法、移民、妇纺、合作事业、运输业、工业、机关生产等问题，英雄们已将自己的经验、意见、办法、互相磋商、交换，获得初步成就后，于三日上午九时半举行全体大会。是日，英雄们精神饱满如初，全部思想都集中在怎样把边区的生产更加提高一步，怎样建设，怎样创造。大会会议程序第一项为建厅高副厅长报告劳动英雄代表资格审查情况，摘要如下：劳动英雄及模范生产工作者代表，总数为一百八十五名，填表者一百八十名，因故未参加者六名。性别：男一七九名、女六名（包括未参加的在内）。出身：工人（手工业在内）二十一名，农民一三七名，兵士三名，学生一名，商人八名，脚夫五名，自由职业者二名，其他三名。文化程度：能看解放日报者十三名，稍识字能看群众报者六十七名，不识字的一百名。类别：农业劳动英雄九十四名，工业劳动英雄二十六名，运输业英雄十一名，合作事业英雄四名，模范生产工作者三十四名，其他（包括水伙夫、烧木炭、喂猪、安置移难民、义仓、畜牧、植树等）十一名。选□[举]经过：工厂经过小组及党、政、工讨论全体大会选出，延安各机关学校经过参加生产工作的同志和俱乐部讨论通过，并由各系统的劳动英雄大会选出，农村中有的经过宝塔式的选举，有的在群众中直接选举的，计经过分区选的七名，经过县选的二十九名。经过市选的二名，经过区选的十四名，乡选的二十六名，村民大会选的二名，经过调查直接选定的三名。（劳动英雄及模范工作者全部名单，见明日本报。）资格审查情况报告完毕后，即为劳动英雄讲话，按自上次大会以来，英雄们报名要求讲话者，有数十名，均欲一吐参加此次盛会的感想、

意见。是日讲话的有十名，发言均极精彩动人，从他们的讲话中告诉我们许多事实，可以确凿证明，劳动的人——工人和农民，是世界的创造者，是我们国家真正的主人。兹将他们的讲话（按讲话次序排列）摘录如下：石明德、张振财：学习吴家枣园生产经验好好组织人，组织牲口第一个是闻名全边区关中白塬村搭工组的领导人石明德。他说：毛主席号召我们生产，我们要努力来干，我不会讲话，只把我做的事情向大家报告一下。我们全行政村共七十二户，一七九人，全劳动力七二个，半劳动力四十多个，除老的小的不能生产的以外，都组织起来了；全行政村一共组织了九个搭工组，开荒时组织了四个班子（四十个人）。每组□[都]有犋牛。还有骡、马十八匹□[，]组织了一个运输队。今年计划开荒一二〇亩，结果开了四二〇亩，打粮一〇六石。还开义仓田十七亩，本可打粮七石，但因下大雨，只打了三石三斗。送粪时也是在一道，八天共送粪八〇〇〇驮，每亩地平均五驮。共种秋地十顷，锄了三次，每亩三斗，可打三百石，超过往年两倍。秋收时，班子没散，是长期的。种麦子一一〇〇亩，锄了一次，收麦时有牲口和没牲口的配合起来，用刘子刈，四天就收完，碾场也是四天碾完。今年麦瞎了，一一〇〇亩只收了五十五石，麦地都耕了三次。六月环境紧张时，组织全村人自卫动员，给三、四乡送了四次粮，组织了普通自卫军一排四十多人，一个排长三个班长，普通自卫军中又抽出三个担架队共十五人，另外还抽出年轻力壮的人组织一班民兵。妇女和娃娃也都组织起来了，把妇女组织了三个组共二十一人，一个主任三个组长，他们给军队做鞋，平时在家纺线、织布，班子到谁家她们就都帮谁家做饭。前半年组织了七个放牛娃，挖了五垧地，打谷子石一，八袋洋芋，麻八斤，这些全归娃娃自己。后半年十一个人，又挖了三、四亩地，还没种。因为我工作好，大家选我当劳动英雄，到马栏开会，请吃饭，政府里还奖给我四件农具。后来说到延安来开会，到马栏又是酒肉招待，心里很高兴，共产党有办法。我们走到哪里都摆满了一街人，我说劳动英雄真光荣。别说咱年轻人，就是八十多岁的老汉也没经过。过去在旧社会里就是连保长也见不到，哪里还能见到这些“大官”？！到十里铺，政府又用汽车来接我们，我过去连见都没见过汽车，现在竟坐上了。我拿什么来报答呢？我要向吴满有同志学习学习，听说他一犋牛揭六十垧地合我们那里一八〇亩，今年增加一犋牛共种一〇九垧地；我们那里一犋牛只能种六十亩地，他揭地这样多，我要多学习他的方法，学习他领导吴家枣园生产的经验，回去好好领导生产，好好组织人，组织牲口，好好领导班子，明年更多打些粮食！”陇东英雄张振财是第二个讲话的。他说：我们那里的问题是组织变工队，我们村子有九家人，七犋牛，共十八个劳动力。去年种地五百五十亩，今年发展了二百亩，共七百五十亩。去年打粮一百七十石，今年打粮二百七十石，明年就要打三百七十石。今年县上下来人说组织变工队，他们说："你们组织起来。"我说："很好！"变工队从三月就组织起来了。一个小组分两下，头一组是四犋牛；第二组是三犋牛。天一落雨我们就套牲口掏地，天一晴就很快地种熟地。黑了我们开一个会，大家问做啥家？……我们一里变工，一里锄地，一道上山，到谁家吃谁家，一直到粮食收下，上□场，这个工作才算完。秋后在庆阳开展览会，又说到延安当代表，我说代表也够不上一个代表。大家拥护我们，我们就上来了。建设厅霍副厅长宣布了三边分区刘生海是二流子转变过来的劳动英雄后，台下数百人便都鼓起掌来。刘生海站到台上，他劈头就说："我是二流子转变过来的劳动英雄"。（台下又热烈鼓掌）他即报告他从二流子转变过来的情形说："过去原是二流子，每天抽洋烟、耍钱、乱窜，人家见了我就说刘生海流氓又来了。政府的人见了我，也说流氓来了。晚上回家狗叫得厉害，家里的婆姨、娃娃也说死流氓又不知从哪搭回来了。俗话说，酒肉朋友，米面夫妻，我因为是二流子，没米没面，老婆就和我要离婚了，逼得没法子。到了四一年四月间，我想人人劳动都得到了好处，但咱为啥要给人叫成流氓？下决心后，就开始种庄稼、背柴，戒洋烟，白天难熬就白天下地干，黑夜难熬就黑夜去，结果七天就把烟瘾戒掉了。后来我把我儿子一年做活挣下的钱，买了一头驴子，赶着牲口从三边运盐到华池，又从华池驮布回来卖，这样一年赚上了三头驴，四二年又赚了八头驴，我庄上的人也都说，刘生海现在够个劳动英雄了。四三年我又买了二头牛，几只羊，种了二十八垧地，收了六石多粮，铺盖衣服都换了新的，现在啥都有啦，现在看起来已经像个丰衣足食的家庭了。这回我被选上当劳动英雄，到三边去开会，被首长用酒肉相待，鼓乐喧天的欢迎，我心想，我是个啥东西吗？配给人家在一起？来延安经过吴旗、志丹县，也同样到处被人请吃饭，我想不到

解放日報
日五月二十年二十三國民華中　號八二九第　張大一版出日今
社址：延安　全年二九〇元　半年一五〇元　每月三十元　三月八十元　本期零售一元

## 聲明作廢

茲有紅邊中字符號〇一九九四、〇二〇一二、〇二一〇〇四號等三枚，聲明作廢。

解放日報社

## 預約一九四四年精印彩色月份牌啟事

定價：道林紙每份二百元　有光紙每份一百五十元

預約概以八折計

預約期限：自即日起至十二月二十日止
預約地點：北門外解放日報營業所
發售日期：十二月二十五日

# 前日勞動英雄代表大會

# 劉生海談親身經驗 二流子變成勞動英雄

## 高仲和劉生海等向吳滿有應戰

## 高副廳長報告代表資格審查情形

【本報訊】參邊區勞動英雄及模範生產工作者代表大會，經過近數日之小組漫談，關於組織起來……作法、移民、紡織、合作事業、運輸業、工廠、機關生產等問題，英雄們已將自己的經驗、意見、辦法、五相研究、交換，獲得初步成就後，於三日上午九時半舉行全體大會。是日，英雄們精神飽滿如初，全部思想都集中在怎樣把邊區的生產更加提高一步，怎樣建設，怎樣創造。大會會議程序第一項為建廳高副廳長報告勞動英雄代表資格審查情況，摘要如下：

……

## 石明德、張振財：學習吳家棗園生產經驗 好好組織人，組織牲口

……

# 華中各地舉行座談 討論文藝工作新方向

## 阜寧文工團新淮劇極受群眾歡迎

……

# 策應中心區部隊作戰 我軍掃蕩蒙陰城郊敵

## 南北沂蒙民兵參戰如火如荼

……

# 偽華北政委會改組 南北漢奸爭鬥尖銳

……

# 羅邱斯會議 即將發表公報

……

# 紅軍再克二城

## 日洛彬德遭受環形進攻 日茲敏那已在大砲射程內

……

过去作二流子的我，原来也会有今天。我要回答政府这样好的待我，我以后更要好好劳动，我响应政府多开荒地的号召，明年计划种地四十垧，最少要打九石粮，再新买进两个驴、一犋牛。全村组织变工、札工队，都干起来。再，从报上看过人家向吴满有挑战的事情，我很欢迎，虽我是才学种庄稼的人，但我愿意向吴满有学习经验。”（全场大鼓掌）绥德农业劳动英雄阎开增很谦虚地说：大家选出我来做劳动英雄，我自己也不知道够不够格。我这次从葭县到绥德开了劳动英雄会，看了生产展览会，到延安又参加这样盛大的会议，看到我们边区生产可是好，光荣得很，抗战最有办法。我这次开会要好好搜集些材料，明年更扩大生产。我们过去受过旧社会的黑暗压迫，现在毛主席领导农民工人得到解放，我们翻身了。为了报答革命的好处，现在我已经把我的娃娃送到区政府里工作，让他好好出些力，给咱老百姓多做些事情。贺福来：耕作一定要细致功夫不到收获不到种庄稼种得细法的延长劳动英雄贺福来讲话：“我是个农民，今年五十七岁，旧社会没念过书，新社会没受过训练，少经验，当选劳动英雄，高兴得太。今天向毛、朱、高、贺、林、李诸首长致敬，祝他们身体健康，祝边区各位首长身体健康，饮食增加。今天当劳动英雄，比清朝当个大官儿还贵重哩！上台讲话，大家都鼓掌，还也还不清，就用努力生产来报答大家。人家吴满有荒地多，种上好庄稼，延长地差，延长北一边一满就没得荒地。我爷爷种了五十年地，我也种了几十年，咱们那带没荒地，就得耕作细法些。这时他伸出两只手高举起说，我手裂开口，就是劳动的，不像念书人，手白格生生的。要得耕作细法，就要耐心好好务，谷子锄一遍，碾三米，锄两遍，碾五米；锄三遍，碾七米□[五]。还说到，锄一次的谷子碾的米吃下容易饥，锄得多得吃下就耐饿了。再说麻子，锄一次的，一斗（大斗）可出十斤油，锄两次的出十五斤，三次的就出二十斤了。功夫不到，收获不到。我们那哒是模范村，我是劳动领袖，旧社会完粮晚总不丢人，新社会每次完粮都是第一个。我为人本分一点，就是努力干，希望革命快点成功。那□[哒]欢迎我们到杨家岭，多少人欢迎，多少人鼓掌，我们从那哒报答他们的欢迎？就是大家都劳动。如有二流子，要他好好改变，只要肯下劲，明年就赶上了，明年也和我们一样，不要灰心丧气，你们要在这个劳动英雄里竞赛。我们要组织起来，不但我一人劳动得好，还要全延长人都劳动得好，我是个农民，还要政府拿办法，把延长□[搞]美。冯云鹏：牺牲我一点利益，一百七十四户人就有饭吃有衣穿，好处有一百倍。牺牲自己帮助别人的关中移民英雄冯云鹏说："我是到边区三年的一个难民（原籍陕西临潼，现住赤水三区）。今年春上听说毛主席号召生产和安置移难民，我心想，我一个人开荒不顶事，多安置些移难民力量就大，我就自动安置起来，后来县上成立了难民委员会，请我担任了难民委员（还不脱离生产）。"他感谢政府奖他为移民劳动英雄和要他出席边区劳动英雄代表大会。他又说他来延安前，在乡里召开了一个"托众"大会，把他领导的开荒班子和妇女纺织工作交托给□[乡]长和新选的代理人。他接着说："群众要我捎个意见到延安来，他们说："我们到边区只一年，多亏政府帮助，叫我们生活好像上了天堂，你这回上延安开会，给我们谢谢毛主席，朱总司令和边区政府。"（冯云鹏代表全体移难民脱帽鞠躬，台下热烈鼓掌）他们又要我到延安好好向其他劳动英雄学习，回去告诉他们，把明年的生产搞得更好。"（鼓掌）他报告了他今年安置移难民工作的成绩。他原计划安置一百户，已超过七十四户，共种秋二千四百来亩，秋收打粮一千三百石。他愉快地说："从前二十里的一座荒山，经我亲手创造出来了十四个自然村，我保证两年内，这座荒山就要开完，变成一个幸福的丰衣足食的新世界"。冯云鹏把自己利益放在第二位，为大众服务，替移难民着想的精神是他最宝贵的特色，全场都鼓掌赞扬他。他自己说道："我在荒山里东跑西跑，二十亩开荒计划没完成，因帮助移难民要紧。难民开荒要镢头，我亲自代他们从县上领回来并送到各家去，十七把镢头我只要花一天工夫领，十七个人都去领就要耽误十七个工，少砍十七担柴卖。"（鼓掌）他有力地说："牺牲我一点利益，一百七十四户人就有饭吃有衣穿，好处有一百倍。"（鼓掌）今年麦收前，他曾因辛劳奔跑和筹划移难民八石吃粮，病了一次，但当说到他亲手创造了七个移民劳动英雄时，就格外高兴起来，他说："七个劳动英雄里边有三个是妇女，参加延安大会的劳动英雄王向富的婆娘屈小凤，一次担六七十斤柴到几十里地外去卖，还同男人一样挖地。另外两个是十一二岁的小姊妹，两人领了两把小镢头开了五亩荒，秋收一石四斗粮，也被赤水县上奖励成劳动英雄。"至此冯云鹏向大会提出三个要求："第一，移难民向政府和群众借的粮，今年不还，好让他们吃到明年，更加努力生产，但保证明年秋后一定归还。第二，我组织了十一个纺织组，准备织布，缺少八架机子，要求政府帮助解决。第三，移民新村没学校，移难民子弟要受教育，请政府帮助成立学校。”最后他提出为保卫毛主席，保卫人人丰衣足食的边区，应该加强自卫军的组织。陇东劳动英雄王文汉的讲话：“我是葭县人，去年移到华池县。葭县人多地狭，在家受苦，一年赶不上一年，要下苦没处下，在家也没过吃的，也没过穿的，我后来看那儿有地种就走那儿，从前出门困难，尔个不难了。我去年十月到华池，没住的，政府帮助我窑洞；没工具，政府帮助我工具，还帮助我种子。我今年开了春荒三十八亩，政府又帮助我十亩熟地，一共四十八亩地打了十几石粮，现在一年打下的粮食，三年也吃不完。政府待咱好，咱就操心劳动，自动修路、送粮。咱家乡里还有没地种的，上头没种的就到下头来，又有政府帮助。大家选举我做劳动英雄，我不够，我要好好学习。公家对咱好，咱开会毕回家，要告诉村里人那儿有地种，保险他们下来，我要多移下几户移民。”李位：从明年起自给自足每天开荒五亩的部队劳动英雄李位说：“我们部队的生产情绪已经推动起来提高起来了。在开春荒时，有的挖一亩，有的挖两三亩，有些偷懒的人，现在也不愿偷懒了。我们的团长一天也挖一亩地，大家看见这情形，都受感动，认识到在荒山上努力生产和在战场上勇敢作战是一样光荣的。在生产中我们提出了自给自足的口号，这个口号已经实现了，从明年起，我们不要政府发一个钱，全世界找不出这样一个军队。”以后，李位同志又讲到挖地喂羊等经验，讲得生动而具体，自从他当了“欧洲”部牧畜主任以后，又热情地学了一套新的生产办法了。高仲和：明年要打盐三千驮扩大变工一家一家打打盐英雄高仲和说：“我是打盐的，以前给人家揽工，赚的钱人家拿走，自己年年不得过。去年三月公家帮助了几个坝子，又放了贷款，我便好好干起来，去年我打了三百驮盐，还帮人家扭，别人不会打，我帮助打，不会灌水，我也帮助灌。十月间，大家选举劳动英雄时，就把我选上了。今年四月盐户普遍做计划，我计划了一千五百驮，结果打到二千二百驮，还砍柴两万斤，打土基子两万个，共值四十五万万元，可买粮四十大石。去年逃难来时的烂皮袄，破被子，二升米家当，到今年一满换上新的了。我能够这样就是靠公家的帮助。没坝子给坝子，没吃的给吃的，要不然就不会有今天。在榆林穷人受压迫，想过好也不能，我逃难到边区一年多，看见边区实在好，现在还有个老娘没上来，准备再接她上来。我刚来盐场堡时只有两家人，现在一列子都住满拉，啥都有政府帮助，今年都过美了。每家至少都打到三百至五百驮盐。”讲到明年生产计划时，他充满着乐观的声调说：“明年我计划打盐三千驮，再种地三十垧，打粮十五石。打下盐卖了，买两条牛叫我六十几的老爹种庄稼。这次我回去后，再把三十人的打盐变工队增加到五十人，分成五个组，一家一家打，谁的盐先座成先打谁的，一池也漏不下。合作社的资本明年准备由七十万增加到一百万，盐户们有啥困难就都能解决，真正做到吃不愁，穿不愁，盐户们要的东西样样都有。”讲到打盐经验时，他说：“座好盐的办法很简单，盐池上见不得多的水，遇见大雨时盐化了，干干的不灌水也座不成。打盐要做到四快：上快，扭快，走快，倒快，有了这四快，保险比人多扭一倍盐。人家扭四五十驮，我一天就扭一百来驮。”最后他提出向吴满有挑战，他说：“我是打盐的，跟农业的英雄不同，可是我愿意跟着盖边区的头名劳动英雄吴满有学习，并且向他挑战（大鼓掌），他有两犋牛，劳动力三四个，我就凭着一个婆姨、一个六十几的老爹和我自己，七老八小的一家子跟他竞赛，好坏明年再见。”（鼓掌）绥德分区六十六岁的劳动英雄高志谦上台讲话，他指手画脚地做比喻，生动异常：“我现在光景过得好，痛快又痛快。我今年六十六岁了，来延安开会，从葭县到米脂的路上，人家问我熬不熬？我说不熬，越走越高兴。我们农人种地要修毛房储粪，耕作要细法，好人除草要仔细锄，二流子除草就是“雪花盖顶”。好庄稼要收得净，要拾穗子，要好好勤劳才能丰衣足食。我今年能吃上稠饭了，还可吃馍头。我恨今年受了破坏分子骗，破坏分子造谣说种棉花收一斤政府收十二两，我没种上，人家种上今年收了好大的利，明年我要发动村里人，每家种一垧棉花。还要组织自卫军，组织变工队，明年我还要移下几户移民。今天没有时间了，下去我要慢慢地和吴满有谈谈。”劳动英雄讲话至此，虽全场仍在热烈兴奋之中，但夕阳西下，天色已晚，是日大会即按时结束。

# 延長今年收棉卅七萬斤

## 自給全縣一年穿衣外銷二十一萬斤

## 明年調劑土地人力植棉三萬七千畝

# 劉生海談親身經驗 二流子變成勞動英雄

（上接第一版）

## 賀福來：耕作一定要細緻 功夫不到收穫不到

## 馮雲鵬：犧牲我一點利益，一百七十四戶人就有飯吃有衣穿，好處有一百倍。

## 李位：從明年起自給自足

## 高仲和：明年要打鹽三千馱 擴大變工一家一家打

# 綏德工人豐衣足食

（工農通訊）

吃穿吃肉

豐衣

待遇好

醫藥免費

文娛活動

# 濱海專署公佈 戰時工作獎懲條例

# 我軍挺進嶂縣城郊 對敵展開政治攻勢

## 召開群衆會等四百次到會二萬四千人

# 贛榆漁民蘇同舟 全家勤勞生活改善

# 子長介石堡 全村十戶種棉卅垧

# 教廳編纂生產教材

# 西北局欢迎劳动英雄

## 各分区劳动群众代表向西北人民领袖高岗同志献旗

【本报讯】西北中央局于昨日下午四时招待全体劳动英雄，在昨天，英雄们又会见了时刻渴望的老朋友，他们最亲近的知心人高岗同志。十年以前在关中，及以后几年在三边，在绥德，在陇东，在延属各县，高岗同志头上络着手巾儿，穿着破上衣烂裤子，和他们一块儿闹革命，一块儿挨冻□[受]饿，向黑暗势力作斗争，英雄们没有一分钟忘记过他。在向西北局前进的大路上，他们都回忆起在这一段暴风雨时代，无数人民追随着老刘老高，为了劳苦群众的翻身，他们流了多少汗多少血，才有了今天。欢迎的口号，震天的锣鼓，把英雄们引进了西北局礼堂，这时，高司令出来了，相随着的是西北局各部委负责同志，高岗同志比看见自己的亲生的弟兄还喜欢，诚挚地招呼着他们，站在镰刀斧头的红旗下，高岗同志和他的朋友、知心人，亲密地交谈着。□[申]长林说：今年又见高司令了，上次蟠龙见后，一直就想他呢！杨清同志宣布开会，第一项是献旗，这时锣鼓敲得更紧，口号叫得更洪亮："拥护西北局！""拥护高岗同志！""高岗同志是西北人民的救星！"旗共六面，由各分区劳动英雄一一献上，关中分区为："西北星辰"，延属分区为："你给我们创造了丰衣足食的边区"，绥德分区为："西北人民的领袖"，陇东分区为："西北灯塔"（与贺司令员一起），三边分区为："西北人民的灯塔"，中直、军直、留直、边直为："西北人民的领袖"。六面锦旗，徐徐升至礼堂高处，掌声欢呼声振动全场。接着为献词，由各分区逐一宣读（献词另文发表）。高岗同志号召组织一切劳力畜力，平时生产敌人来了就打敌人高岗同志的讲话，又在热烈的欢呼声中开始。高岗同志以群众的语言、群众的心思，告诉劳动英雄们：我们要响应毛主席的号召，组织起来！他首先说：十几年以前，在边区的各个角落，我和大家在一起跑来跑去闹革命，我们赶走了那些坏家伙，消灭了黑暗势力，才能有今天。继之高岗同志就讲道：我们怎样组织起来？他从边区已经出现的许多典型的具体事实，如关中白塬村的石明德，怎样把全村七十二户的壮年婆姨娃娃老汉都组织起来，连十八头毛驴也组成运输队，集体运粮送粪，结果劳动力大大提高，成为劳动互助的模范村。如移民英雄冯云鹏怎样在今年安置了一七四户移难民，把孟家湾二十里长十里宽的一片大荒山，变成人烟稠密，五谷满堆的村庄。如合作英雄田云贵，怎样把他那个合作社从一万元的资本，发展到八百万元的资本，从乡的合作社发展到县的合作社。如陇东英雄张振财怎样把他那个村里的九犋牛、九个劳动力、九个妇女，都组织在变工队中，结果节省了一四五个牛工和人工。如孙万福怎样改进农作法，使他的一垧地打到四石多粮食，如警备区的阎开增，怎样在积极生产以外，还创造了很多办法，和破坏分子作斗争。如三边的刘生海怎样从嫖赌好吃懒做，经过党政再三说服，转变为劳动英雄，现在有了八个驴、二头牛、五十只羊，还种了二十八垧地，帮助政府改造了两个二流子。又如部队李位同志怎样一天挖到三亩六分地。高岗同志从这些具体事实中，告诉劳动英雄们，要向全边区的老百姓宣传，要学习这些人的方法组织起来。以后他又讲道：我们不要自满，要经常检查自己的缺点，我们今年做了劳动英雄，明年还要做劳动英雄，明年要把劳动英雄举得更多。高岗同志特别提到：光景好了，丰衣足食了，我们的事业还很大，过去我们曾经在一起干，现在也在一起干，将来还要在一起干，一直干到底！我们平时生产，敌人来了就打敌人，这样我们丰衣足食的生活才有保障，才能真正组织起来。高岗同志于此时提醒我们党的工作者、政府工作者、经济工作者，要向群众学习、和群众一起研究、解决群众的困难，这样我们的群众工作才能生根，事情才能办好。最后他说："劳动英雄大会快完了。你们回去以后，要召集各县各区各乡的劳动英雄和人民，布置明年的生产，一点一滴的老老实实去做，我们相信明年一定有更大的收获，那时我们要举行更盛大的会来欢迎你们。"在连续不断的掌声中，高岗同志结束了他的讲话。（讲词全文另行发表）劳动英雄代表答词，做到全边区耕三余一瞅见坏人就把他捆起来此时，陇东劳动英雄孙万福代表全体劳动英雄讲话，他说：我们全边区男女老幼都是一条心，走的是一条路，前几年，天黑着呢！我们老百姓摸不着路，高司令就在西北打起一盏明灯，给我们照明一条路来，这一来我们就翻了身。我们在毛主席、朱总司令号召下，在高司令的领导下，个个生产人人劳动，今年很多地方已做到耕一年吃两年，明年更加努力，部分地方要做到耕一年吃三年，全边区要做到耕三余一。回去以后，我们一定向自己的亲戚、朋友、兄弟、嫂嫂、妹子都宣传，努力生产，细法做庄稼，那丰衣足食就更好了。我们还要保卫咱们的生产，个个回去传达：自卫军团结起来，动员起来，把刀子钝的磨成快的，把矛子锈的擦成明的，把土枪旧的改成新的，瞅见坏人就把它捆起来，这样，咱们的好光景，咱们的边区就没人敢来破坏。孙万福的话，是全体劳动人民对高岗同志的号召最恳切的回答。会议至此结束。西北局办公厅并举行小型晚会，由民众剧团等演出，中间延川劳动英雄贺福来，曾自编自唱了一个，博得全场欢呼，高岗同志和全体英雄们融洽欢聚的气氛，充满全场，直至夜深始尽欢而散。

中華民國三十二年十二月六日 星期一 JIEFANG RIBAO

# 解放日報

中華民國卅二年十二月六日 第九二九號 今日出版一大張

社址：延安 每月三十三元 三月八十元 零售一元 半年一五〇元 全年二九〇元





# 西北局歡迎勞動英雄

## 各分區勞動羣衆代表向西北人民領袖高崗同志獻旗

# 高崗同志號召

## 組織一切勞力畜力

### 平時生產敵人來了就打敵人

# 勞動英雄代表答詞

## 做到全邊區耕三餘一

## 瞅見壞人就把他捆起來

# 魯南專署決定

## 基本地區澈底減租

### 號召人民加工加肥增產糧食

# 晉西北某部隊打柴廿餘萬斤

# 美機出襲洞庭湖區之敵

# 邊區勞動英雄模範生產工作者代表題名錄

# [illegible]梅爾西北

## 紅軍迫近羅加車夫

# 南斯拉夫解放軍

## 決定成立臨時政府

# 奧地利各界代表召開秘密會議

## 組織抵抗委員會爲國家獨立而奮鬥

# 鄂中新四軍策應正面作戰

## 連襲平漢路西敵據點

（5） 633

| 解放日报 | 时间 | 1943-12-6 | 期 | 第929期 |
| --- | --- | --- | --- | --- |
| | | | 版 | 第1版 |

## 边区劳动英雄　模范生产工作者代表题名录

【本报讯】劳动英雄及模范生产工作者代表大会资格审查委员会，于日前公布出席大会之全体劳动英雄及模范生产工作者代表名单，共一百八十名（总数为一百八□[十]五名，有五名未填表）：张芝兰（女、纺织）、刘老太婆（女、纺织）、黑玉祥（女、纺织）、郭凤英（女、农业）、凌莎（女、模范生产工作者）、李凤运（女工）、王文汉（移民）、安兆甲（安置移难民、农业）、白璋（模范生产工作者）、杜鸿宾（农业）、薛宗福（机关生产）、徐富林（农业）、许尚贤（农业）、孙□[万]福（农业）、张守成（农业）、王万魁（农业）、张振财（农业）、雒生花（农业）、李常春（医生、药务）、高玉山（模范生产工作者）、□[温]坐成（工人）、张春常（工人）、杜明顺（模范生产工作者）、刘安治（工人）、袁光发（工人）、赵子平（工人）、樊彦旺（模范合作社）、刘建章（合作社英雄）、侯清国（合作社英雄）、刘随成（合作社英雄）、郝作明（木工）、周集（工人）、马守俊（工人）、王彩文（模范生产工作者）、蔡自举（工人）、霍之华（工人）、王科（工人）、安锦城（模范生产工作者）、张清益（义仓英雄）、白善吉（农业）、鲍良声（农业）、王虹宇（农业）、阎开增（农业）、刘玉厚（农业）、白德（农业）、高志谦（农业）、刘成信（农业）、胡文贵（农业）、沈勤云（农业）、田荣贵（农业、合作社）、梁贤云（农业）、王国保（农业）、贺保元（农业）、刘兴太（农业）、张鸿信（农业）、呼正刚（农业）、张成仁（农业）、李德胜（农业）、宋逢有（农业）、杜熊（农业）、徐凤玉（农业）、田二鸿（农业）、陈常安（农业）、马丕恩（农业、移民）、马海旺（农业）、樊富庭（农业）、赵明堂（农业）、王占芳（农业）、赵清华（模范生产工作者）、陈德发（农业）、杨朝臣（农业）、贺福来（农业）、呼延仁（农业）、马占元（农业）、吴满有（农业）、申长林（农业）、贺生云（农业）、李长清（农业）、王祥富（农业）、石明德（农业）、郭炳仁

（植棉）、刘培润（农作法兼植棉）、马流西（植棉）、王生贵（植棉）、杨正兴（植棉）、李全时（模范生产工作者）、仝万明（模范生产工作者）、尹登高（模范生产工作者）、甄士英（模范生产工作者）、陈健白（移民）、冯云鹏（移民）、张希望（移民）、郭富财（打盐）、李文焕（打盐）、高仲和（打盐）、刘生海（运盐）、张庆丰（运盐）、刘永祥（运输）、薛志仁（运盐）、冯光琪（农业）、罗怀玉（修埝地、运盐）、张佶（农业）、李让（农业）、徐克瑞（农业）、崔元声（农业）、曹富才（农业）、陈太润（农业）、李位（农业）、纪风鸣（农业）、刘顺清（农业）、赵占奎（农业）、王福寿（农业）、翟尚志（农业）、宣建兴（农业）、冯国玉（农业）、贺清仁（农业）、李廷（农业）、邹正修（农业）、董宝山（农业）、于耀昇（农业）、刘应福（农业）、李瑞旺（农业）、张治国（农业）、贺振清（农业）、贺芳春（农业）、丁建民（农业）、刘正启（模范生产工作者）、王芝安（农业）、郑洪凯（种菜）、韩同春（种菜）、王福禄（工业）、强会议（农业）、张文斌（种菜）、陈品卿（农业）、黄士荣（农业）、赵光明（农业）、孙宪宜（农业）、郝正业（农业）、李有禄（农业）、胡青山（农业）、孙道文（农业）、冯振增（工人）李太元（农业兼工业）、邬生花（农业）、焦家德（农业）、郝树才（农业）、侯步昌（农业）、高有福（农业）、赵瑞海（工人）、李文新（模范生产工作者）、姬仲飞（种菜）、王国初（造纸）、曹国兴（印刷）、佟玉新（烧水）、毕贵云（种菜）、李元洪（运输）、黄立德（种菜）、蒲兴贵（农业）、高福有（手工作坊）、伍平吉（种菜）、解大怀（烧炭）、杜忠才（养猪）、王建夫（建筑工程）、赵振华（弹毛）、高明武（运输）、计应长（模范生产工作者）、冯德胜（农业）、惠国宾（农业）、刘国华（缝纫）、宇森林（模范生产工作者）、李登发（模范生产工作者）、李三都（模范生产工作者）、吴成发（种菜）、习仲清（模范生产工作者）、赵占魁（工业）、王春生（运输）、封成自（运输）、王福存（运输）、王立会（种菜）、罗贵（伙夫）。

星期一 GIEFANG RIBAO 0 中華民國三十二年十二月六日

# 解放日報

今日出版一大張 第九二九號 中華民國卅二年十二月六日

社址：延安 本期零售一元 每月三十八元 三月一百〇五元 半年二百〇九元 全年

# 西北局歡迎勞動英雄

## 各分區勞動羣衆代表向西北人民領袖高崗同志獻旗

【本報訊】西北中央局於昨日下午四時招待全邊區勞動英雄……[illegible]

## 高崗同志號召組織一切勞力畜力

### 平時生產敵人來了就打敵人

[illegible]

## 勞動英雄代表答詞

### 做到全邊區耕三餘一

### 瞅見壞人就把他捆起來

[illegible]

## 魯南專署決定基本地區澈底減租

### 號召人民加工加肥增產糧食

[illegible]

## 晉西北某部隊打柴廿餘萬斤

[illegible]

## 邊區勞動英雄模範生產工作者代表題名錄

[illegible]

## 紅軍迫近羅加車夫

### 梅爾西北

[illegible]

## 南斯拉夫解放軍決定成立臨時政府

### 奧地利各界代表召開秘密會議 組織抵抗委員會爲國家獨立而奮鬥

[illegible]

## 鄂中新四軍策應正面作戰

## 連襲平漢路西敵據點

[illegible]

# 劳动英雄代表向边区政府及驻军献旗

## 林主席号召组织生产竞赛拥军优抗，李副主席希望贫富互助普遍变工

【本报特讯】前日上午全体劳动英雄代表，假边区参议会大礼堂向林主席、李副主席献旗。在各分区代表的献词中。强烈地表现出新民主主义的陕甘宁边区政府一切的政策与措施，都全□[是]□[为]着人民的利益。他们说："政府给咱种地人布置得好，代咱们找土地，还放农贷、拨救济粮、调剂籽种等等，哪一样不是为人民谋利益呢！在这样的政权下，所以咱们劳动的人民翻身了，咱们要一条心，坚决拥护政府。"这样，全边区人民的共同意志，在将近两百劳动英雄身上更强烈地表现出来。在献旗典礼中，他们热烈的鼓掌，用着洪亮有力的欢呼声，来回答林、李正副主席对于他们每一问题的号召和希望。献旗时，林主席、李副主席，一一与献旗者握手，至为愉快。献旗毕，林主席即开始讲话。林主席讲词生动而有力，每一句话都给了劳动英雄们深刻的印象。他说：我代表陕甘宁边区政府，接受各分区农民及部队、机关、学校、工厂劳动英雄们的献旗，这是在新民主主义政权下，人民对政府热爱与拥护的表示，是中国历史上劳动人民第一次向革命政权表示自己的衷曲，我以参加这个盛典为荣。劳动英雄们，你们年纪大些的，曾亲身体验过在封建地主和军阀统治下所过的光景，你们可以想一下，过去怎样？现在怎样？从这个简单的事实中，我们想想为什么翻了身？这是因为我们劳动人民有了政权。这个政权，是陕北人民闹革命创造起来的，是高岗、刘志丹同志领导大家创造起来的！它与人民有密切的关系，是为人民谋利益的，同时它是依靠广大群众的力量的。林主席继说到，新民主主义政权，是我们毛主席根据中国国情所创造出来，为全中国人民所需要的，是由共产党无产阶级领导的反帝反封建的人民大众的政权。因此，在经济上，是靠大家动手，发展

生产，我们的八路军、机关、学校的同志，也是亲自动手生产，真正做到减轻人民的负担。另外，我们提出减租减息，减免农民所受的过分剥削，虽然有些人的收入减少了些，但可以提高农民的生产积极性，也能改造一些人不劳而食的习惯，使得大家更好的合作抗战。林主席至此说到，要大家热烈响应毛主席“组织起来”的号召。因为组织就是力量、我们曾依靠共产党和革命军队翻了身，现在要组织强大的劳动军，把光景过得更好些。今年我们在全边区曾组织了八万多个集体劳动力，因此，开荒也就比往年开得多些，除草次数也比往年多，使全边区今年增加了十六万石的细粮。这是一个巨大的力量。现在我们还要发挥更大的力量，配合目前国际的有利形势，推动全国向前进步，争取抗战的胜利。林主席号召劳动英雄们，除了组织在合作社里，参加变工、札工队外，还要组织生产竞赛，组织储粮备荒，每个劳动英雄最低限度做到耕一余一，全边区做到耕三余一。最后，他特别对军队劳动英雄表示敬意，称赞他们对政府与人民的帮助，并号召大家拥护军队，优待抗属，在明年的拥军运动节中，更要发动与教育广大群众拥护军队。继由李副主席讲话，李副主席希望来延的劳动英雄们，把所见所听的、所讨论的结果，一切一切带回到各地村庄上去，更好推动边区明年的生产，要做到家家户户丰衣足食。毛主席所讲的“组织起来”，里面关于合作组合、变工、札工、唐将班子等，回去以后，要很好推动大家起来执行，有钱出钱，有力出力，各有利益，这样互相帮助力量就很大，人民丰衣足食了，保卫边区也就更有力量，这两个事大家统统都要来完成，我们的生活就能一天天过得更好。劳动英雄田云贵答词自己更加勤劳，并帮助旁人努力生产；拥护政府和军队，保卫边区，大家一条心干到底！最后由劳动英雄代表田云贵致答词谓：明年我们劳动英雄们自己一定要更好的劳动，并帮助大家从事生产，拥护政府和军队，保卫边区，大家一条心干到底！发动多养羊，全边区人民就能吃羊肉、穿羊皮袄。多养猪多吃猪肉。宣传养蚕栽桑，穿绸缎，大家吃好穿好，把土货运到外面，换回布匹、棉花等，田云贵同志在掌声雷动中结束了讲话。此时，各劳动英雄们在台下，亦纷纷热烈交谈，响应政府明年的生产计划。申长林同志准备在村上成立四个变工队，全村开荒十五垧，收移难民四户，他每垧地计划增收粮食五升（去年他每垧收粮八斗），作到耕一余一。打盐英雄李文焕准备回去后组织打盐变工队。军队劳动英雄李位，明年要领导全班更好生产，超过去年每天每人挖三亩六的纪录。机关英雄黄立德同志，利用晚上时间正赶写种菜经验总结，给各机关作为参考。会议完结后，各劳动英雄们集队前往参观苏联画展及边区银行，由该行黄行长亲自领导参观，并以茶点招待，劳动英雄们看见自己的银行大楼后，均表现非常高兴。

中華民國三十二年十二月七日 GIEFANG RHBAO 星期二 第一版

# 解放日報

中華民國卅二年十二月七日 第九五三號 今日出版一大張

社址：延安 全年二九〇元 半年一五〇元 三月八十元 每月三十元 本期零售一元

邊區生產展覽會通知

預約一九四四年
精印彩色月份牌啓事

## 勞動英雄代表 向邊區政府及駐軍獻旗

### 林主席號召組織生產競賽擁軍優抗

### 李副主席希望貧富互助普遍變工

## 勞動英雄田雲貴答詞

自己更加勁努，並幫助旁人努力生產；擁護政府和軍隊，保衛邊區，大家一條心幹到底！

## 賀師長勉勵大家 努力生產提高軍事技術 加緊自衛軍與部隊訓練

## 紅軍距日洛彬七十哩

### 車爾卡綏前綫擊敵盈千

## 魯南我軍急襲將軍營 生俘偽軍二百餘

### 劉逆被殲後費縣人民狂歡慶祝

## 山東人民武裝一年戰績 作戰九千次殲敵偽七千

## 晉東人民組自衛隊

## 蘇中日人反戰革命志士 成立日本共產主義者同盟 日人反戰同盟

## 意國投降 德寇在蘇慘敗後 上海敵偽悲觀恐慌

### 淪陷區同胞必勝信念愈趨堅強

| 解放日报 | 时间 | 1943-12-9 | 期 | 第932期 |
| --- | --- | --- | --- | --- |
| | | | 版 | 第2版 |

# 四五两日劳动英雄大会众英雄热烈交换经验

## 旁听二流子两名受感化愿意改悔

【本报讯】四、五两日边区劳动英雄及模范生产工作者代表大会继续举行。众英雄纷纷上台讲话，交换生产经验，表露自己热爱毛主席共产党，热爱边区，热爱八路军新四军的心意，先后共达二十人。这些精彩、生动、具体的经验介绍，和诚恳感人的发言，受到大会热烈的欢迎，掌声时起，会场始终充满着兴奋、欢愉的空气。四日讲话的计有：仝万明、张清益、孙万福、刘建章、郭凤英、王科、蔡子举、马海旺、田二鸿、田云贵等同志，他们讲的主要问题有：机关生产，改造二流子，农作法，合作社，挖煤，修水地，移难民等。五日讲话的有：杨正兴、樊彦旺、黄立德、刘桂英、张芝兰、申长林、刘玉厚、许尚贵、王福禄、陈品卿等同志。他们谈到植棉、合作社、纺线、赵占魁运动、烧木炭等问题。两天的大会巨大收获的另一表现，则是感化了二流子，市政府特在会期中送了几个二流子来大会旁听，领受劳动英雄的教育，四日会末即有二流子王万春表示悔意；五日会□[末]又有二流子张好学起来发言，表示受了感化，明年要努力生产。关于劳动英雄讲话中典型的经验，将另行专□[文]发表，下面按讲话先后次序，预做一简单的报道。**仝万明：要耐心教育二流子**　　仝万明同志在讲完了他的机关生产的办法以后，发表了关于改造二流子的意见，他说：很多二流子在党和政府的劝导下，纷纷参加生产务正了，这就说明二流子并不全是心甘情愿，从小到老都流来流去，二流子这个病症是旧社会统治阶级给留下的，现在新社会就要消灭这种病症，因此，对二流子就不应单纯用强迫的办法，一定要尽量耐心地说服他、□□[教会]他。**张清益：义仓有三大好处**　　义仓的创造者张清益同志，向大家谈说办义仓的经验。他说："我们陕北这块地方，三年一小□[年]馑，十年一大年馑，如果设立义仓，各乡都积草囤粮，那么灾荒问题就可解决了。今年我看到毛主席、高司令号召大家生产，我就把创设义仓的这件事，向县上史梓铭同志提出，我说，私人存粮不易存，大家一块来搞，设立义仓，才能把粮积下。义仓的好处：第一，增开荒地；第二，可防年馑；第三，有了义仓，移难民的救济粮等问题，也就可解决了。当时，县委书记很赞成这件事情，他并且还重复地说着："理由对着呢！"我回到雷庄后，就计划这件事，全村计□[共]挖二十亩，每个全劳动力拿出五个工，结果完成了二十五亩，连种带挖花了一百五十个工，打粮四石余。挖荒过程中，是碰到了许多困难的，特别是因为荒地问题，引起了斗争，我解决这个问题的办法，就是给大家开会，我说我们毛主席号召我们开荒，不是要我们占荒地，自己有地不开就要给别人开，这样才是真正响应毛主席的号召！关于义仓的管理问题，也引起大家的关心，有人提出义仓将来怎么办？我说世事是变化的，但我们至少可保证这点，大家辛苦办下的事，决不会让别人随便浪费，以后我们就选举村上有威望的人，担任义仓保管的委员，公订管理义仓的规约。"最后，他□[说]到"斜路败良田"的事，提议要大家断斜路走正路，不要随便斜走人家的地，这样也就可增加耕地，俗语说："羊毛虽小，但把毛整起来，就可成一块毡"。至此，张清益同志的讲话，便在掌声中结束了。**孙万福：边区到处为人民谋利益**　六十余岁的老英雄孙万福同志，他关于农作经验的精彩发言，从报告开始到结束，都被全场听众热烈欢迎。他从怎样拾粪，怎样翻地，怎样播种、施肥、除草等等，一一说□[明]具体生动，曾有数次，还用着手脚做动作姿势来说明（详细讲话以后发表）。此后，他又举出自己所亲眼看到的，在政府帮助之下的二流子转变的事实，他认为：在咱们八路军地方，不仅劳动英雄翻了身，就是二流子，在政府改造之下也转变了，像陇东吴旗村原有二流子六人，今年已经转变的有四人，这足见我们政府是为人民谋利益的。**刘建章：普遍发展运输队**　边区模范合作社——南区合作社主任刘建章同志说："我今天在这里说两个问题，一个是讲南区合作运输队，一个是办南区合作社的经验"。当一九四〇年边区政府号召人民运盐，我们南区合作社，就向私人运输队投资合作，并着刘永祥来办理这件事。去年高干会以后，我们利用公盐代金买成近两百头牲口，一面又和私人合作，与群众六四入股对半分红，给予人民多得一分红利。在运输力的发挥上，合作运输队是要比私人的运输队要高，一般的私人运输队，全年运盐次数仅能做到八到十次，南区合作运输队，由于有计划和有组织，今年全年就运了十四次盐，至现在止已完成了二万五千驮的公私盐任务，此外由于停止动员运盐，使人民增加两千石的细粮收入。在牲口损失上，私人与南区合作运输队比较，私人运输队的牲口也损失较大，像甘泉薛志仁的运输队，全队三十头牲口，一年当中死亡共五头，南区合作社总共七百二十头牲口，死亡的很少，这些原因，就是因为我们运输队大队部，设有兽医治疗牲口，自己的□匠，牲口特别□得好，并且把老弱牲口能及时倒卖掉。刘主任说到这里，就向各劳动英雄提出希望，要各位劳动英雄回去后，特别是在志丹、三边、安塞更作深入宣传，把私人的牲口统统组织起来，这样公私两方面，均有很大好处。在第一个问题说完之后，刘主任接着说怎样办起南区合作社，首先他报告南区合作社的概况，他说：南区合作社在一九三八年前，只有一百六十元的股金，现在连所有资金及不动产在内，总值洋七千万元。合作社计有消费、生产、运输、信用四项工作，运输队曾帮助了驮运公盐和驮粮。春季变工、札工队没本起工，合作社即曾借洋四万元，并帮助买镢、锌四千多把，收买土产羊毛绒两千多斤、羊皮四百多张、羊油三千斤、牛皮两百多张、粮食一百多石、干草十万斤、黑圪兰根四千斤、木炭三十万斤，共替人民节省洋几十万元。供给老布三千五百匹、食盐三万五千斤、洋火五千多包、耕牛一百头、棉花三百斤、水烟、文具类供给了全部所需。共为群众谋利达五千余石粮。因为合作社的目的是为着人民办事情，和供给人民物资，南区合作社执行了这个政策，所以它能发展得这样快。刘主任认为：在这农村里，要使合作社办得比较完备，最好要有消费、生产、运输、信用四项工作，这样才能真正解决人民的需要。刘主任最后讲他接近群众的一些经验，他说：“南区合作社是从算账中发展起来的”。这就是要深入群众，了解他们的情绪和要求，替每一家户到个人计算全年所需的用品，折合起来须洋多少，如果参加合作社后可节省多少，这样算账之后，群众就能认识我们，当然我们还要吸收有威信的人来参加，这样就能使合作社的威信更加提高。刘主任在一小时的讲话中，常以具体例子说明问题，会上不断获得听众鼓掌。他们运输队明年驮运两万六千驮的运盐计划，亦于鼓掌声中宣布了。**郭凤英：独身劳动改善全家生活蔡子举：把边区**

**炭工都组织起来**　郭凤英是一个参加全部农业劳动的妇女英雄，她带着全边区劳动妇女的光□[辉]，也上台作了简扼的讲话："我二十一年上男人就殁了，十几年来就靠了我这双手，白天黑夜的劳动，解决全家的生活，公公临死时把地都典卖了，只丢下三垧地，现在我把所有的地都赎回来，又买了几垧。大小子已能揽工了，二小子也能拦羊了，加上政府的帮助和我自己的劳动，光景已经过得不错了。因为磨坊办得好，对公家对私人都有利。"获得政府一头毛驴奖励的三区英雄王科，讲完了他的生产过程以后，绥西炭工英雄蔡子举就出现在台前，他说："咱一满没念过书，过去那些'毬'官儿，剥削我们，从来就没瞧起过咱这穷小子，可是现在咱当了劳动英雄。过去全家五口人盖一条烂被子，现在七口人（包括娃娃）盖了六条新被子，家里现在还存着一石多粮食，这就是毛主席给我们的丰衣足食，因此，我们就要加油生产，过去有的人一月只下十次窑，以后一定要保证，每月下二十次以上。咱自己除了挖炭，每月还要抽出十来八天做工作，但我一定要完成任务，白天掏不成黑了掏。另外，我有个意见，就是咱们边区的煤很多，要把全体煤炭工人都组织起来，扩大煤井积极生产，增加咱边区的财富。"**马海旺：号召大家修水地**　**田二鸿：好好安置移难民**　刘志丹同志生前的老朋友志丹县老英雄马海旺，号召大家修水地，他说前两天把自己种的稻子卖了两斗，就量了一石多糜子，这利大得太。延市西区的模范村长又是劳动英雄的田二鸿说：咱村子开始时只有两户人家，二十五年咱就着手安置移难民，一年一年的发展，咱村现在有了十八户人家了；去年全村打了一百四十多石粮，今年搞变工打了一七七石，明年把全村的劳动力组织起来，一定超过二百石。**田云贵：放牛娃也要组织**　"为了保卫边区，为了增加咱老百姓自己的财富，都要组织起来！"关中合作社英雄田云贵这样开始了他的讲话，接着他举了一个例子："因放牛的娃娃没组织起来，农村里的牛常常乱跑糟蹋庄稼，我那村，有八个放牛娃娃，我把他们组织好，让他们自己选出一个过去念过书的'牛长官'，定出规矩，牛不能乱跑，还叫他用桦树皮学认字，谁犯了规矩，要多认字，这一来，咱村的牛都不会糟蹋庄稼了。"下面他就讲到办合作社：今年要我搞全县的合作社，我说我连个"会计"解也解不下，不能办，可是人民都来入股，都说我可以办，那就办下了。我组织了四百二十头牲口，有三百七十头去运盐，运了几次没赚钱，我就找运输员来商量，原来是路上的料太贵了，以后就自己把料带上，结果驮了一次，一个驴就挣了二千元，三个月挣了五十万，解决了农民的油、盐、农具等问题。我要学习刘建章同志，今年试包一个乡的公粮，搞出经验来，明年包全县的。**二流子王万春：在劳动英雄面前我很惭愧明年定要务正** 最后是延安市参加旁听的二流子王万春讲话，市政府为了帮助这些二流子改造，把他们送到大会上来，让他们看看听听真正劳动的人是最光荣的，从英雄们切身经验的叙述中，王万春受了感动，他说："过去我家里很富有，有百十顷地，于是我就吃喝嫖赌，没几年就搞光了，没办法，吆了三年牲口，感到太苦，以后又设法搞了五十垧地，可是不出二年又卖了他四十垧，以后到了延安，婆姨娃娃一家三口人穿着三个破衫子，我还是胡毬乱干，今年春上，政府就教育我帮助我，要我改正，我于是在杜甫川种了几亩西瓜，秋收后卖了几万块钱，又给花光了。这次政府又要叫我来旁听大会，我实在不痛快，可是这几天听了大家的讲话，实在很惭愧，不劳动不务正业的人那能过光景呢？你看刘生海过去是二流子，以后积极生产，现在不但丰衣足食，而且还当了劳动英雄。现在我不多说了，说了大家会不相信，说我二流子成了性，不过你们明年来开会的时候看，我不能当劳动英雄，也一定要做个好人。"大家听了他的话，都用热烈的掌声来欢迎他这个进步，都希望他能用行动来实践他自己的话。四日大会至此即告结束。**杨正兴：全村种棉五十垧** 植棉为今日边区人民丰衣的基础，政府一直在积极提倡，五日在延川植棉英雄杨正兴的发言中，我们看到了最模范的典型，他开门见山地说："我从小就爱种棉花，从我学会了种庄稼，就一直没有间断过种花。"但是过去的社会对于所有劳动者，都是系着一道锁链的，杨正兴也只能在给人家揽工剩余的时间捎种一两亩；革命以后他的愿望才正式实现了，他说："共产党来到，我翻了身，生产更热心，去年政府号召种棉，我种了四垧，因为天旱，收了二百斤，今年种了七垧，收花三百五十斤，明年我要种十垧，要收花六百斤，要做到一垧地收六十斤花，我要买一群羊，积存粪土。"对于植棉的方法他有着一套丰富的经验：棉籽放在干地方，保存好。棉地在第二年出牛时翻两次，谷雨下种。一亩棉地最好上粪三五十袋，粪多就翻在地里，粪少可以跟着种子撒，棉地宜多锄，一次是留苗，二次是松土，三次四次遍地挖。植棉最细致的工夫是夏天，五月交六月打卡，打游条，过五六天打花顶。打卡有天气的限制，天阴不打卡，下雨不打卡，早晨晚上不打卡，打卡的时间最好是在晴朗的上午和中午。锄花，露水地里不锄花。收花，寒露前三五天就把花秆拔下来，这样从桃里晒开的棉花是白的，若不拔掉，晒出的棉花变红色。”接着他说明响应政府的号召植棉很光荣，他并宣布：向吴满有应战，把村上的男女老幼都组织起来，明年全村植棉五十垧，收花两千五百斤，此外，全村增加一百石粮食。**樊彦旺：明年运盐一千驮**　　安塞合作英雄樊彦旺是新发展起来的合作社英雄，去年冬天他的民办社刚才组成，那时，只有十多万股金，而现在已扩大至八九十万元，并且拥有一个二十多头牲口的运输队。他介绍这合作社的经验说：“在征集股金时我们兼收实物，群众缴纳木料，我们驮到定边去卖，交纳羊毛，我们织成毛口袋去卖，缴纳皮子，我们自开皮坊，缴纳牲口，我们组织成运输队，这运输队包运了两个乡上的公盐。另外，为鼓励群众生产，又包缴了十几二十石公粮。庄上群众的牛死了，合作社到华池买回了十八头牛，卖给他们，市价一头卖三万，我们每头卖两万。由于处处给群众打算，所以他们非常欢迎，三月时间股金扩大到一百一十多万。待新的公盐贷款下来，合作社趁机开了三天大会，一方面给群众分红利，一方面号召群众入股，扩大运输队，由合作社代运公盐，结果股金又扩大了很多。”现在合作社的运输队有二十多头牲口，今年一年驮回四百多驮盐。明年这合作社将计划扩大八百万元股金，运输队将发展五十头牲口，驮回一千驮盐。**黄立德：种菜应根据需要**　　种菜圣人黄立德发言的时间，虽然长达一点多钟，但是他丰富的经验却紧紧吸引着所有的听众，他主张菜地种多不如种精，因为一则节省人力，二则收获多。但是对于菜的种类必须做到根据需要，能够接着吃，并且做到在同一个时间能吃几种菜，为此，他主张菜的种类种多些。这位菜园里的圣手，对于各种菜蔬的栽培，都有许多独到的见解。大会发言中他着重讲述养黄瓜的办法和他今年试种韭黄的成功，听众甚感兴趣，经常自动提出许多技术上的问题请他解答，他的发言不管给大家上了一课。**刘桂英：一斤花纺线十四两　张芝兰：明年组纺妇百名**　　刘桂英和张芝兰讲述妇纺问题，刘老太婆告诉我们，她经常提醒自己领导下的妇纺组员：“你们操心，怎么我刘老太婆一斤花能纺十四两线线，你们一斤花只能纺十三两线线呢？就是因为我纺线时棉花不沾灰、不沾柴、不让小孩弄脏，同时摘棉籽时摘得细法，你们也这样，就能纺十四两了。”张芝兰宣布他今年领导了五十个妇女，纺了一千斤花，织了八百丈布，明□[年]她要组织一百名妇女，纺三千斤花，织两千丈布。**申长林：党员做事要公道**　模范党员申长林计划明年更好的领导全村群众生产，从他的讲话里，充分流露着一个共产党员的伟大志愿与气魄：“我在村上划下一个目标，让蟠龙全区向它看齐。我是一个共产党员，做事要公道，眼光要放远，时时顾及大家的利益。”**刘玉厚、徐尚贤　有毛主席什么都能搞好毛主席把我们拉起来了**　劳动英雄刘玉厚很诚恳地申述了自己的认识：“我们只要忘不了毛主席的号召，什么都能搞好，如果不是这样，什么都搞不好。”老当益壮的六旬劳动英雄许尚贤讲话中，对于毛主席有着说不出的感激，他讲话时曾有数次脱帽连连向毛主席大画像鞠躬，他说：“反革命把我们压下去，毛主席把我们拉起来了，我回去好好宣传，让大家好好生产，好好训练，兵强马壮，如果敌人来了，一打就是个胜仗。”部队劳动英雄王□[福]禄和陈品卿亦曾继起发言：王福禄讲述赵占魁运动在大光纺织工厂开展情形，陈品卿讲烧木炭的经验，最后参加大会旁听的延市二流子张好学也感动了，他自动上台诉说了在大会上受到的教育，表示今后决心好好劳动，他并号召延安市的几个没想转变的二流子赶快转变。

# 展開學習軍事的張治國運動
# 「友愛」部積極練兵習武
## 「長城」部完成巨大生產任務開始整訓
## 人人要「無上英勇提高技術鍛鍊體力」

# 山東抗大一分校
# 開荒積肥準備明年生產
## 勞動英雄鄭信確定明年計劃

# 各地民衆紛起反抗
## 敵在臨沂莒縣二次搶糧

# 赤水灣塬村女村長姚姑琴
## 領導群衆修埝地

# 葭縣城區三鄉婦女
# 幫助軍隊縫棉衣
## 五天完成七天計劃

# 模範難民智長明
## 來志丹二年衣食暖飽
### 今年自動要出公糧

# 振華分廠改良爐灶
## 每天省柴萬斤

# 四五兩日勞動英雄大會
# 衆英雄熱烈交換經驗

（上接第一版頭條新聞）

### 郭鳳英：
獨身勞動改善全家生活

### 蔡子舉：
把邊區炭工都組織起來

### 馬海旺：
號召大家修水地

### 田二鴻：
好好安置移難民

### 田雲貴：
放牛娃也要組織

### 二流子王萬春：
在勞動英雄面前我很慚愧
明年定要務正

### 楊正興：
全村種棉五十垧

### 樊彥旺：
明年運鹽一千馱

### 黃立德：
種菜應根據需要

### 劉桂英：
一斤花紡綫十四兩

### 張芝蘭：
明年組紡婦百名

### 申長林：
黨員做事要公道

### 劉玉厚、許尚賢
有毛主席什麼都能搞好
毛主席把我們拉起來了

| 解放日报 | 时间 | 1943-12-9 | 期 | 第932期 |
| --- | --- | --- | --- | --- |
| | | | 版 | 第2版 |

## 振华分厂改良炉灶每天省柴万斤

【本报讯】振华造纸分厂一般工人生产热情虽在气候严寒中，并未稍减。他们冒着朔风，鸡鸣即起；有很多工人关心因天寒而发生问题的打浆工作，他们经常自动地跑去烧火，忙着□纸，以便没有一时一刻耽误工作。十月份他们造纸二百余令，超过原来任务很多。最近，由于侯植民同志的领导，节约成绩也很好，从十月份以后，炉灶大加改良，每天可节省柴一万斤，而灯油也节省了二分之一。（彭世钦）

# 展開學習軍事的張治國運動

# 「友愛」部積極練兵習武

## 「長城」部完成巨大生產任務開始整訓

## 人人要「無上英勇提高技術鍛鍊體力」

## 山東抗大一分校

# 開荒積肥準備明年生產

## 勞動英雄鄭信確定明年計劃

# 四五兩日勞動英雄大會

# 衆英雄熱烈交換經驗

（上接第一版頭條新聞）

郭鳳英：

獨身勞動改善全家生活

蔡子擧：

把邊區煤工都組織起來

馬海旺：

號召大家修水地

田二鴻：

好好安置移難民

田雲貴：

放牛娃也要組織

二流子王萬春：

在勞動英雄面前我很慚愧

明年定要務正

楊正興：

全村種棉五十垧

樊彥旺：

明年運鹽一千馱

黃立德：

種菜應根據需要

劉桂英：

一斤花紡綫十四兩

張芝蘭：

明年組紡婦百名

甲長林：

黨員做事要公道

劉玉厚、許尚賢

有毛主席什麼都能搞好

毛主席把我們拉起來了

# 各地民衆紛起反抗

## 敵在臨沂莒縣二次搶糧

## 赤水灣垴村女村長姚姑琴

## 領導群衆修埝地

## 葭縣城區三鄉婦女

# 幫助軍隊縫棉衣

## 五天完成七天計劃

## 模範難民智長明

# 來志丹二年衣食暖飽

## 今年自動要出公糧

# 振華分廠改良爐灶

## 每天省柴萬斤

| 解放日报 | 时间 | 1943-12-11 | 期 | 第934期 |
| --- | --- | --- | --- | --- |
| | | | 版 | 第1版 |

# 高岗同志在西北局招待劳动英雄大会上的讲话

同志们！劳动英雄们！今天我代表中共中央西北局欢迎大家，向大家致崇高的敬礼！劳动英雄中有许多我们是认识的，我们过去都在一块儿跑来跑去，十几年以前就在关中和大家一起跑来跑去，以后在陇东、在延属、在三边、在警备区也是一样，我们好多人一起闹革命，反对黑暗势力的统治。那时候我们不是都穿着破羊皮袄、头上络着烂手巾儿，冬天没有棉裤穿，穿着烂单裤子过冬吗？不是一年四季都吃不上饱饭吗？在关中的什么石门关、谢家寨子、龙家寨子，那些地方非常苦，苞谷夹洋芋，就是好吃的东西了。可是刚才听大家讲，现在光景都好了，衣服有了，粮食有了，牛羊有了，我听了非常高兴。这是我们老百姓和劳动英雄们在共产党领导下艰苦的闹革命的结果！如果我们不赶走关中的什么杨模子、陈日春，陇东的谭世林，三边的张廷芝、张廷祥，不赶走这些黑暗势力，我们的光景就过不成。延属各县如果不赶走安定的黄尔子、保安的曹创业，甘泉的马兆仁，安塞的薛生华，不赶走这些恶棍，事情也不好办。因此共产党老百姓和劳动英雄大家起来，把这一伙人推翻了，自己管理政权，当区长、当乡长、当自卫军队长，这样我们的光景才过好了。我们为什么能这样？是因为在共产党的领导下。中国共产党是什么人领导？是毛主席领导的。因此我们就要牢牢记着：毛主席是中国人民的救星，是工农的灯塔，是劳苦大众的旗帜（大鼓掌）。毛主席这次在杨家岭给我们讲的那些话，指出的那些方针，那些办法，要时时记在心里，回去照样的一条一条地去办，一定不会错！毛主席号召我们组织起来，现在我就来讲讲，怎样组织起来，怎样完成毛主席给我们的任务。最近我们派了一些同志和诸位劳动英雄谈话，得到了一些材料。现在我们从这些具体的材料中，来看看我们应该怎样组织。我按着一个一个地区来讲。先说关中。关中有个白塬村，白塬村有个石明德，是富平人，在外边给人家揽工，吃不开，前年才逃到边区，搞了两年就过了好光景，当了劳动英雄。在石明德的领导下，全村七十二户人家，凡是能参加劳动的都组织起来了，不但把全部壮年人都组织来变工，而且老汉和老汉变工，婆姨和婆姨变工，娃娃和娃娃变工。做什么呢？扫院、打场、扫圈、拾肥、铡草、做饭、纺纱、织布。连牛驴也都组织起来，十八头牲口组成一个运输队，按照需要运粮送粪。他们集体开荒，集体夏耘，集体秋收。天黑了，大家鼓起劲儿努一把力，就顶一个人挖好几天。还有个张清益，今年创办义仓，发动大家开义仓田，打下的粮食放在仓里，谁没吃的就去借，借粮时，参加义仓的只出五合利，没参加的就要出三升，这就推动了全乡全区都搞起义仓来。他们的方法很好，这样劳动情绪劳动力都大大地提高了，白塬村就成为模范村。移民老英雄冯云鹏，今年安置了一百七十四户移难民，把孟家沟二十里长十里宽的一座大荒山变成了良田，创造了四个行政村一十四个自然村，过去稀无人烟的地方，现在变成了五谷满堆的繁荣农村了。他还有一套办法帮助移难民清查坏人，他会看来人的面色是不是面黄肌瘦的难民，看他手上有没有“死肉”，看看他日常动作像不像庄稼汉，看他讲话是说边区好，还是专门挑拨离间，看他对边区的心热不热，看他生活节省不节省，用这些办法来辨别好人坏人。关中还有个田云贵，他是合作英雄，他从一万元的资本发展到八百万，从一个乡的合作社发展到一个县的合作社，他用边区的土产去交换外面的东西，他真正懂得经济学。他懂得群众的情绪和要求，群众愿意干才干，和大家商商量量，结果你入一点，我入一点，就组成了一个三百多头牲口的运输队。大大地发展了运盐等运输合作事业。青年劳动英雄李长清，今年才二十岁，在外边挨冻受饿，到边区有地方发挥他的本领了，他领导了一个唐将班子，成绩很好，影响了其他地区也都组织了唐将班子。因为这些劳动英雄的模范作用，关中的劳动互助，变札工唐将班子大大地发展了，因之今年的粮食也就增加了很多，关中从马栏到杨家店子及其他地区，土地都很好，明年再努力开荒做庄稼，粮食会增产的更多。陇东有个英雄叫张振财，他把他村里的七犋牛，九个劳动力，九个妇女，都组织在变工队中，结果节省了一百四十个牛工，三百八十个人工。还有个老英雄孙万福，他一垧塬地打三四石粮食，他怎样搞的呢？就是施肥有办法，他天天拾粪，月月拾粪，他把所有乱七八糟的东西，都压在地里沤成粪，把骨头烧成灰制成黑黝黝的肥料，土地肥了，粮食自然多了。警备区有个阎开增，是个鼎鼎大名的英雄，他组织变工队积极参加生产，特别值得表扬的是他反对破坏分子有办法。他团聚了广大群众和特务作□[斗]争，平时注意侦察放哨，不让一个坏人混进来，对本村里暗藏的坏人也有办法揭发他们。有一天从边区外来了几个破坏分子，暗里带着盒子枪到边区来破坏，他看见这事情怎么办呢？他就给区政府报告，他问："来的这些坏人能不能捉？"区上答复他："能捉！"他就在沿路布置上人。一切准备好。告诉沿路的人说："假如破坏分子在村里有什么事。你们就扬一把土。大家都传递着扬一把土，坏人在那里就立刻知道了"。阎开增回到村里，遇见了这四个坏蛋。他就跑去和他们拉话。问他们吃饭没有？有公事没有？这些坏人看他是个好老汉，就没介意，跟阎开增到了村里。结果阎老汉一吆喝，来了很多人把这几个家伙的枪也拿走，人也捆上。还有一件事，破坏分子到边区来捣乱金融，那些人拿着法币，问他调换不调换，他说我调，就组织了些人跟他去调，结果连钱带人都搞过来，送到政府里去办。这样的英雄是好英雄，值得表扬。米脂民丰区的冯光祺也是一个防奸英雄，他同特务斗争有成绩，值得表扬。清涧任家峁有个老英雄叫白德，他把全村所有的老婆婆年轻的妇女都组织起来纺纱织布。在他的谋虑下，他一个村子就成立了五个粉房，养了五十个母猪，这五十个母猪又养了好多次猪娃，连老带小就有七百多，结果他们粉条子多了，布多了，粮食多了，肉多了，你们看这是不是丰衣足食？绥德沙滩坪有个安锦城，他组织妇女纺织，最初那些人不干，说没米吃没棉花，他说我给你们想办法，没米的调剂米，没棉花的想法解决，结果把他们那地方附近六十里内的妇女都组织起来纺棉花，一共赚了二百多石米。葭县的劳动英雄高志谦，为了组织全村变工，他自己首先去找人变，人家说他是老汉不跟他变，他坚持要变，就夹在两个二十七八岁的后生中间锄地，那两个后生见他是老汉，满不在乎，可是他拼命地锄，一上午就把两个后生摔在后面，实际上他早就累了，但他硬撑住锄了一天，回去两天休息不过来，虽然这样，但由于他的模范作用，全村的变工队就组织起来了，使今年的粮食比往年增加了许多。还有米脂的妇女劳动英雄郭凤英，她不仅种地好，纺织也好，她还给人家揽工，揽工不是容易事，要平圪□、填水沟、留

解放日報

今日出版一大張　第九三四號　中華民國卅二年十二月十一日

社址：延安　半年一五〇元 全年二九〇元　本期零售一元　每月三十元　三月八十元

生產展覽會

重要通知

邊區生產展覽會原定本月十二號閉幕，現經各機關要求延展期四天（至十五日），凡各機關、部隊、學校在展覽期間有未及參觀或尚擬詳細觀看者，均請即來接洽，以便排定日程，特此通知。

邊區生產展覽會

尋羊啓事

本社總務處於上月二十九日下午，失掉山羊兩隻。如有拾得或知其下落者，請通知本處不勝感激，並備薄酬登謝。

解放日報社總務處

# 響應高崗同志號召

# 吳滿有創造模範鄉

## 製訂柳林區二鄉明年生產計劃

增產細糧三千九百石，做到耕一餘一。勞動力百分之九十參加開荒，百分之百參加鋤草，訂立鄉民公約，加強保衛邊區。

### 一　現狀及本年生產成績

### 二　明年生產任務和計劃

# 高崗同志在西北局招待勞動英雄大會上的講話

同志們：勞動英雄們！今天我代表中共中央西北局歡迎大家，向大家致崇高的敬禮！

（下接第二版）

吳滿有　紀開業　紀兆有　常應才　拾栽葉　王永德　尹世乃

苗子，由这里可以看出，妇女是能种庄稼做事情的，如果全边区妇女都向郭凤英看齐，咱边区就更能打更多的粮食。至于延安农业中的吴满有、申长林，他们都有很多好办法，他们都是全边区最著名的英雄，这过去已经讲得很多介绍得很多了。安塞马家沟的陈德发，把十六个壮丁组织起来变工，结果挣了八十石粮食，平均每个人得到五石。那一村的妇女，也组织起来实行纺织了。延长王生贵种棉花，每亩地收五十斤，如果大家都这样，全边区现有十五万亩棉田，就能收七百五十万斤棉花，不但解决了边区人民穿的问题，并且还有剩余。假若明年种到二十万亩棉花，就更不得了。他种棉花的办法是籽种好，上粪多，作物好，下苦心经营，午上大家都睡午觉的时候，到棉地里去打卡，他说午上太阳红，打卡水不会流出来，棉花就容易长得好了。我们各方面都有英雄，在三边有打盐英雄。我们的打盐英雄高伸和，是去年才从榆林来的难民，来时只有一件烂皮袄二升小米子，我们政府帮助他钱和粮食，给他分了四个盐坝子要他去打盐，他计划打一千五百驮盐，结果打了二千五百驮，换粮食能换一三〇石，他还拿了三万块钱来搞合作社，减轻了边客对盐民的剥削，大大帮助了盐民日常用品困难的解决。他组织打盐变工，一个人打盐打得少打得慢，几个人一起，打的打，担的担，扒的扒，就快了。他改良技术，过去盐池的水用人挑每天挑五千担，现在他搞了一个撑杆，一天就能搞一万担。过去天不下雨就打不成盐，现在他在盐池旁边打井，由井里把淡水弄到盐坝子里，再把盐池盐水灌出去，这样就可以晒成二寸盐，这样，天不下雨也可以打盐了。这是高伸和对于打盐的很重大的新创造。吴旗还有个二流子刘生海变成劳动英雄，他过去是一无所有，好吃懒做，游手好闲，不务正业，经过党政几次劝说，他下了决心搞地种，结果就种了三十垧地，发展了二头牛，七头驴骡，五十只羊，变成了小康之家，他还帮助政府改造了两个二流子。合作英雄也是到处有，在关中要向田云贵看齐，全边区就应该向刘建章看齐，刘建章搞合作有办法，生产、消费、运输、信用，他是全套。尤其是值得赞扬的，在我们部队里还有很多劳动英雄，最著名的如李位、张治国、胡大嘴等，他们过去也都是受苦人，因为受不了帝国主义和封建势力的压迫，起来干了，他们一面拿上枪杆打敌人，一面拿起锄头来生产。像“团结”部的生产热忱就非常高，他们甚至忘记吃饭还在地里掏地，本来规定饭后十五分钟是休息时间，但他们一分钟也不休息，这些劳动英雄偷着去挖地，大家都想多掏一点，把镢头做得又大又宽，他们中间有很多像李位一样一天挖三亩六的劳动英雄，他们自己种谷子，种糜子，种洋芋，种黑豆。在工业方面发展了四十二种，解决了他们的许多困难。部队劳动英雄不仅打仗勇敢，保卫着整个边区劳动人民的生产果实，而且他们也是生产运动中的出色人物；他们的开荒成绩，竟超出任何地方劳动英雄之上。部队劳动英雄一放下镢头就练习掷手榴弹，打机关枪，他们生产时，镢把子捉得最紧，是劳动的能手，他们作战时是消灭敌人最坚决的射击手。部队劳动英雄，不仅在战斗中生产中是英雄，在军民关系上他们是模范的战士，在练兵习武上他们也是群众核心。他们丢下了婆姨娃娃来打敌人搞生产，是为了什么？还不是为了保护我们老百姓的生命财产，为了减轻老百姓的负担，在中国找不出第二支这样的军队，世界上除了苏联以外，从来也没有这样的军队。因此我们就要好好地帮助军队，拥护咱们老百姓自己的军队。工厂里在赵占魁运动下也出现了许多劳动英雄，难民工厂的袁国华是带过七次花的老战士，他反对浪费提倡节省，特务暗里打击他，而他始终坚持立场和特务斗争。被服工厂李凤莲人家一天锁六七套衣服扣门，她一天锁六十套，像这样的英雄还很多。机关里的劳动英雄过去介绍的不少了，我这里不再多说了。我们有这样多的劳动英雄，他们会生产，有本领，他们是有知识的人，他们会管理国家。他们创造了变机工的办法，创造了打盐的办法，创造了妇纺的办法，创造了安置移难民的办法，创造合作的办法，使得我们大家有衣穿有饭吃，生产提高，丰衣足食。我们应该学习他们，把他们所有的好办法好好研究推广到全边区，用他们的好办法，把全边区的人民组织起来!我们的劳动英雄，今年在生产的各方面，都得到了很大成绩，但我们不要自满，毛主席说，我们的房子天天要打扫，不扫就有灰尘，意思就是说，要经常注意和检查自己的缺点，今年当了劳动英雄，明年还要当劳动英雄。因此我们就要经常看看有没有毛病，比如组织变工队，我们就要看看是不是强迫人家参加，组织合作社就要看看是不是有本位观点，随做随看。搞运盐也好，搞别的工作也好，要看看有没有不妥当的或不够的地方，有不妥当的就要丢掉，不够的就要增加些新的东西，使我们能经常地走在正确的道路上，自满不虚心是有害的。事实上我们还存在着许多缺点，我们看到还有大部分劳动力半劳动力，还是分散的没有组织起来，选种还不普遍，如狼尾谷、马齿苞谷、美国洋芋还没有普遍推行，棉花每亩产量还不高，妇女参加农业生产的还不多，农作法改良也还不普遍，水利发展还很不够，运输合作还不够，工厂生产的管理还不完善，生产的技术还不高。我们劳动英雄不仅不能自满，我们要努力克服缺点，我们还要更加前进一步，就是说要把我们的旗帜举得更高一点，仅仅我们这二百个英雄还不够，我们还要在边区内发现创造更多的劳动英雄，他们有什么样的创造，他们是怎样做的，我们要使这些新的人物，团结在已经成为劳动英雄的周围，譬如刘建章同志就要把办合作社的同志，团结在自己的周围，譬如郭凤英同志就要团结很多妇女，参加纺织，参加农业生产。大量创造模范村和模范乡。同时我们边区内的工作人员，做政府工作的也好，做经济工作的也好，做党的工作的也好，做群众工作的也好，都应该清楚了解这一点，不管做党的那方面工作，都要把这些人民中的优秀分子团结在自己的周围，只有这样你们才能到群众中学习到丰富的知识，你们才有办法，有力量。把这些人团结好，就可以把广大群众团结起来，大家一条心进行生产和武装训练，和破坏分子作斗争。生产时一条心，反对破坏分子时一条心，坏蛋就不敢进来。我们就可以把一个村一个乡以至全边区巩固起来！（大鼓掌）如果一个劳动英雄领导一个行政村以至一个乡，那我们就能完成毛主席给我们的任务，就组织起来了！（大鼓掌）不仅我们劳动英雄自己，而且要使全村全乡全区的人民都成为生产防奸和打敌人的能手，这就真正地组织起来，这样的组织是最坚固的。我们大多数人都是靠种地过光景，我们在自己生产合作基础上搞起来的组织，是根深的，拔不动的！我们许多劳动英雄，应成为群众中的骨干，成为群众里最勇敢最坚决的领导分子。你们这个会是群众中间的高干会，劳动英雄是群众选出的，你们又是劳动英雄中选出的优秀分子，是群众中的“圣人”！（鼓掌）你们来这里开会，大家商量大家研究，我们还要向你们学习，你们回去要好好地组织变工队，札工队，唐将班子，运输合作社，消费合作社，生产合作社，打盐合作社，水利合作等。水利合作很重要，譬如三边无定河上游很多地方都可以修水利。搞水利可以由公家投资，如靖边公家投资，把四万亩荒沙变成肥美的水地；也可以和群众合作，大家合伙做；私人能修就自己修也很好。打盐合作也可以变工，不变工一个人打的，比变工打的差好多。植棉也要研究，有些地方可以搞水地，你来几垧我来几垧大家投资，找个有经验的人试试看，组织这样的植棉合作。如果我们这样做，变工札工队，唐将班子，妇纺小组，运输合作，消费合作，打盐合作，水利合作，植棉合作，并把更多的妇女组织起来参加农业生产，还有机关工厂连队里的集体生产，大家都这样组织起来，都参加这个运动，老有老的事，小有小的事，男有男的事，女有女的事，大家各有各的事，这样本村本乡保证它明年要大大的变样子，丰衣足食搞得更好。劳动英雄组织大家生产参加合作，并且要学会捉坏人，学得像阎开增一样的本领，把坏人搞干净，挤得他无孔可入，学会打手榴弹安地雷，保卫我们的丰衣足食！（鼓掌）因此，我们劳动英雄的标准，应以自己的模范行为组织群众参加生产、学习、打仗、防奸等这些条件为标准。我们工作人员，不管党务方面，政权方面，群众工作方面，也都要认识这一点，我们要和群众一起组织生产，总结他们的经验。你们回去就实行一下，和群众一起生产，一起打敌人，一起捉汉奸特务。阎开增说得好，我们这样做，进行这种组织，群众就喜欢这种组织，就真正组织起来。因此我们的工作，应当把这里作为基地，作为开步走的地方。只有这样才不是清谈，才不是官僚主义，才能洗掉我们脸上的灰尘。无条件地为群众服务，是一个共产党员的责任。我们的群众这样做，我们的劳动英雄这样做，我们的干部这样做。我们的军队一方面生产，一方面学习技术，准备战斗。我们的劳动英雄要帮助所有的人都成为劳动的能手。我们的机关劳动英雄，能积极生产丰衣足食，也要帮助群众，在群众中取得经验。尊重政府法令政策，更好的搞合作社，那么我们的事情一定办得好，我们的革命一定能胜利！（大鼓掌）现在劳动英雄大会快开完了，参观也参观了，大家搞得很好，回去以后切切实实一点一滴地去做，领导同志也要一点一滴地解决他们的具体问题，我们的工作才有收获。我希望你们回去把这次开会的情形多多宣传，开大会开小会，商量讨论，交换经验，好好布置明年的生产，使耕三余一的号召不但能完全实现，而且要超过，做到耕二余一，以备可能到来的荒年，这点特别重要。此外，如何防奸，如何打手榴弹，如何保卫边区等工作也要做得更好，这样我们明年就把劳动英雄的旗帜举得更高，那时我们再开更盛大的会来欢迎你们。（大鼓掌，欢呼声口号声不绝）

# 冀魯豫軍民奮戰兩月 粉碎敵偽八次進攻

## 斃傷俘敵偽五千克濮陽等城鎮十處 我軍威震攝下偽軍千人向我投誠

【本報冀魯豫七日電】入秋以來，敵寇糾集卅二師團、六十五師團、五十九師團、騎兵四旅團等部，共約三萬餘人，汽車千餘輛，並配合偽軍第二方面軍孫殿英部全部，向我冀魯豫區展開了全面的大規模的『掃蕩』。[illegible]

[illegible]

## 洞庭湖西南 常德附近激戰中

【新華社延安十日電】敵寇從十一月二日起，以三萬之眾分路向湖北常德進犯。[illegible]

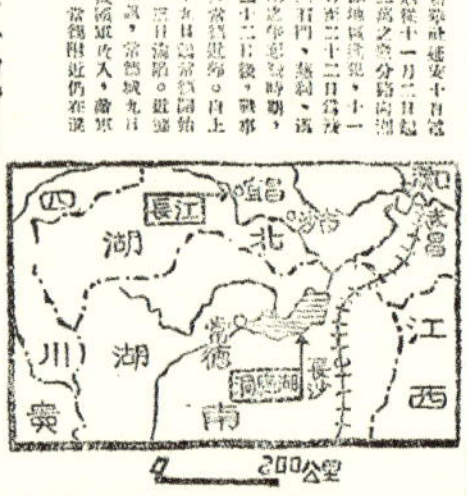


## 皖中臨江地區 減租二十五萬担 受益農民每人增收六斗七升

【新華社皖中四日電】[illegible]

## 工藝實習工廠 模範工人激增十分之六 趙占魁等同志獲甲等獎

【本報訊】[illegible]

## [illegible]

【本報訊】[illegible]

## 清澗惠三保 當二流子時全家受餓 現在轉變了穿衣足食

【本報訊】[illegible]

# 高崗同志在西北局招待勞動英雄大會上的講話

（上接第一版）

安塞馬家溝的陳德發，把十六個壯丁組織起來變工，結果淨了八十石糧食，平均每個人得到五石。那一村的婦女，也組織起來實行紡織了。延長王步青種棉花，每畝地收五十斤，如果大家都這樣，全邊區現有十五萬畝棉田，就能收七百五十萬斤棉花，不但解決了邊區人民穿的問題，並且還有剩餘。假若明年種到廿萬畝棉花，就更不得了。他種棉花的辦法是務種好，上糞多，作務好，下苦心經營，午上大家都睡午覺的時候，到棉地裏去打卡，他說午上太陽紅，打卡水不會流出去，棉花就容易長得好了。

我們各方面都有英雄，在三邊有打鹽英雄高仲和，是去年才從榆林來的難民，來時只有一件爛皮襖二升小米子，我們政府幫助他發和糧食，給他分了四個鹽壩子叫他去打鹽，他計劃打一千五百石鹽，結果打了二千五百石，今年預計能鹽一三〇〇石，他還學了三萬塊錢家務合作社，解了鹽客對難民的剝削，大大幫助了難民日常用品困難的解決。他組織打鹽變工，一個人打鹽打得少打得慢，幾個人一起，打的打，扭的扭，扒的扒，就快了。他改良技術，過去鹽池的水用人擔每天擔五千担，現在他搞了一個轉輪，一天就能擔一萬担。過去天不下雨就打不成鹽，現在他在鹽池旁邊打井，由井裏把淡水弄到鹽壩子裏，再把鹽池濃水淌出去，這樣就可以讓成二寸鹽，這樣，天不下雨也可以打鹽了。這是高仲和對於打鹽的很重大的新創造。吳滿還有個二流子劉生海變成勞動英雄，他過去是一無所有，好吃懶作，游手好閒，不務正業，經過幾次勸說，他下了決心搞地種，結果就種了卅晌地，發展了二頭牛，七頭驢騾，五十隻羊，變成了小康之家，他還幫助政府改造了兩個二流子。

合作英雄也是到處有，在關中有[illegible]，全邊區就應該向劉建章看齊，劉建章搞合作有辦法，生產、消費、運輸、信用，他是全套。

尤其是值得讚揚的，在我們部隊裏還有很多勞動英雄，最著名的如李位、張治國、胡大嘴等，他們過去也都是受苦人，因為受不了帝國主義和封建勢力的壓迫，起來幹了，他們一面拿上槍桿打敵人，一面拿起鋤頭來生產。像『團結』部的生產熱忱就非常高，他們甚至忘記吃飯還在地裏掏地，本來規定每後十五分鐘是休息時間，但他們一分鐘也不休息，這些勞動英雄像着去挖地，大家都想多掏一點，把鋤頭做得又大又寬，他們中間有很多像李位一樣一天挖三畝六的勞動英雄，他們自己種穀子，種糜子，種洋芋，種黑豆。在工業方面發展了四十二種，解決了他們的許多困難。部隊勞動英雄不僅打仗勇敢，保衛着整個邊區勞動人民的生產果實，而且他們也是生產運動中的出色人物；他們的開荒成績，遠超出任何地方勞動英雄之上。部隊勞動英雄一放下鋤頭就練習擲手榴彈，打靶射擊，他們生產時，就把子彈得最緊，是勞動的能手，他們作戰時是消滅敵人最堅決的射擊手。部隊勞動英雄，不僅在戰鬥中生產中是英雄，在軍民關係上他們是模範的戰士，在擁軍愛武上他們也是最熱心。他們犧牲了許多好娃娃來打敵人搞生產，是為了什麼？還不是為了保護我們老百姓的生命財產，為了減輕老百姓的負担，在中國找不出第二支這樣的軍隊，世界上除了蘇聯以外，從來也沒有這樣的軍隊。因此我們就要好好的幫助軍隊，擁護咱們老百姓自己的軍隊。

工廠裏在趙占魁運動下也出現了許多勞動英雄，難民工廠的[illegible]國華是帶過七次花的老戰士，他反對浪費提倡節省，特務暗裏打擊他，而他始終堅持立場和特務鬥爭。被服工廠[illegible]人家一天鎖六七套衣服扣門，她一天鎖六十套，像這樣的英雄還很多，總歸來的勞動英雄，為共介紹的不少了，我這裏不再多說了。

我們有這樣多的勞動英雄，他們會生產，有本領，他們是有知識的人，他們會管理國家。他們創造了變扎工的辦法，創造了打鹽的辦法，創造了婦紡的辦法，創造了安置移難民的辦法，創造合作的辦法，使得我們大家有衣穿有飯吃，生產提高，豐衣足食。我們應該學習他們，把他們所有的好辦法好好研究推廣到全邊區，用他們的好辦法，把全邊區的人民組織起來！

我們的勞動英雄，今年在生產的各方面，都得到了很大成績，但我們不要自滿，毛主席說，我們的房子天天要打掃，不掃就有灰塵，意思就是說，要經常注意和檢查自己的缺點，今年當了勞動英雄，明年還要當勞動英雄。因此我們就要經常看看有沒有毛病，比如組織變工隊，我們就要看看是不是強迫人家參加，組織合作社就要看看是不是有本位觀點，隨做隨看。搞運鹽也好，搞別的工作也好，要看看有沒有不恰當的或不夠的地方，有不妥當的就要去掉，不夠的就要增加些新的東西，使我們能經常的走在正確的道路上，自滿不虛心是有害的。在勞動上我們還存在着許多缺點，我們看到還有大部分勞動力半勞動力，還是分散的沒有組織起來，還很不普遍，如很尾發、馬蘭的穀、美國洋芋還沒有普遍推行，棉花每畝產量還不高，婦女參加農業生產的還不多，農作法改良也還不普遍，水利發展還很不夠，運鹽合作還不夠，工廠生產的管理還不完善，生產的技術還不高。我們勞動英雄不僅不能自滿，我們要努力克服缺點，我們還要更加前進一步，就是說要把我們的旗幟舉得更高一點，使得我們這二百個英雄還不夠，我們還要在邊區內發現創造更多的勞動英雄，他們是怎樣做的，我們要使這些新的人物，團結在已經成為勞動英雄的周圍，譬如劉建章同志就要把辦合作社的同志，團結在自己的周圍，[illegible]同志就要團結很多婦女，參加紡織，參加農業生產。大村創造模範村和模範鄉。

同時我們邊區內的工作人員，做政府工作的也好，做經濟工作的也好，做黨的工作的也好，做群眾工作的也好，都應該清楚了解這一點，不管做黨的那方面工作，都要把這些人民中的優秀份子團結在自己的周圍，只有這樣你們才能到群眾中學習到豐富的知識，你們才有辦法，有力量。把這些人團結好，就可以把廣大群眾團結起來，大家一條心進行生產和武裝訓練，和破壞份子作鬥爭。生產時一條心，反對破壞份子時一條心，壞蛋就不敢進來。我們就可以把一個村一個鄉以至全邊區都團結起來！（大鼓掌）如果一個勞動英雄領導一個行政村以至一個鄉，那我們就能完成毛主席給我們的任務，就組織起來了！（大鼓掌）不僅我們勞動英雄自己，而且要把全村全鄉全區的人民都成為生產防奸和打敵人的能手，這就是真正的組織起來，這樣的組織是最鞏固的。我們大多數人都是經過這樣在自己生產合作的基礎上搞起來的組織，是很深的，拔不動的！我們許多勞動英雄，應成為群眾中的骨幹，成為群眾裏最勇敢最堅決的領導份子。

你們這個會是群眾選出的，你們又是勞動英雄中選出的優秀份子，是群眾中的『選人』！（鼓掌）你們來這裏開會，大家商量大家研究，我們還要向你們學習，你們回去要好好的組織變工隊，扎工隊，唐將班子，運輸合作社，消費合作社，生產合作社，打鹽合作社，水利合作等。水利合作很重要，如靖邊公家投資，把四萬畝鹽沙變成肥淡的水地；也可以和群眾合作，大家合夥做；私人偶然就自己修也很好。打鹽合作也可以變工，不變工一個人打的，比變工打的差好多。植棉也要研究，有些地方可以搞水地，你來幾夠我來幾投資，找個有經驗的人試試看，組織這樣的植棉合作。如果我們這樣做，變工、扎工隊，唐將班子，婦紡小組，運輸合作，消費合作，打鹽合作，水利合作，植棉合作，並把更多的婦女組織起來參加農業生產，設有機關工廠連隊家的集體生產，大家都這樣組織起來，都參加這個運動，老有老的事，小有小的事，男有男的事，女有女的事，大家各有各的事，這樣本村本鄉保證明年要大大的發家子，豐衣足食搞得更好。

勞動英雄組織大家生產參加合作，並且要學會提拔人，[illegible]，把壞人搞乾淨，搞得他無孔可入，學會打手榴彈，學會射擊，保衛我們的豐衣足食！（鼓掌）因此，我們勞動英雄的標準，應以自已的模範行為組織群眾參加生產、學習、打仗、防奸等這些條件為標準。我們工作人員，不管黨務方面，政權方面，群眾工作方面，也都要認識這一點，我們要和群眾一起組織生產，一起打敵人，一起提撥好幹部，總結他們的經驗。你們回去就實行一下，和群眾一起生產，群眾就喜歡這種組織，就真正組織起來。因此我們的工作，應當把這種組織作為基地，作為開步走的地方。只有這樣才不是消極，才不是官僚主義，才能洗掉我們臉上的灰塵。無條件的為群眾服務，是一個共產黨員的責任。我們的群眾這樣做，我們的勞動英雄這樣做，部隊也這樣做。我們的軍隊一方面生產，一方面學習技術，掌握武器。我們的勞動英雄要幫助所有的人都成為勞動的能手。[illegible]群眾，在群眾中取得經驗。遵行政府法令政策，更好的搞合作社，那末我們的事情一定辦得好，我們的革命一定能勝利！（大鼓掌）

現在勞動英雄大會快開完了，大家搞得很好，回去以後切切實實一點一滴的去做，領導同志也要一點一滴的解決他們的具體問題，我們的工作才有收穫。我希望你們回去把這次開會的情形多多宣傳，開大會開小會，商量討論，交換經驗，好好佈置明年的生產，使耕三餘一的號召不但能完全實現，而且要超過，做到耕二餘一，以備可能到來的荒年，這點特別重要。此外，如何防奸，如何打手榴彈，如何保衛邊區等工作也要做得更好，這樣我們明年就把勞動英雄的旗幟舉得更高，那時我們再開更大的會來歡迎你們。（大鼓掌，歡呼聲口號聲不絕）

〔5〕 654

# 工艺实习工厂模范工人激增十分之六

## 赵占魁等同志获甲等奖

【本报讯】在十月革命节的时候，工艺实习厂举行了第三次奖励积极生产的同志。这次受奖的人数，占全厂百分之七十二，比今年“五一”时的百分之六十四，多了百分之八。受甲等奖的人数，比去年多两倍半。单从这些受奖人数的比例看来，就可说明该厂职工们的劳动与工作忱热，是在继续不断地提高。他们每一个人，都在拿出自己的一切力量，为战争服务，为革命创造财富。在这次奖励中，荣获甲等奖金的，有劳动英雄赵占魁、袁美先（本厂最近选举的）两同志，模范生产工作者，有黄海霖，工人陈孝良、姜载愉、王河海、孟光举，学徒刘子连，运输员李二羊、田月桥、张春义，炊事员王保恩，行政工作人员杨德光、赵春学等人。这些得了甲等奖金的同志们，都是全厂中服从分配、按时完成任务、积极帮助别人、热心公共事业、遵守政府法令及厂规的模范。特别是在自卫动员以后，他们都在自己的工作岗位上，日夜加紧工作，以全力为革命服务。值得特别表扬的，是学徒刘子连，今天四月间，他领导一班人担任洗麻工作，他凭着高度的劳动热忱，不怕春末河水的冰冷的盛夏赤日的晒射，一直紧张地工作着。动员以后，他们七个人担负九个人的工作，他保证能完成任务，并提出“宁叫我们等着煮过的麻，不叫煮过的麻等着我□”（造纸的第一个步骤是把麻煮过，第二个步骤是洗净）的口号。后来一班人就在他的领导下，不计时间地工作着，结果，胜利地完成了任务。造纸工作结束后，他被调到另一个部门里工作，他又领导着本班的同志，白天上工，晚上加做义务工。此外，他们在这个节日，还举行了农工业展览会，在农展会里，看到了一个重四斤一两的洋芋，四斤多的萝卜，十斤的白菜，十二斤的南瓜和其他的许多农产品，附近的老乡们看了，都连声称好说：“我们种了几年菜，都没有长过这么大的个儿。”总之，他们的工余生产，已经有了不少的成绩。在私人生产中，劳动英雄袁美先种得最好，收获最多，他一个人今年收得了白菜一千五百斤，洋芋七百六十斤，捐给伙房一千五百斤。钟文珠同志也生产了白菜二千四百斤。酒房的八个同志，一共生产了各样菜蔬五千八百零九斤，每人都捐给伙房青菜三百六十斤。马号的四个同志，每人也捐了三百六十五斤。总计全厂私人生产菜蔬四万五千二百九十二斤，约值价洋三十七万一千二百六十二元，其中有约值十二万六千五百二十二元的菜蔬都捐给公家，改善了伙食，还有二万一千三百元的获利，解决了个人的丰衣问题。（启侗）

# 冀魯豫軍民奮戰兩月

# 粉碎敵偽六次進攻

## 斃傷俘敵偽五千克濮陽等城鎮十處

## 我軍威震偽軍千人向我投誠

# 常德附近激戰中

## 洞庭湖西南

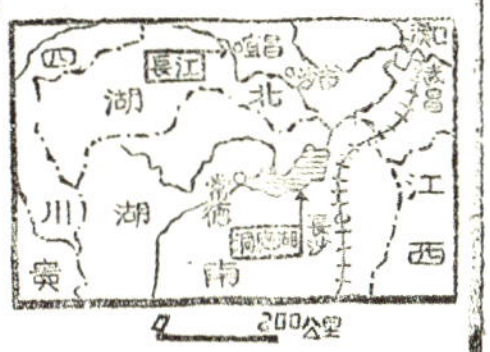


# 皖中臨江地區

# 減租二十五萬担

## 受益農民每人增收六斗七升

# 工藝實習工廠

# 模範工人激增十分之六

## 趙占魁等同志獲甲等獎

# 鄜縣委員會響應擁政愛民

## 清澗惠三保

### 當二流子時全家受餓

### 現在轉變了衣食足

# 高崗同志在西北局

# 招待勞動英雄大會上的講話

（上接第一版）

| 解放日报 | 时间 | 1943-12-13 | 期 | 第936期 |
| --- | --- | --- | --- | --- |
| | | | 版 | 第1版 |

## 毛主席参观生产展览会与劳动英雄亲密交谈

### 孙万福拥抱着自己的领袖说没有你，我们这些穷汉爬在地下一辈子也站不起来！

【本报讯】九日毛主席于参观生产展览会后，特在西北局办公厅，邀请十七位劳动英雄。座谈生产经验，高岗同志、贾拓夫同志亦参加。十七位英雄为：吴满有、申长林、阎开增、白德、张清益、刘生海、孙万福、冯云鹏、高仲和、张振财、石明德、梁显荣、李位、田荣贵、李长清、刘玉厚、安兆甲等。众英雄在杨家岭亲聆毛主席讲话后，数日以来一切谈话讨论的主题，均环绕着“组织起来！”这个洪亮的有巨大历史意义的口号的周围，这个口号在目前的具体表现就是开展创造模范村模范乡的运动。各位英雄也以能再次亲睹毛主席的风采，引为离延前最大的愿望，这个愿望也实现了，毛主席和十七位英雄代表，又做了一次亲密的交谈。是日下午四时半，毛主席偕高岗同志、贾拓夫同志进入西北局办公厅宽大明敞的会议室，众英雄正在室中自由漫谈，当看见他们自己最尊敬的领袖进来时，均纷纷起立趋前，毛主席则逐一与各位英雄紧紧握手，欢愉之状。莫可言喻。拓夫同志把各位英雄的名字介绍给毛主席后，毛主席即与英雄们亲切交谈，与冯云鹏、安兆甲谈移民问题，与张振财、李长清、梁显荣、刘玉厚谈变札工问题，与田荣贵谈合作问题，与李位谈部队生产问题，与张清益谈义仓问题，与高仲和谈打盐问题，每当劳动英雄诉述他们自己的生产经验时，毛主席均仔细静听，并不断鼓励他们，要将这些经验在群众中广泛宣传，以求得这些经验能成为指导全边区人民合作生产的方针。劳动英雄除谈自己的生产经验外，并兴奋地叙说他们怎样从贫困黑暗的深渊里，走向今天足食丰衣的光明大道，他们都高声地用同一的语调说：“今天，我们在你和共产党的领导下，是大翻身了！”陇东老英雄孙万福在谈到这段光辉的历史时，他从椅子上站起来走近毛主席，用两只手紧紧地抱住毛主席的肩膀，他沾着口沫的胡须，因兴奋而有些颤动，他说："大翻身哪！有了吃有了穿，账也还了，地也赎了，牛羊也有了，这都是你给的，没有你，我们这些穷汉爬在地下一辈子也站不起来！"他的话语里含着对旧的剥削黑暗势力的憎恨，也含着劳动人民的骄傲和热情。十七位劳动英雄都向毛主席倾吐了心底的话语，中国人民的领袖毛主席，关心人民和人民一起呼吸一齐斗争真实的景象，在这个简朴的谈话中被显示出来。谈话一直继续到月高人静时始圆满结束，毛主席与英雄们又一一握手告别。

中華民國三十二年十二月十三日　GIEFANG RHBAO　星期一　第一版


# 解放日報

中華民國卅二年十二月十三日　第九三六號　今日出版一大張

社址：延安　本報零售每份一元　每月三十元　三月八十元　半年一五〇元　全年二九〇元


## 尋猪啟事

[illegible]

## 生產展覽會重要通告

[illegible]

# 毛主席參觀生產展覽會 與勞動英雄親密交談

## 群衆擁抱着自己的領袖說

## 沒有你，我們這些窮漢 爬在地下一輩子也站不起來！

【本報訊】九日毛主席於參觀生產展覽會後，特在西北局辦公廳，邀請十七位勞動英雄，座談生產經驗，高崗同志、賈拓夫同志亦參加。十七位英雄爲：吳滿有、申長林、劉開增、白逸、張清益、劉生海、孫萬福、馮雲鵬、高仲和、殷振財、石明德、楊朝臣、李位、田榮貴、李長清、劉玉厚、安亮甲等。衆英雄在楊家嶺親聆毛主席講話後，數日以來一切談話討論的主題，均環繞着「組織起來！」這個要亮的有重大歷史意義的口號的周圍，這個口號在目前的具體表現就是開展創造模範村模範鄉的運動。各位英雄也以爲再次親聆毛主席的風采，引爲邊區前所未有的榮譽，這個願望也實現了。毛主席和十七位英雄代表，又作了一次親密的交談。是日下午四時半，毛主席偕高崗同志、賈拓夫同志進入西北局辦公廳寬大明亮的會議室，衆英雄正在室中自由漫談，當看見他們自已敬愛的領袖進來時，均紛紛起立鼓掌，[illegible]

# 山東軍區通令嘉獎 守衛岱崮英勇部隊

## 魯中我軍阻擊敵偽克四據點

[illegible]

# 紅軍逼近基洛夫

## 馬林以南毀敵坦克百輛

[illegible]

# 介紹陝甘寧邊區做農戶計劃的經驗

[illegible]

# 赤水紛紛成立農會 熱烈展開減租鬥爭

## 反對非法抽地退出多裝租子

[illegible]

## 記着水深火熱中的同胞們！

# 敵偽獸性統治下 北平每日餓死千人

[illegible]

# 子长总结本年经建工作订出明年生产计划

## 要增产四千五百石细粮，植棉超过今年三倍以上

【本报子长讯】此间区委书记区长联席会已于上月二十日结束，会议重大收获之一，是总结了今年全县经建工作的成绩并布置了明年的生产工作。在县长黄聚俊同志全年生产总结报告中，指出今年生产工作有如下的收获：（一）原计划开荒三千亩，因春耕时劳动力组织得好及政府给予开荒者的种种方便（如调剂荒地，放农贷等），实际开了荒地一〇、五三一亩（超过原计划的两倍半），增产细粮一千三百石。（二）组织劳动力：春耕时共组织变札工二六九队，参加人数为二、一一九名，占全县劳动力百分之十七.四，夏耘期间组织札工三二九队，变工五一一队，妇女变工队四十一个，总共组织劳动力八、五一六个（其中妇女有一九〇个，临时参加变工的有二、〇一三个，妇女尚不在内），占全县劳动力的百分之七十。由于集体劳动的结果，又因为干部在其中起了领导作用，百分之八十至九十的乡级干部和农村党员都参加了变札工队，致使劳动效□[率]大大提高。如东一区一乡指导员史子才领导一个六人的札工队，五十天内（其中因天雨等尚有误工）割麦二七〇亩，锄地四百五十亩（若分开劳动至少需六十五日）。又如该乡胡国奎婆姨领导的四个妇女变工小组，六天内拔了十三垧豌豆，另外，还帮助别人打麦子，挣工资二百元。夏耘中劳动力组织得最好的是涧峪岔区，全区劳动力百分之八十以上都组织起来了。本县荒地少，增产粮食主要是靠改良农作法与组织劳动力，今年夏耘即因为普遍的组织了变札工队，全县有十四万亩土地的庄稼（占全县土地的百分之二十），比去年多锄了一次，每亩可因此而增产细粮二升，共增加细粮二、八〇〇石，再加因开荒而增加的一千三百石，今年共增细粮四、一〇〇石。（三）今年植棉四、三三七亩（后被水推、雹打及未出苗的共九三二亩，还有三、四〇五亩）共收花三万斤，由此打破了群众及部

分干部认为此地不宜植棉的错误观点，并且证明植棉的获利确实很大（一般与种庄稼获利是四与一之比，而东二区介石堡，有一垧棉花收六十斤花，比种庄稼获利多十倍）。这样便奠定了明年大量推广植棉的基础。（四）在抓紧改造二流子的工作中，政府于春耕开始时，一方面给二流子订生产计划，解决他们耕牛、农具的困难，组织他们参加变札工队，另方面配合严格的禁烟、禁赌、禁跳巫神使二流子无处活动。全县三三七个二流子，目前即有二〇五个真正转变（占所有二流子的百分之六十，今年在政府的组织下，参加生产的在百分之九十以上）。其中如瓦市女二流子任铁娃的娘，南区的杨二，都因他们已彻底转变而受到政府的奖励。（五）今年全县驮盐任务原为六千驮，至十月底即已驮回六、九八〇驮。此外创立了公私合作的运输队，参加的牲口有一二四头，连这一部分牲口在内，今年运盐的牲口共七百头，工作是大进了一步，据统计：今年全县增加运输的牲口在二五〇头以上（大部分都是骡子），明年运盐当能大量发展。（六）副业：妇纺及养蚕发展最快，妇纺方面，纺妇由七、八〇〇名增至八、一〇五名，合作社所发放的棉花，即已达到一万八千斤。养蚕方面，今年由于政府的具体领导，群众养蚕技术提高，今年产蚕茧四万斤，较去年增多百分之四十二。值洋一千二百万元。最后由黄聚俊同志提出明年的生产计划，经讨论后决定：明年全县增加细粮四千五百石，除靠开荒外（明年开荒八千亩，已开秋荒一千五百亩），主要是靠掏地畔、改良农作法与组织劳动力。春耕时组织百分之二十五至三十参加变札工，夏耘时组织百分之七十至八十,百分之二十的妇女要组织参加农业生产。在蓄肥方面每家修一个厕所，每宅有两家者至少修一个，有三家至少修两个，大路旁修驴茅厕。今冬完成三千个厕所，还要拾粪六万袋。二流子要做到百分之九十至百分之百的转变。今冬放出农贷，帮助各农户作生产计划。植棉一万三千亩，每亩收获以十二斤计，可解决全县需要的百分之六十。种苜蓿三千亩，运盐一万一千驮，扩大运输队牲口六五〇头，朋帮牲口二〇〇头。此外，发展纺妇二千名，织妇一千名，发展蚕户二百家，增产茧七千斤（分春夏两季完成），平均每两户要喂猪一口，全县共喂猪六千口。机关生产以农业第一，每个干部要收细粮八斗至一石，菜五百斤，明年县、区、乡三级干部要自给四个月的粮。（刘振华）

# 新四旅政治部通令所屬 深入推行擁政愛民運動

## 定明年一月為擁政愛民運動月

## 嚴格遵守三大紀律十項注意 保持本軍優良傳統

## 臨縣完成減租

### 深入檢查群行程度配合進行徵糧

## 子長總結本年經建工作 訂出明年生產計劃

### 要增產四千五百石細糧 植棉超過今年三倍以上

## 延長縣級機關人員 種植棉植生活大大改善

### 縣長親自領導挑糞耕耘

## 延川東陽區移民 崔金玉種棉獲利大

### 一畝棉花頂廿七畝穀子

## 今年被服供給全部完成

### 明春單衣正縫製中

## 赤水羣眾向合作社 提前交一半公鹽代金

### 五區村民互助修池

## 延川永坪區三鄉 七個二流子積極生產

### 擬超過計劃多收細糧九石

## 固臨馳繩村居民 安置四戶河南難民

### 抽出餘糧幫助生產

| 解放日报 | 时间 | 1943-12-13 | 期 | 第936期 |
| --- | --- | --- | --- | --- |
| | | | 版 | 第2版 |

# 今年被服供给全部完成

## 明春单衣正缝制中

【本报延市讯】边区今年的被服供给，已照原定标准全部完成。各单位冬季的棉衣、被子、棉鞋、大衣等已于规定期间发毕。目前边区被服厂的工人同志们已积极缝制明春的单衣。上月底财政厅召集各机关部队的供给工作者举行会议，详细检讨一年来的被服供给工作，设法把明年的被服供给，搞得更为妥善。总结各机关部队的意见，有如下的几点：（一）明年的衣服要按照男女身材不同，注意式样；针码要紧密，使更耐穿。（二）要按具体的对象决定供给的材料；要注意了解情况，不要一般的补充，做到适当的节省。（三）被子的补充，要根据各单位的生产力量规定百分比。（四)孩子要发细布，以便保护婴孩的皮肤。（五）棉被胎设法做网套以免浪费。财政厅根据今年供给的经验和各方面的意见，已拟定明年被服供给的标准和办法，现正呈请边府核准中。一般咸信：在今年原料极端困难状况下，尚且胜利的保证了丰衣，明年的被服供给，在质量上必然提高一步。（陈鹤轩）

# 新四旅政治部通令所屬

# 深入推行擁政愛民運動

## 定明年一月為擁政愛民運動月

[illegible]

# 嚴格遵守三大紀律十項注意

## 保持本軍優良傳統

[illegible]

# 臨縣完成減租

## 深入檢查執行程度配合進行徵糧

[illegible]

# 子長總結本年經建工作

# 訂出明年生產計劃

## 要增產四千五百石細糧 植棉超過今年三倍以上

[illegible]

# 今年被服供給全部完成

## 明春單衣正縫製中

[illegible]

# 延長縣紡織廠人員

# 種糧植棉生活大大改善

## 焦縣長親自領導挑糞耕耘

[illegible]

# 延川東陽區後長嘴

# 惠金玉種棉獲利大

## 一畝棉花頂廿七畝穀子

[illegible]

# 延川永坪區三鄉

# 七個二流子積極生產

## 超過計劃多收細糧九石

[illegible]

# 赤水羣眾向合作社

# 提前交一半公鹽代金

## 五區村民互助修澇池

[illegible]

# 固臨駝耳村居民

# 安置四戶河南難民

## 讓出窯拿出糧幫助生產

[illegible]

# 中央印厂俱乐部落成

## 自己建筑自己享受节省公费三百万元

【本报讯】中央印刷厂新建俱乐部，于前晚举行落成典礼，全厂职工为了庆祝自己动手换来的劳动成果，特准备了一个小型晚会，博古同志、定一同志和本报、新华社、出版局全体工作人员均前往参加。当人们带着愉快心情走进这一座壮丽的建筑物时，无数红旗和红绿灯光，首先映入眼帘，立刻感到工友们集体力量的伟大。该厂厂长祝志澄同志在讲述建筑经过中说：礼堂的全部工程是由全体工友们自己动手完成的，最初决定建造是在今年春天，但后来因等待工程师设计及经费困难，曾中途停顿一时，直至十月初，工友们乃决定全部由自己动手，于是大家分工砍木料、烧砖、和泥、绘图……历时两月，终于胜利完成。工友们不仅自己动手修筑，并自动捐款购买了全套幕布。计算礼堂全部建筑费约值三百一十余万元，但由于自己动手，实际只用十九万七千余元，合计节省二百九十余万元。其中中央管理局帮助三十四辆大车运输木料，解放日报社帮运木料所值之运输费约八万元，新华社、出版局工作同志自动帮工数十个。祝厂长说：从这一件事实可以证明，毛主席号召“自己动手”意义的伟大，大家如很好地响应毛主席的号召，组织起来，大家动手，没有克服不了的困难。本报总编辑陆定一同志，在全场热烈欢迎中上台讲话，他祝贺工友们这次自己动手的新建设，而今天大家欢聚一堂，享受自己劳动的成果。这种自己劳动自己享受的事情，只有在新民主主义政权下才有可能。在日寇统治下，现在劳动人民不能享受自己劳动的成果，反而被迫得去吃马粪。在旧社会里，劳动人民的生活也非常痛苦。因此也只有在新民主主义政权下，劳动者才能够充分发挥他们的创造性。定一同志并列举最近举行的三国会议，及中国共产党在毛泽东同志领导下的伟大成就，勉励大家提高自信心。他说：全世界全中国的劳动者，自己能够享受自己劳动果实的日子，快要到来了。继由本报歌咏队唱小调，印厂工友表演秧歌舞“刘志丹”，并举行跳舞晚会，尽欢而散。

# 甘泉民衆繳糧熱情空前高漲

# 全縣公糧入倉三分之二

## 老百姓說：「送公糧就是保衛邊區」

# 前昨兩日勞動英雄會上

## 部隊英雄總結報告生產經驗

（上接第一版頭條新聞）

### 趙光明報告

## 某連一面戰鬥一面生產

### 强全錢說回去後

## 熱烈參加冬季整訓

### 丁建民談抗大七分校

## 二大隊開荒千八百畝

## 打窰洞二百八十孔

### 郝正榮講

## 某部地未解凍就開荒

### 賀清仁談秋收後練兵習武

## 要一顆子彈打死一個敵人

### 寥森林談

## 留衞做到肉食自給

### 韓同春報告抗大總校

## 五十畝地毀洋芋五萬斤

### 馮振俗領導修工房

## 爲公家省錢百萬元

### 薛宗福報告經六隊明

## 一天一人挖一畝半

### 中央印刷修主新

## 今年省錢六萬斤

### 陳盡美談西北局

## 「着手開闢第五個農場」

### 羊子利大希望大家多養

### 劉玉厚代表綏德分區

## 勞軍獻猪羊百隻

### 該分區勞動英雄紛紛捐獻

### 尹登高代表延屬分區

## 獻肉六萬斤棗十萬斤

### 「團結」部出廿二萬斤肉菜送前方

### 南區合作社優待抗屬買貨打九折

## 關東餘鐵地區

## 軍民三千大舉破路

### 二小時內破敵公路線襟廿餘里

### 李亮代表三邊分區

## 獻猪羊百廿六隻

### 保證抗屬一年有糧石二斗五升

### 張清益代表關中分區

## 送給抗屬十萬斤柴

## 中央印廠俱樂部落成

### 自己建築自己享受

### 節省公費三百萬元

## 新正二區在張清益影響下

# 成立義倉廿三處

### 一鄉合作收義穀增開荒田

## 本市蘇聯影展

### 至東關區輪展

### 積極生產受獎

### 子長抗屬賈老婆



中国共产党早期新闻史史料汇编

# 光华印厂薛振国当选模范学徒

【本报延市讯】光华印厂在此次总结赵占魁运动中，选举薛振国同志为该厂模范学徒。他早上工晚下工，工余还修理版子，做义务工，这种模范行动对于别的工人们影响很大，使大家对于制度都能严格的遵守。现在他是第二期学徒（学徒期二年），可是已经能上机印刷，且版纹清楚、规矩、正确，这种技术普通是要二年才能做到的，别的人每块版印两千张，他一次印了四千张。不仅在技术上如此，即在产量上他也超过普通工人百分之四十七。和技术工人比较只低了百分之三。（秦汉）

# 本市商人舉行擁軍大會
# 獻給八路軍豬肉五千斤
## 學徒張景全致書慰問八路軍誓為後盾

【本報訊】日前全邊區正處於擁軍大運動的前夜，延安市商人以抑止不住的對於八路軍的熱愛，首先自動發起一個捐獻豬肉的擁軍運動。在商店和手工業作坊裏，在商人的家庭中，很早就醞釀着如何把自己心愛的東西更多的捐贈給自己的軍隊，如何用自己的熱情更加鼓舞他們進行戰鬥、生產和更勇敢的保衛邊區。在開商民會的前一天晚上，……史宜軒的家裏，舉行了「一個慰勞八路軍的家庭會議」，他們全家男女老少都知道，邊區安居樂業、豐衣足食的日子，是八路軍流血犧牲和堅決勇敢得來的，因之全家人都要慰勞他們，於是各人踴躍報數，史宜軒代表六個小孩子慰勞豬肉十斤，他弟弟十斤，弟媳五斤，他嫂嫂十五斤，商史宜軒自己則是三十斤，總共六十斤。他們在寫給八路軍的信中這樣說：我們全家都讚揚你們，你們的勞苦，也就是我們的幸福。

十三日上午十時許，全市商人、手工業工人、店員、學徒、商人和工人的家屬們，八百多人帶着極度的興奮在市商會的坪壩裏集會，討論擁軍問題。……

## 羅洋王明忠四兄弟
## 兩人參加部隊　兩人在家生產

# 綏德人民擁護農累稅
# 紛紛實報土地及產量
## 綏西羣衆提早送公糧

## 新寧三區四鄉
# 百餘人合開義田九十畝
## 赤水五區三鄉新開義田卅五畝

## 莒南勞動英雄鄭信
# 備戰擁軍生產樣樣作模範
## 費南馮莊長訂明年全家生產計劃

## 光華印廠蘇樹圖
## 當選模範學徒

## 岡臨加強社教工作
# 今年以政治教育為主

## 綏德分區兩月內
# 工農同志寫稿百廿篇
## 吳堡最好米脂尚待努力

# 保加利亞到那裏去
李米特洛夫作

……

| 解放日报 | 时间 | 1943-12-15 | 期 | 第938期 |
| --- | --- | --- | --- | --- |
| | | | 版 | 第4版 |

# 绥德分区的生产展览

## 本报特讯

在此次生产展览会中以明确的图表生动的画面，以及带有比较性的各种产品的陈列，来表示其辉煌成绩的绥德分展部，数日来已为千万观众所留恋赞赏相互称誉。从早到晚，该部每个展览室内外，拥挤着川流不断的人群，充溢着欢笑和惊喜，无数的笑脸，无数的声音以及各种深浅不同的衣着色彩，使得展览会在群众的热爱下，呈现着无比的欢愉和兴奋。大小七百余件陈列品，像完全沉浸在群众的旋涡里，很难将它们和观众分开，这正说明了它们和它们的创造者——边区军民中间，那种直接而密切的关系，同时更表现了边区军民在检阅自己劳动果实时那种高度的愉快心情。**改良了农作法**　展览会在群众眼中，是一个巨大的收获，是一个具体而生动的教育。在这里，无数农民观众为一长列，多至百余种的糜、谷、高粱等丰满的粮穗而表示极大的欢喜，狼尾谷、白流沙谷、红卡谷……更是他们爱不释手连声称赞的好庄稼，有些人甚至拾起散落的谷粒细细地咀嚼着滋味。但在农业展品中最能给群众以教育意义的，是以农民的勤惰而决定收获盈虚的一排谷穗的对比，那里由像小指一样大小，标明着没有除草的谷穗，逐渐到除草五次肥大而饱满的谷穗，其耕作过程和肥料、劳动力对于糜谷生长的作用是极其明显的，很多人在这个对比前发笑了。在批评簿上，就有一个青年的农民，请别人代他这样写着：“我回去后，冬天一定多拾粪，夏天一定多除草。”像这类教育意义很大的展品，在绥德分展中，用图表和实物表现得最具体的是该区深耕细耨的优良农作法。这不仅表现在十幅介绍其内容的彩色图画和说明上，而且将劳动英雄刘培润出色的庄稼作为一个精作的典型，而陈列于观众的面前。因而，农民们在接受这一点上是极其迅速的，他们知道刘培润的谷子所以能一鉢支出十二个穗子，洋芋一棵结到二十二个，完全是由于他辛勤劳作和务业得法的结果，把握了土厚粪多迟种早锄的秘诀，因此农作法的说明被广泛地注意起来。农民们虽然识字的不多，但从画面上，从指导者的讲解中，他们了解了下面一些农作上的问题：（一）多翻地，春秋两季都要进行，特别是秋翻地有耐旱，冻死害虫，增加肥料和减少杂草的作用。（二）平时注意造肥，如堆草使之腐烂，磨豆使之发酵，以及修驴茅厕、猪圈等。（三）施肥，以抓粪的办法为最好，其优点是在肥料缺乏的条件下，不浪费而又肥力集中，（四）播种，现正提倡按种、壕种，和适用于川塬地的耧种，按种易锄□[苗]，根生得较多，耧种易出苗，根生得更多，更深，故能耐旱。（五）除草最低三次至五次，瓜类棉花等有锄至八次以上者。（六）轮作和带田这是农作中最重要的部分，轮作即是调搓，如第一年种谷子，第二年即调种黑豆，第三年种高粱，第四年再种谷子。这样它的好处有四：（一）根深根浅的庄稼能调剂，使根深的吸收深地里的肥料，根浅的吸收地面上的肥料。（二）使各种不同的庄稼吸收各种不同的肥料，如豌豆需要驴粪和草灰，而谷子高粱就需要人粪等。（三）减少病虫害。（四）维持土地上的肥沃。带田的好处主要是补救缺苗和增加产量。普通多是谷子地里带绿豆。（七）挖水窖，其作用主要是防止雨水冲蚀，保持地力，同时水窖里的土取出来撒在地里也是很好的肥料。（八）打坝在山沟中筑坝防水，因山沟水愈冲愈深，致使耕地面积减少，肥料也保持不了，故在山沟中从上而下打起一条坝，使雨水缓流，把冲下的泥土淤积在坝内，渐渐将倾斜的山沟变成多层的平地。（九）拍畔，这是为保持地力，增加耕地面积所必不可少的工作。（十）溜崖，它的好处在增加肥料，因崖上的黑土含有肥料很多，溜下一层黑土等于上一次肥料，同时又可使土层加厚。所有这些细致的农作法，在地狭人多地力贫瘠的绥德分区是在不断地改进和创造中，正因为如此，使得该分区食粮的收获量平均每垧较去年约增加一斗有余，而全分区今年一百二十万九千七百零二垧耕地的总收获，则为五十五万四千八百一十九石九斗九升。从这个数字中，观众不难看出提高农作法，今天在绥德分区农业生产中所具有的重要意义。特别是以刘培润的农作法和一般人的对比更具体，而且尖锐地向人们提出了这个极重要的问题。深耕：刘培润镢掏一尺，牛犁七寸，一般人却耕五寸。多耕，他春前耕一次，下种时耕一次，别人仅耕一次。他每垧地上粪五十袋，别人十袋至二十袋。他除草四次，别人两次至三次。他采取按种、抓粪的方法，别人怕麻烦，他每垧地打粗粮三石，草八百斤，别人粗粮八斗，草三百斤。**改造二流子一千八百多人**　　在展览室里还陈列着这样一幅有趣的比较：一边是刘培润将近二尺的谷穗，一边却是二流子李□选不满五寸的谷穗，和一堆杏子一样大小干□[瘪]的洋芋。这虽然是会引起人发笑的，但是许多平常不务正业的二流子，今年在政府发展生产的过程中，终于被改造过来，据一张图表的统计，全分区共有二流子四千〇三十四人，已被改造的一千八百五十五人，在这些被改造的二流子中间，绥德义合区马顺儿的转变过程，是具有典型意义的。展览室中即悬挂着一幅以他的转变故事为题材的彩色连环画。用阴暗的色调描画着他阴暗的过去，那时候，他偷庄稼、抽洋烟、到处丑形毕露，老婆引着娃娃、气愤地离开了他，政府给他的移民费也全部葬送在烟灯里，从此他的日月更加悽凉了，到处游荡着。后来政府再三想劝他，帮助他一套衣服，他的舅舅也为了帮助他转变而送给他土地、籽种和农具，于是他感动了，图画上的色彩也在这里明亮起来，观众们无不为他的转变欣喜着，好几个声音争读着图画下面的说明："八年来他第一次流汗"或者"别人睡得正美，马顺儿背着粪上山了。"但其中最使人愉快的画面是区政府帮助他用毛驴接回了婆姨娃娃；以及另一幅秋收时婆姨顶着南瓜，孩子抱着白菜，那种谷穗重，南瓜大的快乐兴奋的情景。据一般意见，均认为这张图画在生产展览会中出现，是有其特殊的教育意义的，再加上马顺儿转变后的作物的陈列，更说明了从一个社会的落后分子转变为一个积极的劳动生产者所应具有的光辉意义，故观众们对它的喜爱和敬重，决不下于刘玉厚和马培恩的。**发动南下移民一千八百多户，四千九百多人**　　这里马氏父女南下开荒受奖为劳动英雄的故事也在被连环图画表现着，观众们虽然早熟悉了这些，但却很少人知道今年绥德移民状况，绥区今年在热烈的马培恩移民运动的影响下，南下移出的移民竟达一千八百三十六户，共四千九百六十一人，其中劳动力二千五百二十九个半，较去年四百七十一户；一千四百八十三人，劳动力六百八十八个半的数字，约增加四倍。**模范村郝家桥**　　在农业展览室的中央部分，一个被誉为分区模范村郝家桥的典型介绍，显明地描画了绥德分区在新民主主义经济的发展下，一般农村的面貌，那是在模范党员刘玉厚直接领导下的村庄，展览会以大批的图表和数字在说明着它以下的情形：（一）男耕女织，全村六七七人，全劳动力二七九人，半劳动力九八人，今年共种地二一三七垧，织布四百疋。（二）贯彻减租，在刘玉厚积极的领导和斗争□[下]，全村共减了一百担细粮，其中如刘玉厚即由九石六斗五升的原租，减为实交四石二斗二升。（三）改良农作法，全村普遍深耕六寸，上粪六百袋。溜崖十四垧，按种六垧，除草平均四次至五次。（四）劳动互助，组织变工队二十组。（五）发展植棉，全村共植八十九亩，除草七次，打卡五次。（六）发□[展]移民南下开荒，全村今年有九个劳动力下南路，发给他们路费和家属救济粮。（七）积极负担，全村今年共出公粮三十五石，交运盐代金三万五千元，（八）武装自卫，除自卫军外又组织担架八副，同时站岗放哨严防奸人。这是一个极其宝贵的材料。从这里，细心的观众配合着琳琅满目的展品，不难看出绥德分区近两年来显著的成绩。**一个生活和负担的尖锐对比**　在这里，我们还可以看到究竟谁是为广大人民谋福利的，这展览室的一隅，我们看到用实物和图表表现出来的革命前与革命后，边区外与边区内人民生活情况的尖锐对比。一张大字的图表标明着绥西景家沟在新旧政权下收入与负担的比较，指出民国二十三年在旧政权统治下全村收入为三二八.六〇石，负担一四二.二五石，占收入的百分之四十三强，而民国三十二年在新政权中收入三二三.九七石，负担四四.九五石，此数仅为百分之十三强。同样地，另两幅为无数群众所感动，而纷纷要求解释的图表也在说明着这个问题：一边是边区绥西瓜园区沙坪村去年全年收入七十九石零一升，负担五石四斗五升，占收入百分之七的数字，一边却是边区外横山县油房联保第一保磨口沟，全年共收入七十二石六斗九升，而为了支付军粮军草，马料、代买粮、联保办公费、运输费、学校教育费、枪款……重重剥削，负担竟达二十六石七斗九升。其中中层农民负担占收入十分之四强，比沙坪村中农负担多七倍半，下层农民负担占收入十分之五强，比沙坪村贫农负担重七倍，而这两个村子的居民，据指导者向观众们说，是相距极近，共同在一个沟里喝水的，但当他们在画面上出现时却是：一个赶着毛驴轻松的送公粮，一个被宝塔似的重负压得弯腰曲背，喘气不得。此外关于革命前后生活对比的表现，展览会以革命前后的张家圪塄为题材，用二十一幅长篇连环画说明了这一问题。而在这些图画的下面陈列了该村革命前人民所吃的糠馍，苦菜渣渣饭，黑杂面饺（过年才能吃到）和所穿的千孔百疮又油又臭的破棉衣，接着却又陈列了革命后人民所吃的肉饺，面条，捞饭，高粱饭等和所穿的羊皮袄，新棉衣。这种尖锐的对比，不仅给不识字的观众解释了连环画的中心意义，而且更强烈地说明了革命给予人民的好处。两个在骡马大会上卖油炸糕的河南老太婆，当她们知道了这个对比的意思后，不由得非常惊奇地说："啥时候把咱们河南也革革命，叫咱们穷人家也换换吃喝。" **实行了减租**　但展览会告诉人们的还不仅如此，张贴在这个对比对面的大字减租图表，还说明着在现有的基础上，政府仍要更进一步为民谋利的意志。葭县高家寨子减租统计表中指出全村去今两年共减交一百六十七石，其中贫雇农在农会或减租会的积极领导和斗争下，共减交一百三十三石，占全数的百分之七十九，因此，三年来该村的土地关系和耕地面积也在不断地变化中，这期间全村中、贫农共买进土地七十二垧，卖出土地九垧、净进土地六十三垧，典进赎回一六三垧，典出抽走一〇一垧，亦净进土地六十二垧。同时耕地面积的比较也起了部分的变化，四〇年少数地主所有地占全村耕地的百分之七十一点六六，而多数中农却仅占八点零二，但四三年地主却下降为百分之六六点二七，中农上生至百分之一一点一七。其次在农展部中，尚引起观众注意的几个数字，则是今年全分区植棉四万一千〇五十一亩，收花较去年增加二十六万三千六百七十二斤。以及增加果树二十一万一千二百九十八棵——而展览品中硕大多汁的枣、梨、葡萄、苹果等水果，亦极为观众所喜爱。**普遍开展了妇纺**　另一展览室为土纱土布充满着，这是绥德家庭纺织业的缩影，也是其特点之一，观众对于这纯粹手工业产品，均倍加推崇。特别是那些来自乡间的妇女们对于她们的纺织品更爱不释手的称赞不已，展品同样是以对比的形式陈列着，土纱洋纱土布洋布，互相陪衬和比较下，更易显示其成绩，其中最引人注意者除纺织英雄刘老太太细而匀的纱线外，即为一把洁白匀细的土纱，它的说明是："这是米脂十三岁女娃张玉清纺的线，每两长三千五百五十尺，比上海申新纱厂十六支洋纱每两要长九百六十尺。"而其质量经观众们详细比较和申新纱厂亦几无法区别。类似的对比尚有绥德王君如等若干组，这说明了绥德分区的土纱质量已飞速的提高，因而影响到民间土布的质量亦大大改进，展览会中所陈列各种花道布，花格布，芝麻呢布等无论色彩，花纹和布质均极得群众称赞。其中特别是清涧□[解]家沟区贺尚花妻所自纺自织的土经土纬布，和洛阳来的洋经洋纬布在一起比较，不仅质量上毫无逊色，且在色白质细上尚有过之而无不及。此外根据分区家庭纺织业发展的统计可看出一种蓬勃的现象正在开展，这表现在以下数字的增加上：（一）纺纱方面，今年较去年共增加纺妇一万〇九百八十四人，纺车一万〇二百三十七架，土纱十三万四千七百六十九斤。（二）织布方面共增加织妇四千六百六十人，土机二千三百八十一架，土布一万七千八百五十二匹，其中如以清涧辛家沟为例，则该村四〇年有纺妇三十五人，车三十三架，纺纱二百六十一斤，今年即增至纺妇四十人，车三十九架，纺纱五百二十七斤。从这些数字中，特别是从产量增加的现象上，可以看出绥德分区的家庭纺织业，在边区布匹自给百分之七十四的成绩中，所占的比重。**蚕丝业的改良**　　作为绥德分展中第三个特点的蚕丝业，以其茧蛹的多种和丝绸的绚丽，吸引了大批的观众。展览室的长案上，从孵化蚕卵直到织成丝绸，排列了一个详尽的过程，特别是蚕茧部分。由于不同的茧色，茧种、茧形的交错和比较形成了一列极其美丽的画面，且从中看出了旧蚕种，旧的养蚕方法和改良蚕种，新的养蚕方法所结出的蚕茧大小虚饱的不同。在一张说明上，讲到吴堡井道上村一养蚕示范家庭宋春华采用新旧养蚕办法收获的比较为：用旧蚕种旧方法，晚上不喂蚕，养了六斗八升，收了八斤茧，而用改良种新法，晚上喂蚕，养了三斗二升却收了三十三斤茧，另外展览中又显示了改良蚕种和提高养蚕技术的重要，如吴堡宋良发妻的米黄色束腰茧；系改良蚕种，形大，丝量多，和土蚕茧比较起来实相差甚远，今年她喂了三斗，收茧三十一斤，死亡率仅百分之二，收入六万零二百元。同样从吴堡一家村养蚕发展的情形来看，亦可证明此点。该村四〇年种桑二三九株，养蚕二斗，死亡率为百分之七十，收茧六斤，今年种桑三三一株，养蚕一石〇七升，死亡率为百分之二十七，收茧七十九斤。至于全分区今年养蚕总数据统计共有养蚕户一一七九八户，养蚕量七五二八五升，产茧五四七四一斤，产丝二七二五斤，桑树九七三四四株。较去年均大有增加。因此分区蚕丝业在近两年中有着很大的进展，这次将展览室布置得极其华丽的五彩丝绸和各色深浅不同的丝线，以及其他丝织品，即是发展蚕丝的宝贵收获。**民间造纸的发展**　在这次展览的工矿业部门中，值得注意的是葭县的家庭造纸业，展品中陈列着他们洁白光滑的麻纸，一般观众均认为边区出产的麻造纸大有发展前途，应大大地加以推广和提倡。据图表统计：葭县家庭造纸工业，四〇年共三十六家，今年增至五十三家，四〇年共有工人三十六，学徒五十四，今年亦增至工人五十三，学徒九十，四〇年其生产设备共有池子三十六、碾子二十九，日光墙三百六十丈，驴三十六头。今年则增为池子五十三，碾子四十一，日光墙五百一十丈，驴五十三头。同时产纸量亦由四百五十刀，增至九百七十刀，较四〇年提高一倍以上。此外在其他工矿业中米脂万合工厂的毛布毛呢，绥西马蹄沟的厚炭层，和熬小盐的办法，以及今年产炭三千三百九十五万七千五百斤，产小盐六千〇六十九石一斗等数字，亦均引人注意。**机关部队的生产成绩**　分展的最后一部为机关部队的生产成绩，这里面有肥大的菜蔬，有精美的毛织品，有大光纺织厂的自由□[搭]连布，有鱼池沟纸厂的麦秸纸，有战士们创造的墨，也有工人们自制的织布机，……正像这部门的指导者向观众们所说的："我们啥也会生产，啥也有。"如果要表示出这一点，不必要计算数字，只需看看他们关于丰衣足食的统计表，观众们是不难看出他们的生产成绩的。该图表已指明分区一级的机关工作人员现已做到的丰衣足食为每人每年单衣一——二套，棉衣一套，衬衣一——二套，毛衣一套，单鞋二双、棉鞋一双、被子一条、袜子一——二双、肥皂四——十二条、毛巾二——四块、牙膏一——二瓶、牙刷一——三把；每月平均吃面三十至六十次，肉二十——三十顿。此外××旅的菜蔬自给，各军营工厂的产量提高，个人生产的巨大成果等，都显示了机关部队生产运动的蓬勃发展。总之，绥德分展数日来已在千万参观者的脑中留下深刻的印象，当观众将离开展览室时，大会招待员并散发各种专门问题的传单，很多农民观众将其珍藏怀中，准备回乡后请人讲解并转告他人。观众们对绥区分展的一般反映，均认为内容丰富，布置明朗，一个三年前逃难来此的米脂老乡，当走出会场时，曾这样兴奋地向人们说："想不到咱们绥德州两年不见就搞得这样好，出产了这么多的好东西，这下，人们可过美了。"

# 綏德分區的生產展覽

本報特訊

在此次生產展覽會中以明確的圖表生動的說明，以及帶有比較性的各種產品的陳列，來表示其輝煌成績的綏德分區館，數日來已為千萬觀衆所留戀讚賞相互稱譽。從早到晚，該部份的展覽室內外，擁擠着川流不斷的人群，充滿着歡笑和驚奇，無數的笑臉，無數的聲音以及各種深淺不同的衣着色彩，使得展覽會在嚴肅的空氣下，呈現着無比的歡愉和興奮。

## 改良了農作法

## 渠家溝　郝家橋

## 一個生活負擔的相對比

## 實行了減租

## 普遍開展了婦紡

## 蠶絲業的改良

## 民間造紙的發展

## 擴大了生產陣地

## 自己製造的丹寧

季灃

陝甘寧邊區產品展覽集錦

在邊區工業品展覽室裏，陳列着大批優良皮革和皮革製品。這些東西也完全是自己動手，用邊區土產材料製成的。

製革廠，在一九三八年開始創辦的時候，只能硝皮，不能鞣皮，因為那時根本沒有丹寧。後來從邊區外面買來一大批鉻明礬和丹寧，才開始鞣起皮來。到了一九四〇年，鉻明礬和丹寧都用完了，並且邊區受封鎖，這些東西再也買不進來，於是皮革廠又不得不暫時回到硝皮的時代。用白礬，芒硝，和經過發酵的麵粉，來製造皮革。可是這樣製成的皮革，不但不耐用，而且水會浸壞它。

丹寧又叫鞣酸（tannic acid）。純粹丹寧是一種淡黃色粉末狀的東西，可以從五倍子、樹皮等提製出來。茶和咖啡裏也有。丹寧容易溶解在水中，水溶液有澀味，能和蛋白質起化學作用，生成一種不溶性的物質。牛皮羊皮的主要成分是蛋白質，所以用丹寧鞣製的皮革，不會腐壞，又不怕水浸。丹寧實在是製皮革不可缺少的東西。

可是我們沒有丹寧，怎麼辦呢？

## 種苜蓿有什麼好處

禾乃笑

## 更正

解放日报 | 时间 | 1943-12-16 | 期 | 第939期 | 版 | 第2版

# 难民工厂漂染组创立澡堂

【本报安塞讯】难民工厂漂染组冯异同志等，在缩毛布过程中创建盆堂，利用缩毛布的木槽沐浴，全组一致同意每星期日下午不休息，为职工服务。□[该]澡堂已于上星期日开始，得到全厂职工一致赞助，此种盆堂价格便宜。（刘宗文）

# 陝德發響應吳滿有號召

## 把安塞四區二鄉變爲模範鄉

### 組織勞動力百分之九十做到耕二餘一

【本報訊】……

一、現狀和四三年生產簡單的總結

## 今年產糧夠十五個月吃用

### 春耕組織勞動力百分之五十

二、四四年的生產計劃

## 明年增產糧九百八十石

### 多開荒勤鋤草熟地全部上糞

擴大民辦社成立運輸隊

做農戶計劃訓練自衛軍

## 在舊社會被搞得家破人亡

### 革命後成爲全縣首富

#### 志丹抗屬王榮懷勤勞生產

## 魯南鄉東農民李老漢

### 全家努力耕作生活富裕

#### 一年間家產增加一倍明年擴大生產

## 晉西北紡織工廠

### 十月份產量增加百分之十

**雖民工廠漂染組　創立澡堂**

【本報安塞訊】雖民工廠……

## 延縣金盆區運鹽

### 獲淨利九十萬元

## 延縣府指示各區在徵糧中

### 認真執行優待移民決定

## 子長棉業的發展

賀光華

一、近年來棉業的發展

二、如何發展起來的

三、一九四五年全縣棉花可以自給

# 陕甘宁边区第一届劳动英雄代表大会宣言

【本报讯】陕甘宁边区第一届劳动英雄代表大会昨日胜利闭幕，并发表宣言，全文如下：全边区农民们、工人们、战士们，及一切机关学校的同志们！我们一百八十五个人，是从边区农村里、工厂里、部队里和机关学校里选举出来的男女劳动英雄代表。我们来到延安开会是为了交换生产经验，互相学习本事，好在明年更大规模地发展边区生产。在开会期间，毛主席、朱总司令、高司令、贺师长、林、李正副主席和延安各机关的首长，都那么热烈地招待我们，指导我们，和我们握手，请我们吃饭，把我们看得像自家兄弟姊妹一样。我们每个人都实在高兴，实在欢喜。在旧社会里，咱们受苦人是被人看作牛马的，可是现在劳动却变成光荣了。自从共产党领导咱们闹革命，打日本，发展生产，咱们才翻了身，再不受人压迫，还做到丰衣足食，有吃有穿，现在又当了劳动英雄，处处受人尊敬。想想从前，看看现在，咱们怎能不感谢共产党、八路军和边区政府呢？！咱们怎能不感谢我们劳动人民的救星毛主席和各位首长呢？！在大会闭幕的时候，让我们向毛主席、向朱总司令、向高司令、向贺师长、向林、李正副主席和延安各机关的首长们说句心里的话吧：我们实在感激你们！敬爱你们！你们告诉我们的话，我们要句句记下，永远照着你们的话办，永远跟着你们走！在毛主席自己动手发展生产运动的号召底下，今年一年边区的生产可是发展结实了。咱全边区一满开了一百万亩荒地，多打了十六万石细粮，安置了八千户移难民，改造了四千五百个二流子，种了十五万亩棉花，打了六十万驮盐，运输牲口比去年增加了十五六倍，办了许多像南区合作社一样的群众合作社；咱们的部队，一面对敌作战，一面自己生产，结果有的做到了部分自给，有的已经做到完全自给，大大减轻了边区人民的负担。咱们的机关、学校也自己努力生产，结果自给了由百分之二十六到百分之七十六。咱们的工厂自己制造了许多日用必需品。这些大家在生产展览会上都是看到了的。咱全边区的农民、工人、士兵、学生和工作人员没有一个不是过着幸福快乐的生活，凡是好好组织了劳动的家户、机关或部队，都已作到“猪羊满圈，骡马成群，瓜菜满地，粮食满囤”，真正丰衣足食了。像这样美满快乐的生活，我们从来没有看见过，像这样热火朝天，大家动手的群众生产运动，我们从来没听说有过。这是哪里得来的呢？都是共产党、八路军和边区政府的领导，和全边区人民努力劳动的结果。今年的生产虽是很有成绩，可是我们不要忘了“年年防荒旱，夜夜防盗贼”这句俗话。为了应付战争，防备灾旱，我们明年更要加劲生产，更要多打一些粮食。政府提出“耕三余一”的任务，我们号召全边区老百姓加倍努力，做到“耕二余一”，就是说，咱们种两年庄稼，要长余下一年吃的粮食，好来有力量消灭日本鬼子和对付反动派的袭击，好来防备跌下年成。我们在二十天大会商议的结果，觉得要办到这个任务，必须实行毛主席的号召，大家“组织起来”！必须做到：第一，普遍发展变工、札工。全边区的农村都要向淳耀县的白塬村学习；他们把全村七十二户男女老少和牲口都组织起来长年变工，结果节省出三千个人工和驴工，每家比去年多打了一石粮食。都要向延安的吴家枣园学习；他们把全村十八户的人力都组织起来长年变工，结果多打了一百二十石粮食。都要向安塞的马家沟学习，他们组织了全村的人力、牲口变工，开荒任务超过一倍。第二，实行移民政策，增加新的劳动力。全边区的老百姓都要向赤水的冯云鹏学习；他今年安置了一百七十四户共六百多个难民，帮助他们解决了一切困难，建立了十四个自然村。都要向鄜县的徐克瑞、延安的马丕恩学习；徐克瑞一个人从绥德号召了五十多户移民搬到鄜县。新来的移民难民都要努力生产，向赤水县的王向富、胡文贵学习，他们移来一年，就做到打粮一二十石，有吃有穿。都要向盐池的高仲和学习，他移来一年，打盐二千五百驮，折合粮食一百三十石，作到丰衣足食。第三，明年要把全边区的二流子都改造成好人，一面由政府督促，一面由群众劝说。我们号召全边区的二流子，都要向盐池的刘生海学习，他过去是个二流子，没吃没穿，老婆也要离婚，自从前年春上转变之后，努力生产，到现在已经有九个牲口，打了二十多石粮食，被选举为参加边区劳动英雄大会的劳动英雄，并且帮助两个二流子转变过来。第四，发动能劳动的妇女参加农业生产。我们号召全边区的劳动妇女都向米脂的郭凤英学习，她和男人一样，她能种庄稼，又会纺织。第五，多开荒地，深耕细作，增修水利，发展副业。全边区的老百姓都要向延安的吴满有学习，他今年一家开了三十二垧荒地，多打了四十石粮食。都要向绥德的刘玉厚、刘培润、安塞的杨朝臣，延安的申长林，曲子的孙万福学习；他们多积粪，多上粪，多种，多锄，溜崖，盘畔，早起晚回，辛勤劳动，多打粮食。都要向志丹的马海旺学习，他自己利用空闲修好二十多亩水地，又推动全村修成六十亩水地。都要向清涧的白德学习，他一个村喂了几百条猪，开了四个粉房，还发展了其他副业。第六，多种棉花，发动妇女纺线。凡是能种棉花的地方的老百姓，都要多种棉花，都要向吴堡的郭秉仁学习；他今年种了一亩地的棉花，收了四十四斤净花，还收了三斗芝麻，一千斤萝卜、蔓菁，并推动全村平均每家种棉花一亩。全边区的纺织妇女，都要向绥德的刘老太太学习；她除了自己努力纺线之外，还组织了一百八十多户妇女纺线。都要向绥德安锦城学习；他组织了附近六十里内的妇女纺线，一共赚了二百多石米。第七，办好合作社。全边区的合作社，都要向延安县的刘主任学习；他办的南区合作社，给老百姓谋了几千万元的利益，老百姓人人喜欢。都要向淳耀的田荣贵学习；他在四个月内从一个乡的合作社发展成一个县的合作社，从一万元股金，发展到八百万元股金，为老百姓谋了许多利益。第八，组织运输队，多运盐出口。盐是咱们边区的重要的出产，要繁荣边区，就要大量运盐。全边区的运输队，都要向延安县的刘永祥学习；他在南区合作社帮助下，利用公盐代金，组织了七百多条牲口的公私合作运输队，运回食盐一万八千驮。不但省下老百姓去驮盐，而且凡是出公盐代金的人，都能分到很多红利。第九、我们一面努力发展生产，一面还要节省粮食、储存粮食、多种洋芋，拿洋芋代替粮食，少制酒，少造糖，不要糟蹋粮食，遵守政府法令，不准粮食出口。并要学习关中劳动英雄张清益的办法，到处发起义仓运动，救济困难，防备荒年。明年我们的部队也要加紧生产：从半自给走到全部自给。我们号召部队中每个指战员都要学习张治国，李位、胡青山、郝树才、武生华这些劳动英雄们的榜样，一面时刻准备消灭敌人，一面又不放过一点时间努力生产。他们有的一天开三四亩荒地，有的一天挖一百多斤甘草，是我们全体代表最佩服的劳动英雄。我们的工厂里要创造出更多的赵占魁运动者，每个工人都要学习赵占魁、袁光华、李凤莲等劳动英雄，学习他们努力生产，增加成品，爱护工厂，节省原料。使我们边区做到日用必需品的完全自给。我们机关学校的每个工作人员，都要学习黄立德、佟玉新，要和他们一样努力生产，节省公物，使机关学校经济能达到半自给。我们除了用一切力量和办法加紧生产以外，我们大家还要“夜夜防盗贼”。“盗”就是日本鬼子，就是时时威胁边区准备袭击我们的反动派；“贼”就是汉奸、特务的暗中破坏。我们若是不防备他们，这些“盗贼”会破坏我们的边区，破坏我们劳动的结果，破坏我们丰衣足食幸福快乐的生活，叫我们重新做牛做马。因此我们要训练自卫军，展开防奸运动，人人学放枪，打手榴弹，安地雷，盘查放哨，清查坏人，不让一个破坏分子混在边区。在这里，我们号召全边区的老百姓，都向葭县的阎开增学习；他亲自送他儿子去当民兵，为了保卫地方，保护公家工厂，他日夜不睡地查哨侦察，他领导群众破获了特务，捉拿了扰乱边区的反动便衣队。都向米脂的冯光祺学习；他为了保卫边区，自今年四月起就没有在家里睡过觉，他自告奋勇领导着一支自卫军，他曾破获了特务机关和破坏分子准备暴动的阴谋。他们两位，一方面是努力生产的劳动英雄，一方面又是自卫军和防奸的英雄。每个劳动英雄都要向他们看齐，全边区的老百姓都要向他们学习。我们到会的代表们，都有决心把我们自己住的村乡变成模范村、模范乡。吴满有同志已做出计划，要把他的乡明年创造成模范乡，我们大家一致响应他。我们彼此已经定好互相比赛，看看那一个能争取到这个最光荣的胜利。我们号召全边区农民、工人、战士、学生、机关工作人员都来互相竞赛，看谁在生产运动中走到前边。现在天下大势正在大变化，日本鬼子快要垮台了，咱们的抗战快要胜利了。可是抗战前途还有许多困难和危险。让我们在共产党和毛主席领导下，明年更加努力，大家组织起来，加紧生产，保卫边区，做到家家户户丰衣足食，来迎接抗战的胜利吧！

中华民国三十二年十二月十六日

解放日報

今日出版一大張　第九四〇號　中華民國三十二年十二月十七日

社址：延安　本期零售一元　每月三十元　三月八十元　半年一百〇元　全年二九〇元





# 陝甘寧邊區第一屆勞動英雄代表大會宣言

【本報訊】陝甘寧邊區第一屆勞動英雄代表大會昨日勝利閉幕，並發表宣言，全文如下：

全邊區農民們、工人們、戰士們、及一切機關學校的同志們：

我們一百八十五個人，是從邊區農村裏、工廠裏、部隊裏和機關學校裏選舉出來的男女勞動英雄代表。我們來到延安開會是為了交換生產經驗，互相學習本事，好在明年更大規模地發展邊區生產。在開會期間，毛主席、朱總司令、高司令、賀師長、林、李正副主席和延安各機關的首長，都那麼熱烈地招待我們，指導我們，和我們握手，請我們吃飯，把我們看的像自家兄弟姊妹一樣。我們每個人都實在高興，實在歡喜。在舊社會裏，咱們受苦人是被人看作牛馬的，可是現在勞動卻變成光榮了。自從共產黨領導咱們鬧革命，打日本，發展生產，咱們才翻了身，再不受人壓迫，還做到豐衣足食，有吃有穿，現在又當了勞動英雄，處處受人尊敬。想想從前，看看現在，咱們怎能不感謝共產黨、八路軍和邊區政府呢!?咱們怎能不感謝我們勞動人民的救星毛主席和各位首長呢!?在大會閉幕的時候，讓我們向毛主席、向朱總司令、向高司令、向賀師長、向林、李正副主席和延安各機關的首長們說句心裏的話吧：我們實在感激你們！敬愛你們！你們告訴我們的話，我們要句句記下，永遠照着你們的話辦，永遠跟着你們走！

在毛主席自己動手發展生產運動的號召底下，今年一年邊區的生產可是發展結實了。咱全邊區一滿開了一百萬畝荒地，多打了十六萬石細糧，安置了八千戶移難民，改造了四千五百個二流子，種了十五萬畝棉花，打了六十萬馱鹽，運輸牲口比去年增加了十五六倍，辦了許多像南區合作社一樣的群眾合作社；咱們的部隊，一面對敵作戰，一面自己生產，結果有的做到了部份自給，有的已經做到完全自給，大大減輕了邊區人民的負担。咱們的機關、學校也自己努力生產，結果自給了由百分之二十六到百分之七十六。咱們的工廠自己製造了許多日用必需品。這些大家在生產展覽會上都是看到了的。咱全邊區的農民、工人、士兵、學生和工作人員沒有一個不是過着幸福快樂的生活，凡是好好組織了勞動的家戶、機關或部隊，都已作到「豬羊滿圈，騾馬成羣，瓜菜滿地，糧食滿囤」，真正豐衣足食了。像這樣美滿快樂的生活，我們從來沒有看見過，像這樣熱火朝天，大家動手的羣眾生產運動，我們從來沒聽說有過。這是那裏得來的呢？都是共產黨、八路軍和邊區政府的領導，和全邊區人民努力勞動的結果。

今年的生產雖是很有成績，可是我們不要忘了『年年防荒旱，夜夜防盜賊』這句俗話。為了應付戰爭，防備災旱，我們明年更要加勁生產，更要多打一些糧食。政府提出『耕三餘一』的任務，我們號召全邊區老百姓加倍努力，做到『耕二餘一』，就是說，咱們種兩年莊稼，要長餘下一年吃的糧食，好來有力量消滅日本鬼子和對付反動派的襲擊，好來防備跌下年成。

我們在二十天大會商議的結果，覺得要辦到這個任務，必須實行毛主席的號召，大家『組織起來』！必須作到：

第一、普遍發展變工、札工。各邊區的農村都要向淳耀縣的白塬村學習；他們把全村七十二戶男女老少和牲口都組織起來長年變工，結果節省出三千個人工和驢工，每家比去年多打了一石糧食。都要向延安的吳家棗園學習；他們把全村十八戶的人力都組織起來長年變工，結果多打了一百二十石糧食。都要向安塞的馬家溝學習，他們組織了全村的人力、牲口變工，開荒任務超過一倍。

第二、實行移民政策，增加新的勞動力。全邊區的老百姓都要向赤水的馮雲鵬學習；他今年安置了一百七十四戶共六百多個難民，幫助他們解決了一切困難，建立了十四個自然村。都要向鄜縣的徐克瑞、延安的馬丕恩學習；徐克瑞一個人從綏德號召了五十多戶移民搬到鄜縣。新來的移民難民都要努力生產，向赤水縣的王向富、胡文貴學習，他們移來一年，就作到打糧一二十石，有吃有穿。都要向鹽池的高仲和學習，他移來一年，打鹽二千五百馱，折合糧食一百三十石，作到豐衣足食。

第三、明年要把全邊區的二流子都改造成好人，一面由政府督促，一面由群衆勸說。我們號召全邊區的二流子，都要向鹽池的劉生海學習，他過去是個二流子，沒吃沒穿，老婆也要離婚，自從前年春上轉變之後，努力生產，到現在已經有九個牲口，打了二十多石糧食，被選為參加邊區勞動英雄大會的勞動英雄，並且幫助兩個二流子轉變過來。

第四、發動能勞動的婦女參加農業生產。我們號召全邊區的勞動婦女都向米脂的郭鳳英學習，她和男人一樣，能種莊稼，又會紡織。

第五、多開荒地，深耕細作，增修水利，發展副業。全邊區的老百姓都要向延安的吳滿有學習，他今年一家開了三十三垧荒地，多打了四十石糧食。都要向綏德的劉玉厚、劉培潤、安塞的楊朝臣，延安的申長林，曲子的孫萬福學習；他們多積糞，多上糞，多種，多鋤，多溜畔，早起晚回，辛勤勞動，多打糧食。都要向志丹的馬海旺學習，他自己利用空閑修好二十多畝水地，又推動全村修成六十畝水地。都要向靖邊的白德學習，他一個村喂了幾百條豬，開了四個粉房，還發展了其他副業。

第六、多種棉花，發動婦女紡綫。凡是能種棉花的地方的老百姓，都要多種棉花，都要向吳堡的郭秉仁學習；他今年種了一畝地的棉花，收了四十四斤淨花，還收了三斗芝蔴，一千斤蘿蔔、蔓菁，並推動全村平均每家種棉花一畝。全邊區的紡織婦女，都要向綏德的劉老太太學習；她除了自己努力紡綫之外，還組織了一百八十多戶婦女紡綫。都要向安錦城學習；他組織了附近六十里內的婦女紡綫，一共賺了二百多石米。

第七、辦好合作社。全邊區的合作社，都要向延安縣的劉主任學習；他辦的南區合作社，給老百姓謀了幾千萬元的利益，老百姓人人喜歡。都要向淳耀的田榮貴學習；他在四個月內從一個鄉的合作社發展成一個縣的合作社，從一萬元股金，發展到八百萬元股金，為老百姓謀了許多利益。

第八、組織運輸隊，多運鹽出口。鹽是咱們邊區的重要的出產，要繁榮邊區，就要大量運鹽。全邊區的運輸隊，都要向延安縣的劉永祥學習；他在南區合作社幫助下，利用公鹽代金，組織了七百多條牲口的公私合作運輸隊，運回食鹽一萬八千馱。不但省下老百姓去馱鹽，而且凡是出公鹽代金的人，都能分到很多紅利。

第九、我們一面努力發展生產，一面還要節省糧食，儲存糧食，多種洋芋，拿洋芋代替糧食，少製酒，少造糖，不要糟蹋糧食，遵守政府法令，不准糧食出口。並要學習關中勞動英雄張清益的辦法，到處發起義倉運動，救濟困難，防備荒年。

明年我們的部隊也要加緊生產：從半自給走到全部自給。我們號召部隊中每個指戰員都要學習張治國，李位、胡青山、蔣樹才、武生華這些勞動英雄們的榜樣，一面時刻準備消滅敵人，一面又不放過一點時間努力生產。他們有的一天開三四畝荒地，有的一天挖一百多斤甘草，是我們全體代表最佩服的勞動英雄。我們的工廠裏要創造出更多的趙占魁運動者，每個工人都要學習趙占魁、黃光華、李鳳蓮等勞動英雄，學習他們努力生產，增加成品，愛護工廠，節省原料。使我們邊區做到日用必需品的完全自給。我們機關學校的每個工作人員，都要學習黃立德、佟玉新，要和他們一樣努力生產，節省公物，使機關學校經濟能達到半自給。

我們除了用一切力量和辦法加緊生產以外，我們大家還要「夜夜防盜賊」。「盜」就是日本鬼子，就是時時威脅邊區準備襲擊我們的反動派；「賊」就是漢奸、特務的暗中破壞。我們若是不防備他們，這些「盜賊」會破壞我們的邊區，破壞我們勞動的結果，破壞我們豐衣足食幸福快樂的生活，叫我們重新作牛作馬。因此我們要訓練自衛軍，展開防奸運動，人人學放槍，打手榴彈，安地雷，盤查放哨，清查壞人，不讓一個破壞份子混在邊區。在這裏，我們號召全邊區的老百姓，都向[illegible]縣的閻開增學習；他親自送他兒子去當民兵，為了保衛地方，保護公家工廠，他日夜不睡地查哨值緩，他領導群衆破獲了特務，捉拿了擾亂邊區的反動便衣隊。都向米脂的馮光祺學習；他為了保衛邊區，自今年四月起就沒有在家裏睡過覺，他自告奮勇領導着一支自衛軍，他曾破獲了特務機關和破壞份子準備暴動的陰謀。他們兩位，一方面是努力生產的勞動英雄，一方面又是自衛軍和防奸的英雄。每個勞動英雄都要向他們看齊，全邊區的老百姓都要向他們學習。

我們到會的代表們，都有決心把我們自己住的村鄉變成模範村、模範鄉。吳滿有同志已做出計劃，要把他的鄉明年創造成模範鄉，我們大家一致響應他。我們彼此已經定好互相比賽，看看那一個能爭取到這個最光榮的勝利。我們號召全邊區農民、工人、戰士、學生、機關工作人員都來互相競賽，看誰在生產運動中走到前邊。

現在天下大勢正在大變化，日本鬼子快要垮台了，咱們的抗戰快要勝利了。可是抗戰前途還有許多困難和危險。讓我們在共產黨和毛主席領導下，明年更加努力，大家組織起來，加緊生產，保衛邊區，做到家家戶戶豐衣足食，來迎接抗戰的勝利吧！

中華民國三十二年十二月十六日

## 兩大盛會 昨日勝利閉幕

【本報特訊】表現新民主主義無上光榮的綜合勞動英雄及模範生產工作者代表大會、邊區生產展覽會，已於昨日勝利閉幕。兩大盛會歷時共達二十日，在勞動英雄大會上，總結和交流了今年各地十五項的生產經驗，採取了指導明年武裝保衛、工業、合作、畜牧業及部隊機關學校生產的方針和辦法。生產展覽會上，顯示了勞動人民的智慧，和他們無可比擬的豐富的創造力。廿天中，參觀人數共達五萬餘人，[illegible]九千人。兩大會給予了我們的幹部和人民[illegible]了他們鬥爭的信心。昨日在勝利的氣氛中舉行了隆重的閉幕典禮，[illegible]一千餘人。林主席的閉幕詞，及朱總司令、李副主席等的講話，給了大會[illegible]，同時也指出[illegible]永不[illegible]的前途[illegible]。大會[illegible]經全場一致通過之後，[illegible]了[illegible]十名特等勞動英雄，還有許多縣份、部隊、機關、學校獲得了[illegible]的獎勵，他們將是[illegible]大競賽中堅強的信心和勇氣。通過不斷勞動英雄，通過不斷[illegible]人民[illegible]的團結，可以相信[illegible]明年邊區[illegible]驚人的業績[illegible]出來。兩大盛會閉幕詞將在本報發表。

## 两大盛会昨日胜利闭幕

【本报特讯】表现出新民主主义无上光辉的边区劳动英雄及模范生产工作者代表大会、边区生产展览会，已于昨日胜利闭幕。两大盛会历时共达二十日，在劳动英雄大会上，总结和交流了今年各地十五项的生产经验，获取了指导明年边区农业、工业、运输业、合作事业、畜牧业及部队机关学校生产的方针和办法。在生产展览会上，显示了劳动人民的智慧，和他们无可比拟的丰富的创造力。二十天中，参观人数共达五万余人，从数十里外及远道各地赶来参观的群众亦达五千人。两大盛会给予了我们的干部和人民极为具体生动的现实教育，加强了他们斗争的信心。昨日在胜利的兴奋中举行了隆重的闭幕典礼，各机关团体学校列席者达一千余人。林主席的闭幕词，及朱总司令、李副主席等的讲话，给了大会以异常荣誉的评价，同时也指出应当更加奋发永不疲倦的向前迈进。大会通过具有重大历史意义的宣言。宣言经全场一致通过之后，高副厅长作了对于展览会的评判报告。在大会上受到特等奖的共有二十五位劳动英雄，还有许多县份、部队、机关、学校获得了重大的奖励，他们将是明年生产大竞赛中坚强的核心和堡垒。通过全体劳动英雄，通过全边区人民钢铁般的团结，可以相信，明年边区将有更惊人的业绩被创造出来。两大盛会闭幕详情将在本报发表。

# 解放日報

中華民國卅二年十二月十七日　第九四〇號　今日出版一大張

社址：延安　半年一五〇元　全年二九〇元　三月八十元　每月三十元　本期零售一元




**作廢啟事**

本府發下鹽證二一七九號符號，近因該人工作調動，將章帶去，後經追要，該人聲稱已將符號撕破，但無證人，今除呈報專署備案外，特登報聲明作廢。

延長縣政府

# 陝甘寧邊區第一屆 勞動英雄代表大會宣言

【本報訊】陝甘寧邊區第一屆勞動英雄代表大會昨日勝利閉幕，並發表宣言，全文如下：

全邊區農民們、工人們、戰士們、及一切機關學校的同志們：

我們一百八十五個人，是從邊區農村裏、工廠裏、部隊裏和機關學校裏選舉出來的男女勞動英雄代表。我們來到延安開會是為了交換生產經驗，互相學習本事，好在明年更大規模地發展邊區生產。在開會期間：毛主席、朱總司令、高司令、賀師長、林、李正副主席和延安各機關的首長，都那樣熱烈地招待我們，指導我們，和我們握手，請我們吃飯，把我們看的像自家兄弟姊妹一樣。我們每個人都實在高興，實在歡喜。在舊社會裏，咱們受苦人是被人看作牛馬的，可是現在勞動卻變成光榮了。自從共產黨領導咱們鬧革命，打日本，發展生產，咱們才翻了身，再不受人壓迫，還做到豐衣足食，有吃有穿，現在又當了勞動英雄，處處受人尊敬。想想從前，看看現在，咱們怎能不感謝共產黨、八路軍和邊區政府呢!?咱們怎能不感謝我們勞動人民的救星毛主席和各位首長們呢!?在大會閉幕的時候，讓我們向毛主席、向朱總司令、向高司令、向賀師長、向林、李正副主席和延安各機關的首長們說句心裏的話吧：我們實在感激你們！敬愛你們！你們告訴我們的話，我們要句句記下，永遠照着你們的話辦，永遠跟着你們走！

在毛主席自己動手發展生產運動的號召底下，今年一年邊區的生產可是發展結實了。咱全邊區一滿開了一百萬畝荒地，多打了十六萬石細糧，安置了八千戶移難民，改造了兩千五百個二流子，種了十五萬畝棉花，打了六十萬馱鹽，運輸牲口比去年增加了十五六倍，辦了許多像南區合作社一樣的羣衆合作社；咱們的部隊，一面對敵作戰，一面自己生產，結果有的做到了部份自給，有的已經做到完全自給，大大減輕了邊區人民的負担。咱們的機關、學校也自己努力生產，結果自給了由百分之二十六到百分之七十六。咱們的工廠自己製造了許多日用必需品。這些大家在生產展覽會上都是看到了的。咱全邊區的農民、工人、上兵、學生和工作人員沒有一個不是過着幸福快樂的生活，凡是好好組織了勞動的家戶、機關或部隊，都已作到「豬羊滿圈，瓜菜滿地，糧食滿囤」，真正豐衣足食了。像這樣快樂的生活，我們從來沒有看見過，像這樣熱火朝天，大家動手的羣衆生產運動，我們從來沒聽說有過。這是那裏得來的呢？都是共產黨、八路軍和邊區政府的領導，和全邊區人民努力勞動的結果。

今年的生產雖是很有成績，可是我們不要忘了「年年防荒旱，夜夜防盜賊」這句俗話。為了應付戰爭，防備災旱，我們明年更要加勤生產，更要多打一些糧食。政府提出「耕二餘一」「耕三餘一」的任務，我們號召全邊區老百姓加倍努力，做到「耕二餘一」，就是說，咱們種兩年莊稼，要長餘下一年吃的糧食，好來有力量消滅日本鬼子和對付反動派的襲擊，好來防備跌下年成。

我們在二十天大會商議的結果，覺得要辦到這個任務，必須實行毛主席的號召，大家「組織起來」！必須作到：

第一、普遍發展變工、札工，全邊區的農村都要向[illegible]的白塬村學習；他們把全村七十二戶男女老少和牲口都組織起來長年變工，結果節省出三千個人工和驢工，每家比去年多打了一石糧食。都要向延安的吳家棗園學習；他們把全村十八戶的人力都組織起來長年變工，結果多打了一百二十石糧食。都要向安塞縣的馬家溝學習，他們組織了全村的人力、牲口變工，團結合作，多打[illegible]倍。

第二、實行移民政策，增加新的勞動力。全邊區的老百姓都要向赤水的馮雲鵬學習；他今年安置了一百七十四戶共六百多個難民，幫助他們解決了一切困難，建立了十四個自然村。都要向鄜縣的徐克瑞、延安的馬丕恩學習；徐克瑞一個人從綏德號召了五十多戶移民搬到鄜縣。新來的移民難民都要努力生產，向赤水縣的王向富、[illegible]學習，他們移來一年，就作到打糧一二十石，有吃有穿。都要向[illegible]池的高仲和學習，他移來一年，打[illegible]二千五百馱，折合糧食一百三十石，作到豐衣足食。

第三、明年要把全邊區的二流子都改造成好人，一面由政府督促，一面由[illegible]勸說。我們號召全邊區的二流子，都要向[illegible]的劉生海學習，他過去是個二流子，沒吃沒穿，老婆也要離婚，自從前年春上轉變之後，努力生產，到現在已經有九個窰門，打了二十多石糧食，被選為[illegible]勞動英雄，並且[illegible]兩個二流子轉變過來。

第四、[illegible]婦女參加農業生產。我們號召全邊區的婦女，向[illegible]學習，她[illegible]男人一樣[illegible]，又會紡織。

第五、多開荒地，[illegible]，增修水利，[illegible]全邊區的老百姓都要向延安[illegible]學習，他今年一家開了一十二垧荒地，多打了四十石糧食；都要向綏德的劉玉厚、劉培潤、安塞的[illegible]，延安的申長林，[illegible]的[illegible]學習；他們都是多積糞，多上糞，多鋤草，多鋤地，早起晚回，多打糧食。都要向志丹的馬海旺學習，他自己利用空閒打好二十多畝水地，又推動全村修成六十畝水地。都要向[illegible]學習，他一個村[illegible]了幾百條[illegible]，[illegible]發展了其他副業。

第六、多種棉花，發動婦女紡織。凡是能種棉花的地方的老百姓，都要多種棉花，都要向[illegible]的郭[illegible]仁學習；他今年種了一畝地的棉花，收了四十四斤淨花，還[illegible]，並推動全村平均每家種棉花一畝。全邊區的紡織婦女，都要向綏德的劉老太太學習；她除了自己努力紡織之外，還組織了一百八十多戶婦女紡織。還要向綏德的安錦城學習；他組織了近六十里內的婦女紡綫，一共賺了二百多石米。

第七、要辦好合作社。全邊區的合作社，都要向延安縣南區合作社學習；他辦的南區合作社，給老百姓謀了幾千萬元的利益，人人喜歡。都要向淳耀的田[illegible]學習，他[illegible]從一個鄉的合作社，發展成一個四縣的合作社，為老百姓謀了許多利益，[illegible]元股金。

第八、組織運輸隊，發展運鹽。咱們邊區的鹽是咱們邊區的重要出產，[illegible]部隊，就要向延安縣的[illegible]學習，[illegible]的運鹽隊，在南區合作社幫助下[illegible]，組織了七百多牲口，[illegible]劉永祥[illegible]運輸隊，連同全縣老百姓去馱鹽，一萬八千馱，[illegible]，都能分到很多紅利。

第九、[illegible]，我們[illegible]老百姓，都[illegible]；[illegible]糖，不要[illegible]，[illegible]不准糧食出口。糧食[illegible]，並要學習[illegible]雄張清益的辦法，[illegible]義倉，[illegible]救濟困難，防備荒年。

明年我們的部隊也要加緊生產：從半自給走到全部自給。我們號召部隊中每個[illegible]戰士都要學習張治國、[illegible]英雄們的榜樣，一面時刻準備消滅敵人，一面又不放鬆一點時間努力生產。他們有的一天開荒三四畝，有的一天[illegible]，是我們全軍的代表。[illegible]工人都要[illegible]學習，[illegible]增加成品，[illegible]。我們邊區[illegible]日用必需品的完全自給。我們機關學校的每個工作人員，[illegible]要學習[illegible]立德、[illegible]新，要和他們一樣努力生產，節省公物，使機關學校經濟能達到半自給。

我們除了用一切力量和辦法加緊生產以外，我們大家還要「夜夜防盜賊」。「盜」就是日本鬼子，就是時時威脅邊區準備襲擊我們的反動派；「賊」就是漢奸、特務的暗中破壞。我們若是不防備他們，這些「盜賊」會破壞我們的邊區，破壞我們勞動的結果，破壞我們豐衣足食幸福快樂的生活，叫我們重新作牛作馬，因此我們要訓練自衛軍，展開防奸運動，人人學放槍，打手榴彈，安地雷，盤查放哨，清查壞人，不讓一個破壞份子混在邊區。在這裏，我們號召全邊區的老百姓，都向故縣的閻開增學習；他親自送他兒子去當民兵，為了保衞地方，保護公家工廠，他日夜不睡[illegible]。[illegible]向米脂的[illegible]學習，[illegible]自今年四月起就[illegible]。[illegible]他們兩位[illegible]一方面是[illegible]，一方面又是自衞軍，[illegible]英雄。每[illegible]的老百姓都要向[illegible]英雄們學習。

我們到會的村代表們，都有決心把我們自己的鄉村造成模範鄉，[illegible]。我們[illegible]號召全邊區[illegible]，[illegible]。那[illegible]明年[illegible]勝利。[illegible]在大[illegible]下[illegible]了[illegible]，咱們[illegible]，我們[illegible]抗戰[illegible]明年更加努力，[illegible]衣足食，[illegible]！

中華民國三十二年十二月十六日

# 兩大盛會 昨日勝利閉幕

【本報特訊】[illegible]的邊區勞動英雄及模範生產工作者代表大會、邊區生產展覽會，已於昨日勝利閉幕。兩大盛會歷時共達二十日，在勞動英雄大會上，總結和交流了今年各縣十五項的生產經驗，提取了指導明年發展農業、工業、運輸業、合作事業、畜牧業及部隊機關學校生產的方針和辦法。生產展覽會上，顯示了勞動人民的智慧，和他們無可比擬的豐富的創造力。廿天中，參觀人數共達五萬餘人，從數十里外及遙遠各地趕來參觀的羣衆亦達五千人。兩大盛會給予了我們的幹部和人民極為具體生動的現實教育，加強了他們鬥爭的信心。昨日在勝利的興奮中舉行了隆重的閉幕典禮，各機關團體學校列席者達一千餘人。林主席的閉幕詞，及朱總司令、李副主席等的講話，給了大會以很高的評價，同時也指出應當更加奮發永不疲倦的向前邁進。大會[illegible]的宣言。宣言經全場一致通過之後，高副議長作了對於展覽會的評判報告。在大會上受到特等獎的共有二十五位勞動英雄，還有許多縣份、部隊、機關、學校獲得了巨大的獎勵，他們將是明年生產大鼓舞中堅強的核心和骨幹。通過全體勞動英雄，通過全邊區人民鋼鐵般的團結，可以相信，明年邊區將有更驚人的業績創造出來。兩大盛會閉幕詳情將在本報發表。

# 离石炭工英雄薛义魁每天挖炭六千斤

## 太行儿童努力造肥拾粪

【新华社晋西北十五日电】被选为离石工人劳动英雄特等第一名的挖炭能手薛义魁，大家都叫他“挖手”。因为别人挖不下的炭块，到他手里都可迎刃而解。他先把左右挖出深沟，然后把根底挖空，镢头用力地在裂缝处一拉，硕大的炭块，便会落了下来。每块有四千多斤，要往外拉的话，至少要三十六回，才能拉完。他平均每天挖五千八百斤，比别人多挖千五百斤。关于拉炭的绳子，他用榆条扭成，又结实又省钱，仅绳一项，今年就节省两万多元。他这一发现，已被各窑工人普遍采用。他在工友之间，有高度的友爱精神。每次他自己挖罢炭之后，总要帮助别人挖两三件，拉回三四回。对年青工友，他耐心地交给他们挖炭办法，所以他每在一个炭窑，工人都非常敬爱他。从一九三九年起，他一直担任着村工会干事，另外还担任某沟炭窑工会祕书。他又参加了民兵，将自己分红得到的六百多元，捐给工人游击小组，作买枪费。今年他又优待抗属烧了三百六十斤炭。婆姨给军队缝补洗刷了二十一件衣被。军队不论什么时候到他村里，他马上给找地方、烧开水。今年政府号召工人增加生产时，他时常耐心地给每个工人宣传解释，并以身作则，起模范作用。在他的影响下，某沟每个工人每天生产由三十二件（每件一百二十斤）普遍增加到三十六件。

【新华社太行十三日电】全区儿童，现在掀起拾粪热潮，潞城第一高小的集肥运动，搞□[得]正热。原来有一千四百担圈粪，满够明春种秋地用。上月十八日他们又成立了“集肥股”，十二天拾了七百八十担道土，拾了二百五十斤骨头，连原来的骨头，能烧二百多担骨肥。高级班挖了两大粪池，有一个二丈五尺长。道土和碎柴草，都铺了两层。另外他们还有四个茅房，最少能出七百担大粪。他们的十八亩麦子，每亩上了一百担底粪，现在长的比老百姓好，绿得发亮。左权第二高小上月二十五号，也来了个突击运动，大学生上山割柴，小学生去地里割草，有劲的就担土造堆肥，两天共弄了四百担粪，三千斤柴，现在他们又拾骨头，预备烧骨肥。黎城南委泉小学造肥，成了运动。学生们自己编了很多互助组，都用石头瓦块垒成个小粪场，各组拾的粪都堆在自己的小粪场里，每天下午扫树叶扫垃圾拾粪，到天黑才回家。回家以前，大家还比一比谁的粪堆大。不到四天，就弄了七千斤粪，就这样下去，两个月保险能弄一万八千斤粪。武乡西沟小学放假的时候，教员叫学生们参加生产，有十五个学生编了三个互助组，尚冰祥那组好，刨了十九亩草，修了六个粪池，造了二百担粪。另外还做了不少活，开学以后，他们又改成了学习互助组。左权西瑶有个小学生叫王天喜，他父亲老了打柴，担水全靠这个十岁的小孩子，担完水以后，他不等天亮就到野宝山来上学，还不误事。有半个月的光景，拾了二十担粪，在地里堆了一大堆粪，人见了天喜，都笑眯眯地说，天喜好劳动呀。”

# 慶陽市四鄉個戶成立農會小組
# 深入群衆減租運動
## 鬥爭違法地主退還多收租子

# 五寨民兵建立聯防哨
# 配合作戰效力很大
## 路五小民兵小組攻入小河頭

# 郿縣明年公鹽由合作社運繳
# 將擴大股金二千萬元

# 馬欄鐵匠郭自立、楊慶發
## 退還展覽會多得工資

# 離石炭工英雄薛義魁
# 每天挖炭六千斤
## 太行兒童努力造肥拾糞

# 延屬地委管理員湯代明
## 被選爲勞動英雄
### 公餘從事地方教育事業

## 捐款救濟河南災胞

# 華北新華日報工友
## 自製代用品代替洋貨
### 打破敵人封鎖減少開支

# 莒南鶴軍五十人
## 踴躍向我投誠

# 赤市群衆熱愛邊區
# 星夜碾米趕送公糧
## 勞動英雄田二鴻自動要多出

# 模範民辦社與樊主任

## 民辦社的概況

## 爲群衆辦事的“好主任”

# 赵占魁完成本年计划明年增产百分之三十

## 提高化铁技术发动节约竞赛

【本报讯】赵占魁今年的生产计划，因工作的调动，没有总结，但基本上已完成了。例如他要提高化铁产量，每天由四次到六次，已做到平均五次；学徒李贵有由他教会化铁技术，在十月革命节以前，已能代替老赵看炉化铁。退火炉也已修造起来。他并保证领导完成本年农业生产菜十万斤、肉类七千斤，因他在秋收时离厂，收成具体数字不知，按当时生产状况看来，收获不致低于计划。他把自己节省的工资，购买猪四口，羊十一只，交工厂喂养，已经做到，以百分之五十生利归工厂工人作为文化娱乐之用，业已实行。对于节省，他帮助厨房将剩饭用油炒热来吃，使每月节省小米三斗以上。他今年识字四百余字，开始学看群众报，并已能记工作统计。今年他根据新的工作环境与工作条件，订出明年的计划与竞赛条件：一、保证提高生产百分之三十（以十一月份为准），组织本股全体劳动力，不使人力有一点浪费，使本股五个月的生产计划，在四个月内完成（另外还可增做一些零活）。二、会同本厂工程师、工匠，研究化铁技术，保证一斤焦炭化三斤铁，成品达到百分之八十以上。三、在明年十月革命节前，教会学徒×名为化铁技术工人。四、除发动本厂节省原料与爱护器材的竞赛外，在冬季利用焦炭渣烤火，计划节省木炭一万斤。五、发动全厂职工，学习军事技术，在四个月内，每个职工及其家属都学会打枪、掷手榴弹、防空、行军打背包。六、发动全厂职工参加副业生产，以改善职工生活，做到每人每天能吃三两猪肉，每周至少吃一次馍。七、今后学习文化，要更加努力，做到每天认两个字，到一九四四年底，学会写简单的信，看群众报。

解放日報
中華民國卅二年十二月十八日 第九四一號 今日出版一大張
社址：延安 半年一五〇元 全年二九〇元 本期零售一元 每月三十元 三月八十元





# 趙占魁完成本年計劃

# 明年增產百分之卅

## 提高化鐵技術發動節約競賽

【本報訊】趙占魁今年的生產計劃，因工作的調動，沒有總結，但基本上已完成了。例如他要提高化鐵技術，從天山四次到六次，已做到平均五次；學得了看山爐教會化鐵技術，在十月革命節以前，已能代替老師看爐化鐵。過去爐也已修造起來。他要保證可靠完成本年的農業生產粟十萬斤，與糧七千斤，因他在秋收時離廠，收成只數字不知，按當時生產狀況看來，收穫不致低於計劃。他把自己節省的工資，購買豬四口，羊十二隻，交工廠餵養，已經做到，以百分之五十生利節工廠工人作為文化娛樂之用，已自實行。對於節省，他幫助廠房將剩餘用油炒鹽來吃，使每月節省小米三斗以上。他今年識字約四百餘字，開始學看某某報。這已能記工作統計。

今年他根據他的工作環境與工作條件，訂出明年的計劃與競賽條件：

一、保證提高生產百分之卅（以十一月份為準），組織本股全體勞動力，不使人力有一點浪費，使本股五個月的生產計劃，在四個月內完成（另外保證可增加一些零活）。

二、會同本廠工程師、工匠，研究化鐵技術，保證一斤焦炭化三斤鐵，成品達到百分之八十以上。

三、在明年十月革命節前，教育學徒×名為化鐵技術工人。

四、除發動本廠節省原料與愛護器材的競賽外，在冬季利用焦炭渣燒火，計劃節省木炭一萬斤。

五、發動全廠職工，學習軍事技術，在四個月內，每個職工及其家屬都學會打靶、擲手榴彈、民公、行軍打背包。

六、發動全廠職工參加開荒生產，以改善職工生活，做到每人每天能吃三兩豬肉，每週至少吃一次餃子。

七、今後學習文化，要更加努力，做到每天認兩個字，到四四年底，學會寫簡單的信，看某某報。

# 泰縣新四軍克復鯉河

## 消滅僞軍四個連

### 民兵空手活捉僞軍八名

# 淮北軍民

## 展開反搶糧大鬥爭

### 奪回被敵搶去之糧食廿餘萬斤

# 鄂豫邊大興水利

## 灌田百萬畝

### 水利工程分塘圩堰閘溝五種

# 紅軍包圍斯梅拉

## 一周間擊落敵機百架

# 行政學院宣傳隊

## 將於新年出現街頭

# 太行二一六分區部隊

## 開秋荒一萬一千畝

# 晉西北臨南某區

## 挨戶調查徹底減租

### 十個村減租三百石贖地二千畝

# 盟國首次審判

## 德寇劊子手

### 在蘇聯哈爾科夫城舉行

# 敵在上海增稅

## 並吸引物資輸日

# 淮南路東區

## 開展冬學

解放日报 | 时间 1943-12-19 | 期 第942期 | 版 第1版

# 两大盛会隆重举行闭幕典礼　劳动英雄光荣受奖

## 二十天参观展览会者逾五万人

【本报讯】陕甘宁边区第一届劳动英雄大会、第三届生产展览会，已于十六日胜利闭幕。两大盛会充分证明了我们有办法有力量，可以战胜一切困难。两大盛会教育了我们的干部和广大人民，使我们有百倍的勇气和无限的信心，为彻底实现新民主主义而斗争。在劳动英雄大会上，二十天中的小组会和大会上，总结和交换了各方面的生产经验，展开了创造模范村、模范乡、模范工厂、模范班连的运动，发动了革命竞赛，为明年的生产奠下了胜利的基础。在这个大会上，完全表现出劳动人民是有智识，会办事，有巨大的创造力，说明我们国家真正的主人，是工人和农民，是创造南泥湾、槐树庄、大凤川的八路军留守部队指战员——武装的工农。在生产展览会上，我们看到了全边区工农兵用自己双手创造出来的劳动果实，从总展到分展，共六千五百九十六件展品，一千九百八十七张表现生产过程的生动照片及图表。这些展品、照片、和图表，告诉了到会参观的五万群众，在过去一年中，我们全边区人民是怎样进行生产的，我们怎样历尽艰苦想尽办法，克服生产中的无数困难，而获得这样巨大的成功。两大盛会也以具体生动的活的事实，再一次确凿地证明：新民主主义的道路，是解放中华民族和中国人民唯一正确的道路。在闭幕大会上，林主席号召劳动英雄们，回去以后要成为团结群众的核心，生产运动中的旗帜，使明年全边区一千三百个乡，每个乡至少要创造出一个劳动英雄，部队中和工厂中也要创造出更多的英雄。当主席台上宣布模范的生产单位，及受奖的劳动英雄的名字时，全场欢声雷动，他们自动高呼：中国共产党万岁！毛主席万岁！拥护西北局！拥护高岗同志！这个雄伟的声音，象征着我们在明年的生产进军中，将获取更大的胜利。**林主席勉励劳动英雄，成为团结群众的核心，明年每乡至少有一位英雄**　林主席在闭幕词中指出：两大盛会整整开了二十天，有很大的收获，在劳动英雄的大会和小组会上，总结了今年的生产经验，使我们明年的生产更加有计划、有办法、有把握。生产展览会过去举行过两次，以这次为最丰富，这说明了去年边区党的高干会及政府第三次委员会所提出的生产与教育两大任务，在全边区人民的努力下，已得到很大成绩。此时，林主席洪亮地说：今年是生产大进步的一年，全边区有八万人参加了劳动互助，部队在又要打仗又要生产的情况下，“团结”部和“长城”部已做到完全自给，其他兵团也逐渐走上自给自足的道路，这是世界上的奇迹。我们的生产事业在各方面无论是农业、工业、运输、合作，都有了很大的发展，都创造出一全套的办法，我们的人民和劳动英雄，他们不仅把自己搞好，而且积极地影响别人、帮助别人，因此，今年边区涌现了好多模范村，像白塬村、吴家枣园、马家沟、郝家桥、任家峁等，他们甚至情愿自己受些损失，但一定要广大的群众得到发展，像冯云鹏今年因工作太忙自己少打了好些粮食，但在他的帮助下，一百七十四户啼饥号寒的移难民，到边区来得到了饱食暖衣，这种互助精神，是值得大大表扬的。这次劳动英雄大会和生产展览会，给予了我们的干部和人民以很大的教育，在劳动英雄本身也得到很大益处，他们的眼界更宽了，交流和吸收了边区各地的生产经验，使明年的生产组织和技术能向前大大的推进一步。这个大会还表现出和党的十大政策及保卫边区的密切联系，如我们发起了拥军和拥政爱民运动，得到了很大的成绩，我们不但要消灭公开的敌人，我们还要肃清暗藏的破坏分子，于是我们也创造出优秀的防奸英雄。至此，林主席用很多具体生动的例子，来说明我们在生产的各方面都有成绩，下面他就以诚挚关心的语句，告诉劳动英雄在明年生产中更要做到和注意这几件事：（一）耕三余一，两年完成，每人多种半亩洋芋，多修水利，多开荒。（二）在生产事业各方面的发展上，要力求普及也要注意提高。（三）军民合作保卫边区。（四）响应毛主席“组织起来”的号召，响应高岗同志“不要自满更加努力”的号召，要成为团结群众的核心，要在每一个乡至少都有一个劳动英雄。最后，林主席谓：两大盛会表现出新民主主义前途是不可限量的，是战胜日本帝国主义最有力的武器，明年全边区二百万人民，在劳动英雄的推动下，更加努力生产，保卫边区，我们革命的人民和革命的政府是永远不疲倦的，我们一直前进，把日本帝国主义打出去，建立新民主主义的新中国。**朱总司令号召，多制造生产工具，军队要努力帮助群众**　朱总司令讲话：开完这个大会，整个边区的人民，在生产事业上有了新的办法和计划，协同动作起来，明年的生产会搞得更好。我们的军队在生产中发挥了很大的效能，减轻了群众的负担，自己的生活也改善了。军队是武装的工农，他们过去也都从事生产，可是很久以来的传统，这些工农一参加军队后就不生产了。我们八路军打破了这个传统。八路军是工农自己的军队，他们过去是工农，到军队还是工农，他们指挥员和战士一样参加生产，这是惊人的创造。今年生产搞好了，但不能满足，我们明年生产要建立革命家务，战胜敌人，我们军队有力量又能生产又能建立革命的家务。现在我讲几个问题，在军队方面：第一，要更多地制造生产工具，生产工具越多，生产才能搞得更好。第二，军政民的关系要更密切，军队和群众是一家人，要无条件地帮助群众，明年在各个垦区要大量的安伙子，解决群众困难。第三，所有商业一律不做，转变到农业、手工业的生产事业上。第四，大量发展纺毛。第五，菜蔬生产多了，要注意保管。第六，多种苜蓿解决草料问题。在群众方面：第一，要多种果树，既能赚钱又能防旱，明年要家家户户都种，造成运动。第二，要经常注意修路补路，路修好了，减少了运输中不必要的损失，也节省了劳动力。**李副主席讲话边区老百姓要尽心尽力拥护军队**　李副主席首先将边区党政军民及党内外团结一致的事实告诉劳动英雄们：我们的党政军民是个大家庭，谁也不把谁当外人看待。在党内和党外也异常团结，我就是个党外人士，在政府里和党员亲密合作一起办事，生活上比党员还更好。共产党和过去历史上统治阶级的争天下是根本不同的，他们是为了劳苦大众的利益，所以军队上一方面用血肉保卫边区，一方面实行拥政爱民，自己生产，自给自足，减轻人民负担，还帮助老百姓耕地收割，一点报酬也不要，这样的军队我是没有见过的，所以我们就要尽心尽力拥护军队。我们的政府，和过去的和外面的都不同，它是老百姓自己的政府，比如我就是老百姓自己选的，不是我运动来的，也不是谁强迫来的。现在大会开完了，我们还要找你们谈谈，希望你们对政府多多提供意见，把明年的生产□[搞]得更好。最后，我要讲两件事，一件是要多种洋芋，这个好处大得很，大家都知道我们的边区被人家封锁得紧紧地，万一有了灾荒，也会发生些困难，因此，就要多种洋芋，一亩洋芋顶粮食好几倍，我们多多地储存洋芋，有了灾荒也不怕。一件是还要组织移民南下开荒，上头人多地少，到下头来努力生产，两三年就丰衣足食了，这事很重要，大家回去要多多宣传。**崔田夫同志讲话，举行群众工作竞赛，以乡村合作社等为基础**　边区抗援会崔田夫同志讲话中心为：每个乡村的群众工作，应以当地合作社等生产组织为基础，并以这些组织去推动生产工作的进行。他并提议来个竞赛，看谁组织得最好最漂亮，明年在此大会上，再作评判，看谁个胜利。**高副厅长报告各分区生产特点，评定成绩最好的单位**　接着建设厅高副厅长报告评判委员会的经过，高副厅长首先提到延属分区，他说：延属分区今年在开荒、植棉、移民方面，均有很大的成绩，在变工、札工、按户计划，组织二流子生产上，也都搞得很好。其次，创造了边区合作社典型的南区合作社，在该合作社帮助之下，延县运输事业、纺织业，都大大发展了。第三，在机关自给生产上，延属分区机关虽成立较迟，但除粮食由公家供给，共他开支，大都分均做到了自给。第四，公盐、公粮任务，完成得很快。第五，拥军、优待抗属工作也做得好。第六，所领导下的延安县，为全边区模范县，安塞县工作也有飞跃进步，鄜县工作也很好，志丹、子长。延市的工作，有很大转变。第七，分区驻军生产，成为部队生产的模范。三边分区，今年坚决执行了党的盐业政策，今年打盐六十万驮，打盐技术亦有改进，运输事业发展尤快。在农业方面曾修了五万亩的水漫地，增加了许多粮食。牲畜亦有很大发展，创设了羊子保险合作社，总结了养羊经验。合作事业，特别是靖边的合作社，普及到每一个乡。植树三万株。总计全分区全年挖甘草一百二十余万斤。关中分区与上述两分区显著不同之点，在于它是在战斗环境中胜利地发展生产的。今年他们共扩大耕地面积九万一千九百余亩，修埝地三千六百二十余亩，安置移难民一万两千余人，唐将班子组织得很好，该分区春耕期间，参加集体劳动的，占全分区劳动力百分之三十六，尤其在淳耀县，还创造了模范的唐将班子。防备荒年的义仓运动，在全分区已热烈地展开了。运盐总额超过了往年数量。绥德分区在改良耕□[作]法上是有很大成绩的，该分区地少人多，他们今年把剩下小块的山洼地也都开辟了。按户订生产计划，绥吴清等县做到普遍执行，并收到很大效果。此外，开展了植棉运动，纺织、养蚕均成绩卓著。合众社也有很大发展。组织移民南下开荒，使南下的移民，劳动一年，生活就过美了。在减租减息方面，展开了群众的运动，提高了农民生产的积极性。而保卫边区的防奸运动，亦收得巨大成绩。机关自给自足的生产成绩极好。陇东分区今年的特点，是坚决执行了政府财政经济的政策。发展了农业、牧畜业、奖励劳动英雄和改造了二流子。发展了运输业，特别是骡马店组织得比前更好，草料亦能有组织有计划地进行调剂。另外，还动员人民，收割野草一千五百万斤。其他如纺织，合作事业，机关生产自给，都有成绩。高副厅长宣布各分区生产成绩后，继即说到各县的情形，谓：延属分区以延安、安塞为最好。鄜县工作有很大进步。三边分区以靖边为最好，吴旗县的工作进步也很快。关中分区的赤水县，移民、纺织、合作事业都创造了巨大成绩，成为该分区的最好县份。其次是淳耀县。绥德分区的绥德、清涧、葭县、吴堡，在该分区要算最好。陇东分区以华池、环县工作最好。部队方面，“团结”部、“长城”部生产成绩卓著，在“团结”部中尤以“亚洲”部及“欧洲”部最好。“迅速”部二连，“勇敢”部的“红河”部，“坚决”部的“南昌”部，“友爱”部的“扬州”部，“前进”部某部，抗大一大队五队，均获得了很大的生产成绩。其他如：机关生产方面，中直军直、边区、留直三系统也都很好，他们特别是在菜蔬方面，某些单位自给了百分之一百，有些机关并且自给了百分之一百零五。中直、军直所属机关，杨家岭机关，在伙食与供给工作上，做得最好。农业经营以中央党校的农场最为出色。王家坪机关所属某校的豆腐坊，经营堪称得法。边区所属机关，保育院的生产成绩，成为该系统之冠，他们是一个保育儿童的机关，但也与一般机关同样，全部保证了菜蔬自给。西北局菜蔬也完全自给了。边区抗援会一切开支，自给了百分之七十，明年一月起全部自给。留直系统除一般的生产成绩外，以兵站为最好，他们机关的棉衣、单衣、衬衣以及蔬菜均全部自给，今年除开支外，尚存生产基金一千五百七十七万八千余元。**二十五位特等劳动英雄每人荣获奖金三万元，毛主席等题字赠劳动英雄**　关于展览品中工厂的技术发明者和未到会的工人劳动英雄，由边府在此次大会后，另行评判奖励。全边区劳动英雄总共近五百人，出席此次代表大会的有一百八十人，高副厅长报告至此，遂公布荣获特等奖励的劳动英雄名单，共为二十五名：延属分区计有吴满有、刘建章、申长林、陈德发，马海旺；三边分区贺保元、李文焕；关中分区冯云鹏、田荣贵、张清益、石明德；绥德分区刘玉厚、阎开增；陇东分区张振财。获特等奖励的部队英雄有赵占奎、张治国、武生华、胡青山、冯国玉；机关工厂特等劳动英雄为黄立德、赵占魁，佟玉新、郑洪凯、李太元、袁光华。获甲等奖励的延属分区有杨朝臣、刘永祥、陈长安、甄士英、徐克瑞、仝万明。三边分区有王国保，高仲和、梁显荣、刘生海、王科、阎集。绥德分区有郭凤英（女）、白德、冯光淇、蔡自举、高志谦、安锦成、郭秉仁。陇东分区有王文汉、安兆甲、孙万福。部队甲等英雄有李位、陈敏（女）、侯步昌、郝树才、强全义、郝正业、冯振僧、李廷。机关工厂有李凤莲（女）、郝作明、张文斌、刘玉峯。获乙等奖励的劳动英雄有：樊彦旺、黑玉祥（女）、王祥福、刘培润、鲍良声、刘成信、刘顺清、焦志德。大会至此，举行给奖典礼，在乐队吹奏中，各分区及机关、学校、部队劳动英雄代表，精神饱满，欢欣愉快，一一往主席台前领受奖品，林、李正副主席并与代表亲自握手。由劳动英雄吴满有致答词后，通过大会宣言（已于十七日本报发表），在雷动口号声中宣告散会。模范村——白塬村、郝家桥村、吴家枣园、贺保元村、张振财村各奖耕牛一头。马海旺、陈长安、阎开增、王文汉亦各奖牛一头。计特等奖金每人三万元，甲等奖金每人两万元，乙等奖金壹万元。其他出席代表大会的劳动英雄与生产模范工作者，均由大会分赠边区工厂所制的毛巾、丝手巾、袜子、肥皂、火柴、籽种（光华农场送，每人一包）。而最受劳动英雄们珍视的是边府奖给的奖状及毛主席、朱总司令、高司令、贺师长、林主席、李副主席分赠的亲笔题字。所有分区、模范县、机关模范单位，生产模范部队之获得团体奖者，均奖给奖旗一面，其余的则按等级领奖。

解放日報

今日出版一大張　第九四二號　中華民國卅二年十二月十九日

社址：延安　半年一五〇元　全年二九〇元　本期零售一元　每月三十元　三月八十元

## 遺失聲明

敝處遺失戳記中字〇一四〇二號、紅邊中字〇二二五八號、〇二二九號等兩章三枚，除呈報上級外，特此聲明作廢。

中管局南泥灣辦事處

## 本報廣告價目啟事

# 兩大盛會隆重舉行閉幕典禮

# 勞動英雄光榮受獎

## 廿天參觀展覽會者逾五萬人

## 林主席勉勵勞動英雄

### 成為團結群衆的核心

### 明年每鄉至少有一位英雄

## 朱總司令號召

### 多製造生產工具

### 軍隊要努力幫助群衆

## 李副主席講話

### 邊區老百姓

### 要盡心盡力擁護軍隊

## 崔田夫同志講話

### 舉行群衆工作競賽

### 以鄉村合作社等爲基礎

## 高副廳長報告

### 各分區生產特點

### 評定成績最好的單位

## 廿五位特等勞動英雄

### 每人榮獲獎金三萬元

### 毛主席等題字贈勞動英雄

第二卷（下）

| 解放日报 | 时间 | 1943-12-24 | 期 | 第947期 |
| --- | --- | --- | --- | --- |
| | | | 版 | 第2版 |

# 延川工人王文焕新创造试制轧花皮轴成功

## 每天轧棉花八十斤可顶外货用

【本报延川讯】延川东阳区二乡王家河王文焕，有一部轧花机，每年冬天他利用农闲，就给别人轧花。这几年来，由于边区受到封锁，轧花机的零件坏了，很难买到，特别是皮轴很难买到，他就自己想办法修理，他试着作皮轴，经过了几个月的努力，他发明了新的办法。开始，他用皮子，但是那里的皮子硝得不好；硬□不容易发毛，不拉棉花。以后，他用破鞋底代替皮子，可以拉花，但是，不经用。到今年十月，他用了三丈白老布，用白面糨糊粘成三层厚的布壳，用剪刀剪成七八分宽的条子，用了半斤小洋钉把这条子钉在铁心木棒上，把钉好了的铁心木棒安在机子上，用刀割磨，就发了毛，看起来，和汉口皮轴一样，用起来，也顶得着汉口皮轴，每天也能轧花八十多斤。他这样做一个皮轴，只要一万元，比向外边买便宜三四倍。现在东阳区的其他地方，也照他这个办法，解决了困难。王文焕这个发明，延川政府决定登报奖励他，把他这个办法介绍到全边区，自己动手，解决轧花机皮轴的困难。（冯义龄）

# 送糧運動熱烈展開

## 延縣元隆寺民辦社 幫助群眾送公糧

### 青化區二鄉民眾五天送糧百餘石

## 志丹公民梁吉登、張萬仁、張萬治 提早十天送糧入倉

### 某村合作社自願借糧回鄉協助

## 鄜縣交道區三鄉 兩天入倉九十石

### 赤水縣送糧要多出一石糧

## 安塞四區四鄉的徵糧調查

## 鄜縣勞動英雄代表 宋逢友捨己為公

自己是抗工屬，仍努力生產，種地百餘畝；

常教兒子把公事當於家事；自動多出公糧一石。

宋逢友

## 一個試驗

## 延川工人王文煥新創造 試製軋花皮軸成功

### 每天軋棉花八十斤可頂外貨用

【本報延川訊】延川東陽區二鄉王家河王文煥，有一部軋花機，過去冬天他利用農閒，就給別人軋花。這幾年來，由於邊區受到封鎖，軋花機的零件壞了，沒處買到，特別是皮軸很難買到，他就自己想辦法修理，他試着作皮軸，經過了幾個月的努力，他發明了新的辦法。開始，他用皮子，但是塌塞的皮子硝得不好；硬，不容易發毛，不拉棉花。以後，他用氈鞋底代替皮子，可以拉花，但是，不經用。到今年十月，他用了三丈白粗布，用白膠泥搽粘成三層厚的布殼，用剪刀剪成七公分寬的條子，用了半斤小洋釘把這條子釘在軸心木棒上，把釘好了的軸心木棒安在機子上，用刀割削，就發了毛，看起來，和洋式皮軸一樣，用起來，也頂得着洋皮軸，每天能軋花八十多斤。他這樣做一個皮軸，只要一萬九，比向外邊買便宜三四倍。現在東陽區的其他地方，也學他這個辦法，解決了困難。王文煥這個發明，延川政府決定發獎獎勵他，把他這個辦法介紹到全邊區，自己動手，解決軋花機皮軸的困難。（馮發齡）

## 吳堡各區幹部 實習整訓自衛軍及徵糧

### 取得經驗後再推行全縣各鄉

## 新寧紡織模範周三女 每日織布三丈

### 八個月織布五十二疋

## 太行集總紡織廠二所 獎勵模範工人高文海

## 武鄉大批婦女參加紡織

| 解放日报 | 时间 | 1943-12-24 | 期 | 第947期 |
| --- | --- | --- | --- | --- |
| | | | 版 | 第2版 |

# 太行集总纺织厂二所奖励模范工人高文海

## 武乡大批妇女参加纺织

【新华社太行十九日电】十八集团军野战供给部纺织厂第二所，在上月二十八号开全体职工大会，表扬模范工人高文海。高文海是织毛巾工人，他在第一次新劳动者运动当中，得过第一名奖，是全厂的生产旗手。他每天平均织四打毛巾，从模范所运动搞起来以后，他又创造了全所生产的最高纪录，平均一天织五十条毛巾，最紧张的那几天，他每天都织六打。另外高文海在农业生产当中，也是顶积极的，他还抽空积了不少粪，给全厂的工友以很大的影响，这次全体职工大会上，他又得了第一名奖。

【新华社太行十九日电】武乡为了组织大批妇女纺织，县工商局及五区妇救会，在上月二十九日召开五区妇女干部会议，参加的有五十多人。先讨论妇女的家庭地位和痛苦，有个干部说："徐兰香先前不大多做活，家里人虐待她，今年八月她凑了八十块钱买了二斤花，到九月织成五斤布，赚回本钱，还做了一条裤子，又给家里称了不少盐，家里看她很有本事，都对她好了。"大家听了，都觉得妇女要提高家庭地位，只有好好生产。接着区妇救干部，提出要做生产计划，大家都同意。她们决定五个人凑钱买一架旧机，做三个纺车，有的妇女自已称花，或工商局介绍到银行贷款，妇救会又动员她们的男人和公婆给她们买了二斤花，保证到年底还上，至少再给男人做条裤子。末了决定明年一个妇女喂两只母鸡，到明年秋天，下一百二十个蛋，换四斤花，明年纺织的本钱就够了。又讯，武乡四区妇救会主席杨珍兰，亲自到河纾沟动员纺织，先开了个积极分子会，讨论组织互助组的办法，接着成立了一个模范小组，由杨珍兰当组长，这个消息传遍了全四区，到处都组织纺线，现在有五个编村组织了五十六个组，四百五十个妇女参加进来了。

【新华社太行十九日电】武乡劳动英雄李马保，已经集下一千五百六十多担粪，他有二十六亩地，一亩上六十五担，能上二十四亩。剩下的二亩，他打算赶上羊群卧一夜。政府原来号召一亩上五十担到六十担粪，现在他已经超过政府的最高标准。

# 送糧運動熱烈展開

## 延縣元隆寺民辦社 幫助羣衆送公糧

### 青化區二鄉民衆五天送糧百餘石

## 志丹公民榮占奎、張萬仁、張萬治 提早十天送糧入倉

### 某村合作社自願請假回鄉協助

## 鄜縣交道區三鄉 兩天入倉九十石

### 赤水楊黨善要多出一石糧

## 安塞四區四鄉的徵糧調查

張當榮　午人

### 宣傳

## 延川工人王文煥新創造 試製軋花皮軸成功

### 每天軋棉花八十斤可頂外貨用

### 一個試驗

### 深入查調

### 酌情增減

## 鄜縣勞動英雄代表 宋逢友捨己爲公

自己是枝遭過；勞力生產，補地百餘畝；

當教兒子把公糧中最好的送出去。

宋逢友

## 新寧紡織模範周三女 每日織布三丈

### 八個月織布五十二疋

## 吳堡各區幹部 實習整訓自衛軍及徵糧

### 取得經驗後再推行全縣各鄉

### 組織送糧

## 太行集總紡織廠二所 獎勵模範工人高文海

### 武鄉大批婦女參加紡織

【新華社太行十九日電】十八集團軍野戰供給部紡織廠第二所，在上月二十八號開全廠職工大會，獎勵模範工人高文海。高文海是織毛巾工人，他在第一次新勞動者運動當中，得過第一名獎，是全廠的生產旗手。他每天平均織四打毛巾，從模範所運動開展以後，他又創造了全所生產的最高紀錄，平均一天織五十條毛巾，最近最高的紀錄是一天，他曾一天都織六打。另外高文海在整風生產當中，也是頂積極的，他還抽空幫了不少忙，給全廠的工友以很大的影響，這次全體職工大會上，他又得了第一名獎。

【新華社太行十九日電】武鄉爲了組織大批婦女紡織，縣工商局及五區救會，在上月二十九日召開五區婦女幹部會議，參加的有五十多人。先討論婦女的家庭地位和痛苦，有個幹部說：「像過去先前不大會做活，家裏人瞧不起她。今年八月她得了八十塊錢買了二斤花，到九月織成五斤布，賺回本錢，還做了一個褂子，又給家裏解決了不少困難，家裏看她很有本事，都對她好了。」大家聽了，都覺得婦女要提高家庭地位，只有好好生產。接着區婦救幹部，提出要做生產計劃，大家都同意。她們決定五個人來做一架紡織，組三個紡車，有的婦女自己轉花，或工商局介紹到銀行貸款，給她們又自己她們的男人和公婆給她們買了二斤花，保證到年底織五十，至少得給男人做條褲子。末了決定明年一個婦女要養雞，到明年秋天，下一百廿個蛋，換四斤花，明年紡織的本錢就夠了。又訊，武鄉四區婦救會主席楊步翻，親自到河籽搞動員紡織。先開了個積極份子會，討論組織互助組的辦法，接着成立了一個模範小組，由楊珍當組長，這個消息傳遍了全四區，到處都組織紡織，現在有五個村組織了五十六個組，四百五十個婦女參加進來了。

【新華社太行十九日電】武鄉勞動英雄李馬保，已經集下一千五百六十多担糞，他有廿六畝地，一畝上六十五担，能上廿四畝，剩下的二畝，他打算趕上半宿拼一夜，政府原來號召一畝上五十担到六十担糞，現在他已經超過政府的最高標準。

# 新宁纺织模范周三女每日织布三丈

## 八个月织布五十二匹

【本报新宁讯】纺织模范周三女今春在群众大会上荣获奖励后，劳动更加积极了。在过去八个月中，她织布五十二匹（每匹四丈二尺），织的快而好，平均每天能织三丈，就中除自织两匹，余皆给别人变工的，部分解决了十五家农户所需的衣料，她给别人织布，别人给她变工除草，揭地还工。在纺织上，她还教会了齐德玉夫妇等四人织布。周三女不但织布，且做庄稼，每日她能锄一亩半苞谷的草。周三女家于民二十四年由陕南迁来边区，现有地二十三亩，牛一条，今年开荒十亩余，打下糜子两石多，把一个粮囤装得满满的。她向访问者欢喜地说："政府叫群众好好生产，政府说的都是过日子话，咱怎能不努力干呀。"现在她更加油的织布，督促她的女儿纺线子，并督促她的丈夫砍柴等，她要做到不闲着度日。（伯重）

# 送糧運動熱烈展開

## 延縣元隆寺民辦社

## 幫助羣衆送公糧

### 青化區二鄉民衆五天送糧百餘石

## 志丹公民棨古奎、張萬仁、張萬治

## 提早十天送糧入倉

### 某村合作社自慣恩請假回鄉協助

## 鄜縣交道區三鄉

## 兩天入倉九十石

### 赤水楊嘉蒼要多出一石糧

# 安塞四區四鄉的徵糧調查

年人　惠富榮

### 宣傳

### 一個試驗

## 延川工人王文煥新創造

## 試製軋花皮軸成功

### 每天軋棉花八十斤可頂外貨用

## 鄜縣勞動英雄代表

# 宋逢友捨己爲公

自己是抗工屬，仍努力生產，種地百餘畝；

常教兒子把公事當於私事；自動多出公糧三石。

宋逢友

### 深入查調

### 對於調查的信心

### 酌情增減

### 完成任務

## 吳堡各區幹部

## 實習整訓自衛軍及徵糧

### 取得經驗後再推行全縣各鄉

## 新寧紡織模範周三女

## 每日織布三丈

### 八個月織布五十二疋

## 太行集總紡織廠二所

## 獎勵模範工人高文海

### 武鄉大批婦女參加紡織

(5)　706

| 解放日报 | 时间 | 1943-12-24 | 期 | 第948期 |
| --- | --- | --- | --- | --- |
| | | | 版 | 第2版 |

# 家家户户粮食满仓　吴堡李家沟区五乡三天内集股百二十万办合作社

【本报绥德讯】据吴堡李家沟区五乡乡文书李钧益同志报道，该乡老百姓在今年生产竞赛中，胜利完成任务，每家的仓里，都装满了小米，今年粮食是有余了。他们为了购买零用东西的便利，就把自己节省下来的钱，拿出来要求乡上成立合作社，以推销他们的土布，代他们购买棉花及供给一些日用品等。全乡二百四十多户，在三天内，就有一百七十多户自动报名集股。现在股金已有一百二十多万元了，大家还在继续不断地补交。其中指导员李恩益同志的股金最多，他一次就入了十多万元。这个合作社业已开市，从早到晚，老百姓不断地来买油买布，生意极好。现在又买进了一架织袜机和土织布机，逐渐成为一个生产合作社。老百姓说："我们要发展成为一个工厂哩！"此外，李家沟区九乡，也成立了一个乡的民办合作社，股金已有一百多万元，该区人民合作社派董旺同志去担任指导员，他们每天织袜子，销售人民的必需品，很能为人民谋利。现各乡群众都在嚷着："咱们也来成立一个合作社吧！"

# 鄜县推广植棉的经验

刘家栋

今年鄜县试植棉花成功了（明年拟植棉二万一千四百亩，比今年增加七倍）。

# 本市西区超送公粮 入仓已达半数

## 人民负担减轻有利发展生产

# 多数老户报粮在先送粮在前 移难民自动要求出公粮

# 常光富同志退伍到延川 一年生产两年余粮

# 志丹将举行全县拥军大会 商民捐献猪羊劳军

## 行政学院捐钱物共四十万元

# 定边市回胞过古尔巴尼节 家家宰羊欢宴

# 当选为运盐模范

## 子长涧峪岔区陈保成等三人

## 蒋老婆今冬已拾粪八十驮

# 家家户户粮食满仓 吴堡李家沟区五乡三天内 集股百廿万办合作社

# 固临赤峰区东九乡 今年余棉二万六千斤

## 群众纷纷准备明年扩大植棉

# 甘泉完小的生产

任国柱

# 安塞七区归秋荒六百亩 公盐代金已收齐

## 社论　边区劳动英雄代表大会给我们指出了什么？

陕甘宁边区第一届劳动英雄代表大会于本月十六日闭幕了。这是继去年高干会以来最成功的一次会议。在二十天的会议中，从各个生产战线上选拔出来的积极分子的代表，总结与交换了他们丰富的生产经验，制定了明年大规模发展生产的方针和办法，发动了热烈的革命竞赛，然后带着倍增的信心回到他们原来的生产岗位上去。经过这次大会之后，我们有充分根据来期望明年边区一定会在生产战线上取得更多更巨大的胜利。这次大会将成为边区经济发展的重要里程碑。这些在大会通过的宣言里也可以充分看到了。然而，这次劳动英雄代表大会的收获和它的意义还绝不止此。它对于我们的干部（党、政、军、民所有干部都无例外）应当看作是一次最实际的教育，因为它对我们更充分证明与彻底解决了若干重要问题。首先，这次劳动英雄代表大会上集中地、明显地表现出来了去年高干会以来边区今年一年的工作成绩：劳动人民通过他们的代表纷纷表示他们对于边区的热爱，对于共产党、八路军、边区政府和他们的领袖的虔诚拥戴；党政军民的关系表现着空前的团结，人民群众的积极性创造性表现着空前的高涨；这一切就使边区的整个面貌呈现出一番新气象。这一切，就使我们不但不怕，而且有足够力量来打击日本帝国主义对边区的进攻，或是应付国内反动派所时刻准备对边区的突然袭击。我们要问：这些成绩是从那里获得的呢？应当说，首先是由于我们执行了毛泽东同志所指示而由去年高干会所确定的“生产是一切工作的物质基础”的方针；由于我们在高干会上把这个方针在干部思想上求得了一致，然后又把它贯彻到群众中去，成为广大群众的行动；由于广大党政军民干部增强了群众观点，在实际工作中改进了领导作风，打击了官僚主义倾向，真正组织了一切人民、部队、机关、学校的生产运动；由于我们在“自己动手”的口号下，不但解决了种种困难，而且达到了广大群众走上“丰衣足食”的道路。我们现时是处在持久的抗战环境当中，但和前方的各抗日根据地比较起来，陕甘宁边区所处的是相对的和平的环境，所以我们首要的工作是建设工作，以边区建设来支持前方抗战，来推动全国的抗战建设。但是，我们究竟应当建设些什么？什么是我们全部建设的中心环节呢？这在高干会以前是有相当一部分同志在思想上和实际工作中没有解决的。毛泽东同志曾说："一切空话都是无用的，必须给人民以看得见的物质福利"。这就是说，我们应当领导人民去发展生产，在发展生产中给人民以看得见的物质利益，这就是我们在边区现时环境下抗战建设的中心。在陕甘宁边区，封建剥削已经消灭或是减轻了，人民群众已经建立了自己的抗日民主的"三三制"政权，而我们所处的又是相对的和平的环境，在这种情况下，我们有可能而且必须用一切力量与办法，来领导群众大规模地发展生产。我们领导人民群众发展生产，一方面改善他们的物质生活，一方面又附带解决抗日经费问题：我们领导党、政、军、群众发展生产，一方面改善他们的物质生活，一方面又可减轻人民的负担，更加改善军民关系。这样，在提高人民群众和党、政、军、群众的物质生活的基础上，进一步提高了他们的政治觉悟和文化程度。这些目的，我们在一年生产运动中已逐步达到了，并且证明只有这样，我们才能克服困难，争取团结与抗战的胜利。这个组织群众发展生产的方针，经过一年实践之后，又在这次劳动英雄代表大会上完全证明其为唯一的正确方针。像在劳动英雄大会上所表现的群众自动的拥军热潮和军民一体的亲密关系；群众对于特务破坏分子和反动派准备进攻边区所表示的最高度义愤；吴满有等劳动英雄，在他们的模范乡计划中，自动要求办理学校；以及今年的征粮工作比任何一年费力最少而完成最快等等。这些成绩，就是由于我们把领导生产工作当作中心环节，经过这个环节，推动了自卫军、防奸、文化、战斗动员、拥军等等各方面的工作。过去有的同志，以为在边区经济落后的条件下，我们在经济建设上不可能有所作为；以为领导生产不是党和政府的任务；或者轻视劳动，轻视生产工作；这些思想，现在更加证明是完全错误的了。其次，在这次劳动英雄代表大会上再没有那么明显地显示出劳动群众的真正智慧和创造能力。我们的世界和它的历史是劳动群众创造的，我们发展生产，如果离开广大群众是不可想象的，因此，我们领导生产，必须是依靠群众，组织群众，发扬群众的积极性和创造力，把发展生产变成一个广大的群众运动。这个方向，现在也是比任何时候更加证明其正确了。边区的劳动群众，在党的号召之下，作出了许多惊人的事迹。例如：吴满有、陈德发、石明德，组织了像吴家枣园、马家沟、白塬村那样全村的变工队，提高了几乎一倍的生产力，开拓了边区农业生产的无限前途。刘建章在多年的摸索中间，创造了南区合作社式的生产、消费、运输、信用等综合性的合作社，建立了全边区合作运动的新方向。冯云鹏以一个人的努力，安置了一百七十多户难民，又发明了许多巩固难民、了解难民的办法。张清益创造了每村共同开荒，设立义仓，推动了全关中分区的义仓运动。杨朝臣、申长林、孙万福、张振财、刘玉厚、贺保元、马海旺等人，根据现有技术基础和当地条件，创造了许多切合实际的改良农作、兴修水利的办法，大大提高了粮食产量。阎开增、冯光琪创造了把生产与防奸相结合的方向，创造了许多与破坏分子斗争的办法，粉碎了特务机关的暴动阴谋，保证了群众生产运动的发展和它应得的果实。妇女中的郭凤英、刘老太婆等，积极纺织与参加农业生产，推动了附近妇女的劳动，指出了边区妇女运动的正确方向。我们的部队生产，更是世界上的奇迹。他们把打仗与生产结合，表示出他们真正是人民的和革命的军队。部队中的张治国、李位、胡青山、郝树才、武生华等人，创造了开荒挖甘草等的新纪录，推动了全军的劳动热潮，他们又是打仗的军队，又是劳动的军队；这样的军队，在中国历史上是从来不曾有过的。工厂中的赵占魁、袁光华等，不断提高劳动标准，推动了全边区的赵占魁运动。机关中的黄立德、佟玉新等；创造了许多种菜与节省的办法，大大推动了各机关的自给和节省运动。盐工中的高仲和、李文焕，发明了打盐的新方法，提高了食盐产量。以上这些不胜枚举的事迹，或者需要艰巨的组织工作，或者需要个人的创造能力；然而它们却都是由这些动手动脚的劳动者自己作出来的。这些活生生的事实，充分说明那些轻视群众力量，缺乏群众观点，不虚心向群众学习的同志，是完全错了。领导者的责任，是在于把这些劳动人民的创造，吸收与综合起来，加以发扬，加以推广，把它变成广大的群众运动。今年边区生产成绩的获得，就是由于我们采取了这种方法的结果。这种方法，这种观点，是我们在任何工作上所必须采取的。过去有的同志曾以为经济建设只是少数财政、供给、贸易机关人员的任务，少数“专家”的任务，不须依靠群众，不须组织群众，不须发扬群众的创造力和积极性，不须设法造成群众的生产运动，现在完全证明是错误的了。再次，群众虽然有力量，但如果不把他们组织起来，还不能发挥他们的力量，这在生产方面如此，在其他任何方面都是如此。在这次劳动英雄代表大会上，特别是经过了毛泽东同志深刻指出之后，完全证明了只要采取适当的形式，把人民群众在经济上组织起来，就会发挥出雄伟无比的力量。而目前在经济上组织人民群众的最恰当与最重要的形式，就是变工队、札工队、唐将班子一类的农业合作及生产、消费、运输、信用等综合性的合作社和运输合作社。边区的农业，还没有、暂时也不可能改变它的个体经济和比较落后的技术基础。但是，边区农民群众在经济上所受的封建剥削已经消灭或减轻，同时，在政治上，农民群众在无产阶级政党领导之下，已经参加了政权，这就造成了一种可能，使他们能够在劳动一点上集体化起来。这种建立在个体经济和现有技术基础上的集体劳动，已经大大地提高了农业生产力，并给将□更进一步提高农业生产力造成了物质基础。这种生产力的提高和生产的财富的增加，不是由少数私人所占有，而是为参加集体劳动的农民所共同享受。这就是它有广大发展前途的基本原因。在劳动英雄代表大会上，我们还可以看到，凡是变工一类组织比较好的地方，农民群众的互相帮助的团结精神，就更为发扬，他们对于保卫边区和拥护军队也更为积极，他们传统的劳动习惯和劳动观念也在发生着改变。因此，变工一类的农业合作，又是分散的小农经济逐渐达到集体化的一个步骤。边区各地的水利事业（包括水漫地埝地等等），自从提倡变工以来，也有了相当发展。只举一个例子：鄜县张村驿区三乡的水利，从国民党联保处时代就修过几个月，未修成，今春组织了三十多人的变工队，四五天内用一百三十多个工，就修成了灌溉八十亩水地的水利。又如延安南区的信用合作社，八个月中间，仅在两个乡的范围内，就吸收了一百多万元的存款，放出三百多万元的借款，解决了当地农村的金融问题。又如延安县刘永祥式的运输合作社，今年采取了公私合作，利用公盐代金的办法，大大发展了运输牲口，完成了全县运盐任务。原来负担公盐代金的人民，不但保有了原本，而且可以分到八、九倍的红利。现在延安县的公盐代金，已不再是人民对政府所出的负担，而变成人民自己对运输合作社极有利的投资事业了。南区合作社式的、综合性的合作社，经过今年在关中、安塞、靖边等地的办理，都收到极好效果。这种合作社，在手工业生产、妇女纺织、农民各种消费、农村信用借贷、运输、出入贸易，甚至公粮负担上，都组织了广大的农民群众，替群众谋到了极大的利益，取得了他们全体的爱戴，而成为当地农民经济的核心。以上，无论是在农业劳动上以及水利、消费、运输、信用、手工业（包括妇女纺织）上，当它们分散为个体经营时，就显得软弱无力，没有前途。而一经适当地组织起来，合作起来，就得到空前的发展，有了广大的前途。这些经验，经过今年一年的生产运动和劳动英雄代表大会之后，将为边区绝大多数群众所接受。因此，我们今后领导生产的中心环节，是在自愿的原则下，采取各种合作形式，来组织更广大的群众。最后，从到会的劳动英雄代表中间，我们发现了无数的模范公民，新民主主义式的典型农民。像吴满有、陈德发、石明德等那样，不但发展自己的生产，而且组织全村的变工队，组织模范村、模范乡，推动全村全乡人人生产，人人丰衣足食。像冯云鹏、张清益那样，昼夜不停地帮助新来难民，筹划全区义仓，甚至牺牲了自己家庭的一部分生产。像阎开增、冯光琪那样，为了保卫边区，坚决地和特务破坏分子斗争。像申长林、孙万福等等那样，踊跃负担，拥护军队。像刘生海那样，从旧社会上吸烟赌博的二流子，转变成努力生产的劳动英雄。这一切，都表示边区群众的政治觉悟及团结互助精神，是大大提高了，保卫边区的斗争情绪，也空前地增长了。由于他们从共产党、八路军、边区政府得到了真实的利益，他们已经把自己的命运和共产党、八路军、边区政府联系在一起了。上面所举的这种公民，是在经过革命后从共产党所号召的生产运动中间（又是组织各种合作形式中间）所产生的，这是一种新型的人民，是中国历史上从来没有过的。在今年春天，我们曾提出吴满有作为边区新农民的典型。现在在劳动英雄代表会上，我们看见更多的吴满有，和更丰富了与从各方面发展了的吴满有方向，在边区已经产生了很多的吴满有。这是我们伟大的收获和胜利。只有在共产党的领导下，只有在新民主主义下，才会产生这种新型的人民。紧紧地依靠这样的人民，我们将是不可被战胜的。经过今年一年的实践，证明去冬高干会以来我们的方针，我们的办法，都是正确的。只要我们不因现有成绩而自满，只要我们随时检讨我们的缺点，并加以纠正，只要我们继续进步，我们明年一定会收到更大的成绩。

解放日報
中華民國三十二年十二月廿六日　第九四九號　今日出版一大張
社址：延安　全年二九〇元　半年一五〇元　三月八十元　每月三十元　零售每份一元



# 空中攻勢空前壯舉
# 三千盟機猛炸法海岸
## 艾森豪威爾出任英境盟國攻歐軍統帥

【合衆社倫敦廿四日電】美重轟炸機及其他盟國飛機，圍以空前之規模自晝出動猛炸法國海岸各地，出動之機數據估計在三千架以上，其中美機達二千三百餘架，各機終日出動轟炸不息，猛烈之程度爲盟方發動攻勢以來所未見。據公報稱：盟機大隊今炸法國北部，轟炸機與驅逐機俱無失蹤者。又訊：盟機今猛炸法境之加萊港區（編者按：加萊在法國東部多佛海峽之對岸，中隔多佛爾海峽，約廿六哩，爲英法相距最近之處。），使德軍在法國沿海區及德國已增強防禦。

【合衆社倫敦廿四日電】聖誕前夕之猜想，英空軍再度猛炸柏林，數萬城在聖誕日仍將繼續燃燒未已。昨夜爲一年以內最長之一夜，英機利用此點使其出動數較最近襲擊柏林之任何一次爲龐，而歸時則已晨曦初上，涼月方沉。巴黎續報謂，此次空襲特別猛烈，襲擊時間恰在聖誕前夕，德人心中之恐怖決非言語所能形容。又訊：英國軍事專家今日在[illegible]接續一千餘噸，引起大火多處，盟機正在攻法國海岸上之『火箭砲』陣地。[illegible]

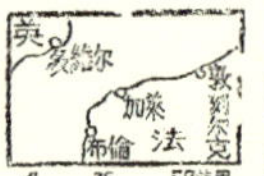


【合衆社倫敦廿四日電】羅斯福總統廿四日廣播宣佈：艾森豪威爾將軍被任命爲英境內英美聯軍總司令，以準備對歐陸作戰。[illegible]

【合衆社倫敦廿四日電】[illegible]

下英法與美軍事會議之步，使各方均得協調，就久遠[illegible]

[illegible]任命約事實國非人選，對於英美政府在人選上所負任者，使他們亦願負擔信任。

【合衆社倫敦廿四日電】[illegible]第二戰場之開闢已近於成熟之階段。

# 蘇北新四軍收復阜寧
## 「掃蕩」浙東寇軍被我擊退

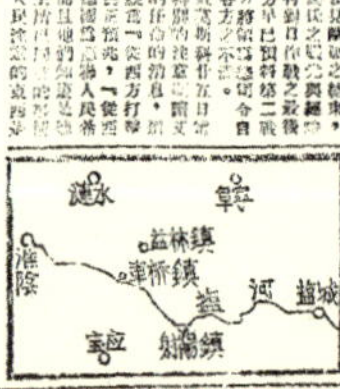


【本報蘇北廿三日電】駐阜寧之敵六十四師團六十九旅團四十一大隊，在我蘇北[illegible]不斷打擊下，已潰亂不堪，於本月上旬奉命[illegible]，我該區部隊即[illegible]阜寧城（見右圖），我新四軍將阜寧縣城收復。

【本報浙東廿四日電】浙東寇軍、偽軍二千五百餘，於本月七日向我四明山地區『掃蕩』，經我該區部隊的堅決的打擊後，迫使敵偽於十二日起撤退，在此六天的反『掃蕩』戰中共斃傷敵偽一百九十餘名，繳獲輕機槍一挺，步槍十餘支，其他軍用品頗多。

社論

# 邊區勞動英雄代表大會給我們指出了什麼？

陝甘寧邊區第一屆勞動英雄代表大會於本月十六日閉幕了。這是繼去年高幹會以來最成功的一次會議。在二十天的會議中，從各個生產戰綫上選拔出來的積極份子的代表，總結與交換了他們豐富的生產經驗，製定了明年大規模發展生產的方針和辦法，鼓動了熱烈的革命競賽，給他們帶着信心回到他們原來的生產崗位上去。經過這次大會之後，我們有充分根據來期待明年邊區一定會在生產戰綫上取得更多更巨大的勝利。這次大會將成爲邊區經濟發展的重要里程碑。這些在大會通過的宣言裏也可以充分看到了。

然而，這次勞動英雄代表大會的收穫和它的意義還決不止此。它對於我們的幹部（黨、政、軍、民所有幹部都無例外）應當看做是一次最實際的教育，因爲它對我們更充分證明與徹底解決了若干重要問題。

首先，這次勞動英雄代表大會上非常明顯地表現出來了去年高幹會以來邊區今年一年的工作成績：勞動人民通過他們的代表紛紛表示他們對於邊區的熱愛，對於共產黨、八路軍、邊區政府和他們的領袖的虔誠擁護；黨政軍民的關係表現着空前的團結，人民羣衆的積極性創造性表現着空前的高漲；這一切就使邊區的各個面貌呈顯出一番新氣象。這一切，就使我們不但不怕，而且有足夠力量來打擊日本帝國主義對邊區的進攻，或是應付國內反動派所時刻準備的對邊區的突然襲擊。

我們要問：這些成績是從那裏獲得的呢？應當說，首先是由於我們執行了毛澤東同志所指示而由去年高幹會所確定的『生產是一切工作的物質基礎』的方針；由於我們在高幹會上把這個方針在幹部思想上求得了一致，然後又把它貫徹到羣衆中去，成爲廣大羣衆的行動；由於廣大黨政軍民幹部增強了黨性與組織觀念，在實際工作中改造了領導作風，打擊了官僚主義傾向，眞正組織了一切人民、部隊、機關、學校的生產運動；由於我們在『自己動手』的口號下，不但解決了種種困難，而且達到了廣大羣衆走上『豐衣足食』的道路。

我們現時處在持久的抗戰環境當中，但和前方的各抗日根據地比較起來，陝甘寧邊區所處的是相對的和平的環境，所以我們首要的工作是建設工作，以邊區建設來支持前方抗戰，來推動全國的抗戰建設。但是，我們究竟應當建設些什麼？什麼是我們全部建設的中心環節呢？這在高幹會以前是有相當一部份同志在思想上和實際工作中沒有解決的。毛澤東同志曾說：『一切空話都是無用的，必須給人民以看得見的物質利益。』這就是說，我們應當領導人民去發展生產，在發展生產中給人民以看得見的物質利益，這就是我們在邊區現時環境下抗戰建設的中心。在陝甘寧邊區，封建剝削已經消滅或是減輕了，人民羣衆已經建立了自己的抗日民主的『三三制』政權，而我們所處的又是相對的和平的環境，在這種情況下，我們有可能而且必須用一切力量與辦法，來領導羣衆大力發展生產。我們領導人民羣衆發展生產，一方面改善他們的物質生活，一方面又附帶解決抗日經費問題；我們領導黨、政、軍、羣衆發展生產，一方面改善他們的物質生活，一方面又可減輕人民的負擔，更加改善軍民關係。這樣，在邊區人民羣衆和黨、政、軍、羣衆的物質生活的基礎上，逐一步提高了他們的政治覺悟和文化程度。這些目的，我們在一年生產運動中已逐步達到了，並且證明只有這樣，我們才能克服困難，爭取團結與抗戰的勝利。

這個組織羣衆發展生產的方針，經過一年實踐之後，又在這次勞動英雄代表大會上完全證明其爲唯一的正確方針。像在勞動英雄大會上所表現的羣衆自動的擁軍熱潮和軍民一體的關係；羣衆對於特務破壞份子和反動派摩擦邊區所表示的最高度的憤慨；吳滿有等勞動英雄，在他們的模範鄉計劃中，自動要求辦理學校；以及今年的徵糧工作比任何一年費力最少而完成最快等等。這些成績，就是由於我們把領導生產工作當作中心環節，經過這個環節，推動了自衛軍、防奸、文化、戰鬥動員、擁軍等等各方面的工作。過去有的同志，以爲在邊區經濟落後的條件下，我們在經濟建設上不可能有所作爲；這些思想，現在更加證明是完全錯誤的了。

其實，在這次勞動英雄代表大會上再沒有那麼明顯地顯示出勞動羣衆的眞正智慧和創造能力。我們的世界和它的歷史是勞動羣衆創造的，我們發展生產，如果離開廣大羣衆是不可想像的，因此，我們領導生產，必須是依靠羣衆，組織羣衆，發揚羣衆的積極性和創造力，把發展生產變成一個廣大的羣衆運動。這個方向，現在也是比任何時候更加證明其正確了。邊區的勞動羣衆，在黨的號召之下，作出了許多驚人的事蹟。例如：吳滿有、陳德發、石明德，組織了像吳家棗園、馬家溝、白塬村那樣全村的變工隊，提高了近乎一倍的生產力，開拓了邊區農業生產的無限前途。劉建章在多年的摸索中間，創造了南區合作社式的生產、消費、運輸、信用等綜合性的合作社，建立了全邊區合作運動的新方向。馮雲鵬以一個人的努力，安置了一百七十多戶難民，又發明了許多聚團難民的辦法。張清益創造了每村共同開荒，設立義倉，推動了全關中分區的義倉運動。楊朝臣、申長林、孫萬福、張振財、劉玉厚、賀保元、馬海旺等人，根據現有技術基礎和當地條件，創造了許多切合實際的改良農作、興修水利的辦法，大大提高了糧食產量。閻開增、馬光琪創造了把生產與防奸相結合的方向，創造了許多與破壞份子鬥爭的辦法，粉碎了特務機關的暴動陰謀，保證了羣衆生產運動的發展和它應得的果實。婦女中的郭鳳英、劉老太婆等，積極紡織與參加農業生產，推動了附近婦女的勞動，指出了邊區婦女運動的正確方向。我們的部隊生產，更是世界上的奇蹟。他們把打仗與生產結合，表示出他們是人民的和革命的軍隊。部隊中的張治國、李位、胡青山、郝樹才、武生華等人，創造了開荒挖甘草等的新紀錄，推動了全軍的勞動熱潮，他們又是打仗的軍隊，又是勞動的軍隊：這樣的軍隊，在中國歷史上是從來不會有過的。工廠中的趙占魁、裘光華等，不斷提高勞動標準，推動了全邊區的趙占魁運動。機關中的黃立德、修玉緒等，創造了許多辦法與節省的方法，大大推動了各機關的自給和節省運動。鹽工中的高仲和、李文炳，發明了打鹽的新方法，提高了食鹽產量。以上這些不勝枚舉的事蹟，或者屬於組織工作，或者需要個人的創造能力；然而它們卻都是由勞動者自己作出來的。這些活生生的事實，充分說明那些輕視羣衆力量，缺乏羣衆觀點，不虛心向羣衆學習的同志，是完全錯了。領導者的責任，就在於把這些勞動人民的創造，吸收與綜合起來，加以發揚，加以推廣，把它變成廣大的羣衆運動。今年邊區生產成績的獲得，就是由於我們採取了這種方法的結果。這種方法，這種觀點，是我們在任何工作上所必須採取的。過去有的同志曾以爲經濟建設只是少數財政、供給、貿易機關人員的任務，少數『專家』的任務，不須依靠羣衆，不須組織羣衆，不須發揚羣衆的創造力和積極性，不須發展成羣衆的生產運動，現在完全證明是錯誤的了。

再次，羣衆雖然有力量，但如果不把他們組織起來，還不能發揮他們的力量，這在生產方面如此，在其他任何方面都是如此。在這次勞動英雄代表大會上，特別是經過了毛澤東同志深刻指出之後，完全證明了只要採取適當的形式，把人民羣衆在經濟上組織起來，就會發揮出無比的力量。而目前在經濟上組織人民羣衆的最恰當與最重要的形式，就是變工隊、札工隊、唐將班子一類的農業合作及生產、消費、運輸、信用等綜合性的合作社和運輸合作社。

邊區的農業，還沒有，暫時也不可能改變它的個體經濟和比較落後的技術基礎。但是，邊區農民羣衆在經濟上所受的封建剝削已經消滅或減輕，同時，在政治上，農民羣衆在無產階級政黨領導之下，已經參加了政權，這就造成了一種可能，使他們能夠在勞動一點上集體化起來。這種建立在個體經濟和現有技術基礎上的集體勞動，已經大大地提高了農業生產力，並給將來進一步提高農業生產力造成了物質基礎。這種生產力的提高和生產的財富的增加，不是由少數私人所佔有，而是爲參加集體勞動的農民所共同享受。這就是它有廣大發展前途的基本原因。在勞動英雄代表大會上，我們還可以看到，凡是變工一類組織比較好的地方，農民羣衆的互相幫助的團結精神，就更爲發揚，他們對於保衛邊區和擁護軍隊也更爲積極，他們傳統的勞動習慣和勞動觀念也在發生着變化。因此，變工一類的農業合作，又是分散的小農經濟逐漸走到集體化的一個步驟。

邊區各地的水利事業（包括水漫地淤地等等），自從提倡變工以來，也有了相當發展。只舉一個例子：鄜縣張村驛區三鄉的水利，從國民黨統治時代就修過幾個月，未修成，今春組織了三十多人的變工隊，四五天內用一百三十多個工，就修成了灌溉八十畝水地的水利。又如延安南區的信用合作社，八個月中間，僅在南區一個鄉的範圍內，就吸收了一百多萬元的存款，放出三百多萬元的借款，解決了當地農村的金融問題。又如延安縣劉永祥式的運輸合作社，今年採取了公私合作，利用公鹽代金的辦法，大大發展了運輸牲口，完成了全縣運鹽任務。原來負擔公鹽代金的人民，不但保有了原本，而且可以分得八、九倍的紅利。現在延安縣的公鹽代金，已不再是人民對政府指出的負擔，而變成人民自己對運輸合作社極有利的投資事業了。

南區合作社式的、綜合性的合作社，經過今年在關中、安塞、綏德等地的推廣，都收到極大效果。生產合作社、運輸、出入貿易，甚至公糧負擔上，都組織了廣大的農民羣衆，替羣衆謀到了極大的利益，取得了他們全體的愛戴，而成爲當地農村經濟的核心。

以上，無論是在農業勞動上以及水利、消費、運輸、信用、手工業（包括婦女紡織）上，當它們分散爲個體經營時，就顯得軟弱無力，沒有前途。而一經羣衆組織起來，合作起來，就得到空前的發展，有了廣大的前途。這些經驗，經過今年一年的生產運動和勞動英雄代表大會之後，將爲邊區絕大多數羣衆所接受。因此，我們今後領導生產的中心環節，是在自願的原則下，採取各種合作形式，來組織更廣大的羣衆。

最後，從到會的勞動英雄代表中間，我們發現了無數的模範公民，新民主主義式的典型農民。像吳滿有、陳德發、石明德等那樣，不但發展自己的生產，而且組織全村的變工隊，模範鄉，推動全村全鄉人人生產，人人豐衣足食。像馮雲鵬、張清益那樣，晝夜不停地幫助新來移民，號召全區義倉，甚至犧牲了自己家庭的一部分生產。像閻開增、馬光琪那樣，爲了保衛邊區，擁護軍隊，堅決地和特務破壞份子鬥爭。像申長林、孫萬福那樣，成爲努力生產的勞動英雄。這一切，都表示邊區羣衆的政治覺悟及團結互助精神，是大大提高了；保衛邊區的鬥爭情緒，也空前地增長了。由於他們從共產黨、八路軍、邊區政府得到了真實的利益，他們已經把自己的命運和共產黨、八路軍、邊區政府聯系在一起了。上面所舉的這種公民，是在經過革命後從共產黨所號召的生產運動中間（又是組織各種合作形式中間）所產生的，這是一種新型的人民，是中國歷史上從來沒有過的。在今年春天，我們曾提出吳滿有作爲邊區新農民的典型。現在在勞動英雄代表大會上，我們看見更多的吳滿有，和更豐富了與從各方面發展了的吳滿有方向，在邊區已經產生了很多的吳滿有。只有在共產黨的領導下，只有在新民主主義下，才會產生這種模範的人民。緊緊地依靠這樣的人民，我們將是不可被戰勝的。

總結今年一年的實踐，證明去冬高幹會以來我們的方針，我們的辦法，都是正確的。只要我們不因現有成績而自滿，只要我們團結依靠我們的缺點，並加以糾正，只要我們繼續進步，我們明年一定會收到更大的成績。

| 解放日报 | 时间 | 1943-12-26 | 期 | 第949期 |
| --- | --- | --- | --- | --- |
| | | | 版 | 第2版 |

# 边区生产展览会奖励五十二个优良生产者

## 狼尾谷美棉美国洋芋等将大量推广

【本报讯】关于此次边区生产展览会上展品的成绩评定，目前业经大会评判委员会缜密研究，决定以甲、乙、丙三级奖状，分别奖给农业、工业、手工业、家庭副业等展览品中五十二个最优良的生产者，这些展览品受奖的理由，或为品种特别优良，值得在边区大量推广与提倡者，如农业产品中的狼尾谷、马齿玉米、美国洋芋，及各种棉花等；或为生产技术特别高超，可以作为一般生产者的榜样者，如手工业中十三岁纺纱女张玉清所纺每两长三千五百五十尺的棉纱，及贺尚花妻织的细密平整的土布等。受奖者计甲等十二名，乙等三十五名，丙等五名，兹将各项展品及送陈人、户地、受奖理由报道如下：其余还有很多的优良产品，则由各分区分别奖励。

# 邊區生產展覽會

# 獎勵五十二個優良生產者

## 狼尾穀美棉美國洋芋等將大量推廣

【本報訊】關於此次邊區生產展覽會上展品的成績評定，目前業經大會評判委員會詳細研究，決定以甲、乙、丙三級獎狀，分別獎給農業、工業、手工業、家庭副業等展覽品中五十二個最優良的生產者，試將展覽品受獎的理由，或爲品種特別優良，值得在邊區大量推廣與提倡者，如農業產品中的狼尾穀、馬齒玉米、美國洋芋、及各種棉花等；或爲生產技術特別高超，可以做爲一般生產者的榜樣者，如手工業中十三歲紡紗女張玉清所紡每兩長三千五百五十尺的棉紗，及賀尚花妻織的細密平整的土布等。受獎者計甲等十二名，乙等三十五名，丙等五名，茲將各項展品及獲獎人、產地、受獎理由報導如下：

| 受獎產品 | 獲獎人 | 地區 | 受獎理由 | 等級 |
|---|---|---|---|---|
| 棉花 | 高海旺 | 綏德城關 | 新法洗 | 甲等 |
| | 缺 | 米脂民豐區 | 新推廣 | 甲等 |
| | 徐傳 | 綏德沙灘坪 | 新推廣 | 甲等 |
| | 李如富 | 延市北區 | 長得好可推廣 | 乙等 |
| 美棉 | 缺 | 新寧 | 可推廣 | 乙等 |
| 洋棉 | 喬生亮 | 延安川口區 | 長得好，新推廣 | 乙等 |
| | [illegible] | 鄜縣城區 | 長得好，可推廣 | 乙等 |
| | [illegible] | 鄜縣 | 特別好可推廣 | 甲等 |
| | [illegible] | 綏西 | 特別好可推廣 | 甲等 |
| 狼尾穀 | [illegible] | 安塞四區 | 長得好可推廣 | 乙等 |
| | 劉文生 | 延川 | 長得好可推廣 | 乙等 |
| | [illegible] | 子長 | 長得好可推廣 | 乙等 |
| 水稻 | 缺 | 合水 | 長得好可推廣 | 乙等 |
| | 「南泥灣」 | 南泥灣 | 長得好可推廣 | 乙等 |
| 糯稻 | 缺 | 淳耀 | 可推廣 | 乙等 |
| 紅粱 | 張銘 | 綏德 | 可代稻穀可推廣 | 乙等 |
| 馬齒玉米 | [illegible] | 延市 | 產量高可推廣 | 甲等 |
| 美國洋芋 | [illegible] | 延市 | 產量高宜於推廣 | 甲等 |
| 鄜縣洋芋 | [illegible] | 綏市 | 產量高可推廣 | 甲等 |
| [illegible] | [illegible] | 曲子 | 可推廣 | 甲等 |
| 閻鵝 | 缺 | 鐵廠 | 可推廣 | 乙等 |
| | 杭大七分校 | ×× | 可推廣 | 丙等 |
| 漆 | 缺 | 赤水 | 應提倡 | 丙等 |
| 土紗 | 張玉清 | 米脂 | 十三歲女孩，紗每兩三、五五〇尺 | 甲等 |
| | 王君如 | 綏德 | 每兩三、〇一八尺 | 乙等 |
| | 李永晔 | 延川 | 細勻 | 乙等 |
| | 缺 | 子長 | 質量好 | 乙等 |

| 受獎產品 | 獲獎人 | 地區 | 受獎理由 | 等級 |
|---|---|---|---|---|
| 土布 | 賀尚花妻 | 清澗 | 細密平整，織的好 | 甲等 |
| | 朱維璽 | 綏德 | 細密 | 乙等 |
| | 李煥花妻 | 慶陽 | 細密 | 乙等 |
| | [illegible] | 新正 | 質量好 | 乙等 |
| | 萬和工廠 | 米脂 | 質量好 | 丙等 |
| 毛織品 | 民衛合作社 | 米脂 | [illegible] | 乙等 |
| 氈 | 朱炳華妻 | 吳堡 | 紡大線多，發揚示範 | 乙等 |
| | 陶老太太 | 吳堡 | 出品優良 | 乙等 |
| 綢子 | 興業工廠 | 清澗 | 出品優良 | 乙等 |
| 草帽 | 馬督陶 | 綏德 | [illegible] | 乙等 |
| 毛衣 | [illegible] | 隴東 | 毛線好，織得好。 | 乙等 |
| 毛口袋 | 魯二 | 綏西 | 產品優良 | 乙等 |
| 家庭毯 | 張治斗 | 延縣 | 紙白齊勻 | 乙等 |
| 麻紙 | 魚池鴻紙廠 | [illegible] | 可推廣 | 丙等 |
| 毛口袋 | [illegible] | 三邊 | 供給軍需，應發展 | 乙等 |
| 改良紡毛車 | 鄧大 | [illegible] | 可推廣 | 乙等 |
| 古銅色瓷碗 | [illegible] | 新正衣食村 | 出品優良 | 丙等 |
| 紡織機 | 新中國機械廠 | [illegible] | 改良 | 乙等 |
| 毛筆 | 留直毛筆廠 | [illegible] | 提倡 | 乙等 |
| 油墨 | 中央印刷廠 | [illegible] | 代替外來品 | 乙等 |
| 玻璃 | 軍工局玻璃廠 | [illegible] | 提倡 | 乙等 |
| 陶瓷 | 軍工局瓷窯 | [illegible] | 耐酸耐火 | 乙等 |
| 大車 | 政記大車廠 | [illegible] | 標準大車 | 甲等 |
| 手搖水車 | 兵站劉科長 | [illegible] | 提倡 | 乙等 |
| 省炭灶(模型) | 青年劇院王泰 | [illegible] | 可推廣 | 乙等 |

其餘還有很多的優良產品，則由各分區分別獎勵。

# 捐獻工資萬元勞軍

本報女同志加緊公餘生產

希望各機關女同志響應

【本報訊】二十二日下午，本報編輯部全體女同志等十五人，熱烈集議如何進行多季公餘生產，如何在四個月內每人完成三斗五升小米的生產任務，經過詳細參議討論，每個女同志都以堅決的信心，保證不僅能完成上列任務，並且還要超過。……

# 志丹明年的生產計劃是怎樣製訂的？

【本報訊】志丹一九四四年生產計劃，本報業已披露，……

# 赤水四區秋收成績優良

幹部與羣衆打成一片

克服傳統的保守觀點

男女老少一律參加

轉變爲收秋的開荒班子

替抗工屬先收

破慣例、翻秋地

今年收穫大大提高

# 子長部份區鄉幹部明年全部自給

東一區二十五人種地七十六垧

# 岢嵐十三個村完成減租

農民踴躍計劃增產繳納公糧

認識組織力量紛紛加入農會

【新華社晉西北廿日電】岢嵐在縣區村各級幹部的推動領導下，不一月即圓滿完成了十三個村莊的減租工作。……

# 淮南蘇皖邊區

# 定明年二月爲擁軍月

文藝工作者將深入工農兵群衆

# 鄜縣退伍軍人陳黑娃等

# 生產自給

# 漢奸吳紹澍由滬抵洛轉渝

# 后　记

从《解放日报》卷帙浩繁的版面文字中编辑整理出有关工业的新闻史料是一项非常烦琐的工作，筛选、分类、整理、审校工作量浩大。《中国共产党早期新闻史史料汇编》（第一卷、第二卷）顺利出版离不开各级领导的支持，离不开参与该项工作的老师和同学的付出，正是他们一丝不苟和任劳任怨的精神，使《中国共产党早期新闻史史料汇编》（第一卷、第二卷）的编辑整理工作得以顺利完成。在此对他们表示诚挚的谢意！

本次出版的《中国共产党早期新闻史史料汇编》（第一卷、第二卷），贾翠玲完成第一卷上册和第二卷上册的编写，刘晓华完成第一卷中、下册的编写，吴蓉完成第二卷中册的编写，师发玲完成第二卷下册的编写。

由于时间、人力等方面的原因，编辑整理中难免出现文字处理等方面的瑕疵，敬请各位专家批评指正！

贾翠玲

于二〇二二年谷雨

革命文献与民国时期文献
保护计划

成 果

# 中国共产党早期新闻史史料汇编

第二卷

中

《中国共产党早期新闻史史料汇编》编写组　编

人民日报出版社
北　京

# 目录

解放日报

解放日报 | 时间 | 1943-7-4 | 期 | 第774期
版 | 第2版

# 常英兰全家纺毛每月收入生活绰绰有余

## 过去没吃没穿今天食饱衣暖

【本报讯】在常英兰的家里，夫妇和女儿三人都在纺毛。当提起他们过去的生活时，常英兰的丈夫说："咱还没来延安时，没住的、没吃的，一家大小七口人每月只吃小米一斗半，哪来的干米饭吃呀！吃的简直就是水。"这一家人就在前年，卖尽家中所有，跑到延安找活路来了。常英兰和她丈夫一到延安后，就进了华侨工厂，以后全家都搬住在厂子附近给工厂纺线子。常英兰夫妇和女儿宝珠三人纺线，较大的一个孩子卷羊毛，常的母亲导线兼做饭。从这时起全家便以纺毛来维持生活了。她们全家订下了一个劳动条约，天明就起床。常英兰母亲生火做饭，她和她女儿、丈夫就纺线，每人规定每天产量，常英兰一天纺线斤半，她女儿和丈夫每天纺斤二两（都是头等线子），晚间过秤检查，一个月每人按二十八工算，纺不足产量的人，就在休息时间内补上。这样纺线生产，现在她们全家每月可收入两石八斗小米，维持全家生活，绰绰有余了。常英兰说："咱现在每月全家吃着六斗米，一斗豆子搀在米饭内做豆子稀饭，年节还吃肉食，一个月要买三百多斤柴，五匣洋火……这些粮食、物品，在过去咱不但没钱买，就连想也没想到呢！"现在她家里新置了很多用具，大大小小的瓷缸、锅、镢头、马灯……三顶新草帽，她们所需的用具，已经一样也不缺了。在打开了他的新置的三个木箱后，那里面满满都是衣服。他们现在每人有一件毛衣，两件去年底才新缝的棉布大衣，两件羔皮大衣，还有新缝的单衣，最近又买了一丈四尺青市布，六尺芝麻呢布。他们在一出外或赶集时，新衣服就穿上了。备置这些衣服，共花了一万五千多元。以前欠人的三千元，也早已还清了。土窑外一片绿油油的菜地，长满了南瓜、葫芦、洋芋、玉米、秋白菜，这是常英兰和她丈夫工余的农业生产。最近她又准备打窑（现住的窑是工厂的），养母猪，喂鸡。常英兰初来的时候什么也没有，而现在吃的穿的却都要不完了。她们一家人还继续筹谋扩大家务，常英兰的丈夫，最近又计划向大众合作社投资。

# 「亞洲」部推進學習
# 發動戰士訂立計劃
## 創造模範班　戰士愛好通俗讀物

【本報訊】「亞洲」部爲了推動戰士們的學習，創造學習模範，近發動全體戰士訂定個人學習計劃，由教育股派人到連隊幫助進行。每個連選出一兩個學習最積極的，根據他們的程度，幫助他們訂出具體的學習計劃，並在俱樂部公佈。同時號召全體戰士模仿自己的程度，打出個人學習計劃，一份寫在自己的筆記本上，一份交指導員保存。訂計劃時由自第一次鋤草後至秋收時止。每個學習階段（兩次鋤草之間爲一個階段），檢查每個人的計劃一次。在訂計劃中，戰士們都非常認真負責，而且訂得很具體，如八連戰士白錦章，他日常學習最積極，[illegible]除正式課程外，經常讀報，日記從來沒有中斷過，自開荒後到現在已經讀完了「[illegible]」、「[illegible]」、「火燒山」、「二流子轉變」、「[illegible]」、「豐衣足食」、「大家拜年」等書。這次他在自己的學習計劃上這樣寫着：

（一）軍事學習：自覺遵守操場及課堂紀律，[illegible]

（二）政治學習：講過的政治課能了解其內容，並在實際行動中做到不犯紀律，向部隊中不良傾向作鬥爭，關心時事，領導小組讀報。

（三）文化學習：一、上過的課程做到能夠說寫。二、保證每天寫日記。三、保證每月給報紙投稿三篇。四、在秋收以前讀完「鐵流」（通俗本）、「在北極」、「地球和宇宙」、「巨人的少年時代」等書。

（四）測驗成績保證在九十分以上。並盡可能幫助全班學習。每週自己總結學習一次。

計劃訂出後第二天，他就同教育股借了「鐵流」去看，他對完成計劃是有信心的。

【本報訊】[illegible]

# 隴東黨政軍紀念「七一」
## 抗大總校致電各分校

【本報隴東一日電】今日上午九時，分區及慶陽縣黨政軍各界幹部千餘人，齊集隴東大禮堂，紀念中共誕生二十二週年。[illegible]

[illegible]

# 黨有長城
## ——共產國際解散後訪問黨校何長工同志

莫艾

[illegible]

## 志丹三區出現婦女變工隊
# 八天鋤地八十畝

【本報志丹訊】[illegible]

# 饑餓的太原

元青

[illegible]

（新華社晉西北一日電訊）

## 「戰衛」部幫助民衆
# 鋤草千二百餘畝

【本報訊】[illegible]

## 「南昌」部
## 鋤完包穀洋芋

【本報訊】[illegible]

## 常英蘭全家紡毛
# 每月收入生活綽綽有餘
## 過去沒吃沒穿今天食飽衣暖

【本報訊】在常英蘭的家裏，夫婦和女兒三人都在紡毛。當提起他們過去的生活時，常英蘭的丈夫說：「咱們沒來延安時，沒住的，沒吃的，一家大小七口人每月只吃小米一斗半。爺來的純米飯吃呀！吃的慣還就是水。」

這一家人就在前年，實靠家中所有，搬到延安找活路來了。

常英蘭和她丈夫一到延安後，就進了難民工廠，以後全家都搬住在離十附近紡工廠紡線子，常英蘭夫婦和女兒實現三人紡線，較大的一個孩子揀羊毛，常給母親攪線做飯。從這時起全家便以紡毛來維持生活了。

她們全家訂下了一個勞動公約，天明就起床，常英蘭母親先做飯，她和兩女兒、丈夫就紡線，每人規定每天紡線斤半，她女兒和丈夫每天紡斤二兩（都是頭等線子），晚間滿評檢查，一個月每人按什八工算，紡不是虛虛的人，就在休息時間內補上。這樣紡線生産，現在她們全家每月可收入卅石八斗小米，維持全家生活，綽綽有餘了。

常英蘭說：「咱現在每月全家吃着六斗米，一斗豆子摻在米飯內做豆子稀飯，年節還吃肉食，一個月要買三百多斤柴，五瓶洋火……這些糧食、物品，在過去咱不但沒嘗過，就連想也沒想到呢！」

現在她家除新置了很多用具，大大小小的瓮缸、鍋、鐵鏟、鍋蓋……三頂新草帽，她們所穿的用具，已經一樣也不缺了。在打開了他們新置的三個木箱後，常英蘭滿滿都是衣服。他們現在每人有一件毛衣，兩件去年底才新做的棉布大衣，兩件藍皮大衣，還有新縫的單衣，她近又買了一丈四尺斜市布，六尺芝麻呢布。他們在一出外或趕集時，新衣服就穿上了。僅僅衣服，共花了一萬五千多元，以前欠人的三千元，也早已還清了。

土窯外一片綠油油的菜地，長滿了南瓜、胡蘿、洋芋、茄菜、秋白菜，這是常英蘭和她丈夫工餘的農業生產。最近她又準備打窰（現住的窰是工廠的），餵母豬，餵雞。

常英蘭初來的時候什麼也沒有，而現在吃的穿的都愁不完了。她們一家人還繼續鼓勵擴大家務，常英蘭的丈夫，最近又計劃向大衆合作社投資。

| 解放日报 | 时间 | 1943-7-5 | 期 | 第775期 |
| --- | --- | --- | --- | --- |
| | | | 版 | 第1版 |

# 边区各界筹备秋后举行盛大工农业展览会

## 将奖励百五十位劳动英雄模范干部

【本报讯】今年全边区进行的轰轰烈烈的公私生产运动，其成绩将在秋收后举行的第三届农工业展览会上表演，并将获得优劣之评判与总结。该会之任务与内容已在昨日举行的警备会第一次会议上做出初步决定，届时将有一百五十名劳动英雄及模范生产干部获得奖励，并由他们总结过去生产经验与讨论今后的生产办法。展览会的内容，决定先由杨家岭机关、留司、边区一级、绥德分区、陇东分区、关中分区、三边分区先期征集产品，就地分别举行展览，然后再将其主要产品汇集延安，合并展览，筹委会现已开始推动上述各单位立即进行筹备，同时并会同延属分区，搜集其所属各县之公私产品，并以此为展览会之中心。各种展览品将按其性质，分别以产品、图表、照片、漫画，模型、文字等方法表现出来，并将分别地区公私对照展览，使阅览者一目了然各项生产成绩的优劣。展览时间暂定一周，同时并举行盛大的骡马大会，各种名剧将同时上演。边府已分令各地广泛号召人民携带产品，届时来延赶会，物资局将负责调整骡马大会之贸易，如某项土产脱售不易时，则由该局收买。银行大楼亦将举行金融展览。一百五十名劳动英雄及模范干部中，暂定由军队选三十人，机关学校选二十五人，工厂选十五人，人民的劳动英雄代表则为八十人（选举标准另有原则规定）。因边区经济分公私两部分，而公营部分又以军队生产为首，故军队劳动英雄占公营部分的第一位。上列人员来往路费、开会期间的住宿、伙食及一切招待事宜，除人民中之劳动英雄由筹备处负责外，余均由各系统分别负责。现筹备处已正式成立，主任为前延川县县长现任建厅一科科长辛兰亭同志，办公地址暂设建厅。展览会的会址亦已开始筹备修建。据建设厅厅长高自立同志称：该会之任务，在于总结过去，推进将来，宣传群众，教育自己。总结生产的办法，则注重具体切实，扼要简明，抓住中心，而以今年为主，其总的目的，则在总结过去经验，推动往后的生产运动，以增强抗战力量，改善军民生活，丰衣足食。他特别号召各地军政机关及群众团体，在展览之前积极推动生产，成绩优良者更进一步，成绩差劣者尤应急起直追，迎头赶上，借以胜利的生产成绩，出现于此届空前盛大的农工业展览会，按边区第一届农工业展览会举行于一九四〇年二月，第二届举行于一九四一年二月。

【本报讯】昨日举行的农工业展览会筹委会第一次会议，在交际处举行，除王震同志因公未出席外，委员张令彬同志（留司代表）及其他委员均出席，建厅各科科长暨第一第二两届展览会主要工作人员，亦均列席参加。各出席人员发表意见甚多。先期分区举行展览，并以筹备期间推动各地积极生产的提议，乃方仲如同志所提出。以后并将每月举行会议一次，明日上午九时并在市府讨论筹备骡马大会及展览市政建设问题，八日上午九时，并将召集各有关部门，在建厅举行宣传会议。

中華民國三十二年七月五日　　GIEFANG RIBAO　　星期一　第一版

# 解放日報

中華民國三十二年七月五日　第七五號　今日出版一大張
社址：安延　半年一五〇元　全年二九〇元　八十元 三月 三十元 每月 零售一元期本

## 啓事

陳謙同志：據彭祖貴同志云，他曾由重慶托你與我捎來一管水筆，望即將筆交金隆商店是荷。

譚儉生
六月廿四日

## 修理收買破鐘錶

本處技術生產小組修理鐘錶、自來水筆、打火機，工具齊備……如蒙光顧，竭誠歡迎……

## 緊要聲明

……西北局行政處
六月廿四日

# 邊區各界籌備秋後舉行盛大工農業展覽會

## 將獎勵百五十位勞動英雄模範幹部

# 太行紀念抗戰六週年 熱烈推進擁軍愛民

## 晉西北編發正義小叢書廣為傳播

# 我們有辦法堅持到勝利

——為抗戰六週年紀念而作——

朱德

（一）六年抗戰的回顧

# 英共敦促政府解決印度僵局

# 北嶽區子弟兵勝利完成保衛麥收

## 幫助民衆收割麥地百分之四十

# 斯摩林斯克前綫 紅軍迫敵後退

# 鄂中偽軍士兵百人繳偽大隊長携械反正

（下轉第二版）

〔5〕 17

| 解放日报 | 时间 | 1943-7-8 | 期 | 第778期 |
| --- | --- | --- | --- | --- |
| | | | 版 | 第2版 |

## 新中国鞋厂节省万五千元

【本报子长讯】新中国鞋厂有二十位慢性病工人（头痛等病），经过一时期休息，最近参加轻劳动，把碎布壳拆开重打成布壳，为公家节省一万五千余元。

# 男女老幼一齊動手 慶陽民衆互助收麥

## 義務助民割麥隊先後出發

【本報慶陽二日電】慶陽各區鄉幹部中全力收割小麥……（正文字迹模糊，從略難辨）

# 中國共產黨與中國民族解放的道路

（上接第一版）

中國共產黨以馬克思列寧主義的辯證唯物主義與歷史唯物主義來認識中國社會，來製訂自己的政綱，把中國民族解放的三大課題的解決，放在唯物的現實的與科學的基礎上，而不讓其解決方案停留在主觀的空想的與公式的基礎上。中國共產黨了解了三個課題或者說三大任務是彼此聯繫着的，但是每個課題的解決中，參加的階級力量不一樣，因此必須在民族解放道路上的每個階段，具體的估計情況，分析階級關係，來製訂它的政策。

中國共產黨從產生以後便積極的參加了中國民族解放鬥爭，二十二年如一日，其中參加了一九二五——二七年大革命、蘇維埃運動與最近六年來的抗日戰爭。中國共產黨便在這些反帝反封建的鬥爭中壯大起來。毛澤東思想也就在三大革命鬥爭中生長起來成熟起來的。

中國共產主義——毛澤東思想不僅在和中國民族解放的敵人的鬥爭中生長起來，而且是在和共產黨內的錯誤思想的鬥爭中成熟起來的。

在中國共產黨二十二年的歷史中曾經有過左右傾機會主義。在大革命時有過陳獨秀投降資產階級的機會主義，又有過張國燾反對國共合作的左傾機會主義，在大革命失敗後的蘇維埃運動時期中，有過盲動主義，李立三路線及蘇維埃後期的左傾機會主義，在抗戰時期中又有過新的投降主義與資產階級的右傾機會主義。這些左右傾機會主義都是沒有找着中國民族解放的正確道路，或者是受了資產階級思想的影響，做了資產階級的尾巴，或者是小資產階級狂熱的盲動，跳過革命的必經階段，以爲中國解放的三大課題可以同時解決，或者是資產階級的「現實主義」，或者是小資產階級的「浪漫主義」。中國共產黨是在克服與反對這些機會主義的鬥爭中壯大起來，中國共產主義——毛澤東思想也在這個鬥爭中生長起來。

毛澤東同志從共產黨第一次代表大會後便在中央工作，參加製訂了第一次大革命中中共的政治路線，反對了張國燾的反對國共合作，同時又反對了陳獨秀主義，在湖南下鄉調查農民土地問題，在中共是第一個把農民土地問題提到中國革命中應有的位置。大革命失敗後創立了工農紅軍，確定了蘇維埃的各個政策與紅軍的戰略戰術及紅軍政治工作建設，又批評了李立三路線及蘇維埃後期左傾機會主義。在抗戰時期中毛澤東同志又提出了抗戰的正確路線，批判了國內外對抗戰軍事政治經濟文化各方面的錯誤思想，反對了國內對大地主大資產階級抗戰的投降主義，寫作了出名的小冊子「論持久戰」「論新階段」「新民主主義論」「共產黨人發刊詞」等等著作。在最近又發動了整風運動，反對主觀主義、宗派主義與黨八股，以教育共產黨人更好的解決中國革命的問題。

以毛澤東思想爲代表的中國共產主義，是以馬克思列寧主義的理論爲基礎，研究了中國的現實，積蓄了中共二十二年的實際經驗，經過了黨內黨外曲折鬥爭中而形成起來的，它既不像那些教條主義者抄襲書本般道理論，把理論當教條而自命爲馬列主義，把主觀主義當作馬列主義，也不像那些以中國人民民族意識來投機，抄襲一些中國封建時代的古書，同時偷運一些外國最反動的法西斯思想而自命其理論爲中國「本國貨」，把封建思想與法西斯主義當作中國民族解放的理論。它是創造的馬克思列寧主義，它是馬克思列寧主義在中國的發展，它是中國的共產主義，中國布爾塞維主義。

請看俄國布爾塞維克主義——列寧主義是怎樣發展的，來當作我們的一個例子吧！列寧自己說：

「一方面，布爾塞維主義於一九〇三年是在最堅固的馬克思主義理論基礎上產生的。而這個——只有這個——革命理論底正確，不但是由整個十九世紀全世界的經驗所證明，而且特別是由俄國革命思想界的徘徊，遊移，錯誤和失望以經驗所證明。大約在十九世紀四十年代到九十年代這五十年內，俄國進步的思想界在空前野蠻與反動的俄皇專制壓迫之下，尋求正確的革命理論如渴思飲，它用了驚人的奮勉精神與慎密態度來探索歐美關於這方面的每一種『新發明』。俄國在半世紀裏，受到了空前的痛苦與犧牲，表現了空前的革命英勇，它表現難以設想的努力，它專心致志從事探求，學習，實驗，失望，審查、參照歐洲經驗等等階段，它算是經過了千辛萬苦之後，才獲得馬克思主義這個唯一正確的革命理論。革命者不堪俄皇政府底迫害而不得不僑居國外，所以革命的俄國，在十九世紀後半期，其國際聯絡之頻繁及其對於各國革命運動底形式與理論之熟悉，爲世界任何各國所不及。

另一方面，在這個堅固的理論基礎上所產生出來的布爾塞維主義，有了十五年（一九〇三到一九一七年）的實際歷史。這種歷史經驗的豐富世界上沒有倫比。因爲在這十五年內，任何國家都沒有這樣多的革命經驗，革命運動各種形式——合法的與非法的，和平的與激烈的，秘密的與公開的，小組的與羣衆的，議會的與恐怖的種種形式——彼此交替……特別迅切和順利地領會和採用了相當的歐美政治經驗底「新發明」。」（列寧：「左派幼稚病」）

這是俄國布爾塞維主義產生的過程，西歐馬克思主義的理論與俄國革命經驗相結合，便產生布爾塞維主義，列寧主義。

在一定的意義上，中國共產主義的產生與成長，也與俄國布爾塞維主義有了同樣的過程。

中國在十九世紀後半期與二十世紀，由於中國的落後，外有帝國主義的相繼侵入，民族獨立喪失，內有滿清及軍閥的殘暴統治，因此中國最近百年來的歷史都充滿着民族解放與革命的鬥爭，太平天國，義和團，辛亥革命，五四運動，大革命，蘇維埃運動和抗日戰爭。同時百年來中國進步的思想界也同俄國一樣在尋找革命理論，太平天國以基督教爲號召黨綱，義和團以原始的民衆暴動爲其色彩不用去說他，後來又有康梁立憲主義，孫中山三民主義，陳獨秀資產階級的自由主義，中國共產黨人的馬克思列寧主義。所有他們也都同俄國一樣抱着熱血心血在歐美的「新發明」中尋找救中國解放中國的革命理論，也是經過失敗、痛苦、經驗與教訓之後，特別是在俄國十月革命勝利之後，看見了俄國共產主義勝利解放了俄國之後，才找到了馬克思列寧主義這個唯一正確的革命理論。共產黨人是這樣懂得馬克思列寧主義的革命理論之作用，承認中國革命非「以俄爲師」不能成功。所謂「俄國方法」便是布爾塞維主義的革命方法，所謂「以俄爲師」，但是以列寧主義爲師。這是孫中山先生晚年失敗的經驗後由認識到的，孫中山先生雖未成爲馬克思列寧主義者，這是可惜的事，然而他在晚年能夠認識「俄國革命的好方法」，已經是難得的可寶貴的事。

由於中國的落後，在馬克思主義出現後約七十年，在布爾塞維主義出現後差不多二十年，中國才找着了馬克思列寧主義的理論，成立了中國共產黨。於是中國共產主義之思想，便建立在這個馬列主義的堅固的基礎上。這是一方面。

另一方面，自中國共產黨產生以後，中國共產主義也已經有廿二年的實際歷史，帝國主義與封建軍閥壓迫之殘暴比之俄皇政府有過之無不及。中國革命鬥爭經驗之豐富，鬥爭形式之複雜，民族的、階級的；民族統一戰線之形成、破裂與再形成；城市的、鄉村的；合法的、非法的；對外的、對內的；武裝的與和平的。武裝鬥爭延長了二十餘年，革命是在戰爭中；這些鬥爭形式不僅很快的交替，並且有時在中國不同地區同時進行，這些都鍛鍊了中國共產黨人，使中國共產黨能夠充實他的理論與經驗，創造出建築在馬列主義基礎上的中國共產主義。可是，中國共產黨一產生後便全部投入革命的高潮，沒有很多時間來進行理論工作，因此，中國共產黨在產生後，經過經驗，經過成功與失敗，經過克服黨內機會主義的鬥爭的過程中，中國共產主義才生長起來成熟起來，這是不奇怪的事，也是必然的事。

（下接第二版）

# 高川村的夏耘

高永祥談　楊光整理

高川村是安塞七區參鎮鄉有特色的一個莊子……

# 新中國鞋廠 節省萬五千元

【本報子長訊】新中國鞋廠有二十位慢性病工人（頭痛等病），經過一時期休息，最近參加輕勞動，把碎布先拼開再打成布先，爲公家節省一萬五千餘元。

# 安塞黨員徐鳳玉 助全鄉組織十個札工

# 「亞洲」部一營通訊班 大部同志能寫日記

【本報通訊】……（下接第二版）

# 華池柔遠區黨員積極推動 半數勞動力變工鋤草

## 曲子縣長率幹部助民鋤草

# 清澗黃來用領導 八個收麥鋤草變工組

## 張書銀棉地鋤七次

# 敵在華北勒索餘款

## 強迫我農民獻糧

# 延川合作社发展纺织半年助民增加收入百余万

## 代民运盐便利群众专力生产

【本报延川讯】此间于六月二十六日召开合作社各区分社主任联席会，检查上半年工作。半年中，合作社在人民中的威信日益提高；如去年承包了公粮二百零四石，给了人民不少的便利，群众在实践中已亲身体验到合作社的好处。又如实行社员优待制，凭股票购物九五折扣，比一般市价低廉，各社在半年来计算，共给社员节省三十一万六千三百四十一元。过去人民入股金两元，还得经过政府动员；而今年则经合作社一号召，群众即争先恐后的自愿入股。如民众社在一月份计算，原有股金一二九、六三九元，现有五八一、六四三元，计新扩充股金四五二、〇〇四元。现在相继入股者，仍很踊跃。这半年来营业的结果，各社纯利共计一、〇九五、九〇四.三六元。在春耕时，合作社曾为人民购置农具，计购回犁铧三百六十五页，老镢、锄头等四十余件。为解决耕牛的不足，永平区分社专派人去陇东买耕牛二十五条，低价卖出，裨益该区人民不少。在日常需用品的供给上，如火柴即有一千五百零二包，碱一千二百八十斤，食盐一万零六百四十斤，市布二千九百五十尺，棉花一万二千斤，麻纸、颜料等及生产社出品尽数销售于农村中。此外，复代民众运盐二千六百驮，以区为□[单]位组织了运输队，计现有骡子五十五头，毛驴三十头，已至张家畔运盐五次，从四月份起运回八百六十驮，全数销售，除开支外，获纯利五〇、二〇四元。合作社在人民中集股四百万元，代替人民驮盐，以免影□□[响生]产，这是老百姓自愿且需要这样做的。同时在春耕当中代人民转送公粮七十五石，不仅是调剂与照顾了生产，更使生产与运输兼顾并进。今年以一五〇、〇〇〇元的资金，开设了染房五处，染价每尺布比市价低两元，半年来染布一〇三、一六九尺，除开支外，得纯利五〇五、〇〇二元。建立小规模的纺织所，资本一〇五、〇〇〇元，四月份开始，至六月份纺纱三八〇斤，产大布二十五匹，小布六十五匹（每匹五丈），成品出售除开支外，得净利六三、九五五元。以二百余斤羊毛，投资私人调份子，设毡坊一处，半年来获利一万二千元。还扶植了私人手工业的发展。发展妇女纺织□[事]业，以棉花换纱，曾准备了一六、五〇〇斤棉花在各处发放，并在城市周围赵家沟、城南关建立了几个纺织据点，共四个小组三十四人，在四个月内领去花二百零六斤，交来纱一〇三斤，群众得花纯利一〇三斤，能售洋三万零九百元，平均每人得利洋九百零八元。并以纺车五架、织布机一架，借给妇女，将来还要挑选纺织较好的妇女，给以奖励。所以每逢集日，妇女们前来合作社以纱换花的，络绎不绝。此外从一月起至六月，共收买纱七、六八〇斤，分发生产社做原料。全县纺妇半年来共纺花一三、四七八斤，妇女得利六千二百三十九斤（每人纺一斤纯利十三两），每斤以平常市价二六〇元计算，可值洋一百六十余万元。生产合作社半年产大布一五三匹、小布十一匹、方格毛巾一三六打、手巾三十五打、土线袜子九十五打、四六线单子二四〇块，共用原料洋纱九十一斤、土纱一、三一一斤，产品销售除开支外，净得纯利二四九、三四二.四一元。除保证了延川各机关衣料用布供给外，还可向外销售。并附设一染房，拟将出品加以染色。目前本县合作社以运盐与推进妇女纺织为主要任务，运盐工作除整队牲口运输外，下剩之盐，与农村长脚户半脚户作股份，在秋收后转运完毕。各区分社除加强已建立之纺织小组外，继续发展纺织典型小组，以推进一般妇女的纺纱，保证完成二万五千斤土纱的任务。

# 延川合作社發展紡織
# 半年助民增加收入百餘萬
## 代民運鹽便利羣衆專力生產

【本報延川訊】此間於六月二十六日召開合作社各區分社主任聯席會，檢查上半年工作。半年中，合作社在人民中的信仰日益提高；如去年承包了公糧二百零四石，給了人民不少的便利，羣衆在實踐中已親身體驗到合作社的好處。又如實行社員[illegible]，[illegible]九五折扣，比一般市價低廉，各社在半年來計算，共給社員[illegible]一萬六千三百四十一元。過去人民入股金兩元，還得經過政府動員；而今年則經合作社一號召，羣衆[illegible]入股，如[illegible]社在一月份計算，原有股金一二九、六三九元，現有五八一、六四三元，計新增股金四五二、〇〇四元。現在相當入股者，仍很踴躍。這半年來發展的結果，各社純利共計一、〇九五、九〇四．五六元。在營業上，合作社替人民購置農具，計購回犁鏵三百六十五頁，老钁、钁頭等四十餘件。[illegible]牛廿五條，[illegible]該區人民不少。在日常用品的供給上，如[illegible]有一千五百零二包，鹽一千二百八十斤，[illegible]一萬零六百四十斤，市布二千九百五十尺，棉花一萬二千斤，麻紙、顏料等及[illegible]於農村中。此外，復代民衆運鹽二千六百馱，以[illegible]運輸隊，計現有騾子五十五頭，毛驢卅頭，已[illegible]五次，從四月份起運四八百六十馱，[illegible]純利五〇、[illegible]〇四元。合作社在人民中集股四百萬元，代替人民馱鹽，[illegible]。同時在春荒當中代人民轉借公糧七十五石，不僅是調劑與照顧了生產，更使生產與[illegible]。

今年以一五〇、〇〇〇元的資金，開設了染坊五處，染價每尺布比市價低兩元，半年來染布一〇三、一六九尺，除開支外，得純利五〇五、〇〇二元。建立小規模的紡織所，資本一〇五、〇〇〇元，四月份開始，至六月紡紗三八〇斤，織大布廿五疋，小布六十五疋（每疋五丈），成品出售除開支外，得淨利六三、九五五元。以二百餘斤羊毛，投資私人調份子，設毡坊一處，半年來獲利一萬二千元。並扶植了私人手工業的發展。發展婦女紡織事業，以棉花換紗，曾經調了一六、五〇〇斤棉花在各區發放，並在城市附近[illegible]、城南溝建立了[illegible]，共四個小組三十四人，在四個月內領去花二百零六斤，交來紗一〇三斤，羣衆得花紡利一〇三斤，能售洋三萬零九百元，平均每人得利洋九百零八元。並以紡車五架，織布機一架，借給婦女，[illegible]紡織較好的婦女，給以獎勵。所以每逢集日，婦女們都來合作社以紗換花的，絡繹不絕。此外從一月起至六月，共收買紗七、六八〇斤，分發生產社作原料。各區紡婦半年來共紡花一三、四七八斤，婦女得利六千二百三十九斤（每人紡一斤純利十三[illegible]），每斤以平常市價二六〇元計算，可值洋一百六十餘萬元。生產合作社半年產大布一五三疋，小布十一疋，方格毛巾一三六打，手巾三十五打，土毯被子九十五打，[illegible]二四〇塊，共用原料洋紗九十一斤，土紗一、三二一斤，產品銷售除開支外，淨得純利二四九、三四二．四一元。除保證了延川各機關衣料用布供給外，還可向外銷售。並附設一染房，擬將出品加以染色。

目前本縣合作社以運鹽與推進婦女紡織為中心任務，運鹽工作除繼續[illegible]運輸外，下剩之鹽，與農村[illegible]戶半脚戶[illegible]，在秋收後[illegible]完畢。各區分社除加強已成立之紡織小組外，繼續發展紡織與[illegible]小組，以推進一般婦女的紡紗，保證完成二萬五千斤土紗的任務。

# 慶合等三縣
# 麥收半數完成

[illegible]

# 赤水施肥運動

任成玉

[illegible]

## 新四軍警戒保衛下
# 洪澤湖西麥收完畢

[illegible]

## 瑞法兩國人
# 自平脫險抵延

[illegible]

# 劉四有轉變了

[illegible]

## 綏德郝家橋農戶
# 試驗改良耕作法
# 提高紡紗量一半

[illegible]

## 「亞洲」部整訓三週
# 開始二次鋤草
## 「武昌」部競賽助民鋤草

[illegible]

## 日人工農學校學員
# 幫助老百姓鋤草

[illegible]

## 固臨今年植棉
# 較去歲增多九千餘畝

[illegible]

## 延縣廿谷驛
# 幹部挨戶檢查夏耘
## 棉花多已鋤過三次

[illegible]

## 慶陽鄉生林深耕勤鋤
# 每畝地多打三升糧

[illegible]

| 解放日报 | 时间 | 1943-7-11 | 期 | 第781期 |
| --- | --- | --- | --- | --- |
| | | | 版 | 第2版 |

# 子长建立妇纺据点

## 用算账方式推广纺织

【本报子长讯】本县四个妇纺据点已成为推动全县妇女纺织事业的动力。兹将其建立经过报道如下：（一）在建立这些妇纺据点时，是以妇女对于纺织情绪和习惯，人数和工具，以及发展条件如何等加以调查考虑，然后再订出计划进行工作。如在一、二区，主要是提高质量，在此地区要收到百分之六十的头等纱，最低是二等纱，一斤线子能织成窄面布一丈七至二丈，因此就有提高质量的必要。又如玉家湾等区，平均只有半数妇女会纺，因此就以提高质量及推广并重。（二）对于干部的配备，在为群众谋利益的原则下，选强有力的干部使其大胆发挥其创造性去开展工作。如东一区干部王成明、郝保国，虽然都是男同志，但他们能耐心地说明和教育一些落后的妇女参加妇纺，并以此去推动全面妇纺工作。上月二十日该区即曾召开六十多人的妇女大会检查纺织工作。（三）在工作上不但本身面向群众，同时协助合作社也转向这一方面。这样能切实了解群众情绪与要求，接受群众意见，改正工作。（四）用了算账的方式进行宣传与推动，由这一村影响另一村。因为农民是重视习惯的。不习惯的事总不愿先开头，但用了这种方式收到很大效果。（五）给群众解决了过去所存在着的不合理的问题，过去农村中是织一斤线子的布，变成纺一斤花，实际是一天工变四天工。为了改变这种不合理的办法，在积极分子中组织了变工小组，参加小组的是纺一斤花变工织二丈七尺布。现在玉家湾已组织起来。其他尚有纺花变驴工、变人工等。这些都是用算账方式在农民中间进行宣传教育的。

【本报子长讯】自玉家湾区建立为纺织据点后，在纺织劳动英雄高志英热烈推动下，纺织运动已迅速开展起来，在最初有人说："公家线子质量太高，花又不好，难打交道。"因之借花的人便很稀少。高志英却认为这种说法不正确，首先自己去借了两斤花，并且发动庄子里六个纺得好的婆姨去合领了十二斤棉花。在她经常指导与督促下，她们七个人都纺成头等线子（一两长二千二百尺以上），很顺利地换了花，于是解除了老百姓心中的疑虑，大家方大胆的借花了。现在她乡参加借花的人有三十一家，共借七十斤，占全区四分之一。高志英除将自己纺的一部分线子送给公家，不要代价外，并托政府代购手拉织布机子，改良织布技术，提高生产效能。因此群众纷纷响应，十一岁的王□肖竟在五天内由她教会了纺纱，每天纺二两，还是特等线子。这个事件马上激起了该村四个女娃娃提出与她竞赛（条件：一天至少二两，质量最低是头等线子，保证每人半年纺二十斤）。且改变了过去一斤线换一丈三、四尺布的不合理的变工制度。现在已有一个□[变]工小组执行纺一斤线子换二丈七尺布的新办法。此外，附近地区的干部与群众亦纷纷要求放花。

【本报子长讯】此间南沟岔区四乡薛家渠，原拟今年养蚕□席，兹经政府倡导后，他们的情绪更为高涨，根据日前检查结果：全庄二十五户计有十八户进行蚕养，现已养成十三席，至少可产茧子一百三十斤，每斤以百八十元算，可卖二万三千四百元。仅此一项收入，即占去年全庄缴纳公粮总额百分之二十一以上。

【本报子长讯】本县第一完小的课余生产，原定农业小组要完成开两垧荒地的任务，可是在师生共同努力下，一次即开了四垧半。特别是高二年级学生郝宗彬，他不仅掏地努力，且帮助学校解决了种子与农具的困难。开荒的那天中午，大家都在树底下休息，他一个人却悄悄地回到家里担来了一担米汤给大家喝。该校在六月底利用星期日出发锄草一次。第二次锄草则在学期将要结束时进行（七月中旬）。并且师生还约定在暑期中要进行第三次锄草。除农业小组以外的师生，目前都集中力量整理校内的瓜地、菜地和花池。由于进行了班与班的竞赛，所以每日课外活动时，都有一群一群的小娃娃在地里锄草、压瓜条，现在瓜、菜、花、木都很茁壮，学校生活因此充满愉快活泼的气氛。

# 吳堡展開夏鋤夏收競賽

# 新四軍八路軍的光榮 皖中郭排長壯烈殉國

## 北嶽三專署務人員跳崖犧牲

# 北嶽區推行民主政治 舉行第一次縣選

## 邊參會爲日寇暴行發表告同胞書

# 定邊回胞生活迅速上昇

周尚仁來時只帶二元路費
現有平房十一間資金十餘萬

# 華中敵寇 調動頻繁

# 留政人員 助民鋤草七十二畝

# 晉察冀文藝工作者 下鄉工作成績優良

# 子長建立婦紡據點

## 用算賬方式推廣紡織

# 延川中區植棉六千餘畝

## 已鋤過一次棉苗茁長

趙家溝聯合附近村莊札工

# 慶陽三鄉勞動英雄王倉 組織本莊變工鋤草

# 華北敵佔區糧荒嚴重

# 敵僞奴役平津學生

# 工廠實行節省 節省木炭

解放日报 | 时间 | 1943-7-11 | 期 第781期 | 版 第2版

# 工艺实习厂节省木炭

【本报讯】工艺实行厂自赵占魁运动开展后，节约方面收到了很大的成绩，在各工房里面，随时随地都保持着清洁整齐，地面上找不到一丝一片废料，因为这些都被收集起来，作适当的利用去了。木工班五月份砂纸的消耗节省了二倍以上，他们节省的办法是模型做好以后，先用锉锉平，然后再用砂纸擦，砂纸一直要用到上面没有一粒砂为止。其次引擎木炭的节省量也很惊人。去年六至八小时需炭九十几公斤，今年四月间十二小时减至七十到八十公斤，现在十六小时，只烧木炭五十到六十公斤了，有一次连续二十二小时只烧了七十五公斤，这个巨大的节省量是用下面三个方法达到的：（一）在炉中加一些水，使发生水煤气，增强爆发力。（二）用刀劈木炭代替以前用锤子打木炭的办法，减少碎末的损失。（三）把从炉中掉下的炭用水浇熄，保存利用。这些就是引擎班同志新想出的节省方法。工人们自动增加义务工，从四月份起就开始形成一种运动，四月间义务工有一百多小时，五月份就增至六百三十小时以上，六月份更形增多。

# 吳堡展開 夏鋤夏收競賽

# 新四軍八路軍的光榮 皖中郭排長壯烈殉國

## 北嶽三關務人員跳崖犧牲

# 北嶽區推行民主政治 舉行第一次縣選

## 邊參會為日寇暴行發表告同胞書

# 晉察冀文藝工作者 下鄉工作成績優良

## 麥收後將參加救民團體任職

# 留政人員 助民鋤草七十二畝

# 定邊回胞生活迅速上昇

## 周尚仁來時只帶二元路費 現有平房十一間資金十餘萬

# 華中敵寇 調動頻繁

# 子長建立婦紡據點

## 用算賬方式推廣紡織

# 延川中區植棉六千餘畝

## 已鋤過一次棉苗苗長

## 趙家溝聯合附近村莊扎工

# 慶陽三鄉勞動英雄王倉 組織本莊變工鋤草

# 華北敵佔區糧荒嚴重 敵僞奴役平津學生

# 工廠實習 節省木炭

# 被服厂工人热烈动员加紧生产准备战斗

## 增加工作提高质量组织自卫军

【本报特讯】边区被服厂全体职工，得悉国□[民]党抽调河防大军，包围边区，准备进攻边区的消息后，莫不愤激异常，当即提出“加紧生产，准备战斗”的紧急口号，纷纷自动要求增加义务工。职工会于十日晚召开全体大会，会场情绪空前激愤、热烈、紧张。大会全体一致提议，每天除十小时工作外，增加义务工一小时；星期天只休息半天。产品质量，一致保证做到规定标准百分之九十以上，并按原来生产计划，提早半月完成。该厂职员高殿福同志，当场自告奋勇，愿一人担负过去三人担负之会计工作。王管理员提出保证生活上更加改善。尤为动人的是过去反省不深刻的二流子刘风、徐庚戌等，亦赶着站起来发言，声明过去反省不彻底，对工作有很多的损失。今天，他们完全明白了。所以这样加紧生产，为的是供给在前方英勇抗击民族敌人，保卫边区的八路军。他们决定在巨大的缝制冬衣任务未完成前，绝不请事假和病假。他们号召大家：为革命而流尽血汗是最大的光荣。最后大会一致通过将这个“加紧生产，准备战斗”的情形告诉给各兄弟厂，发动大家积极行动起来。除上述各点外，并组织工厂自卫军，每星期在工余实施军训三次。边区的工人们为了保卫共产党，保卫抗日民主根据地，已经坚决的行动起来了。

中華民國三十二年七月十二日 ·GIEFANG·RIBAO· 星期一 第一版

# 解放日報

中華民國三十二年七月十二日 第七八二號 今日出版一大張
社址：延安 零售每份一元 每月三十元 三月八十元 半年一百五十元 全年二百九十元

## 邊區稅務總局通知

七月十日

## 緊急啓事

七月十日

# 中共七七宣言在重慶被扣

# 張道藩發出挑撥聲明

## 外國記者紛紛詢問内戰危機

## 太行熱烈紀念"七一"

# 準備迎接更殘酷鬥爭

### 鄧小平同志號召全體黨員 緊密團結在黨中央和毛澤東同志週圍

### 被服廠工人熱烈動員

# 加緊生產準備戰鬥

### 增加工作提高質量組織自衛軍

## 社論

# 質問國民黨



中国共产党早期新闻史史料汇编

# 八路军制药厂工友公余生产自给衬衣一套

【本报讯】八路军□[制]药厂工友公余个人生产，已有百分之九十完成每人一套衬衣的任务，并自给毯子八床及鞋、袜、毛巾、笔、墨等日用品，约值五万余元。其中大部为直接生产所获得的结果；另一部分为工友平时节约之成绩。全厂只两人未参加纺毛及种小块菜地等生产，其余同志做两种以上生产者占半数以上。工人刁凤鸣纺毛种菜又挖药草，仅挖药草一项就收入三千五百元，勤务员除每人均参加纺毛外，另种谷子六亩余。纺毛收入每人在七百元以上者十数人，马夫刘贵田一人就收入一千三百余元。四个月来全体共纺毛三百五十五斤，收入工资一万五千余元。另外，厨房、马号同志砍柴两万斤，木椽六十五根，约值万余元。由于自己动手，现在每人有两套衬衣（公家发一套），冬季毛衣正积极准备中。又为改善伙食，从六月起决定不买柴烧，星期日全体干部工友上山背柴。锯木组、采药队也都于六月间开始上山生产。

# 「青島」部創造模範班 突擊學習軍事技術

# 浦口附近 我民兵痛殲敵僞

# 警區「二流子」的改造

茅君宜

# 延川抗屬賀玉蘭 紡花二十斤 種地四畝半

# 「長城」部第一營 計劃提前完成明年自給

# 志丹日八變工鋤草隊

梁維玉

# 八路軍製藥廠工友 公餘生產自給襯衣一套

【本報訊】八路軍製藥廠工友公餘個人生產，已有百分之九十完成每人一套襯衣的任務，並自給毛巾、襪子八床及其他日用品，約值五萬餘元。其中大部份係從事紡毛、紡線等工作……

# 定邊市工商業發展 商家六年來增多七倍 洛陽鐵工移來一年獲利五六萬

# 華池全縣普遍變工 部份鋤過二次草

# 吳旗柳莊黨員先幫羣衆鋤地

# 綏德魚池溝工廠 捐款慰問趙占魁同志

# 绥德鱼池沟工厂捐款慰问赵占魁同志

【本报绥德讯】警区工会得知赵占魁同志熔铜负伤后，便指示各厂号召全警区工人，募集各种慰劳品，写信慰问。并要求工人们以战斗的精神，提前完成各厂今年的生产计划，学习赵占魁同志的工作精神。闻鱼池沟工厂工人，已召开职工大会，当场募捐五百元，并致电慰问赵占魁同志。

【本报绥德讯】鱼池沟工厂于七月三日晚，召开全体职工大会，工务科长任楚同志，宣读六月十八日本报所载赵占魁同志熔铜负伤的消息，全体工友当场即捐出五百元，慰劳赵占魁同志，并致电慰问，原电如次：劳动英雄赵占魁同志，听到了你熔铜负伤的消息以后，我们心中都很难受，我们住在绥德，路途遥远，不能前来问候，请你原谅。赵占魁同志、你光荣的受了伤，我们当更加努力生产，创造更好的劳动成绩，来作为慰问你的礼物！望你早日恢复健康。附上五百元，聊表我们的心意。绥德鱼池沟专署工厂全体职工大会敬上。

# 「青島」部創造模範班 突擊學習軍事技術

【本報訊】「青島」部爲提高軍事技術而舉行的兩週突擊學習，第一期已經過去。該部某排把一週來的學習成績，與學習開始時的測驗結果，作了一個比較。首先投彈手的創造：全排投彈手中，過去擲四十米以上者二人，卅五米以上者七人，廿米至廿五米之間者十七人，其他都在廿米上下。按照這次提出的條件，各班都要創造一個擲四十米以上的模範投彈手，現在該連實際擲四十米者已增加三人，卅五米以上者數字業已增加一倍。其他二個技術訓練項目，「前身」攀上單槓，「併腿」跳過木馬，人數均有增加……

【本報訊】「青島」部計劃加緊文化學習，該部已按照文化程度分組……

# 浦口附近 我民兵痛殲敵偽

# 延川指揮賀玉蘭 紡花三十斤 種地四畝半

# 警區二流子的改造

景君宜

# 志丹日八變工鋤草隊

梁維玉

# 「長城」部第一營 計劃提前完成明年自給

# 八路軍製藥廠工友 公餘生產自給襯衣一套

# 定邊市工商業發展 商家六年來增多七倍 洛陽鐵工移來一年獲利五六萬

# 華池全縣普遍變工 部份鋤過二次草

# 吳旗柳莊黨員先助軍眾鋤地

# 綏德魚池溝工廠 捐款慰問趙占魁同志

| 解放日报 | 时间 | 1943-7-13 | 期 | 第783期 |
| --- | --- | --- | --- | --- |
| | | | 版 | 第2版 |

## 大光纺织厂研究改进土经土纬布

【本报绥德讯】大光纺织厂在五月底试用土经土纬织布已经成功了。现在木机子（手拉机）、铁机子（脚踏机）都能织，产品有平布、斜纹、搭帘（一面平纹，一面斜纹，布又厚又结实）三种，质量都很好。根据该厂一月来工作的总结，有如下几点经验：（一）织土经土纬比洋经土纬布合算。首先是本钱少，一匹（十丈四尺长、二尺二寸宽）洋经土纬布，用洋纱四斤，每斤一千六百元，合六千四百元，用土纱六斤，每斤八百元，合四千八百元，按一般市价工资二百元，共用本钱一万一千四百元，一匹土经土纬布用十斤土纱，每斤八百元，共用八千元，按市价工资四百元，共用本钱八千四百元，比洋经土纬布便宜三千元。其次，洋经土纬布，因为洋经细土纬粗，按布的构造是洋经包着土纬，细的洋经露在外面，布面显得凸凹不平，很容易把经线磨断，布也不经穿。土经土纬布就没有这个缺点，只要纱纺的好，经和纬相同（粗细、韧性、匀度），布的组织均匀，布也就耐用。（二）在产量上，因为刚开始用土经织布，技术还不熟练，同时纱的质量还不够好，现在每人每天平均织布四丈多（二尺多宽），较快的能织一个布（五丈二尺长），劳动英雄王福禄的最高纪录□[为]七丈七尺。织土经土纬布幔的原因，主要是土经的韧性小，容易断，接线头花费的时间多。木机子的机械力量比铁机子来得柔和均匀，产量不弱于铁机子。现在要继续提高土纱质量，只要经线好，木机子的产量可以增加，铁机子的产量更可以增加。（三）为了总结织土经土纬布的技术经验，厂方在六月二十日，召开了一个副组长以上的积极分子会议，大家研究出许多宝贵的方法，要把土经土纬布织好，在整个工作过程中，都有和织洋经土纬布不同的特别办法，要比织洋经土纬布的时候，更要细心和注意。甲、挑选纱子：土纱收买回来以后，第一步，要把最好的纱子（又细、又匀、又韧），细心的挑选出来，充作经线。第二步，再把能做经线的纱子，按纱的粗细、均匀程度、韧性的大小分开，使质量一致的纱，分成一起，将来作经的时候才好使用，不然，韧性大的和韧性小的配在一个机子上，纱更加容易断，织成的布也不耐用。铁机子的经线要比木机子的好。乙、浆纱：纱子挑好了，就要浆纱，洋纱浆纱只用面水就行，土经就不同了，首先土纱吸面性大（因为纱子周围蓬松的细纤维多），洋纱一斤吸面二两五钱，土纱要吸三两左右，面少了，浆水稀就浆不好。其次，浆水内要搀些清油（洋纱不用），大约一百斤纱用四五两，在浆水内调匀浸散，这样做能使纱子光滑，更有韧性，除搀油外，还要放盐，一百斤纱用十两左右，也是为了增加纱的韧性。在浆的时候，用脚揉纱子，韧性大的纱子可以多揉一些时间，使纱浆的透，韧性小的那就要少揉一些时间，一方面韧性小的纱容易浆透，另方面揉的时间长了会损伤韧性，时间的比较，还没有精确统计。大约韧性大的纱用二十分钟，韧性小的纱用十五分钟的样子。丙、晒纱：晒纱的时候，要多翻转几次，使纱均匀的吸收阳光热力，慢慢地晒干，不然，有的干得早，有的干得迟，因为经受阳光热力的时间不同，会影响到纱子的韧度不一致。丁、轮经：轮经以前，经过打络子的工作，打络子要注意把断头的纱接好，把纱理顺。轮经时要比轮洋经时慢些，快了便容易断，特别要小心"倒断头"（中途断了一根，接续不上），不然上到机子上又麻烦了。戊、织布：经轮好了，就上机子。打做缌子（理纬线）的工作时，要注意打的小些，小了匀了好走梭子，要"紧头"，在线头上捻紧些才好上布，线头松散了容易滑走。织布的时候，用力要匀，机子要比织洋纱时慢些，不然经线容易断、容易"跑梭"（梭子由经线漏孔中滑跑了）。在接线头的时候，把线头弄湿，接的细些，才好走梭。现在开始织的，布宽二尺二三寸，一千一百根经，将来技术熟练，还可以增加经数。

# 岡野進同志指示留延日人 一致參加保衛邊區

## 日本共產主義者同盟舉行週年紀念

## 黃克誠師長談 蘇北反「掃蕩」光輝勝利

## 固臨縣組織「二戶腳」（註一）放[illegible]馱鹽的一點經驗

燕　奮

## 鄜縣黨政助民收麥 趕快收完加緊戰鬥準備！

## 劉老莊戰鬥

（蘇北通訊）

## 曲子縣章底小組 變工剪羊毛

## 大光紡織廠 研究改進土經土緯布

# 被服厂致函边区各工厂加紧组训自卫军

## 以十倍百倍的效率提高生产

【本报讯】“加紧生产，准备战斗！”边区被服厂，自十日全厂动员大会（已志前日本报）以后，全部工作、生活，已转入战时状态。该厂工会鉴于近□[二]日来，局势紧张，反动派仍妄图进攻边区，当即于百忙工作中（该厂现每日工作十一小时）抽出吃午饭前半小时，召集紧急动员大会，工会张主任，报告近日反动派仍继续企图进攻边区时，正如火上加油，群众情绪顿时更为激昂，纷纷摩拳擦掌，发言者即相继而起，长征过来的老战士，现在成了残废的吴师云同志高声地说：“你们不要看我是残废，从今天起，我不但积极生产流汗，而且准备流血。”拐子赵开林和眼睛有毛病的彭其，都嚷着要立刻派他们到前线去，曾经在一一五师×支队担任过机枪班长，而在汾阳光荣负伤的张保金同志说：“这几天，我气得连觉都睡不着，你们想一想，边区是革命的老家，现在这些王八蛋，居然要想捣毁我们的老家，那是不行的，坚决把他们打出去，打到远远的地方去！我腰里虽然带了彩，但是上级分配我到哪儿，我都去。”“炮已经响了，我们怎么办？”在生产□有过消极思想的刘□[风]同志，现在也积极起来，以坚定的语调说：“今后我们要把生产与战斗结合起来，扛起枪杆就是兵，搁下枪杆就做工，要誓死保卫我们的工厂，保卫边区！”发言中充满一致的精神和信心，就是要消灭敢□[于]进攻边区的反动派。最后全体工人通过工会主任所提议的自卫军即日起加紧操练，并向各工厂挑战，号召全边区的兄弟厂，都紧急动员起来。该信原文如下：解放日报转总工会崔主任及全边区工厂的工友们：内战□机迫近我们了！我们边区的工人阶级是保卫党、保卫边区的有力队伍，要立刻进入战斗的哨岗。现在我们提议：（一）各兄弟厂迅速组织工厂自卫军，加紧训练，随时准备战斗。（二）以十倍百倍的效率，提高生产的数量和质量。（三）增加义务工一小时，每天工作十一小时，星期日只休息半天。同志们，时机紧急了，我们要立刻行动起来，为了保卫抗日民主根据地的边区，保卫工人阶级的政党共产党，保卫我们用自己的血汗建设起来的工厂，加紧生产，迎接战斗，消灭进攻边区的日寇第五纵队——叛卖民族的罪魁。胜利是我们的！致战斗的敬礼！

边区被服厂全体工人

七月十二日

# 被服廠致函邊區各工廠
# 加緊組訓自衛軍
## 以十倍百倍的效率提高生產

邊區被服廠全體工人
七月十二日

# 各縣自衛軍枕戈待命
# 延屬分區緊急備戰
## 專署號召收集廢鐵捐菜勞軍

# 志丹婦女鋤草變工隊

# 赤水劉老婆 挖藥種地 豐衣足食

# 子長延川黨政軍 幫助民衆鋤草
## 草衆感激強留吃飯贈送瓜菜

# 新四軍一個模範生產連

# 軍民合力保衛邊區
# 同宜耀冒雨趕送公糧
## 新戶自動助老戶捐糧鋤草

# 陝南農民生活慘狀
## 民衆飢餓煎迫流離失所
### 保長霸佔民妻敲肉鄉里無惡不作

# 安塞三區留幹部組織札工鋤草影響各鄉

# 延縣分三個區檢查夏耘
## 第一區以川口六鄉最好
### 每村有兩個札工變工隊

# 隴東人民熱愛邊區
## 公鹽代金即將收齊

# 抗战报印厂工友加工印“七一”“七七”特刊

【本报绥德讯】绥德抗战报印刷厂全体工友，闻赵占魁同志在生产中光荣负伤的消息后，特于七月五日召开大会，当场一致通过写慰问信，募集慰问金，并决定以实际工作来慰劳赵占魁同志。该厂工务股长傅汉民同志，首先慷慨捐出工资小米一斗，顷刻间当场即募集了一千五百六十九元，表现了工人阶级友爱的热情。该厂各部门工作，现正制订生产计划，以便按计划加紧生产。为纪念两个伟大节日，他们加工赶印了“抗战□”□“七一”“七七”等特刊，工作非常紧张，每天超过□[十]小时以上，星期日也不休息，并增加夜班工作。

中華民國三十二年七月十五日　解放日報　星期四　第二版

# 中央印刷廠全體職工 戰鬥熱情空前高漲

## 工作不分晝夜隨到隨做 捐款五萬七千元保衛邊區

## 致函毛主席和黨中央 誓死保衛黨保衛邊區

## 勞動者的先鋒

——記拓大在安塞中的熱烈建設

周超然

## 抗戰報印廠工友 加工印「七一」「七七」特刊

## 新市場鐵匠劉永貴 趕製刀矛武裝自衛軍

## 子長春鋤收蔴五萬斤 農民增加收入千萬

## 安塞魏家塔大變工隊 轉為札工鋤草

## 隴東民衆憤恨反動派陰謀 決心保衛豐衣足食生活

## 關中分區發展紡織 做到自給衣料十分之七

### 赤水張芝蘭領導百餘人紡織

## 延安市 組織二流子勞動

# 关中分区发展纺织做到自给衣料十分之七

## 赤水张芝兰领导百余人纺织

【本报关中讯】分区各县纺织事业近年来颇有发展，据调查，分区共约有纺妇一二、一〇〇名，纺车八、五二二架，织布机一、二二四架（内平机一、一二一架、拉梭机一〇三架），以每一纺妇全年纺织五个月，每天每人平均二两，则全年共可纺成纱二四二、〇〇〇斤，织土布三一五、一三〇丈，供给全分区十二万人口衣料的百分之六十三。分区各县妇纺事业中以赤水基础最为良好，该县一万二千余妇女（连女孩）中，即有纺妇四千余名，能上机织布的妇女有百余名，共有纺车三千三百余架，织布机七百余架，全年可纺纱九万斤，织土布十万零五千余丈，可供给全县衣料的百分之七十五。同宜耀因系新地区，民间纺织事业的开展次于各县，妇纺技术亦较低（每个纺妇每日平均纺纱不及二两），全县一千一百名纺妇，全年可织土布一万六千丈，可供全县衣料百分之三十二的需用。

【本报关中讯】为解决全分区衣料的百分之七十，专署已拟订一继续发展民间纺织事业的计划，并正在逐渐实施中。此项计划，主要是以合作社为核心，贷给纺妇一定数量的棉花，鼓励她们以纱□[换]花，并解决部分纺妇纺车等工具困难。在解决工具的问题上，专署已贷款十九万元，专做购置纺车之用，同时帮助各县合作社解决弹花机十部，并协助采购百分之十五的羊毛，以补救棉花的不足。

【本报关中讯】在政府号召发展纺织事业的口号下，各县模范纺妇不断涌现，被赤水县府奖为纺织英雄的张芝兰，在她领导下的八个纺织小组，共有一百一十一名纺妇参加。她在今年半年内共教会三十六名妇女纺纱，教会两个妇女织布。她今春由纺织所净赚的钱共计一千零四十元。新宁“纺织大王”沙老婆，她在响应合作社的“多纺”号召的最近两个月内，换给合作社头等细纱十五斤，她自己织土布七疋（每疋三丈二尺）。她的纺纱本领是每天平均七两。新正三区董乐儿的老婆在最近两月拥护政府的发展纺纱中，她纺成了棉花二十五斤。马栏区的妇纺运动在合作社的帮助下，最近已有显著发展，在许多新户的住窑中，一架架新领的纺车整日嗡嗡地响着。五乡赵德治的老婆，仅在一月中便因纺了十斤花（做饭等家务时间在内），赚得五百多元。二乡金盆村杜四姐、王大姐两人一道在五天内就由纺线赚得镰刀两把。新正三区的妇纺由于该县纺织工厂的帮助，最近两月来已有显著的发展。例如杨坡头村在五月一日全村□[仅]有两名纺妇，但在工厂鼓励之下，到五月十日全村的纺□[妇]已增加到二十一人，并组织成了五个纺织小组。其中最好的张祥母每三天就纺棉花一斤。在赤水的袁家村，全村十三户都能纺能织，在今年的上半年，该村就纺纱二百余斤，织布五百丈，除供给全村自给外，平均有半数可以出售。现该县合作社已与该村取得联系，他们计划今年下半年的纺织继续扩大发展。同宜耀的妇纺工作在政府发放纺织贷款之后，部分乡村近日已趋活跃。在庙沟区二乡最近成立了妇纺小组三个，全□[乡]三十一名纺妇公推新户赵全义的老婆当总组长；该乡纺织工作进展至为顺利，在解决弹花问题时，治安主任袁占怀欣然的负责给全乡纺妇变工弹花，各纺妇联合并由乡政府帮助购买织布机一架，于是全□[乡]纺织情绪更加高涨。新户丁□[彦]春的老婆，在最近一个月内已纺成棉花十斤。在瑶衣区的南司马村，十余年来并未纺过一根线的妇女，现已组成一个十人的纺织小组，原有的一架旧织布机，正在修理中，该村纺织的紧张，在麦收的前一天，还可听到嗡嗡的纺纱声。在同官区的龙首村最近全村十三名纺妇，已欣然地接受了村主任杨世昌的建议："今年下半年全村要纺纱一百零五斤。"各县新户的纺织英雄中，以淳耀四区池家庄刘秀花在两个半月内纺纱三十七斤为最多。六区穆十兰一月内织布三丈，赚到全家的日常费用。

# 中央印刷廠全體職工 戰鬥熱情空前高漲

## 工作不分晝夜隨到隨做 捐款五萬七千元保衛邊區

# 致函毛主席和黨中央 誓死保衛黨保衛邊區

# 勞動者的先鋒

## ——記抗大在安塞中的熱烈建設

周超然

# 新市場鐵匠劉永貴 趕製刀矛武裝自衛軍

# 抗戰報印廠工友 加工印「七一」「七七」特刊

# 子長春蠶收繭五萬斤 農民增加收入千萬

# 安塞魏家塔大變工隊 轉爲札工鋤草

# 隴東民衆憤恨反動派陰謀 決心保衛豐衣足食生活

# 關中分區發展紡織 做到自給衣料十分之七

## 赤水張芝蘭領導百餘人紡織

# 延安市 組織二流子鋤草

## 新华化学厂人人振奋

### 每月增产肥皂一万五千条，献金两万元成立自卫军救护队

【本报讯】十四日下午一时，新华化学工厂全体职工，利用午睡时间，举行了紧急动员大会。刚丢下饭碗，宽广的俱乐部，就充满了鼎沸的人声。家乡沦陷了十二年的东北人刘禄同志，用手掌敲击着桌面，大声嚷着："好，干一家伙，准备好，消灭这些兔崽子！"工会主任把近日紧张情况报告以后，工友们激动的话语，宛如无数道决堤的河水冲激出来："把自卫军组织起来！""支部书记做我们的指导员！"这时，长征过来的四川工人蔡金庭同志，站在凳子上讲话了："国民党反动派调动军队要进攻边区，我们怎样办？（工人们高呼：打垮他！）现在我们的力量比从前大了几十倍，我们完全有办法，把这些胆敢进攻我们的王八蛋，消灭个一干二净！"青年女工刘樵，向着大会宣布了她的志愿："我们要立刻行动起来，我提议我们全厂女工组织一支救护队，我们离和平医院很近，马上就去学习救护常识！"模范工人，赵占魁运动者，劳动英雄黄玉金声音颤□着说："我已气愤得讲不出话，我同意大家的意见，现在我自愿拿出七月份工资一千元，并在过去的积蓄里再拿出五百元，捐给党中央，买枪买子弹！"李庭华，是个有病的女同志，她咬着牙齿发言："我有病不能参加自卫军，可是我可以做饭洗衣服，另外，我拿出七月份的休息费八百元，献给党中央。"十四岁的张福堂也争着讲话："大家说我不能"捞枪"，那么我愿意站岗放哨招待病员！"工友们，又一致决定把公家每月发的一条肥皂捐出来，给前线的战士们洗衣服，而他们自己呢，则以每天洗肥皂沫的水来代替肥皂。最后，工会主任把大家意见总括起来，列成三条紧急动员准备战斗的具体办法：（一）以积极生产来回答反动派的进攻企图，每月生产肥皂五万条（过去每月为三万五千条），如原料充足，即每日增加工作两小时，取消星期假日，以更高的数目字来超过它。（二）全体职

工捐出七月份全月工资津贴二万元，及所发肥皂、牙粉等折价为三千元，共二万三千元，献给党中央和毛泽东同志，作为保卫边区战争基金。（三）响应被服厂号召，组织工厂自卫军及救护队，每天早起半点钟，晚睡半点钟，学习军事常识、救护常识、班排教练及实地演习。这是一个雄伟的场面，工人们的血在沸腾，他们高呼：准备一切力量打垮反动派的进攻阴谋，胜利是我们的！

# 解放日報

今日出版一大張　第七八六號　中華民國三十二年七月十六日
社址：延安　全年二九〇元　半年一一〇元　三月八十元　每月三十元　零售一元　本期

## 緊急啓事

敝棧前因王漢杰在街市上，將本棧所往來的欠賬數收據未報擅，且已在逃，希本棧各往來家，見報後三日內即將本棧對賬，以憑償還。同時該王漢杰已開除，請貝在街上所作來賬，本棧概不負責。此啓。

七月十日

## 邊區稅務總局通知

七月十日

# 延安各界熱烈勞軍

## 市民踴躍獻金募集慰勞品

【本報訊】延市各界民日前以行動表示對於邊區保衛者八路軍的擁護和熱愛。本市商民在半小時內，即捐出毛巾、肥皂……約值十萬餘元，市府亦審……

# 新華化學廠人人振奮

## 每月增產肥皂一萬五千條

## 獻金兩萬元成立自衛軍救護隊

# 解放日報等四機關熱烈動員

## 展開工作大競賽

# 「國際反侵略印度獨立委員會」

## 在英舉行大會

# 敵寇緊逼邊區各界

## 制止內戰挽救危亡通電

# 紅軍反攻奧勒爾

## 重創德寇十師

## 推進五十公里斃敵萬餘

# 配合靜寧反「掃蕩」一戰

## 寧武民兵出襲敵據點

| 解放日报 | 时间 | 1943-7-17 | 期 | 第787期 |
| --- | --- | --- | --- | --- |
| | | | 版 | 第1版 |

# 晋察冀边区二工厂生产超过计划一半

【新华社晋察冀十五日电】边区工具厂和造纸厂，在一月至四月底的四个月生产突击中，已超过原定生产计划百分之四十几。工具厂的木工股，原定二个月完成六个大圆风箱，结果四十天完成七个。纺毛车和弹毛机的产量，也超过五分之一。修理股在完成原定计划外，还经工人们自己的积极研究，完成了铸字炉的修造。翻砂股在突击中创造了空前的纪录，每天开炉次数，增加了三分之一。造纸厂的产量，也超过了三分之一。特别是在最后的突击周里，每人每天造纸竟突破八百张的纪录。

中華民國三十二年七月十七日　GIEFANG·RHIBAO　星期六　第一版

# 解放日報

中華民國三十二年七月十七日　第七八七號　今日出版一大張
社址：延安　零售每份一元　每月三十元　三月八十元　半年一五〇元　全年二九〇元

## 拾馬啓事

本署於七月十四日下午拾得白色乘馬一匹，並帶騎鞍，希失者於最近前來領取爲荷。

延市東關區公署啓

## 遺失符號啓事

茲有本處同志遺失盤邊符號二枚，號碼爲一二八六及一二九四，特此聲明作廢。

解放日報社總務處啓

# 勞動英雄楊朝臣熱忱領導

# 六個村完成戰鬥準備

## 突擊麥收鋤草備儲大批糧草

## 男女老幼各有專責

青壯年編爲基幹自衛隊；另有担架、偵察、警戒、做飯、洗衣、看護等組。自衛班五天集訓一次。

## 號召全邊區退伍軍人

# 積極協助整訓自衛軍

## 楊朝臣同志捐獻大部莊稼

## 鄜縣峪口村防禦戰

# 我邊防軍以一當十

# 一班打垮頑軍一營

## 民衆熱烈慰勞英勇戰士

# 三路猛烈推進

# 紅軍會攻奧勒爾城郊

## 距奧城十五哩布奧鐵路被切斷

## 晉西北行署要求國民政府

# 逮捕第五縱隊吳開先等

## 晉西北粉碎二千寇軍「掃蕩」

# 斃敵搏谷中隊長

## 晉察冀邊區二工廠

# 生產超過計劃一半

【新華社晉察冀十五日電】邊區工具廠和織襪廠，在一月至四月底的四個月生產突擊中，已超過原定生產計劃百分之四十強。

# 陕甘宁边区弹花纺纱厂交通工厂启事

陕甘宁边区弹花纺纱厂，现奉命恢复为朱总司令早年手创之交通工厂，自即日起，弹纺厂之图记载角缴呈上级财政厅作废，另启用陕甘宁边区交通工厂图记，特登报周知。

解放日報
中華民國三十二年七月十八日　第八七八號　今日出版一大張
社址：延安　每月三十元　三月八十元　半年一五〇元　全年二九〇元　本期零售一元





# 吳家棗園完成戰鬥動員

# 號召展開備戰大競賽

## 吳滿有決心捐獻一切保衛家鄉

【本報延安縣特訊】十一日下午一時吳滿有把國民黨軍隊從河防撤退下來，不打日本，要進攻邊區的消息帶到吳家棗園後，全村的人民的戰鬥熱情，都沸騰起來。現在，所有的人、所有的牲口、所有的資財，均已緊急動員，全村五十八名男女老幼，除了十一個嬰兒之外，都已進入各自的戰鬥崗位：自衛軍、少先隊、婦女工作組已組織成功，兒童、老漢和老太婆也都有了一定的工作：巡邏、担架、送信、放哨、優抗、清查戶口及配合正規軍作戰等後方動員工作。根據各人的品質、才能，截至前日為止，業已分配完畢。戰時生產，將不分你我，合力突擊秋收，並且要做得更細，收得更快，多打糧食，準備一切供給了保衛邊區的頭等份子。全村十二頭牡牛、九頭驢、一匹馬，已編為戰時運輸隊。[illegible]

# 致函高崗同志

# 慰問保衛邊區將士

## 希望各地勞動英雄領導動員

【本報訊】吳家棗園村致高崗同志及吳滿有給邊區各地勞動英雄、勞動模範的兩封信，分錄於次：

高崗同志：

吳滿有從延安開會回來，咱們莊子上也開了一個會，[illegible]

吳家棗園全體村民公啓　七月十二日

[illegible]

……心抗日，安心生產，爭取最後的勝利！如果你們在這個工作上要……的。此致

敬禮！

吳滿有　七月十二日

# 周恩來林彪等同志

# 由渝抵延

【本報訊】周恩來、林彪、鄧穎超等同志一行百餘人，於十六日乘車抵延，恩來、穎超二同志離延已三年，林彪同志離延亦已八月，此次由渝歸來，[illegible]

## 社論

# 再接再厲消滅內戰危機

自從朱總司令七月四日與七月六日致電胡宗南與蔣介石先生呼籲制止內戰危險以來，到現在已經十多天了。七七六周年紀念的時候，邊區形勢極度緊張，延安三萬民衆，舉行大會，發表通電，響應朱總司令的主張，並提出名正言順的要求：（一）要求政府撤消包圍邊區的軍隊，開赴抗日前綫；（二）要求政府取締挑撥內戰的特務機關；（三）要求政府討伐三十三個投敵將領；（四）要求政府審判日本奸細吳開先。同時，在通電中，延安民衆大會號召全體人民動員起來保衛邊區，保衛中國。自從大會通電發出以後，邊區各地和敵後各抗日根據地熱烈響應，人民對於日寇第五縱隊的罪行表示最深刻的義憤。從千百萬人民中發出的這種壯烈的正義的呼聲，就把日寇第五縱隊特務匪徒的陰謀揭穿了；這些匪徒所小心準備的「閃擊」也因而被事先暴露了。這些渺小的害蟲，由於原形畢露，理屈辭窮，而更覺得膽寒了。相反的，廣大的人民，對於當前的危險，却有了警惕，有了準備，動員了自己的力量，因而造成了勝利自衛的先決條件，不致受反動派的突然襲擊。

但是，能不能說內戰危機已經過去了呢？完全不能。不但內戰危機的根源仍然存在，而且每一分鐘都有爆發內戰的可能。這就是因為，在國民黨方面，始終沒有執行延安民衆大會所提出的四條要求，其中關於撤退軍隊一項，不但原有包圍邊區的軍隊未撤退一兵一卒，就是新從河防及西安一帶調上來準備作進攻主力的軍隊，亦未聞有撤退消息。

內戰危機，決不是憑空而來的，這是由於國民黨的隊伍中，有一批漢奸第五縱隊，有一批法西斯匪徒，他們窺見自己的祖宗希特勒、東條英機滅亡，拼命想法挽救其祖宗的命運，因而喪心病狂，挑撥內戰，要使抗戰大業功敗垂成。越是國際形勢好轉，越是反法西斯力量勝利，他們就越是着急，越是拼命挑撥內戰。完全不是偶然的，今年三月，大後方出版了一本中國法西斯主義的「經典」，學習滿清康熙的「聖諭廣訓」和希特勒的「我的奮鬥」，強迫人人誦讀。這本「經典」的中心思想，一句話說完，就是要在兩年內解決中國共產黨，以便實行法西斯主義。這本「經典」公開威嚇說：「軍政時期不能停止」，而其所謂「軍政時期」，即是指「剿共」內戰而言。這本「經典」，對抗日則輕描淡寫，但却要強迫全國人民人人誦讀。從這本書裏，可以看見什麼呢？可以看見：我國大地主大資產階級政治代表，在日寇第五縱隊的包圍之下，現在是要時常的醉心於實行法西斯專政，醉心於「剿共」內戰，公然主張「反共第一，抗日第二」。由此可見，最近內戰危機的發生，其根源深厚可尋，而要想根本消弭內戰危機，則除了徹底剷除日寇的第五縱隊外，再也沒有別的道路。這些害蟲一日不剷除，則內戰危險一日存在，反共的「閃擊戰」時刻可以爆發。越是國際形勢對我國有利，對日寇不利，則日寇第五縱隊的陰謀活動就越發着急，越發猖狂，內戰的危險也就越發嚴重。

延安民衆大會，除了要求撤消包圍邊區的軍隊以外，還要求懲辦特務機關，討伐三十三個投敵將領，和審判日本奸細吳開先，乃是完全有理由的，這些要求的達到，乃是消弭內戰危機的最低限度的條件。我們說是最低限度，因為如果不這樣做，就無法叫人相信，國民黨是真正在一心抗日，真正不要內戰。

在這種情況下，我們就不能不再來問問國民黨人：

第一，你們對於挑撥內戰的特務機關，為什麼不肯懲辦呢？難道他們對抗戰有功麼？可否請你們來出事實，證明那幾百個反共特務大隊做過一件有利抗戰的事情，讓我們人民心服呢？據我們看來，特務機關從抗戰開始起一直到現在，就沒有做過任何一件好事，恰恰相反，他們只在反共反人民的反動事業上用功夫，他們裏面什麼烏龜忘八蛋都有，成了包庇奸細漢奸納污的淵藪。很多鼎鼎大名的特務頭子，投降敵人，特意為汪精衛大漢奸服務。他們平日食國家俸祿，無一人為國家盡節，一經招引，立即投降，並且盡其特務小嘍囉，無須以細槍械，就從容倒敵，而敵人方面他們也信任不疑。我們請問：這樣的特務機關，有什麼資格食國家的俸祿？有什麼必要豢養他們？現在他們企圖發動禍國殃民的內戰，製造白日見鬼的反共謠言，提倡「取消共產黨，取消邊區」的漢奸謬論，你們為什麼還捨不得懲辦這些忘八蛋？

第二，你們對於三十三個投敵叛將，為什麼不肯討伐呢？這個討伐令，在時間上說，用不到化一點錢，在政治上說，則可鼓動我界限，足以振奮士氣，教育國民與軍人的愛國精神，杜絕漢奸之膽，提高我國國際信譽，利益非常之大。過去不這樣做，已經不好。現在，延安民衆大聲疾呼的提醒你們了，你們為什麼還不做呢？你們在口頭上也愛說什麼「國家至上，民族至上」，難道容忍大批叛國軍官，毫不責備，毫不聲討，這就叫做「國家至上，民族至上」麼？難道這些叛國行為，倒是符合於你們所說的「國家至上，民族至上」的麼？

第三，你們對於日本密使吳開先，為什麼不予逮捕審問呢？吳開先是個明白的日本奸細，被日汪派遣，講好條件，被命回渝，實施勾引，仍然押其妻母於上海。你們不把吳開先逮捕審訊，反把他待如上賓，究竟是為了什麼原故呢？你們這樣對待吳開先，人們就懷疑你們一面抗戰，一面又與敵人秘密勾搭，實行這樣的兩面政策，正和你們一面講什麼「精誠團結」，一面又實行反共反人民的兩面政策一樣，你們對於人民的這種懷疑究竟怎樣解釋呢？

我們誠懇地向一切真正愛國的國民黨人呼籲，請你們注意這些極端嚴重的問題。撤退準備進攻邊區的軍隊，懲辦挑撥內戰的特務機關，討伐三十三個投敵將領，審判日汪密使吳開先，這四條都是在消滅日寇與民族至上的原則下所不能不辦的。

在全國人民方面，應該大聲疾呼，起來督促國民黨實行這四條，如果這四條做不到，那末，抗戰危機與內戰危機是不會消滅的。

# 國民黨元老續範亭先生

# 通電全國制止內戰

## 反對進攻邊區以免亡國慘禍

【本報特訊】晉西北行署主任續範亭先生，是國民黨老同盟會員及孫中山先生之忠實戰友。抗戰以前，他反對國民黨當局的不抵抗政策，憤日寇之侵後，痛亡國之無日，曾在南京中山陵前，以自己的鮮血，喚醒國人。「七七」事變以後，他更為了團結抗戰，[illegible]乃發出通電，呼籲國民黨先進及全國愛國同胞，迅起制止內戰，挽救危亡。茲得續先生原電，特發表如後：

[illegible]

續範亭　七月十二日

## 晉西北反「掃蕩」中

# 被俘戰士忠貞不屈

【新華社晉西北十五日電】[illegible]

| 解放日报 | 时间 | 1943-7-18 | 期 | 第788期 |
|---|---|---|---|---|
| | | | 版 | 第2版 |

# 朱家沟矿区战斗动员全体职工参加自卫军

## 保证燃料供给不缺

【本报讯】朱家沟煤矿全体职工，于十五日召开保卫边区动员大会。当工人们正在矿□[山]紧张工作时，听到了国民党反动派要进攻边区，一传十，十传百，立时，全部矿区的矿工，如潮水一般涌出矿坑，□[无]数愤激的声音，汇成一个巨大的声响："保卫共产党，保卫边区，保卫咱们工人的老家，保卫矿厂！"大会开幕时，附近农村群众数百人亦赶来参加。工会主任孙树才同志登台讲话，他劈头就问："反动派为什么要进攻边区？"台下工人群众同声怒吼起来："他们准备投降！"接着孙树才同志就把反动派包围边区的情况和我们准备痛击这些日寇第五纵队的决心，告诉了大家。自卫军连长白云秀同志继起讲话，他说："从今天起我们要加强自卫军的训练，站岗、放哨、查户口，严密防止敌探特务分子的破坏！"在掌声雷动中，炭工劳动英雄华增柱说："我们全体工人紧急动员起来，团结得像一个人，我们不怕任何反动派的进攻，现在我们加紧生产，积极展开赵占魁运动，源源供给部队、机关、工厂的燃料，这就是我们对反动派进攻最好的回答！"继续讲话的是乡指导员贺开厚同志，他说："农村老百姓要加紧锄草多打粮食，并把工人自卫军和农民自卫军配合起来，消灭胆敢进攻边区的反动派。"最后大会通过了增加自卫军武器××件，全体煤矿职工亦参加自卫军。大会即在"保卫共产党，保卫边区，保卫矿厂，保卫家乡！"的雄壮的口号声中散会。

# 太行分區幹部動員大會
# 爲保衛黨而犧牲一切
## 鄧小平同志痛斥國民黨反動派陰謀

# 留衛門診部同志加强救護工作

【本報訊】要十倍百倍的加緊工作，已成爲留衛門診部全體同志的實際行動。在十二日舉行的反對內戰緊急動員大會上，人人的熱血都在沸騰，自動起來講話的有十六人，包括醫生、護士和事務人員。全會場充滿對共產黨和邊區的熱愛，以及對日寇、反共份子的仇恨，大家都憤怒的喊着：「我們要用行動來表示！」全體護士自動要求增加工作，並且願抽出時間，幫助伙房工作，兩位參加過長征的護士都肯定的說：「在從前我們就戰勝了反共軍隊，如果它再來進攻邊區，我們完全有把握消滅它，我們要積極的負起救護傷病員工作，爲就是咱們的戰鬥行動了。」醫生同志們說：「爭取病員早日恢復健康，增强戰鬥力量。」曾步雲東南做了四年工作的米洛夫大夫，要求參加工作。他堅信的說：「八路軍在前方可以打敗日本，反共份子的進攻也一定要被粉碎的，誰反共就是死路一條！」

# 子長勞動英雄賀生雲
# 幫助移難民札工鋤草
## 殘廢農民石榕斗札工便利貧民勵地

# 敵汪奸細大批抵渝
# 漢奸吳開先等受隆重招待

# 吳家棗園保衛邊區的動員計劃

### 概況

吳家棗園位於延安縣柳林區二鄉的中段，邊區勞動英雄吳滿有就住在這個莊上。全村長約三里，橫跨兩個山腰。去年耕地面積六九六畝，今年在吳滿有領導下，增加耕地面積四四七畝。現在山腰的兩邊已種滿荒野，春來雨水調勻，莊稼特茂。居民都是新來移民，因生產發展，所以都過着豐衣足食的自由幸福的生活。

### 動員組織

### 武器、担架

### 嚴防奸細

### 交通運輸

### 優待抗屬

### 儲糧勞軍

### 加緊生產

### 戰時公約

### 訓練教育

# 朱家溝礦區戰鬥動員
# 全體職工參加自衛軍
## 保證燃料供給不缺

# 吳堡縣府高價收買蠶繭
# 鼓勵農民多養蠶

# 甘泉第三區
# 組成九十三個鋤草隊
## 鄉級幹部大部參加

# 安塞周桐莊
# 婦女鋤草男子馱鹽

# 青年劇院生產優良
# 生活大大改善
## 與抗屬聯歡送給慰問品

# 光华印厂工友自动加工提高产量四分之一

【本报讯】光华印刷厂职工为回答反动分子准备进攻边区的罪行，乃从十日起即平均每人增加产量百分之二十三。现在他们每天白天照常工作，晚上还要加工生产，曾经有几天继续劳作至十七小时之久，而毫不疲倦，毫无怨言。石印工人范培才紧握着拳头对伙伴们说："现在边防军在前线准备打击向我们进攻的反动派，他们准备流血；我们目前的任务，就是在后方加紧生产。同志们！我们多流一滴汗，前方就少流一滴血！"××组残废工人马德仁气愤地说："你们不要看我是拐子，我不但会劳动，到了战场上打起枪来，我可要顶两个人。"石印工人彭林直截了当地说："没有别的，现在趁着这个机会，更加努力生产，必要时，我们都可以参加游击队。"上列三个工人都是长征中的"小鬼"，现在都是二十五六岁的青年了，马、彭两位同志且是生产线上的积极分子，例如彭林的产量和九日以前比较起来，就提高了三分之一。保管员吴宗林白天工作九小时，现在他说："环境决定了我"，自此他就每天晚上多加了石印组的工作，和其他的工人一样，曾经为了赶完一件工作，加工八小时。于是，另一个保管员赵楚也跟上了，全厂职员也都跟上了。该厂厂长高秉仁两日两夜，都亲自在工房里参加制版工作，有时和其他职员一样，夜间还要轮流放哨。工务科长和工会主任也都参加了石印生产。老工人薛兆林在自己的职务之外，代替了病人的生产岗位。制版组全体工人，每人黑夜加工。现在该厂生产量的提高，也有惊人的纪录，九日平均每人的生产量如为一百，则十日起即为一百二十三，并逐日上生。按该厂工人在"七七"第六周年纪念时，曾献金三千五百余元劳军（已送军事主管机关），做义务工一天，并改每周休息为两周休息制。

解放日報
今日出版一大張　第七八九號　中華民國三十二年七月十九日
社址：延安　本期零售一元　每月三十八元　三月

## 陝甘寧邊區彈花紡紗廠交通工廠啟事

陝甘寧邊區彈花紡紗廠，現奉命恢復為朱總司令早年手創之交通工廠，自即日起，彈紡廠之圖記截角繳呈上級財政廳作廢，另啟用陝甘寧邊區交通工廠新圖記，特登報週知

## 邊區稅務總局通知

查邊區酒類，早經邊府明令禁止，但因醫藥衛生及工業需要，尚須釀造……不少。茲奉邊府財政廳財發字第七五號命令，頒發「陝甘寧邊區徵收酒類……稅暫行辦法」及其施行細則，統一管理。特規定各分區酒坊統限七月底前，赴該分區稅務分局（延屬分區赴稅務總局）登記，以便管理，否則按處罰論。特此通知！

七月十日

# 中長林領導全村
# 加緊夏耘整理自衛軍
# 多繳公糧保證軍隊充分給養

# 誓死保衛
# 豐衣足食的生活

# 半月軍事動態

# 光華印廠工友自動加工
# 提高產量四分之一

# 一六七師某營
# 砲擊隴東

# 紅軍繼續向奧城推進
# 擊毀敵機一三七架

# 寇軍竄擾豫北太南
# 太行軍民緊急備戰
# 敵奔襲合澗遭我痛擊

# 晉察冀參議會通電
# 要求嚴懲特務匪徒

| 解放日报 | 时间 | 1943-7-19 | 期 | 第789期 |
| --- | --- | --- | --- | --- |
| | | | 版 | 第2版 |

## 吴堡推进纺织业合作社帮助收购土布

【本报吴堡讯】吴堡全县共有纺车八千零五十八辆，织机二千二百六十架。全县妇女劳动力九千九百一十五人中，纺妇共占八千一百四十九人，能织布的有六千三百八十六人。占[估]计全年共可织布四万四千八百余匹。最近县委、县政府为了推动本县纺织业的发展，特规定如下办法：（一）确定四个民众合作社，收买土布、贩卖棉花，以推动纺织事业。（二）以刘家沟区五乡为中心，建立妇女纺织合作社。该社由王绍五、任建文、张忠正等负责，现已集股土布七十四匹、羊三只。并由政府商店分到棉花两大包，准备发花收花。（三）县府与绥德永昌公司商妥，每月由吴堡妇女代该公司纺头等纱数百斤。（四）普遍成立纺织小组□现岔镇区已有二百零二个小组，参加纺妇达二千零九十七人。其主要任务为互相帮助成木，组织纺织变工，进行纺织竞赛。刘家沟纺织小组，现已提出“纺织工资，赚一对银手镯”的口号，进行竞赛，过去每天纺线五六两的妇女，现在已能纺线半斤。

# 留直各機關緊張動員

## 政治部後勤部提高工作效率

## 工廠加緊生產部藝準備上前綫

# 留延日人自衛軍

## 誓爲保衛共產黨而戰

# 太行士紳義憤塡膺

# 痛斥日寇第五縱隊

誓爲陝甘寧邊區後盾堅持抗戰到底

# 延縣甘谷驛

# 農民工人決心保衛邊區

## 醫院傷員希望早愈上前綫

# 延長三區鋤草中的幾個問題

劉希生

# 志丹一區一鄉鋤草檢查

士伯惠

## 吳堡推進紡織業

# 合作社幫助收購土布

【本報吳堡訊】吳堡全縣共有紡車八千零五十八輛，織機二千二百六十架。全縣婦女勞動力九千九百一十五人中，紡紗者共佔八千一百四十九人，能織布的有六千三百八十六人。估計全年共可織布四萬四千八百餘疋。最近縣委、縣政府爲了推動本縣紡織業的發展，特規定如下辦法：（一）確定四個民衆合作社，收買土布、販賣棉花，以推動紡織事業。（二）以劉家溝區五鄉爲中心，建立婦女紡織合作社。該社由王補五、任錦文、張忠正等負責，現已收穫土布七十四疋、洋三疋。並由政府商店分給棉花兩大包，準備發花收花。（三）整頓與擴張永昌公司商號，每月由吳堡婦女代銷公司紡頭零紗數百斤。（四）普遍成立紡織小組，現全縣區已有二百零二個小組，參加紡織婦女二千零九十七人。其主要任務爲互相幫助成本，組織紡織變工，進行紡織競賽。劉家溝紡織小組，現已提出『紡織工資，讓一對勞手頭』的口號，進行競賽，佛步婦女紡織五六兩的婦女，現在已能紡錢半斤。

## 隴東機關人員助民收麥

# 節省工資十五萬元

# 反動教育大傑作

# 一幕特務內鬨醜劇

江西省黨部與三青團爭奪學校黨部

中正大學學生搗毀民國日報社

# 擴大股金發展業務

## 「亞洲」部軍人合作社

四個月獲利九十萬元

# 华侨工厂献金三万元努力超过上月产量

## 只有靠共产党华侨才能翻身

【本报讯】华侨纺织厂为反对反动派准备进攻边区，日前特召开紧急动员大会，全体职工当场献金三万余元，并通过成立工人自卫军，作为坚决保卫边区的行动表示。该厂惠厂长在报告边区周围情况及揭破国民党反动派的阴谋活动后，继谓："共产党和边区是取消不得的，否则就会使全民族和海外华侨永远不能够翻身"！他即席捐出八百元，并号召全厂工人，"加紧生产，充实军需，准备支援前线战斗。"远从荷属婆罗洲来的华侨，该厂工务科长江涛同志，他走上讲台挥着手说："我自己从会后起，除更加负责自己的工作外，还要把空闲的一分一刻时间，都用到实际生产中去，取消礼拜天的休假日，并把我所剩的三百元，全部献给八路军！我并且希望华侨□[同]志及全厂工友们，加紧生产重订每人的生产计划，弹毛股还要超过上月份，超出计划一千多斤的数字，合股、络纱、染房等部门，其生产数字及节省原料，也应比上月超过。要学习常匡辅的爱护工具和积极生产的模范行为！以这个实际行动，来答复顽固分子"。从泰国来的华侨张锐同志，他在开动员会以前，就拿出一千元来，献给八路军，现在更以愤激的口气说："在边区政府的施政纲领上，规定："欢迎海外华侨来边区求学，参加抗日工作，或兴办实业"，而且这样实行了。但顽固分子却在西安搞集中营，拘禁回国的抗日华侨青年。另方面，我们看到，返延的华侨，在中共的栽培扶助下，一天天长大起来，过着丰衣足食的生活，这和大后方的华侨某夫妇，因生活不能维持，投江自杀的事，恰是一个鲜明的对照（前线日报曾刊载此消息）。现在这些顽固分子不但不打日本，反而制造分裂，帮助日本人进攻边区，我们是不答应的，现在我把我的名字写上去，参加自卫军，保卫我们的工厂和边区！"该厂工会主任崔现友同志，号召工友们每天增加工作一小时，当即得到全场的热烈响应。一个为民族流血受伤四次的该厂纺户退伍军人秦元照，他拿出两千元来献给政府，嘱买子弹送给八路军，在他鼓动下，马子继、郝士鸿、马士仁亦各献金一千元，刘温华五百元。此外，来延安后才走上丰衣足食生活的纺户常英兰和她的丈夫武丕业，走到主席团面前说："我捐出一千二百元给八路军。"模范工人常匡辅，在极度的愤激下，他拿出一千元作为献金，并且自动把午睡减少到一个钟头，为工厂多做工。据初步统计，前日共收到现金两万余元，连衣服、鞋子、工资共三万余元。在愤慨激昂的情绪下，大会通过立即成立自卫军，编成一个连，由惠厂长担任连长，江涛同志为指导员。决定利用公余时间，进行训练。其次布置增产，由工会协同每一工人，起草新的生产计划，以求超过每月纺线五千斤的数目。并号召全厂团结一致、服从纪律、遵守制度。大会前后约开六小时之久，在热烈的口号声中散会。

# 楊家嶺各機關 普遍開展勞軍運動

## 某單位已捐款十萬元

# 延縣加緊整訓自衛軍

## 分區召開羣衆動員大會

## 李家渠兩千羣衆集會

# 武裝起來準備戰鬥

## 保衛我們的家鄉和田園

# 在六鄉

方馳辛

「鄉長那裏去了？」

「鐵拐李」的神通

光榮的黑彩子溝變工隊

楊老大

# 華僑工廠獻金三萬元 努力超過七月產量

## 只有共產黨華僑才能翻身

# 實驗工廠響應被服廠號召 每天工作十一小時

## 星期日不休息進行軍事訓練

## 建設廳提倡 釀製葡萄酒梨酒

### 不要製燒酒以免浪費糧食

## 邊區保健藥社 分社已有廿二個

# 大後方輿論一束

### 小人當道 君子隱退

### 社會不平 怨聲四起

### 紙醉金迷 士無鬥志

### 抑鬱苦悶 墮落消沉

## 延縣師範將開辦 暑期教師研究班

| 解放日报 | 时间 | 1943-7-20 | 期 | 第790期 |
| --- | --- | --- | --- | --- |
| | | | 版 | 第2版 |

# 实验工厂响应被服厂号召每天工作十一小时

## 星期日不休息进行军事训练

【本报讯】十四日傍晚，边区被服厂关于努力生产紧急动员的挑战书，到达了实验工厂，全厂工人即卷入革命竞赛的热潮中。工会主任立刻召集了全厂的职工大会，报告反动派要进攻边区的恶毒阴谋，并向大家宣读了被服厂的竞赛条件后，发言者异常踊跃，二等残废李德魁同志叫起来："为了民族的解放，我流了自己的鲜血，成了残废，现在眼看着抗战就要胜利了，这些反动派家伙放着敌人不打，来进攻咱边区，我是坚决不答应的，咱们响应被服厂的号召，加紧生产，把自卫军组织起来！"四十多岁的张好贤说：我河北的家被鬼子占了，边区就是我的老家，谁要想进攻我的老家，我就和他拼到底！张文林同志说："我每天增加三小时义务工，每天做十三小时！"到这时，会场里激动起来，捐衬衣布，捐工资，增加义务工一小时、两小时、三小时，像连珠炮似的一个比一个响亮，十点多钟了，工会主任提出了明天继续开会。当晚，决定了响应被服厂号召：全体增加义务工一小时，每天工作十一小时，组织全厂职工自卫军。十五日上午吃完早饭继续开会，一致通过把星期日变为紧急动员日，专门进行军事训练。会议结束后，工人们又立刻转入紧张的工作中了。

# 楊家嶺各機關
# 普遍開展勞軍運動
## 某單位已捐款十萬元

# 延縣加緊整訓自衛軍
## 分區召開羣衆動員大會

### 李家渠兩千羣衆集會
# 武裝起來準備戰鬥
## 保衛我們的家鄉和田園

# 在六鄉

方馳辛

### 「鐵拐李」的神道

### 光榮的黑衫子

### 楊老大

## 華僑工廠獻金三萬元
# 努力超過上月產量
### 只有靠共產黨華僑才能翻身

### 邊區保健藥社
### 分社已有廿二個

# 大後方輿論一束

### 小人當道　君子隱遁

### 社會不平　怨聲四起

### 紙醉金迷　士無鬥志

### 抑鬱苦悶　墮落消沉

### 建設廳提倡
## 釀製葡萄酒梨酒
### 不要製燒酒以免浪費糧食

## 實驗工廠響應被服廠號召
# 每天工作十一小時
### 星期日不休息進行軍事訓練

### 延縣師範開辦
### 暑期教師研究班

# 难民工厂鞋厂职工加紧生产献粮献金

## 组织工人自卫军保卫边区

【本报讯】难民工厂全体职工十七日召开反对内战紧急动员大会，首由吴厂长报告，他大声疾呼：国民党内的反动派准备进攻边区，我们工人应紧急的动员起来，保卫边区。他同时还将大后方生活与边区生活作了非常鲜明的对照。他说："延安群众大会的方向，就是我们的方向，大家应再加强赵占魁运动，尽我们的最大力量，加紧生产，实行节约。并要慰劳保卫边区的军队。同时，同志们要提高警觉性，防止敌探奸细活动。"接着工人张义同志登台说道："这次国民党内的反动派阴谋掉转枪来打自己人，这是无异乎帮助敌人。我们必须紧急动员起来，保卫边区。我虽然是一个残废，不能到前线去，但是我要加紧生产！我们大家都应该加紧生产，帮助我们的军队，撵走这些混蛋！"接着，制造部、棉织科，先后都提出星期日加工，把所得的工资，慰劳保卫边区的军队。并一致提出：组织工人自卫军准备自卫。炊事员姚福元老同志，向大家称："我要努力做饭，使大家吃得饱，生产得多，以增加战斗力量。"他并代表全体炊事员同志，提出每人捐米五升。作为保卫边区之用。刚把金黄的麦子背放到场上的农业生产员贺生望同志，也赶来参加大会，他匆忙地说："全边区人民都应该动员起来，准备战斗。我们是零工，我们也愿意每人拿出一百元，慰劳保卫边区的将士。"全体工作人员代表讲：愿意和工人同志在一起，互相督促检查，来坚持赵占魁运动，增加生产。全体工作人员愿把七月整月津贴拿出来，慰劳保卫边区的八路军。工人刘勇同志当场捐出一千元，并说："愿意多抽时间做义务工。"特别是韦若女同志，以兴奋激昂的讲话，动员了所有的女同志，参加保卫边区的工作，加油倒纱。最后通过给八路军全体将士电，并捐出劳军现金一万七千七百余元，米十一石二斗五升。

【本报讯】在边区鞋工厂的紧急动员大会上，展开了保卫边区的献金热潮。老年工人赵玉堂，青年学徒苏文，都这样表示：“从本月起，我每月的工资，都全部捐出来，献给共产党和八路军。”在他们之后，自愿捐工资一月、二月、三月，捐款五百元、一千元的络绎不绝，年仅十一岁的冯国雄，十二岁的高福善，这两个打麻绳的小同志，每人也捐出一月的工资二百余元。有几个工人，连治病的药钱都尽数捐出，干部们则长期的捐出自己的津贴。不到二十分钟，全厂职工共捐款二万。此时，大家又一致提出：我们不仅仅捐钱就算完事，还要积极生产，礼拜天不休息，每天加工一小时，提早完成生产任务，还要保证质量好。最后，通过了组织自卫军，二十年的老工人马成章同志，有病尚未痊愈的裁案工人于文同志，都自动报名参加。此外，该厂在克服浪费中，节省了鞋底百余双，从明天起，完全做成草鞋，以六十双送前方将士，四十双送附近部队。

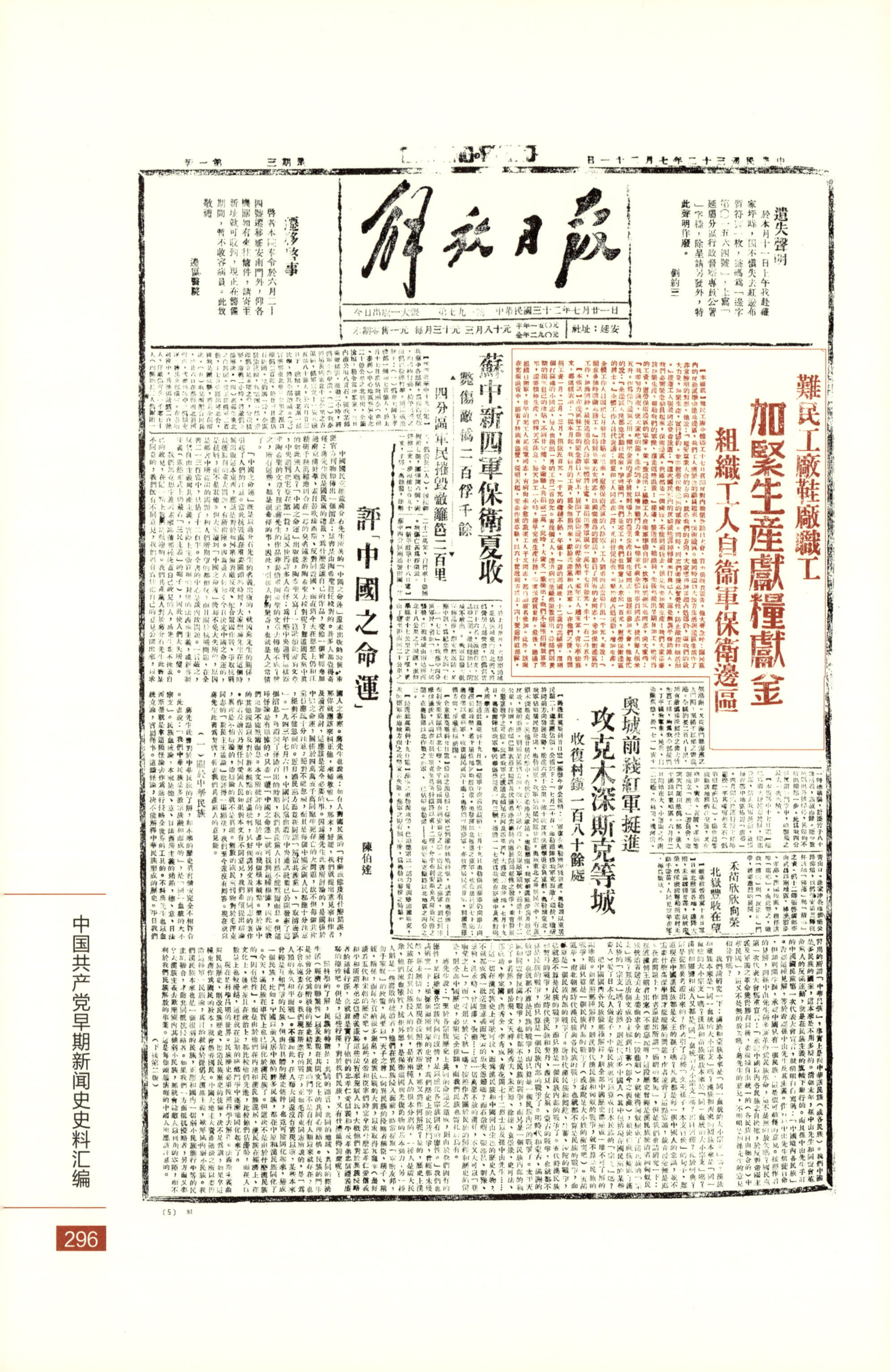

中華民國三十二年七月二十一日　星期三　第一版

# 解放日報

今日出版一大張　第七九一號　中華民國三十二年七月廿一日
社址：延安　每月三十元　三月八十元　半年一百〇五元　全年二百〇九元　零售每份一元

**遷移啓事**

啓者本院奉令於六月二十四號遷移延安南門外，仰各機關如有來往信件，請寄至新址就可收到，現正在籌備期間，暫不收容病員。此致
敬禮

邊區醫院

**遺失聲明**

於本月十一日上午我赴蘭家坪時，因不慎失去紅邊布質符號一枚，號碼爲「邊字第〇一五六四號」，上寫「延園分區行政督察專員公署」字樣，除呈請另發外，特此聲明作廢。

劉約三

## 難民工廠鞋廠織工
# 加緊生產獻糧獻金
## 組織工人自衛軍保衛邊區

## 蘇中新四軍保衛夏收
### 斃傷敵僞二百俘千餘
### 四分區軍民攏毀敵碉堡二百里

## 奧城前綫紅軍挺進
# 攻克木深斯克等城
### 收復村鎮一百八十餘處

北嶽豐收在望
禾苗欣欣向榮

# 評「中國之命運」

陳伯達

（一）關於中華民族

（下接第二版）

| 解放日报 | 时间 | 1943-7-23 | 期 | 第793期 |
|---|---|---|---|---|
| | | | 版 | 第1版 |

# 赵占魁同志扶伤上工

## 号召全边区工友加紧生产准备战斗，农具工厂每日增加工作三小时半

【本报讯】边区工人劳动英雄赵占魁同志，听到反动派撤退河防驻军包围边区的消息后，即扶伤上工，号召全厂，加紧生产，他说："我活了四十七岁，在资本家工厂里作了三十五年工，挨骂受气，吃不饱，穿不暖，简直是半死半活的奴隶，只有到了共产党领导下的边区，做工才被人看得起，生活才有了保障，一年比一年丰衣足食。第二次边区参获[议]会，把我选做边区参议员，这是我做梦也想不到的。边区是我的家，共产党是我终身的依靠。现在反动派不打日本来打边区，实在太可恨了，我一定要和这些王八蛋们拼这条老命。"他提议总工会号召边区工友加紧生产，准备战斗。他又把他所有的积蓄五千元送交高岗和贺龙同志转给保卫边区的战士们。他说："我所有的一切东西，连头颅和热血在内，都决心用到保卫党和保卫边区、保卫中华民族的事业上。一定要把敢于进攻边区的王八蛋们消灭。"

【本报讯】在十日下午农具工厂的紧急动员大会上，全体职工一致要求，以加紧生产的实际行动，为保卫边区而战斗。当场，有大批职工报名参加赵占魁运动，计有工人十人，职员十四人。先前参加者，也增加了新的条件，如老工人李治平同志，增加了一条："除保证动力外，工余、休假日帮助钳工做工。"各部门均取消休假日。有些部门，已经自动把工作时间从八小时增加到十一小时半。四十多岁的长征老干部，熟练工人许科长，他的眼睛有点毛病，看不清楚，也积极地参加了加工。股长崔锁贵同志，更在加工中自己拿起大锤子做工，工作人员也踊跃地参加到生产中去，如管理员杨硕坤同志，从前不安心工作，现在他不但保证要把自己的管理工作做得好，而且还参加钳工工作。为保卫边区，保卫党，保卫中华民族，农具工厂已进入紧张的战斗状态。

解放日報

中華民國三十二年七月廿三日　第七九三號　今日出版一大張

社址：延安　半年一五〇元　全年二九〇元　三月八十元　每月三十元　本期零售一元

**遺失聲明**

本院於最近遺紅邊邊字第〇〇五四三號、〇〇五五〇號，藍邊邊字〇〇四二一號三符號，上皆蓋有學生療養院長形小章，特此聲明作廢。

學生療養院

**聲明作廢**

啓者本團運輸員去定邊馱鹽，在路途將藍色徽章文字〇〇二二四號失掉，除呈請上級補發外，特此聲明作廢。

民衆劇團

七、一八

# 關中民衆熱烈動員

# 不分晝夜趕送公糧

## 積極參加自衛軍運輸隊保衛家鄉

# 淮南各地民衆

# 痛斥特務禍國罪行

## 愛護共產黨如愛護自己的生命

# 國民黨區域

# 民衆痛恨反動派

## 拉伕抓丁破壞農作焚燬莊稼

# 英共舉行年會

## 集中全力擊潰軸心

## 一致通過新的黨綱

# 晉中八路軍出擊

# 連克敵據點七處

**冀魯豫軍區副司令員黃華同志殉國**

# 山東軍區

# 籌備紀念「八一」

## 提高軍事技術改造幹部思想

# 肅清奧城以北敵防區

# 紅軍攻克波霍夫

## 旬日中斃敵五萬俘獲甚夥

# 趙占魁同志扶傷上工

## 號召全邊區工友加緊生産準備戰鬥

### 農具工廠每日增加工作三小時半

# 晋察冀完县纺织业发展 织成土布五千二百匹

【新华社晋察冀二十五日电】完县纺织工作，在边区总社及县联社合力开展下，参加人数已增至四千五百余人。截至上月底，共织出土布五千二百余匹，并存有大批棉线。发出工资二十一万五千余元，这样伟大成绩的获得，除去得力于宣传教育工作及其他许多细密的组织工作外，具体办法的不断改进，也是有极大作用的。第一，根据了过去的经验和当地的实际情形，他们把纺纱与织布的，合编为纺织小组，以织布者为小组长，每组平均一个织布机，八个纺车，这种合编的组织法，好处颇多。如：（一）织布者为了出品好，对纺线者的检查比单独的纺纱小组长进行的仔细严格，同时纺线者供给本组织布，棉纱也容易纺好。（二）纺出之线，直接给织布者，不必再交村社区社，然后仍发给，节省了收线发线的手续，合作社只收布匹，账目亦较轻松。（三）纺线织布两者不仅可免过去拖牵之累，且可互相督促，故生产量大大增加。（四）能养成群众集体合作的习惯。第二，取消以棉花代替工资，恢复货币工作形式，这是在当地合作社粮食供给办法改善后的条件下施行的。乡村合作社得有不断的粮食来源。纺织户得到了工资，立刻即可购到粮食，而工资的涨落，又完全以粮食价格为准，所以这样实际上即等于粮食工资，就用不着以棉花代价了。为了更进一步适合于合作生产方式，闻合作社今后正拟逐渐取消发给工资的工厂经营办法，改为供给原料，代销成品的方式。由合作社整批购得原料，照原价供给纺织户，制成成品后，送给合作社代为推销，成品好的获利大，成品坏的获利小，合作社只收取一定数量之手续费，此种新办法，现正着手实验中。

中華民國三十二年七月二十七日　解放日報　星期二　第二版

# 熱烈響應勞軍運動 南泥灣農場助軍鋤草

## 趕種秋菜供給部隊需要

# 安塞羣衆一致宣誓 竭盡全力保衛邊區

## 議長白宜彬老先生疾呼：

**反對內戰！**

**擁護共產黨！**

**緊急動員起來！**

# 模範村陳家窪 將札工隊編爲自衛軍

## 男女老幼分担後方勤務

# 延市北區 檢閱自衛軍

## 磨利矛子大刀準備隨時行動

# 嵐縣羣衆予敵五百餘出擾受創 我軍追擊直迫敵據點

# 吳堡縣區幹部 帮助抗工屬割麥鋤草

# 晉察冀完縣紡織業發展 織成土布五千二百疋

# 靖邊鎮靖區二鄉 創大牧場集中放牛

## 節省羣衆勞動力從事其他生產

# 志丹運輸力的組織

建人

# 太行氣候亢旱 軍民動員防災

# 邊區銀行工作人員 獻金二萬餘元勞軍

## 並捐出瓜菜千斤

# 志丹縣政軍 帮助羣衆鋤草

〔5〕　106

# 纺织厂伙食改善

## 每月节省石炭值六千元

【本报讯】边区纺织厂最近伙食大大改善，自灶火改小后，每月可节省石炭值六千元。伙夫由五个减为四个，不仅克服了过去不负责任煮生饭的现象，而且进一步提高了做饭烧菜的技术。管理员由二个减为一个，除负责领导管理外，还帮助伙房工作，喂猪碾米都是他。伙食委员会的同志，在工余时间，积极计划调剂，订菜饭谱，每日记账计算开支。最近伙食，每天中午可以吃到一顿好菜，早晨干稀饭两样，晚饭能吃到米面，肉丁稀饭，红枣菉绿豆饭等。

# 義憤填膺熱血沸騰 延縣自衛軍大檢閱

## 蟠龍等北四區民眾武裝示威

## 萬餘群眾熱烈動員

## 一手拿槍一手拿鋤 加強生產準備戰鬥

## 吳旗模範黨員張顯榮 提倡建立廁所積肥

## 提高警惕性 肅清破壞份子

## 怎樣積糞和施糞

封正寶

## 紡織廠伙食改善

### 每月節省石炭價六千元

【本報訊】邊區紡織廠最近伙食大大改善，同時也大改小灶，每月可節省石炭價六千元。伙夫由五個減為四個，不僅克服了過去不負責任、浪費的現象，而且進一步提高了作飯燒菜的技術。管理員由二個減為一個，除負責倉庫保管外，還兼管伙房工作，喂豬磨米都是他。伙食委員會的同志，在工餘時間，精密計劃調劑，訂菜飯譜，每日記帳，計算開支。最近伙食，每天中午可以吃到一頓好菜；早晚乾稀飯兩樣，飯後吃到米湯，肉丁稀飯，紅豆稀飯等。

## 三邊老池同胞 致書毛澤東同志

### 我們豐衣足食生活幸福 誰敢來侵犯就把它消滅

## 鄉的自給

徐天培

我們將以無限的英勇，果敢，予反動派以殲滅的打擊！準備以戰鬥的勝利回答你們！

## 邊防軍兩團謝西北局等

## 子長開始夏徵

## 延川永遠區組織札工變工 鋤秋田萬二千畝

| 解放日报 | 时间 | 1943-7-30 | 期 | 第800期 |
| --- | --- | --- | --- | --- |
| | | | 版 | 第1版 |


# 边区纺织厂发起生产劳军运动

## 献金三十五万元产量提高四分之一

【本报讯】边区纺织厂全体职工在高度紧张的生产情绪下，日夜不停地赶制战时救护用品，截至昨日止，已有大批救护品出厂，供给前线。近数日的生产量与本月上旬比较，提高百分之二十五。日前该厂举行职工大会，当场劳军献金十万元，捐助衣物合洋八万元，一月义务工合小米二十八石，三宗共计洋三十五万元。为坚决反对反动派进攻边区，工人们激起了无比的生产热情和自我牺牲精神，在战斗动员大会上，全厂职工杂务人员均表示了自己的态度和决心，会议从下午一直开到夜晚十二点以后。工人们捐献出自己的一切，三千元，两千元，一千元是最普遍的数目。拿出全月工资的二十八人，捐衬衣布鞋袜的十一人。残废工人温太林也捐出了残废金。工人陈书林提出继续拿全月工资劳军到年底。工人贾玉庭等捐工资中百分之八十。胡风山拿百分之五十继续劳军。职员徐学会拿全部收入百分之五十劳军到打退反动派。工友们的热情不仅表现在劳军献金方面，而且很多工友都反省出过去劳动态度的错误，和对公家财产的不够爱惜，乃重新提出个人生产计划，参加赵占魁运动，要求取消假期，增加工作时间，严格执行管理制度，服从工厂各级组织，报名参加自卫军，要求加紧军事训练。因此保卫边区的具体任务，就变成了“生产劳军”的实际行动。大会前后一致通过：（一）用全厂职工名义写信献金劳军，经边区政府林主席转保卫边区的武装同志。（二）施行十一小时工作日（内一小时作义务工劳军），两周休假制（并随时准备完全停止休假）。（三）按原有计划，提高产量百分之二十，减少材料消耗百分之三十；并以此和各厂比赛（特别是和同业工厂）。（四）向边区总工会提议统一领导边区各工厂，参加伟大的“生产劳军”运动。

【又讯】边区纺织厂职工会，在紧急动员中举行改选，会议中，建设厅高副厅长除对战时工厂工作和职工会工作方向，有所指示外，并用土地革命战争经验，充分说明，只要大家一条心，一定能够胜利地把敢于进犯边区的顽军，彻底粉碎。顾厂长当即领导全体职工高呼口号热烈响应。

解放日報

中華民國三十三年七月三十日　第一〇〇八號　今日出版一大張

社址：延安　半年一五〇元　全年二九〇元　三月八十元　每月三十元　本期零售一元

## 本報廣告科啟事

## 吳旗縣騾馬大會啟事

吳旗縣騾馬大會籌委會啟　七月二十三日

## 晉西北部隊深入擁政愛民

# 軍民關係倍加親密

## 粉碎特務機關挑撥離間陰謀

## 魯日人反戰同盟等檢討工作

# 加緊打擊日本法西斯

## 反戰士兵代表控訴敵閥罪行

## 北嶽區大興水利

# 得良田一萬七千畝

## 五寨青風民兵路五小

# 擊退敵六次搶糧

## 被獎為模範民兵中隊長

# 意共等要求恢復民主

## 羣衆運動洶湧澎湃

## 新政府解散法西斯黨

## 奧勒爾前綫

# 紅軍南北並進

## 蘇機夜襲奧布鐵路

## 我政治攻勢影響下

# 濱海偽軍大批反正

## 邊區紡織廠發起

# 生產勞軍運動

## 獻金卅五萬元　產量提高四分之一

## 难民工厂土毛布每日产量超过三十疋

【本报安塞讯】进入战斗动员中的难民工厂，正以十倍百倍的效率增加产量。赵占魁式的工人王武定，七月份全月生产计划，二十天就完成了。布匹过去日产土毛布二十二匹（四十码），现已超过三十匹。七月份全月土毛布产量原计划六八〇匹，截至二十日止，已完成五九〇匹二十二码，按日产三十疋计算，再有三天即可全部完成。该厂职工并响应工会号召，纷纷报名加入自卫军，担任严防奸细活动及警戒任务，每晚加紧巡逻。

# 延縣何家莊實行戰時體制
# 集中人力突擊生產
## 全勞動力組織「自衛軍札工」

## 黨員和幹部到處做模範

## 延長三千民衆示威遊行
### 合水西池羣衆誓死保衛隴東保衛邊區

## 隴東基幹自衛軍
# 積極進行整訓
### 駐軍助民運糧日省十二萬元

## 子長第二完小展覽學生作業

## 「亞洲」部完成戰鬥準備
# 全副武裝上山鋤草

## 延縣金盆區民衆助軍鋤草

## 揭破反共特務份子陰謀
# 神府人民準備自衛戰

## 難民工廠土毛布
## 每日產量超過卅疋

## 延安縣運鹽的檢討

建人

| 解放日报 | 时间 | 1943-7-31 | 期 | 第801期 |
| --- | --- | --- | --- | --- |
| | | | 版 | 第2版 |

## 光华印厂捐款二万元劳军

【本报讯】光华印刷厂全体职工捐款两万余元劳军。该厂自卫军已成立。全厂停止娱乐，日夜加工生产。

# 晉察冀邊委會召開高幹會
## 貫徹簡政改進領導
### 加倍工作支援陝甘寧邊區

## 正確組織全縣勞動力
# 延長七天完成夏收
### 積極佈置夏鋤進行二次鋤草

## 吳旗縣半年建設

## 抗大員生幫民鋤草

## 光華印廠 捐款二萬元勞軍

## 留司某廠工人致函防軍
我們全廠已改為製造軍需品，並且實行突擊。現在四小時就能完成以前兩天的工作。我們用加緊生產來支援你們！

## 回二鄉積極推動
# 本市西區自衛軍整訓
### 清查戶口嚴防破壞份子

# 執行黨中央文藝政策
# 北嶽文藝工作者下鄉

## 綏市各界踴躍輸納
# 勞軍獻金十三萬元
### 市民自動為駐軍服務

## 稅務總局人員 獻金七千元

## 鎮原駐軍 救濟民食

| 解放日报 | 时间 | 1943-7-31 | 期 | 第801期 |
| --- | --- | --- | --- | --- |
| | | | 版 | 第2版 |

# 留司某厂工人致函边防军

我们全厂已改为制造军需品，并且实行突击。现在四小时就能完成以前两天的工作。我们用加紧生产，来支援你们！

【本报讯】留司工业局第×厂全体职工，顷致函保卫边区的指战员，誓为他们的后盾。原函如次：英勇的边防军指战员们！我们看到了七号至十五号的报纸，得悉国民党内的反动派准备进攻边区，深信你们在保卫党中央与保卫边区的光荣任务下，更会发挥你们那刚毅沉着的雄伟力量，给进攻者以坚决的打击！现在我们已组织好了工人自卫军，如果反动派要踏进边区的时候，我们随时就加入战斗，协同你们彻底消灭敢于进攻的反动派。目前我们全厂已全部改为制造军需品，并且实行突击，在半个月内完成上级所给予的任务。过去我们两天□皮四百张，现在四个小时就可以完成，并且质量比以前更提高了。有的军需品，质量超过过去百分之五十强。我们用加紧生产来支援你们，我们誓为你们的后盾！此致战斗敬礼！

留司工业局第×厂全体职工

# 晉察冀邊委會召開高幹會
# 貫徹簡政改進領導
## 加倍工作支援陝甘寧邊區

# 正確組織全縣勞動力
# 延長七天完成夏收
## 積極佈置夏徵進行二次鋤草

# 吳旗縣半年運鹽…

# 抗大員生助民鋤草
## 全校同學發展手工業生產

# 光華印廠
## 捐款二萬九…

# 留司某廠工人致函邊防軍

我們全廠已改爲製造軍需品，並且實行突擊。現在四小時就能完成以前兩天的工作。我們用加緊生產，來支援你們！

【本報訊】留司工業局×廠全體職工，因致函保衛邊區的防軍指戰員，聲援他們的後方。原函如次：

英勇的邊防軍指戰員們！

我們看到了七號至十五號的報紙，得悉國民黨內的反動派準備進攻邊區，深信你們在保衛黨中央與保衛邊區的光榮任務下，更會發揮你們那剛毅沉着的戰鬥力量，給進攻者以堅決的打擊！

現在我們已組織好了工人自衛軍，如果反動派要打進邊區的時候，我們隨時就加入戰鬥，協同你們澈底消滅敢於進攻的反動派。目前我們全廠已全部改爲製造軍需品，並且實行突擊，在半個月內完成上級所給予的任務。過去我們兩天製皮百張，現在四個小時就可以完成，並且質量比以前更提高了。有的軍需品，質量超過過去百分之五十強。我們用加緊生產來支援你們，我們替你們的後盾！此致

戰鬥敬禮！

留司工業局×廠全體職工

# 關二鴉積極推動
# 本市西區自衛軍整訓
## 清查戶口嚴防破壞份子

# 執行黨中央文藝政策
# 北嶽文藝工作者下鄉

# 綏市各界踴躍捐輸
# 勞軍獻金三十萬元
## 市民自動爲駐軍服務

# 稅務總局人員
## 獻金七千元

# 鎮原駐軍
## 救濟民食

| 解放日报 | 时间 | 1943-8-1 | 期 | 第802期 |
| --- | --- | --- | --- | --- |
| | | | 版 | 第2版 |

# 振华纸厂加紧生产

## 提出每天做工十二小时，总分厂劳军献金六万元

【本报安塞讯】振华总厂全体职工，于二十一日晚的动员会上，一致决定以加紧生产的实际行动来保卫边区，并踊跃捐款劳军。蒸煮组学徒董太玉当场提出愿每天做工十二小时。晒纸组同志愿意牺牲午睡时间加紧晒纸。打浆组学徒张从杰除每天做工十二小时，并且星期天也不休息。在捐款劳军中，每一个人都表现出工人阶级伟大的友爱精神，十几个学徒都捐出自己一两个月的工资，杂务人员和运输队员也献出自己微小的积蓄，就是临时工人宋希灵、常智秀也慷慨捐出他们的临时工资，他们都说：自己有饭吃有衣穿就是了。边防军劳苦功高，应该受到慰劳。此次共计捐款一万七千余元。又该厂工人自卫军已迅速组成，且已开始盘查放哨。

【本报甘泉讯】振华分厂全体职工现已组织工人自卫军，进行职工审查，提高警惕性，严防破坏分子的活动。在该厂全体职工大会上，青工赵志平十分愤恨地说："我家离边界最近，常受顽固分子骚扰，现在大炮就要打到我们庄上了，但是我和我的邻友裘启发、刘成福，一定要安心做工，加紧生产，提高质量，这就是我们的战斗行动。我现在拿出一千元，慰劳边防军的将士们。"另一工友杨立成高声喊着："我们要紧张起来，多做义务工。我拿出两千元作为保卫边区的军事经费。"白发苍苍的老工人张怀清，慷慨激昂地说："我在前方打了几年日本鬼子，回到边区做工，不料这些无耻的日寇第五纵队，又来进攻边区了，真太可恨！我拿出五百元去慰劳保卫边区的军队。"谢川运捐出他母亲给他做的新鞋袜及边币一千五百元，魏佟书、高玉兰也捐出二千元，接着李振□[济]、王文友也分别捐出二百元。最后计共捐得边币四万七千五百四十元。大会并决议：（一）坚持自己工作岗位，保证解放日报纸张的充分供给，并继续提高质量；（二）加强自卫军训练，提高警惕性，消

灭破坏分子活动；（三）贯彻整风精神，彻底检查工作；（四）加紧生产，把本月份超额产量十令纸献给政府。（五）函毛主席、党中央、高岗同志及保卫边区的将士们致敬。

## 安塞百分之八十勞動力 參加扎工變工鋤草

## 振華紙廠加緊生產
### 提出每天作工十二小時
### 總分廠勞軍獻金六萬元

## 誰革命？革誰的命？

（上接第一版）

（二）誰是真正革命建國者？

中國革命建國的基本勢力，也就是決定中國命運的基本勢力，決不依靠大地主大資產階級及其豢養的鷹犬們，而是依靠工人農民以及小資產階級。抗戰六週年來已經極明確的證實了這個真理。而中國共產黨正是領導工人農民小資產階級來完成革命建國決定中國命運的偉大政黨。

中國共產黨一次又一次的從危難中挽救中國，並將全國人民從抗戰中建設新中國的實例。試舉幾件人所共知的大事，足夠證明中國共產黨在領導抗戰建國的事業上起了什麼作用和處在什麼地位。九一八事變以後，「攘外必先安內」正「安」得格外起勁，中國共產黨發表「八一宣言」，呼籲團結救亡，倡導了民族抗戰的先聲。……

（四）請問究竟誰革誰的命？

（五）幾個忠告

## 本市完小師生獻金 慰勞邊防將士

## 延縣金盆區 組織自衛軍

## 同宜耀廟灣區 民兵組又是變工班
### 提高生產效率加強自衛準備

## 悼陳彥同志

王震

## 慶陽商民勞軍 獻金廿二萬元

# 清涧推广蚕业蚕户激增出茧旺盛

## 政府提高茧价人民获利甚大

【本报清涧讯】本年度清涧蚕业推广工作，已获显著成绩。其主要原因，系由于在县府二科及建厅派驻该县之蚕桑指导员的领导下，提高了群众养蚕技术，增加了收茧量。而在出茧时，政府特筹资收买，保持每斤蚕茧市价不低于二百元，人民获利甚大，刺激了他们养蚕情绪。县府顷对此项工作，已作初步总结，概要为：（一）全县蚕户及养蚕量的增加：如解区去年有蚕户八七六户，今年有一一〇九户，增加二三三户。新社区去年蚕户四六一户，今年六三五户，增加一七四户。城关区原有蚕户二八户，今年一二三户，增加九十五户。养蚕量上也有增加，如折区四乡马家岔师富财家，一九四一年喂蚕三斗，一九四二年喂六斗，今年则喂八斗。中等蚕户如新区一乡白增福家喂二斗多，最少者喂三四升。全县平均每个蚕户喂蚕八升，共计养蚕三百五十石。（二）出茧情况：全县共收茧三〇九〇四斤，除群众留作自用抽水线者外，卖出一八八七二斤。再以师富财为例，一九四一年收茧二十五斤，一九四二年收茧六十斤，今年则收茧七十斤，每年都有增加。（三）群众养蚕盈利情形：清涧原有茧市三个——清城市、店子沟、解家沟。开始收茧时，丝商出价每斤最高一百五十元。但县政府为奖掖蚕户，乃提高价格，特向绥德边区银行分行及永昌公司贷款六十万元，收买大批茧子，市场茧子缺少，茧价顿时提高到每斤二百元，且茧子销售甚旺。据群众计算，今年一斤半茧子，可换棉花一斤（当时茧子每斤二百元，棉花每斤三百元），去年二斤茧子换一斤棉花（去年茧子每斤二十二元，棉花每斤四十五元左右）。故老百姓都说：“好价钱，眼见得养蚕盈利大！”店子沟三乡三行政村高兴光，今年收茧五十七斤，共卖洋一万一千四百四十元，他的妻子到处告诉别人说：“喂蚕赚利实在大，三十几天工夫，赚了一万多元，纺纱织布无论如何都赚不下，明年一定更要操心喂蚕！”（四）今后应注意的工作：一、提倡多栽桑，保护现有桑树。二、小蚕喂叶次数要增多，夜间要喂蚕。三、小□[蚕]撒米糠，大蚕撒麦秆，以免潮湿，不致使蚕子“上彩”时死去（今年因湿气，上彩时死者颇多）。四、扑灭苍蝇不使蛀茧。

# 幫助羣衆解决困難
# 蟠龍合作社飛躍發展

半年來股金增加九倍，低價售出日用品，爲羣衆節省十四萬餘元。

# 清澗推廣蠶業
# 蠶戶激增出繭旺盛

政府提高繭價人民獲利甚大

# 魯清河區民情激憤
# 痛恨特務禍國殃民

鹽池三區一鄉

# 各村互助勞動鋤草

# 本市木工勞動英雄郝作明
# 積極改進成品質量

義務代製担架等戰時用具

# 吳旗三區的變工隊

# 上海市民
# 交口稱譽新四軍

敵汪壓榨下民不聊生餓莩載道

# 本市東區自衛軍
# 加強崗哨

# 製藥廠工作人員
# 熱烈獻金勞軍

致函邊防將士親切慰問

# 晉西北交通總站
# 書報隨到隨送日夜不息

加緊工作打擊反動派挑撥內戰陰謀

# 沉華同志
捐獻珍貴物品多件

| 解放日报 | 时间 | 1943-8-4 | 期 | 第805期 |
| --- | --- | --- | --- | --- |
| | | | 版 | 第2版 |

## 本市木工劳动英雄郝作明积极改进成品质量

### 义务代制担架等战时用具

【本报讯】本市木工劳动英雄郝作明，以加紧生产及减轻公家购置费用的行动，来保卫边区。当延安各界开动员大会时，他正在回米脂途中，在路上听到国民党内的反动派企图进攻边区的消息后，感到无限激愤。在返回本市后，立即亲自率领全厂工友，向市府报名参加人民自卫军；同时捐出他的一床新毛毯（约值四千元），托市府转送前线，慰劳边防将士。他并向市工会建议，发动工人募捐，号召全市流动工人，热烈捐输，誓作八路军后盾。他自己及厂内全体工人的生产热忱，更是打破过去的纪录，为使所造的各种木器用具更坚实耐用，借以减轻公家购置费用，他厂内已制就有新式桌、凳，凳子均用四腿、六衬、双卯、双肩膀，与普通凳子比较就可多用两年。在建筑房屋方面，凡属于木工类的，该厂一律给以尺码适合、不偷工的保证。其他如窗门等，皆精心设计，做到精致牢固。凡属于战时的担架等用具，一律不赚钱义务代做。郝作明除白天不停地工作外，晚间还仔细阅读群众报上每条人民自卫动员的消息，并向厂内工人讲述。在他的模范影响下，加紧生产，保卫边区的高度热忱，充溢全厂。

# 幫助羣衆解決困難 蟠龍合作社飛躍發展

半年來股金增加九倍，低價售出日用品，爲羣衆節省十四萬餘元。

# 清澗推廣蠶業 蠶戶激增出繭旺盛

政府提高繭價人民獲利甚大

# 魯清河區民情激憤 痛恨特務禍國殃民

# 上海市民 交口稱譽新四軍

敵汪壓榨下民不聊生 倪李載道

# 鹽池三區一鄉 各村互助勞動鋤草

# 本市木工勞動英雄郝作明 積極改進成品質量 義務代製担架等戰時用具

【本報訊】本市木工勞動英雄郝作明，以加緊公蘭多做蘇公家器具供應用的行動，來保衛邊區。當延安各界開動員大會時，他正在關來縣的途中，在路上聽到國民黨內的反動派企圖進攻邊區的消息後，感到無限憤怒。在返回本市後，立即說自己家組織全廠工友，向市府報名參加人民自衛軍；同時捐出他的一件新毛毯（約值四千元），託市府轉送前線，慰勞邊防戰士。他並向市工會建議，發動工人募捐，號召全市流動工人，熱烈捐輸，替作八路軍擔架。他自己及廠內全體工人的生產熱忱，更是打破過去的紀錄，為使所造的各種木器用具更經久耐用，並以減輕公家購置費用，他廠內已經就有新式桌、椅、凳子與用鈎鏈、六棱、雙卯、錢兩樁，與普通做了比較就可多用兩年。在建築房屋方面，凡屬於木工勤的，該廠一律給以尺碼適合，不偷工的保證。其他如窗門等，亦皆精心設計，做到精緻耐用。凡為於戰時的担架等用具，一律不取錢義務代做。郝作明除自己不停的工作外，更開還仔細閱讀邊區報上有人民自衛動員的消息，並向廠內工人講述。在他的積極影響下，加緊生產，保衛邊區的高度熱忱，充滿全廠。

# 吳旗三區的變工隊

# 本市東區自衛軍 加強崗哨

# 製藥廠工作人員 熱烈獻金勞軍

致函邊防將士親切慰問

# 晉西北交通總站 書報隨到隨送日夜不息

加緊工作打擊反動派挑撥內戰陰謀

# 阮慧華同志 捐獻珍貴物品多件

| 解放日报 | 时间 | 1943-8-4 | 期 | 第805期 |
| --- | --- | --- | --- | --- |
| | | | 版 | 第2版 |

## 阮雪华同志捐献珍贵物品多件

【本报讯】清凉山医务所主任阮雪华同志，在此次劳军献金中，表现了她对保卫边区将士的高度热爱。在中央印刷厂的劳军动员大会上，她踊跃的捐出了她母亲临终时遗留给她的首饰，及和她爱人结婚时的金戒指。她并且写了一封信给印刷厂厂长，中间这样说："我是封建家庭出身的女子，在教会学校的医院里，受了十几年的奴化教育，直到边区，在这五年中，才算真正看到了光明，找到了求解放的路。现在我献出自己所有最钟爱的物品，交给党买枪弹，打退胆敢进犯边区的反动派。我想我自己再没有什么了，我一切只有依靠党，所以党在那里需要我，我都是绝对服从的。"阮雪华同志捐献的物品中，有金戒指三个，手表一个，翠玉夹子一个，珍珠镯子一个（内珍珠六十三颗）金袖扣子一个。

# 幫助羣衆解決困難 蟠龍合作社飛躍發展

半年來股金增加九倍，低價售出日用品，爲羣衆節省十四萬餘元。

# 清澗推廣蠶業 蠶戶激增出繭旺盛

政府提高繭價人民獲利甚大

# 魯清河區民情激憤 痛恨特務禍國殃民

# 吳旗二區的變工隊

## 鹽池三區一鄉 各村互助勞動鋤草

# 本市木工勞動英雄郝作明 積極改進成品質量

義務代製担架等戰時用具

# 上海市民 交口稱譽新四軍

敵汪威脅下民不聊生 饑孝藏道

# 本市東區自衛軍 加强崗哨

# 製藥廠工作人員 熱烈獻金勞軍

致函邊防將士親切慰問

# 晋西北交通總站 書報隨到隨送日夜不息

加緊工作打擊反動派挑撥內戰陰謀

## 阮雪華同志 捐獻珍貴物品多件

| 解放日报 | 时间 | 1943-8-5 | 期 | 第806期 |
| --- | --- | --- | --- | --- |
| | | | 版 | 第2版 |

## 朱家沟煤矿职工成立自卫军

【本报讯】朱家沟杨山矿区职工自卫军已编制就绪。在“八一”举行成立大会，到全体职工二百余人。工会主任孙树才同志在大会上说：“我们现在武装起来了，让我们告诉那些反动派，他们敢于进攻边区，就来试试看！”魏厂长说：“今天是八路军的生日，我们自卫军恰在今天成立，我们要继承八路军的光荣传统，保卫共产党和边区。”大会中进行劳军献金运动，工会主任首先捐出七百元，炭工劳动英雄叶增柱、窑头贺兴裕各捐一千二百元，并说：“军队在前方保卫边区，我们要热情地帮助军队。”继起捐款者甚为踊跃。职员们除将半年津贴捐献外，尚有将私人积蓄捐出者，当场共捐款三万余元。又，铁匠工人班国辅弟兄俩，因事未能参加大会，会后他们找工会去，说：“我们先捐四百元，略表咱们的心意。”

# 綏德沙灘坪合作社 團結紡婦提高生產

## 紡紗收入解決羣眾生活困難

# 自衛與生產密切配合 葭縣組織自衛軍變工隊

## 不使莊稼荒蕪或遭受破壞

# 走延路上的店、草、水

建人

# 本市西區運輸隊 擴大與羣眾「朋幫」運鹽

# 本市各界籌備追悼鄒秉彝委員

# 志丹六區 婦女變工鋤草

陳西

# 組織全縣長短腳戶 子長加緊運鹽

## 延屬分區隨貸分配各縣

# 隴東專署指示各縣 整訓民兵加緊生產

## 婦女趕製軍鞋慰勞部隊

# 山東軍區直屬隊幹部集議 保衛山東援助陝甘寧邊區

# 甘泉民衆慰勞邊防將士 捐贈炒米四萬斤

## 延川永坪區勞軍獻金二萬元

# 朱家溝煤礦職工 成立自衛軍

| 解放日报 | 时间 | 1943-8-6 | 期 | 第807期 |
| --- | --- | --- | --- | --- |
| | | | 版 | 第2版 |

# 赵占魁同志函谢各界

## 以慰问金万元转赠八路军

【本报讯】赵占魁同志前因公受伤，曾经延安各界募捐慰问。现赵占魁同志伤已痊愈，又以他一贯高度的工作热忱，站在机器旁边，积极工作。赵占魁同志□答谢延安各界对他伤中的关怀，顷特致函边区被服厂等十余工厂，信中这样写着：你们对我的兄弟般的友爱精神，使我心中有讲不出的愉快和感动，我在外边做工三十余年，从来没有看到和听到像这样对一个工人的关心与热爱，这是我一辈子不会忘记的。我想这只有共产党领导的地方，工人才能得到尊重与爱护。但是想到为革命只做了几年工作，干的事非常少，实在很惭愧。我今后当更坚定我对革命的意志，尽我所有的力量，增加生产数量，提高质量，来回答同志们的关怀。我的伤早已好了，已上工多日。现在，反动派不打日本，要想打边区，又狂叫什么要“取消共产党”，他们是在做梦。我们弟兄们一定坚决反对，我愿将同志们给我的万元慰问金转送八路军，我还要更加团结工友，加紧工作；还要组织自卫军保护工厂，保卫民主政权，保卫丰衣足食的边区，保卫中国共产党与毛主席！我相信我们一定是会胜利的。

赵占魁

# 紀念「八一」
# 南泥灣駐軍突擊生產
## 某部展開「一人當二人」運動

# 趙占魁同志函謝各界
## 以慰問金萬元轉贈八路軍

【本報訊】趙占魁同志前因公受傷，曾經延安各界募捐慰問。現趙占魁同志傷已痊癒，又以他一貫高度的工作熱忱，站在機器旁邊，積極工作。趙占魁同志曾致函延安各界對他傷中的關懷，特致函邊區被服廠等一餘工廠，信中這樣寫着：

你們對我的兄弟般的友愛精神，使我心中有講不出的愉快和感動。我在外邊做工卅餘年，從來沒有看到和聽到像這樣對一個工人的關心與愛護，這是我一輩子不會忘記的。我想只有共產黨領導的地方，工人才能得到尊敬與愛護。但是想到為革命只做了幾年工作，幹的太非常少，實在很慚愧。我今後當更堅定我對革命的意志，盡我所有的力量，增加生產數量，提高質數，來回答同志們的關懷。

我的傷早已好了，已上工多日。現在，反動派不打日本，要想打邊區，又狂叫什麼要「取消共產黨」，他們是在做夢。我們弟兄們一定堅決反對，我願將同志們給我的萬元慰問金轉送八路軍，我願要更加團結工友，加緊工作；還要組織自衛軍保衛工廠，保衛民主政權，保衛中國共產黨與毛主席！

# 王德祥談務莊稼

劉稚農

## 一、王德祥談春耕

# 延川中區
# 八千垧麥田收割完畢
## 全區五百人參加札工變工

# 談延安縣騾馬大會

姚作農

## 志丹商民擴大自衛軍組織

# 延縣合作社飛躍發展
# 半年增加股金廿倍
## 為羣衆節省八十萬元

# 淳耀退伍軍人紛紛參加自衛軍
## 同宜耀某村父子踴躍保衛家鄉

| 解放日报 | 时间 | 1943-8-6 | 期 | 第807期 |
| --- | --- | --- | --- | --- |
| | | | 版 | 第2版 |

# 延县合作社飞跃发展半年增加股金二十倍

## 为群众节省八十万元

【本报特讯】本报一月十七日所发表的延安经建计划中，合作事业曾列为重要的一项。截至六月底止，在上半年内，已由去年不到百万元的股金，扩大到二千万元，亦即较去年骤增至二十倍。如以延县人口七万计，则每人即拥有股金二七五元。社员数亦由去年一万户增至一万二千户，占全县户籍百分之八十六。群众对合作事业认识的进步，于此可获得充分证明。该项股金计消费合作三百七十七万余元，运输合作一千四百八十万元，生产合作一百二十万元，信用合作虽为创始的试验性质，亦达二十九万元。在为人民增加财富与减低消费方面，全县妇女通过合作社所纺之棉花二万斤，即赚利一万斤，作为八千斤线价计（每斤平均五百元），仅此一项，即净赚四百万元。代人民所买的一、三五〇把镢头（每把平均较市价低二百五十元），二、五〇〇页犁铧（每页较市价低一百元）及八〇头耕牛（每头较市价低三千元），在这三项发展农业生产的必需品上，为人民所节省的费用，即有八十余万元。其他如食盐、布匹、火柴及其他日用必需品，尚不计算在内。综观该县合作事业在此半年内所获得的最大成就，据县联社主任刘建章同志谈：第一，在南区合作社的旗帜下，全县合作社均已有方向，有信心，逐渐与群众结合在一起，而成为真正的民办合作社。其中尤以蟠龙合作社业务成绩最好。乌阳合作社的社务工作尤为彻底，该两社已大踏步地向南区合作社底目标前进。第二，运盐工作已完成（半年统计）一一、五三一驮，占预定全年运盐计划一万八千驮的百分之六十四，在往后运盐最旺的六个月中，此项任务不仅可以完成，而且定可超过。此外，在这半年中，刘主任在合作事业中所创造的一些办法，并已为全县合作社的普遍事实所证明：（一）蟠龙社转变与发展的关键，证明了“合作社是为群众谋利益”的真理。该社主任孙洪明同志，原也是一个经商的能手，但业务的发展只是在资金金额的表现上稍许增加了一点利钱，对于增加人民财富的成绩是很微小的。但当他听到刘主任的办法之后，他才像睡醒了似的，他说：“哦！原来还有这样的道理，我们过去完全不知道，只是觉得资本小，以为三万元的资本那能够解决人民的问题呢！”当他和他的伙伴们逐一把刘主任的办法讨论之后，大家都说：“这我们也都能办到呵！”于是，他们朝着南区合作社的方向，实行民办方针，宣传自由入股，包运公盐，并减价出售日用必需品……干部们在思想上，已不再限于狭小的圈子里为了合作社赚钱而工作，而是想着如何替老百姓谋利益而工作了。（二）乌阳区元罗寺分社，虽然是去年年底才成立的，但该社主任曹玉科，在宣传人民入股的时候，也运用了刘主任“先给人民一些利益”的办法。当他见到该区二□[乡]去年曾遭雹灾，今年吃粮有些困难，乃立即拨粮十石，借给该乡人民，又乘机宣传了合作社的好处。原来这个乡的人民，对于合作社是不相信的，他们认为入股就是“有进无出”，但自借粮之后，人民的观念改变了。这时，合作社再给以具体的宣传，群众于是都知道合作社是真正给人民解决困难的，乃纷纷自动入股，现该社的股金已由一万多元上升到十四万多元了。

## 紀念"八一"

# 南泥灣駐軍突擊生產

## 某部展開"一人當二人"運動

[illegible]

# 趙占魁同志函謝各界

## 以慰問金萬元轉贈八路軍

[illegible]

# 王德祥談務莊稼

劉確農

[illegible]

# 淳耀退伍軍人

# 紛紛參加自衛軍

## 同宜耀宋村父子踴躍保衛家鄉

[illegible]

## 志丹商民

## 擴大自衛軍組織

[illegible]

# 談延安縣騾馬大會

姚作農

[illegible]

## 延川中區

# 八千垧麥田收割完畢

## 全區五百人參加扎工變工

[illegible]

## 延縣合作社飛躍發展

# 半年增加股金廿倍

# 為羣衆節省八十萬元

[illegible]

# 三边各厂扩大生产制成衣套七千件

## 新塞厂添置新机织毛布

【本报三边二日电】三边各工厂赶制衣套、被套，截至目前止，计塞北已制成衣套六百套，新塞一千套，大光约五千套。自国民党内的反动派企图挑拨内战的消息传来后，各厂工人异常激愤，他们即时以提高生产，来保卫边区。各厂日夜加工赶制衣套，其中以元华厂制造数量最多。十月二十日，公营工厂各厂长均亲至盐池该厂参观，并检查成品质量。目前该厂每个工人每日可制五套，定边各厂则每个工人每日仅制二套。此次经各厂长相互研究、改良技术方法后，定边各厂产量均逐渐提高，每厂每月总计能出产三千套，原定生产计划，当可按期完成。

【本报三边二日电】新塞工厂扩大生产，上月初运来织毛布机六架、织毯机二架，现均已开工，织出毛毯，花色漂亮，足与外来者媲美。现新购弹毛机一部及原有两部，每日可弹毛百斤。塞北工厂新置弹毛机二部，每日可弹毛百斤。该厂并新修臭水池及灰池各一，将来熟制牛皮每日可出五六张。大光工厂自扩大生产后，纺妇亦因之增加，目前新塞工厂所需毛线，全部仰赖大光组织纺妇供给。该厂原来纺线工人，现已调学织毛布。

# 三邊各廠擴大生產 製成衣套七千件

## 新塞廠添置新機織毛布

【本報三邊二日電】三邊各工廠製成衣套、被套，截至目前止，計塞北已製成衣套六百套，新塞一千套，大光約五千套。自國民黨內的反動派企圖挑撥內戰的消息傳來後，各廠工人異常激憤，他們即時以提高生產，來保衛邊區。各廠日夜加工趕製衣套，其中以元華廠製造數量最多。上月廿日，公營工廠各廠長均到該廠參觀，並檢查成品質量。目前該廠每個工人每日可製五套，定邊各廠則每個工人每日僅製二套。此次經各廠長相互研究，改良技術方法後，定邊各廠產量均逐漸提高，每廠每月總計能出產三千套，原訂生產計劃，當可按期完成。

【本報三邊二日電】新塞工廠擴大生產，上月初運來織毛布機六架，織毯機二架，現均已開工，織出毛毯，花色鮮亮，足與外來者媲美。現新購彈毛機一部及原有兩部，每日可彈毛百斤。該廠並新修臭水池及灰池各一，將來熟製牛皮每日可出五六張。大光工廠自擴大生產後，紡線亦因之增加，目前新塞工廠所需毛線，全都仰賴大光紡織紡婦供給。該廠原來紡線工人，現已訓學織毛布。

# 晉西北夏收完畢 各縣突擊鋤草

## 神府普遍組織鋤草變工隊

【新華社晉西北六日電】晉西北各地夏收已結束，夏鋤正熱烈展開中。由頭半個月到處可以看到緊張勞作的男女，到處可以聽到鄉土風味的歌聲。夏收中軍隊曾以武裝保衛夏收為第一要務，並衛護入境助民收割。各地民衆得軍隊保護，未受任何損失，對軍隊尤為感戴。臨南縣三區人民說，在民主政權成立以前，每年收割中每一村常有搶案三五件發生，而官府勒索更為繁重。今年豐收，為數年來所未有，麥子每畝打石內五者甚多，平均亦在一石左右。在抗日民主政權之下，根據地人民生活普遍提高，並有力量自衛，土匪絕跡，人民安居樂業。現山上之麥，平川之麥子皆多已入倉，民衆異爲興奮。夏收完畢後，適秋雨連綿，臨縣一帶下雨一尺，興縣、嵐縣、神府一帶，均得透雨。久旱之禾苗，得此甘霖後，青綠如油，迎風而長，「六月送飯吃飽飯」，廣大農民歡欣鼓舞，正緊張的進入夏鋤中。婦女兒童亦爭先恐後，隨父兄夫，提水送飯。

# 延縣柳林區 夏徵公糧開始入倉

# 延川土崗村自衛計劃

### 自衛組織

### 整條武器

### 衛紗涉事

### 教練演習

### 禁糧出境

### 交通連絡

### 鋤奸保衛

### 加強優抗

### 加緊生產

### 秋收儲藏

# 教廳工作人員 節省伙食勞軍

# 阜平民衆努力生產 多開秋荒多集肥料

## 成立「撥工」組織調劑勞動力

# 三邊關東 紀念「八一」

## 人民獻旗獻金慰勞駐軍

# 慶陽高迎區五鄉 婦女熱烈紡織

# 北嶽各地 熱烈進行縣選

# 新正馬欄二鄉陰坡村 生產自衛成績均佳

## 鄜縣牛武區羣衆自建哨站

# 本市商人提早繳清上季營業稅 超過原稅額八十萬元

更正

# 南区合作社扩股织布

## 明年全区自给四分之一强

【本报特讯】在自力更生、自给自足的经济建设原则下，延安县南区七千人民全年所需用的七千匹小布，从明年起，将可自给四分之一强。日前南区合作社理事会集议时，决定自即日起，至十月止，募集股金一百八十五万元，先期筹划购买棉花，即交由新合纺织工厂织布。该厂乃南区合作社生产社之一，现有织布机八架，全年生产力可达四千匹，同时织工纺妇均可自给有余，所缺乏的就是资金，故不能及时购得棉花。一百八十五万元的股金筹足后，按现在市价，乘着新花上市之时，可买三千斤棉花，加上合作社的补助，全年周转两次，可织成小布两千匹，解决全区人民全年需用量的百分之二十七点五。此项扩大的股金，现已由各理事分赴各乡宣传与筹集。在理事会上，当场即募得一万三千元。据刘主任谈，南区合作社自民办以来，在最近三年中，从未用现金扩大股金（只是利用财政负担扩股）。如以人民实足入股的股金计，只三、五四五元，但现有资金总额已达五百万元，故此次扩股，预计将在最短时间内，即可完成。记者按：民办纺织工厂，在南区合作社雄大力量的支持下，对于原料采购，当可不发生问题。

# 鹽池運鹽成績卓著
## 超過任務四千七百馱
## 延縣增運兩千五百馱

[illegible]

## 南區合作社擴股織布
### 明年全區自給四分之一強

【本報特訊】在自力更生、自給自足的經濟建設原則下，[illegible]

## 北嶽區八路軍湧現大批神槍手

[illegible]

## 綏德自衛軍捕獲破壞份子一名

[illegible]

## 洛川反動派橫征暴斂
### 動員繁重居民牲口不能卸鞍
### 強挖戰壕戶莊稼全被糟踏

【本報訊】[illegible]

## 志丹縣的運鹽工作

永楨

[illegible]

## 改造中的延市二流子

張洗武

[illegible]

## 黃立德同志談種秋菜經驗

【本報訊】[illegible]

## 清澗展開積肥運動
### 全縣共建豬圈四千餘個

【本報訊】[illegible]

## 延川中區六鄉馬甫種麥方法優良

【本報訊】[illegible]

### 更正

[illegible]

# 中央印厂菜园每天能收西红柿五百斤

【本报讯】中央印刷厂菜园在今年生产工作中，完成了很大的任务，该厂全年菜蔬，已能全部自给。现在菜园每天能收西红柿五百斤其他茴子白、辣椒亦有大批收获。日前该厂赠送本报黄瓜八百余斤、西红柿二百余斤。每天除自己吃外，他们还向市场出售。工友们每天在晚饭后，每人均可享受到自己生产的果实——西瓜、西红柿等，丰衣足食的景象，在工友们欢愉的谈笑声中流露出来。为了保持长期的蔬菜不缺，他们已大批的腌制黄瓜、西红柿。

# 定邊鋤草大部完成

## 計劃開秋荒十萬畝

### 莊稼苗壯今年可得兩年餘糧

【本報三邊八日電】目前定邊鋤草已大部完成，各鄉正鋤倒荒地，縣府已指示各區動員一切力量，保證鋤完增耕六垧荒地，如此即全縣現有耕牛三千二百六十對，計可保證開秋荒十萬畝，以便明年更加大量發展農業。

# 中直軍直運鹽熱潮

## 五百頭牲口相繼出發

### 管理局設競賽獎金

# 兩年來國民黨五十八個叛國將領概觀（上接第一版）

# 太行總部直屬隊

## 生產節約努力救災

### 深入「擁政愛民」減輕人民負担

### 幹部子弟學校成立自衛軍

# 邊區參議員趙振武

## 一面生產一面自衛

### 移難民張金玉

### 民兵隊長任義才

### 勞動英雄李有靜

# 「黃河」部文世賢

## 努力學習熱心助人

### 要向學習模範朱占國看齊

# 中央印廠菜園

## 每天能收西紅柿五百斤

# 延川趙家溝婦女

## 加緊紡織增強自衛力量

### 一次收入超過全村全年負担兩倍牛



中国共产党早期新闻史史料汇编

解放日报 | 时间 1943-8-13 | 期 第814期 | 版 第2版

# 延川赵家沟妇女加紧纺织增强自卫力量

## 一次收入超过全村全年负担两倍半

【本报延川讯】城区六乡赵家沟妇纺小组，系全县的模范纺织小组，全村十三名妇女都是积极生产者。当她们听到此次反动派挑拨内战企图进攻边区消息后，每个人都带着愤怒的心情互相交谈着："国民党内反动派为什么放下日本不打，却来进攻边区呢？他们中间这些顽固分子一定和日本鬼子有勾结吧？不然他们不会和日本一样打我们，这些王八蛋真是日本的走狗！"她们商定婆姨们和男子汉一样，应该帮助军队打走这一群日本走狗。她们决定用行动来表示她们对于边区的爱护。过去，她们帮助家庭生产，仅纺织一项，在上半年即有很大的成绩：纺了一百五六十斤棉花，织了七八十丈布。现在则更要加强生产，解决边区经济困难。上月三十日全村妇女召开会议，决定在旧历七月一月内领花五十五斤，可纺成线五十二斤，每斤以六百元计，可生产三万一千二百元。第二天，她们将花全部从合作社领回，开始加紧纺织。该村男子听到后异常喜悦，他们说："全村全年负担连公私盐在内才八千五百余元，婆姨们这一次赚的钱就超过此数两倍半以上。"这个影响很大，许多邻村居民都表示惊奇，男人们已开始向自己家庭里的妇女宣传，赶快向合作社领花纺线，以增加家庭收入。同时，他们自己要更加紧生产，参加自卫军，保卫边区和他们的丰衣足食的生活。

# 定邊鋤草大部完成
## 計劃開秋荒十萬畝
### 莊稼苗壯今年可得兩年餘糧

【本報定邊八日電】目前定邊鋤草已大部完成，各鄉正鋤開荒地，縣府已指示各區動員一切力量，保證每家增耕六垧荒地，如此即全縣現有耕牛三千二百六十對，計可保證開秋荒十萬畝，以便明年更加大量發展農業。

【本報三邊七日電】今年定邊縣大耕地面積約八萬畝，因雨水調勻，各鄉莊稼均欣欣向榮，蔴子已長過半人高，收成較去年可增加一倍。因此在各小召開的自衛軍點員大會上，農民們對于擁護保衛邊區生產，準備鋼鐵戰鬥。如勞動英雄賀保元，他的蔴子已長到胸前高，糜子枰麩壯如小樹，他算來只估計收四十多石糧，但以現在的情形看，最少可收穫五十石糧，足夠供全家六年吃用。他莊上的鄰家，今年最少也能收夠二三年的糧食。其他各鄉農戶情形大約相同。接近賀保元召集了附近兩村舉行保衛邊區的動員大會，他提出：（一）組訓自衛軍；（二）抓緊鋤草。現他已領導滑變工隊，把莊裏的地都鋤過二次，現正鋤一些寡婦的養糧地，鋤草完成後，並立即帶領自衛軍去修築自衛工事。二區各村現已全部緊張動員，夏積日內即可完成，三區某家在開會動員大會後，鋤地更加積極，全區組織的廿一個變工大隊，均全部出動鋤草，並有婦女十三名參加。區政府駐在地白灣子變工隊三組，在暗雨後兩日內，即將未鋤地帶除完全部鋤完。其中用珍是鋤草的模範，他從天大不明就起床，按戶去叫人，鋤草時又快又細，他發動各組互相競賽，以求做到每家都能存餘一年的糧食。四區各鄉鋤草均已鋤過二次，五區二鄉店房溝和發家由兩個莊的一個變工組，是由衛軍連長王金山領導的，他們共種地六百垧，已全部鋤完，並包鋤地二百畝。該區在他的影響下，第二遍鋤草即日可完。六區發動了全區人口的百分之八十參加鋤草，幹部親自領導，變工組及此種成長情形，今年收成較去年好，目前已保證豐收。今年耕地面積擴大，耕作法已大加改進，使產量增加，原估計增產三千三百石糧，但據目前情況計算，可增產五千石。最少可存糧一年。

【本報定邊六日電】響應政府緊急號召，此間國民已紛紛參加鋤草。定邊國民部原組織一個民包工隊共十七人，選出楊誠、巢宏昇爲隊長，原參加五六鄉鋤草二十天，因成績優良，此次該包工隊又被邀去二次鋤草。他們和本地居民關係融洽，包工主家給他們另社煮飯，並把熱饃饃成筐帶到地裏。話樣，他們每天很少休息，一直緊張的工作着。他們說：「鋤的好收成好，就等於家裏人多收了糧一樣。因爲咱們邊區人民都是一家，大家努力勞動，大家都能過好日子。」

# 中直軍直運鹽熱潮
## 五百頭牲口相繼出發
### 管理局設競賽獎金

【本報訊】中直軍直機關各單位，將有一百五十頭馱騾，四十輛大車，並有牛、驢等，約等於五百頭牲口的……

# 太行總部直屬隊
## 生產節約努力救災
### 深入「擁政愛民」減輕人民負担

# 兩年來國民黨五十八個叛國將領概觀（上接第一版）

# 一面生產一面自衛

# 幹部子弟學校成立自衛軍

# 邊區參議員趙振武

# 移難民張金玉

# 努力學習熱心助人
### 要向學習模範朱占國看齊

「黃河」部文世賢

# 民兵隊長任義才

# 勞動英雄李有祿

# 中央印廠菜園
## 每天能收西紅柿五百斤

# 延川趙家溝婦女
## 加緊紡織增强自衛力量
### 一次收入超過全村全年負担兩倍半

# 被服厂产量空前提高

## 七月份超过计划三千五百套，裁剪人数减少三分之一产量增加一倍

【本报讯】边区被服厂，从七月十一日转入自卫动员状态后，全厂职工生产、工作情绪空前高涨；生产效率突破以往任何一次竞赛纪录。今年三月份生产竞赛的最高水平，每机每天平均生产率（熟练与不熟练总平均）为十一点四套，现在平均为十五点八套，超过百分之三十八以上。同时在技术与劳动力配备上，也有显著成绩，如裁剪房过去九人每天平均产量为三百六十套，现在减为六人，每天产量反而增为六百二十余套。装花，也由于把熟练工人配在一个案子上，产量也由每天每人三十四套，增至六十余套，产量提高百分之八十，质量亦提高百分之二十以上。机子房人力过去是五个学徒帮助四个机子，现在减为三个学徒帮四个机子。共计全月生产原计划为一万一千套，现完成一万四千五百套，超过计划三分之一。其次在行政工作效率的提高上，也有显著成绩，如会计股由三人减为一人后，账目手续较前更为清楚。事务股由六人减为四人，工作更较前改进，公物统计，领发制度较前严密，伙食也有改善，除每天保证吃馍一顿外，吃肉每月由二斤小秤，增至三斤五两小秤。又劳军献金运动也在被服厂展开，共计献金十万余元。全场并提议由工会代表全体职工，写信慰问我忠勇无敌的边防将士。

【本报三边讯】为保证今年边区各机关工作人员的冬衣衣胎供给，定市各毡房工人，均愿到工厂做工，赶制衣胎。按全市毡房工人约有百名，此次到工厂做工的，达七十八名，他们大半都是由毡房掌柜带领，并自携弓弦等工具。其中如贺贞富原为绥德人，去年七月到此，雇一学徒开毡房，今年他的侄儿、妻弟及内侄都来到三边，并在毡房当学徒。此次到新塞工厂工作，已制出衣胎九十余件。在塞北工厂三十余名之郃阳毡匠中有车富春、党顺乳两家毡房，共来工人五名，自上月二十日开工到现在，已交出成品八十余套。

这些工人现在都搬入工厂内居住（另起锅灶），他们所出的成品质量，都能达到工厂原定标准，由工厂管理委员会及工会定期派人检查。日前此间举行“八一”纪念时，罗专员特派人送给各厂□餐费，慰劳全体工人。新塞工厂进行成品检查后，即奖给最优的毡房王天喜、李志贤、贺贞富三家奖金六千元。闻各厂今后将按月检查成品，并发给最优者以奖金。此外公营工厂管理委员会，并规定每月召开会议一次，按当时物价议发每月工资。目前毡匠工人的生活，由于每月有三千元至五千四百元的收入，均能保持相当好的生活水平。

# 慶陽貫澈減租交租

## 羣衆鬥爭情緒大增

## 擁護農會糾正違法地主

# 被服廠產量空前提高

## 七月份超過計劃三千五百套

## 裁剪人數減少三分之一產量增加一倍

# 擴大合作社股金的一點經驗

# 加緊生產準備自衛

## 臨鎮軍民紀念八一

## 邊府辦公廳等獻金勞軍

## 工業局木工廠競賽生產

# 晉西北紡織一廠

## 向各紡織廠提出競賽

## 增加工作時間提高產量

# 定邊農民熱烈參加運鹽

## 以馱驢請長腳戶「揹運」

## 變工互助解決人力鞍架困難

# 吳旗縣二區的變工

莫兵

# 延川高敬亭妻

## 普遍注意衛生

# 北嶽三專區計劃

# 秋後集肥一百萬馱

# 開水井八百五十眼

| 解放日报 | 时间 | 1943-8-14 | 期 | 第815期 |
| --- | --- | --- | --- | --- |
| | | | 版 | 第2版 |

# 晋西北纺织一厂向各纺织厂提出竞赛

## 增加工作时间提高产量

【新华社晋西北十二日电】纺织一厂全体职工，在切齿痛恨同声斥责国民党内反动派挑拨内战的罪行之余，提出了坚持工作岗位，加紧生产的方针。工人们一致要求，在原有工作时间外，每日增加一小时工作，加紧自卫准备，并保证工作不受影响。一面克服困难，用土纱织布，一面学习军事。他们为了使全晋西北工人阶级在生产战线上发挥更大的力量，特致书晋西北各纺织工厂，发起为制止内战的生产竞赛。信中说："我们是生产战线上的战士，除了必要时手执武器痛击那些反动派，我们要有决心坚持我们的工作岗位与工作任务，敌人和反共特务分子封锁我们布匹洋纱，已经尺寸不能进来，怎么办呢？我们能在这些东西的封锁下屈服吗？不！我们应该立即发扬我们的创造能力，立即研究改进现有的生产工具，加紧生产纯土布，用根据地的棉花把它织成布。我们要完成这个十分重要的任务。我们就必须用战斗的姿态，用特殊的努力，用增加工作时间，不疲倦的工作下去。"该厂向各纺织工厂提出的生产竞赛条件：（一）紧急动员起来，保证在紧急的战争情况下，使工厂不受到意外损失。（二）坚持工作，加紧动员，要保证工作不受影响，保证坚持工作到最后一分钟。（三）每天增加工作一小时。（四）生活军事化，武装自己，坚持自己的岗位，必要时即行战斗。（五）积极进行织土经土纬布，完全不用洋纱。（六）改良现有工具与积极研究创造新办法，使土布产量提高一倍。（七）在质量上提高，每方寸保证经线不少于三十五根，纬线也不少于三十五根，要保证整齐均匀。（八）改善工厂管理，生产组织合理化，节省原料物料，保证减少成本百分之十以上。（九）保证在加紧动员与生产工作中，每天仍至少有一小时学习文化政治时间。

# 慶陽貫澈減租交租

## 羣衆踴躍自衛熱忱大增

## 擁護農會糾正違法地主

[illegible]

# 被服廠產量空前提高

## 七月份超過計劃二千五百套

### 裁剪人數減少三分之一產量增加一倍

[illegible]

## 擴大合作社股金的一點經驗

[illegible]

## 加緊生產準備自衛

### 臨鎮市民紀念「八一」

### 邊府辦公廳等獻金勞軍

### 工業局木工廠競賽生產

[illegible]

## 晉西北紡織一廠

# 向各紡織廠提出競賽

## 增加工作時間提高產量

【新華社晉西北十二日電】紡織一廠全體職工，在切實擁護保衛邊區反對國民黨內反動派挑撥內戰的遊行之際，提出了堅持工作崗位，加緊生產的方針。工人們一致要求，在原有工作時間外，每日增加一小時工作，加緊自衛準備，並保證工作不受影響。一面克服困難，用土紗織布，一面學習軍事。他們為了使全晉西北工人階級在生產戰線上發揮更大的力量，特致書晉西北各紡織工廠，發起制止內戰的生產競賽。信中說：「我們是生產戰線上的戰士，除了必要時手執武器痛擊那些反動派，我們要有決心堅持我們的工作崗位與工作任務，敵人和反共特務份子封鎖我們布匹洋紗，尺寸不能進來，怎麼辦呢？不！我們應該立即發揚我們的創造能力，立即研究改造現有的生產工具，加緊生產純土布，用我們的棉花把它織成布。我們要完成這個十分重要的任務，我們就必須用戰鬥的姿態，用特殊的努力，用增加工作時間，保證不疲倦的工作下去」。該廠向各紡織工廠提出的生產競賽條件：（一）緊急動員起來，保證在緊急的戰爭情況下，使工廠不受到意外損失。（二）堅持工作，加緊動員，要保證工作不受影響，保證堅持工作到最後一分鐘。（三）每天增加工作一小時。（四）生活軍事化，武裝自己，堅持自己的崗位，必要時即行戰鬥。（五）積極進行織土紗土棉布，完全不用洋紗。（六）改良現有工具與積極研究創造新辦法，使土布產量提高一倍。（七）在質量上提高，每方寸保證經線不少於卅五根，緯線也不少於卅五根，要保證整齊均勻。（八）改善工廠管理，生產組織合理化，節省原料物料，保證減少成本百分之十以上。（九）保證在加緊勞動與生產工作中，每天仍須至少有一小時學習文化政治時間。

## 定邊農民熱烈參加運鹽

# 以馱騾請長腳戶「捎運」

## 變工互助解決人力牲口困難

[illegible]

## 吳旗縣二區的變工

莫兵

[illegible]

## 延川高牧丰妻

## 晉綏注意衛生

[illegible]

北嶽三專區計劃

# 秋後集肥一百萬馱

# 開水井八百五十眼

[illegible]

解放日报 | 时间 | 1943-8-16 | 期 | 第817期
版 | 第2版

# 庆阳民办合作社半年分红五十万元

【本报陇东十日电】迅速发展起来的庆市民办运输合作社，现有资金四百三十一万〇二百四十七元，共有骡子五十六头、驴子十八头，分为三个运输大队。上半年运盐八次，运回食盐二百九十二驮，内缴公盐五十二驮，出卖二百四十驮，合洋四十八万一千五百六十二元。另外价还公盐代金三十五万元。六月底首次结账，共赚钱八十七万余元。这次提出五十万元分红，但各股东为了发展合作社运输事业，亦将红利做成股金。从八月一日起，至旧历年底止，可驮盐十次，共驮一千四百二十五驮，并计划发展牲口到一百头。以完成庆市今年一千七百二十驮的运盐任务。庆市民办运输合作社能够迅速发展，主要是方针正确，领导者能代群众谋利益，并帮助群众运盐，为给群众捎牲口解决驮盐脚户草料和盐本的困难等，所以大家都相信它，踊跃入股。如庆市七乡四河湾农民李文举即入骡子一头，合洋四万一千元，不久还准备入骡子一头。据合作社指导员谢升元同志称，目前庆市合作社已走向民办的道路，在群众有力支持下，这个壮大起来的运输队，不但能够完成全年的运盐任务，而且在必要时还能担负起战时粮食弹药的运输任务。

# 延縣民衆放青運鹽

## 第一批牲口已出發

### 志丹合作社擴大牲口八百頭

# 慶陽民辦合作社

## 半年分紅五十萬元

【本報慶陽十日電】迅速發展起來的慶市民辦運輸合作社，現有資金四百卅一萬〇二百四十七元，共有騾子五十六頭，驢子十八頭，分成三個運輸大隊。上半年運鹽八次，運回食鹽二百九十二馱，內繳公鹽五十二馱，出賣二百四十馱，合洋四十八萬一千五百六十二元。另外供應公鹽代金卅五萬元。六月月底會大結賬，共賺錢八十七萬餘元，除提出五十萬元分紅，但各股東為了發展合作社運輸事業，亦將紅利作成股金。從八月一日起，至舊曆年底止，可馱鹽十次，共馱一千四百廿五馱，並計劃發展牲口到一百頭，以完成慶市今年一千七百廿馱的運鹽任務。慶市民辦運輸合作社能夠迅速發展，主要是方針正確，領導者能代群衆謀利益，並幫助群衆解決馱鹽脚戶草料和喂養的困難等，所以大家都相信它，踴躍入股。如慶市七鄉四河灣農民李文保即入騾子一頭，合洋四萬一千元，不久又增入騾子一頭。該合作社依靠員謝升先同志等，目前慶市合作社已走向民辦的道路，在群衆有力支持下，這個壯大起來的運輸隊，不但能夠完成全年的運鹽任務，而且……

# 感言

# 抗大印廠

## 生產競賽

# 綏師的擁軍熱潮

楊典

# 建設廳通知各分區

## 注意冬麥耕作法

### 合水等縣講究作法減少冰凍損失

# 後勤各部門

## 獻金十萬元勞軍

### 高等法院犯人捐款兩萬

# 蘇中靖江等縣民衆

## 呼籲制止內戰

# 神府直屬鄉各村

## 紛紛變工鋤草

# 長城部某連

## 生產超過計劃四倍

# 抗大印厂生产竞赛

【本报绥德讯】自警区各界举行保卫边区战斗动员大会后，此间各工厂均相继掀起自卫动员。抗大印刷厂于上月二十七日全体职工大会上，组织了工人自卫军；并献金慰劳边防军。铸字部工人安庆国同志在会上向全厂各部提出了生产竞赛，其条件是:（一）工作不分昼夜，随到随作，不拖延时间;（二）在工余时间内的加工不要工资，都算作义务工；（三）提高工作质量，要细心耐心，保证字铸得好，版打得平，排字快而错字少，印得清楚，装订整齐等；（四）参加工人自卫军，保卫我们的工厂！此条件当场即为各部门纷纷响应。接着掀起了劳军献金热潮，二千元、一千元、五百元，乃至十三岁的勤务员王君照也捐出了他一个月津贴的半数。一万七千元在很快的时间里捐了出来。此外，从每月津贴或工资中捐出一部分作为长期献金的为数也不少。最后大会一致通过向分区各工厂提出革命的竞赛，并致函抗大徐校长及习仲勋同志，表示他们坚决保卫党和边区，保卫学校和工厂的忠诚。他们决定要向中央印刷厂看齐。

# 延縣民衆放青運鹽 第一批牲口已出發

## 志丹合作社擴大牲口八百頭

# 慶陽民辦合作社 半年分紅五十萬元

# 感言

（上接第一版）

# 抗大印廠 生產競賽

# 綏師的擁軍熱潮

楊典

# 建設廳通知各分區 注意冬麥耕作法

## 合水等縣講究作法減少冰凍損失

# 後勤各部門 獻金十萬元勞軍

## 高等法院犯人捐款兩萬

# 蘇中靖江等縣民衆 呼籲制止內戰

# 神府直屬鄉各村 紛紛變工鋤草

# 長城部某連 生產超過計劃四倍

解放日报 | 时间 | 1943-8-19 | 期 | 第820期 | 版 | 第2版

# 离石临南妇女努力精纺 土经土纬织布成绩良好

【新华社晋西北十七日电】三分区纺织业，目前正朝着一个新的方向发展，就是达到经线自给。离石、临南一带的纺织妇女，正在努力大量精纺。六月以来，碛口市每集细纱上市，均达一千余斤，但仍供不应求。离石妇女纺织合作社，也在大量收买，供给工厂，普遍收到的土经，都是三百丈的。在临南某村一个精纺训练班里，一位妇女竟纺到三百六十丈，这说明临南、离石的精纺技术，已达到相当高的水准。专署和贸易局领导下的新华纺织工厂及土货工厂，自五月份起，已全部用改良机织布，土经线都从啧[碛]口市收买，每天每架机子平均能织一匹布（六丈长、一尺三宽），品质且较洋经土纬布为佳。新华纺织厂的工人白拙林和高景彬，每天已能织布八丈，若再提高技术，织到十丈是无问题的。为提倡精纺与发展纺织工业，三专署拨款九万元奖励纺织英雄，并与贸易局共同筹划供销及健全合作社等事宜，以便大量发展木机织土经土纬布解决根据地军民穿衣问题。

# 鄜縣軍民親如家人

## 我邊防軍助民耕耘紀律嚴明

## 民衆熱烈勞軍協助部隊自衛

[illegible]

# 獻金二十萬元勞軍

## 科學院財廳行政學院等

[illegible]

## 生產戰綫上的子長南區三鄉支部

方勵辛

[illegible]

## 隴東聯合工廠

# 七月份產量提高

## 下半年織布四千丈製特種紡帶萬餘件

[illegible]

## 傅村川的麻擔隊

謝方祚

[illegible]

## 關中模範民兵雄

## 馮雲鵬領導全鄉新戶完成夏耘與自衛準備

[illegible]

## 浙東餘姚等縣民衆

## 痛斥特務機關挑撥內戰罪行

[illegible]

# 清澗建立猪圈四千個

## 號召每兩戶至少養猪一隻

## 增加肉食大量積儲肥料

[illegible]

## 離石隔南婦女努力精紡

## 土經土緯織布成績良好

[illegible]

## 晉察冀部隊學習競賽中

# 湧現大批學習模範

[illegible]

## 穀禾長及一人高

# 「亞洲」部準備秋收

## 指戰員每人捻毛四斤

[illegible]

| 解放日报 | 时间 | 1943-8-20 | 期 | 第821期 |
|---|---|---|---|---|
| | | | 版 | 第2版 |

# 边区第一鞋厂工作进步计划制棉鞋万八千双

## 改进技术可节省原料三百万元

【本报讯】边区制鞋第一工厂，在七月中旬开始检查工作后，现在工作已大有转变。八月十五日开生产动员大会，在财厅同志做开展赵占魁运动之报告后，立即响应参加者，占全厂人数百分之七十二强。大会上又宣布了生产部门的新机构和新负责人员，新的厂规和一切新制度。全体员工并一致同意除财政厅前所给予的制鞋一万二千双任务外，增加六千双，共完成一万八千双棉鞋的任务。该厂生产技术现亦大有改进，如对于布料裁法的省料，颠倒、划样、叠层及式样的变换，锥针麻绳的改小，并定出各种新标准，都是省工又省料，只以一万五千双棉鞋之布、麻、毡子、机子线四项原料计算，共可节省三百零九万九千元。并注意鞋要做得牢固耐穿。

【本报绥德讯】鱼池沟专署纸厂，自组织工人自卫军，全厂卷入自卫动员后，生活日见紧张，产量大增。老工友苗春田以前每天产纸为七五〇张至八〇〇张，但近来已增至九〇〇张，晒纸组王中发每天平均可晒一千〇六十张，刘全科、张应长、延锡忠等亦都在九百张以上，每天都超过任务。工人们纷纷自动做义务工，互相帮助的精神也比前大大提高了。该厂工人献金一千五百元劳军。又，抗大印刷厂，自自卫动员后，工作效率逐渐提高。上月底该厂赶印三幕话剧"青天白日"（揭发大后方国民党特务们的罪行），工人每日连续工作达十六小时，他们坚决执行自己的诺言：工作随到随作，不分昼夜地增加义务工，绝不要求增加一分工资。该厂各部门相互提出竞赛，规定生产标准，排字部每天每人排八千字，装订部每天每人折纸五千四百页，机器部四开机每天平均印五千五百张，石印部每天平均印九百张。全体工友每天早上四点半就起身，进行一小时的爬山和自卫军操练后，即分组进行学习，研究和讨论他们对于目前时局的认识及其他问题。

## 邊區第一鞋廠工作進步

# 計劃製棉鞋萬八千雙

### 改進技術可節省原料三百萬元

【本報訊】邊區第一鞋廠一工廠，在七月中旬開始檢查工作後，現在工作已大有轉變。八月十五日開生產動員大會，在財廳同志作開展廠內整風運動之報告後，立即□□參加者，佔全廠人數百分之七十二強。大會上又宣佈了生產部門的新機構和新負責人員，新的勞規和一切新制度。全體員工並一致同意在財政廳所給予的製鞋一萬二千雙任務外，增加六千雙，共完成一萬八千雙棉鞋的任務。該廠生產技術現亦大有改進，如對於布料裁法的省料，鞋樣、雙層及式樣的變換，縫針編織的改小，並定出各種新標準，都是省工又省料，只以一萬五千雙棉鞋之布、麻、毡子、線子等四項原料計算，共可節省三百零九萬九千元。並決定鞋要做得牢靠耐穿。

【本報綏德訊】魚池溝專署紙廠，自組織工人自衛軍，全廠捲入自衛訓練以後，生活日見緊張，產量大增。老工友苗春田以前每天產紙僅七五〇張和八〇〇張，但近來已增至九〇〇張，□紙組王中發每天平均可翻一千〇六十張，劉金科、張謙長、延緣忠等亦都在九百張以上，每天都超過任務。工人們紛紛自動做義務工，互相幫助的精神也比前大大提高了。該廠工人獻金一千五百元勞軍。又，抗大印刷廠，自自衛動員後，工作效率逐漸提高。上月底該廠趕印三幕話劇「青天白日」（揭發大後方國民黨特務罪行的罪行），工人每日連續工作達十六小時，他們堅決執行自己的諾言：工作隨到隨作，不分晝夜的增加義務工，決不要求增加一分工資。該廠各部門相互提出競賽，規定生產標準，排字部每天每人排八千字，裝訂部每天每人增紙九千四百頁，使鑄部四開機每天平均印五千五百張，石印部每天平均印九百張。全體工友每天早上四點半就起身，進行一小時的爬山和自衛軍操練後，即分組進行學習，研究和討論他們對於目前時局的認識及其他問題。

留守兵團政治部

# 收到勞軍獻金八十萬元

# 農村生產二三事

——記鄜縣林區區長尹發高同志的談話

永樓

（一）變札工

鄜縣道德區民衆

## 超額繳納公糧入倉

贊縣遊擊區自衛軍

## 帶槍上山鋤草

延縣金盆區

# 二次鋤草勝利結束

## 組織變工互助鋤草

（上接左上角）

（三）勞動英雄

（四）農戶計劃

五、保存

延川婦女勞動英雄

## 二月織布四百尺

清澗工商業稅

## 認過十萬元

# 本市各區運輸隊陸續出發運鹽

邊區系統駄鹽隊成立

甘泉王起良領導腳戶

# 已運鹽百五十駄

## 「多運一駄鹽，多增加邊區一分力量！」

【本報甘泉訊】……



第二卷（中）

| 解放日报 | 时间 | 1943-8-20 | 期 | 第821期 |
| --- | --- | --- | --- | --- |
| | | | 版 | 第2版 |

# 延川妇女英雄黑玉祥三月织布四百尺

【本报延川讯】今年被奖为妇女劳动英雄的黑玉祥，虽卧病很久，然对于生产毫不放松。在三个月内，她纺了十八斤线，织了四百一十尺布，做了三双鞋（每双卖得六百元），开店获利一千三百元，生活相当富裕。她在农业生产上也十分努力，除在春耕时帮助丈夫种地上粪外，夏收时且割了三垧麦子。城市区二乡马家坪之马盛岗家，去年收花六斤，由马盛岗分给家里婆姨们纺，结果纺得很好。因之今年他们家里纺纱热忱大大提高，现已织布一千五百尺。家里大小九口人，今年穿衣足够自给而有余。

# 邊區第一鞋廠工作進步
# 計劃製棉鞋萬八千雙
## 改進技術可節省原料三百餘萬元

# 留守兵團政治部 收到勞軍獻金八十萬元

# 農村生產二三事
## ——記柳林區區長尹登高同志的談話

永模

（一）變扎工

# 鄜縣道佐區民衆 建設新公糧入倉

# 淳縣境區自衛軍 帶槍上山鋤草

# 延縣金盆區 二次鋤草勝利結束
## 變工隊發動自動助軍鋤草

（三）勞動英雄

（四）農戶計劃

（五）鞋廠

### 延川婦女英雄黑玉祥 三月織布四百尺

【本報延川訊】今年被選為婦女勞動英雄的黑玉祥，紡織已很久，對於生產從不放鬆。在三個月內，她紡了十八斤線，織了四百一十尺布，做了三雙鞋（每雙賣得六百元），開荒擦利一千三百元，生活相當富裕。她除在春耕時幫助丈夫種地上糞外，夏收時日做了三擔麥子。城市區二鄉馬保坪之馬盛蘭家，去年收花六斤，由馬盛蘭分給家裏婦女們紡，結果紡得很好。因之今年他們家裏紡紗熱忱大大提高，現已織布一千五百尺。家裏大小九口人，今年穿衣足夠自給而有餘。

# 清澗上李家塔稅 超過十萬元

# 本市各區運輸隊 陸續出發運鹽
## 邊區系統馱騾隊成立

# 甘泉王起良領導腳戶 已運鹽百五十馱
## 多運一馱鹽，增加邊區一分力量！

| 解放日报 | 时间 | 1943-8-22 | 期 | 第823期 |
| --- | --- | --- | --- | --- |
| | | | 版 | 第2版 |

# 土经土纬织布成功后晋西北纺织业猛烈发展

【新华社晋西北十九日电】试用土经土纬织布成功以后，促进了根据地纺织业的猛烈发展。近来土布生产量，较前骤增。临县某村歇业已久的五十三台改良机，现已全部复工。兴县神府许多小型工厂，也在使用土经织布下，得以恢复。新华与土货纺织厂，自五月份起，已完全改用土经织布。织布机数量并有增加。纺一厂有二十余架土经机开工，经纬完全采用土纱。各厂每架土经机，每天最低织布一匹以上。兴县织布能手赵希筵，每天可织布七丈，品质较洋经土纬为佳，购者争先恐后。日前新华与土货两厂，送布样来行署审核，品质很好，深获大家赞许。武副主任特专函嘉奖，据说如线子再能精纺，或工人技术熟练，每天每机可织到十丈，品质将与洋纱布无异。现在纺一厂工人，生产情绪极高，工人自动将工作时间由八小时增至十小时。群众精纺之热潮空前高涨，临离一带妇女，已普遍能纺土经。某集市上，普通经线为十支纱，并有十三四支者。各地以行政村为单位的精纺小组，亦已普遍建立，精纺土纱的工资，除原料外，每纺一斤相当于白洋一元至八元五毛。为了适应纺织业的发展，行署特制发改良土织机，与七七纺纱机多架，用以增加土布，并派纺织训练班三十余人，分赴各地配合开展土纺土织工作。日前又派纺织技术人员，专赴三专区调查与帮助精纺土织及停机的复工问题，根据地发展精纺土织，争取经纱的完全自给，已获有胜利的保证。

# 鄜縣民衆熱愛邊區
# 夏徵公糧全部入倉

## 劉秦林等六老人
## 爭先完成革命負担
### 掀起紅旗參加自衛軍

## 土經土緯土織布成功後
## 晉西北紡織業猛烈發展

## 吳堡人民自衛動員
## 成立自衛隊巡河隊
### 白天老漢婦女放哨男子生產

## 米脂龍鎮十餘炭窰
## 每日出煤十萬斤
### 成立產銷合作社統一管理

## 太行準備麥子下種
## 野政供給部採集野菜

## 國民黨當局暴政下
## 韓城農民捐稅奇重
### 全部收穫不够繳軍糧

## 子長中心合作社
## 組織八個運輸隊
### 羣衆運鹽積極性提高

## 靖邊的一個鋤草模範鄉

周

### 準備工作做的好

### 細膩的組織工作

### 勞動熱提高了

### 成為模範的關鍵在那裏？

| 解放日报 | 时间 | 1943-8-22 | 期 | 第823期 |
| --- | --- | --- | --- | --- |
| | | | 版 | 第2版 |

# 米脂龙镇十余炭窑每日出煤十万斤

## 成立产销合作社统一管理

【本报米脂讯】新成立不久的龙镇煤炭产销合作社，是以改善工人、窑户的生活，统一价格稳定生产者收入的目的而出现的，在它的领导下计有久盛、天顺、永丰等十四个炭窑，每日共出煤约十万斤。其中天顺、生地峁两窑因欠修最近未开工。此外，尚有羊条、庙曲、李家山三个窑亦正在修理中。计每窑共分四份（一份即一长洞），每份可容四人掏炭；工人不能连日工作，而且每月初一和十五两天全部休息，所以每窑全年开工日期最多只能以八个月计算，如果时间和生产力能够很适当的分配，生产量一定更会增加。合作社的建立，改善工人窑户生活是它的任务之一，因此在统销方面，它的价格是统一的，不能忽涨忽落，这样才能使生产者得到稳定的收入。另外，合作社还准备了大批的日用品，优待工人和窑主，使他们可以买到较市价低的用品。

# 鄜縣民衆熱愛邊區
## 夏徵公糧全部入倉

# 爭先完納革命負擔
## 賀鑫林七十六老人
### 拿起紅纓槍參加自衛軍

# 靖邊的一個鋤草模範鄉

周 蕾

# 土經土緯織布成功後
## 晉西北紡織業猛烈發展

# 米脂龍鎮十餘炭窰
## 每日出煤十萬斤
### 成立產銷合作社統一管理

【本報米脂訊】新成立不久的米脂鎮煤炭產銷合作社，是以改善工人、窰戶的生活，統一訂格穩定生產者收入的目的而組織的，在它的領導下計有久盛、大興、永豐等十四個炭窰，每日共出煤約十萬斤。其中大興、玉興兩窰因欠修並近未開工。此外，尚有半停工、側面、李家山三個窰亦正在修理中。計每窰共分四份（一份即一長洞），每份可容四人掏炭；工人不管誰日工作，而且每月初一和十五兩天全都休息，所以每窰全年開工日期戶多只能以八個月計算，如果時間和生產力能够很適當的分配，生產量一定更會增加。合作社的建立，改善工人窰戶生活是它的任務之一，因此在統制方面，它的價格是統一的，不能忽漲忽落，這樣才能使生產者得到穩定的收入。另外，合作社還準備了大批的日用品，爭待工人和窰主，使他們可以買到較市價低的用品。

# 吳堡人民自衛動員
## 成立自衛隊巡河隊
### 白天老漢婦女放哨男子生產

# 太行準備麥子下種
## 野政供給部採集野菜

# 國民黨當局壓榨下
## 韓城農民捐稅奇重
### 全部收穫不够繳軍糧

# 子長中心合作社
## 組織八個運輸隊
### 羣衆運鹽積極性提高

# 成爲模範的關鍵在那裏？

# 勞動熱情提高了

# 北岳区的妇女纺织业

自去年冬季号召纺织运动以后，北岳区妇女就从地窖子里搬出了多年不用的纺车，拂拭了蒙在上面的尘埃，亲切地握着纺车的摇把，活跃在生产战线上。最近根据易县、龙华、满城、徐定、曲阳、唐县、阜平、云彪、平山、灵寿、行唐等十二县不完全的统计，从事纺织的妇女即达三八、九八三名之多。其中据十个县的统计，有纺车三〇、三四五辆，又据八个县的统计，有组织一、九一〇架。仅在今年春天开始的两三个月里，据八个县的统计发出的棉花，便有一三〇、二七四斤，据九个县的统计，收回的线子有六一、二九一斤，织成布七、九八八疋（六个县统计），共得工资二、五六六、一八四.八元（八个县的统计，织布工资只有一部分在内）。其中尤以完、唐两县成绩最佳。完县参加人数有四千五百余人，截至六月底共织出土布五千二百匹，并生产出大批纺线，所收入的工资在二十一万五千余元。在该县的东白司城村九十八名妇女中，只有四个人因年老残废没有参加纺织，他们从去年十月二十七日到今年正月底止，共领棉花五〇九斤，纺出线子四九七斤，得工资三、四四二元六毛；从十二月十一日到二月十一日，织布九四匹，得工资一、二〇〇元五毛。在唐县某一个区即有一千二百多辆纺车，其中一个二百十九户人的村子中，有一百二十个妇女参加纺织，从去年十月到今年一月，全村共纺棉花一千一百三十五斤，获利九千余元，每人平均在百元左右。在二区史家沟，全村有生产力的妇女都参加纺织了，占全村妇女总数百分之八十，有二十一架纺车和十架织机经常不停着，在“三八”节前已纺线四百斤，织布三十匹，共赚钱二、二六二元，有一个小组共七人，纺线一三六斤，赚钱达一、〇九二元之多。此外，无数的模范例子和纺织英雄确都涌现出来了。比如完县东白司城的潘翠山在八十天内共纺了二十四斤半线子，织布七匹，共得工资二六五元二角五分。刘家庄一个六十八岁的老太婆，也积极参加生产，每天能纺半斤，当地妇女都尊称她为“纺织英雄”。曲阳苏家庄的王二彦，原来是不会纺织的，但自二月到“三八”止，已纺线二一斤五两，得工资三〇六元五毛，家中生活大为改善。完县的尹春花，从去年七月到“三八”节，纺线三十斤，织布三匹，赚了不少工资，她以这些工资再兼做生意，获得利息不少，现在她用辛苦得来的九百元，买了一亩八分地。易县六区训口村的许永芝和她母亲，一天到晚地纺线，在八十天内纺了四十八斤，共得工资五十元，买了五亩地。七区有一家婆媳，热心纺织，昼夜不停，为了节省灯油，夜间在纺车上插一根香火，利用纺车轮的旋转扇亮香火，照着纺纱。唐县马志仙，仅十九岁，家极穷苦。一九三九年大水灾后，全家生活即多半依赖她一辆纺车。去年冬天她不仅能使全家三口人生活过得好，而且还赚了八十元和十疋土布。刘清云在去年的纺织经验中，发明了用枣木锭子，既省事又便宜，且比铁锭子好使，附近各地纺户正在纷纷采用。她们用自己劳力改善了自己生活。这现实的例证，激起了不少妇女的欣羡，纺织的热情燃烧着每一个妇女，她们对纺车发生了无比的热爱，学习纺线成了她们最大的兴趣。在阜平平阳集上，有一天六十多辆纺车，一会儿就卖完了。曲阳二区一月份即新添纺车四四七辆，该县十区也新添纺车一四四辆。阜平在二月中的半个月里，就增加了纺车一五〇辆，十区有新学纺织的五百多人。在这种纺织热潮中，就是一些从来没有见过纺车的地区，纺织业也都开始发展起来了，井陉山地在过去找不到一架纺车，但现在八个村中，已有六十个纺妇，以无比的新鲜心情，摇转着四十辆纺车，而平西涞水更有大批妇女，争先恐后地涌入到纺织训练班。除纺棉线以外，毛织业在阜平、行唐、灵寿、平西等地区也有相当可观的成绩。例如行唐西城子村，在三百个妇女中有一百多个参加纺毛，每人每天可纺毛三斤，三天可织毛衣一件，两天可织一条毛背心。据精确的统计，自前年到现在全村纺毛工资收入共达一万二千余元，每个妇女并且都赚有一套毛衣。由于纺织业的蓬勃开展，妇女们的生活大为改善，并且随着经济地位的提高，她们家庭地位和社会地位也都提高了。这对于家庭生活的和睦上起着显著的作用。因此，离婚的现象也大为减少了。唐县去年七月间，仅二区离婚者即达三十起之多，但至十一月全县也不过两起。而童养媳、早婚等现象，也都随着生产的开展而日趋消除了。北岳区的纺织业能获得这样大的成绩，除得力的宣传教育工作外，具体办法不断改进，也是有极大作用的。第一，部分的地区根据了过去的经验和当地实际情形，他们把纺纱与织布的合编成纺织小组，以织布者为小组长，每组平均一个织布机，八个纺车，这种合编的组织法好处颇多。如：（一）织布者为了出品好，对纺织者的检查比单独的纺纱小组长进行的仔细严格，同时纺线者供给本组织布，棉纱也容易纺好。（二）纺出之线，直接给织布者，不必再交区社或村社，然后仍发给，节省了收线发线的手续，合作社只收布匹，账目亦较轻松。（三）纺线织布两者不仅可免过去拖牵之累，且可互相督促，故生产大大增加。（四）能养成群众集体合作的习惯。第二，有些县区取消以棉花代替工资，恢复货币工作形式，这是在当地合作社粮食供给办法改善后的条件下施行的。乡村合作社有不断的粮食来源，纺织户得到了工资，立刻即可购到粮食，而工资的涨落，又完全以粮食价格为标准，所以这样实际□即等于粮食工资，就用不着以棉花作代价了。北岳妇女虽然在纺织事业上已获得如上成绩与经验，但他们并未以此自满，仍在继续努力。实际上也还有许多妇女没有很好被组织起来。据易县、曲阳、唐县三县的统计，原有纺车二〇、〇五一辆，已经动起来的仅一三、一七二辆，未动起来的还有六、八七九辆。三县原有纺机四、二〇二架，动起来的仅二、六二八架，还有一、五七四架闲搁着。今后怎样组织更多的妇女，去和这些现有的生产工具结合起来，并进一步制造更多的纺车织机，以组织更多的妇女来从事纺织，这是今后妇运工作者，合作事业工作者正要努力解决的问题。其他，怎样把前面所述纺线与织布结合起来的经验普遍推广到全北岳区；和对原料的供给、成品的推销等通盘计划，避免“三天打鱼，两天晒网”的现象，真正的激发与保持妇女们纺织的热忱，把纺织业更蓬勃的开展起来，这便是目前北岳区妇女纺织业的当前之急务。（晋察冀通讯）

# 反德鬥爭日益猛烈 丹京最大鋁廠被毀
## 匈殘廢軍人參加反戰示威

【路透社斯托哥爾摩廿三日電】據瑞典日報所得之可靠私人消息：哥本哈根丹麥最大鋁廠，已於廿一日晚被破壞，破壞者六人潛入廠中裝置大量炸藥。同晚復有二次至三次爆炸破壞工作，發生於丹麥區平克利斯鄉呼籲民衆勿參破壞工作之數小時後。

【路透社斯托哥爾摩廿一日電】據阿拉波特報消息，菲英島部丹斯城丹麥民衆與德軍之衝突，係由於若干碼頭工人罷工而起。工人此舉係對德軍施行警戒防止破壞行爲之抗議表示。當德方拒絕撤退警戒部隊時，該城各地均發生同情罷工，德方乃立即宣佈戒嚴，然罷工仍陸續發生，故亦不得不讓步。

【路透社日內瓦廿三日電】據布達佩斯官方消息：匈牙利政府當局發布加緊特別條件，在此爲國內政治形勢惡化所引起之國件中，當局特別注意殘廢軍人及告假士兵中流行的情緒。布達佩斯政界指出，最近匈牙利事件已引起政府之嚴重警覺：殘廢軍人及告假士兵均積極參加反戰及反德示威。又據悉，當局特別收到著名人士及政治團體的許多申請書，其中說到擇機加緊內閣之對內對外政策。

【路透社日內瓦廿二日電】據可靠方面消息：布加勒斯特正醞釀着內閣危機，上星期內閣提出不斷的舉行會議；羅馬尼亞統治者已陷入恐慌狀態。由於英美空軍對普洛什特油區的襲擊所造成的嚴重惡化。在致安多奈斯哥的備忘錄中，「企業界聯合會」譴責政府爲[illegible]。企業家對安多奈斯哥政府與德國締結奴化的經濟協定一事表示劇烈的不滿，[illegible]未付以任何代價也極爲憤慨。油業界曾發表聲明，所有輸出至德國的油產品將於戰後獲得償價，但是同時德方卻力促羅馬尼亞政府立即付還一切輸入德國的軍火裝備之款項。企業家的備忘錄曾經在羅國內閣舉行特別會議加以討論，然而內閣中發生嚴重的分歧，終未得出任何決定。[illegible]

# 蘇駐美大使易人

【塔斯社莫斯科廿二日電】最高蘇維埃主席團解除外交人民委員會副委員長李維諾夫所任蘇聯駐北美合衆國特命全權大使之職務，另任命葛羅米柯爲蘇聯駐北美合衆國特命全權大使。

【路透社華盛頓廿三日電】蘇駐美新大使葛羅米柯今訪美代理國務卿威爾斯，此爲葛氏履新後之首次訪問國務院。預料羅斯福總統即將接見葛氏呈遞國書。

## 蘇英美盟國共商戰後政策之時機已臨
路透社記者評論

【路透社莫斯科廿二日電】路透社特派記者金氏報導：最高蘇維埃之決定更調倫敦及華盛頓外交代表，並非表示蘇聯政策或與西方盟邦關係上有任何變更。此等關係至今仍植根於英蘇條約及美蘇協定之基礎上，並爲二大目標所鼓舞，此二目標即以一切可能力量共同進行反德戰爭及戰後之友好合作，以維護和平與重建歐洲。邁斯基及李維諾夫之召回莫斯科，係由於一種感覺所激起，即彼等之經驗目前可在莫斯科運用至更有利之程度，此時由於反對德國及其附庸國家戰爭之有利發展，若干關於戰後問題與解決歐洲國家間之政治關係問題，業已開始成熟，需要盟國予以商討。「戰爭與工人階級」一時評認爲召集會議之非官方機構，令人想見此種會議能使蘇英美之戰略趨於一致，並確定戰後問題——國中將各種政治觀點明朗化——維持和平，而德國戰敗後歐洲各國政府之態度亦爲其主要注意所在，而此等政府不應對蘇聯含有根深蒂固之敵意或不可救藥之偏見。美國及英國政府對於波蘭及其他被佔領國家之政府及團體的態度上之某些事件，已引起此間之懸憂。戴高樂法國代表被承認之態度爲引起此間重大不安之當前問題。此間意見完全不能了解，何以英美在予充分承認法民族解放委員會問題上遲疑不決，與在莫斯科蘇聯駐阿爾及爾代表護照及旅途便利上，所採取之迅速行動[illegible]。所有此等事件之後，可以[illegible]對美國或英美爲對歐洲各國將來政治政體所採取之政策，與此間認爲可以希望而可以實行之政策不相吻合。蘇聯之意見是戰後必須清除一切吉斯林分子，而在歐洲各民族掃洗其內已國家時，只要他們認爲恰當，必須無有外部之干涉。此間相信，只有如此才能在各國確定[illegible]的、民主的、[illegible]和平的政體之機構。

在目前英國及英美政策中，由於恐懼「革命」，及被此間所認爲的錯誤之信念所鼓舞，即使在北極基礎上將來經濟問題保持[illegible]有利，但可看到他們有若干支持不可信之人及陳舊組織之企圖。此事似很明白，即蘇聯政府準備覺得與英美聯合討論，並認爲討論之時機業已成熟。此點似與英美人士中盛行之見解相吻合，他們久已提出不在和平會議上而是事先確定戰爭目標之願望。

此間一般認爲：各盟國政府如何答覆「戰犯處置責任」問題，可作爲各盟國政府誠懇對歐洲一般政治問題的試金石。蘇聯法律界權威特拉寧教授在解答審判罪犯問題時，樹下此種原則，即國家不能免除與戰爭有關罪行之責任，但此罪行爲政治上的及物質上的。罪行之責任應由以個人違反國際法之行動施行政策之自然人負之。戰爭罪犯可以分爲三大類：（一）領有並發動全部違反國際法之政策者，包括希特勒、戈林、赫斯、戈培爾、希姆萊、里賓特洛甫、羅森堡等；（二）計劃並執行此一政策者，包括納粹黨之一切大小領袖在內；（三）計劃並慫恿納粹政策者，主要爲金融及工業巨頭，鋼鐵大王[illegible]即爲其代表。此等均爲在政府中無正式地位之私人，其罪行爲制訂並參加奴役勞工，劫奪他人之自由與財產[illegible]德國人口千數，均應負較重[illegible]一切後果之責任，而不能逃[illegible]法外。[illegible]此外，[illegible]在罪行之列。蘇聯方面[illegible]此等協助及參加者[illegible]。

# 魁城會議結束在即
## 討論重心已移至政治問題

【路透社魁北克廿三日電】[illegible]邱吉爾昨日與其主要助手閣人員會商，極形忙碌。早餐後立即開會，並立即討論政治問題。昨日上午抵魁北克之美陸長史汀生與兩大國首腦共進午餐，然後又復開會。英外相艾登、美國務卿赫爾，亦已準備參與歐洲政治問題的商談。另一對赴魁北克之人物爲中國外長宋子文。據識者斷猜，魁北克之總結[illegible]中國外長宋子文[illegible]迅速進行會商。[illegible]所悉，會商將與對日作戰計劃有關。」目前正着重於此。」英海長[illegible]斯本日亦將抵此。同時，羅斯福與加拿大總理金氏已宣佈設立美加[illegible]作戰援助聯合委員會，以研究因戰時美國租借計劃及加拿大互助計劃[illegible]之問題。

【合衆社魁北克廿二日電】美陸長史汀生之抵此，使羅邱與美英參謀長[illegible]會議臨近結束時[illegible]家之會議[illegible]。蘇聯之史[illegible]對英美大使仍爲[illegible]。史氏曾獲得各重大決議案之報告。[illegible]若干方面之目的[illegible]，新大使葛羅米柯被認爲目前較負有聲名者尤爲合適。葛氏在駐美大使館已任職有年，在前大使李維諾夫莫斯科之期間，曾任代辦。[illegible]。葛氏之前[illegible]蘇聯之政策，蘇聯之教授工作及[illegible]葛氏[illegible]李維諾夫與邁斯基之更調仍引起一無法獲得解答之問題。

【路透社魁北克廿二日電】據權威方面稱：李維諾夫與邁斯基早已獲悉李維諾夫不再連任。據在此間參加會議之英方人士稱，渠等人早已獲知此事，然[illegible]此事，則非吾人所應爲者。

【合衆社魁北克廿二日電】此間官方對於李維諾夫均未表示驚異之態度，並未致以特別重視。官方對於蘇聯之行動甚保持緘默態度，一般人士則咸信此間正採取緊急措施，準備舉行三國軍事會議，與蘇聯配合冬季作戰。作戰物資源源不斷，尤以最新式飛機及大量糧食爲然。[illegible]同時，李維諾夫被召回國，爲蘇聯不愉快之表示，而[illegible]李維諾夫留於莫斯科較有價值。

【合衆社魁北克廿二日電】宋子文、[illegible]及內次[illegible]加入[illegible]及參謀首長之會議，[illegible]參加「魁北克宣言」之擬起草工作。預料此一宣言將爲同盟國在歐洲發動攻勢以及英美協力進攻日本之先聲。當宋氏下機時記者要求其發表聲明，宋氏答稱：目前無可發表。[illegible]商討問題。[illegible]論之第一批實際消息，或將由於廿四日會議正式結束時與會人員發表。目前對於會議之結果實無法預料，至軍事上之決定須有以軍事行動宣示之。[illegible]「魁北克宣言」中可能透露此項消息，該宣言可以更明言之辭句訂定[illegible]卡薩布蘭卡會議所宣佈之[illegible]外交政策。

# 土耳其官方機關報
## 贊成盟國作戰目標 駁斥希特勒「新秩序」

【合衆社安哥拉十九日電】土國政府機關報[illegible]發表社論贊成聯合國之作戰目的，並評稱：設希特勒於一九四〇年獲勝，則當今世界乃在一大國支配下之所謂「新秩序」。又謂：「軸心國之所謂『新秩序』之理想，則欲建立於各國聯合努力之上之自由世界秩序。蘇聯與盟國之間在對德作戰之行動上必能統一，思想無疑希望在和平時保持此種統一。」

# 盟機續襲意境
## 空戰中毀敵機五十餘架

【合衆社北非盟軍總部廿三日電】公報稱：飛堡式機廿六架，首次在用六架侵入式機保護下轟炸諾拉[illegible]機場，轟落力圖攔截之敵機中之廿八架。據今日輪公報自稱，傷勒諾被作「損失頗巨」。

【路透社開羅廿二日電】美空軍公報稱：[illegible]轟炸廿[illegible]拉之機場及機場，[illegible]機場（二地均在[illegible]附近）亦被炸。敵戰鬥機二隊企圖攔擊，其中至少有廿五架被毀，[illegible]二架失蹤。

【路透社斯德哥爾摩廿三日電】據此間自由意大利人士方面所獲消息，[illegible]尼現被囚於[illegible]島之[illegible]。

## 伊朗政府下令逮捕納粹奸細

【路透社德黑蘭廿二日電】伊朗政府頃頒佈命令，凡能證明確係協助伊朗爾維持可疑之任何德人者，獎以五千托曼。[illegible]當局亦將採取[illegible]。[illegible]已知在南部之少數德人在各種族之中甚爲活動，尤其在[illegible]。[illegible]

[illegible]政府。他們在德人領導下勸黨，反對伊朗政府，並公開挑撥[illegible]及其所謂[illegible]友好解決之可能性。

# 盟機轟炸下 克虜伯工廠受重創

【英官方通訊社倫敦廿二日電】皇家空軍攝影說明稱，英研究七月廿五日轟炸克虜伯工廠所造成之損失，正不下於今年前數次轟炸中對該工廠之打擊所造成的一切創傷部份總和——其中許多是大的主要的工場——在此次對德國最大軍備工廠最猛烈之空襲中均被炸中。大火引起較大的毀壞，火災在三十六小時之後仍不能撲滅——雖然極大的有經驗的消防隊當已出動。據毀壞作品之嚴重要的機械物中有卸下部份：鍛造工場中有三個幾乎完全被毀。四個電氣工場中有[illegible]。[illegible]成爲鍛造中型及重要設備工廠，已完全爲火所燬。[illegible]被毀。用作製造砲彈及榴彈所需[illegible]數引起廣泛之創傷。估計[illegible]及三數年，鍛造砲[illegible]工場已被焚燬。另一[illegible]在較早一次的空襲中被毀一半，餘下來的現在已被焚燬。又對另一機器廠造成嚴重創傷。估計約一半之[illegible]工場已經被毀。在爲大火所燬的許多其他建築物中，有引擎鑄造廠、鐵木工廠、便鐵道工廠、鐵路路局、許多營房和大的飛機庫和倉庫、二三個電力站及發電機站以及冷氣站之被摧毀，將切斷下[illegible]之電力。該晚尙予[illegible]以其他許多創傷。在沃[illegible]工廠、[illegible]廠、煉金廠、[illegible]廠、三個礦坑[illegible]及若干小工廠均中彈。九個[illegible]。

【路透社倫敦廿三日電】盟機昨夜襲擊[illegible]，[illegible]城在今年前一次轟炸後所殘留的五分之一，已於七月廿五日晚被毀。[illegible]有[illegible]科隆之西北之[illegible]化學工廠，該廠在平時僱有工人萬名。科隆區內有其他[illegible]工作，毀壞[illegible]作。

# 日寇奴役菲人

【合衆社檀香山廿二日電】據新近日菲律賓所有之消息稱：日軍撥配菲人以糧食與金錢後，乃付以苦役工作，如每一菲人均被迫作工，不作工者處死。[illegible]每次於日方廠中爆炸時，菲人即停止工作，因爲如此乃協同[illegible]方面之一法。

# 新島盟軍進展順利
# 薩拉摩敵向北敗退
## 緬境日寇獨遭空襲損失重大

【路透社西南太平洋盟軍總部廿二日電】盟軍總部廿二日公報稱：盟軍已佔領新幾內亞薩拉摩某些據點之陣地，現正追擊敵軍中之日軍，美軍已佔領巴安加島。日方向薩拉摩北方敗退。美機襲撃之日方船艇，古拉灣方面日方損失廿九噸。[illegible]被殲毀受創者共六艘。

【合衆社澳洲盟軍總部廿二日電】盟軍今日[illegible]日方[illegible]中之重要據點。盟機轟炸[illegible]敵軍基地[illegible]，澳軍[illegible]村及[illegible]東岸村以下爆炸彈。澳軍[illegible]之兩地。[illegible]西斯科河[illegible]附近[illegible]，日軍似將[illegible]防線內撤退。[illegible]

【路透社西南太平洋盟軍總部廿三日電】盟軍佔領新幾內亞北部日方[illegible]進攻敵要島。美軍從方用以[illegible]機場之野戰數。

【路透社柏林約廿二日電】[illegible]日軍駐防軍[illegible]人目前[illegible]。[illegible]際，已爲拼命關門事，澳軍正時[illegible]軍驅離保衞其要塞門戶之最後一處防禦陣地，最近盟軍在戰略上之重要據點乃估領一千三百呎之山脊，育納弟渡口以南鄰機場之山坡亦在其內。西南之[illegible]地域盟軍砲兵正令日軍無片刻休息機會。美軍正在[illegible]方最[illegible]之[illegible]進攻[illegible]軍。

【路透社重慶廿二日電】[illegible]中國防軍[illegible]特[illegible]中將今在[illegible]記者[illegible]：[illegible]人現在太平洋上採取攻勢。[illegible]不作戰。

【合衆社華盛頓廿二日電】[illegible]分散各地，[illegible]不作戰。

【據美聯社隨軍記者[illegible]：美[illegible]記者在吉斯卡登陸人員及美[illegible]，使以[illegible]成爲[illegible]之[illegible]。

【美聯社印度廿二日電】[illegible]參謀長[illegible]美軍及英空軍轟炸日方作戰勢力之緬甸。[illegible]因空襲結果受損嚴重，使敵方無法[illegible]利用緬甸的[illegible]。爲進攻印度之根據地。美機[illegible]其[illegible]，[illegible]常使敵不事目標。[illegible]地面僅五至十呎，[illegible]敵方當我機實施轟炸[illegible]掃射，無法躲避。日方似不願損失飛機，故[illegible]盟軍力量[illegible]飛機等[illegible]任務。[illegible]任務完成後，即[illegible]。

【本日與客軍公報稱：美機炸毀緬甸中部鐵路之各站貨車多輛，並轟炸機向一敵機[illegible]之日方設備投彈，引起大火。美機劉[illegible]寧[illegible]落機。

【路透社新德里廿三日電】[illegible]安全區域。

# 紅軍勝利攻勢 促成意法西斯垮台
——蘇聯斯坦教授——

【塔斯社莫斯科廿二日電】斯坦教授於八月廿日，在莫斯科職工會之禮堂發表公開演說，論意大利法西斯主義之崩潰。該演講論及迫切之問題，引起聽衆中最大之注意。斯坦教授是國際事務專家，他說：大利軍事失敗之結果，引起意大利戰爭不僅是不負責任的演講之一——[illegible]氏[illegible]由墨索里尼所宣的「光榮」，[illegible]所謂[illegible]戰爭目的」，[illegible]論稱：野心勃勃、[illegible]的帝國主義策略[illegible]之手段。但是這個[illegible]的[illegible]一使意大利在經濟上[illegible]及政治上[illegible]國的奴役，使意大利走入政治上極端的[illegible]，當盟軍在西西里登陸時，助法西斯意大利，希特勒在[illegible]計劃的失利攻勢，使得希特勒不得不從意大利抽調軍隊，[illegible]。法西斯政府：[illegible]的戰爭暴露了意大利法西斯主義的[illegible]，參加反蘇戰爭的結果是軸心國在東線所受的損失，意大利師團已經被殲滅，現在戰爭已臨到意大利本土，意大利人民[illegible]。同時主要集中在北意大利的一切最重要的軍事工業中心，[illegible]盟國飛機的毀滅性轟炸。斯坦教授指出：[illegible]意大利新政府的發言人說：「欲作戰」——說明了其政策，但意大利人民卻渴望和平，要求停止戰爭。[illegible]意大利法西斯主義的[illegible]，但是法西斯主義的[illegible]推翻了意大利法西斯主義的[illegible]，引起了意德聯盟完全失敗的[illegible]的舞台。

# 北嶽區的婦女紡織業

自去年冬季號召紡織運動以後，北嶽區婦女就從地窖子裏搬出了多年不用的紡車，揩拭了蒙在上面的塵埃，親切地握着紡車的搖把，活躍在生產戰線上。

據近據易縣、龍華、滿城、徐定、曲陽、唐縣、阜平、靈壽、平山、[illegible]、行唐等十二縣不完全的統計，從事紡織的婦女即達三八、九八三名之多，其中據十個縣的統計，有紡車三〇、三四五輛，又據八個縣的統計，有織機一、九一〇架。僅在今年春天開紡的兩三個月裏，據八個縣的統計紡出的棉花，便有一三〇、二七四斤，據九個縣的統計，收回的綫子有六一、二九一斤，織成布七、九八八疋（六個縣統計），共得工資二、五六六、一八四．八元（八個縣的統計，織布工資只有一部份在內）。其中尤以完、唐兩縣成績最佳。完縣參加人數有四千五百餘人，截至六月底共織出土布五千二百疋，並生產出大批紡綫，所收入的工資在廿一萬五千餘元。在該縣的東白町城村九十八名婦女中，只有四個人因年老沒有參加紡織，他們從去年十月二十七日到今年五月底止，共領棉花五〇九斤，紡出綫子四九七斤，得工資三、四四二元六毛；從十二月十一日到二月十一日，織布九四疋，得工資一、二〇〇元五毛。在唐縣某一個區即有一千二百多輛紡車，其中一個二百十九戶人的村子中，有一百二十個婦女參加紡織，從去年十月到今年一月，全村共紡棉花一千一百三十五斤，獲利九千餘元，每人平均在百元左右。在二區史家溝，全村有生產力的婦女都參加紡織了，佔全村婦女總數百分之八十，有二十一架紡車和十架織機經常不停地，在「三八」節前已紡綫四百斤，織布三十疋，共賺洋二、二六三元，有一個小組共七人，紡綫一二六斤，賺錢達一、〇九二元之多。

此外，個別的模範例子和紡織英雄都湧現出來了。比如完縣東白町城的潘家山在八十天內共紡了二十四斤半綫子，織布七疋，共得工資二六五元二角五分。劉家莊一個六十八歲的老太婆，也積極參加生產，每天能紡半斤，當地婦女都稱她爲「紡織英雄」。曲陽蔡家莊的王二春，原來是不會紡織的，但自二月到「三八」止，已紡綫二斤五兩，得工資三〇六元五毛，家中生活大爲改善。完縣的尹春花，從去年七月到「三八」節，紡綫三十斤，織布廿三疋，除了不少工資，他以這些工資再發做生意，賺得利息不少，現在他用辛苦得來的九百元，買了一畝八分地。

易縣六區訓口村的許永芝和她母親，一天到晚的紡綫，在八十天內紡了四十八斤，共得工資五十元，買了五畝地。七區有一家婆媳，熱心紡織，夜夜不停，爲了節省燈油，夜間在紡車上插一根香火，利用紡車輪的旋轉扇亮香火，照着紡紗。唐縣馬志仙，僅十九歲，家境窮苦。一九三九年大水災後，全家生活即多半依賴她一輛紡車。去年冬天她不僅能使全家三口人生活過得好，而且還賺了八十元和十疋土布。劉清蓮在去年的紡織經驗中，發明了用桑木錠子，既省事又便宜，且比鐵錠子好使，附近各地紡戶正在紛紛採用。

她們用自己努力改善了自己生活，這現實的例證，激起了不少婦女的欣羨，紡織的熱情燃燒着每一個婦女，她們對紡車發生了無比的熱愛，學習紡綫成了他們最大的興趣。在阜平平陽集上，有一天六十多輛紡車，一會兒就賣完了。曲陽二區一月份即新添紡車四四七輛，該縣十區也新添紡車一四四輛，阜平在二月中的半個月裏，就增加了紡車一五〇輛，十區有新學紡織的五百多人。

在這種紡織熱潮中，就是一些從來沒有見過紡車的地區，紡織業也都開始發展起來了，井陘山地在過去找不到一張紡車，但現在八個村中，已有六十餘紡綫，以無比的新鮮心情，搖轉着四十輛紡車，而平西淶水更有大批婦女，爭先恐後的湧入到紡織訓練班。除紡綫以外，毛綫業在阜平、行唐、靈壽、平西等地區也有相當可觀的成績。例如行唐西城子村，在三百個婦女中有一百多個參加紡毛，每人每天可紡毛三斤，三天可織毛衣一件，兩天可織一條毛背心。據精確的統計，自前年到現在全村紡毛工資收入共達一萬二千餘元，每個婦女並且都賺有一套毛衣。

由於紡織業的蓬勃開展，婦女們的生活大爲改善，並且提高了她們的經濟地位，她們家庭地位和社會地位也都提高了。這對於家庭生活的和睦上起着顯著的作用。因此，早婚的現象也大爲減少了，據唐縣去年七月間，僅二區離婚者即達三十起之多，但至十一月全縣也不過兩起。而童養媳、早婚等現象，也都隨着生產的開展而日漸消除了。

北嶽區的紡織業能獲得這樣大的成績，除得力的宣傳動員工作外，另一方面辦法不斷改進，也是有極大作用的。在一部份的地區根據了過去的經驗和當地實際情形，他們把紡紗與織布的合組成紡織小組，以織布者爲小組長，每組平均一個織布機，八個紡車，這種合組的組織法好處頗多，如：（一）織布者爲了出品好，對紡紗者的檢查比單獨的紡紗小組要進行的仔細嚴格，同時紡綫者供給本組織布，棉紗也容易紡好。（二）紡出之綫，直接給織布者，不必再交區財或村社，然後仍發給，節省了收發的手續。（三）紡綫織布兩者，合作社只收布疋，賬目亦較簡單。（四）不僅可免過去推牽之弊，且可互相督促，使生產大大增加。（四）能養成緊密集體合作的習慣。第二，有幾縣區取消以棉花代替工資，恢復供幣工作形式，這是在當地合作社很多供給新法改善後的條件下施行的，鄉村合作社有不斷的糧食來源，紡織戶得到了工資，立刻即可購到糧食，而工資的標準，又完全以糧食價格爲標準，所以這樣實際「即等於糧食工資，就用不着以棉花作代價了」。

北嶽婦女雖然在紡織事業上已獲得如上成績與經驗，但他們並未以此自滿，仍在繼續努力。實際上也還有許多婦女沒有很好被組織起來。據易縣、曲陽、唐縣三縣的統計，原有紡車二〇、〇五一輛，已經動起來的僅一三、一七二輛，未動起來的還有六、八七九輛。三縣原有紡機四、二〇二架，動起來的僅二、六二八架，還有一、五七四架閒擱着。今後在繼續組織更多的婦女，去和這些現有的生產工具結合起來，並進一步製造更多的紡車織機，以組織更多的婦女來從事紡織，這是今後婦運工作者，合作事業工作者正要努力解決的問題。其他，怎樣把前面所述紡織與織布結合起來的經驗普遍推廣到全北嶽區；和對原料的供給、成品的推銷等通盤計劃，避免「三天打魚，兩天曬網」的現象，真正的激發與保持婦女們紡織的熱忱，把紡織業更進一步的開展起來，這便是目前北嶽區婦女紡織業的當前之急務。

（晉察冀通訊）

| 解放日报 | 时间 | 1943-8-25 | 期 | 第826期 |
| --- | --- | --- | --- | --- |
| | | | 版 | 第2版 |

## 八路军制药厂捐献现金物品劳军

【本报讯】八路军制药厂与药科学校，为了保卫边区，热烈地掀起了学习、生产、劳军三大运动，刘政委在该厂校全体人员大会上，号召全厂校的人员要在精神上和物质上慰劳边防军队：展开赵占魁运动，提高生产的数量与质量，保证伤病员有药品用。当场献金中，研究室主任首先报名，愿从七月份起，将五个月的津贴中，每月抽出一斗米来劳军。文印员王雷第二个献金二百元。教育主任从每个月津贴中捐米一斗五升。有的同志把自己从香港带来的两瓶珍贵的西药捐出来。化学教员孙绎志同志捐出赤金七钱多，工人们捐的最少的也有九百六十十元。学生们把私人生产积蓄下来的钱拿出来。在大会上，不到半点钟，所捐献的现金及物品共值十五万元。

# 三邊搶打新鹽 二千餘人奮勇下池

## 羣衆熱烈競賽獎勵模範者

【本報三邊十七日電】今日二千一百人的打鹽大隊，全部下池打鹽。各機關羣衆之打鹽隊，約於昨日前紛紛趕來。縣府特於晚間召開大會，號召每人每日打鹽十馱，保證完成十萬馱的任務。……

# 志丹獎勵運鹽英雄

## 王占海最早組織運輸隊

## 牛生昌馱鹽換回市布兩百疋

# 太行積極克服災荒

## 涉縣種菜面積日益擴大

## 武北組織運鹽換取糧食

# 甘泉駐軍豐收在望

## 所種穀穗長達七寸

# 邊防軍函謝延安各界

## 望你們在後方好好學習和生產 我們誓以血肉保衛邊區的老百姓

# 北嶽區縣選完成

# 市府將召開獎勵運鹽英雄大會

# 安塞高橋區積極運鹽

## 五百頭牲口出發

## 張萬庫推動全鄉組運鹽隊

# 甘泉防止牛瘟

## 注射預防疫苗

# 「歐洲」一部家屬隊

## 一日鋤地一畝

# 吳旗李溝村男女競賽鋤草

# 八路軍製藥廠捐獻現金物品勞軍

【本報訊】八路軍製藥廠與藥科學校，爲了保衛邊區，熱烈地發起了學習、生產、勞軍三大運動，調政治作戰校全體人員大會上，號召全廠校的人員現在精神上和物質上慰勞邊防軍隊：提高生產的數量與質量，保證傷病員有藥品用。當場聯名中，研究室主任首先簽名，願從七月份起，將五個月的津貼中，每月抽出一斗米來勞軍。文印員王實第二個獻金二百元。教育主任從他的兩瓶珍貴的西藥捐出來。化學製藥技術員標志同志捐出來金七錢多。工人們捐的最少的也有九百六十元。學生們把私人生產積蓄下來的錢拿出來。在大會上，不斷中斷，所捐款的現金及物品共值十五萬元。

# 自衛軍人人精神煥發 盤查放哨認眞負責

# 鄜縣民衆自衛動員

（上接第一版頭條消息）

# 國民黨區內捐稅苛重 邊區人民豐衣足食

| 解放日报 | 时间 | 1943-8-28 | 期 | 第829期 |
| --- | --- | --- | --- | --- |
| | | | 版 | 第2版 |

# 子长半年纺花万六千斤人民增加收入六百万

## 生产社产量提高百分之七十

【本报子长讯】县府于日前总结半年来合作社工作，其概况如下：在妇纺方面，全县二千九百余纺妇，向合作社领取棉花一万二千三百斤，交线子六千斤。此项棉花可售洋四百六十余万元。另外，卖出棉花三千八百斤，收买线子两千斤，值洋一百八十万元。总计全县纺妇半年来纺花共一万六千余斤，得工洋六百四十万元；这是农民一笔很大的收入。合作社放花是以四个据点进行，并与各级政府、群众团体协同动作。如以瓦市为中心据点，现已有一千五百个纺妇经常围聚在合作社的周围。又如东区据点，杨家园镇是由合作社及抗联会直接领导，该地已组织了七个纺织小组，经常与合作社联系，据统计：她们在四月下半月仅纺花四十斤，而在五月份的二十天中即纺花一百四十九斤，增加了三分之二。玉家湾据点由于纺织劳动英雄高志英的积极领导与推动，娃娃纺织组也产生了，十一岁的小女孩王蓝香，一个月学□[会]纺头等线，引起大家的惊奇。因此“要赶上王蓝香的头等线”，已成为全区纺妇奋斗的目标。在西一区妇纺人数比较少，但也发展了纺妇二百一十名。五六两月放了一千八百斤棉花，交了七百五十斤线子。在合作社地放花收线等工作上亦有大的进步，各社在五月份只放了三千六百斤花，六月已增至六千一百斤。弹花工人也由三人增加到五人，尚感到供不应求。不仅数量上有增加，即在质上也大有改进，合作社曾从一两棉花纺成一千六百尺长的头等线，提高到现在一两棉花纺成二千五百尺长的头等线。五月份开始收线，其中只有四分之一头等线，现在已达到五分之三了。为大量发展妇纺，县府与合作社已用五万元制成纺车贷给群众。生产社工人的技术半年来正在不断提高。该社在二月前，四个织布工人平均每月织大布十疋（十丈长），现已增加到二十二匹至二十六匹。袜子也由一天十双增加到十五双。全厂产量比二月前提高了百分之七十。工人技术之提高及产品之增加，实由于工厂实行了累进工资制：规定每月每人织布五疋外，超过一丈以上增加小米五升。同时，工人认识提高，对于工作热情也随之增长，大家都能把这个工厂看作革命的家务。每天早上工，迟下工，少休息。这样不但提高了每个人的产量（如从前每天织布一丈八尺，现在织布三丈八尺）；且节省了不少原料（如用少数线头接线，平均六匹布可节省纱半斤）。此外，提出要把生产深入群众。如中区六□[乡]刘志章、瓦市史子金，都在生产社得到技术指导和物质帮助，并调剂两架机子；因为刘志章织得又好又快，在他机子周围团结了八十多个纺妇。他们进行了□[纺]和织的变工；史子金也将开始以丝作经，用洋纱作纬织成棉绸布。他们都有决心要把自己的家庭手工业扩大。运输合作进行还不久，已成立运输队八个，有牲口合毛驴一〇一头，已运盐一部分。

# 子長半年紡花萬六千斤
# 人民增加收入六百萬
## 生產社產量提高百分之七十

【本報子長訊】縣府於日前總結半年來合作社工作，其概況如下：在紡績方面，全縣二千九百餘紡婦，向合作社領數棉花一萬二千三百斤，交線子六千斤。此項棉花可賣洋四百六十餘萬元。另外，賣出棉花三千八百斤，收買線子二千斤，織洋一百八十萬元。總計全縣紡婦半年來紡花共一萬六千餘斤，得工洋六百四十萬元，這是農民一筆很大的收入。合作社放花是以四個據點進行，家與各級政府、黨、東團領導同動作。如以五市為中心據點，現已有一千五百個紡婦經常圍繞在合作社的週圍。又如東區據點，褚家灣鎮是由合作社及抗聯會直接領導，誇地"組織了七個紡織小組，經常與合作社聯系，據統計：她們在四月下半月僅紡花四十斤，而在五月份的廿天中即紡花一百四十九斤，增加了三分之三。王家灣據點由於紡織勞動英雄高志奕的積極領導與推動，鐘餅紡織組也產生了，十一歲的小女孩王寶香，一個月學會紡頭等線，引起大家的驚奇，因此「學習王寶香的頭等線」，已成為全區紡婦奮鬥的目標。在西一區婦紡人數比較少，但也發展了紡婦二百一十名。五六兩月放了一千八百斤棉花，交了七百五十斤線子。在合作社的放花收線等工作上亦有大的進步，各社在五月份只收了三千六百斤花，六月已增至六千一百斤。紡花工人也由三人增加到五人，由產到供不應求。不僅數量上有增加，即在質上也大有改進，合作社曾從一兩棉花紡成一千六百尺長的頭等線，到現在一兩棉花紡成二千五百尺長的頭等線。五月份開始收線，其中只有四分之一頭等線，現在已達到五分之三了。為大量發展紡紡，縣府與合作社已用五萬元製成紡車貸給羣衆。

生產社工人的技術半年來正在不斷提高。該社在二月前，四個織布工人平均每月織大布小疋（十丈長），現已增加到廿二疋產廿六疋，線子也由一天十卷增加到十五卷。全廠產量比"月前提高了百分之七十。工人技術之提高及產品之增加，實由於工廠實行了累進工資制：規定每月每人織布五疋外，織過一丈以上增加小米五升。同時，工人認識提高，對於工作熱情也隨之增漲，大家都懂得把這個工廠看做是革命的家務。每天早上工，遲下工，少休息。還穩不但提高了每個人的產量（如從前每天織布一丈八尺，現在織布三丈八尺）；且節省了不少原料（如用少數線頭接線，平均六疋布可節省紗半斤）。此外，提出要把生產深入羣衆。如中區六鄉劉志峯、瓦市史子金，都在生產社得到技術指導和物資幫助，並調解潮機子；因為劉志峯機得又好又快，在他機子周圍聚集了八十多個紡婦。他們進行了紡和織的變工；史子金也將開始以線作器，用洋紗作緯織成稀綢布。他們都有決心要把自己的家庭手工業擴大。

運輸合作進行還不久，已成立運輸隊八個，有牲口台毛驢一〇一頭，已運輸一部份。

# 中區六鄉梁鄉長
# 積極宣傳羣衆運鹽
## 親身領導運輸隊改進工作

【本報子長訊】中區六鄉運輸合作社[illegible]

# 中直軍直工作人員
# 助民鋤草一千七百畝
## 各菜園八百畝秋菜全部出苗

【本報訊】中直軍直各機關於七月初旬幫助羣衆鋤草，前後七天中，共代羣衆鋤草一、六九五．五畝[illegible]

# 運鹽的模範村

舒文牧

[illegible]

# 滬工業生產一落千丈
## 敵僞同夥翻相國積居奇

[illegible]

# 解決變工中的困難

鍾雄明

[illegible]

# 鎮原農民預防草荒
# 收割野草四十萬斤
## 四百頭牲口已出發運鹽

[illegible]

# 徐定成立縣參議會
## 平漢路東參議員與會參加

[illegible]

# 鄜縣六月號區運鹽
# 五天集股八十萬元

[illegible]

# 抗大总校同学发展手工业生产

【本报绥德讯】抗大总校的同学，在紧张的学习与建设校舍中，开始利用一切空闲时间进行手工业生产。“华南”部四队有二十一个同学捻羊毛，每天能出二斤半，同学们自己购买的七架纺花车，每天出线一斤，有几个同学养蚕三处，新出茧六斤多，此外还有五个同学已打毛衣、毛袜、毛手套多件。私人公余生产中，尤以该队学员张发雪同志成绩最佳，纺线以来已获利六百余元，他用三百元购买了一架纺织机，余三百元准备交公。范世仁同志左臂残废，最近他利用午睡或游戏时间，替鞋工厂搓麻二斤半。纳鞋底三双，共得三百余元。×部四个担负工作的女同志，在业余时间进行手工业生产，她们替民众教育馆纺花，替鞋工厂缝鞋，一月来已获利一千七百三十元。又该校在此次建设校舍中，×部的同学们发扬了艰苦奋斗的精神与创造性，他们用白土制成了日常用具十二种：如墨盒、粉笔、笔筒、痰盂等。或用小石板切小磨光制成石板。

# 本市運鹽英雄給獎大會上 徐興財號召擴大運輸隊

# 黨校炊事工作大進步 五個月省糧七十石

## 技術提高制度健全伙食改善

# 米脂印斗區的變工隊

陳曉

# 介紹一點鋸木板的經驗

# 鹽池駐軍新創造 利用耕牛閒時馱鹽

## 破除當地「耕牛不能馱鹽」舊習

# 抗大總校同學 發展手工業生產

# 各機關獎勵公餘生產 收買個人剩餘生產品

# 北嶽區讀報工作 普遍深入民間

# 淮北边区举行首届工人代表大会

【新华社华中二十五日电】淮北讯，淮北边区顷举行首届工人代表大会，到有九个县十五种行业工人代表百余人。会议开了五天，分手艺工人、农村雇工及码头工人三组讨论提案。代表们把各地工人的意见都提到大会上经大家讨论，想出了许多解决困难的办法。并决□[议]了工资标准，工人待遇，工人疾病治疗，开办工人合作社，救济失业工人等办法。最后民主选举执委二十一人。大会发出告全边区工友书，号召全边区工友团结起来，组织起来，武装起来，改善生活，增加生产，努力学习，为争取目前工人生活改善与中华民族解放、工人阶级解放的胜利，誓与敌伪汉奸及反共特务分子等进行坚决的斗争。大会并分别致函边区党政军民各界，表示坚决拥护共产党、新四军、八路军及抗日民主政府云。

JIEFANG RIBAO

# 解放日報

今日出版一大張　第八三一號　中華民國三十二年八月三十日

本期零售一元　每月三十元　三月八十元　半年一五〇元　全年二九〇元　社址：延安





## 朱總司令電覆當局
# 陳逆孝強投敵實情
### 陳逆投敵前曾勾結日寇
### 忘恩負義夾擊八路軍

## 雁北第八期「政治攻勢」中
# 襲入靈邱繁峙等城關
### 作戰一一〇次斃俘敵僞五百餘

## 淮北邊區舉行
# 首屆工人代表大會

## 烏克蘭戰事空前激烈
# 紅軍威逼德涅泊河
### 前進部隊兩面猛攻波爾塔發

## 淮海新四軍三個月來
# 斃傷俘敵僞二千
### 攻入沭陽等地敵據點卅六處

## 美機再襲香港
### 六天中毀敵機百架

## 大後方輿論透露
# 反對國民黨「觀戰」政策
### 要求主動進攻敵人爭取勝利

## 蘇北運河沿岸
# 敵僞遍貼誘降標語

# 丹京爆發反德起義
### 海員鑿沉艦隊炸毀海港設備
### 工會宣佈全國總罷工

# 工艺实习厂劳军献金三万余元

## 固延物资支局及商人捐款六万元

【本报讯】工艺实习厂工会最近发出募捐慰劳前方战士的号召，在募捐行动中，充分表现了职工们对于边区和八路军的热爱，有些职工把所有的积蓄全部捐出，工人王河海捐出两个月的工资，勤务员刘俊山也捐出两个月的津贴，农业生产员袁美先捐出一千二百元，总计此次募捐共得边币三万四千六百零五十元。

【本报讯】固延物资支局日前召开劳军大会，在全体热烈捐输中，共收得现金一万一千六百元，并在伙食中节省五千元，共为一万六千六百元。次晨支局又召集公联会、商会及公私商店字号的劳军动员大会，共捐款四万六千七百二十元，已□公函由县政府转边防部队。【本报讯】青年剧院于日前发起劳军募捐。厨房老班长首先捐出三百元，草鞋工厂每人捐了一双草鞋，乐器工厂捐胡琴两把及别针八个，其他捐□[戒]指、日用品者亦甚多，全体并同意节省肉食一顿，计三千元，合计此次捐献现款一万八千一百八十四元、物品四十九件。

# 三邊駐軍某部趕開秋荒千五百畝

## 「黃河」部鋤草完畢回原防整訓

【本報訊】三邊駐軍某部趕開秋荒一千五百畝……

[illegible]

# 子長運鹽工作進步

## 完成任務三分之一

### 需得基金三百萬擴大運輸隊

【本報子長訊】本縣運鹽工作……

[illegible]

# 運輸困難是怎樣解決的

定邊二區四鄉鄉長楊志明談

[illegible]

# 謹防傷寒

## 行政學院已發現

【本報訊】日來行政學院及高等法院等處……

[illegible]

# 本市完小

## 重訂招生標準

【本報訊】本市完小……

[illegible]

# 晉西北行署指令所屬

## 中秋節勞軍優抗

[illegible]

# 志丹五區二鄉運輸隊及其合同

——五區委給縣委報告之一——

一、知道了好處，就願意加入

二、成立會上的一個插曲

三、運輸合同

[illegible]

中華民國三十二年八月六日具

見證人　王治杰

代筆人　李　　訓

# 神府直屬鄉鋤草完畢

## 變工互助效率驚人

### 利用農閒發動運鹽紡織

[illegible]

# 敵寇的掠奪破壞造成了冀南災荒

## 敵在棗城道縣搶糧千五百噸

[illegible]

# 西北紡織製法

## 西北局試驗成功

【本報訊】……

[illegible]

# 關中駐軍熱烈捐款

## 救濟邊境難胞

【本報關中廿八日電】……

[illegible]

# 工藝實習廠

## 勞軍獻金三萬餘元

### 固延物資支局及商人捐款六萬元

【本報訊】工藝實習廠工會發起發出募捐慰勞前方殺敵戰士的號召，在募捐行動中，充分表現了職工們對於邊區和八路軍的擁愛，有的職工把所有的積蓄全部捐出，工人王河源捐出兩個月的工資，勤務員劉俊山也捐出兩個月的津貼，[illegible]總計此次職工捐出共得邊幣三萬[illegible]六百零五十九。

【本報訊】固延物資支局日前召開勞軍大會，在會場熱烈捐輸中，共計得現金一萬一千六百元，並在伙食中節省五千元，共為一萬六千六百元。[illegible]

【本報訊】[illegible]

[illegible]此次捐款現鈔一萬八千一百八十四元、物品四十九件。

# 清涧一千八百家蚕户收茧三万斤获利六百万

【本报讯】今年清涧的蚕业推广工作，成绩很大。主要的原因，是因为县委和县府积极领导群众养蚕，提高技术，增加了收茧量。而在出茧时，政府筹钱收买，保持每斤蚕茧最低的价钱二百元，所以养蚕的老百姓赚利钱很大，收茧三万余斤，至少可获利六百万元。现在县上对这个工作，已作了初步总结，摘要如下：一、全县蚕户和养蚕量的增加——解家沟区，去年有蚕户八七六户，今年就有一、一〇九户，增加了二三三户，新社区去年蚕户四六一户，今年六三五户，增加了一七四户，城关区去年蚕户二八户，今年一二三户，增加了九十五户。养蚕量□[也]增加了不少，折家坪区四乡马家岔师富财家，前年喂蚕三斗，去年喂蚕六斗，今年就喂了八斗，中等蚕户如新社区一乡白增福家喂二斗多，最少的也喂三四升。全县平均每个蚕户喂蚕八升，共计养蚕三百五十石。二、出茧情形——全县共收三万〇九百〇四斤，除群众留作自用抽水线的以外，卖出一八、八七二斤。再以师富财做例子，他在前年收茧二十五斤，去年收茧六十斤，今年就收了七十斤；每年都有增加。三、群众养蚕得利情形——清涧原来有三个茧市，清城市、店子沟、解家沟。开始收茧时，每斤最高一百五十元。但县政府为了奖励蚕户，就提高价格，转向绥德边区银行分行和永昌公司贷款六十万元，收买了大批茧子，市上茧子缺少，茧价就提高到每斤二百元，卖茧子的生意还很好。据老百姓计算，今年一斤半茧子，可换棉花一斤（当时茧子每斤二百元，棉花每斤三百元），去年二斤茧子才换一斤棉花。所以老百姓都说："好价钱，眼见得养茧盈利大。"店子沟三乡三行政村高兴光，今年收茧五十七斤，共卖一万一千四百四十元。他的婆姨到处对人说："喂蚕的利钱实在大，三十几天的工夫，赚了一万多元，明年咱一定更操心喂蚕。"四、今后注意——（一）多栽桑，保护桑树。（二）蚕娃喂叶次数要加多，夜里要喂蚕。（三）小蚕撒米糠，大蚕撒麦秆，以免潮湿。不致使蚕子“上彩”时死去（今年因□[湿]气，蚕有好些在“上彩”时死的）。（四）扑灭苍蝇，不让苍蝇蛀茧。

【本报绥德讯】专署于八月十二日召开分区各县二科长联席会议，讨论今年分区农工展览会的工作及金融财政等问题。该会于十八日结束，前三天讨论展览会的调查统计工作，研究了三十几种表册，内分典型调查十八种与普通调查十三种；随后又讨论征集产品与调查的方法方式，规定各县所有的特产都必须送交展览会，特别是各县男女劳动英雄的产品，必须送会展览，并须说明其生产的方法与经过。至于调查统计，除由各机关学校调出统计专人六名派赴各县帮助工作外，应即刻召开各县级区级干部会议讨论，以筹备展览为最近期间的中心工作，应配合下乡检查生产，以突击的方式完成之。为从速完成展览会的准备工作，顷由分区党政军联合指示各县及各单位即刻召开动员大会及积极分子大会，收集各种产品的标准，以备展览。

# 解決羣衆運鹽資金困難
# 關中發放兩百萬貸款
## 整修公路每段設中心騾馬店

# 慶陽驛馬關赤城西區
# 發動挑手推車手運鹽
## 合水城關區六百頭牲口出發

# 甘泉改善運鹽工作
# 千五百頭牲口出發

# 南區合作社運輸第一隊
# 馱得多發展快

# 靖邊結束夏耘
## 獎勵模範幹部羣衆

# 五七二團某營向我數次進攻
# 均被我邊防軍擊退
## 五十二師一部再度搶劫鎮原石佛區

# 志丹合作事業半年總結

王耀華講
梁維正記

### 一、發展狀況

志丹合作事業，半年來有了很大的發展，從下面的對照中，就可以看得很清楚。

在一九四二年底，計有：

| 社所 | 資金 | 人數 |
|---|---|---|
| 聯社一處 | 六、〇〇〇 | 六二 |
| 區社七處 | 二七八、〇〇〇 | 一六 |

在一九四三年七月底，則計有：

| 社所 | 資金 | 人數 |
|---|---|---|
| 聯社一處 | 四〇〇、〇〇〇 | 一七 |
| 毛織廠一處 | 七〇、〇〇〇 | 一一 |
| 騾馬店二處 | 一二〇、〇〇〇 | 六 |
| 粗店一處 | 二〇〇、〇〇〇 | 三 |
| 飯店一處 | 五〇、〇〇〇 | 新組 |
| 區社五處 | 一、〇〇〇、〇〇〇 | 二二 |
| 三區民辦社一處 | 一五七、七二五 | 六 |
| 小計一二處 | 一、九九七、七二五 | 五五 |
| 聯社運輸隊 | 八六五、〇〇〇 | 一一二 |
| 區運輸隊 | 八、〇八五、〇〇〇 | 六五 |
| 民辦運輸隊 | 七、四二五、〇〇〇 | 四五 |
| 小計共計三隊 | 一六、三七五、〇〇〇 | 二二二 |
| 總計卅五單位 | 一八、三七二、七二五 | 二七七 |

### 二、發展原因及趨向

### 三、發展過程中表現存的缺點

### 四、今後方針及辦法

八月十五日

# 清澗一千八百家蠶戶
# 收繭三萬斤獲利六百萬

# 北岳区工厂开展赵占魁运动

## 工人技术提高产量增加

【新华社晋察冀二十七日电】北岳产联，于八月十五日召开北岳区各工厂职工会主任联席会，产联赵玉祥同志在工作报告中，详述下列各点：第一部分着重检查二年来工作收获与缺点。收获方面要者如：在艰苦环境中，虽然原料及生产工具缺乏，可是也使必需品能自给自足，并创造了许多代用品；工人待遇与工人生活，在行政与职工会协商关心之下，得到了适当的改进。其他如领导及工人教育等都有若干改进。缺点方面，有：领导之未能深入。产联会未能经常总结经验，交流各厂。对工人干部、技术干部的培养，未能经常注意。工作开展不平衡。教育工作与生产脱离等。第二部分检讨了北岳区赵占魁运动的开展：今年“五一”节总工会提出了北岳区创造模范工人的号召，广大工人群众，便卷进这个热潮。工具厂只二人未参加，其他如印刷局、报社、各厂参加的，均超过半数，自动提出自己的工作计划。为了保证计划的完成，很多带病上工。参加者互相检查，互相批评。很多老工人也毫不示弱地参加了。在赵占魁运动中，生产方面有显著的进步。工具厂学徒在技术方面，一年半的技术，三个月就学会了。改造了小炉化铅锌达一百二十斤，质量甚佳。印刷局大石印每天增加五百张，报社印刷厂的报页，由三千二百页到四千六百页。排字由每小时六七百到最高纪录一千二百。这都说明了工人群众深刻地认识了赵占魁运动的生产意义。第三部分说到今后职工会的任务：确定生产工作的方针，是从思想上重视劳动，重视生产，保证生产的完成；并学习领导生产，管理生产与增加生产的方法。教育工作的方针为：从思想上建立新的劳动观念。使学与用结合，生产与教育结合。中心工作为：继续深入开展赵占魁运动。对各厂不同的考工制度，考勤制度及评价制度，应深入研究，交流经验。确定阶级教育、文化教育、技术教育、时事教育及整风学习的内容，每天争取一小时至两小时的教育时间。并建立与充实俱乐部工作，加强文化娱乐活动。以上各问题经过小组及大会之热烈讨论，得到一致结论。大会经过四日，胜利闭幕。

JIEFANG RIBAO

# 解放日報

中華民國三十二年九月二日　第八三四號　今日出版一大張
本期零售一元　每月三十元　三月八十元　半年一五〇元　全年二九〇元
社址：延安





## 加強生產救濟災荒

# 太行擴大冬麥播種

## 晉西北臨南地區秋收豐稔

【新華社太行卅一日電】在準備擴麥的工作中，各地紛紛提出擴大麥地面積，補助今秋歉收……

## 北嶽區工廠

# 開展趙占魁運動

## 工人技術提高產量增加

【新華社晉察冀廿七日電】北嶽產聯，於八月十五日召開北嶽區各工廠聯席會，產聯趙主席同志在工作報告中，詳述下列各點：第一部份着重檢查二優與缺點。狀優方面表著如：在艱苦環境中，擊破原料及生產工具缺乏，工品能自給自足，並創造了許多代用品；工人待遇與工人生活，在行政與職工之下，得到了適當的改進。其他如宣傳及工人教育等都有若干改進。缺點方導之未能深入。產聯會未能經常組織討論，交流各廠，到工人幹部、技術的未能經常注意。工作開展不平衡。教育工作與生產脫節等。第二部份檢討了魁運動的開展：今年「五一」節總工會提出了北嶽區創造模範工人的號召，眾，便得造成個熱潮。工具廠只二人未參加，其他如印刷局、報社、各廠全過半數，自動提出自己的工作計劃。為了保證計劃的完成，很多帶病上工。檢查，互相批評。很多老工人也毫不示弱的參加了。在趙占魁運動中，生產的進步。工具廠學徒在技術方面，一年半的技術，三個月就學會了。改造了運一百廿斤，質量甚佳。印刷局大石印每天增加五百張，鉛印印刷廠的鉛印百頁到四千六百頁。排字由每小時六七百到最高紀錄一千二百。這都說明了運動的認識了趙占魁運動的生產意義。第三部份說到今後職工會的任務：確定方針，並從思想上重視勞動，重視生產，保證生產的完成；並學習領導生產，管理生產與增加生產的方法。教育工作的方針為：從思想上樹立新的勞動觀念。使學與用結合，生產與教育結合。中心工作為：繼續深入開展趙占魁運動。對各廠不同的考工制度，應深入研究，交流經驗。確定階級教育、文化教育、技術教育、時事教育及整風學習的內容，每天爭取一小時至兩小時的教育時間，並建立與充實俱樂部工作，加強文化娛樂活動。以上各問題經過小組及大會之熱烈討論，得到一致結論。大會經過四日，勝利閉幕。

## 唐縣童子軍鋤地二百畝
## 平山兒童編草帽千餘頂

## 晉西北民兵英雄徐力強

# 自製擲彈筒威力驚人

## 離石民兵五天中三次擊潰敵寇

## 盟機炸安慶

## 拉丁美洲工人聯盟大會

# 要求盟軍立即登陸

## 發起召開世界勞工大會

## 塔干羅格區包圍戰

# 紅軍殲敵三萬五千

## 中路前綫攻克多羅果布日城

## 神府直屬鄉

# 成立生產總隊部

## 目前着重運鹽紡織

## 德寇七月攻勢慘敗後

# 滬商競囤棉紗棉布

## 栒邑國民黨反動派

# 勞民傷財徵工「開荒」

## 收穫全歸反動派獨佔

# 晋冀豫工会号召雇主雇工合力救灾

## 井陉士绅杜域中借粮救济乡里

【新华社太行三十一日电】此间晋冀豫职工会，顷号召全区雇工羊工，团结雇主与灾荒作斗争。并规定具体办法，要点如下：（一）加□[强]工人教育，使他们足够认识灾荒的严重，敌人汉奸特务破□[坏]的威胁，号召工人在此困难中，要照顾大局，并尽可□[能]的动员雇主雇工互助互让，发扬民族友爱，团结起来，和灾荒作斗争。同时要提高警惕，防止特务乘机挑拨，离间破坏工人与雇主的团结。（二）过去工资的决定，是完全正确的，但因天灾根据地生活一般下降，我们为顾全大局，对向来不能按期付工资的雇主，在不很影响工人生活的原□[则]下，工资可以延期或可减少一部分（按雇主收□[入]情况而定）。但执行时，要动员工人自觉，不能凭借行政命令的手段。（三）召开雇工羊工大会，进行教育，反对消极怠工者。奖励劳动英雄和积极生产者。□召开雇主座谈会，提高雇主认识共同和灾荒斗争之重要。（四）发动中农贫农，买羊卧地，现在根据地生活一般下降，羊工生活（本来已很低了）也可略为降低，粪价可以延期偿付，□[贫]农抗属只收十分之二，并尽量帮助卧地主劳动（如采叶），同时羊工要爱护羊群。（五）发动全区工人，大量采野□[果]、□[野]菜，准备冬天粮食，积肥料，准备冬天开荒，明年春天开展工人手工业（打毛背心、手套、袜子、纺线）。组织合作社收买羊毛，交给工人家属纺织，并号召工人加强节约。

【新华社太行三十一日电】井陉讯，高家峪士绅杜□[域]中先生，在这次[社]会互济中，自动拿出两次粮食来借给贫困□[乡]里。同时他一贯的对待贫苦人就很和善，这次下透雨后，他有八亩地眼看就要荒了，农救干部赵拉小等十五人，都自动拿了锄帮他锄地，杜先生深深感谢大家。

# 赤水加强民衆自衛組織
## 自衛小組長受訓完畢
## 綏德郝家橋訂生產自衛公約

# 靖邊城市鄉
## 運鹽超過計劃三分之一
## 馱運一次獲利廿四萬元

## 鎮原部份戶缺少種籽
## 縣府令各區調劑

## 志丹四區總建成績好
## 札變工完成一次鋤草
## 運鹽第一個超過任務

## 放育馱鹽實在美
木可

# 晉冀豫工會號召
# 僱主僱工合力救災
## 井陘士紳杜域中捐糧救濟鄉里

# 高鄉長領導的變工隊
李和春

## 鄜縣移民劉老婆談
# 蒲城人民生活慘狀

## 鹽池城區趙區長
## 組織流動工人鋤草

# 我們愉快的勞動着
朱白立

# 兴县纺织业迅速发展 工厂增加十六倍

## 土机数量增加九十倍

【新华社晋西北三日电】兴县纺织事业，虽因敌人屡次“扫荡”遭受严重破坏，前后损失土机七架，纺车三百余辆以上；但从一九四一年以来，由于政民干部的积极努力，与人民纺织情绪之不断提高，已迅速恢复，并有了新的发展。以今年七月与一九四一年比较，则纺织工厂增加十六倍，快机子增加二四.五倍，土机子增加九一.五倍，并新增七七纺纱机多架。纺妇亦增加三倍。现因各地纺妇不断增加，各木厂纺车供不应求，正加紧制造中。

【新华社晋西北三日电】自第三专署号召精纺，并拨巨款作为奖励金后，不论工厂及纺户，均以积极行动响应。土货工厂一面大量收购，一面发动厂内工友纺纱，现已有人在七天内能纺到十二支纱以上。纺二厂亦在某地一带散发棉花一千斤，来提倡精纺。即纺织业最落后的兴县化林村，也于八月中成立了一个精纺小组，向政府领棉花开始纺纱。专署暨贸易局近更明确定出精纺标准，按进步□[速]度，递加纺户工资。纱的质量要白，要细、要匀。从十支纱起，三天内能纺到十支者，工资五十元。七天内能纺到十二支者，工资七十七元。十天内能纺到十四支者，工资一百一十五元。如能在十二天纺至十六支纱（与洋纱同）者，则工资增至一百五十元。此种规定，无疑将给精纺以莫大推动。又临县某村为响应政府用土经土纬织布的号召，全村四十九架改良机中，开始用土经土纬织布的已有二分之一。有二架改良机，用一根土经一根洋纱夹上织，其余二十多架机子，现正筹款收买土纱，不日即可开始。用土经土纬织布，现又有新的纪录。女参议员刘玉兰领导之妇女合作社工人高喜嚏，每天在九小时内，已能织出九丈四尺五寸。工人李继荣，在同样时间内更织到十九丈。织户成广厚之工人刘喜旺，也已能织到三十九丈。在政府提倡奖励及群众积极的生产热情下，不久以后当可创造更高的纪录。

【新华社晋西北三日电】神府民众合作社成立至今，四个月中股金由四万元扩大到十三万元，获纯利三万二千余元。由于售价低廉，如一般货价较市价约低十分之一，真正做到为群众服务，因而深得群众信仰；同时对市场之繁荣，也起了积极的调剂作用。近来市场上出卖粮食者日多，群众在市面卖不出去的食粮，民众合作社就以最高的价钱收买。对贫苦人民则更多关怀，如销售食油，买一斤以下，较买一斤以上者便宜百分之二十，因贫苦人民无力多购，这正与一般商人相反。该社于十三日召开了理事会议，确定今后发展的方针，由单纯消费范围，过渡到生产。其营业观点更加转变到为群众服务。具体办法：一、保证群众必需品的供给，有计划的推销土产，如枣子、麻等。二、发展妇纺，在直属乡与神木河两旁，作为发展妇纺的推广区，代购棉花发给纺妇纺纱，将纱收回，转卖给本地工厂，换取布匹、毛巾等再转给纺妇。把合作社作为推动妇纺的杠杆与桥梁。三、秋收前有计划的代替群众收买谷草，以便缴纳军草，减轻人民负担。四、扩大资金，利用民间脚户组织从花石崖到贺家川到盘塘的运输队，发展运输事业。

# 解放日報

中華民國三十二年九月四日 第八三六號 今日出版一大張

社址：延安 本期零售一元 每月三十元 三月八十元 半年一五〇元 全年二九〇元


**本報啓事**

本報創刊二週年紀念（五月十六日）曾承

中央辦公廳惠贈一萬元

中央管理局惠贈七千元

特此鳴謝

**青記延安分會啓事**

九一記者節本會承

中央辦公廳惠贈一萬元

中央管理局惠贈六萬元

特此鳴謝

## 慶陽運鹽九千七百馱

### 完成全年計劃五分之三

【本報隴東廿八日電】慶陽縣曾於八月廿五日召開區長聯席會議，檢查運鹽工作。據區長報導，全年一萬六千馱的運鹽任務，已完成九千七百馱。全縣原有長短脚戶牲口一千四百二十頭，每份配合年運四次，即可全部完成任務。如果七、八月……一千四百九十馱，還差一千二百二十四馱，已經……

……

## 興縣紡織業迅速發展

## 工廠增加十六倍

### 土機數量增加九十倍

【新華社晉西北三日電】興縣紡織事業，雖因敵人歷次「掃蕩」遭受嚴重破壞，前後損失土機七架，紡車三百餘輛以上；但從一九四一年以來，由於政民幹部的積極努力，與人民紡織情緒之不斷提高，已迅速恢復，並有了新的發展。以今年七月與一九四一年比較，則紡織工廠增加十六倍，快機子增加二四．五倍，土機子增加九一．五倍，並新增七七紡紗機多架。紡織亦增加三倍。現因各地紡織不斷增加，各木廠紡車供不應求，正加緊製造中。

……

## 晉西北八路軍六七月份

## 作戰二百次殲敵千人

……

## 頓尼茲中段前綫

## 紅軍發動新攻勢

……

## 美機襲宜昌岳陽

……

## 北嶽青年支隊

## 學習做神槍手

……

## 魯南反共軍孫煥彩部

## 勾結敵僞搶劫人民

### 軍心渙散士兵大批逃亡

……

**國際青年節大會**

**改定明日舉行**

【本報訊】國際青年節紀念大會，原定六日舉行（已誌一日本報），現因籌備會決定，提早於明日下午一時舉行，會場仍設在邊區參議會禮堂。

## 英軍在意南部登陸

……

## 川桂等地水災慘重

### 反動派毫無心肝，禁止報災，反乘機搶劫人民財物。

……

## 敵肆意掠奪物資

## 滬市商店多家停業

……

# 边区农工业展览会在筹备中

## 延属分区等订征集展品要目

【本报讯】边区盛大的第三届农工业展览会，近月来正在按照预定程序，进行各项筹备工作，决定今年秋收后，在延安如期举行。现在农业生产转瞬已届秋收，边区二百万军民，在“自己动手”的方针下，实现了毛主席“丰衣足食”的号召，在西北中央局和边区政府正确领导下，今年所获得生产运动的伟大成绩，将在展览会中，用实物、模型、图表、文字、相片、木刻及其他各种展览办法，简明朴素的反映其具体内容。目前展览会筹备处，正在加工建筑早经政府决定的边区陈列馆房屋，赶十月底前完成全部工程，将以此作为八个分展和总展的展览会场。根据设计，所建筑的陈列馆房屋，坚固宽敞，适宜于展览品的陈列布置，便于各分区展品的比较。展览会闭幕后，即转为陈列馆。边区政府早于月前对各分区县市发出具体指示，加紧展览会的筹备工作。陇东、关中、三边、绥德等四个分区展览会，计划在十月底前，在分区展览完毕，再移到延安展览，同时参加总展。已拟就延属分区“征集展览品要目”，由延属专署详细计划，订出具体办法，分别令各县征集展品，其内容如下：（一）各种谷子、糜子、玉米的穗子，每种至少三十穗，要选栽培普遍，真能作为代表优良产品。谷子如白流沙、大白谷、马鞭梢、干捞饭、红期限、小黄谷等。糜子如紫杆□ [黄]、黄腰鼠、白老糜、焦顶糜、蛇蚤糜等，玉米如黄玉糜、白玉糜等，尤以延安、安塞、甘泉、志丹等县，要多注意征集。（二）各种麦穗（或种子二升），每种至少五十穗，如秃头红老麦、大黄麦、背地老麦、小白麦、红火麦等，沿河三县及鄜县，要多注意征集。（三）紫皮和白皮洋芋，每种至少十棵，要选洋芋结得多、结得大的，连根茎送来，延安、安塞、甘泉等县，多注意征集。（四）各种棉花的单株，每种至少十株，要选桃子结得多、结得大而又开桃最多的单穗，连根拔来。固临要注意征集美国花、朝鲜花及洋花。延长、延川要注意征集美国花、洋花及汉花，延川更要注意征集斯字棉。现在就要预约留棉穗，不收花，以便有带完全桃子的棉种。（五）土产家畜及野兽皮革，要选特别好的，志丹、安塞、延安、甘泉等县，多注意征集。（六）各等土纱、土布、毛巾、线毯，各种毛线、毛呢、毛毯，各种生丝、湖绉、绸子（包括丝经棉纬），除要各县生产合作社注意准备外，民营作坊及群众的也要征集。沿河三县及延安、安塞等县，多注意棉织。志丹、延安注意毛织。至于丝织品，主要由子长负责征集。（七）矿业方面，如炭窑的分布图，历年炭窑的家数、矿工数、出产量数的统计表，各主要炭窑，各层石炭的样品等，延安、子长两县要多注意征集。为了在展览会中能反映出边区伟大的盐业与牧畜业的真实情形，目前展览会筹备处，特令三边分区专署，负责摄取关于打盐、运盐与牛羊群放牧在草地情形，盐池盐堆，及打盐全部过程（包括最近新的方法），突击打盐情形，打盐英雄及其活动，各种运输队在盐池装运后，出发情形，大批牲口放青情形，模范运输队及运盐英雄的活动等照片，所有摄影等用费，可由展览会筹备处负责。又展览会筹备处目前接关中、绥德两分区专署报告，两分区已开始积极进行筹备参加展览会工作，颁发展品征集大纲，具体布置征集办法，并以加紧当前生产中心工作，大量超过生产任务，为争取展览会胜利，具体迎接展览会的积极行动。建设厅已批发关中、绥德两分区展览会筹备补助费各三十万元，早已分别汇出，不足之数，由分区自筹。

中華民國三十二年九月五日　GIEFANG RIBAO　星期日　第一版

解放日報

中華民國三十二年九月五日　第八三七號　今日出版一大張
社址：延安　每月三元　三月八十元　半年一六〇元　全年二九〇元　零售每份一元

## 啟事

邊區政府卅年度所發救國公債已屆第二年還本付息時期。本廳準於七月廿九日令飭各縣照章辦理還本付息事宜，凡我邊區持有人民以及機關學校部隊等即持票到當地政府（延市機關學校部隊到光華銀行）領取本息，並希各級政府隨時將公債雜總交金庫。

陝甘寧邊區財政廳

## 開學啟事

本校茲定於本月五日至七日（舊曆八月六日至八日）舉行新舊生入學測驗，十日（舊曆八月十一日）正式開學授課，望新舊生準時到校（市區學員來延不得過十日，各縣學員亦不得過十五日到校，逾期不收），勿得延誤為盼。

延安市完全小學校

# 南綫德寇紛紛潰退
# 紅軍連克十餘重城
## 伏洛希羅夫格勒州全部解放

# 邊區農工業展覽會在籌備中
## 延屬分區等訂徵集展品要目

# 鄜縣計劃秋開荒萬畝
## 增種冬麥八千畝

## 「九一」節太行新聞界
## 公祭何雲同志

# 半月軍事動態

### 一、敵後戰場

### 二、正面戰場

### 三、國民黨反共派的軍事反共罪行

## 反對德寇擾取
# 丹麥軍艦十一艘逃至瑞典
## 怠工破壞事件層出不窮

# 新四軍五師各旅
## 痛斥反動派陰謀內戰罪行

## 太行朝鮮義友紀念
## 祖國淪亡卅三週年
### 反對中國妥協投降活動

解放日报 | 时间 1943-9-8 | 期 第840期 | 版 第2版

# 太行工友刘三飞利用土产材料制造皮革

【新华社太行三日电】野战供给部皮革所工友刘三飞，在制造皮革的化学材料输入困难的条件下，努力钻□[研]，发现用土产材料制造皮革的方法，制出之皮革，光滑柔软，与化学材料制成者，相差无几。此法系经不断试验，方告成功。最初试用土法制造时，单用核桃皮效力太小，后又酌用栗皮混合使用，成绩极佳。在使用代用品方面，刘三飞亦有不少的发现，如用石头砌池子，代替木桶，节省很多经费。用鸽粪代替面粉，用玉茭面代替麸子发酵，脱取皮中的灰质。刘同志不但富于发明精神，并且有高度的劳动热忱，过去皮革所每月每组出羊皮一千二百张，牛皮三十张；但刘同志领导的一组，现在已能出羊皮三千三百张，牛皮一百张，创造了皮革所最高的生产纪录。

# 靖邊佈置秋開荒六萬畝

## 發動羣衆割草一百五十萬斤

# 魯臨參會二次大會 批准政府工作報告

## 民政司法教育工作日有進步 民衆負担減輕一半以上

## 太行工友劉三飛 利用土產材料製造皮革

## 鄜縣永平區羣衆 集資八十萬元運鹽

## 濱海偽軍配合反動派 兩次進擾被我擊退

### 我軍民萬人破路五十五里

## 輜重營的運輸隊

針艾狄

## 中管局小型手工作坊 業餘鞋廠

岳冰

## 晉西北軍區被服廠 產量普遍增加三分之一

## 東關鄉移民李氏 在國民黨區受凍餒 到邊區來後食飽衣暖

## 預防時疫

## 離石敵佔區糧價 一月中高漲六倍

## 淮南路東 總結半年來教育工作

## 吳堡任家溝民辦合作社 獎勵羣衆實物入股

# 晋西北军区被服厂产量普遍增加三分之一

【新华社晋西北五日电】军区被服厂，在开展张秋凤运动中，加上全体职工对于国民党内反动派罪行的愤激，张秋凤运动者更不断涌现，生产力普遍提高了百分之三十至四十。老工人于长林同志，过去□天已可扎鞋面七十双，今后要扎一百双，机子也比别人保护得好，用得久，机针比别人省一半。袁国振过去每天能上鞋十多双，现在能上二十一二双。王炳云过去每天扎棉衣上身二十件，现在能扎二十五件。打麻绳的张庆章，过去每天能打一百一十根，现在能打一百二十五根，好麻能打到一百五十根。在最近举行的第二次张秋凤运动座谈会上，全体并通过致各被服厂生产竞赛挑战书。同时三分区被服厂，亦正热烈开展张秋凤运动，以加强生产，在“平时工厂，战时军队”的口号下，每组除在工作时间积极生产外，有五个组长领导全组自动不睡午觉，进行工作。还有脱离生产的技术干部如庞占海、史凤琴等同志，除本身的工作外，也踊跃参加生产，每天在工余的时候，全厂仍到处响着轧轧的缝机声。在全体工人们不分昼夜地努力工作下，现在每组每天可产棉军袄子（没装棉花）×百×十件，工人们并组织武装班，夜间站岗放哨，必要时，便立即投入战斗，武装保卫工厂。

# 靖邊佈置秋開荒六萬畝

## 發動羣衆割草二百五十萬斤

【本報靖邊訊】一秋雨時節，土地濕潤，係秋開荒最好時機，縣府抓緊這一時期，佈置全縣秋開荒六萬畝。縣委、縣府已派得力幹部分赴各中心地區積極進行，並檢查各地放青狀態情形。

【本報靖邊訊】靖邊為擁有十五六萬牛、羊、驢、馬之畜牧區，且又為鹽業中心之一，且駝家畔一地，每日往返鹽驢牲口即不下千餘頭，故需草甚多。靖邊縣政府有鑒於此，特於今秋趁田禾未過發開時期，發動全縣五萬民衆，展開割草運動，佈置全縣割秋草二百五十萬斤，每一勞動力割秋草五百斤，平均每人割秋草五十斤。按現在市價每斤五元計，人民即可增加收入一千二百五十萬元。本縣產草最富地是長城、鎮靖、鎮羅、新城等區，長城區的草圍子方圓數里，冰草、蘆草高有四五尺，每一草圍子可產草二萬至三萬斤。鎮羅、新城區的草山梁，方圓四五十里，一片草灘，產草更豐。……

# 魯臨參會二次大會

## 批准政府工作報告

### 民政司法教育工作日有進步

### 民衆負担減輕一半以上

【新華社晉中四日電】山東省臨參會二次大會，經過日緊密考慮，熱烈討論後，已於上月廿八日一致通過批准省戰工會三年施政工作報告，完成了大會任務之一。大會自廿三日上午開始質詢政府工作，至廿八日討論完畢，中間除休息兩日外，共歷四日之久。……

# 太行工友劉三飛

## 利用土產材料製造皮革

# 濱海偽軍配合反動派

## 兩次進擾被我擊退

### 我軍民萬人破路五十五里

# 輜重營的運輸隊

特艾狄

# 鄜縣永平區羣衆

## 集資八十萬元運鹽

# 中管局小型手工作坊

## 業餘鞋廠

岳冰

# 預防時疫

## 南莊處加強

【本報訊】入秋以來，……

# 東關鄉移民李氏

## 在蔣區城忍飢受凍

### 到邊區來後飽食衣暖

# 敵佔區糧價

## 一月中高漲六倍

# 淮南路東

## 總結半年來教育工作

# 吳堡任家溝民辦合作社

## 獎勵羣衆實物入股

# 晉西北軍區被服廠

## 產量普遍增加三分之一

# 西川筹备参加农工展览会

## 调查农产收获量与纺织业，收集展品并注意特有土产

【本报西川讯】本县日前召开各区书区长联席会，讨论参加边区农工业展览会事宜。当即决定先在每区成立工作队，队长队附由区书区长担任；每乡成立工作组，组长由乡长担任。其工作办法为：一、每区先试办一个乡，由乡干部、村主任集中在每一行政村工作；当地村主任参议员亦须参加。二、每区选一典型农村，普遍调查今年农产品收获量与全年纺织业产量。三、调查时应注意各方面调查，在未开始前先找农会积极分子及劳动英雄开调查会。次为开村民大会，普遍宣传，然后开始登记。调查以人口、土地、农产品、家庭纺织等为中心。土地调查分山、川、水地，主佃双方均求详细。又本县计划收集之展品为：农业产品、农业创造品（如糖醋、酒等）、畜产品、农具、纺织业（包括刺绣等）、矿产品。这些产品，有的由政府按市价收买，有的在展览后发还。此外，并特别收集本县新出的特产，如创造粉笔的“土银”，最好的芹菜，写标语的红土，能吃也能点灯的黄盖油，各种药材，四川种的卷烟等等。

# 北嶽區農業生產進步

## 開荒四十萬畝修灘地十五萬畝

## 四十四萬畝旱地變為水地

# 太行涉縣猛虎村

## 種麥面積超過往年三倍

## 四十六個互助組變工生產

# 延縣柳林區五鄉

## 組織牛驢五十九頭運鹽

## 採取搭腳換工調劑糧食等辦法

# 吳堡的蠶絲業

甘露　黎智

### 一、破除了迷信觀念

### 二、蠶病的原因和喂養的技術

### 三、關於收買繭子



# 西川籌備參加農工展覽會

## 調查農產收穫量與紡織業

## 收集展品並注意特有土產

# 阜平曲陽民校

## 氣象煥然一新

# 留守兵團直屬各單位

## 捐獻現金物品勞軍

# 長治敵偽集議

## 加緊搶劫秋糧

# 子長西二區

## 整訓自衛軍

| 解放日报 | 时间 | 1943-9-10 | 期 | 第842期 |
| --- | --- | --- | --- | --- |
| | | | 版 | 第2版 |

# 葭县峪口村五十三户设池造纸

## 每月产纸获利九十万元

【本报绥德讯】葭县峪口村靠近黄河，因为耕地缺少，全村一百三十户，就有五十三户造纸。近年来，由于政府的帮助，峪口的造纸业一年比一年发展，就拿一九四〇年和一九四三年生产情形比较一下即可明了：一九四〇年有池子三十六个，毛驴十五头，造纸工人九十人，每天出产四开纸二百零五刀二十张；一九四三年池子增加到五十三个（每户一个），毛驴二十四头，造纸工人一百四十三人，每天出产四开纸三百零二刀十张。造纸的利润很高，全村五十三个池子，一个月当中，用麻绳一万零六百斤（每池每天用十斤，每月按二十天算），合四十二万四千元（每斤麻绳按四十元算）；用石灰一千零六十斤（每百斤麻下石灰十斤），合二万五千四百四十元（每斤按二十四元算）；用石炭三百五十四斤，合四千二百四十五元；牲口草料八万四千八百元（自己有驴二十四头，租驴二十九头，出驴租七万五千五百十六元，每头每天九十三元，每月按二十八天算）。全村每月造纸成本是六十一万四千元。五十三个池子，每月产纸六千零四十二刀，合洋一百五十一万零五百元（每刀按二百五十元算），除去成本，全村五十三户造纸，可以挣利八十九万六千五百元，造纸的人家，男女老少都参加劳动。该村工会主任魏培章，今年四十二岁，自己捞纸，母亲铡麻绳，婆姨晒纸，八岁的女娃照顾碾子，十二岁的娃儿搅池子、洗浆，十七岁的侄女晒纸，全家七口，只有两岁的娃娃不参加生产，有个姓乔的老婆婆，六十二岁了，每天给人家晒七百张纸，赚八九十元工资，她女儿乔全每天给别人搅八个池子，赚四十多元工资，所以生活过得很好。但峪口村造的纸，因□[帘]子大小不齐，纸的分量和价格不一致，这是应该改进的；其次，为了解决原料困难，应提倡麻绳和麦秸混合造纸。

# 西北局機關農場 修倉打窖準備秋收
## 肉油豆腐等明年可大部自給

# 戰鬥、生產、學習 北嶽區青年展開競賽
## 「五四」大出擊予敵重大損失

# 蘇聯國家非常委員會公佈 納粹在奧勒爾州暴行

# 邊區紡織廠八月份 織土布七二一大疋
## 較五月份增產一半

# 「紅河」部檢查供給工作 衣食用費完全自給
## 馮志正等被選爲模範生產工作者

# 朱德警衛團努力救災
## 採野菜五萬三千餘斤 節省糧食一千二百斤

# 大光紡織廠工人 創造織「搭連布」新辦法

# 葭縣峪口村 五十三戶設池造紙
## 每月產紙獲利九十萬元

# 敵偽在華北各地 調查秋收準備搶糧

# 美駐華航空隊 上月擊毀敵機百架

# 大光纺织厂的生产、学习和自卫动员

以下三篇文章是绥德大光纺织厂三个工人同志的创作，其中王福禄同志是警区的工人劳动英雄之一。他们很朴实地反映了大光纺织厂的生产、学习和这次自卫动员的情形。

编者王福禄

最近，我们纺织厂召开了全厂工人动员大会，来反对国民党内的反动派阴谋进攻边区的罪行。刘厂长报告国民党内反动派挑拨内战的阴谋和我们的任务时，全场工人同志动也不动地望着讲话的人，都咬牙切齿，非常愤恨国民党反动派。会上组织了×个战斗班，发了枪弹，在连长、指导员领导下，每天出罢早操，还继续练习半点钟的射击姿势，军事动作。一排长崔来子同志，自己看军事文件，再在操场上教给大家。青年同志朱文明，过去当勤务员，军事上懂得很少，由于他学习积极，现在也学会了拆卸步枪，和许多军事动作了。工友们非常关心时事，常要求厂部给大家报告。每次报告以后，在休息时间，在寝室里，很热烈的讨论。全厂组织了干部班，每天夜晚轮流查哨，保卫全厂的安全，防止破坏分子来捣乱。女工排的同志们，计划在一个月当中，帮助全厂工友做×××双鞋。特别王佩瑞同志，二十七天就做了十七双鞋，质量也好，她们一面工作，一面唱陕北小调，别人问："你们疲倦不疲倦？"她们就回答："为了打击进攻我们的国民党反动派，为了工友们互相帮助，这有什么疲倦！"大家都认识到，我们有三大任务，加紧生产、学习和自卫准备！耿令行在保卫边区的动员中，我们的生产是更加紧张了。土经土纬布试织成功，大家的产量一天天提高，每人每天平均能织五丈多。我们还织成很多毛呢，织了以后洗三次，头次用清水洗，二次用肥皂水洗，三次用木棒擦毛。我们还准备用山上的树根把它染成黄色，那样就更好看啦。

劳动英雄王福禄同志，每天平均织六丈到七丈褡裢布，他织的布一块平均五斤到六斤重，把布卷好，竖起来像一个烟囱。在织布当中，三四寸的纬线他都织到布里去，在节省方面，是个模范。在工余时间，大家捻毛线，本来计划两个月捻四斤四两毛，但是一个月便完成了。老英雄刘长和把自己的捻完后，还帮助别人捻。李增强有病住医院，回来时大家已经捻了二十几天，他着了急，努力的捻，一个月中间便捻完了四斤四两。刘振刚我们一面准备自卫，一面加紧生产，努力学□[习]。每天利用游戏时间，上一个钟点的课，有时事政治课，也有卫生文化课。熄灯以前，还进行识字，排长给各组发下字条，由各组学习组长来教，平常学四个字，好的时候能学五个字。大家静静的认字写字，工厂就变成学校了。许多青年同志，把自己的工资，买回毛笔，墨盒，纸张。二三排学习进步快，一排的同志就虚心地问他们，这个字怎样念，当什么讲。还有五六个同志，学习打算盘。女同志周俊英、高素兰，她们过去不识字，现在也能写信看报了。开过时事讨论会后，睡觉时还要你一句我一句的，大家讨论不愿停止呢！

# 編製繩筐修倉打窰
# 南泥灣駐軍準備秋收
## 擴大羊圈猪圈改良養猪設備

【本報南泥灣訊】此間駐軍在緊張的整訓中，同時積極進行秋收各項之準備工作，現在大鐮、倉庫及菜窖均已積極準備。秋收工具除鐮刀由各個整個單位外，其他叉、耙、木鍁、筐子、口袋等等都由各連自行準備，大家都把整訓中的一點空閒時間用來從事這一工作。在工作中發揮了創造性，想辦法克服困難。如×部駐地附近山溝中，有很多數十年前居民遺留下的石磨石礱，他們就把它拉運回來，節省了好多錢。再如秋收時用的繩子，買一條蔴繩要百多元，大家就利用馬蘭草來製[illegible]，用時拿大滑過，不容易斷。現在大部工具都已準備完善。如×部×連每班準備了兩把小筐子，一個揚場，四條鳥搥，每人製了一條三丈長的馬蘭草繩。每班做了二把叉子，每人一把掃帚。在這些準備工作中，各個積極參加，如長期病中殘廢了的×部首長，每天和大家一起[illegible]。又如×部×隊李林同志，當每一次鋤草剛結束後，就跑到山上割回二十多把掃帚草。有人問他鋤這麼些做什麼？他說：「這一點也不多，莊稼下來時恐怕還不够用呢。」當上級指示要修窰洞、修窰場時，他一個人一星期中利用午睡、游戲及傍晚休息時間，給本班修了五個倉子，給別班修了三付。大家在看到了自己勞動的果實就要收時，非常愉快的在準備一切。

【又訊】在本部首長關於擴大畜牧業的指示下，現各單位猪圈、羊圈都加倍擴大；有的連為羊圈、牛圈、騾馬圈都在擴大修築中。王旅長號召大家研究養猪經驗，建設猪樓，大家都積極響應。如×部×連，已修好窩坐北朝南的七間新窰洞，窰高五尺、深一丈，窰前面有完全用二寸厚木板做起來的一丈多寬的陽台，陽台再向前是猪樓，用圓木桿搭架，有四尺來寬，或有六十尺深，是給的，猪的大小都放在猪窩。凡一百斤以上賽住一個地方，五十斤以上的住一個地方，老母猪和猪娃在一塊。按時餵，按時打掃清潔衛生。但據說會少生病，多長肉。

# 一二九師直屬隊
# 自給蔬菜廿一萬斤
## 沙河獨立營努力生產救災

【新華社太行九日電】一二九師直屬隊，今年菜蔬生產，據估計可獲得如下成績：司令部成績最好，全年可收菜×萬斤，以每人每天一斤半計算，可吃到明年六月底。其次是通訊隊，全年能收菜八萬多斤，可吃到明年三月底。此外政治部已收菜×萬斤外，秋末尚可收菜四萬斤。某中隊可產菜一萬七千斤，××營共可產菜三萬八千斤，可解決×個月的菜食。騎兵隊雖只可收菜九千六百斤，共計二萬四千六百斤。又師直近襲隊採集野菜運動，曾造成最好的首推××營，他們提出較早，全體同志積極半月來，各連特發生了萬四斤野菜，把他們晒乾，足夠兩個月的食用。政治部展開一個月的採野菜運動，現正進行中。

【新華社太行十日電】沙河訊，自本區展開生產節約運動後，沙河獨立營立即成立生產委員會，發動各隊各班互相競賽，個人與個人競賽。全營共種菜一六九．九畝，估計今年上半年共種地四八七．三畝，已收菜一萬九千多斤，尚可收菜十四萬五千二百斤。該營現又做出計劃，定今秋再開荒六百[illegible]

# 「咱是幹啥的？還能讓他跑了！」
## ——記模範治安幹部張不讓
孟飛

老說村被一件意外的事件驚動起來了。聽說們在五相議論著，說是一個特務跑過去了。總治安主任張不讓同志剛從區上開結工作回來，一聽到這個消息，就落不著疑的說道：「咱是幹啥的！還能讓他跑了。」正當這時候，治安委員報告說××學院的一個特務，×××為這大了，這個河南人……

[illegible]

# 大光紡織廠的
## 「生產、學習和自衛動員」

以下三篇文章是綏德大光紡織廠三個工人同志的創作，其中王福祿同志是發區的工人勞動英雄之一。他們很真實地反映了大光紡織廠的生產、學習和自衛動員的情形。——編者

### 王福祿

最近，我們紡織廠召開了全廠工人動員大會，來反對國民黨內的反動派陰謀進攻邊區的罪行。我們聽了國民黨內反動派挑撥內戰的陰謀和我們的作法時，全場工人同志們也不斷的發出憤怒的人，都咬牙切齒，非常憤恨國民黨反動派。

會上組織了×個戰鬥單位，發了槍子，在隊長、小隊長的領導下，每天用很早操，已經練習瞄準射擊，軍事動作。一排長張×同志，自己有軍事操，在操場上教給大家。青年同志朱文明，過去在軍事上懂的很少，由於他學習積極，現在也學會了打靶和許多軍事動作了。

工友們非常關心時事，要求政府給大家報告。從會以後，在休息時間，在窰洞裏，很熱烈的討論。

全廠組織了幹部巡夜晚檢查哨，保衛全廠的安全，防止破壞份子來搗亂。

### 耿令行

在保衛邊區的動員中，我們[illegible]

# 甘泉一區
# 三百五十九頭牛出發運鹽

【本報甘泉訊】本縣一區運鹽工作非常活躍，長興村正在努力實現其運鹽之任務[illegible]

# 定邊突擊運鹽
## 各區加緊動員群衆熱烈響應

[illegible]

# 急公忘私，創造奇蹟

[illegible]

## 十三隻雞給人家攔羊

[illegible]

## 最近的工作

[illegible]

# 北嶽羣衆熱愛報紙
## 讀報工作普遍開展

[illegible]

## 太行偏城青年
# 堅決反對國民黨特務政策！

[illegible]

# 延市十一月初將舉行騾馬大會

[illegible]

| 解放日报 | 时间 | 1943-9-13 | 期 | 第845期 |
| --- | --- | --- | --- | --- |
| | | | 版 | 第2版 |

# 子长年产煤四千万斤

## 工人生活改善劳动热忱提高，供给本县需用并有部分输出

【本报讯】子长全县煤矿业在政府发展生产积极领导之下，已获得不少成绩，首先表现在克服了炭工的自流现象，及适当地改善了工人生活，过去工人每月只能下窑十五次，他们这样说：“歇了初一歇初二，歇了十五歇十六”。经政府及工会从工人本身利益出发，经过各种教育解释后，现在已能做到每月下窑二十次。过去不到一定时期，厂主不给钱，有时算了账也不给钱，为了不影响炭工生活，政府负责与厂主交涉，现已做到每天出窑即算清工钱。另外，并设立保险金，以备炭工疾病及意外事件发生，可予以补助，如寺沟、畅河峁子炭窑曾有两个炭工受伤，就给补助了一千二百元，作为医药费。按子长全县有炭窑十一处，较大的如畅河峁子、寺沟两个窑，畅河峁子有炭工××名，每天出炭五百筐，厂主和碳工的股份，在瓦市、中区为四六分（工人六、厂主四）。王家湾因炭薄产量小，是三七分（工人七、厂主三），工人最高工资每天为七百二十元，最低者亦达二百元。现全县炭窑年产碳六十余万筐，每筐七十斤，合四千二百余万斤，每斤二元，每年收入约达八千四百万元。在销售方向，全县一万二千六百八十户，烧柴的只三千余户，其余均烧炭，共有九千四百五十八户，每家平均全年烧炭三千斤，共需二千八百三十七万斤，其余都供给邻县。

# 鄜縣人民武裝自衛擊退五十三師某連進攻

## 固臨涼水岸稅務所被反共特務搶劫

【本報鄜縣訊】上月二十八日，五十三師一五七團二連，以一排兵力，偽裝換兵一排，並擾我鄜縣東南邊境之中央，搶劫財物，並進行威力偵察。我鄜縣人民之警衛隊，為保衛人民，保衛邊區，堅決執行自衛政策，給予打擊，該軍不支潰退。計被我繳俘數名，我無傷亡。又五十三師一五七團……於本月一日由一個營長率領士兵百餘人，在我邊境上……被拉走，此外，尚有……騾子一頭……一空。……

行武裝保衛生產。

【本報訊】固臨稅局來人談：駐宜川國民黨六十一師特務便衣隊九人，於本月一日深晚，偷進我固臨邊境大澗村，將我涼水岸稅務所搶劫一空。計被劫去稅款十萬零一千二百元，槍一枝，子彈二發，鞋子兩隻，襖子一條，毛毯一條，棉衣三件，皮褂包，件，箱子一個，另外將稅所幹部化裝及所有辦公用品也用火燒光。……打我稅所時並向附近群眾……特務便衣隊……擄去人畜……後，堅決保衛家鄉。

# 子長年產煤四千萬斤

## 工人生活改善勞動熱忱提高

## 供給本縣需用並有部份輸出

【本報訊】子長全縣煤礦業在政府發展生產積極領導之下，已獲得不少成績，首先表現在克服了炭工的自流現象，及適當的改善了工人生活，過去工人每月只能下窯十五次，他們這樣說：「歇了初一歇初二，歇了十五歇十六」。經政府及工會從工人本身利益出發，經過各種教育解釋後，現在已能做到每月下窯二十次。過去不到一定時期，窯主不給錢，有時算了賬也不給錢，為了不影響炭工生活，政府負責與窯主交涉，現已做到每天出窯即算清工錢。另外，並設立保險金，以備炭工疾病及意外事件發生，可予以補助，如李溝、楊河岸子炭窯曾有兩個炭工受傷，就給補助了一千二百元，作為醫藥費。子長全縣有炭窯十一處，較大的如楊河岸子、李溝兩個窯，每天出炭五百斤，窯主和炭工的股分，在瓦市、中區為四六分（工人六、窯主四）。王家灣因炭窯產量小，是三七分（工人七、窯主三），工人最高工資每天為七百廿元，最低者亦達二百元。現全縣炭窯年產炭六十餘萬馱，每馱七十斤，合四千二百餘萬斤，每斤二元，每年收入約達八千四百萬元。在銷售方向，全縣一萬二千六百八十戶，燒柴的只三千餘戶，其餘均燒炭，共有九千四百五十八戶，每家平均全年燒炭三千斤，共需二千八百卅七萬斤，其餘都供給鄜縣。

# 淳耀王家河油坊四個月獲利廿六萬

【本報淳耀訊】淳耀一區王家河的油坊，是群眾集股辦的生產合作社。今年的生意做好了，從陰曆二月十二日到六月十九日這四個月當中，以四萬零五百九十四元的資本，淨賺純利二十六萬七千六百二十八元，現在群眾都爭着把油籽換給油坊，不像從前那樣，合作社必須得拉着牲口下鄉收油籽。

# 調查農產情形

## 「亞洲」部派視察隊

【本報訊】……

# 南泥灣駐軍加緊撚毛做服裝

# 本市各機關趕製冬季用品

# 棉衣已大部縫好

# 七八兩月運鹽獲利

## 延川改進運輸領導工作

# 政府指示各鄉秋開荒

## 應抓緊時間及早完成

# 運鹽英雄黨世鴻

千峯

（一）

……

（二）

……

（三）

……

# 吳堡某區檢查競賽成績

# 各鄉相互參觀莊稼

# 國民黨在固原的暴政

## 已婚婦女均要抽稅

### 民婦被強迫受特務訓練橫遭侮辱

# 擁護軍隊嚴防特務漢奸

## 雖石參議員號召全縣

……

| 解放日报 | 时间 | 1943-9-16 | 期 | 第848期 |
| --- | --- | --- | --- | --- |
| | | | 版 | 第2版 |

# 太行伯林村自组纺织社救济了灾民四百人

【新华社太行十四日电】伯林村在一个月前，民众自己组织了一个利民纺织社，原计划在三万元的资本中，以一万五千元买棉花，另拿一万五千元组织妇女纺织。当时因为棉花缺乏，就用了两万元买了棉花四五一斤，纺花户就只能组织一百人，织布户十家三十个妇女，弹花户五家了。每人领花二斤，平均四天纺完交线，每天手工钱四元，按当时粮价可买黑豆九两（买玉茭七两，小米四两半）。织布户每人手织二斤布，除浆面花费净得工资九元。弹花户平均每天弹十斤，得工资十元。总计八月份，利民纺织社成本两万元，前后共买花七〇〇斤，发工资八千元，救济纺户二〇〇人，织布户三〇人，弹花户五人。按粗粮每六两救灾民一口计算，纺户除养活本人外，还可养活半口人。织户除养活本人外，尚可养活两口人。弹花户除养活本人外，养活两口半人还有敷余。自组织了纺织社后，共计救济了四〇〇人。逯更荣是四十岁的老汉，自己能弹花，他的老婆能织布，女儿十五岁能纺线，三口人只有三亩地，全凭利民合作社渡过灾荒。他说："只要棉花不断，就一点也不愁了。"八月中旬，曾有几天买不到棉花，妇女们纷纷追问"棉花什么时候来呀""赶快吧！我们等着吃呢"。足见这合作社是与灾民息息相关的。至于合作社经营方面，只有四个人负责，谁也不脱离生产，每天抽空去照顾照顾就行了。因为七月初买的棉花，当时十元钱一斤，布价值三十五元一斤（好布值四十余元一斤），每斤布除棉花十元，工资十六元，脱寸脱称费二元净赚洋七元。第一批贩的棉花，都织布卖出了，结果赚了四千元，现在秋忙了，过了秋这合作社将要大大发展。

# 隴東計劃開秋荒一萬畝

## 華池已完成九千畝

### 春開荒地莊稼豐盈更加提高群衆熱忱

[illegible]

# 安塞縣委整頓通訊組織

## 吸收大批工農同志

## 担任黨報通訊員

[illegible]

### 延長李尚成妻勤勞可風

### 忙於家務還要織布

[illegible]

# 定慶路脚店減價

陳　克
齊燦凱

[illegible]

# 國民黨反動派便衣匪徒

## 偷襲我延長邊境

### 吳運政指馬學元同志死難

[illegible]

# 豐衣足食話中秋

### 中秋前的市場一瞥

曾健

[illegible]

# 「歐洲」部熱烈學習軍事

## 投彈紀錄不斷增高

[illegible]

# 關中駐軍捐款七萬元

## 救濟邊境難胞

### 同宜耀田英貴領導十四個小組開荒

[illegible]

# 定鹽兩市半年來

## 紡婦增加六倍

### 女二流子相繼轉變參加生產

[illegible]

# 太行伯林村自組紡織社

## 救濟了災民四百人

[illegible]

# 赤水雇農任進寶

## 運鹽與家買地廿畝

[illegible]

# 與縣舉行騾馬大會

[illegible]

# 定盐两市半年来纺妇增加六倍

## 女二流子相继转变参加生产

【本报三边十日电】半年以来，定盐两市妇纺运动已有巨大开展，成绩颇著，计两市原有会纺妇女二十六名，半年中即扩大一百四十三名，现共为一百六十九名（内有转变了的女二流子三十五名）。从四月到七月三个月间，共纺毛线二千五百二十六斤，多被各工厂收买，总得工资约二十三万余元，成为妇女在发展生产增加人民财富上之一大贡献。此巨大成绩之获得，其主要原因有三：（一）为此间党政之正确领导。定边县发放妇纺贷金十万元，造纺车四百辆，解决了妇纺运动中的实际困难，提高其情绪。（二）群众团体□部埋头苦干，深入群众（两市组织妇纺工作均由群众团体负责）。他们挨门逐户的调查情况，说服教育，经常督促检查，并首先组织干部家属以推动一般妇女，开始有不愿纺者，曾抽出专人背着毛袋，一面说服，一面发毛收线送工资等。（三）在运动开展中，涌现了不少模范纺妇，且均随时予以鼓舞和奖励。在“五一”劳动节时，又组织了大的竞赛运动，奖励了十一名模范纺妇，对妇纺运动的开展，起了很大的推动作用。如定市十乡刘忠中的妻子，年已五十二岁，在十天内纺了六斤头等线，得了头奖（两丈五尺老布），以后她对许多妇女说：“咱们妇女应该学得纺线的本事，不可坐等吃穿，我纺线以来，没想过乱用钱，公家奖我两丈多布，是要我们多纺线子过好日子，今后我改纺棉线，教女儿纺毛线，老少都不能闲下。”她的话使几个不愿纺织的妇女很受刺激，有位姓李的女二流子，被她的一番话说得面红耳赤，说：“我要下决心纺毛，死也不要让人家再说我是二流子。”又如盐池市区高维泰老婆，一面教别人纺，一面自己纺，在二十天内纺了四十斤中等线，也影响了很多妇女。

# 隴東計劃開秋荒一萬畝
## 華池已完成九千畝
### 春開荒地莊稼豐盈更加提高群衆熱忱

# 安塞縣委整頓通訊組織
## 吸收大批工農同志
## 担任黨報通訊員

## 延長李倫成妻勤勞可風
### 忙於家務還要織布

# 定慶路腳店減價
陳遠　齊應凱

## 國民黨反動派便衣匪徒
# 偷襲我延長邊境
### 某連政指馬學元同志死難

## 豐衣足食話中秋
### 中秋節的市場
曾健

## "歐洲"部熱烈學習軍事
# 投彈紀錄不斷增高

# 關中駐軍捐款七萬元
## 救濟邊境難胞
### 同宜耀田英貴假等十個小組捐完

# 定鹽兩市半年來
## 紡婦增加六倍
### 女二流子相繼轉變參加生產

## 赤水雇農任進寶
# 運鹽與家買地廿畝

# 與縣舉行騾馬大會

## 太行伯林村自組紡織社
# 救濟了災民四百人

# 延市中秋节的一角被服厂充满欢乐声

## 中央印厂慰劳山上烧炭同志

【本报讯】被服厂职工为了欢度中秋，特将上礼拜休息日移至该日休息，并作各种娱乐活动。清晨，工人们便在自己动手新筑起的运动场上，锣鼓喧天，唱奏表演。日午，职工们就携带着儿女，穿着整洁的服装纷纷到市场去购买各种瓜果、月饼及肉类。虽然该厂当日会餐备有猪、羊、牛肉等四五个菜，但因为丰衣足食的关系，大家又都去买更多的东西来过节。晚上，他们并举行了娱乐晚会。演出秦腔小调等各种精彩节目。

【本报讯】中央印刷厂于中秋节发动了一个对山林中烧炭砍木料的二十位同志的慰问运动，在很短时间内，职工会便收到大批的月饼、葡萄、梨子、沙果及私人种植的新鲜菜蔬，并收到各部门慰问信九封，个人慰问信、诗、画片、谜语等二十八件，“印厂生活”编委并出版“慰问专号”一期。慰问信中全厂职工热情地鼓励山林的伙伴加紧工作，保证今冬木炭供给及明年建造大礼堂所需的木料。该厂于中秋节日中午聚餐，入夜当明月东升时，举行露天晚会，演出自己准备的音乐和平剧。

# 三邊地委指示 緊急動員完成秋收

## 定市作坊工人趕製軍用冬衣

【本報三邊十一日電】三邊核穀已熟，地委日前指示所屬各縣緊急動員快收、快打、快藏。指示指出：今年莊稼長得好，必須努力使糧食全部打好藏好。目前國民黨頑固派陰謀[illegible]，內戰危機未消除，更須加緊完成秋收[illegible]，以準備自衛戰爭。地委號召全分區所有勞動力，[illegible]轉到秋收中來。關於勞動力之組織與調劑，該指示指出：「把春耕夏耘中的勞動組合轉到秋收中來。」[illegible]創造一個模範的勞動組織，以推動全區工作。[illegible]。關於勞動效率之提高，該指示指出：[illegible]。最後指出：[illegible]發動羣衆及時收、及時打，細收、細打，不損失一顆糧食。[illegible]

【本報三邊十三日電】[illegible]

【本報三邊十日電】定邊市作坊工人[illegible]趕製冬衣。[illegible]

# 安塞七區夏徵 羣衆三天送完

【本報安塞訊】[illegible]

# 子長總結鋤草

## 普遍的組織札變工，增加了鋤草的遍數和次數。

【本報子長訊】[illegible]

# 赤水自衛動員一瞥

滕軍

老百姓說些啥？

[illegible]

他們做些啥？

[illegible]

# 延市中秋節的一角

## 被服廠充滿歡樂聲

## 中央印廠慰勞山上燒炭同志

【本報訊】被服廠職工為了歡度中秋，特將上禮拜休息日移至該日休息，並作各種娛樂活動。清晨，工人們便在自己動手新築起的籃球場上，[illegible]。午，職工們就帶着兒女，穿着整潔的服裝，紛紛到市場去購買各種瓜菓、月餅及肉類。雖然該廠當日伙食準備有豬、羊、牛肉等五個菜，但因為要表示食的關係，大家又都去買更多的東西來過節。晚上，他們歡聚舉行「歡樂晚會」，演出秦腔小調等各種精彩節目。

【本報訊】中央印刷廠於中秋節發動了一個對山林中燒炭伐木料的二十位同志的慰問運動，在很短時間內，職工會便收到大批的月餅、蘋果、梨子、沙菓及私人贈送的新鮮菜蔬，並收到各部門慰問信九封，個人慰問信、詩、謎片、謎語等二十八件，『印廠生活』編委並出版『慰問專號』一期。慰問信中全廠職工熱情地鼓勵山林的伙伴加緊工作，保證今冬木炭供給及明年建造大禮堂所用的木料。該廠於中秋節的中午聚餐，入夜當明月東升時，舉行慰勞晚會，演出自己準備的音樂和平劇。

# 綏西美君廠區

## 黨政幫助普遍變工

## 全區變札工隊共達百餘個

[illegible]

# 延市南區王生福

## 駄鹽五次賺牲口兩頭

## 該區羣衆集股廿餘萬運鹽

【本報訊】[illegible]

# 紀念「九一八」十二週年

李延祿

[illegible]

# 泰山區慘遭敵偽蹂躪

## 救災會呼籲助賑

## 魯臨參會商討急救辦法

[illegible]

# 延川永遠區五鄉鄉長文書

## 公餘生產成績好

[illegible]

# 同宜耀搭衣區

## 搭工種麥

[illegible]

# 省府各機關

## 省糧達百石

[illegible]

| 解放日报 | 时间 | 1943-9-20 | 期 | 第852期 |
| --- | --- | --- | --- | --- |
| | | | 版 | 第2版 |

# 吴堡合作社半年中供给妇纺棉花八十万元

## 李全时被奖为模范主任

【本报绥德讯】吴堡县府于八月二十七号召开合作社主任联席会议，总结半年来的工作。据□[此]次会议的总结报告，半年来该县人民合作社发展很大，各社原有资金七万余元，今年新增加了六十七万八千多元，并净获红利五十二万五千余元，其所以能如此迅速的发展，主要是业务方针的正确，真正做到了供给群众必需品和帮助群众发展生产。如今春各社协同公营商店收买了一百七十余万元的蚕茧，把茧价由每斤二百元提高到二百八十元至三百元，因而提高了老百姓的喂蚕情绪；又如发展妇纺，半年来即推销八十余万元的棉花，解决了妇女们无花可纺的困难；在供应群众以必需品方面，半年来销货总值达三百六十余万元，比一般市价总计便宜了二十多万元，使合作社在群众中的威信日渐增高，农民、小商人都纷纷自动要求入股。至于今后的工作与发展方向，决议为发展纺织业和调剂金融。在大会上，大家都检讨了过去在执行金融政策上还有自由主义的现象存在，今后要按照政府的指示，贯彻这一政策。并对个别合作社乱赊账，乱借钱的坏现象，作了严厉的批评。在这次会议上，李家沟人民合作社主任李全时同志，被奖为模范主任，他在工作中的一个特点是能够遵守政府的指示，而且很好地完成政府的指示。如此次国民党反动派企图大举进攻边区的时候，在特务汉奸造谣捣乱下，李家沟个别私商曾拒用边币，抬高物价，而李全时同志，却能坚持党的政策，门市交易一律使用边币，并以低价大量出售各种货物，稳定了金融。李全时同志为人清廉，大公无私，在工作中数年如一日，他离家很近，但却很少回家。他很勤劳，每当炭船从黄河的东岸流来时，他下水亲手搬炭，他曾这样说："我们合作社的人，是给老百姓做事的。"

# 延縣莊稼豐稔 農家熱烈準備秋收

## 馬不恩今年可餘糧十二石

## 吳堡合作社半年中 供給婦紡棉花八十萬元

### 李全時被獎為模範主任

## 李家溝羣衆合作社是怎樣發展起來的

李全時講　王軍記

## 安塞六區某村全年運鹽可獲利廿萬元

### 六戶八家組織長腳牲口十一頭

## 秋收運鹽兼籌並顧 定邊六七區半數牲口出發

### 大部份勞動力變工收莊稼

## 美艦隊襲擊吉爾貝特羣島

### 新島雷區殘敵逃遁山中

## 撒丁島意軍驅逐德寇

### 隆勒諸盟軍開始反攻

### 意機多架投奔北非西島

## 俄羅斯正教委員會 號召各國教友反對納粹

## 三國外長會議 議事日程在準備中

### 美駐蘇大使即將返國

## 英礦工罷工

## 邱吉爾返抵英倫

### 美海長諾克斯訪英

| 解放日报 | 时间 | 1943-9-21 | 期 | 第853期 |
| --- | --- | --- | --- | --- |
| | | | 版 | 第2版 |

# 太行确定明年度生产建设贷款千九百万元

## 改进农业生产发展水利纺织

【新华社太行二十日电】为加强太行区生产建设，充分发展与提高农村生产力，边区政府顷决定明年度生产建设贷款一千九百万元，计农业贷款九百万元，水利贷款三百万元，纺织贷款三百万元，手工业合作贷款四百万元。贷放实施办法及分配数目如下：（一）农业贷款包括历年贷出未收回之春耕贷款，农具低利贷款，麦种贷款等在内，于本年十月□[十]一月间，配合统一累进税评议工作清理。除赤贫灾民可缓交外，一律收回，充实今冬农贷。其分配数目，一专区一百二十万元，二专区六十万元，三专区一百五十万元，四专区一百万元，五专区二百万元，六专区一百八十万元，农林局种子调剂基金三十万元。贷款用途，确定为肥料、农具、牲口、种子，概不准做其他之用。贷放日期，自十一月一日至年底贷放第一批，第二批贷放自明年二月一日至三月十五日进行。银行已按期准备款项。在进行中，注意贷放时要经过评议，以求实际效果，不可分散使用，以帮助贫农及缺乏牲口之中农为主，并利用合作社等形式，集体贷款，发展互助组织。贷款时期以六个月至八个月，最多不超过一年为限。（二）水利贷款，包括以前贷出尚未收回之水利贷款，及已到期或未到期之水利费收入，数倍于贷款者，亦须收回。今冬水利贷款，其用途以开小渠，打水井，造水车，小规模修滩等为主（需款十万元以上之工程须经边府批准），其分配数目：一专区三十万元，二专区十万元，三专区五十万元，四专区五十万元，六专区五十万元，农林局水车推广基金十万元，贷款期限不超过一年，自十月至明年六月分期贷出。（三）纺织贷款，包括已放出之纺织贷款，其分配数目：四专区十五万元，五专区八十万元，六专区八十万元，手工业合作贷款包括过去各种合作贷款在内，分配一专区四十八万元，二专区三十万元，三专区五十七万元，四专区五十万元，五专区六十万元，六专区六十万元。产业失业工人生产贷款四十万元，由冀南银行代理，专备产业失业工人作组织合作社、作坊费用，其改作农业之雇工失业者，由农贷内贷用。公私营工厂改组之合作社贷款，在各专区分配之数字内。

# 新正已運鹽四千五百馱

## 郭縣長親率運輸隊赴華池馱鹽

【本報關中十六日電】截至目前止，新正已運鹽四千五百餘馱，超過去年全年運鹽總數（[illegible]）百分之三十二强。現該縣羣衆運鹽情緒更爲高漲，全縣牲口二千六百餘頭，於種麥前全體馱鹽的[illegible]務；預計在種麥前秋收後，全縣參加馱鹽牲口可達一千四百餘頭。

【本報關中十六日電】新正縣郭縣長於上月廿九日親率[illegible]二十一頭牲口前往華池[illegible]事，這已獲得巨大成功。有些對運鹽缺少信心，且抱有各種顧慮的羣衆，於這次運鹽隊[illegible]便自動的保持原有組織，又第二次出發馱鹽去了。在這次馱鹽的，郭縣長曾根據其他各縣的運鹽經[illegible]了牲口的動員與準備工作。在這三十一條牲口內，有十餘是長腳戶的，十一條是曾馱過一兩次鹽的[illegible]條則是首次出發馱鹽。該區長特將有牲口分成三組，每組都由有經驗的羣衆負責領導，並特將牲口[illegible]量的減少至十四名。在籌劃資金方面，則由[illegible]合作社無利息的[illegible]出十三萬元。由於進行了以上[illegible]保鹽工作，故在運鹽的途中，羣衆的情緒便高漲起來了。趕到華池時，他們愈益的積極，每條牲口[illegible]到二百五十斤以上。在郭縣長馱鹽隊影響下，目前該地羣衆又重新組成了一個二十一條牲口的馱鹽[illegible]府借得貸款三萬元，前往華池馱鹽。

【本報關中十六日電】新正二區運鹽模範魏仲選，到目前止，他們已已派圓食鹽八十一馱，[illegible]。他目前擁有大騾六頭，驢一條，並欲於秋收後改換運鹽方向，由華池改至三邊。又該區二鄉何家[illegible]，今年已運鹽卅六馱，共計十二次，其中有兩次是由三邊運回的。

# 晉西北六分區軍民

## 積極動員保衛秋收

### 民兵不斷出動練習單個戰鬥

[illegible]

# 魯南反共軍李仙洲部

## 破壞抗戰反對人民

[illegible]

# 太行確定明年度

## 生產建設貸款千九百萬元

### 改進農業生產發展水利紡織

[illegible]

# 安塞四區組織勞動力

## 多種麥多開荒準備秋收

### 鄜縣牛武區發動競賽

[illegible]

## 本市東區運鹽隊　第一批歸來

[illegible]

## 留守門診部　設育嬰室

[illegible]

# 學習季米特洛夫同志的英勇鬥爭的榜樣

（上接第一版）

[illegible]

# 某工厂工友高见明创造织毛袜机

## 较手工织袜快六倍

【本报讯】某工厂工友高见明同志，于五月间设计创造织毛袜机，现经试用已获成功。其速度较手工织要快六倍，用这个机器，普通工人每天可织三打，熟练工人每天可织四打以上。三天即可学会使用。该工厂已扩大制造，增加了工人，每月除旁的工作之外，可造织袜机十架。高见明同志准备将织袜机送到十一月开幕的农工业展览会上去展览，以资推广。这个织袜机的创造过程，是经过高见明同志克服了各种困难，用心研究才告成功的。当他从南区合作社借来一架织袜机后，便把它放在工作室内，起初，他眼睛不断地凝视着那座机子，接着就用手摸着，拆着各项零件，……经过细心研究后，他把机子的原理和结构弄清楚了，就打算依照这座机子的模型来绘图了。然而这座当作模型的机子，原来是织线袜的，它比织毛袜的机子要小，照这样绘图那是不行的。于是又经过一番思考和研究，便得出了应该放大的度数。按照机件的先后配置，首先他就绘成了机座图（即外壳）；以后再绘“卧轮盘”“外筒”“针筒”“针槽”、管线上下和来回地“三角钢片”以及手摇轮的图形。图形绘好，又把它做成模型，再根据这形式翻砂。“设计了模型，还必须有制造机子的工具去完成它。但当时我们工厂内，除有两把虎头钳、大小八把坏锉子外，便一无所有了。”高见明同志说他开始动手的时候，就面对着这个困难。在第一架织袜机诞生的前后，他足足有两晚没睡过觉，三天没吃好过饭。因为他没有进过什么专门学校，来边区前只会算加减法（现在连代数也学会了），虽然在外面也做过长时期的工，但只是会做，却不懂原理，再加上工具的缺乏，特别是当研究管毛线底上下和来回的“三角钢片”的距离位置，应该怎样才适合呢？后来用了三角计算，就有了门径，认为织毛袜的“三角钢片”坡度一定要比织线袜的大，否则就会回转不灵活，其适当的度数，应以“大三角钢片”为中心，每边外加五度就适合了。针筒的针槽，究竟要占多少槽数才适合呢？这又是一个困难问题。当他谈到这段过程时，他就到门外去，双手捧着堆满毛袜的竹篓子进来，这些袜子，就是他当时试织的成品。这是七二“针槽”织出的袜子。因为“针槽”太密了，就不能使毛线穿织适当，所以成品就不好。六〇“针槽”织出的毛袜，因“针槽”恰恰适合，这就要美丽得多了。在修饰“外筒”的时候，因为没有“圆车”（圆车的作用，就是修圆“外筒”的内外径），又使他发生了困难。经过了研究，造出双柄的弧形锉，才将“外筒”内外径修圆。这种手工的修饰，自然不会像“圆车”修的那样均匀，于是，他又自打三角形的刮刀，补作修饰“外筒”的工具用。冲破重重的困难，自己不断造出做机子的工具，第一架的织袜机，便造成了。高见明同志很庆幸自己到边区后，技术便大大提高了。他说：“这是共产党给我的！”当他十五岁时，曾在宁夏兵工厂做学徒，那时他扶着迫击炮让师傅修理，稍为扶得不正，头上就被铁钳子打着。后来到太原、华阴以及西安的机器局做工，由于自己的努力，居然也学得了手艺，他还想上进，但是没有人教他，没有人希望他上进。可是他在边区的五年中，受到和外面完全不同的待遇，工程师耐心地给他讲每件机器的构造和原理，又有教员教他的文化，并保送他到工程队去学习，在五年的半读半工中，学会了代数，能看懂大学的普通物理学。他肯定地说：“这全是党给我的聪明。”靠了这个聪明，他有了理论，又有了实际经验，就能做出这个织袜机。然而这正是共产党所给予每个工人都有的前途！现在这位制造织袜机的，又在设计做“切肉机”，他带着一批学徒，他教育学徒们学习技术。

# 某工廠工友高見明
# 創造織毛襪機
# 較手工織襪快六倍

# 晉冀魯豫臨參會太行會議
# 熱烈討論各項提案
修正土地使用暫行條例
照顧租佃雙方利益

# 五個修埝委員的修埝經驗
正 倫

# 發展棉籽搾棉油
建 人

# 志丹示範村放青馱鹽
# 一次獲利九萬元
提高了民衆趣鹽情緒

# 本市各機關婦女
# 半數超過公餘生產任務
婦女合作社社員擴大五百人

# 汪記特務內鬨
李逆士羣被毒死

# 太行分區幹事侯中林
# 被俘不屈從容就義

# 贊皇民衆奮起
# 反抗敵寇搶糧勒款
民兵積極出動保衛秋收

# 淳耀妇纺逐渐发展

## 政府帮助桃渠河村开展工作以此影响各区妇女积极纺线

【本报关中讯】桃渠河村的妇纺是张专员这次来淳耀直接推动起来的。在这以前，该村的妇纺是在停顿状态中，原因是过去个别做经建工作的同志工作方式不好，如发动群众防线，每斤给七角五分钱的工价，当时该村还有十八家防线的，结果线收起来了没给工价，失去群众对纺织的信心。今年春季给她们几家发了车子，但没有很好的领导检查，帮助她们解决困难，督促她们进行纺织，又预先把车子钱收了，更减低了她们纺织的情绪。同时这个村子有些妇女由于过去懒惰的习惯，借故就想推脱劳动，因此形成了纺妇工作不能开展的原因。后经县府于旧历七月十九日在该村召开了妇女会议，揭发了过去个别工作人员的不对，号召她们纺线，并以优等工资优待她们（每斤线按规定十五两生花的工钱，这里给她们的是二斤熟花一斤线）。首先村妇救主任黄秀英积极报名，接着陈金才、陈崇德的妻及李老婆也来报名。这个村子共有三十家人，第一天报名纺织的只有这四家，其他的妇女还在观望着，恐怕还是跟过去一样纺线不给钱，所以政府当天就把工价和棉花一齐发给她们，这样她们的情绪就提高了，尤其是黄秀□[英]更加积极了，不但她自己纺还叫她的儿媳也纺，起初她的儿媳不会纺，她两天就给教会了，三天就交了一斤线。在她这样影响下，第二天就有七家妇女到县府领花纺线。借着这个机会，政府于八月二十二日就在该村召开了一个奖励大会。奖给黄秀英纺车一架，这样更提高了全村妇女的纺织积极性，你也报名，她也报名，大家争着纺开了。由七月（旧历）十九日至八月一日这十三天中，纺妇由四家发展到二十五家（内有四家移难民），全村三十家人中，仅有五家未纺。黄秀英不仅自家积极，对该村纺织妇女领导也积极，如每天要到每个纺妇跟前检查一次至两次，此外，白天还要帮助男子做些零星活，晚上就同她的儿媳纺花，平常每天她要纺六两花，有时时间稍多她可纺至九两。村里陈金才的女人黄秀连，看黄秀英的好榜样发了愤，每天也纺到九两花，在十三天中，她已得工资一千四百元。在她们这样热烈纺织的情绪之下，县府每三天派人去检查一次，访问她们在纺织中有些什么困难，随时给以解决。黄秀英的名气出去了，桃渠河妇女的名气出去了。周围的妇女都说：桃渠河的妇女发了，大家也来吧！首先桃渠垣的妇女动作了，一次就有十家报名领花纺线，其中申家老婆最能干，一天就纺了十二两。接着西凹村、桑树咀、米家咀的妇女也来领花了。甚至离桃渠河三十里远的五区土耳坪的妇女也来寻黄主任（黄秀英）替她领花纺线。没有二十天的时间黄秀英一人已经发展了四十二户纺妇，直接到县府领花者还有二十一户，共六十三户。影响愈益扩大。五区的妇女发急了，杨家滩的妇女说："桃渠河的妇女好了。"她们批评乡长不负责替她们领花。四区虎家河的妇女也照着纺开了。现在随收线随发工资，有时对有特别需要的妇女还提前发，如陈金才的妻子准备买猪，需七斤花的工资，政府就提前发给她。杨老二的婆姨同样想领十斤花的工资买猪，政府也先发给她了。这样她们更高兴，对纺花更加油，很多妇女每天能纺七八两花。

# 安塞縣委縣府呈請建設廳 獎大同店為模範騾馬店

認真執行政府政策法令，盡力幫助過往運輸隊，草料價格公道，招待週到，克己對人。公私運輸隊都願在該店歇腳。

【本報安塞訊】縣委縣府決定將本縣真武洞大同騾馬店的模範事蹟在報上公佈，並呈請邊區建設廳予以獎勵。按該店全體店員都貫徹遵守『一切為着便利運輸隊』的精神，不論騾馬多少，只要對於運輸隊及過路人員有好處，就竭力幫辦。

# 淳耀婦紡逐漸發展

## 政府幫助桃渠河村開展工作 以此影響各區婦女積極紡紗

# 慶陽運鹽工作在邁進着

劉北林

# 晉西北紡織二廠生產競賽 月來產量增加三分之一

# 環縣毛井區邊境 時遭反共軍與土匪劫掠

## 民衆積極參加自衛軍訓練及防衛工作

# 半數工人參加趙占魁運動 邊區鞋工廠產量倍增

## 注意提高質量本月擬製鞋四千四百雙

# 靖邊許海潮等 創造變工新形式

## 三家分工合作運鹽鋤草開秋荒

# 蘇北鹽東縣交通局長 劉政權同志殉國

# 延川中區群衆救濟運鹽 組織牲口百餘頭

# 邊區抗聯會捐款 救濟關中邊境難胞

# 蘇中行署 改善小學教師待遇

# 半年来绥德纺织业质量数量均提高

绥德过去纺织业有相当基础，据统计，全县（延家川未统计在内）共有纺车一六一八三架，纺妇一九□[五]八八人；土织机二四九四架，会织妇女六一五五人；手拉机（民间的）三八一架。全县今年纺织计划：在九月以前为提高质量时期；九月以后，棉花收下了，则是普遍发展和提高质量并重。半年来，纺织质量不断提高，如沙滩坪合作社五、六月份收纱情形：五月份收特等纱二八一斤，上等纱一三九斤，中等纱八三斤，共收纱五〇三斤，特等纱占全数百分之五十五.八强，六月份收特等纱七八〇斤，上等纱二五六斤，中等纱三六斤，共收纱一〇七二斤，特等纱占全数百分之七二.七强。这个合作社现在已经团结了几百个纺妇在它的周围。在数量上，也有一些发展。如四十里铺区今年增加小纺车五三四架，大纺车三架（该区原有纺车五六二架），延家川增加纺车二五〇架，土织机□二〇架。至于纺织业的组织领导方面，当以下列几处工作做得最好，如：沙滩坪区——在四月里便创办了合作社，以提高纺纱质量，解决纺妇棉花困难为中心业务。因开始创办，资金不大，先由代永昌公司发花收纱着手。一方面该社棉花价格低于市价，另方面提高纺好纱的待遇，按自愿原则，组织了大批纺妇，办法是：每纺特纱或上纱一斤，领花一斤二两，工资三——四升小米；中等纱领花一斤一两，工资二——二.五升小米。该合作社开办才二月多，而沙滩坪区一、二、三乡，甚至田庄、西川、绥德市、四十里铺等地的纺妇，都闻风而去，争相揽纺。这个合作社不仅提高了纺纱质量，而且真正为贫苦纺妇解决了困难，改善了她们生活。如以八天纺一斤特等纱计算（好的四五天能纺一斤），即可挣四——四.五升小米，可以养活两口人了。替合作社纺纱的，除了大部分贫农，少部分中富农外，还有个别地主也揽纺了。如沙区一乡侯风格，三乡柳恩荣。这个合作社在群众中已经建立了很高的威信，最近边区银行绥德分行更贷款三万元，帮助它的发展。因沙区七八乡离该社较远，现决定在这两乡建立两个纺织小组，由小组长负责领花收线，同时实行下面两个办法：第一是纺妇交纱时，在纱上贴上名字或图记，由合作社照名记发给单据；第二是纺织小组将自己的秤拿到合作社对一下，定出差额标准。这样，以免发生交线时混错或领花交线时斤两上的不一致。绥德市——市政府通过永昌公司、大光纺织厂来发现纺线最多最好的纺妇，进行组织工作，结果产生了以刘老婆为中心的群众组织，她作保证人领导了十几个妇女为大光纺织厂揽纺，并且经常督促她们："操心往好里纺"。这些妇女在她鼓励下，都能按期交纱，现在已有三十几个妇女团结在刘老婆周围了。市政府奖给她纺车一架，并以这个模范例子继续推进纺织工作。吉镇——区委直接领导了二三乡，通过女党员建立了纺织小组四组，组长是女党员或劳动英雄。在小组内，调剂了织布机，组织了变工，并实行竞赛。为了更加提高纺织情绪，有些区（沙滩坪、延家川、绥德市、义合等区）曾进行过奖励纺织模范，和进行纺织竞赛。半年来工作中也发生了一些缺点，主要的是：有些干部在思想上轻视纺织工作，照例传达，照例做决议，不去具体领导（如田庄区）。有的说："婆姨们会纺，无须领导。"没有把纺织看成农村中头等副业；或者认为"妇女们琐碎难领导"而放松工作。其次，枣树坪区、义合区未实行统一收纱，延家川组织妇女集合在一块竞赛，也是不实事求是的。一般意见认为今后要继续发展绥德纺织事业，必须注意如下几个问题：一、首先应纠正思想上对纺织认识的偏向，清楚确定纺织在整个生产中所占的比重。二、纺织方面，首先要抓住地区特点，应以枣树坪、崔家湾、义合等纺织发展最早的区域为中心来进行发展数量提高质量的工作，展开纺织运动，将这些区造成纺织工作的模范区。其次为了提高纺织情绪，必须普遍提高纺好纱的工资。对贫苦纺妇，实行贷款或领花交线，发动纺织竞赛，规定奖励标准，选举纺织模范，按期给以精神或物质奖励。再次是各区乡制定具体纺织计划，计划时要根据纺妇的具体情况（技术、纺织期、有无娃娃等）。最后组织方面，要建立沙滩坪式的合作社，在社内设组织干事，在农村中建立纺织小组应通过群众中积极分子（如绥市刘老婆），防止延家川式的集合在一块纺纱的主观办法。三、织布方面，提倡群众以土机织布（全县一九五八八名纺妇，仅有六一五五人会织），除了组织纺织变工外，还应提倡纺妇要学会织布。另方面，提倡民间手拉机织土经土纬布，保证丰衣足食的生活。

# 安塞高鳳成革命前飢寒交迫
# 現在全家豐衣足食
## 每月吃肉五次麵六次每年換新衣兩次

# 北嶽區各縣舉行縣參議會
## 徐定參議會通電反對中國法西斯

# 延縣柳林區
# 發現運鹽模範村
## 馬科峪半數以上農戶參加馱鹽

# 漢口敵兵偽警
## 互相槍殺

# 留直某營生活優裕
## 油肉菜蔬足夠食用
## 每人有了一條毛毯

# 半年來綏德紡織業
## 質量激增均提高

# 西川瓜園區生產工作的檢查和佈置

吳亮明

# 蘇北人民擁軍熱潮
# 捐輸大量金錢武器
## 展開防奸運動肅清特務漢奸

（九月一日）

# 防止敵偽掠奪秋糧
# 皖中民衆互助搶收
## 臨陽江一帶半月內割畢

# 淳耀易福壽運鹽變工隊
# 馱鹽獲利歸來
## 影響旁人參加運鹽

# 中直軍直生產展覽會
# 王家坪區準備最好

| 解放日报 | 时间 | 1943-9-28 | 期 | 第860期 |
| --- | --- | --- | --- | --- |
| | | | 版 | 第1版 |

# 美国底特律城工会致电边区总工会

## 誓与中国兄弟携手战胜法西斯

致陕西延安总工会电：密执安州底特律之产业工会联合会工人，向他们在中国的兄弟职工会会员，伸出休戚与共的手。我们祝贺中国工人在目前的困难与牺牲之下的英勇成就，值此一九四三年的劳工日，我们保证继续不断的生产战争工具，一直到战胜了法西斯主义。

大底特律及维茵县产业联合会委员会主席巴特·圭英

一九四三年九月三日

# 解放日報

中華民國三十二年九月廿八日 星期二 第一〇六八號

## 寇軍二萬竄犯晉察冀

# 我內外夾擊予敵重創

### 晉西北我軍……直逼清源城郊

# 太行群英會勝利閉幕

### 慰問邊區子弟兵發動擁軍運動

### 建設兮日根據地反對中國法西斯

### 敵寇自承 東北同胞反抗日烈

### 膠東八路軍生產節約

# 半年完成六百萬元

### 生活日益改善每人每日四錢油一斤菜

### 安徽壽縣民衆

# 武裝反抗反動派要糧抓丁

### 鄉本六民陷追重重生計斷絕

### 蘇北軍民英勇殺敵

# 英勇壯烈可歌可泣

### 我斃傷敵寇七十八人

### 南境反德武裝大聯合

# 六萬意軍參加南游擊隊

### 自由南斯拉夫電台呼籲國民軍共同作戰

# 紅軍進入白俄羅斯

### 果梅爾城遭三面圍攻

### 克萊敏楚格德軍數路投降

### 美國底特律城工會

# 致電邊區總工會

### 願與中國兄弟攜手戰勝法西斯

陝甘寧邊區總工會鑒：

密歇安州底特律之產業工會聯合會工人，向他們在中國的兄弟聯合會員，伸出他們友誼與兄弟的手。我們祝賀中國工人在面前的困難與苦難之下的英勇成就，值此一九四三年的勞工日，我們保證繼續不斷的生產戰爭工具，一直到戰勝了法西斯主義。

底特律及韋恩縣產業聯合會委員會主席

巴特·羅夫

一九四三年九月三日

| 解放日报 | 时间 | 1943-9-28 | 期 | 第860期 |
|---|---|---|---|---|
| | | | 版 | 第2版 |

## 难民纺织工厂捐粮捐款救济关中鄜县难胞

【本报安塞讯】难民纺织工厂于十九日上午召□[开]全体职工大会，进行募捐，救济我关中、鄜县边境受难同胞。工作人员刘佐魁同志首先捐出金戒指一个（一钱四分），□[烘]炉工人李纪华同志，捐米五斗，其他同志纷纷热烈捐助，在半小时内，共捐到小米十一石六斗七升四合（折洋九万六千一百九十二元），边币一万八千一百五十元，棉裤一条，毛衣四件，毛裤二条，单衣四件等。

# 隴東已運鹽四萬餘馱

## 地委專署指示各縣爭取超過任務

## 擴大運輸合作鼓勵群衆入股

# 安塞群衆積極優抗

## 代耕土地保證吃糧不缺

# 子長南區三鄉生產漫記

安人

### 廁所羊圈和糞

### 「要把人手配備好」

### 農貸變成了良田

# 難民紡織工廠捐糧捐款

## 救濟關中鄜縣難胞

# 濱海區召開縣長聯席會議

# 半年來施政工作有進步

## 救災優抗發展生產成績卓著

# 皖銅陵國民黨特務

# 叛國投敵殘害人民

## 搶掠綁架勒索贖款數十萬元

# 神府興縣熱烈勞軍

## 慰勞駐軍棗三萬斤白麵千斤

## 砍柴送禮加緊代耕優待抗屬

### 華北敵佔區 時疫流行

# 本市商人家屬仿製燈捻

## 成品不亞於外來貨獲利甚大

# 鄜西駐軍準備秋收

## 自備各樣農具不向群衆借用

# 大後方點滴



第二卷（中）

| 解放日报 | 时间 | 1943-10-6 | 期 | 第868期 |
| --- | --- | --- | --- | --- |
| | | | 版 | 第2版 |

# 靖边新城区五乡创造纺毛据点

## 邹老婆热心教纺受奖

【本报靖边讯】靖边产毛甚丰，但纺毛运动因无基础，正在倡导中。新城区五乡长渠沟今春创立了一个小型纺毛据点，该乡田保林先生的儿媳及侄媳首先参加，田家新置纺车五架。该村乔俊德家、贺万福家、刘家三家年轻妇女也全部参加。目前田保林的婆姨、田云厚的婆姨、田明德的婆姨，每日均能纺棉花二两，毛线约半斤，全家全年的缝衣线及毛衣、毛袜等，皆能完全自给。学习织布的热潮正在开展中。因为这一据点的建立，很快地影响了下王渠子的六个妇女，自动组织纺毛小组。上王渠子二十七家，就有二十四个青年妇女参加纺毛小组，现在已赶制成纺车六架。纺毛运动之所以如此能在五乡开展，一方面是由于田保林先生的积极倡导和以身作则，另一方面主要的是由于邹老婆的热心教纺和苦干的精神。按邹老婆，六十五岁，山西人，一九四一年来靖边镇罗区落户，虽已白发苍苍，但终日亲手教田家妇女。两月来自晨至夕，未尝一日间断，真正地把纺和织的技术传给了田家的三个年轻妇女。田家子女对邹老婆的照顾亦无微不至，每遇她有病，白面、荞面、羊肉，送满了灶房，过年过节更待如嘉宾。县府二科俞科长、毛工厂呼厂长闻讯后，特奖她夏季裤子一件，下王渠子田保林先生之民办合作社亦奖衬衫一件，誉为靖边新城区五乡纺毛运动的创始人。

# 擴大運輸隊為羣衆運鹽
## 志丹佈置徵收公鹽代金
### 本市擬增加牲口至二百五十頭

# 延川文安驛村袁村長
## 領導居民修成水渠八里
### 延縣北溝村吳村長積極幫助移難民

# 綏德縣變工概況

綏德縣委

## 一、綏德存在的幾種變工形式

## 二、今年各區變工的情形

## 三、幾點總結

# 安塞陽碾定農村雇工工資
## 主雇雙方利益均經照顧

同官模範婦女

男種地三十一畝　女織布百七十丈

# 安塞一區的合作運輸

艾狄

# 鹽池大部駐軍準備打鹽
## 秋收任務交某連担負

# 靖邊新城區五鄉
## 創造紡毛據點
### 鄉老婆熱心教紡受獎

# 模範村的領導者
## ——馬家溝陳德發訪問記

鄭健

更正

| 解放日报 | 时间 | 1943-10-7 | 期 | 第869期 |
| --- | --- | --- | --- | --- |
| | | | 版 | 第2版 |

# 准备参加农工业展览会 安塞征集本县特产

## 谷糜纺织品外有狐皮银矿玉石等

【本报安塞讯】此间接到延属专员公署关于边区第三届农工业展览会的指示后，县府随即召开政务会议，讨论如何具体布置征集展览品的工作。讨论结果，除专署指定多征集各种优良谷子、糜子、高粱、荞麦，白、红、黑、黄等豆类，及各种棉织品、毛织品，矿产石膏等外，拟将本县出产的各种兽皮，如狐、野羊、野兔、扫雪、黄腰，及二区的银矿、木耳、蜂蜜、桦树斗，四区的磁瓦碗、瓦罐，一区的玉石、砚台等产品收集送往第三届农工展览会展览。在本月二十二日已给各区指示征集。关于经济建设发展的典型调查，本县特选一区枣湾工厂，模范村陈家洼及其民办纺织工厂，二区民办合作社，张庆丰高树旺的运输队，魏家塔、马家沟的变札工，劳动英雄杨朝臣，移难民刘小喜等作为对象。另外，由一科副科长王伯勋同志及二科副科长康保民老先生等五人，组织征集研究小组，分头进行各个经济建设典型的发展过程的调查，候材料齐备后，拟制定图表或简单文字去展览，并配合党报通讯工作，随时将材料写出发表。

【本报安塞讯】安塞五区二乡畔沟村的刘德贵，他今年拴牛一犋，种地四十二垧，本人劳动并雇一伙计，他所耕种的土地，已按农户计划完成任务。川地锄过三次，台洼地锄过二次，在旧历六月十二日将地锄完，就赶牛驴两头上盐池运了两驮盐，完成了他的运盐计划。旧历八月初旬开始开秋荒，现已开过秋荒地二十一亩。

# 延属专署指示各县

# 打下运盐稳固基础

## 布置明年公盐扩大牲口七千头

【本报讯】延属分区专署公署，顷已拟出明年分区公盐任务之分配及组织运输队的指示，其内容如下：

一、任务分配：计延市一、五〇〇驮，延县五、二〇〇驮，安塞四、二五〇驮，甘泉一、五〇〇驮，志丹三、二〇〇驮，子长[illegible]、五〇〇驮，延川五、一三〇驮，延长[illegible]、五三〇驮，固临一、七四〇驮，[illegible]四五〇驮，共计三四、〇〇〇驮。二、以公盐收代金，驮运公私盐。今年可以将公盐的任务分配到人民中去，以公盐收成代金方式组织运输力，献运公私盐的原则进行，办法应注意下列各项：[illegible]

[illegible]

三、须具计划来执行。各县可以根据上述说明，并具具体计划，并研究今年组织运输队的经验，决定执行的办法。[illegible]

### 重视运输工作 配备坚强干部

[illegible]

| | 合作运输队(驮) | 驮数 | 共计(驮) |
|---|---|---|---|
| 延市 | [illegible] | [illegible] | [illegible] |
| 延县 | [illegible] | [illegible] | [illegible] |
| 安塞 | [illegible] | [illegible] | [illegible] |
| 甘泉 | 一、〇〇〇 | [illegible] | [illegible] |
| 志丹 | 一、〇〇〇 | 六〇〇 | 一、六〇〇 |

各县组织的运输队，包括三十二年的数字，上列各数目是今明年共应达到的数目，合作运输队数目系参照[illegible]

# 特牛沟减租斗争

——葭县店镇区减租斗争调查之一——

西北局调查研究室

### (一)特牛沟的土地概况

特牛沟是葭县店镇区的一个行政村，全村一九四户，八百五十人，是葭县大村庄之一。全村有地主富农十二家，是店镇区土地比较集中的一个村庄。这十二家地主富农[illegible]

### (二)特牛沟租佃形式的变动情形

[illegible]

### (三)地主对付减租的办法

1.倒换庄子[illegible]

2.定租改为[illegible]

3.外村找庄子，因为外村人[illegible]

4.遮隐，[illegible]

### (四)特牛沟的减租斗争与减租会的产生

[illegible]

### (五)减租会的工作及群众的反映

[illegible]

# 中直军直生产委员会

# 决定各单位进行生产总结

## 党校大批采集野菜储作饲料

【本报讯】中直军直总生产委员会，日昨召开常会，讨论冬季工作计划，决定今年冬季工作着重于生产总结[illegible]

【本报讯】中央党校为了[illegible]

## 学疗捐款万元 救济关中灾胞

【本报讯】学生疗养院全体工作人员及休养员，[illegible]

# 论南泥湾政策的经营管理法（上接第一版）

### 肉——喂猪的问题

提倡学会有肉吃，这都赞成，而且是生产自给的一个大项目。我根据你们做得好，[illegible]

[illegible]



# 延川中区四乡代耕队

# 先给抗工属收夏种麦

## 县民教馆半年供给书报六千份

【本报延川讯】对于优抗工作非常认真的中区四乡[illegible]

【本报延川讯】本县民众教育馆[illegible]

解放日报 | 时间 1943-10-9 | 期 第871期 | 版 第2版

# 边区纺织厂九月份产量较五月份提高一倍

## 全厂展开节省原料运动

【本报讯】边区纺织厂九月份产土布七四九.九四疋，较前月增加百分之五，较五月份则增产一倍。在缺工上也有显著的改进，五月份全月缺工六三四人，占全数的百分之十七，八月份缺工仅一九八人，占全数的百分之四.三，病事假的减少，是节省劳动力和提高产量的重要原因。在浪费现象的消灭上，也可看到，七月份全月开机一、八〇二架，耗用机油三十五斤。八月份全月开机一、八七四架，却仅耗机油二十八斤。废纱在统计表上也逐渐降低了，七月份每天平均拾废纱二斤三两，八月份每天平均一斤三两半，到九月份则每天仅有十两半。节省运动引起了大家的注意，如铁机班普遍的订计划，保证五寸以上的纬纱要织进去，木机班如郝运田、傅向荣更订计划保证二寸以上就要织进去。以前大家怕费时间，遇有飞梭，把纱往梭榜上一绕就算了，这样往往织成一团，刘佐华首先订计划："要先绕上纬杆再织"。除了技术和产量以外，十月份普遍的把改正自己的缺点，订入了计划，如傅向荣不安心工作，几次要求调工作，这一个月他决定"保证安心工作，不要求出厂"。刘林以前对于整风学习不积极，这一个月他说："要照常工作，绝不消极，积极地参加整风学习"。青年女工翟斌订计划："自己不浪费一点纱，看见别人也要批评和斗争"。一个老工友刘同英订计划："要帮助别人修理机子"。王凤琴同志订计划："要帮助别人学习"。"把工厂看作自己的家"，这个思想在工友中逐渐的增长，从九月以来，土纱供给困难，工厂为了节省，提出建议，要求因缺料停工的工友，参加修建窑洞。这个建议马上得到响应（按以前惯例，因料缺停工，生活费由厂方供给），有五十一个体力强壮的工友，自动组成一队，包作工厂窑洞（厂方正在雇工包打宿舍二十孔窑），采用包工制，价格和老百姓工人一样，自己打自己住，要保证打得更好。这样，每天一人以一升八合米计，五十人一天就要节省生活费九斗米。此外，伙房的工友，也自动提出包打猪圈，要不妨碍做饭，反还更要做得好。该厂现在每天工作七小时（主要是因原料缺少），整风学习四小时。

# 關中男女老少齊動手 早晚收割中午犁地

## 抽出人力加緊運鹽修捻地

【本報關中六日電】分區各縣秋收運動，現已普遍展開。今年秋收中的顯著特點之一，就是……

## 模範移民工作者馮雲鵬 領導六個開秋荒班子

## 延屬專署討論延師工作

### 確定方針為工農大眾服務 培養師資與區鄉級幹部

## 吳旗縣今年組織戶戶牲口馱鹽的幾種辦法

## 赤水一區運鹽英雄 羅錫玉等四人發獎

## 工友努力勞動

## 南泥灣駐軍 開展秋收競賽

## 志丹杜福仲 積極生產運鹽

### 每月食鹽十五次牲畜逐年增多

## 邊區紡織廠九月份 產量較五月份提高一倍

### 全廠展開節省原料運動

## 「歐洲」部人民合作社負責同志談 戰士踴躍入股

### 代表會議決定擴大業務

## 警校放青運鹽隊歸來 每馱獲利二千元

解放日报 | 时间 1943-10-13 | 期 第875期 | 版 第2版

# 安塞陈家洼民办纺织厂五个月获利三十万成品质量提高

## 明春扩大资本增购织布机

【本报安塞讯】陈家洼民营纺织工厂，于本年四月开办时，仅有资本十三万元，营业五个月，至九月结账时，以实物折价，本利共值四十三万元，即获利三十万元。以实物计共赚下一架织布机，一架纺线机，两架纺线车，两架倒线车等，并添置零星工具多件。由于安义元同志领导有方，该厂业务已迅速发展，成品质量日益提高，四月开办时，在极困难条件下，只一架织布机，月底出布一匹，在五月份，即织布三十疋（洋纱为经），六月份增加织布机一架，但因洋纱缺乏，改用土经土纬，至月底始出布二十匹，七月份仍属此数，八月织布二十二匹，九月二十三匹，十月份十天来已织出八匹。由于土纱质量较差，误工大，且要除开经布时间，所以数量上较五月份减低，但质量上却是不断提高。自六月改用土经成功，在布的紧密以及重量上，均不逊于市面一般出售品。□[该]厂出品原为供给群众需要，所以价格较市面一般低廉，如五月份市面上尺二宽的土布一尺售价至低三十六元，该厂却售价三十四元，六月市价五十五元，该厂布价五十元，九月份市价蓝布一尺一百四十元，该厂布一尺价一百三十元，较市价低十元，故远近群众争相购买。所产一百余匹布，除供给本村需用五十余匹外，其余销售附近群众及真武洞市场，颇得群众好评。在该厂人员方面：现共有七名，其中工人二名（由枣湾工厂抽调来的侯占有负责技术方面），学徒三名，工作人员二名，采买和对外接洽由高照祥负责，会计保管兼门市上买卖（民办合作社性质，出卖工厂织的布匹，及火柴、水烟等）由刘维中负责。安义元负责总的领导（不脱离生产）。工资方面：九月以前是给工资，四月到六月，每个工人一千五百元。六月到八月，改为实物工资，每人每月小米六斗八升。九月结账以后，均不取工资，以人作股，将来分红利。据安义元同志谈：这样更好，大家当成自已的事，积极性更能提高，原料亦能节省。在原料来源方面：由于该厂的开设，大大推动了妇纺的开展，该厂放一斤棉花，收半斤线子，给妇女利益甚大，本庄一下就发展了十一个纺妇，所纺线子供给工厂，或者工厂以一丈零五寸布换线子一斤。在今后计划中：冬三月预计最少要产布五十匹，在工厂附设民办合作社下开设粉房一处（房子已动工修盖），计划每天出粉二三十斤，并养二十来头猪，供给群众需要，以后粉房获利更帮助工厂发展。明春工厂大量欢迎群众投资，至少扩大二十万资本，再增加织布机一架，招收学徒二名，培养技术工人，并准备购买织袜机一架，增产袜子。现在该厂已能染红蓝色各□[种]有色布，明年将继续研究提高技术，使色彩更鲜艳。

# 鹽池發動牛驢運鹽

## 調劑畜力，挑選運輸人員，解決鞍架困難，幹部以身作則，縣府貸款幫助。

# 延屬分區地委專署

## 農業生產成績優良

### 蔬菜充足兩天吃肉一次

# 歐洲部各連隊均喂有一群羊

# 西北黨校第十八班學員

## 個人生產超過任務

### 打柴縫衣兩勞動英雄受獎

# 戰鬥中的嵐縣民兵

煥文

# 安塞的放青馱鹽

曾傑

# 華池動員突擊秋收

## 種麥開荒運鹽抓緊進行

# 邊區生產展覽會是一年來生產鬥爭的縮影

（上接第一版）

# 綏德成立農業統累稅委員會

## 開設訓練班擇定典型鄉試辦





第二卷（中）

| 解放日报 | 时间 | 1943-10-15 | 期 | 第877期 |
| --- | --- | --- | --- | --- |
| | | | 版 | 第2版 |

## 政府发纺车贷棉花给厚利淳耀积极发展织纺

### 赤水王德元全家纺纱织布

【本报关中讯】淳耀妇纺业日渐发展。四区三乡虎家河村妇女听到桃渠河纺线取得厚利后，最近在区政府帮助下成立了两个妇纺小组。她们缺乏纺车、铁针、棉花，区政府立即帮助六架纺车，请铁匠打了四个铁针（纺线用的），贷出棉花十八斤，纺车声于是整日在村里响着。没有五天的时间，全乡便流传着一个兴奋的消息：虎家河妇女给公家纺一斤线就赚二百元。十余里外的南梁上与塔儿凹的六个妇女，自动成立两个纺织小组，并向区政府贷熟花六斤六两，该村两个难民妇女也向政府领纺车、棉花从事纺花了。最近，四乡下里马的一个妇女来该乡看亲戚，见到纺花利大，就找卢组长领了二斤花回去。由虎家河妇纺所推动起来的本乡的情况是：四个村已组织三个小组，十七个妇女，已领花二十余斤，七架车子。为普遍进行与桃渠河妇纺的竞赛，她们即向政府提议，把花弹好，再发四个铁针，政府已接收她们的意见，正在照办中。

【本报关中讯】淳耀四区六乡池家庄纺妇小组于月夜勤劳纺线。在旧历七月半的一次，纺妇们都端着纺车集合到妇女主任朱金莲的窑前，在银色的月光下，纺车有节奏地响着。在朱金莲的鼓励下，纺妇积极性大为提高，每晚纺三四两线，已成为她们共同遵守的规约。她们并共同规定，在不妨碍家务、做针线之下，每天保证纺四两半至五两线，她们说："时间要分配好，早，上午做其他活，下午和晚上纺线，这样线也纺了，针线也做了，三天纺一斤线，就能换回两斤花，这是多好呢。"在她们中间，十一岁的刘秀花，每天能纺七两半线，母女两人两天能纺一斤多，还织一丈多布，为全村纺织的模范。又讯：六区三乡野狐沟任俱保，是去年三月来边区的难民，开荒务农，在今年政府发展纺织的号召下，他便上山砍伐木材，自制纺车织布机，过去他连一天木匠都没做过的，现在制成木机后，他母亲在十天内织布二十五丈，赚的钱可买麦子二斗二升，供全家人十二天消费。在二区一乡小池村，两个纺织小组已组织起来，十三个组员中有五个是新户。姚殿堂的老妻，五十余岁，也自动参加小组，向抗救会领取棉花摇纺了。

【本报关中讯】赤水三区三乡井村，近发现一模范纺织家庭，该家主名王德元，全家十九口人，他的妻子、两个嫂嫂、一个弟媳及一个侄媳等五人，都能纺织。在民国二十八年前，他家全靠买布穿衣，计算每年要四十多丈布才能维持，有时还要靠穿旧衣来补充。以后布价逐渐高涨，这批经费无法开支，于是就使这五个妇女进行纺织，按照全家人口分开大人小孩为五组，发棉花给她们（大人一斤小孩半斤）由她们自己纺线织布，以便将变卖余下的布解决自己丈夫孩子的穿衣问题。因此，她们中间便自然地产生了竞赛，争先恐后的努力纺织，在这种竞争之下，他家的纺织业就突飞猛进地发展起来了，每年除冬夏两季穿五十六丈布外，还可余三十五丈多布。从民国三十年起，家里连染布钱都由她们从织布上来解决了。据今年八月间的调查，她们在七个月当中共织了九十七丈布（宽二尺），全家前季共穿了二十五丈布，卖了三十二丈（每尺价四元五角），共得法币一千四百三十元。现尚存四十丈布，十斤棉花，线六斤。此外，她们还养了八窝蚕，并且在养蚕过程中，受了很大的辛苦，必须到十五里外之孙家村寨里村一带去采桑叶。现收获极好，共摘了二斗二升茧，能抽斤半丝，以目前的丝价当可卖两千元。

# 政府發紡車貸棉花給厚利
# 淳耀積極發展織紡
## 赤水王德元全家紡紗織布

【本報綏德中訊】淳耀婦紡業日漸發展。四區三鄉虎家河村婦女聽到桃鎮河紡織……

## 鎮原三岔區一鄉組織變工
## 運鹽收秋兼顧進行

# 木頭峪減租運動
## ——葭縣店鎮區減租鬥爭調查之二——

西北局調查研究室

### 一、租佃情況

### 二、減租運動

### 三、各階層對這次運動的反映

## 華池模範軍人 劉子清病逝

## 鹽池四區的運輸合作

雲江

## 趕快秋收

王丕年

## 志丹七區機關與羣衆合作
## 種地養羊改善生活

# 南泥灣駐軍緊張秋收
## 政治部衛生部同志踴躍參加
### 四天中郎將糜子與山藥蛋全部收完

| 解放日报 | 时间 | 1943-10-15 | 期 | 第877期 |
| --- | --- | --- | --- | --- |
| | | | 版 | 第3版 |

# 晋西北纺一厂织土布的初步经验

晋西北纺一厂过去虽曾大量生产布匹，但经线则始终是在采用大后方运来的十六支纱，本地土纱只拿来当纬线用。自今年洋纱来源断绝后，行署号召我们研究和试织纯土布，以求摆脱对外的依赖，自力更生，以解决根据地的穿衣问题。因之，从六月份起，本厂即全部采用土经土纬织布，一面研究摸索，一面试验，现在已经有了两个半月的时间，织出了纯土布近千匹，虽然缺点还不少，但基本上总算解决了土经织布的问题。特将我们这一点初步经验写出，供给大家研究参考。织纯土布的问题，在于经线的自给，所以下面只从经线的预备上说起，一直到织出纯土布，共分五点来说：（一）选纱。土经布能否织得好，能否提高质量，打密纬线，减少断线，其决定关键，在于经线的选择。经线如能选好，则织布时断线□以大大减少，打纬可以紧密，产量质量都可以提高；否则会在预备时与织布时，遇到很多困难不易解决，甚至会完全失败。如何选择经纱？根据什么来选择呢？最初我们总以为支数越大，也就是说，线子越细，就会越好，以后的经验证明并不如此。因为群众手工纺纱棉花，不是从机器上梳来，而是从弓子上弹出的，纤维不顺（不平衡），纺的越细，反而越不易匀。我们有很多选好的经线，算起来足够十支，纱但用的结果则很坏，原因是不匀，平均虽是十支，因其不匀，个别地方则又会细达十四五支撚度，线子极其脆弱易断。所以首先在选纱时，着重匀，不要粗细不一致的线子；其次要线子紧，撚度高，不要毛茸茸的松线：如论到支数，应一般不超过九支，而以八至九支者为最适当，太细太粗都不好用。称好很匀称的经线以后，应再按照不同之撚度，大致分为两类。其一是撚度较大韧性较强的线子，其二则是撚度次些的，以便浆纱时整经时分别处理之。（二）浆纱。为了使土经线的韧性加强，运好了的经线，应分别其不同浆法。我们已用过的有下面三种：一、撚度较大的纱，每斤线子需要白面三两五钱，盐一钱，油五分，水三斤，煮成熟的稀糨糊，然后加糊到线子上去揉，揉的时间约需二十分钟，要细细揉遍为止。二、另一法，把面放在锅内用水和成软块，加开水煮熟（状似凉粉团），然后与冷水和起，搅成稀糨糊，同上法去浆线。这办法用面较多，每斤线子需白面四两五钱；好处是浆下的纱较坚韧而又柔软。三、浆撚度较低的经纱的方法，最好是蒸。用与第一法等量之面、盐、油等，先以冷水和成糨糊状，再以热水泼成半生不熟的糨糊，然后拿来浆纱，揉好揉周到以后，把线子放下蒸笼去蒸，蒸的时间约半点钟即可。以上三个浆法，均要求把线子扽的匀匀地，然后晒干。先在阳光下晒，时时翻倒，以求平衡，待半干时，即应移至凉处，使慢慢地干，以便韧性平衡，至于用油，则是为了线子柔和滑润，用盐则是为了坚韧。浆出的纱，以最后一法所浆出者韧性最大，织起布来断线最少，缺点是线子变得太硬，致使布面不易平滑，纠正的方法，只有把布潮湿后捶它一遍。第二法用于撚度大的经线，所得之纱坚韧而柔和，并能在土纱个别松的地方不发生“浆圪瘩”，缺点只是用面较费。第一种方法好处是手续简单，省力，但只可用于很好很匀的纱。（三）络纱。络纱时最应注意的是仔细与耐心，把浆纱上的每个“大结头”“大圪瘩”，全部去掉，重新结头。结头要求极小。结时最好润湿一下手指，使结头小而圆滑。（四）整经。土经布每寸究竟应该摆多少经线才较为合适，才能使布的密度适中呢？根据我们试过的四种不同数目所得经验是：如果用的土经够八支，则每寸有五十四条线子就行了。如再多则织布开叉时，上下经线间地摩擦过大，断线太多，不易织快；太少了，织固容易，但布又麻稀。总之，这须视经纱的支瞠而定，支数大则线纱需要多，否则必须酌量减少之。（五）织布。织土经布，我们还未曾试用过铁轮机，只是照旧用我们的木机子，俗称快机子。这里应□[特]别注意的地方是：一、上下两综的开口应特别小，否则会使线子泼力太大，极易中断。我们开口最大不过二寸，以一寸五为最佳，自然用旧式牛角梭子的改良木机者，不在此例。二、卷布要紧，打梳踏结时要轻轻用力，不能太猛。三、老百姓过去织土布，经线上均上水，我们也曾上水，但成绩不好，缺点是打箴极吃力，而且上水频繁，影响织布速度，现在则改用潮的办法。方法是机子下经常倒水，使机房永远十分潮湿，不令经线干燥，断线可以大大减少。现在，试织纯土布两个月后的今天，我们工人已经从平均一天三丈增高到每天织七丈五了，仅略低于洋纱，以后继续提高技术，继续研究与改进方法，则土经织布是完全可以成功的。总之，最主要的要求，是选纱问题。这个问题的解决，则有待于我根据地群众精纺工作的开展。在精纺工作中，强调支数大，如抗战日报临南讯上说的，一两纱长三百六十丈，合到十七支以上了。这似乎还不是当务之急。重要的还是匀，今天在兴、神、保等纺纱技术较低的地方，应在支数上不要求十支以上，八支已经可以了（八支是每两一百六十丈），而要求粗细均匀，撚度要高，每寸在十八转左右，织布问题即可迎刃而解。

（新华社晋西北十三日电）

# 西南太平洋上
# 盟機猛炸拉布爾
## 毀日機一七七架艦船一二三艘

【合衆社西南太平洋盟軍總部十四日電】公報宣稱：十二日，大隊盟機對日軍根據地拉布爾（在所羅門西北之新不列顛島中）進行重大的空中打擊，毀敵機一七七架，艦船一二三艘。日使日本在西南太平洋之整個防禦體系處於被直接進攻之下。麥克阿瑟實際上將武庫中之每一戰鬥機都投入進攻，使日軍完全陷於突然之襲擊，投彈共達三百五十噸。當發機隊中最後一批飛機於十二日返回時，他們遺留在他們後面的是：日機一百架被毀，五十一架在機場上嚴重受創，四十架戰鬥機中有二十六架被擊落，[illegible]小型貨輪四十三艘，港口船隻被毀或被擊沉七十艘，[illegible]驅逐艦三艘，大商船三艘，[illegible]一艘嚴重受創。此外盟機並將[illegible]、軍事倉庫、[illegible]設備毀壞，而損失僅五架。此擊[illegible]麥克阿瑟之公報稱：『此乃我們對所羅門[illegible]，此襲擊爲在要害處予敵人之[illegible]的失敗。敵人主要的前進的空中[illegible]力之焦點與[illegible]拉布爾再度爲[illegible]所控制。我以爲我們已[illegible]。此一千餘架空軍之[illegible]，以不可置信之[illegible]，一鏈串對威瓦克島之襲擊（自八月中旬以來毀日機五百餘架）[illegible]拉布爾爲特[illegible]主要根據地，並爲[illegible]之攻擊目標。』

【路透社西南太平洋盟軍總部十四日電】麥克阿瑟最近的[illegible]計劃，即是[illegible]之攻擊拉布爾。此次出擊亦如本年八九月間之襲擊威瓦克，先攻擊日方一[illegible]，[illegible]其所使之轟炸機及戰鬥機之數目，亦爲太平洋上對敵作戰空前未有者。較空襲常區所用飛機二百餘架尤有過之。所投炸彈之噸數，亦爲太平洋上空前未有者，在兩日內投彈三百五十噸。本日公報中總計西南太平洋及南太平洋之作戰中（包括拉布爾在內）敵方飛機被毀及受創者一百九十九架，我方損失僅八架。

【合衆社西南太平洋盟軍總部十二日電】盟軍總部公報稱：洪灣之樽落戰中，日軍死傷四百餘人，美機直襲威瓦克時，四架機四架與日機四十四架作戰，日機八機被擊落，兩架被創。盟方轟炸機坊襲所羅門北部及新不列顛之目標，日方驅航艦一艘在柴島沿角海內中彈，美機並襲新不列顛北部威杜爾島之加孟輔島上日方設備。

【新華社延安十二日電】據美新聞處訊，西南太平洋盟軍總部十二日電，盟軍公報稱：以澳洲爲基地之解放式與多架，曾完成二千四百哩之航程，襲馬加撒（在南洋羣島中之西里伯斯島的西南角上）之倉庫與碼頭，事後各機安返基地。

# 駐華盟機
## 襲滇邊越南日寇

【新華社延安十二日電】據悉，美國駐華空軍駐華總部發表第一一六號公報稱：『在過去兩日內，第十四航空隊襲擊滇邊越南日軍目標，及中國海岸外敵方航運。十月九日美機B二五式轟炸機襲中國南岸附近敵國五二英尺長之油船一艘，直接中彈兩枚，兩分鐘內即行沉沒。另一隊美機襲擊一四〇英尺長之船艦一艘，兩彈落淨，二百英尺長貨輪一艘亦被炸，附近落彈數枚，上述兩船被炸後傾覆不定，相信已受創。同日我戰鬥轟炸機襲擊滇邊已被敵機佔領之重要設施，直接中彈多枚，引起猛烈大火數處，尚有汽油儲藏地中彈。十日B二五式機再次襲擊防空陣區，投重磅炸彈卅五噸，以上結果甚佳，所有炸彈均中目標區域，命中兵營及貨棧區援中彈。此次我機未遇敵機攔截。同日我戰鬥轟炸機襲日佔領下之鐵橋，敵兵在中彈，引起爆炸，相信係火藥庫中彈。』凡此諸役，美機均一路，美戰鬥機第十四航空隊無架失蹤。又據昨盛頓十三日一供站司令文宣稱，[illegible]作勾留，[illegible]歐日新型零式機，若其以前擊敗舊式零式機。據納德少將現以有效戰術對付新型船舶零式機。[illegible]

# 納粹公報說謊
## 德士兵憤慨異常

【塔斯社莫斯科十三日電】德義勞西首斯最近在斯托克霍爾姆聲稱：『德國公報說德軍並非退却，而是「完成預計撤退」。』[illegible]

# 晉西北紡一廠織土布的初步經驗

晉西北紡一廠過去曾經大量生產布疋，但經線則始終是在採用大後方運來的十六支紗，本地土紗只拿來當緯線用。

自今年洋紗來源斷絕後，行署號召我們研究和試織純土布，以求擺脫對外的依賴，自力更生，以解決根據地的穿衣問題。因之，從六月份起，本廠即全部採用土紗織布，一面研究摸索，一面試驗，現在已經有了兩個半月的時間，織出了純土布近千疋，雖然缺點還不少，但基本上總算解決了土經織布的問題。特將我們這一點初步經驗寫出，供給大家研究參考。

織純土布的問題，在於織線的自給，所以下面只從經線的預備上說起，一直到織出純土布，共分五點來說：

（一）選紗。土經布能否織的好，能否提高質量，打密緯線，減少斷線，其決定關鍵，在於經線的選擇。經線如能選好，則織布時斷線，以大大減少，打緯可以緊密，產量質量都可以提高；否則會在預備時與織布時，遇到很多困難不易解決，甚至會完全失敗。

如何選擇經紗？根據什麼來選擇呢？試驗初我們總以爲多數紡的大，也就是說，線子愈細，就會越好，只我的經驗證明並不如此。因爲緊紡手工紡紗棉花，不是從機器上紡來，而是從弓子上彈出的，纖維不順（不平衡），紡的愈細，反而愈不易勻。我們有很多選好的經線，算起來是够十支，均確是十支，但用的結果很壞，就因是不勻，平細達十四、五支燃度，線子極其容易斷。所以首先在選紗時，希要勻，不要粗細不一致的線子；其次要線子緊，撚度高，不要毛茸茸的線線；如論到支數，應一般不超過九支，而以八到九支者爲最適當，太細太粗都不好用。

稍好很勻稱的經線以後，應再按照不同之撚度，大致分爲二類，其一是撚度較大彈性較强的線子，其二則是撚度次些的，以便漿紗時整經時分別處理之。

（二）漿紗。爲了使土經線的韌性加强，爲好了的經線，應分別其不同漿法。我們已用過的有下面三種：

一、撚度較大的紗，每斤線子需要白麵三兩五錢，碱一錢，油五分，水三斤，煮成熟的稀漿糊，然後加糊到線子上去揉，揉的時間約需二十分鐘，要糊糊揉匀爲止。

二、另一法，把麵放在鍋內用水和成軟塊，加開水煮熟（狀似涼粉團），然後與冷水和起，攪成稀漿糊，同上法去漿線。這種法用麵較多，每斤線子需白麵四兩五錢；好處是漿下的紗較緊韌而又柔軟。

三、漿撚度較低的經紗的方法，最好是蒸。用與第一法同量之麵、碱、油等，先以冷水和成漿糊狀，再以熱水攪成半生不熟的漿糊，然後拿來漿紗，揉好往蒸籠到以後，把線子放下蒸籠去蒸，蒸的時間約半點鐘即可。

以上三個漿法，均要求把線子攤的勻勻地，然後曬乾。先在陽光下曬，時時翻倒，以求平衡，待半乾時，即應移至涼處，使慢慢地乾，以使韌性平衡，預於用油，則是爲了線子柔和滑潤，用麵則是爲了增韌。

漿出的紗，以最後一法所漿出者韌性最大，織起布來斷線最少，缺點是線子變得太硬，致使布面不甚平滑，糾正的方法，只有把布潮溼後搥它一遍。第二法用於撚度大的經線，所得之紗堅韌而柔和，並能在去紗個別鬆的地方不發生『蒸疙瘩』，缺點只是用麵較費。第一種方法好處是手續簡單，省力，但只可用於很好很勻的紗。

（三）絡紗。絡紗時最應注意的是仔細與耐心，把漿紗上的每個『大輸頭』、『大疙瘩』，全部去掉，從新結頭。結頭要求極小，結時須好潤濕一下手指，使結頭小而圓滑。

（四）整經。土經布每寸究竟應該攤多少經線才較爲合適，才能使布的密度適中呢？根據我們試過的四種不同數目所得經驗是：如果用的土經够八支，則每寸有五十四條線子就行了。如再多則織布開叉時，上下經線間的磨擦過大，斷線太多，不易織快；太少了，織固容易，但布又稀。總之，似須視經紗的支數而定，支數大則線紗應要多，否則必須酌量減少之。

（五）織布。織土經布，我們還未曾試用過鐵輪機，只是照常用我們的木機子，俗稱快機子。這裏應特別注意的地方是：一、上下兩線的開口應特別小，否則會使線子受力太大，極易中斷。我們開口最大不過二寸，以一寸九爲最佳，自然用舊式半角梭子的改良木機者，不在此例。二、梭布要緊，打梭稍鬆時要輕輕用力，不能太猛。

三、老百姓過去織土布，總是上水，我們也曾上水，但成績不好，缺點是打緯吃力，而且上水頻繁，影響織布速度，現在則改用潮的辦法。方法是擇子下經常倒水，使線所永遠十分潮濕，不令經線乾燥，斷線可以大大減少。

現在，試織純土布兩個月後的今天，我們工人已經從平均一天三丈增高到每天織七丈五了，僅略低於洋紗，以後繼續提高技術，繼續研究與改進方法，則土經織布是完全可以成功的。

總之，最主要的要求，是選紗問題，這個問題的解決，則有待於我根據地紮紮實實紡工作的開展。在紡紗工作中，紡綫支數大，如抗戰日報臨南縣上說的，一兩紗長三百六十丈，合到十七支以上了，這似乎還不是當務之急，最要的還是勻，今天在興、岢、保等紡紗技術較低的地方，應在支數上不要求十支以上，八支已經可以了（八支是每兩一百六十丈），而要求粗細均勻，撚度要高，每寸在十八轉左右，織布問題即可迎刃而解。

（新華社晉西北十三日電）

# 南解放軍攻奪得手
# 意軍一師投奔南軍

【路透社倫敦十三日電】今晚自由南斯拉夫無綫電台廣播南斯拉夫人民解放軍總部特別公報稱：游擊隊於十月十一日襲擊中央波斯尼亞之[illegible]，[illegible]爲主要工業中心，[illegible]位於[illegible]。公報續稱：一日以後，游擊隊得以擊毀電力站、一切設施及鐵路。之後，他們毀火車頭廿五個及火車廂一百五十個。他們突入城內，激烈巷戰正進行中。[illegible]盧澳大量軍用物資，其中有大砲九十門。在威溫鼓區之意軍一師全部已投誠我方，並與我共同對德軍作戰。數日前，該師與德軍及米哈洛維奇軍共同對我作戰。

# 阿剌伯會談開幕

【路透社開羅十一日電】阿剌伯代表間所籌行之泛阿剌伯會議，今日在亞歷山大開始。

# 紅軍攻勢震撼下
# 德寇傀儡不穩
## 安多萊斯哥政權岌岌可危
## 吉斯林黨日趨分崩離析

【塔斯社伊斯丹堡十二日電】布加勒斯特訊：羅馬尼亞國防軍部長[illegible]在給各軍區與大陸防軍指揮官的命令中，指出：禁止對蘇俄前綫的軍事形勢作『任何』的討論。這是一命令的人員將遭到逮捕，並受軍事法庭審判。羅軍中的一切報紙地圖都被收回。羅馬尼亞軍事當局顯然害怕羅馬尼亞軍隊[illegible]對士兵們隱瞞[illegible]羅事的實情。

【塔斯社斯德哥爾摩十三日電】據斯德哥爾摩日新聞報，羅馬尼亞當局決定將一百人拘於集中營內，其中包括知識界及著干著名新聞記者。[illegible]

【塔斯社斯托克哥爾摩十三日電】『速模克』報報導吉斯林黨的日益分崩離析稱：大批吉斯林份子脫離該黨，主要是擔憂他們的勢力將爲人民對吉斯林份子之日益憎恨所引起的報復[illegible]。[illegible]

【塔斯社倫敦十三日電】據倫敦廣播：若干時以前曾宣傳羅倫的英國戰敗之後，[illegible]

# 戴吉途經直港赴英
## 解委會懲罰偏袒維希官吏

【路透社倫敦十四日電】法國民族解放委員會在今日會議中[illegible]

【路透社阿爾及爾十二日電】處理偏袒維希之北非四高級司法官吏之措置，已由法國民族解放委員會宣佈。[illegible]

【路透社阿爾及爾十二日電】三國會議之永久代表與羅宗亦已停止職權。

據新近成立之地中海委員會組織之正式任命，[illegible]委員會已有二委員，一爲英國之威爾遜氏，蘇已抵此，但仍未開始辦公，美亦未任命代表人員。蘇聯之維辛斯基率領的代表團隨時可抵此，英公使麥克米蘭自稱其職，[illegible]即可開始。

# 希姆萊自供
# 佔領區德統治動搖
## 納粹官員屢遭暗殺

【塔斯社斯托克哥爾摩十三日電】據可靠消息，波佔領區德國官員會議於十月初在柏林舉行，希姆萊在會上之演說中，坦白承認：『德國在波佔領區各國的路線之前』[illegible]

【塔斯社斯托哥爾摩十二日電】柏林訊：德國內政部長[illegible]

# 米蘭人民反德示威
## 意境東岸盟軍繼續圍攻德寇

【路透社蘇黎士十四日電】據此間自意大利邊境獲悉，米蘭發生數次反德示威運動，德軍會向群衆開槍。

【塔斯社日內瓦十二日電】自由報載消息：[illegible]

【路透社倫敦十三日電】北非盟軍統帥部發言人宣稱：盟軍佔領桑克羅斯及[illegible]

# 諾克斯稱：
## 潛艇威脅仍嚴重

【路透社華盛頓十二日電】海長諾克斯在招待記者席上提及太平洋之戰稱：地中海現已不復發敵水艇繼續之威脅，但潛艇威脅仍甚嚴重，[illegible]

# 意艦參加盟方作戰
# 斯邱羅電賀意對德宣戰

【路透社倫敦十三日電】意大利的海軍，已在地中海與盟國一齊作戰。

【合衆社華盛頓十三日電】白宮頃宣佈羅斯福、邱吉爾、斯大林已聯名致電意當局，賀其對德採取宣戰之行動。電中有云：盟國現接受意大利政府之合作，以作共同作戰國，[illegible]

【塔斯社莫斯科十三日電】蘇聯塔斯社會主義共和國聯邦、大不列顛及北愛爾蘭聯合王國及美國政府就今日（十月十三日）意大利對德宣戰一事，決定發表下述聲明：[illegible]

【路透社倫敦十三日電】[illegible]

【路透社華盛頓十三日電】[illegible]

## 晋西北新军被服厂掀起赶制棉衣热潮

【新华社晋西北十五日电】新军被服厂自张秋风运动开始那天起，所有职工都卷入提早完成××套棉衣的突击工作里了。因天气逐渐寒冷，每个人都万分关心前方将士的温暖。全体工人自动增加义务工一小时，所有轻病员都自动上工、产量骤增百分之五十到百分之百。缝工组过去规定每个机子每天扎棉衣十五套，现在大部分都扎到二十五套；特别是张鸿恩、张右保、张英、张凤鸣、宁广礼、温年喜等，每天能扎到三十套以上，并保证每寸扎十二针以上，线缝正直不弯。裁剪工人梁通福，过去每天裁衣六十件，现在能裁到一百一十件。老工人马二，平素体弱有病，现在除供给×架机子扎案外，每天利用工余时间扎棉裤五条。染工组过去每天染小布七百丈，现在平均能染一千二百丈。鞋工组为保证前方将士脚不受冻，十天以内完成×千双棉鞋。王进祥一天就上棉鞋二十双。小同志李克强，过去不好好工作，这次在张秋风运动中，思想上有了新的认识，工作效率也较前提高，他原计划每天衲鞋底八双，现在增加到十四双。打硬布组过去每天能打六张，现在能打到十二张。又在赶制棉衣的热潮中，新军织布厂、修械所、家属队也被卷入。李团长的母亲今年已经六十多岁了，每天要做棉衣三套。魏瑞莲是刚从敌占区来的家庭妇女，她没有做过军衣，但由于高度的生产热情，每天要做棉衣四套。大家都是鸡未叫就起来，一直做到晚上十点钟以后才休息。更为惊人的是织布厂与修械厂的工人，他们都是拿斧头的人，不惯使用针线，在开始的第一天，做一套也很勉强，并且有许多人都把指头刺破了，但到现在已有能做五套的了。另外全厂职员每天除自己的工作与学习之外，每人至少做棉衣一套。

中華民國三十二年十月十六日　GIEFANG RHBAO　星期六　第一版

# 解放日報

中華民國三十二年十月十六日　第八七八號　今日出版一大張

社址：延安　每月三元　三月八十元　半年一五〇元　全年二九〇元　零售每期一元

聲明作廢

收買播麵鍋啟事

## 增產糧食百分之卅

## 赤水修成埝田三千畝

## 秋後擬再修千八百畝

## 粉碎德寇強烈抵抗

## 紅軍收復薩坡羅什

## 米高揚等歡宴納爾遜

### 蘇駐英大使古賽夫呈遞國書

## 濱海軍民

## 粉碎敵「新建設運動」

### 大規模搶糧遭人民抗拒

## 晉西北新軍被服廠

## 掀起趕製棉衣熱潮

## 大軍整編之下偽軍日夜逃亡

## 祁縣我獨立營伏擊搶糧之敵

## 太行我軍營工廠中

## 開展甄榮典運動

### 每人努力生產節約儲蓄

### 北平市民飢餓紛紛四處搶糧

# 太行我军营工厂中开展甄荣典运动

## 每人努力生产节约储蓄

【新华社太行十五日电】十八集团军总部军工部总工会四届工代大会。于九月某日在某村召开，到会代表一致通过今后总的工作方针是开展甄荣典运动，以甄荣典运动来推动整个工作，并规定出做一个甄荣典运动者的具体标准：（一）自动增加生产，提高质量；1. 发扬创造性，自觉的改造工具，努力生产，增加数量，提高质量。2. 节约原料，爱护工具。（二）自觉的保卫工厂：1. 对埋藏工具资料等工作，都能积极负责。2. 英勇参加保卫工厂的工作。3. 提高警惕性，随时注意防奸工作。（三）加紧学习，提高自己：1. 政治上真正认识工厂是革命工厂，自己是为抗战、为革命而工作。2. 提高自己文化程度，真正做到能写会算。3. 技术上努力钻研，力求进步快速。4. 从日常生活中及工作中积极参加甄荣典运动，来提高自己。目前甄荣典运动中心是努力生产、节约、储蓄，除自己每月必需生活花销外，其余缴公储蓄。

【新华社太行十五日电】自今年本区展开大众化的文化运动以来，各方正努力进行这一工作。文联不少同志下乡参加地方工作，深入群众，为工农兵服务。文联各协已编辑通俗丛书数种，如“桃色汉奸”大鼓等，分别在新华、华北两书店印行。现有致力通俗化运动的赵树理同志编“小二黑结婚”通俗故事一种，写的是群众的生活，语言是群众的口语，作者曾为此深入群众调查研究过几个月，此书曾得十八集团军彭副总司令的好评，并在卷首亲笔提“像这样从群众调查研究中写出来的通俗故事，还不多见”一语。党政负责同志均鼓励此种作品。

# 解放日報

中華民國三十三年十月十六日　第八七八號　今日出版一大張

社址：延安　半年一五〇元　全年二九〇元　每月三十元　三月八十元　本期零售一元






## 增產糧食百分之卅

# 赤水修成埝田三千畝

## 秋後擬再修千八百畝

# 粉碎德寇強烈抵抗 紅軍收復薩坡羅什

## 濱海軍民 粉碎敵「新建設運動」

### 大規模搶糧 遭人民抗拒

### 企圖竊食進攻 爲我痛擊縮回

## 米高揚等歡宴納爾遜

### 蘇駐英大使古雪夫呈遞國書

### 大舉整編之下 僞軍日夜逃亡

## 晉西北新軍被服廠 掀起趕製棉衣熱潮

## 太行我軍營工廠中 開展甄榮典運動

### 每人努力生產節約儲蓄

## 祁縣我獨立營 伏擊搶糧之敵

### 北平市民多餓死 敵僞四處搶糧

解放日报 | 时间 | 1943-10-18 | 期 | 第880期 | 版 | 第2版

# 新华化学厂职工捐款救济边境难胞

【本报讯】新华化学厂职工为救济边境被难同胞，特进行募捐运动，模范工人黄玉金首先捐出全月工资一千五百余元，接着大家五十元、一百元、二百元、五百元……抢着捐出，雇工胡世鸿、李三亦各捐出一百元，有些同志把准备做衣服的钱也都捐出来了。结果捐献一万一千余元，由厂方交建厅转账边境受难同胞。

# 南泥灣駐軍 十萬畝秋收大部完成

## 最高平均紀錄一人一天割八畝八

【本報南泥灣訊】此間駐軍在不斷的一分鐘的緊張勞作下，十萬畝秋收任務已大部完成。其中山藥蛋、糜子、包穀等都已入窖和收割完畢，所有穀子、糜子，已在地裏割下堆到場上，部份已經打完入倉。由於勞動情緒的高漲及勞動力組織的完善，完成任務非常迅速。×部×連原定計劃十六天完成收割任務，結果提前了一週，在九天內就全部完成。他們在分配工作任務時，把割、捆、揹（挑）都按勞動力的強弱來配備，強的揹（挑），較弱的割，有技術的捆。各組的人力相互促進，割的人割，又每三人一小組，同時收，同時割，個人之間，小組之間都互相影響着。打場大概設在山上，這樣，收、打、運的工作可以同時進行。×部×連在割穀中，收割的速度由一天三十七把鐮刀，割二百五十一畝，平均每把鐮刀割六畝七分多；第二、三天都有增加，到第四天的突擊中，四十五把鐮刀，割了四百畝糜子，每把平均八畝八分多。在搶割下的糧食運往打場時，每人揹四捆……平均每人揹約二十七次，其中劉丸英、李二同志各揹四十一次，創造了空前的紀錄。……

# 志丹五區調劑荒地羣眾互助

## 秋開荒超過任務兩倍

# 米脂七里廟的模範變工

林冰

# 楊芝芳同志任 邊婦聯副主任

# 新華化學廠職工捐款 救濟邊境難胞

# 延縣抗屬高老婆 自動做鞋勞軍

# 綏德市統一收綫標準 紡綫質量提高

# 二流子馬孝英改過積極生產受獎

# 鎮原減租鬥爭中 揭露少數違法地主

# 穀穗長豆瓜熟菜肥

## ——「長城」一部收穫豐碩——

鐵鋒

# 安塞明年公鹽徵收 全數折交代金 由合作社包運

| 解放日报 | 时间 | 1943-10-18 | 期 | 第880期 |
|---|---|---|---|---|
| | | | 版 | 第2版 |

# 绥德市统一收线标准纺线质量提高

## 二流子马孝英改过积极生产受奖

【本报绥德讯】绥德市自从实行了统一收纱办法以后，各区纺线质量，已进一步提高。八月初，在市政府领导下，成立了纺纱合作社，很多纺妇去交线子、领花、领米（工钱）。所收的线子当中，特等纱占百分之九十八，上等纱只占百分之二。一区纺妇刘老婆领导成立了三个纺织小组，每个人都订了生产计划，大家还决定了工作规约。八月□开过一次会，奖励了三个模范纺妇，会后，三个纺织组的组长还自动到别区去进行宣传和组织纺织。

【本报绥德讯】义合六乡庙湾里的二流子马孝□[英]，今年三十三岁，本来是好人，但在旧社会里学会了吸鸦片，当小偷，做乞丐，不事生产，几年来都不能改正。直到今年二月，政府号召移民生产，□长动员他移往南路种地，他领了路费洋一百□[三]十五元，又把路费花了。后来经过政府几次劝导，他渐渐觉悟，四月里他到思家沟探望他表兄的病，就给表兄帮助劳动。从此，他下了个决心，早起晚睡，专心务庄稼，现在全家六人，都能够靠他劳动过生活，完全改过变成好人，政府也觉得应该将他的二流子牌取消。并于九月十一日，义合唱戏时，奖励了他小米二斗。同时马孝英还上台讲话，他说："过去我是个二流子，从今以后要到好路上来。你看我不但身体好了，而且还得到公家奖励，变成个好人了。所有咱义合的二流子，希望都能像我一样改好，并且得到政府奖励，改好并不难，只要有决心。"他讲罢话，台上台下的人都鼓掌，许多二流子也点头称是，表示庆祝和愿响应他的号召。

【本报绥德讯】延家岔乡老百姓拥军的情绪非常热烈，今年秋节瓜果成熟时，家家户户都自动地慰劳当地驻军，现全乡共送枣子一石五斗，西瓜二百个，果子三千个，及桃子梨子等物。延文美老汉说："八路军对咱们好，咱们拿点土产慰劳慰劳，礼轻人意重。"

中华民国三十二年十月十八日 解放日报 星期一 第二版

# 南泥湾驻军 十万亩秋收大部完成

## 最高平均纪录一人一天割八亩八

[illegible]

# 志丹五区调剂荒地 群众互助 秋开荒超过任务两倍

[illegible]

# 米脂七里庙的模范变工

林氷

[illegible]

# 杨芝芳同志任边区妇联副主任

[illegible]

# 新华化学厂职工捐款救济边境难胞

[illegible]

# 延县抗属高老婆自动做鞋劳军

[illegible]

# 绥德市统一收线标准 纺线质量提高

## 二流子马孝英改过积极生产受奖

[illegible]

# 镇原减租斗争中揭露少数违法地主

[illegible]

# 秋收长瓜熟蒂脱

[illegible]

# 安塞明年公盐征收 全数折交代金 由合作社包运

[illegible]

解放日报 | 时间 | 1943-10-24 | 期 | 第886期 | 版 | 第1版

# 边区生产展览会筹备处启事

（一）边区生产展览会决定于十一月二十五日正式开幕，各分区各单位展品至迟应于十一月二十日以前送来筹备处以便有时间布置。（二）展览会筹备处已由建设厅迁入边府对面前职业学校旧址办公，以后有关生产展览会事宜，请径来本处接洽此启。

GIEFANG RHBAO

# 解放日報

中華民國三十二年十月廿四日　第八六八號

延安市
## 賽馬大會廣告

## 邊區生產展覽會　籌備處啟事

# 太行救濟災荒減輕民負
# 豁免公糧五分之一
## 晉冀魯豫邊府工作人員每日開荒七畝半

# 魯南邊聯縣軍民
# 二次困襲白山敵據點
## 民衆獲得掩護全力突擊秋收

## 晉西北靜樂民兵
# 臨難不苟可歌可泣

## 敵寇在山西
# 瘋狂進行搶糧

## 魯濱海區民兵
# 展開集體生產運動
### 自己解決困難幫助貧戶耕種

# 三國會議進展順利
## 莫洛托夫担任會議主席

## 蘇聯輾鐵工人波塞
# 每日增加產量四十倍
### 某廠一月節約一千萬盧布

## 旬日激烈巷戰後
# 紅軍光復梅黎托波爾
## 克萊敏楚格東南克一名城

（5）

中国共产党早期新闻史史料汇编

# 绥德专署指示各县选举今年劳动英雄

【本报绥德讯】日前专署发出指示，要各县政府、各机关部队、各工厂学校，选举今年生产运动中的劳动英雄和模范生产工作者，十一月七日到绥德开给奖大会，并选拔代表到延安参加全边区的劳动英雄和模范生产工作者代表会议。劳动英雄的标准是：（一）能勤苦，生产品量多质好。（二）生产方法好，有创造性。（三）负担热心，遵守法令。（四）帮助别人，影响别人。模范生产工作者的标准是：（一）对生产有正确的认识，并正确的执行生产任务。（二）积极负责，有显著工作成绩。（三）生产有计划，有创造。（四）与群众有密切联系。在选举中要慎重认真，宁缺毋滥。此次全警区共选三十五名，各县数目分配如下：吴堡四人，其中农业一人、纺织一人、养蚕一人、模范生产工作者一人；清涧四人，其中农业一人、纺织一人、植棉一人、模范生产工作者□[一]□[人]；绥德农业二人、植棉一人、盐井一人、模范工作者一人；米脂农业一人、纺织□人、煤矿一人、模范生产工作者一人；葭县农业一人、纺织一人、模范生产工作者□人；绥西农业一人、纺织一人、植棉一人、煤矿一人、盐井一人。另外，造纸业（由专署和米脂纸厂选出）一人，分区一级机关生产的劳动英雄或模范生产工作者（包括各机关的工厂、公营商店）一人。抗大二人，驻军三人，×部一人，××部一人，运盐一人（由盐业公司选出）。

# 選舉勞動英雄和模範生產工作者
# 建廳發出詳細指示
## 人民勞動英雄應佔總額半數以上

【本報訊】邊府建設廳為貫徹選舉勞動英雄和模範生產工作者有關問題，分別指示各分區及各縣，內容如下：邊區政府決定各分區及全邊區於今年年終召開生產展覽會和勞動英雄及模範生產工作者大會和代表大會，總結今年生產運動的成績和經驗，討論明年進一步發展生產的辦法。關於選舉和開會辦法，都在邊府十月七日的命令和選舉辦法上規定了。為着貫徹命令和辦法，特提出下列意見，藉供參考。

[illegible]

# 綏德專署指示各縣
# 選舉今年勞動英雄

[illegible]

# 「鹽堆上出狀元！」
## ——記合作運鹽英雄劉永祥——

千卒

[illegible]

# 新寧四區四鄉
## 群衆紡織熱烈

[illegible]

# 志丹紡毛訓練班
## 紡毛紡棉有成績

[illegible]

# 志丹鄜縣人民
# 趕製勞軍鞋

[illegible]

# 鹽池駐軍的耕牛運輸隊

柯良

[illegible]

# 隴東分區機關等農場
# 秋收完畢進行開荒

[illegible]

# 黃縣李作昌妻
## 教本村婦女紡織

[illegible]

# 新宁四区四乡群众纺织热烈

【本报关中讯】据本报新宁四区工农通讯员四乡乡长报道：本乡公民段逢锁的母亲，过光景有办法。在最近种冬麦期间，每日天不亮，便将两个儿子叫起来，担水垫圈，天明就催他们上地种麦。她自己在家里纺线。晚上她就引上儿子到地里收蔓豆，两晚上收了五亩地。她鼓励儿子说："劳动得好，生活才得美。"她计划在后季织五疋布，两匹布供全家穿，另外三匹卖了籴些粮食，明年春天就不缺吃的了。

【又讯】该区四乡乡长杨德昌发动妇女纺织有办法。乡政务会计划在今年后季纺线一千一百一十五斤，织布四百六十匹。杨乡长便细心向农户作宣传说："现在买一匹小土白布，要一千八百元的价，这些钱能买六斤花，六斤花能织两疋多布，织下布是你个人的，出公粮又不算在内，那是多好呢！"他还说，家里有三个妇女，留一个做饭磨面，抽出两个纺线织布，劳动力就分配好了。群众都说："乡长真给咱们谋利益。"三村的段思成便马上请贾木匠做了一架织机和纺车，响应乡长的号召，这个消息激动了全乡，于是新增加了织机十架，纺车二十四架。现在该乡的纺织已经搞的热火朝天了，杨乡长并经常负责的进行检查。

# 選舉勞動英雄和模範生產工作者
# 建廳發出詳細指示
## 人民勞動英雄應佔總額半數以上

【本報訊】邊府建設廳頃就選舉勞動英雄和模範生產工作者有關諸問題向各分區發出指示，內容如下：邊區政府決定各分區及全邊區分別召開各分區及全邊區勞動英雄和模範生產工作者大會和代表大會，總結今年生產運動成績和經驗，討論明年進一步發展生產的辦法。關於選舉和開會辦法，都在邊府十月七日的命令和選舉辦法上規定了，爲着貫徹命令和辦法的實現，特就有關諸問題提供下列意見，藉供參考。

（一）今年的生產運動，在公私生產各方面都創造了大批勞動英雄和模範生產工作者，在他們之中，有的已經發現了……

（二）選舉勞動英雄和模範生產工作者及代表……

# 綏德專署指示各縣
# 選舉今年勞動英雄

# 鹽堆上出狀元！
## ——記合作運鹽英雄劉永祥——

# 新寧四區四鄉
## 群衆紡織熱烈

# 志丹鄜縣人民
# 趕製勞軍鞋

## 紡毛紡棉有成績
### 志丹整風新訓練班

# 鹽池駐軍的耕牛運輸隊

柯良

# 隴東分區機關等農場
# 秋收完畢進行開荒

# 葭縣李作昌妻
## 教本村婦女紡織

# 志丹整风训练班纺毛纺棉有成绩

【本报志丹讯】本县整风训练班个人生产成绩很大，纺棉纺毛技术进步迅速，胜过一般志丹市上的熟练纺妇。现在大家都准备好了过冬用的毛袜、毛袄、背心、毛鞋等物。据最近检查，从六月起到现在，二十五人（有时二十二三人）共打成毛袜子二十一双，毛袄四件，毛背心五件，毛鞋四双，毛裤一件，毛围巾三件，自己做成毛褥胎子两块，张子林同志创造小弓用手弹毛，自制胎子，和毡匠做下的一样好。另有纺捻成的毛线十五斤，纺的棉线九斤四两，按现在市价算起来，约值洋九万五千五百五十元，但成本只有一万九千八百二十元。他们都是利用礼拜日晚饭后去生产的，有十五个同志学会纺棉、毛线，其中有能纺成机器上用的棉线，有能纺成织毛布用的毛线。生产最多的有一万三千五百元，如李志明同志。其他生产五六千元的很多，最少的七百五十元（因是最近才来的）。平均每人生产三千八百二十元。目前大家仍在继续热烈生产中。

# 選舉勞動英雄和模範生產工作者
# 建廳發出詳細指示
## 人民勞動英雄應佔總額半數以上

# 選舉今年勞動英雄
## 綏德專署指示各縣

# 鹽堆上出狀元！
## ——記合作運鹽英雄劉永祥——

千紫

## 新寧四區四鄉 群衆紡織熱烈

## 志丹整風訓練班 紡毛紡棉有成績

# 志丹鄜縣人民 趕製勞軍鞋

# 鹽池駐軍的耕牛運輸隊

柯良

# 隴東分區機關等農場 秋收完畢進行開荒

## 葭縣李作昌妻 教本村婦女紡織

中国共产党早期新闻史史料汇编

## 难民工厂女工杨爱珍等工余种菜喂猪养鸡

### 收入增加生活更为改善

【本报安塞讯】难民工厂女工及职工家属生活，由于厂方关心帮助与自己努力生产，已日益改善。她们除了工作时间努力劳作，多产成品多得工资外，还利用了工余时间、假日，进行种菜、喂猪、鸡、鸭等副业生产，达到生活富裕的境地。例如络纱女工杨爱珍，平素对工作非常积极，天未亮就起床给丈夫、小孩做早饭，饭后上工。她恐晌午下工中间休息时间短，做饭来不及，把早饭一次做好二次吃。在做工过程中，她一面抱着不及二岁的小孩，一面倒线子，但生产数量是很高的，每月平均倒经线一百七十余斤，赵占魁运动开始时，她参加了运动，月产量竟达二〇〇斤以上，杨爱珍向来是勤苦劳动，不知疲乏的，她不仅做工积极；而且，在十小时工作时间以外的种菜等副业生产上也不落人后，每晚下工后不吃饭就去菜地，天黑时才回家做晚饭，夜里倒线至十二点钟才睡觉。凭着她自己的两只手，收获了如下菜蔬：菠菜二〇□，白菜六〇斤、南瓜一六〇个、洋芋三二五斤、茄子二十六个、茴子白十一棵、豆角十斤、萝卜六十一斤、秋白菜一五〇斤、莴苣十斤、西红柿十六斤、玉米一〇〇个，芫荽十二斤，此外，在四月间同别人合伙喂了一个猪，九月份杀了六〇斤肉，一直吃到现在，在九月间她又买了二头小猪自己饲养，还喂了鸡子五只、鸭三只。她全家生活是相当富裕的，自四月以来，天天有肉吃，每月平均九斤肉，白面三十次。但类似杨爱珍同志工余模范生产例子，在难民工厂是很多的。如女工姚芝兰工余种菜，收获各样菜、洋芋、西红柿、白菜等共九〇一斤、大蒜一〇〇头、南瓜六〇〇个、玉米六〇〇个、喂猪三头，和别人合伙喂一头、鸡十六只、鸭二只、兔二个。又如男工苏春田工余种菜收获量，更为惊人。仅西红柿就收五〇〇斤，其他各样鲜菜五〇〇斤以上，大蒜四〇〇头、喂猪一头、鸡子六只。再如张沛林等像杨爱珍一样的努力做工与副业生产，过着愉快美满的生活。上述这些，全是在毛主席“自己动手”“丰衣足食”伟大的号召下，工友自己辛苦劳动所得到的果实。

# 安塞河南難民劉喜 秋收糧夠吃廿一個月

## 已開秋荒六垧還要開三垧

# 志丹勞軍做鞋千五百雙

## 抗屬地位提高處處受尊敬

## 縣府決定冬災救濟辦法

# 記杜金紅馱鹽趕腳經驗

# 慶陽農民幫助警衛隊秋收

## 隴中自種菜蔬可吃到明年四月

## 太行姜希雲早種多鋤多上糞

# 每畝收玉茭一石四斗

## 邊區系統各單位

# 籌備生產展覽會

# 磁河兩岸的游擊組

## 出沒在山頭山坡、樹林草地、青紗帳裏，狙擊敵人，掩護群眾轉移。

## 難民工廠女工楊愛珍等

# 工餘種菜喂豬養雞

## 收入增加生活更為改善

| 解放日报 | 时间 | 1943-10-29 | 期 | 第891期 |
| --- | --- | --- | --- | --- |
| | | | 版 | 第2版 |

# 固临半数妇女纺织

## 临镇区九个月纺线五千四百斤，安塞枣湾生产社每月纺纱四百斤

【本报固临讯】本县为边区产棉区，因之农妇多会纺织，据统计在全县八、九六八名妇女中，会纺纱者即达三、四二一名，会织布者亦有一、八〇一名，她们已养成劳动习惯，农村中普遍响起紧张的纺织声。在工具设备上，虽然没有多头纺纱车，但手摇车每户足可自给。今年各级政府在动员生产与订立农户计划时，即依每个妇女纺织能力与可能时间，具体订出个人计划，作为她们今年纺织任务的标准，同时政府工作人员以全县妇纺模范冯学安、刘照云作为宣传材料，在农村中造成了妇女纺织热潮。但由于今年妇女普遍直接参加农业生产（割麦、摘棉头、摘花），只有冬季才是主要的纺织时间，据一般调查，多数妇女已完成所要求的任务，即以组织不普遍的临镇区论，在十月十日以前，除给私人纺纱二、五三四斤外，还给当地生产社纺线二、八九五斤，以三二八个纺妇计，平均每人纺线十七斤强，如至冬季每人纺纱二十斤定可保证。织布方面，除临镇区尚可自给外，其他各区除供给己用，还能出卖一部分，在集市上销售许多土布，特别是赤峯、安泰两区生产最多。而以现在纺纱数目，每个纺妇已平均纺纱十三斤以上，每个织妇已织布十五丈余。考察获得此种成效的原因，除深入宣传，订立计划，具体领导外，在工作中还解决了许多具体问题，如临镇移难民缺乏纺纱车，而自己无力购买，政府即以二万元贷款修纺车一百五十架，全部发给移难民，并提出纺得好的，即以此车作为奖品赠送，因此起了积极的推动作用。在原料供给上。该县生产社负责调剂转运分配，减少群众困难，如临镇区共纺纱五、四二九斤，生产分社即发棉交纱二、八九五斤，占总数□[一]半以上。另安河生产社供给群众棉花亦超过四千斤。该县根据已有成绩，将在今后的纺织事业上，继续发展纺织人数，养成劳动习惯，并改良纺织技术，加强妇纺检查，使生产社与群众建立密切联系，充分调剂与供给原料，使固临成为边区强有力的纺织据点。

# 各地秋收後繼續運鹽

# 鹽池馱鹽牲口倍增

## 定臨兩縣糧產較去年多一倍

【本報三邊廿四日電】鹽池縣自鹽牲口激增，據鹽局統計，較去年此時增加約近一倍。目前正值各縣秋收已完，各區及驛站口均有大批牲口趕往鹽池馱鹽，除有一部往定邊外，已届放青結束期，且一部牲口已開始往返……（以下文字模糊）

# 固臨半數婦女紡織

## 臨鎮區九個月紡綫五千四百斤

## 安塞棗灣生產社每月紡紗四百斤

【本報固臨訊】本縣為邊區產棉區，因之農婦多會紡織，據統計在全縣八、九六八名婦女中，會紡紗者即達三、四二一名，會織布者有一、八〇一名，她們已養成勞動習慣，農村中普遍……（以下文字模糊）

# 秋收在安塞

午人

秋收，在安塞是緊張地進行着。一個村挨一個村，一個家挨一個家的，男人、女人、六七十歲的老漢老婆，七八歲上下的娃娃，有些小腳的人，都上山去，收割莊稼。

莊稼人們勞動的果實，是一年辛苦的成績，是人們的財寶，是人們的生命呀！所以，有的全家上山，婆姨把娃娃留在家裏給婆婆看；有的老婆姨連娃娃也揹上山去；有的親人帶吃了飯，帶點乾糧，中午在山上吃，天黑了才回家。

豐稔的秋天，使勤勞的人們緊張地勞動着。看，滿山遍野，在黃燦燦的穀浪中，不是急速擺動的鐮刀嗎？向陽的山坡上，看見莊稼的，總是腳步快，不論在路上……（以下文字模糊）

這樣的場面，在安塞，每一個村莊，每一個山溝，每一個川道，每一個峁嶺上，都活躍着這樣的場面。

### 馬家溝收割早

十月初，一個下午，我們去馬家溝……（以下文字模糊）

### 陳家窪集體收割

（以下文字模糊）

### 楊網臣收割緊張

（以下文字模糊）

### 難民劉壽閣復收割

（以下文字模糊）

### 縣長下鄉看秋收

（以下文字模糊）

【總立密切聯系，充分調劑與供給原料，使固臨成為邊區有力的紡織據點。】

【本報訊】安塞棗灣生產社今年成績很好……（以下文字模糊）

# 邊區衛生處與醫校等

# 半年來公私生產逾七十萬元

## 製出藥品價值四十萬元

【本報訊】邊區衛生處、醫校……（以下文字模糊）

# 赤水移民董玉傑等

# 所收糧食足夠一年吃用

【本報赤水訊】……（以下文字模糊）

# 米中發現模範生產小組

# 集體勞動收穫豐滿

## 瓜菜自己吃不完還賣了七千元

【本報綏德訊】米脂中學同學在今年……（以下文字模糊）

# 鄜縣民衆

# 自動修復公路

【本報鄜縣訊】鄜延公路有數段被大水沖壞，該縣羣衆……（以下文字模糊）

# 河南難民王英一家四口

# 逃至鄜縣安居樂業

## 在邊區政府幫助下生活日趨富裕

【本報鄜縣訊】河南難民王英……（以下文字模糊）

# 志丹三區秋收完畢

## 湧現許多婦女勞動能手

【本報志丹訊】本縣三區……（以下文字模糊）

【本报讯】安塞枣湾生产社今年成绩很好。该社九个月来纺纱三千一百六十八斤，织半洋布二千四百一十尺，织土布二万八千余尺，织细洋布一千二百尺，小布二万零六百尺，毛巾五百五十八条，袜子三百三十八双。计每月平均产量：纺纱约四八〇斤，大小布约一七六匹。以纺纱论，原计划十七台纺机全年要纺四千四百八十八斤，现已达原计划百分之七十五。生产社今年所以能突飞猛进，乃是由于该社在三月间就举行了赵占魁运动大会，五月一日又开会检查工作并奖励劳动英雄，这样是起了很大的作用的。就全厂说，生产率是在继续提高着，如八月八台机子织到一八四匹布，即比七月份多织四十匹。就个人说，一般生产率也大大提高了，一般地每人每月份纺纱二十七斤，织布十六匹。九月份最高者每人每月纺纱成绩即达到四十一斤，其中如胡生成（受过奖励）九月份做工二十二天，纺了三十二斤半上等纱；李朝良七月份纺了三十五斤纱；周国祥八月份织布二十五匹（大布十五疋、小布十匹），比一般的多三疋，比大机子原计划产量（每月）超过五疋。其他如孔祥俊同志一日曾织过三疋小布。俊民织布很好，自己调织人家不好织的坏线机子，将一机几乎作废的线子全部改织成好布。由此可以看到在赵占魁运动中曾涌现了不少的劳动英雄。其次，在节约方面也有进步。过去每月二十架机子，需用铉绳十斤（每斤约二千元），后来改用普通铉绳，仅七月份就减少到二斤了。又如机油过去每日每机用六钱到七钱油，现在已节省到五钱。过去浪费原料每月有十斤，现在已减少到四斤多。工友们中间曾提出“节省一斤就是多生产一斤”的口号。此外，该社工人的工余生产成绩也是很好的，他们大都种菜种地，以增加收入，改善其生活。

# 各地秋收後繼續運鹽
# 鹽池馱鹽牲口倍增
## 定臨兩縣糧產較去年多一倍

# 固臨半數婦女紡織
## 臨鎮區九個月紡綫五千四百斤
## 安塞東濘生產社每月紡紗四百斤

# 邊區衛生處與醫校等
# 半年來公私生產逾七十萬元
## 製出藥品價值四十萬元

# 赤水移民董玉傑等
# 所收糧食足夠一年吃用

# 郿縣民衆
# 自動修復公路

# 米中發現模範生產小組
# 集體勞動收穫豐滿
## 瓜菜自己吃不完還賣了七千元

# 河南難民王英一家四口
# 逃至郿縣安居樂業
## 在邊區政府幫助下生活日趨富裕

# 志丹三區秋收完畢
## 湧現許多婦女勞動能手

# 秋收在安塞
午人

## 陳家莊集體收割

## 縣長下鄉看秋收

## 馬家溝收割早

# 子长八千妇女纺线两万三千斤

【本报子长讯】本县妇纺运动在各级党政亲自领导，在合作社的帮助与推动下已获得普遍的发展，据不完全的统计，全县共有纺妇八、一〇五人，已纺线二三、〇〇〇斤，除一半供全县群众自用外，尚有一一、五〇〇斤出售，按每斤两千元计算，共可卖洋二三、〇〇〇、〇〇〇元。在春耕开始时，配合做农户计划，曾进行了普遍的纺线宣传，三月间县上成立妇纺委员会，由县府、抗联□[会]、合作社联合组成，抗联会派遣干部亲自下乡组织，由合作社负责发放棉花收线子（纺妇领二斤棉花交一斤线子），并以瓦市、东一区杨家园子、玉家湾、西一区为发展纺织四大据点，其中又以瓦市中心合作社进行得最好，去年瓦市只有纺妇一百四十多人，今年发展到四〇五人，并注意抓紧改造了女二流子，如一乡任铁娃的母亲原来是个二流子，现在已转变，并已纺线二十斤，现在经常团结在中心合作社周围领花纺线的约有一千五百多人，该社已放出棉花一三、〇四八斤。东一区杨家园子合作社由抗联会直接领导，组织了七个纺织小组，在五月底二十天内即纺线一百四十九斤。玉家湾纺织据点由于纺织劳动英雄高志英的领导和推动，她们组织了一个娃娃纺线组，十一岁的王兰香一月内学会了纺头等线，影响了大家，纷纷提出向王兰香学习。西一区现亦发展了二八八名纺妇，纺线二、五〇〇斤。各区不但纺妇的数量增加了，纺线的质量也有了很大的提高，以前一两棉花只能纺一、六〇〇尺长的头等线，现在有些已提高到了一两棉花能纺二、五〇〇尺长的头等线。五月份合作社收回的线子中，头等线只有五分之一，二等线五分之二，三等线五分之三，现在已提高到头等线占五分之三，二、三等线共占五分之二。

# 安塞五區區委 徐鳳玉爲模範黨員

## 對黨忠誠關心羣衆利益 領導全村超過生產計劃

【本報安塞訊】安塞五區區委……

## 種地百廿垧衣食豐足 繳納救國公糧做模範

# 赤水二區運鹽工作

楊生枝

# 張萬庫今年豐收

## 全家吃用一年綽綽有餘

【本報安塞訊】勞動英雄張萬庫，一年辛勤，已得到豐富的收穫。……

# 子長八千婦女 紡綫兩萬三千斤

【本報子長訊】本縣婦紡運動在各級黨政提出領導，與合作社的幫助與推動下已……據不完全的統計，全縣共有紡婦八、一一〇五人，已紡綫二三、〇……

# 淳耀縣合作社 發放貸金幫助民衆運鹽

## 深得群衆擁護廿天集股十餘萬

# 進行集體開秋荒

## 鄜縣馮萬益吳玉海推動全村開荒

## 同宜窯卅一個店將班子

# 留道生産展覽會 下月中旬舉行

## 並將同時進行生產總結

# 新正地主徐文有多收租

## 引起羣衆激烈反對

## 政府判決退還多收租子

# 新寧李作昌之妻 教會十二人紡綫

# 延市二流子中萬才改過生產

## 今年收穫夠兩年吃用

| 解放日报 | 时间 | 1943-10-30 | 期 | 第892期 |
| --- | --- | --- | --- | --- |
| | | | 版 | 第2版 |

# 淳耀县合作社发放贷金帮助民众运盐

## 深得群众拥护二十天集股十余万

【本报关中二十六日电】淳耀群众合作社自上月二十日成立以来，发展极其迅速。仅在二十天内，即与群众取得密切联系，计收到群众自愿入来钱股及实物股（有粮食、椽子、木板、农具等）一、四三一股（每股百元）。该社业务方针，除供给群众日常生活用品外，并积极的帮助群众解决运盐资金，和发放纺织棉花。在营业方面，每天售货数千元至四万余元，一般货价比私人商店便宜十分之一，因而群众都争相购买。关于解决群众运盐资金，及与群众合作运盐方面，截至十日止，已放出贷款××万元，其所放贷金，已逐渐的普及于各区□[乡]。此项贷金之发放办法，是先将自身有限的一部分贷金放给部分运盐脚户，然后于其运盐盈利中，再逐次的抽出贷给另一批无贷金的运盐脚户，并确定在分红利时，合作社只取十分之二，因而，目前已有很多运盐群众，团结在它的周围。该县庙沟、瑶衣两区运盐的发动，合作社实起着推动作用。在发□纺织方面，现在已放出棉花八〇〇斤，开始打破了该县妇女不愿纺线的习惯。

# 安塞五區區委 徐鳳玉爲模範黨員

## 對黨忠誠關心羣衆利益 領導全村超過生產計劃

[illegible]

## 徐鳳玉負責繳納救國公糧起模範 種地百廿晌衣食豐足

[illegible]

# 赤水二區選舉工作

楊生枝

[illegible]

## 張萬庫今年豐收 全家吃用一年綽綽有餘

[illegible]

## 志丹示範村 莊稼部份受災

[illegible]

# 子長八千婦女 紡綫兩萬三千斤

[illegible]

## 淳耀縣合作社 發放貸金幫助民衆運鹽

淳得羣衆擁護廿天集股十餘萬

[illegible]

## 同宜耀卅一個唐將班子 進行集體開秋荒

鄜縣馮萬益吳玉海推動全村開荒

[illegible]

## 留直生産展覽會 下月中旬舉行

並將同時進行生産總結

[illegible]

## 新正地主徐文有多收租 引起羣衆激烈反對

政府判決退還多收租子

[illegible]

## 新寧李作昌之妻 教會十二人紡綫

[illegible]

## 延市二流子中萬才改過生産 今年收穫夠兩年吃用

[illegible]

| 解放日报 | 时间 | 1943-11-1 | 期 | 第894期 |
| --- | --- | --- | --- | --- |
| | | | 版 | 第2版 |

## 子长蚕桑业发展本年产茧增加一万六千斤

### 政府帮助农户改良饲蚕方法

【本报子长讯】本县推行蚕桑事业已获得很大成绩，去年全县共收茧二三、一五〇斤，今年则增加了一六、八五〇斤，共可收四〇、〇〇〇斤，比去年增加百分之四十二点一。特别是吴家坪养蚕据点成绩最好，该地共有六十四户居民，有五十八户参加养蚕，并有桑树一九四株，今年可产茧一、二五三斤。在推行养蚕工作中，政府曾积极组织和帮助每家蚕户研究喂蚕方法，改进技术，首先研究了过去群众死蚕的主要原因是蚕种恶劣，饲养方法不好，所以在开始时政府先用去年养蚕制下的一、七五〇蛾的蚕种发给群众。并进行了下列工作：（一）以吴家坪为据点，组织蚕户进行稚蚕共育工作，首先以该地积极分子吴生吉家婆姨为中心，向她解释了稚蚕共育的好处，得到了她们妯娌两个的同意参加，她们并向别人宣传，结果有十家人参加了共育工作（因特殊情况，中途有六家退出自己养），她们分组轮流饲养，完全采用了政府提出的办法，如实行了小蚕夜喂，增加喂的次数，经常除沙，调节空气，注意卫生，因此蚕发育得快而且不死，使得参加共育小组的妇女技术上很快的提高。同时也提高了她们养蚕的信心，如蔡维青的婆姨说："我家里喂的蚕七大八小，黄泡泡的，早知道我也拿到一起喂了。"（二）巡回指导工作：政府定期派干部赴各养蚕区检查巡视，指导养蚕方法，发现蚕病设法预防。巡视的干部在凹凸店老张家里，发现他们把蚕放在席上，炕内烧火，以致蚕受高温而软化，部分致死，便叫他们把草垫在底下，使蚕不致太受热，且空气流通干燥，于是蚕儿逐渐恢复健康，在吴家坪蔡三家里，他的蚕儿三卧发生食欲不振，便告诉他是烟煤中了毒，便帮他淘汰坏蚕，并要邻居家做锅块的炉灶移开，蚕便好了，他们很感激。（三）政府自己进行养蚕，以便研究方法，得出经验指导群众。政府养的蚕分春、夏、秋三季试养，此地有的群众存在着守旧观点，认为“秋蚕吃人”（群众称夏蚕为秋蚕）不能喂，因为政府首先在县府饲养夏蚕，并在吴家坪吴生吉家及凹凸店的老张家各试养一部分，结果都成功了，使群众相信了夏蚕亦能喂养。另外，又试养秋蚕，并试验出秋蚕孵化方法。在七月九日收蚁（扫下）试养秋蚕，主要的是研究明年养蚕的方法，使之大量孵化。养第二次蚕必须用人工方法才能全部促其孵化，大后方多用冷藏盐酸浸酸法促其孵化。在边区试验下，用了五十度的温水浸渍二十秒钟（于产卵后七小时浸渍），结果孵化了百分之七十点一。但因秋天气候渐冷，桑树枯落，以致秋蚕食欲不盛，发育不齐而且慢（全期须经三十九天），因此大量发展养秋蚕还不大适宜。在政府自己养蚕时许多群众都来参观，学习，如高云珍的婆姨一面叫她女儿参加稚蚕共育小组，自己便跑来学习养蚕方法，什么时候该换桑，什么时候该饲养，临眠时要温些，眠下时要凉些。乔子珍的婆姨也学会了在蚕座时潮湿时撒小米糠，做到一天喂六次，蚕沙厚了就要检蚕，所以她今年喂蚕都采用了新方法，蚕没死，摘了三十四斤茧。

# 超過全年計劃百分之九十
# 鄜縣安置移難民千戶
## 合作社為民衆運鹽獲利五百萬元

【本報鄜縣訊】此間安置移難民工作，已超過全年計劃百分之九十以上。原計劃安置五百戶，現實安置九百五十六戶……

# 子長蠶桑業發展
# 本年產繭增加一萬六千斤
## 政府幫助農戶改良飼蠶方法

# 談談修埝地的經驗

任成玉

# 延川婦女熱烈勞軍
# 做鞋兩千六百雙
## 植棉英雄雷克儉一垧地收花籽八十斤

# 幫助民奕收莊稼

鄜大學員

# 吳旗耕地面積
# 較革命前擴大三倍
## 黨政領導發展生產人人安居樂業

# 中直軍直機關
# 木炭已燒成十分之六
## 管理局將派員慰勞燒炭人員

# 固臨農村注意衛生
# 今年未發生瘟疫
## 牛羊驢共較去年增千兩百頭

# 「新政權改造了我」

孫景德

# 关中举行生产展览会

## 劳动英雄产品特别优异

【本报关中二十九日电】关中分区首届生产展览会昨日在马栏开幕，马栏首届□[集]期，亦于昨日正式建立。各县及附近群众，前来参观展览和赶集者极为踊跃。展览会举行五日，并有关中八一剧团出演秦腔助兴。关中今年生产成绩之缩影，于展览会中可充分反映出来。参与展览会的物品种类计有农产、棉织、畜牧、木料、工艺、陶器、煤炭、铁矿和关中特产的六十多种药材，品种繁多，规模甚大，给予观众一种边区繁荣建设的快感。土地革命之前，关中分区乃一非常荒芜、饥寒之区，人烟稀少，物产贫瘠，与今天新民主主义政权下的繁荣建设相较，实有天壤之别。此种繁荣与凋敝景象的对照，从无数位亲历关中土地革命斗争的群众，对于展览会的谈话中充分流露出来。他们在参观展览会后的一句赞语是："毛主席、高岗同志有办法！"展览品中特别引人注目的是许多劳动英雄的优异产品，如淳耀移民劳动英雄胡文贵的一个大南瓜，重达二十八斤半；该县何老的一株玉米结实五个；赤水纺织英雄孙葱娃、刘钮如用木机所织的极精致的白布，都被誉为英雄们的杰作。展览会中竭力宣传奖励植棉群众，已引起了许多农民对于植棉的重视。此外对于关中特产的六十多种药材，贵重木料的标志、特性亦有所说明。

解放日報

# 蘇中新四軍粉碎敵「掃蕩」
## 湯家舍一役斃敵四百
## 淮海地區我連克四村鎮

# 關中舉行生產展覽會
## 勞動英雄產品特別優異

## 赤水三區基幹自衛軍
## 幫助群衆收割

# 孔祥俊一天織下三疋布
## ——安塞棗灣紡織工廠的趙占魁運動

午人

## 新的創造
### ——記某部三班紀剝樺樹皮桶

田禾

# 固臨植棉兩萬三千畝
## 較去年增加十分之九
### 大部公鹽以棉花抵繳

## 志丹三區民衆
# 二次出發運鹽
### 開秋荒超過計劃四百畝

# 甘泉農村副業日漸發展
## 養蜂收蜜七千斤
### 猪羊雞增殖一萬四千隻

## 安塞六區李崇光家
# 女人收莊稼男人去運鹽
### 影響鄰近農家以此做榜樣

## 清澗紡織工廠發動競賽
# 每人每月織布八疋

解放日报 | 时间 | 1943-11-3 | 期 | 第896期 | 版 | 第2版

# 清涧纺织工厂发动竞赛每人每月织布八匹

【本报清涧讯】清涧纺织工厂在县工会的领导下，日前召开全体职工会议，讨论如何开展赵占魁运动，以发动个人间、小组间广泛的生产竞赛，会中职员温书政同志号召工人们加紧生产，赶阳历年前完成每月每人织八匹布（每疋十丈零五尺）的任务，且尽量超过！这一提议，当即获得全体工人的热烈响应，工人小组长高树凯同志说："我们抽时间马上开小组会，具体讨论竞赛条件。"会后他们小组会以下列四个条件向全厂职工挑战：（一）保证尽量比以前好，数量超过原计划的百分之三；星期日不休假。（二）不犯工厂规则，每天按时做工，按时学习，到工房不吵嘴。（三）爱护工具，节省原料，保证工房不丢一尺长的线条。（四）每天规定一小时的学习，除去看书报和业务学习外，每天每人需识字六个至九个。此条件提出后，更大大地推动了竞赛热潮的发展，近日来织布组六人与整浆组七人已提出竞赛，整浆组全体响应，按条件实行。织布工人高树凯向织布组全体提出竞赛。十七岁的整线子学徒贺保瑞，亦向整浆组提出竞赛，并保证今后织布机上线梭够用。现该厂已选出一检查委员会，由高树质等三人负责，每星期日分组检查一次，半月召各小组座谈汇报一次，以评判成绩，及解决其他问题。

# 蘇中新四軍粉碎敵「掃蕩」
## 湯家舍一役斃敵四百
## 淮海地區我連克四村鎮

【本報蘇中廿九日電】九月，蘇中敵六十四師團與偽軍第廿六、廿八、三十四等師，共約一萬五千餘人，企圖向我新四軍進行大規模「掃蕩」。敵謀攻清楚我軍，在未「掃蕩」以前，先以小部兵力向我泰州東北地區活動。二十日，敵「掃蕩」大軍分十數路突向我東台、興城、漁洋地區猛撲，並在東台南北構成大包圍圈，圖達圍殲我軍之目的。但敵之計劃遭我識破，早已為我所洞悉，我軍亦在敵「掃蕩」前，作周密的反「掃蕩」準備。當敵「掃蕩」開始，我在主力與民兵的密切配合下，從內外左右，不斷向敵襲擊，各路之敵，均遭我層層打擊，其中尤以小海以西之湯家舍戰鬥最為激烈，我擊斃敵少佐、大尉、中尉以下官兵三百五十餘名。至此敵「掃蕩」企圖即完全失敗，廿五日，敵全部潰縮原防。此次敵之「掃蕩」分做兩個梯隊作戰，首先以第一梯隊對我進行包圍，然後即步步向我緊縮，若發現我主力，即以第二梯隊（輕裝快速部隊）向我猛撲。其次敵還利用偽軍，圖誘惑我軍。在行軍時，亦走小道、偏道，並在部隊先頭派出很多便衣。敵人的另一特點，是戰鬥力表現非常脆弱，如遇我軍襲擊，即不敢前進，隊形混亂。如遭我夜襲，則更紛紛潰退。在此次反「掃蕩」中，我軍充分的抓住敵人的這些特點，故使敵「掃蕩」毫無所獲，很快即被我所粉碎。

【新華社蘇中廿七日電】敵寇近日復對淮（陰）漣（水）地區施行蠶食，我軍民發動激烈反蠶食鬥爭：（一）淮陰敵偽五百餘，四日竄出到朱集（淮陰東北）建築據點，我淮海主力一部，於八日突然進襲朱集，激戰兩小時，當將敵偽全部殲滅，攻克朱集。計繳輕機槍二挺、擲彈筒二個、步槍一五六支，其他軍用品甚多。斃敵偽一六七名（內指導官一），俘敵四名，生俘百十餘人。我傷亡廿名。經此戰役後，淮陰敵偽不斷對朱集施行報復「掃蕩」，都均遭我迎頭打擊。（二）十八日，漁溝敵偽三百餘，附砲二門，當日進佔淮陰西林橋。廿日，我淮海主力乘其立足未穩，猛予打擊，林橋被我克復，繳獲軍用品甚多。潰敵寇再竄據文曲，不斷出擾，我正施襲伺機擊中。（三）五港口、張碼頭（漣水北）敵偽軍三百餘，十六日到大湖集（漣東）周圍搶糧，我地方武裝一部趕往迎擊，即將該敵圍困於大湖集，使敵受重創。[illegible]（四）十日，[illegible]，激戰一小時，斃傷偽軍[illegible]，步槍六十餘支。我傷亡[illegible]以下十一名。（五）十五日，淮安敵偽[illegible]百餘，騎兵[illegible]一挺，[illegible]，竟使用毒瓦斯，我部[illegible]安然退出戰鬥。

# 關中舉行生產展覽會
## 勞動英雄產品特別優異

【本報關中廿九日電】關中分區首屆生產展覽會昨日在馬欄開幕，來於昨日正式開幕。各縣及附近群眾，前來參觀展覽和經驗者絡繹不絕。展覽會舉行五日，參有關中八一縣份的產品參加展覽，關中今年生產成績之縮影，於展覽會中可充分反映出來。和物中特產的六十多種，品類計有農產、棉線、畜牧、木料、工藝、陶器、煤炭、鹽硝。土地革命之前，關中分區乃一非常落後之區，人煙稀少，物產貧瘠，與今天的民主建設政權下的繁榮建設，實有天壤之別。此種繁榮景象的對比，[illegible]。會場的一句最響亮的口號是：「毛主席、高崗同志有辦法」！展覽品中特別引人注目的是許多勞動英雄的優異產品，如淳耀移民勞動英雄胡文貴的一個大南瓜，重達廿八斤半；[illegible]的一株玉米結實五個；赤水紡織英雄孫複娃、劉錦如用木機所織的線結織的白布，都被認為勞動英雄們的傑作。展覽會中陳列的棉花展品，已引起了許多群眾對於植棉的重視。此外對於關中特產的六十多種藥材，以及木料的利用，特徵亦有所說明。

# 赤水三區基幹自衛軍
## 幫助群眾收割

【本報關中廿七日電】赤水三區基幹自衛隊，除負責警戒外，還擔負有秋田三十小組的收割任務。在秋收中，他們不但收割完了自己的莊稼，而且幫助抗屬及無勞動力的群眾收割了五十垧。又

淳耀五區基幹自衛隊，除擔任警戒外，還幫助抗屬收秋三十五垧。

【本報關中廿七日電】赤水二區小池村，全村四十戶，組織了八個搭工組進行秋收。他們提出姚老漢領導，全村人把莊稼上場，村秋禾二、二〇〇垧，現已全部入倉。平均每垧收糧三斗，較去年每垧多打一斗升。

【本報關中廿七日電】赤水一區一鄉馬家山村模範村民張志華，發動其他三戶，組織了一個搭工組，收割秋禾。由他作出收割計劃，和勞動力的分工，全組所種秋田七十餘垧，五天內便全部割完。較沒參加搭工的人家提前三天。

# 新的創造
## ——記某部三班縫製樺樹皮桶

田禾

熄燈號吹了好久，窯洞裏還[illegible]，他的第三班窯洞裏，還嚷著人聲，仔細一聽，原來是班長向他的一班人傳達上級給予他們的任務：「上級分配我們明天上山剝樺樹皮，限明天一天完成十二根樺樹皮的木桶。」

大家都討論開了，積極地接受任務。

第二天，太陽剛爬上了東邊的山頭，三班長文學才同志，就領著斧子，背著砍刀，帶領一班人懷著輕快的心情，走過了門前曲曲的河灘，沿著一條彎彎曲曲的道路，走向了對面的山崗。

白東風似的樺樹布滿了山崗，大家到了山上就剝起來。

「唉，樺樹皮就是一個怪東西，外邊白白的，裏面像黃油光紙一樣。」劉炳銀剝下一大塊樺樹皮，眼看著說。

「哼！這個東西可妙呢，又能做紙用，又可以點亮，還能做木桶裝糧食。」李光有回答說。

「是的，它今年幫助我們解除了不少的困難：我們八個月的點燈油，一百多頂涼帽，和大家寫字的紙，都是用的它。」

「我們今天多剝一點，用不了的留下，馬上[illegible]調，好學字，[illegible]。」

「對，我們每個人剝一大捆回去。」

「不要多說了，快剝吧，天不早了呢。」班長督促著大家，大家就剝的更快了，一會兒，幾個山頭的樺樹都剝掉了外衣，像人沒有穿衣服一樣的赤身裸體的立著，不到晌午，他們每人拖著一大捆樺樹皮，愉快的跑回來了。

大家懷著緊張，放下斧頭，就急忙的走進窯洞，打開自己的掛包，掏出前天已經準備好了的細繩，蹲在乾淨的炕上，穿起針線來。

李光有喊叫著問：「班長，縫多大呢？」

班長回答：「二尺高、一尺二寸口。」

大家就照班長的話，慢慢的剪了樺樹皮，急忙忙的縫起來，雙手似織布一樣地縫著的來回拉著繩子。

一會兒，班長又督促大家說：「趕快點，快上午了，不然今天十二根樺樹皮的桶子恐怕完不成呢。」

大家邊做邊說笑，多麼愉快，在一場有趣的說笑後，緊張的工作抓住每個人的心弦，除了叫著「嘶哎嘶哎！」的縫桶樺樹皮穿過的聲音，再聽不到任何的談話，但時不多久，也就停止了。

太陽剛到西邊山頭，七班長不知從那裏扛著一捆木杈，滿頭是汗跑回來。看到三班門前擺滿了嶄新的樺樹皮的桶子，驚奇的喊叫著問道：「三班長，你們怎麼縫的這麼快呢？」

「我們一班人就沒有休息，整整的忙了一天。」三班長回答他。

七班長笑著說：「真是生產模範班！」「不要給我們開玩笑。」劉炳銀說。七班長正經地說：「那來開什麼玩笑，你們三班是生產模範班，難道你還不知道，團首長在部隊講話時還表揚過你們呢。」

接著七班長又帶著羨慕的口吻說：「在陽光中，別的班休息，你們三班不休息，下大雨別的班都回來了，你們為了完成開荒任務，還在山上冒著雨挖地。」

七班長的話使劉炳銀愉快的唱起歌來。

暮色蒼茫中，一排長帶一、二班從打靶場回來了，走過三班時就大聲喊叫的問：「三班長，樺樹皮的木桶縫好了吧？」

「縫好了！」三班長響亮地回答。

「多少？」

「十三担」。

一排長裂開嘴巴，笑了笑，似表示著敬佩的意思：「三班完成任務真徹底」。

# 甘泉農村副業日漸發展
## 養蜂收蜜七千斤
### 豬羊雞增殖一萬四千隻

【本報甘泉訊】本年度本縣農村副業及牧畜業情況如下：全縣蠶業因桑樹太少，僅發展七十三席，共收繭十三斤，可賣四十五萬七千元左右，養蠶群眾均準備明年大量種桑，全縣今年植桑六千餘株，明年當提供桑葉飼蠶。養蜂現有一、〇四〇窩，共二八〇斤，價值二百九十一萬二千元，因養蜂不妨礙農時生產，故群眾感到養蜂的興趣。據群眾能收廿萬斤，加上駐軍所收共四十五萬二千餘百八十萬八千四百元。養雞，今年全縣新增八千隻，加上全縣原有三五、八二三隻，平均全縣每戶[illegible]。關於牧畜業，本縣有自然牧場，便於畜牧發展，牛六三五頭，驢二七一頭，馬白羊三、四二、三三二隻，但因飼養管理衛生不注意，故自去年至現在，瘟死牛一、四五一頭，驢死去或被狼吃的共羊死亡三九三隻，豬亦有被狼偷吃掉的。病死原因是，勞動過度，牲口圈棚大都不蓋頂，風吹雨打得病，既得病，群眾不大信仰「獸醫」，牲口死亡增加。政府已進行宣傳和組織工作，提起群眾[illegible]。

【本報甘泉訊】本年度全縣工商業之發展情況如下：紡織業，本來大家曾經發展，全年收紡棉花三一二九〇丈（公家放花二二〇斤），共可賺錢四十五萬五千元。於明年發展，以城區、三、四區為中心，求得發展以推動全縣。縣聯社增設織機。其他手工業及作坊，計全縣木匠鋪四家（九個工人），估計每家今年最低淨利十五萬元。鐵匠鋪十三家（四十名工人），估計每家今年最少賺錢十五萬元，皮坊三處，可獲利十萬元。全縣毛口袋匠四人，流動作活，獲淨利二萬元。商業方面：全縣公營騾馬店十六家，雜貨投入資本五百萬元。全縣私營騾馬店三十四家，雜貨鋪二十三家，藥鋪六家，[illegible]十五家，共計資本七百一十萬元。由於今年商業發展，人民經濟發展，故[illegible]展。

# 固臨植棉兩萬三千畝
## 較去年增加十分之九
### 大部公鹽以棉花抵繳

【本報固臨訊】本縣推廣植棉工作，已獲得很大的成績，全縣今年共植棉二三、一五〇畝，較之去年增加了百分之九十強。按每畝平均收花十二斤計，共可收棉花二七七、八〇〇斤，除了本縣農民自用外，尚可以棉花繳公鹽。一般農民皆有植棉習慣，亦具有植棉經驗和技術，今年在各級政權的領導和提倡下，植棉農戶更加增多，據縣政府統計達全縣居民三、六一〇戶以上（全縣居民三、六一〇戶，植棉者二、七七三戶）。許多農民向已開墾土地、棉籽，更樂意安河莊居民都有棉地使用了八、九畝荒地，還耕四區[illegible]今年計劃植八十堆，結果植了二十堆，不但完成而且超過了。西岩頭白西去年植了三十四堆，今年更增植了[illegible]，今年更樂、安泰兩區的棉花受了早，故收成欠佳，同時還要如濾州好的棉花植棉地，則植棉畝數當比現在更多。

【本報固臨訊】縣府於本月廿四日政務會議上，傳達了三年度公鹽徵收辦法。討論結果：第一，為了公私兼顧，依照時價，決定每駝公鹽折收棉花六斤（小秤）或小米四斗五升（一斗廿斤），除臨鎮區與延長五區三四五[illegible]因不產棉收小米外，其他各區全部收棉花。第二，在徵收過程中，要發揚民主，召開各種會議，除部份公平合理，實物使用公平，決定各區三個合作社為收棉站，小米則由倉庫代收，對於收棉工作外，還要注意防止壞份子從中舞弊，為了便利以後的評判，發給各社使用，防止秤的大小不一。第四，為了使人民統一的秤，由縣二科規定統一的二斤秤，並採用帶稱花戶驗收單，務使各區今年徵收代金隨即其價清形，各區分配數目如下：臨鎮區二八五駝，固勝[illegible]九五駝，安泰區三七〇駝，[illegible]四二〇駝，共一、[illegible]四〇駝，固除了便利群眾驗繳，於十一月底應徵完一半，年底要全部完成。一由縣級政府負責解決，除負責在群眾中[illegible]，以上各項決定，除命令各區迅速執行外，並準備抽出一二人到各區宣傳協助。

# 志丹三區民衆
## 二次出發運鹽
### 開秋荒超過計劃四百畝

【本報志丹訊】本縣三區群眾今年運鹽計劃為二千八百二十駝，從九月初到檢查時，已完成二千四百四十五駝，尚欠三百八十五駝。根據區政府研究今年收入起見，故於九月下旬第二次運鹽，決定動員驢騾一百五十頭，每駝[illegible]一百五十餘，動員全區合作社、私人長時一百八十九條，從九月下旬到年底運三次，可運五百六十七駝，除完成所欠任務三百八十五駝外，更可超過三百三十二駝。該區一般群眾[illegible]運鹽情緒很高，由於[illegible]的盈利事實，群眾認識了為了他們的。同時又有許多群眾在運鹽中得到大利的好處，影響了群眾[illegible]。如[illegible]西區去運鹽，八月十幾回來，共駝鹽[illegible]一千四百斤，[illegible]七萬元，[illegible]解決了家中六口人的冬衣用，除去五疋布外，還可用以現市價，又可淨利二萬多元。於是，九月初六日他又和六個群眾，使成幫組織牛隊六十二條又出發運鹽。接著又有二[illegible]等趕牛隊五、六條[illegible]，當政府九月下旬全區正式動員後，各[illegible]牲口正在繼續出發中。

【又訊】本縣三區群眾秋開荒計劃，現已大大超過任務，總計各區參加開秋荒者八十九戶，約佔全區總戶數百分之十（全區八百七十九戶），參加牛犋九十[illegible]，估全區牛犋百分之四，目前已開地二千五百多畝，超過計劃四百多畝（原計劃二千一百畝），該區群眾在政府號召下，開荒熱情很高，如三鄉李彥[illegible]一家就開六十畝，模範公民[illegible]開四十五畝，二鄉李保[illegible]九十畝，[illegible]許多群眾的牛忙碌[illegible]（六百四十[illegible]），[illegible]荒者尚不多，大部準備明年開春荒。

# 安塞六區李崇光家
## 女人收莊稼男人去運鹽
### 影響鄰近農家以此做榜樣

【本報安塞訊】此間仍在打中，特別是婦女上山參加收秋者不少，且起很大作用。一般村莊調李崇光的妻、小女兒，一齊上山收割莊稼，現已割完，即開始打。年能打二十七八石（公斗）以有餘的收獲，主要還是妻和兒媳婦的生產成果。（原計劃開荒九畝，結果開了[illegible]）娃娃，為了讓兒子專門趕驢，媳婦開荒四月[illegible]，到七月廿二日才回到家，[illegible]三個月，她們都在山[illegible]，四十多垧地，有[illegible]時四五個婆子，都是她們手收割打，打了三石多，用男人動手幫助。這樣，李崇光就能抽身專門[illegible]五月至現在，共駝了五次鹽，家跟三次，共駝十五駝鹽（每駝有一百五十斤）。稅捐：除當前後所費草料等，[illegible]三萬多元，且在[illegible]，一家六七口人吃飯穿衣都由此解決了，[illegible]自己動手穿衣是食的[illegible]。因為她們的影響，附近農家都羨慕不止，男人多從事運鹽，自己的婦女參加生產勞動，以便男女勞動合，而求得豐衣足食的生活。

# 孔祥俊一天織下三疋布
## ——安塞棗灣紡織工廠的趙占魁運動

午人

在安塞一區棗灣工廠裏，每個工人、幹部，都在緊張地工作，而且具有極高的生產熱情，這就因為半年來上開展了趙占魁運動，正如張主任說：「自趙占魁運動以後，一切都改變了，大大進步了。」

全廠的生產效率，不斷在繼續的高漲。像八月份八台織布機，就織了一百八十四疋布，比七月份多織了四十疋，比原來計劃每台機子每月織二十疋的標準，超過了三疋（每台），八台機就超過了二十四疋。

棗灣紡織工廠所以能達得上面的成績，工務科一個同志說得很明白：「是機子紡的好，也靠（織水洗線）的好，織的也快，各方面都配合好了，所以生產率就提高了。總之，是趙占魁同志的功勞。」

再就紡紗方面，九月份前已紡了三千一百多斤紗，即達到全年計劃的百分之七十五，如按照現在所開十七台紡機，而又以九月份共紡四百六十多斤紗的速度來看，那今後每月會超過八十六斤多紗，冬季三月不但能完成計劃，而且要超過將近三百多斤紗的。

同樣，全廠工作同志，各人的生產率在相互競賽的熱潮下，也不斷在提高著。大家都熟悉孫勞動英雄楊韶海的事蹟，在九月份為工友們所最讚羨的是馮俊民同志，他二十六天，竟紡了四十一斤好紗，三十三斤多上等的，七斤中等的，這比他自己八月份，就多紡了四斤，比一般的人多紡了十斤，比較好的才紡了三斤。若比原來計劃每台紡機每月紡二十二斤的標準，那他是幾乎要超過一倍了。他還新鮮記錄，廠方特別表揚他，因為他才十八歲，因為他到工廠才三年，他進步比較快。朝[illegible]成同志，是「五一」被獎為勞動英雄的，他更迅速的進步，他在九月份，除了四天修理機械，二十二天裏紡了三十二斤上等紗，生產水平仍超過了十斤。李朝良同志，在七月份就紡過三十五斤上等紗，立即被廠方獎勵了。

在織布的生產上，新的記錄也在每月創造着。開墾群同志，八月份二十六天，織了二十五疋布（中間大布十五疋），將原計劃每台機子每月織二十疋布的標準，提高了五疋，比本廠一般人多織了三疋。孔祥俊同志，更使人驚奇的，他在上月一個星期六，一天織了三疋小布，這是生產記錄中的新標準，按這速率，一月的任務，他可八天織二十四疋小布就完成了。

另外還有一位生產競賽模範的馬俊民同志，他自己織布技術最好，他很好的幫助別人、愛惜原料，他常把人家不好織的壞線子，拿到自己手裏，把自己整理得好好的線給別的工友，有一次因為紗太壞，煩悔人還織不成了一捲疋，他自己很細心的把壞紗也織成好布了。

我他四十多位工友，都在他的模範記錄激勵下，緊張的工作，不斷的提高。像上面的模範未較上面的勞動英雄，是企業廠長大機器的發動機，和推進前進的火車頭呵！

因此，近半年來，工友中很少有人請假回家了，完全沒有借口小病而躲避工作的現象了，我們還有些同志遇到假日，也自動在機器旁織布，就如孔祥俊同志等。這些工友同廠方的關係更親密，時常提出改進生產的意見，就像他們受了命令，對於工廠負責似的。

生產效率提高了，原料和生產需用品反而[illegible]節省了。像紡[illegible]省一斤[illegible]，成為[illegible]的口號，[illegible]大家也因[illegible]的紡[illegible]實際了，於[illegible]大家的意識而提高舊原料，為節省原料想出許多辦法，像過去二十個紡機，每月需用十斤多洋油（每斤約二千元），後來想法試驗，結果改用兩股線織，即七月份只用了二斤洋油；機器上油，每個機子由七錢油減少到五錢；原料的浪費也由十斤減少到四斤五兩的[illegible]佳度，這一方面是大家想了新的辦法，同時也是由於思想上對物資的愛惜所致。

也是為了生產的成效，工友們會向工廠方提了個很好的意見，就是對於工餘的活動和太多的會議，加以精簡，於是立即就實行了，和但每星期一次的晚會、小組會、工作小組會，都改作兩星期一次，生產小組會，都改作兩星期一次；每月二次或一次的工人大會，即改作一次，所以每月就縮省了七大會議，不但節省了大家的生活，工作反而更好了。不但沒有減弱了教育和領導，比較內容充實的會議，更加強了工友的積極性，更加強了領導，就是我們的工務科、生產小組的工作指導，隨時解決問題的辦法，比在會上臨時提出來得快，而且和工友們的聯繫更密切了。

在每天天亮就起床上工，中午休息只半點鐘，一直到天黑才休工，每日十小時的緊張生產和勞動，可是為了響應「自己動手豐衣足食」的偉人生產的號召，所以他們於工餘也進行生產。如特等勞動英雄馬守從同志（紡紗工人）就和馬俊民等三個，租了四垧地，種三垧高粱、一垧豆子，秋收能打三石細糧，又如王文清等三人種了半畝白菜，能收三四千斤，因為兩便，種白菜的人很多，工廠外面一片一片的白菜，都是工友們個人私產。其他捻毛的挑毛衣的各種方法替自己生產的很多。

工餘是沒有多大時間的，就是晚上的時間，有幾工友們換腦筋，相互交換紡紗的勻布織的小而快的方法，或者的經驗，織機器的毛病，更是馬守從同志作的房子，晚上常是圍著一堆人，爭向他詢問請教各人所用的機器的特性和使用時應注意的地方了，有些工友，因一日太緊張的勞動要休息。有些工友在生產之外，又努力求自己的進步，就利用晚上的時間來學習，紧张而有趣的學習，看着小學課本，練習寫大字和寫信。鐵中間學習最快最進步的，要算他識布工人[illegible]同志。他過去不識字，今年來因為不斷的能保持每日學習一時到兩時的努力，現在能看懂邊區群眾報的四分之三成，能寫四百多的字，解放報的二分之一成，做個報告做報文作讀得行，現在報上[illegible]了解的。

工資，過去他們一個月四十元，又[illegible]每人每月一大斤肉，每天每人一斤青菜，肉菜，下午是豆子與米湯，每日三餐，中午是白饃或黃米乾飯，蔬菜成份，每人每月一大斤肉，每天每人一斤青菜，並給特別吃的白麵，又給工友家屬的生產，在工資上是隨物價而逐次增加的，如三月份以前，最高是一千二百元工資，最低的三百五十元；三月份就增加為最高的一千八百元，最低的六百元，六月份又增加為最高的三千四百元，最低的九百元；而八月份又提高為最高的四千元，就是如馬守從同志的工資。可是富有的大師因九月份紡了四十一斤紗，所以他就得工資四千二百元，所以只要努力和多產，誰都能得到更多的工資。

趙占魁運動，使大家努力，使生產上獲得了大的成績。對趙占魁同志的歷史和工作，雖然有些工友還不太清楚，然而大家是有趙占魁的思想，都懷著趙占魁的號召，追隨着趙占魁的方向，發揚着趙占魁的精神。

十月廿五日

# 清澗紡織工廠發動競賽
## 每人每月織布八疋

【本報清澗訊】清澗紡織工廠在職工會的領導下召開全體職工會議，討論如何開展趙占魁運動的人間、小組間展開的生產競賽。會中規定每人每月織完成八疋（每疋十丈零五尺）的任務，且使每月每人工人們加緊生產，提前完成每月每人應得全體工人的熱烈響應，工人小組長當場提出我們抽時間為上門小組賽，具體討論競賽條件，我們小組以下列四個條件向全廠職工挑戰：（一）做比以前好，數量超過原計劃的百分之五；（二）不犯工廠規則，每天按時做工，按時上工；（三）愛護工具，節省原料，保證尺長的線條；（四）每天規定一小時的學習，和集體學習外，每天每人識字六個至九個出來，更大大的推動了廠裏積極的發展，近日行。織布工人高樹鎮向織布組全體提出競賽。人與紡紗組七人已提出競賽，紡紗組全體學習組長上線樣夠用，現該廠已選出一檢查委員會，三人負責，每星期日分組檢查一次，半月召各組一次，以評判成績，及辦理[illegible]。

# 临南“精纺”村热烈展开精纺

## 全村妇女都纺纱织布

【新华社晋西北三十一日电】临南讯，“精纺村”已展开热烈的精纺运动，该村九十八个十二岁至七十岁的妇女，全学会了纺纱，其中八十人会用土机织布，每日能织上等布一丈七尺者十四人，绝大多数能织中等布一丈二尺。村中已有三人纺到十二支纱，每天可纺四五两。其他一般妇女，起码可纺到八支以上，大多数纺到十支。纺得多的人，每天能纺半斤。大家都以纺到十二支纱为最近的目标，要做到白细匀紧的程度。全村所有纺车织机，都动起来了。

【新华社晋西北三十一日电】行署后方监狱全体工作同志，自动学习纺纱，现大部分都已学会，每人每小时平均能纺五线八支纱。看守员郭耀河同志，并能于三小时内纺二两十支纱，纺得又细又匀，可做很好的经线。他常常鼓励大家纺纱，且经常帮助同志们修理车子。菜园沟群众今年种棉花五垧，据大家的经验，往年种棉所以失败，不是因为气候冷，土地不适宜；而是因为大家种得迟，种得密，特别是不知道打□[摘]。今年在农试场指导下，棉长得很好，每枝都结到七八个桃，有的结到十一二个桃。据估计，一垧棉花比两垧谷子还获利大。

解放日報

中華民國卅二年十一月四日　第八九七號　今日出版大張一份

社址：延安　本期零售一元　每月三十元　三月八十元　半年一五〇元　全年二九〇元







# 離石游擊隊配合民兵 攻入大武鎮敵據點

## 晉西北反"掃蕩"中英勇事蹟美不勝收

# 冀中敵東軍民千餘 敵碉堡下公審偽軍頭子

## 指揮楊家灶據點偽水巡隊全部解決

# 五台民兵 發明天雷陣殲敵

## 總傷敵卅七名繳獲甚多

# 日人反戰同盟華北支部 舉行二屆大會

## 電慰野坂同志等致敬

# 本市各界歡欣鼓舞 籌備慶祝十月革命節

# 中國以偉大孫中山精神 向她的歷史目標邁進

——"莫斯科新聞"十月十日社論

# 德軍沿河下游 紅軍包抄克里沃羅格

## 克里米亞德寇肆虐焚毀城鎮

# 臨南"精勤"村 熱烈展開精紡

## 全村婦女都紡紗織布

〔5〕 505

革命文献与民国时期文献
保护计划

成 果

# 中国共产党早期新闻史史料汇编

第二卷

上

《中国共产党早期新闻史史料汇编》编写组 编

人民日报出版社
北 京

图书在版编目（CIP）数据

中国共产党早期新闻史史料汇编. 第二卷 /《中国共产党早期新闻史史料汇编》编写组编. —北京：人民日报出版社，2023.4

ISBN 978-7-5115-5798-8

Ⅰ. ①中… Ⅱ. ①中… Ⅲ. ①中国共产党－新闻事业史－史料 Ⅳ. ①G219.29

中国版本图书馆CIP数据核字（2019）第005155号

书　　名：中国共产党早期新闻史史料汇编. 第二卷
ZHONGGUO GONGCHANDANG ZAOQI XINWENSHI SHILIAO HUIBIAN DI ER JUAN
作　　者：《中国共产党早期新闻史史料汇编》编写组

出 版 人：刘华新
策 划 人：欧阳辉
责任编辑：袁兆英　刘晴晴
封面设计：观止堂_未　氓

出版发行：人民日报出版社
社　　址：北京金台西路2号
邮政编码：100733
发行热线：（010）65369527　65369846　65369509　65369512
邮购热线：（010）65369530
编辑热线：（010）65363105
网　　址：www.peopledailypress.com
经　　销：新华书店
印　　刷：北京博海升彩色印刷有限公司
法律顾问：北京科宇律师事务所010-83632312

开　　本：889mm × 1194mm　1/16
字　　数：750千字
印　　张：45.5
版次印次：2023年4月第1版　2023年4月第1次印刷

书　　号：ISBN 978-7-5115-5798-8

定　　价：1500元（全三册）

# 革命文献与民国时期文献整理出版
# 学术顾问

（按姓氏笔画排序）

## 本书编委会

主　　编　贾翠玲

副 主 编　刘晓华　吴　蓉　师发玲

# 序

《红色中华》《新中华报》《解放日报》是延安时期中共中央的机关报。《解放日报》的前身是《红色中华》《新中华报》。1941年5月16日，《新中华报》与《今日新闻》合并，改名为《解放日报》，毛泽东亲自为《解放日报》题写报头和发刊词。

本次出版的《中国共产党早期新闻史史料汇编》（第一卷、第二卷）辑录了《解放日报》（1941.5—1943.12）中有关陕甘宁边区和其他抗日根据地工业的新闻、言论及其他文章，还辑录了当时国统区和世界各国的相关工业报道。真实地反映了边区在1941年至1943年间的工业生产、工业科技、工人运动、工人生活状况与工会组织，以及中国共产党直接领导或间接影响下的工业发展、工业政策、工业创新、工人劳动观念等情形，为我们展现了一幅陕甘宁边区、抗日根据地和国统区工业发展及工人状况的对比图，具有重要的历史意义与价值。

本《汇编》（第一卷、第二卷）将进一步推进中国共产党早期工业研究。在搜集资料的过程中，我们注意到不同的研究视角。例如，当时已经开始总结和探讨工业精神，以1941年6月1日出版的《解放日报》第17期为例，其第二版报道“新华化学厂试制小苏打成功”中提出创新、埋头苦干、克服困难的观点，而在1942年5月1日出版的《解放日报》第349期第四版纪念五一国际劳动节特刊，朱德发表的《克服困难向前迈进》中谈到了新劳动精神、自我牺牲精神等。1943年6月15日《解放日报》第755期第四版中默涵发表的《发挥工人阶级的创造才能》一文中对创新及创造精神进行了总结。又如，重视工人文化教育，在1941年10月8日出版的《解放日报》第四版刊登的《中国工人第二期：满意的笑》一文以及后期多次提出工人文化教育的形式、效果等。1942年2月13日、14日、24日的《解放日报》第三版对陕西工业的发展情况，特别是重工业、轻工业及投资情况进行了详细的说明。除此之外，该报对工人劳动态度、劳动纪律、工人生产积极性、提高生产的质量、工业产品广告等也有较多的报道。对陕甘宁边区工业研究学者前期多聚焦于石油、化工、纺织等具体行业，且时间多为抗日战争时期，而本书的史料对陕甘宁边区诞生直至整个延安时期的工业发展情况有较为翔实、全面的呈现，为今后的陕甘宁边区和其他抗日根据地工业研究开辟了新的路径和视域。

《中国共产党早期新闻史史料汇编》（第一卷、第二卷）是国家图书馆“革命文献与民国时期文献整理项目”立项资助项目，特此致谢。

编者于二〇二二年谷雨

# 编辑说明

本次出版的《中国共产党早期新闻史史料汇编》（第一卷、第二卷）辑录了《解放日报》（1941.5—1943.12）中有关陕甘宁边区和其他抗日根据地工业的新闻、言论及其他文章，还辑录了当时国统区和世界各国的相关工业报道。

一、编辑出版形式

《中国共产党早期新闻史史料汇编》（第一卷、第二卷）采用图文对照式，为读者提供了经过考校的文字整理版，方便读者阅读。

二、目录索引

《中国共产党早期新闻史史料汇编》（第一卷、第二卷）按照报纸出版的时间顺序编制目录索引，以方便读者按照年代顺序查询资料。

三、文字处理规则

《解放日报》出版发行于新民主主义革命时期，由于受当时经济、战争等局限，报纸印刷字迹模糊漫漶，且繁、简体字交叉使用，异形词的使用，外加手工误植等，导致误字、误词时见，因此在编辑过程中，采取了以下规则。

原文繁体字、简体字、异体字交叉使用，本丛书统一采用简体全文录入，文字转换依照2013年公布的《通用规范汉字表》中附表《规范字与繁体字、异体字对照表》。此外，原文献中一些词汇的文字表述与现今有所不同，部分为异形词，如“部份”“份子”“搜括”等，因不涉及语义误导，在整理文稿中予以保留，以体现文献原貌。

原文献中模糊不清、无法确认的文字，用“口”替代。报纸原文中错字，将正确的字用[ ]放在其后。

原文明显缺字处，酌情增补阙文以通顺文意。增补内容加<>以示区别。原文献中所有直角引号在录入文稿中均用现行对应标点（即“”或‘’或《》）替代。

原稿繁简混排，尽管编者做了仔细编校，也难免挂一漏万，敬请大家谅解。

《中国共产党早期新闻史史料汇编》（第一卷、第二卷）是历史文献的整理出版，为有利于学术研究的深入，对于历史材料，采用尊重原貌的处理方式。对本书所收录的报纸版面，基于“唯实求真”的原则，均维持其历史原貌而未进行修图，以便更好地推进学术研究的繁荣发展。请读者对于阅读的材料，采取历史唯物主义观点进行辩证分析。

# 目 录

解放日报

# 冯桂英手创葭北纺织事业

## 教会纺妇两百多人

【本报绥德讯】葭县模范工属、劳动英雄冯桂英，为螅镇区委书记高增汉同志之妻。娘家在倍甘区黑水坑村，她今年三十一岁，结婚已十八年，现有两个孩子，冯桂英本是一般家庭妇女，在旧会社时，其父不务正业，抽烟赌博，结果将她在十三岁时即嫁给高增汉同志。高增汉同志于一九三四年参加革命，随红军北上转入神府地区，冯桂英在家艰苦维持生活，一九三七年统一战线时，高增汉同志回葭县古木区工作，当时冯桂英怀抱着依靠丈夫革命胜利归来、幸福生活的热望，带了儿子离家寻夫，可是由于高增汉同志的教育，冯桂英转变了她的认识：八路军和别的部队不同，不随便要老百姓的东西。高增汉同志把妻儿安置了住的地方后告她说："你们母子的生活，仍然要自己维持，因为你们是共产党员的家属！"于是冯桂英就开始她的纺织生活。那时葭北一带全无纺织，由于冯桂英和群众的密切联系，在通镇、古木、车会、响石四区衔接着三百余方里上，有石圈峯、陈家墕等四十余村，都建立了牢固的纺织基础，二百多妇女在她亲自教授下，都成了熟练纺织老手，葭北纺织因而大大开展。去年夏季高增汉同志调动工作，要移居螅镇，群众闻讯乃纷纷前往挽留，并凑集五垧地为他家属代耕。

【本报葭县螅镇讯】模范工属、纺妇英雄冯桂英，自去年秋天由响石区返螅镇后，即积极布置新的纺织生产计划，她根据螅镇已有的普纺基础，提出进一步发展的方向——采用平台大织机，提高纺织技术，增加布匹产量。为了实现这个计划，她曾几次奔走，并经她丈夫的赞助，得到同村（黑水坑）高士祖织布工厂学习。记者于访问冯桂英时，她说："使用平台大织机，我已学了几次，觉得有把握，能学会。"谈到纺纱时，她说："每两净花，可以纺成一千尺线，只有纺□[成]那样长，线子才会拧紧，才能耐用。"最后她以希望的口吻说："假如我自己有一架平台机，学两月后，也能像工厂工人们一样，一天织它八丈布。"（注：现县务委员会已决定奖她一架平台机，写稿时区上同志及冯桂英都还没有知道。）

# 葭縣兩模範工屬 向馬杏兒挑戰

## 劉生貴妻紡紗六十斤織布廿疋
## 張鳳英紡紗八十斤織布卅疋

[illegible]

# 馮桂英 一手創葭北紡織事業

## 教會紡婦兩百多人

【本報綏德訊】葭縣模範工屬、勞動英雄馮桂英，為紡織區委書記高増漢同志之妻。她家在倍廿區峁水坑村，她今年三十一歲，結婚已十八年，現有兩個孩子，馮桂英本是一般家庭婦女，在舊社會時，其父不務正業，抽煙賭博，結果將她在十三歲時即嫁給高増漢同志。高増漢同志於一九三四年參加革命，隨紅軍北上轉入神府地區，馮桂英在家艱苦維持生活，一九三七年統一戰線時，高増漢同志調葭縣古木區工作，當時馮桂英僅僅依靠丈夫革命勝利歸來，幸福生活的憧憬，帶了兒子從家逃來，可是由於經受高増漢同志的教育，馮桂英轉變了她的認識：八路軍和別的部隊不同，不能依靠老百姓的東西。高増漢同志們要兒安置了住的地方後告她說：「你們母子的生活，仍然要自已動手，因為你們是共產黨員的家屬！」於是馮桂英就開始她的紡織生活，那時陝北一帶全無紡織，由於馮桂英和群眾的密切聯系，在頭鎮、古木、車會、螅石四區衔接着三百餘方里上，有石圍峯、龐家坬等四十餘村，都建立了牢固的紡織基礎，二百多婦女在她鼓勵教導下，都成了熟練紡織能手，葭北紡織因而大大開展。去年又爭取高増漢同志調紡工作，遷移頭鎮區，並帶開訓乃紡織前往傳習，當秦後五號地為他們代耕。

【本報葭縣螅石訊】模範工屬、紡婦英雄馮桂英，自去年陝大由鎮石區後，她領導種紙的紡織生産計劃，她很滿意這已有的普紡基礎，提出進一步發展的方向——採用平台大機機，提高紡織技術，增加布疋產量。為了實現這個計劃，她曾說丈夫的說助，從鹽同村（馬水坑）高士親織布工廠學習。記者於紡織馮桂英時，她說：「從前平台大機機，我已學了幾天，覺得有把握，能學會。」談到紡紗時，她說：「每兩淨花，可以紡成一千尺線，只有紡成淨綫，織子才會淨緊，才能耐用。」最後她以希望的口吻說：「假如我自己有一架平台機，學兩月後，也能從工廠工人們一樣，一天織它八丈布。」（註：現應縣委員會已決定補她一架平台機，當這時區上同志及馮桂英都還沒有知道）。

# 延縣豐富區四鄉 訂村民公約

[illegible]

# 兩千戶難民移至關中

## 政府撥救濟糧千五百石 發農貸百八十餘萬元

[illegible]

## 鄜縣防止牛瘟

[illegible]

# 安塞檢查春耕 開荒計劃超過任務

## 二流子已大部參加生產

[illegible]

## 延縣婦女 組成十五個變工隊

[illegible]

## 合水揚志海植棉 七分地—廿四斤

[illegible]

## 華池二流子改悔 自己開荒一畝

[illegible]

# 英雄們的競賽

林朗

[illegible]

# 苏工人增加飞机军火生产“五一”礼物赶运前线

## 英影片“沙漠胜利”备受欢迎

【塔斯社莫斯科十六日电】苏联工业工人所建立的红军最高统帅部特别基金，在□[四]月初旬已获得极大增加。最大捐赠之一为乌拉尔军火工厂。该工厂在四月前十三天中，较三月份全部生产量增加了更多的军火，而大大超过其计划。工人们在将他们超过计划所生产的一列车军火送给红军士兵时写道：“请接受我们“五一”的礼物，并击败德军”。“给前线的“五一”礼物”的战斗机队，已于昨日由西伯利亚大飞机场起飞。该飞机队也是超过计划所生产的。马格尼多高尔斯克工厂创造了新的生产纪录。在一天中，它将超过计划所镕的九百四十吨铁，捐作特别基金。苏联最大降落伞工厂中的妇女，捐赠一百把降落伞，作为爱国基金。卡萨克共和国各缝纫工厂的女工们，将她们超过计划所缝制的衣服，送到前线交给全体红军部队。

【塔斯社莫斯科十六日电】在京城出映的最近影片中，英国的“哈密尔敦夫人”与“沙漠中的胜利”两片，获得了大的成功。仅就这一短时期而言，在莫斯科十个电影院观看“哈密尔敦夫人”者约达一百万人。影片公司现正重制此影片数百部，以便送到苏联各城市放映。此影片得到观众一致赞扬。著名制片家哥马西诺夫谓：“我的许多同事和我很称赞这个片子。在□[该]片中，亚历山大科尔大如此光辉地表现其制片者的天才。他能以这样方法表现出久已过去的事件。该片中的英雄人物，很接近生活于因爱国战争所掀起的热潮氛围中的苏联人民的心”。两月前，英第八军在北非的辉煌作战已出现于莫斯科银幕上。在此两日中，至六个影院观此影片者，达七万人。由于此影片引起巨大的兴趣，全苏联影片委员会将决定重制此片多部，送至前方或后方的红军部队。英驻苏大使卡尔爵士于第一晚观看此影片时，在苏联之一最大电影院的来宾题名簿上，甚为称赞此影片。

# 荷境各線盟軍與敵接觸

## 英第八軍試探敵心陣地

## 希海面盟艦[illegible]本國

[illegible]

# 六百英機襲德

## 投彈共一千八百噸

## 斯科達軍火工廠受重創

[illegible]

# 德軍[illegible]反攻的失敗

周欽野

六月初，紅軍渡過頓尼茨河，先後收復了哈爾科夫，[illegible]

[illegible]

# 蘇工人增加飛機軍火生產

## 「五一」禮物提前運送前綫

## 英影片「沙漠勝利」備受歡迎

【塔斯社莫斯科十六日電】[illegible]紅軍最高統帥斯大林[illegible]號召，[illegible]工人們在將他們超過計劃[illegible]「五一」[illegible]禮物[illegible]

【塔斯社莫斯科十六日電】[illegible]「沙漠中的勝利」[illegible]

[illegible]

# 德迫蘇國總動員

## 納粹支持[illegible]

【塔斯社日內瓦十七日電】[illegible]

# 德將開特別國會

【路透社倫敦十五日電】【柏林訊】[illegible]於廿一日舉行。

# 今日之新城

[illegible]

# 德寇的「西線長城」

## 全屬自欺欺人

【塔斯社莫斯科十七日電】塔斯社讀者來信[illegible]「大西洋堡壘」[illegible]

[illegible]

# 美機八襲吉斯卡

## 敵島帝[illegible]敵陣均遭轟炸

【路透社[illegible]十六日電】[illegible]

[illegible]

# 美情報局長稱

## 日寇準備犯澳事

## 未免言過其實

【合衆社華盛頓十六日電】[illegible]

[illegible]

# 諾克斯稱

## 美現有七個艦隊

## 護航艦正迅速建造中

【路透社華盛頓十六日電】[illegible]

# 西班牙妄圖離間盟國

## 赫爾重申敵須無條件投降

【路透社巴黎[illegible]十六日電】[illegible]

# 國際簡訊

[illegible]

| 解放日报 | 时间 | 1943-4-19 | 期 | 第699期 |
| --- | --- | --- | --- | --- |
| | | | 版 | 第1版 |

# 迎接“五一”劳动节晋西北各工厂生产突击

## 被服厂提高生产率百分之三十

【新华社晋西北十八日电】军区被服厂全体职工，为保证前方将士及早换上单衣，已定出生产突击计划，决定在“五一”以前完成全部单衣。现在生产率已较原来提高百分之三十，超过突击计划百分之五。在生产突击中，厂方注重调剂工人生活，杀猪添菜，改善伙食。军区制药厂，也制订出了一个月的生产突击计划，迎接“五一”，预定在“五一”以前，精制药棉六百斤至七百斤，纱布一百磅。制造救急水、健心散、光明散等药品一百五十磅。现在全厂工人正以实际行动，来热烈展开张秋凤运动。此计划完全实现，将超过平时工作效率百分之四十以上。吕梁印刷厂工人，自动提出加工，决定在“五一”以前的星期日不停工，在“五一”节提高生产量百分之三十。现排字部工人一点钟排一千二百一十七字；机器部工人一小时印报二千四百份，七天的工作五天可以完成。

解放日報

中華民國三十二年四月十九日　第六九九號　今日出版一大張

社址：延安　半年百五十元　全年二九〇元　二月八十元　每月三十元　本期零售一元



## 爲紀念「五一」給各級工會幹部和工會的通知

[illegible]

# 蘇中我粉碎敵偽清鄉

# 斃傷俘敵偽一千餘

## 晉察冀民兵襲入保定西關

[illegible]

## 甘泉縣府獎勵模範村長石懷亮

### 積極領導開荒熱心幫助移民

[illegible]

## 時評　面臨決戰的季節

[illegible]

## 蘇機四襲哥尼斯堡

# 庫班紅軍斃敵四千

### 蘇軍逼近諾沃羅西斯克

[illegible]

## 反對派遣赴德　巴黎兵變

[illegible]

## 那台敵寇「清鄉軍」　晉北偽人員相率逃亡反正

[illegible]

## 迎接「五一」勞動節　晉西北各工廠生產突擊

### 被服廠提高生產率百分之卅

【新華社晉西北十八日電】軍區被服廠全體職工，爲保證前方將士及早換上單衣，已定出生產突擊計劃，決定在「五一」以前完成全部單衣。現在生產率已較原來提高百分之三十，超過突擊計劃百分之五。在生產突擊中，廠方注意照顧工人生活，改善伙食。軍區製藥廠，也訂出了一個月的生產與節約計劃，迎接「五一」，預定在「五一」以前，製藥棉六百斤至七百斤，紗布一百磅。[illegible]品一百五十磅。現在全廠工人正以實際行動，來熱烈擁護[illegible]。此計劃完全實現，將超過平時工作效率百分之四十以上。呂梁印刷廠工人，自動提出加工，決定在「五一」以前的星期日不停工，在「五一」前提高生產量百分之三十。現排字部工人一點鐘排一千二百一十七字，機器部工人一小時印報二千四百份，七天的工作五天可以完成。

| 解放日报 | 时间 | 1943-4-20 | 期 | 第700期 |
| --- | --- | --- | --- | --- |
| | | | 版 | 第2版 |

# 关中工厂“五一”竞赛

【本报关中十三日电】关中分区纺织工厂于十日起发起“五一”竞赛二十天，工友们生产情绪普遍高涨，保证提高生产率百分之二十。日来经线组与纬线组，铁机组与木机组，工友与工友间，已均发起生产竞赛。事务组也保证要改善全厂伙食，开饭时间不耽搁一分钟。又：分区被服厂亦在工会号召下于昨日向纺织工厂提出同样条件的竞赛。

# 駐軍影響和幫助下
# 金盆區開荒四千畝
## 孟慶成札工隊組織最好

【本報延安金盆區訊】本區居民生產情緒在南泥灣駐軍的影響和幫助之下，已顯著提高。全區六千餘畝川地，現已耕完五千餘畝，在十天內（四月四日——十四日）全區開荒三、七四〇畝；共組織了變工二十七隊，計二八六人，札工七隊，計七十六人；其中以王家溝區孟慶成的札工隊最為出名，很多人都要求參加進去，很多村莊都爭請他們去做活，由此可見其威信之高了。這個札工隊經常保持十三個人，其中兩個三十多歲的中年人，其餘的十一個人，都是二十多歲的青年小伙子，勞動力強，挖地又多又快，他們在[illegible]……

[illegible]

## 「二流子」變工隊勞動積極
## 山東客戶每天挖地一畝

【本報延安金盆區訊】[illegible]

## 槐樹莊

王向立

當部隊剛到達槐樹莊一帶的時候，這是一片荒涼的[illegible]……

[illegible]

## 關中工廠「五一」競賽

【本報關中十三日電】[illegible]

## 甘泉勞動英雄王起良
# 種地百垧熱心教育
## 幫助貧民改善生活

【本報甘泉訊】[illegible]

## 慶陽勞動英雄王治東
# 白天多種地晚上做雜事
## 家人合理分工增加生產

【本報慶東十三日電】[illegible]

## 志丹胡老婆五十六歲
# 種莊稼廿二垧
## 參加男子變工隊

【本報志丹訊】[illegible]

## 三邊隴東黨政負責同志
# 分赴各縣區鄉領導春耕

【本報三邊十三日電】[illegible]

## 全國工業協會定期成立

【中央社重慶十三日電】[illegible]

## 綏德魚池溝紙廠
# 用麥楷蔴繩頭造紙
## 毛家山紙廠十天造紙百刀

【本報綏德訊】[illegible]

# 鄉村日記

蘇水縣 孫委書記 任成玉

三月廿一日

今日從縣上經過一區四鄉來到石門[illegible]……

[illegible]

| 解放日报 | 时间 | 1943-4-22 | 期 | 第702期 |
| --- | --- | --- | --- | --- |
| | | | 版 | 第1版 |

## 中管局经建处技术室启事

（一）本室之木作间及油漆作间，原为研究性质，自即日起改组为生产工厂。定名：美坚木作厂，另派专人负责，直属技术室领导。（二）本厂因近日所接定活过多，自即日起对外停止定活三个月。又曾允定之活均在制造中，也不再允许增添件数，敬请原谅是幸！（三）本厂之出品上过去均带有“中管局技术室”或“协和监制”等字样，现用“美坚出品”字样。本厂无论过去或现在之出品均绝对负责保险长期使用。如有损伤者可送来修理，不另取资。（四）近来延安曾有些木作坊仿造本厂家具样式，故□君有时误认为本厂出品，实为差矣！本厂特声明不负仿造者之责任。

美坚木作厂上

解放日報

今日出版一大張　第七〇二號　中華民國三十二年四月廿二日

本期零售一元　每月三十三元　三月八十元　半年一百五十元　全年二九〇元

社址：延安

## 遷移啓事

本店原開設新市場，今已移至北門外原啟記商店住址照常營業，希各方顧主與往來商賈暇日大詩之手續，請到本店接洽為荷。

正大商店啓　四月十八號

## 中管局經建處技術室啓事

（一）本室之木作間及油漆作間，原為研究性質，自即日起改組為生產工廠，定名：美堅木作廠，另派專人負責，直屬技術室領導。

（二）本室自成立日所設之室務通令，自即日起對外停止……

（三）本廠之出品上標有「中管局技術室」或「美堅出品」字樣……

（四）……

美堅木作廠上

# 晉察冀及太行災區展開生產救災運動

## 災胞從事生產解決衣食　各地節糧募款積極助賑

# 各鄉已開始動工　靖邊修水浸地兩萬餘畝　可增產糧食一千二百石

## 延青救指示　今年紀念「五四」的任務

### 發動青年參加生產與學習

## 敵擄外僑六千

### 天津市民反對敵「配給」　冀東集中營

## 志丹同志靈今日抵延

### 各界代表赴橋兒溝迎接　定明日下午舉行公祭

## 貫徹整風精神　晉察冀邊府指示改革方針

## 淮陽偽自衛團長率部反正

## 抗議敵寇屠殺「我知識界同胞」

### 冀魯豫文聯提出控訴

## 南國政府歡宴蘇大使

## 庫班紅軍殲敵數千

## 關中負責同志來信

### 分區相互競賽可能流於形式主義　將注意下府使競賽成為群眾性運動

## 葭榆縣參議會召開議員大會

### 發起一碗糧運動賑災

| 解放日报 | 时间 | 1943-4-24 | 期 | 第704期 |
| --- | --- | --- | --- | --- |
| | | | 版 | 第2版 |



## 盐池元华工厂迎接“五一”加紧生产

### 已制成绒衣胎千余件

【本报三边十六日电】为迎接“五一”节，盐池县元华毛织工厂，正在开展赵占魁运动。按该厂素以赶毡、织毛口袋、织栽绒毡为业务中心，近来添置织毛毯机一架，日内将开工。该厂自成立以来，虽资金甚少，但业务发展甚快。目前生产量计已达到每个工人每天能制二五毡两块半，每月栽绒毡四块。此种栽绒毡异常精致，故销路颇佳，工人中有十几岁的童工十六名，他们的技术也很熟练，每人每天可纺毛线三斤半。近该厂正在赶制盐务局定制的羊绒衣胎及绒帽，此项衣胎为准备，今冬供给部队、机关、学校人员装□棉衣之用。闻已做好千余件，各工人正在为完成今冬供给而努力。盐务局以该厂前途大有发展，最近特投资百万元，以便购置机器，增聘工人，扩大生产。

# 綏德等四縣完成第一期移民任務

## 土紳高季餘組織百戶南下

# 三邊各鹽池組合作社 鹽民互助生產

## 苟池社集股可達三十萬元

# 歐團的生產熱潮

新華社太行通訊　羅村田

## 子長發放棉花 婦女以紗換花

## 吳旗二流子改悔自新 劉生海成為運鹽模範

### 黨政幫助下一年增加牲口八頭

## 鹽池元華工廠 迎接「五一」加緊生產

### 已製成絨衣胎千餘件

## 延安師範開荒八十垧

### 延大手工技能增高數倍

## 綏西雙湖峪兩腳戶 包運全區公鹽

## 慶陽獎勵勞動英雄 馬俊種地百畝 李章紡織自給

## 大鳳川駐軍 展開挖地競賽

### 最高紀錄已達兩畝三

# 延安縣級幹部整風學習的幾點經驗

延安縣委宣傳部長　劉英

（一）縣委思想領導的準備工作。延安縣縣級幹部大部份的特點是：文化程度、政治理論水平較低，對文件的字句不大了解，中心意思抓了解……



第二卷（上）

# 太行开展新劳动者运动军营工厂生产激增

## 晋西北被服厂每人增产两倍半

【新华社太行二十四日电】此间新劳动者运动，自二月开展以来，已获得很大成绩。八路军工厂在三月，平均增加生产百分之三十。某被服厂在二月每人缝上衣二十八件，三月则加到每人缝五十件。且各工厂工人自动提出增加义务工，如六分区工厂要求每人每天增工四小时。

【新华社太行二十四日电】十八集团军总部直属各工厂新劳动者运动，已获得全体工人热烈响应。现各厂各班组及个人之间，都互相挑战竞赛。某厂工会小组对行政上提出四月生产计划，一致都要求提高到百分之一百二十五。该厂三月生产总额，增加产量十倍之多。某厂学徒刘□洞，今年十八岁，在这次运动中，特别努力，最初他要求并获得允许做工匠的工作，但工匠们都不相信他的产量会那样大，质量会那样好。他还不时地去帮助别人。每次的工人夜校的文化娱乐活动，他总站在前面，所以在总结时，大家一致认为他是第一。在另一个分会里，有一个工匠以高度愉快的劳动热忱，参加运动，他的产量已超过百分之一百五十，在他领导下，消耗减少了百分之五十。还有一个工匠干了夜班又干日班。这次运动的发展，工会工作也逐步发展，运动与工会工作密切结合着，工会小组每周检讨生产，很多工人要求加入工会。

【新华社晋西北二十四日电】两星期以来，军区被服厂在“五一”生产竞赛中，已获得如下成绩：军衣每八小时较竞赛前增加四十余套，军鞋每八小时增加了百分之十九。平均每人每日比精简前多缝两倍半的军衣，多做军鞋百分之七十五。在动员大会那天，缝工股首先向鞋工股挑战，接着股与股间、组与组间进入激烈的竞赛，连轻病员及半休息工人，也全体要求回到工作岗位上。五十岁的晋西北劳动英雄袁金山，从天亮到天黑，忙于打锥子及砍鞋楦子。青工王长发虽然他的身体很差，除了工作时间外，在工余还来擦机器等，马世民和王殖兴每人每天多缝了三套军衣，张红全也每天多上了三双军鞋。他们都认为前方将士已到了换衣换鞋，轻装杀敌的时候，在生产上就要突击来完成任务。

【新华社鲁中十九日电】为迎接战斗的五月，此间一一五师后方军营工厂，发起生产竞赛，规定“五一”至“五卅”为竞赛期。现某某厂工人已首先向其他各厂挑战，规定四项条件：（一）保证全厂没有一个偷懒的；（二）创造赵占魁式的劳动英雄；（三）生产量超过原来的百分之百；（四）团结友爱，保持健康，关心教育驻地群众，出一墙报。各工厂工人已纷纷应战。

中華民國三十三年四月廿五日

# 解放日報

今日出版一大張 第七〇五號 中華民國三十三年四月廿五日

社址：延安



## 太行開展新勞動者運動

# 軍營工廠生產激增

### 晉西北被服廠每人增產兩倍半

## 執行中央文委決定

# 平劇院確定今後方向

### 審查修改舊劇本創作新劇本

### 堅決為戰爭生產教育服務

## 本市各界

# 恭送志丹同志靈櫬

### 民衆千人沿路設供奠祭

# 蘇機轟炸遠征德國

### 大舉轟炸英斯德堡

## 社論

# 從春節宣傳看文藝的新方向

## 敵佔區逃來難胞

# 濱海專署緊急救濟

### 膠東軍民平毀敵封鎖溝趕種莊稼

# 边区被服厂开展赵占魁运动

## 工友们提出增产百分之二十

【本报特讯】边区被服厂全体工人，正在热烈响应赵占魁运动。教员宣读赵占魁向各厂挑战的消息未毕，场上的工友们，便说开了："我们愿和赵占魁应战！"机器部的工友们，当即提出将生产额增加百分之二十（即每天车衣十套改为十二套）。手工股的工友们，提出要比三月份比赛中最高的纪录（平均每人缝钮孔三十套），再增加百分之二十。门市部的工友们，亦正在纷纷商议与计划中。赵占魁运动，虽在工人当中尚属开始，但已取得了极好的成绩。如该厂裁衣股学徒张保全，从前是不安心工作，而且还常和别人闹架，甚至提出过要退伍的；经这一运动的刺激与厂方的教育，不仅工作积极，人变好了，而且还订出了个人的生产计划，响应赵占魁运动。

【本报特讯】边区被服厂工友们的劳动热忱，正在日益上升着。记者昨日往该厂曾与工会赵主任参观各部，繁杂的缝衣机的声音，在我们面前叫嚣不停。手工股的女劳动英雄李凤连，此时正盘坐在地上，飞速的缝钮孔。机器部的车衣服的工友们，也在忙碌不休。在裁衣股内，裁衣的工友们正在拿着剪刀剪布，那位向赵占魁应战的张保全，我们看到他正忙着帮助裁剪师做着各项的打杂工作。

【本报特讯】边区被服厂的工友们，自响应赵占魁运动后，现全厂的工友们一面忙于报名，一面忙于做个人的生产计划，现在工厂中已为赵占魁运动的热潮充满了。闻工厂方面拟于"五一"前，把这一运动更好地组织起来，再根据实际，准备在今年十月革命以前做总结，然后加以奖励。到昨日止，该厂已订出个人的生产计划者有田尔良、蒋兴仁、杨平、黄振声、萧长清、李青君、李应春、赖庆同、任玉荣、李凤连、张保全等人。兹特节录三个人的计划于下，以见一斑。张保全同志的计划（四期学徒）是：（一）终生为革命工作，永远不退伍。（二）绝对遵守劳动纪律与厂规。（三）在十月革命前保证学会裁扎。（四）改正过去的坏脾气，再不发生闹架事件。（五）保证每天有一小时的学习时间。（六）利用礼拜天，从事农业生产，种些蔬菜。手工股长任玉荣同志的计划是：（一）生产量按原定计划要超过百分之二十，并使针码缝得整齐。（二）节省原料（在照规定的标准下），每日节省线一码。（三）全手工股的女工，做到团结一致。（四）严格实施检查，保证今后在工作中不发生毛病。（五）领衣账目做到不差错。（六）不使衣服剪坏和把衣服染脏。黄振声同志的计划是：（一）除自己不违反劳动纪律外，并随时监督别人；遇有坏事情要及时报告。（二）保证每天做普通衣服不少于十套，质量做到完全适合厂方所规定的标准。（三）爱护工具与原料。（四）现在我能看群众报，十月革命前做到能看解放日报的消息。（五）改正过去急躁的脾气。

邊區被服廠

# 開展趙占魁運動

## 工友們提出增產百分之二十

[illegible]

延川高蘭英

# 同黑玉祥競賽紡織

## 全年紡紗六十斤織布五十疋

[illegible]

# 法西斯的新陰謀和敵內閣的改組

（上接第一版）

[illegible]

鄜縣女勞動英雄

# 趙潤丑努力種地牧羊

## 幫助自衛軍認眞查哨

[illegible]

綏德民衆劇社

# 下鄉宣傳生產

[illegible]

本市蒙古同胞

# 公祭成吉思汗

[illegible]

志丹趙明堂

# 已開荒十五垧

## 今年增產糧十五石

[illegible]

# 一點經驗的證明

志丹縣委組織部長 李志杰

[illegible]

靖邊趙存仁

# 勤勞不息砍柴墾地

## 用自己的力量達到豐衣足食

[illegible]

新正黨員張清益

# 團結全村努力勞動

## 倡議設立義倉救濟貧民

[illegible]

延川青年黑學良

# 任變工隊長

[illegible]

更正

[illegible]



第二卷（上）

# 延川高兰英同黑玉祥竞赛纺织

## 全年纺纱六十斤　织布五十匹

【本报延川讯】据永坪区区委李中同志报道：自县府奖励纺织劳动英雄黑玉祥后，此间模范纺织者高兰英即首先响应竞赛。她提出：今年纺织六十六斤，织布二百七十丈（五丈一匹共五十余匹），保证纺得匀织得密。另外她计划把十口小猪喂到每只值一千五百元到二千元后卖出，以准备缴纳救国公粮。按高兰英是本区一乡张家河人，现在四十一岁，家内五口人。自民国十四年丈夫入伍后，家内生活即赖其一人维持。她从十二岁起即学会纺纱，人人都称赞她能干，去年一年即织布一白九十七丈，纺线八十二斤。儿年来不但供给了全家人的生活费用，而且给儿子成了婚。现在她家已有犍牛一头、马一匹、猪十只，生活相当富裕。高兰英不仅生产积极，而且认识很好。她是一个很好的党员，在负担上也很好，她不仅慷慨，而且出公粮出得最早。在她和黑玉祥提出竞赛后，她已昼夜忙于纺纱和织布，以便胜利完成她的生产计划。

【本报延川讯】本县妇女纺织热潮普遍高涨，从城区民众社的换花中即可明显看出。该社自三月份起，已收到八百六十斤纱，现已发出一千七百二十斤棉花。民众社每日换花者络绎不断，逢集□更是拥挤。目前每三天平均可换到八十多斤纱，这样在三天内该社至少要发出一百五六十斤棉花。以纱换花者以城市、禹居、永胜、永坪等区最多。

【本报延川讯】城市区合作社在开展纺织工作方面，成绩甚好。仅赵家沟及城内外妇女，现已领花七十余斤，该社帮助三架纺车给纺织积极的妇女。纺织小组，多是自动到合作社按期领花交纱，她们和合作社的关系已很密切。据合作社惠主任谈：每个妇女交纱都很好，不过她们都是领二斤花交一斤纱，剩余一斤花，不一定都纺成纱。为了使发出的棉花尽量用之纺纱，特规定多交一斤线子，即可多领二斤棉花。用领花与以纱换花的办法混合进行，以推动妇纺的发展。

【本报延川讯】此间民众社为发展纺织业，已和私人合股开办一小型纺织工厂，资本已筹到十万元。现已有两架织机开始织布。预计每月可织六十匹布，所需之纱由民众社供给。

## 邊區被服廠 開展趙占魁運動
### 工友們提出增產百分之二十

## 延川高蘭英 同黑玉祥競賽紡織
### 全年紡紗六十斤織布五十疋

## 法西斯的新陰謀和敵人的改組

## 鄜縣女勞動英雄 趙潤丑努力耕地牧羊
### 幫助自衛軍認真查哨

### 子長南區 老戶幫助新戶

## 綏德民衆劇社 下鄉宣傳生產

## 本市蒙古同胞 公祭成吉思汗

## 一點經驗的證明
志丹縣委組織部長　李志杰

## 志丹趙明堂 已開荒十五垧
### 今年增產糧十五石

## 靖邊斑存仁 墾地砍柴勤勞不息
### 用自己的力量達到豐衣足食

## 延川青年學良 任變工隊長

## 新正黨員張清益 團結全村努力勞動
### 倡議設立義倉救濟貧民

# 鲁中纺织业巨大发展

【新华社鲁中二十五日电】某某专区纺织事业，近三月来已获巨大发展。计三个月中，共织布六千余匹（每匹四丈），纺线五万余斤，组织独立纺纱小组五十个，附属小组八百个，拥有纺车九千辆，织布机若干架。今年全区军民夏衣材料，已可全部供给，拒绝了约值九百万元之洋布入口，且因土布每尺较洋布廉价二元，节省了人民用费约达一百万元。土布质量亦逐渐提高，如某某县以前出线多为二等线、三等线，现头等线已占多数，二等线占少数，三等线则已不多见，参加组织之广大群众的生活，亦获得改善，某边沿区群众反映，只要纺线织布，那就不用逃荒。某边沿区则□[通]过纺织事业之开展，大批群众参加群众团体，民主政府威信，更加提高。

解放日報

中華民國三十二年四月廿七日　第七〇七號　今日出版一大張

社址：延安　本報零售一元　每月三十元　三月八十元　半年一五〇元　全年二九〇元

## 本報廣告科啓事

解放日報社廣告科

## 招領

本處於日前拾得嗶嘰毛褲一條，如有失者請來認領爲荷。

解放日報社總務處

四月二十四日

## 遺失聲明

## 招領啓事

# 興縣訂定生產計劃

# 增產糧食萬五千石

## 開荒六千垧獎勵紡織發展

## 每村創造勞動英雄相互競賽

# 山東縱隊健兒

# 擴大生產節約加强教育

## 去年完成一千二百萬元任務

# 山東高級黨校

# 轉變教育方針

## 學員深入群衆實際鬥爭

# 宋子文返美

# 敵機竄擾豫東

# 魯泰山區

# 萊蕪我軍連續殲敵

## 晋豫邊敵我在血戰中

# 夏季大戰日益逼近

# 蘇調巨砲增强陣地

## 上週空戰毀德機三百餘

# 蘇聯黨政當局

# 電賀布瓊尼壽辰

# 吳家棗園

# 變工開荒超過計劃

# 吳滿有督促領導

# 每晚按戶檢查生產

# 魯中紡織業

## 巨大發展

〔4〕　457

中国共产党早期新闻史史料汇编

| 解放日报 | 时间 | 1943-4-28 | 期 | 第708期 |
| --- | --- | --- | --- | --- |
| | | | 版 | 第2版 |

# 安塞陈满发妻六天纺三斤头等线

## 亲手教会六个妇女

【本报安塞讯】四区马家沟陈满发的老婆，已于上月首先在四区合作社领了纺车和棉花，回去后六天工夫即纺了三斤线子，交到合作社。因为线子又细又匀被列为头等线，合作社多发给她四两棉花，作为优待和奖励。陈满发的老婆，今年三十二岁，有两个小孩，除每天管奶孩子做饭外，还能纺半斤头等线；同时还给邻家妇女教纺线，已亲手教会了六个妇女了。马家沟村二十户人，就有十九户妇女都纺线，也是由于她的影响。

【本报安塞讯】此间一区生产社，最近收回的线子，不但一般质量提高，并且发现不少的线可与□纱相比。王□□，有一个十二岁的女孩胡双银，交来了二斤线子，被列为头等。据说她是去年四月才开始学纺□[线]，现在每天还要帮嫂子、管娃娃，一天只能纺半天线。据估计一年她差不多能赚二十斤棉花，可得四千元的利，她母亲高兴地说："比她哥给人揽工还钱多，以后要好好地纺线。"

# 新正駐軍 開荒六千一百畝

## 勞動力雖少任務全部完成

## 組織積極份子起模範作用

# 各連展開競賽

## 隨海珍創最高紀錄

## 南泥灣駐軍某部

# 保證全部糧食自給

## 兩萬七千畝地多半下種

## 每天挖荒一畝者兩百人

# 向自給自足的目標邁進

（上接第一版）

## 延屬各縣婦聯主任

# 集議開展婦紡運動

## 高崗同志指示：突破一點影響全區

## 安塞二流子

## 紛紛開荒種地

## 志丹模範抗屬雷海英

# 聯合三村組生產小組

## 開春荒卅五垧男女一致上山

# 棗園菜地已出苗

## 西北局春菠菜最好

## 裴莊渠急待修復

## 安塞陳滿發妻

# 六天紡三斤頭等線

## 親手教會六個婦女

## 在梁培銀影響下

# 子長某鄉植棉百廿畝

# 边区纺织厂布置增产

## 提高质量 减低成本 发动竞赛

【本报讯】边区纺织厂于昨日召集全厂大会，传达厂长联席会的决议，并检查工作。同时，并着手布置赵占魁运动。该运动内容，包括下列数项：第一、将工厂改为企业化的管理，使厂方经济合算，并保证厂方有百分之二十的利润收入。领导方面更加一元化。第二、实现增加生产、提高质量、减低成本。布置新的生产计划，要超过目下厂内每月织大布二十六匹，和小布三十六匹余的最高纪录（大布二尺五宽、十丈零四尺长，小布二尺五宽、五丈二长）。在提高质量方面，一律按政府所规定的标准，双经双纬（土纱），经纱每匹不少于一千四百根，纬纱每寸不少于二十四根，每匹重量十四斤。减低成本的办法，即严密管理、防止浪费和提高教育。第三、在全厂总的生产计划之下，又制订□班与班的生产计划和个人的生产计划，以资开展全厂的竞赛运动。

【本报讯】边区纺织厂自合并交通与团结两厂后，工人在工作方面表现极为安心，生产量亦提高了三分之一。该厂在三月份生产量最高的工人有：南京虎，用木机每月织小布三六、五三五匹；袁清山三三疋；郝运四三二点二四匹。牛元德用铁机每月织大布二六点一七匹；刘视华二六疋。行政人员亦利用公余时间和礼拜日进行生产，他们种地四十余亩，所播的菠菜、白菜等，均已出土。此外行政人员又参加络经纱，如徐□会、徐慧，每月均络四捆，在礼拜日亦不愿稍事休息。该厂因比合并前扩大了一倍，管理及各种制度亦有所改变，新的蓬勃气象，充满了全厂。

# 十萬畝春荒超過半數

## 關中縣書聯席會檢查春耕

### 安置移難民萬餘名

### 嚴禁浪費羣衆勞動力

# 蒲仲千種德棉收花最多

## 綏德獎勵模範植棉農

### 老君殿植棉六百畝羣衆要求超過

# 中央印刷廠的趙占魁運動

子凡

# 紀念志丹生產突擊週

## 三邊駐軍發起

# 賀保元趙鵬受獎

## 三邊羣衆大會上

### 兩勞動英雄商訂競賽條件

# 劉玉厚夏田全部下種

## 公鹽代金已繳清

## 增墾租地十一垧

# 定延路定期通車

# 一年織布千六百尺

## 赤水移民劉鈺茹

### 今年並要供給鄰居需要

# 新正改造懶漢

## 李登雲一天挖地八分

# 播種六百畝

# 邊區紡織廠佈置增產

## 提高質量減低成本發動競賽

# 晋西北军区制鞋厂工人袁进山生产积极

## 节省原料 爱护工具 帮助别人

【新华社晋西北二十八日电】此间某制鞋厂工人袁进山同志，去年曾当选为劳动英雄。他已年逾四十，鬓发斑白。但他手脚却不停地终日劳作着。去年在劳动英雄大会上，他首以工作积极获得了劳动英雄的光荣称号。他从十三岁做学徒，直到现在未离开制鞋业，他积累了三十多年的经验，通晓制鞋的全部过程，任何一道手续，都能做得很好。他是富有耐心研究技术的老工人。袁进山是河北行唐人，抗战前住在太原。太原失守后，他搬到乡下住，那时他就认识了八路军是拯救广大民众出于水火的队伍，他东询西问，到处寻找部队，终于在一九四〇年找到了。他愿将自己一手熟练的技术——制鞋，为革命服务。在军区制鞋厂里，由于教育的加强，他很快就认识了自己在革命队伍里应尽的责任，改变了对劳动的态度。他说："八路军是共产党领导下的队伍，我是工人阶级，我为共产党八路军努力工作，是我光荣的责任。"他的工作是很繁重的，不仅需要他看库房、收发保管全厂七八十个工人用的工具，而且完全依赖他修理与制造工具。因之，工厂一天不能没有他，他是工厂行政上的得力助手，去年他参加了几天劳动英雄大会，就没有一个能胜任的人来代替他的工作。他深感到年老身体衰弱，一旦有病工作就会受到很大的影响，决定向上级提意见，培养学徒来接替他的工作。他这种为革命工作的负责精神，值得钦佩与学习。在制鞋厂工会里，他担任着技术研究委员会的主任，一切鞋样子，都是他设计的，他尽可能想出许多办法，使鞋做得好看耐久、节省原料。如最近所出的鞋子，不仅样式美观，且质地坚实耐用。以前每双鞋需小布四尺，现在三尺四寸就够了，这样每月可节省下五个多小布。他还耐心地仔细研究工具的代用品，像抹糨糊的刷子等。"老袁吃苦耐劳的工作精神，更值得我们学习。"鞋厂工人都这样号召。年老使他的许多牙齿掉了，常发生牙痛，干饭吃不下，他将米面做成汤饼子或把煮烂的山药蛋拌盐当饭吃。厂方和很多人都提意见给他弄些好的东西吃，他答道："年老的不只是我一个人，公家现在经济很困难，吃点苦算不得什么。"对个别消极的人，他常予以批评鼓励教育："你们青年人要从远大处着想，做工作、打日本、干革命，还不是为了大家好？我这样大的年纪，还越干越有劲，有什么不高兴呢。"他不知道什么是疲倦，老是工作着，人家未上工，他先干起来。人家下了工，他仍在工厂里，他的学习也很积极，每天晚上他总是在写字读书，有不懂的马上就请教别人，由于"不耻下问"的学习精神，他现在已认识到四五百个字了。

【新华社晋西北二十六日电】洪涛印刷厂这次接受吕梁印刷厂的挑战，正在他们第二期突击刚刚胜利结束以后。一个月前，他们开始了激烈的竞赛。学徒刘树元和降玉林等数人，每天抢着早起做第一名，天还黑黑的，就起来到工房里去，扫好地，擦好机器。技工们同样在天刚亮，就互相呼唤，跑到工房里，在六点半前做完当天六分之一的工作。在晚饭时，因为大家不愿放下工作，常常把菜饭都拿到工房中。他们彼此互助，要是谁没有达到目标，先完成的就去帮助他。技术高些的工人，自愿用较差的机器，使大家一起进步，在这样竞赛的热潮下，全厂的产量比竞赛前增加了百分之五十。制版间的马锦昌，更把过去要做一个月的工作，在九天内完成。任治卿和武战雷在工作中，并创造了用玻璃粉代替砂粉的办法。经过了一个月的紧张工作，他们现在又迎接新的竞赛，在给吕梁印刷厂的应战书里说：为了纪念"五一"伟大的节日，咱们来竞赛吧！洪涛工厂工人一贯不落人后，现在已更加油了。望你们开快车吧！

【新华社晋西北二十七日电】一个半月以前，总工会曾向各厂职工会号召加强文化娱乐工作以保障生产量之提高，及决定在"五一"举行竞赛，经各厂月余的努力，成绩甚为良好。计生产竞赛最少有八个厂参加，评剧、山西梆子及话剧均应有尽有，月余之经验亦证明文化娱乐之展开，不独不会妨碍生产，且对生产的提高，起很大的作用。纺织工友为了准备参加戏剧竞赛，在工作时间尽一切努力完成生产任务，以便更安心地排演，结果许多工人的织布量都从八九丈提高至十丈、十一丈。某被服厂，因工作性质之故，常常突击，但由于文化娱乐工作做得好，减轻了大家的疲劳，使大家生产情绪始终如一，每次都完成了紧急的任务。其他各厂也有同样情形，那里文化娱乐□[搞]得好，那里的生产情绪就好。

# 解放日報

中華民國三十二年四月三十日　第七一〇號　今日出版一大張

社址：延安　零售每份一元　每月三十元　三月八十元　半年一五〇元　全年二九〇元

## 緊急啟事

本會籌辦之「五一」生產展覽會因時間短促尚未就緒，茲決定延期舉行，日期另行通知，希各界諒察。

中直軍直五一展覽籌委會

四月二十九日

## 邊參會常駐會開會

# 邊府報告九個月工作

### 當前要務為檢查工作審查幹部

### 通過政紀總則等五種條例草案

## 延安縣區幹部

# 實行集中整風學習

### 根據五個主要文件進行個人思想檢討

# 十日國際述評

### 蘇德戰場

### 蘇波絕交

### 北非戰況

## 紅軍大炮飛機

# 到處轟擊敵陣

## 西北局宣傳部 文委

# 指示各劇團改進工作

### 日寇內閣改組

## 晉西北軍區製鞋廠工人

# 袁進山生產積極

### 節省原料愛護工具幫助別人

| 解放日报 | 时间 | 1943-4-30 | 期 | 第710期 |
| --- | --- | --- | --- | --- |
| | | | 版 | 第2版 |

# 光华印刷厂产量提高百分之十一

## 各工厂将分别纪念“五一”

【本报讯】边区光华印刷厂工人，在最近一星期中，创造了提高产量百分之十一的纪录（以三月份平均产量为基数），以纪念国际劳动节。在一周之前，当印刷组某一落后工人表示懈怠之时，制版组老工人薛兆林同志，即自动至印刷组担负该落后工人的工作，伙伴们劝他说：“你年纪太大，吃力得很，停一会儿让我们来补上吧！”但是，薛兆林同志非常不服地说：“为什么怕吃力？这是我们党的事情——我们工人自己的事情，不能让机器停着，我一定要印！”在他的鼓动之下，全组的工人都更加兴奋起来了，青年工人彭林同志说：“好！老家伙，我们比赛吧！”当天的产量就增加了百分之四十。现该厂党、行政、工会各方，以及若干积极分子，为使赵占魁运动成为经常的运动，全厂半数以上的工人根据增加产量、提高质量、减低成本的原则，均已拟定各自的生产计划。其中有提高生产量至百分之四十的，也有在质量上要使成品清晰端正的。在节省原料方面，亦均就本身工作，想出具体办法，或减少消耗，或设法觅用其他不妨碍工作的代用品的。劳动态度，在所有的计划中，都规定了早到晚退，不浪费工作时间，把工厂看作自己的家庭。若干工人且提出以十分之几的薪资充作工会文娱经费。全厂工人并均自动在工暇从事农业生产，产品所得，除留一部做自用外，大部分均赠给公家，改善伙食。有家属的工人，并提出家□[属]不脱离生产，以减轻厂方负担。在澎湃着学习赵占魁运动的热潮中，工人中的二流子也向厂方保证要做一个好工人了。例如张计昌，在他自己写的计划中说道：“过去一向不安心工作，现在看到大家这样积极，我以后再不□[和]过去一样背后乱说怪话，要认识工厂是自己的。”他并自己规定提高生产量百分之五，保证材料一点不浪费，打铃以前到工房。现在该厂印刷股和完成股□[已]订立竞赛条件。记者昨曾与该厂若干工人闲话“五一”，询问他们将如何来纪念这个工人的节日时，他们马上回答道：“努力生产，增加革命力量，这是我们工人最好的纪念办法。”按该厂去年十月以前，有些工人生产情绪不很好，但经过以整风精神进行讨论后，全厂职工的团结大为增进，由于工人劳动英雄丁立智同志的模范作用，全厂生产量曾立即由一百增至二百以至四百，备受此次厂长联席会的称赞。该厂工作改进的具体事例，不日即在本报发表。

【本报讯】“五一”劳动节在光华印刷厂，除举行纪念会外，并将有若干模范工人受奖。奖次共分三等，受第一等奖的，计有丁立智、范耀武、王福林、薛兆林四同志。

【本报讯】明天是“五一”国际劳动节，边区各机关、工厂、学校均放假一日。各工厂均将分别举行纪念，其内容除开始检查赵占魁运动外，边区系统下的工厂，并将以整风的精神，侧重检讨过去工作，建立合乎边区情况的工厂管理制度。

# 光華印刷廠
# 產量提高百分之十一
## 各工廠將分別紀念「五一」

【本報訊】邊區光華印刷廠工人，在最近一季期中，創造了提高產量百分之十一的紀錄（以三月份平均產量爲標準），以紀念國際勞動節。在一個月之前，當印刷組某一落後工人表示懈意之時，鑄字組老工人薛兆林同志，即向該組提出號召諸落後工人的工作，慫恿他們勸他說：「你年紀太大，吃力得很，停一會讓我們來補上吧！」但是，薛兆林同志非常不服的說：「爲什麼怕吃力？這是我們應的事情——我們工人自己的事情，不能讓機器停滯，我一定要印！」在他的鼓勵之下，全組的工人都更加興奮起來了，青年工人彭林同志說：「好！老夥伕，我們比賽吧！」當天的產量就增加了百分之四十。現該廠黨、行政、工會各方，以及若干積極份子，爲使超產運動成爲經常的運動，全廠平均以上的工人根據增加產量、提高質量、減低成本的原則，均已擬定各自的生產計劃。其中有提高生產量百分之四十的，也有在質量上要使成品得嚴謹正的。在節省原料方面，亦均就本身工作，想出具體辦法，或減少消耗，或設法使用其他不妨礙工作的代用品的。勞動態度，在所有的計劃中，都規定了早到晚退，不浪費工作時間，把工廠看做自己的家庭。若干工人且提出以十分之幾的薪資充作工會文娛經費。全廠工人都均自動在工餘從事農業生產，產品所得，除留一部份自用外，大部份均貢獻給公家，改善伙食。有家屬的工人，並擬出家屬不脫離生產，以減輕廠方負擔。在澎湃着學習熱潮的競賽運動的熱潮中，工人中的二桿子向廠方保證要做一個好工人了。例如假計畫，在他自己寫的計劃中說道：「過去一向不安心工作，現在看到大家都這樣積極，我以後再不過去一樣背後亂說怪話，要認識工廠是自己的。」他並向自己規定提高生產量百分之五，保證材料一點不浪費，打飯以前要到工廠。現在該廠印刷股和完成股，訂立競賽條件。記者昨曾與該廠若干工人閒話「五一」，詢問他們將如何來紀念這個工人的節日時，他們馬上回答道：「努力生產，增加革命力量，這是我們工人紀念最好的辦法。」按該廠去年十月以前，有些工人生產情緒不很好，但經過以整風精神進行討論後，全廠職工的覺悟大爲增進，由於工人勞動英雄丁立智同志的模範作用，全廠生產量曾立即由一百增至二百以至四百，備受此次廠長獎勵的稱讚。該廠工作改進的具體事例，不日即在本報發表。

【本報訊】「五一」勞動節在光華印刷廠，除舉行紀念會外，並將有若干模範工人受獎。獲獎共分三等，受第一等獎的，計有丁立智、范耀武、王福林、薛兆林四同志。

【本報訊】明天是「五一」國際勞動節，邊區各機關、工廠、學校均放假一日。各工廠均將分別舉行紀念，其內容除開始檢查趕超運動外，邊區系統下的工廠，並將以整風的精神，側重檢討過去工作，建立公平合理的工廠管理制度。

# 關中駐軍某部
# 開荒超過任務千畝
## 幫助羣衆生產親密軍民關係

# 談談修水漫地

# 李鳳蓮在被服廠
## ——介紹一位女勞動英雄——

谷文秋

# 三邊駐軍政治部
# 配合屯墾深入宣傳工作
## 鼓勵戰士情緒反映勞動成果

# 安塞已開荒二萬二千畝
## 黨員開荒達計劃百分之七十

## 志丹二區女勞動英雄
# 劉金花種地十六垧
# 侯蘭英開荒十五垧

# 靖邊鎮清區春季植樹
# 超過計劃萬五千株
## 黨員張如玉獨種兩千株



中国共产党早期新闻史史料汇编

# 晋西北两纺织工厂产量提高百分之三十

【新华社晋西北二十九日电】纪念“五一”庆祝模范工人张秋凤运动，激起了各地区工人的生产热潮。在紧张的生产突击中，纺织二厂一个月即产出小布八百二十五匹（内有宽面洋布四十一匹，纱布十六匹）。平均每台织布机每月能产布四十一匹，最高能产六十匹三，最低的亦能产二十七疋。在个人成绩方面，最高的每天能产布二匹半至三匹，最低的也产一匹多，平均比去年的生□[产]额提高百分之三十二点二，最高的比去年提高百分之四十三。专区纺织工厂四月份起，即将该厂织布机全数开动，全厂工人学徒生产情绪高涨，每天产量平均已增加百分之三十五。厂方号召学徒等，加紧生产、提高质量，凡每人每月能织出土布四十匹者，即可升为工人。并按质量规定，所织布匹为甲、乙两种，分别支付工资。每月每人能织出甲种布三分之二以上者，即全以甲种布支付工资，月来该厂已全部卷入生产热潮中。工人牛丕文，一月织布四十七匹，其中四十四匹都是甲等，已被公认为全厂头等劳动英雄。

# 解放日報

日一月五年三十三國民華中　號一一七第　今日出版一大張

社址：延安　每月三十元　三月八十元　半年一五〇元　全年二九〇元　零售每期一元




**本報啟事**

「五一」節本報循例休息一天，二日停報，三日照常出版。此啟。

# 邊府昨晚發佈命令

# 規定各廠生產任務

## 布疋紙張為主要產品

## 着重指出領導一元化

[illegible]

主席　林伯渠
副主席　李鼎銘

## 紀念「五一」加緊生產

# 趙占魁運動普遍展開

[illegible]

# 建設革命家務

朱德

[illegible]

## 積極援助友軍作戰

# 八路軍殲敵玉峽關

[illegible]

## 晉西北兩紡織工廠

# 產量提高百分之卅

【新華社晉西北廿九日電】紀念「五一」，晉西北兩紡織工人展開競賽，激發了各地區工人的生產熱潮。在緊張的生產突擊中，紡織二廠一個月內織出小布八百廿五疋（內有大寬洋布四十一疋，毛巾十六疋）。平均每台織布機每月能產布四十一疋，最高達產六十三疋，最低的亦能產廿七疋。在個人成績方面，最高的每天能產布二疋半至三疋，最低的也產一疋多，平均比去年的生產都提高百分之三十二·二，最高的比去年提高百分之四十三。本區紡織廠四月份超產，因為該廠織布機全數開動，各廠工人學徒生產情緒高漲，每天產量平均已增加百分之卅五。廠方號召學徒等，加緊生產、提高質量，凡每人每月能織出土布四十疋者，即可升為工人。為提質量規定，所織布疋為甲、乙兩種，分別支付工資。每月每人能織出甲種布三分之二以上者，即給以甲種布支付工資，月來該廠已有全部婦入生產熱潮中。工人牛丕文，一月織布四十七疋，其中四十四疋都是甲等，已被公認為全廠勞動英雄。

# 蘇德夏季大戰迫近

## 庫班空戰毀敵機百條

## 蘇紅軍猛攻塔曼半島

[illegible]

## 盟國海陸

## 活躍出擊海面

[illegible]

## 敵機襲昆明

## 被我擊落十餘架

[illegible]

## 太行抗大分校

# 徹底改造軍事教育

## 前方經驗有效地發揚傳播

[illegible]

# 边区工厂会议闭幕 公营工业贯彻整风

## 纠正某些官僚主义自由主义倾向，决定各种制度进行工作检查

【本报讯】边府召集的工厂会议，已于二十一日结束。在五十余天的讨论与研究中，除确定了生产任务和供销等重要具体问题外，最大的收获即是整风运动在公营工业中的贯彻。会议揭发了若干工厂严重的浪费现象，领导上的官僚主义的倾向和少数破坏分子阴谋破坏的事实，并检讨了发生这些不良现象的思想根源，进而体验了边区工厂的革命性质、供给任务，以及边区建立工厂的基本原则、具体环境与工厂领导一元化等思想问题。会议根据这些原则，已初步决定各种管理制度。各工厂厂方、支部、工会即将根据这次会议的精神，召开全厂职工大会，发动职工群众，检查工作，正如高长久同志在会议闭幕前讲话中所说的，会议的主要收获为：第一，搞通思想；第二，指出方针；第三，订出计划。今后即将展开工厂工作大检查，对于今后边区工业的建设，实有重大的意义。参与此次会议者，除各厂长、支书、工会主任外，有关妇纺之妇联会及职工会同志并曾列席旁听。洛甫同志、邓发同志并经常莅会有所指示。前日工厂会议总结时，记者曾与若干厂长、支书、工会主任谈述对于此次会议的意义，下面就是他们一致的回答：“一切的道理都搞通了，我们以后做工作的时候，都有一定的原则了。”

【本报讯】工厂会议闭幕前，曾总结两日，除刘景范同志代表边府做关于工业行政方面的总结，和邓发同志指示了关于“公营工厂党和职工会的工作”问题外（见今日四版），洛甫同志并对公营工厂中的五个思想问题，作详明阐释（见今日四版）。李副主席特以简短的讲话，说明公营工厂的革命性质，是“自给自足，争取胜利”的武器，认为过去的缺点，是“领导不强，干部审查不够”，并嘱到会人员把这次大会的收获贯彻到实际工作中去，努力奉公，履

行节约。高厅长以自我反省之精神，指出过去工作中领导方面的官僚主义和自由主义以及各工厂中发生贪污、浪费、无纪律、无制度等不良现象，并指出三点纠正办法：一、提高警惕性，发动工人群众爱护工厂的积极性；二、各厂立即进行深刻的具体的工作检查；三、建立工厂一定的制度与秩序。霍副厅长并特以把大会的精神“坚持下去”四字相勉。

## 认识工厂革命性质自觉提高劳动热忱

【本报讯】工厂会议结束前两日，就五十余日讨论之结果，举行总结。该项总结共分两大部分，第一部分为过去公营工厂工作之检讨，与今后任务之提出；第二部分为公营工厂中工会与支部工作。前者由刘景范同志报告，后者则由邓发同志予以详尽指示。刘景范同志首先指出：在经济落后特别是工业落后的陕甘宁边区，我们为了坚决执行抗战建国的国策，自一九三八年以来，一点一滴地建立了纺织、造纸、化学、工具、煤、瓷、印刷、被服、制鞋等工业，工厂达六十余处，在产量上，供给了我们军用公用的布匹、纸张、肥皂等需要量百分之七十以上，印刷、被服等则全部自给，此在利用边区出产的原料、少数的成本、粗劣的工具以及较低的技术条件下，制造了许多较好的成品，如马兰纸、毛呢、毛线、土布、染料、皮革、肥皂等，供给抗战需要，解决经济困难，谁亦不能否认此一很大的成绩，而这些成绩正是由于我们许多经营工业的干部、技术人员及工人在民主政权之下，发挥了他们高度的热忱、苦干与积极创造性的结果。但是，目前多数工厂所存在的缺点，刘景范同志指出：“不能否认，还是相当严重的！”这些缺点的根源，首先是许多干部、技术人员对于新民主主义政权下公营工业的性质、任务与管理方法等，在思想上尚缺乏一致的明确的认识。关于边区公营工业的性质，刘景范同志指出：“边区是新民主主义的政权，边区之公营工业亦即新民主主义政权管理下之企业，因此，一切生产任务，都是为了供给革命的需要，以争取抗战的胜利。”故无论工厂的行政、党或工会，其目的只有一个，即如何以一致的步调，合力完成革命所需要的生产任务。今日在边区劳动的工人，在新民主主义政权下，是抗战的支柱、革命的先锋。因此，必须加强政治教育，以提高工人自觉的生产热忱，使他们了解在边区做工和在外边为私人做工，有其本质的不同，必须使工人明确了解，他们是为自己劳动的这一真理。对过去单纯以提高工资刺激工人生产情绪，忽略政策教育的思想，刘景范同志特加以抨击："此不特不能达到提高生产的目的，且不合于边区的政治要求。"

## 三大任务保障军用公用供给帮助国民经济发展培养管理业务干部

边区之生产既是为抗战建国而服务，边区公营工厂的第一个任务，当然是保障供给，过去少数工厂各行其是的作风，必须根本转变，工厂应根据政府的需要而生产，以供给军用和公用被服、纸张等的需要。今后之供销问题，统由政府指定的机关统筹统支。这是主要的任务。其次则为推进国民经济的发展。由于工业建设发展的结果，羊皮、羊油、棉、毛等原料品的价格因而提高，人民植棉、纺线、畜羊的兴趣自亦随之增长，这是边区公营工厂的第二个任务。第三个任务则为培养管理工厂业务的干部。根据这三个原则，工厂必需有一定数量的流动资金，并使其获得一定的利润。这样，工厂本身才能有发展的前途，也才能推动国民经济的发展。边区工厂管理的基本原则，就是以较低的成本，获得较多较好的成品，达此目的之关键，则在于"经济核算"，通俗言之，即一草一木之微，也要打打算盘，计算成本与利润。今后原料之供给与产品之出纳，均将以一定的实物为标准，从这里面来考核每个工厂的工作。然后工厂才能转为企业化。目前各厂必须消灭脱离生产人员过多的现象，同时必需建设严密合理的生产管理制度，反对自由放任。刘景范同志继续指出：根据边区的实际状况，必须确定边区发展工业的基本方向，是手工业的经营方式，不□抄袭大都市里的管理方式，搬弄不合实际的洋教条。刘景范同志对难民工厂最近在清涧设立分厂，曾予称赞，并指出小型的分散经营的短小精干的工厂，应为边区今后工业发展主要方向之一。至此，刘景范同志于列举若干领导一元化重要性的事例后，即郑重地说，工厂行政、党、工会只有为发展生产而斗争的一个共同目的，厂长为全厂最高负责人，各工厂此后均设厂务委员会，支部书记与工会主任均须参加，有不同意见发生时，一面可以向上级报告，但同时必须服从厂长的领导，厂长必须依靠工会与支部帮助其工作，发挥其效能，应该经常关心工人的生活，注意工人提出合理的要求，在可能范围及时解决其困难。最后刘景范同志在宣布了各工厂的生产任务后，即着重地说：我们必须坚决执行党和政府在工业建设上“集中领导、分散经营”的政策，统一各工厂的领导和制度，经常提高政治警惕性，注意破坏分子对于我们的危害，发挥每一个从事革命工作的主人翁的作用。而在各厂负责同志方面，必须实事求是，调查研究，密切上下级的联系，放下大架子，深入工人中间去，按实际的结果来检查执行政策、执行任务是否认真，并以此为奖惩的标准。

# 邊區工廠會議閉幕
# 公營工業貫澈整風
## 糾正某些官僚主義自由主義傾向
## 決定各種制度進行工作檢查

【本報訊】邊府召集的工廠會議，已於廿一日結束。在五十餘天的討論與研究中，除確定了生產任務和供銷等重要具體問題外，最大的收穫即是整風運動在公營工業中的貫澈。會議揭發了若干工廠嚴重的浪費現象，領導上的官僚主義的傾向和少數破壞份子陰謀破壞的事實，並檢討了發生這些不良現象的思想根源，進而體會了邊區工廠的革命性質、供給任務，以及邊區建立工廠的基本原則、與黨政軍與工廠領導一元化等思想問題。會議根據討論原則，已初步決定各種管理制度。各工廠廠方、支部、工會即將根據這次會議的精神，召開全廠職工大會，發動職工群眾，檢查工作。正如高崗同志在會議閉幕前講話中所說的，會議的主要收穫是：第一，搞通思想；第二，指出方針；第三，訂出計劃。今後即將展開工廠工作大檢查，對於今後邊區工業的建設，實有重大的意義。參與此次會議者，除各廠廠長、支書、工會主任外，有關的各機關及各工會同志亦參列席旁聽。洛甫同志、鄧發同志並經常蒞會有所指示。前日工廠會議總結時，記者曾與若干廠長、支書、工會主任談述對於此次會議的意義，下面就是他們一致的回答：「一切的道理都搞通了，我們以後辦工作的時候，都有一定的原則了。」

【本報訊】工廠會議閉幕前，會議結兩日，除聽取陳同志代表邊府作關於工業行政方面的總結，和鄧發同志指示了關於「公營工廠黨和職工會的工作」問題外（見今日四版），洛甫同志並對公營工廠中的五個思想問題，作詳細闡釋（見今日四版）。李副主席特以簡短的講話，說明公營工廠的革命性質，是「自給自足，爭取勝利」的武器，從而過去的缺點，是「領導不強」，「幹部審查不夠」，並囑到會人員把這次大會的精神貫徹到實際工作中去，努力辦公，厲行節約。高崗同志以自我反省之精神，指出過去工作中領導方面的官僚主義和自由主義以及各工廠中發生貪污、浪費、無紀律、無制度等不良現象，並指出糾正辦法三點：一、提高警惕性，發動工人群眾愛護工廠的積極性；二、各廠立即進行深刻的具體的工作檢查；三、建立工廠一定的制度與秩序。並以「堅持下去」四字相勉。

# 認識工廠革命性質
# 自覺提高勞動熱忱

【本報訊】工廠會議結束前兩日，就五十餘日討論之結果，進行總結。該項總結共分兩大部份，第一部份為邊府公營工廠工作之檢討，與今後任務之提出；第二部份為公營工廠中工會與支部工作。前者由劉景範同志報告，後者則由鄧發同志予以詳盡指示。劉景範同志首先指出：在經濟落後特別是工業落後的陝甘寧邊區，我們為了堅決執行抗戰建國的國策，自一九三八年以來，一點一滴地建立了紡織、造紙、化學、工具、煤、瓷、印刷、被服、製鞋等工業，工廠達六十餘處，在數量上，供給了我們軍用公用的布疋、紙張、肥皂等需要量百分之七十以上，印刷、被服等則全部自給，此在利用邊區出產的原料，少數的成本，粗劣的工具以及較低的技術條件下，製造了許多較好的成品，如馬蘭紙、毛呢、毛毯、土布、染料、皮革、肥皂等等，供給抗戰需要，解決經濟困難，誰也不能否認此一很大的成績，而這些成績正是由於我們許多經營工業的幹部、技術人員及工人在民主政權之下，發揮了他們高度的熱忱、苦幹與積極創造性的結果。但是，目前的多數工廠所存在的缺點，劉景範同志指出：「不能否認，還是相當嚴重的！」這些缺點的根源，首先是許多幹部、技術人員對於新民主主義政權下公營工業的性質、任務與管理方法等，在思想上尚缺乏一致的明確的認識。

關於邊區公營工業的性質，劉景範同志指出：「邊區是新民主主義的政權，邊區之公營工業亦即新民主主義政權領導下之企業，因此，一切生產任務，都是為了供給革命的需要，以爭取抗戰的勝利。」故無論工廠的行政、黨或工會，其目的只有一個，即如何以一致的步調，合力完成革命所需要的生產任務。今日在邊區勞動的工人，已在新民主主義政權下，是抗戰的支柱，革命的先鋒。因此，必須加強政治教育，以提高工人自覺的生產熱忱，使他們了解在邊區做工和在外邊為私人做工，有其本質的不同，必須使工人明確了解，他們是為自己勞動的這一真理。對過去單純以提高工資刺激工人生產情緒，忽略政策教育的思想，劉景範同志特加以指摘：「此不特不能達到提高生產的目的，且不合於邊區的政治要求。」

## 三大任務
### 保障軍用公用供給
### 幫助國民經濟發展
### 培養管理業務幹部

邊區之生產甚為抗戰建國服務，邊區公營工廠的第一任務，當然是保障供給，過去少數工廠各行其是的作風，必須根本轉變，工廠須服從政府的需要而生產，以供給軍用公用被服紙張等的需要。今後之供銷關係，統由政府指定的機關統籌統支，這是主要的任務。其次則為扶植國民經濟的發展。由於工業建設發展的結果，羊皮、羊油、棉、毛等原料品的價格因而提高，人民植棉、紡織、畜羊的興趣自亦隨之增長，這是邊區公營工廠的第二任務。第三個任務則為培養管理工廠業務的幹部。根據這三個原則，工廠必須有一定數量的流動資金，並使其獲得一定的利潤。這樣，工廠本身才能有發展的前途，也才能推動國民經濟的發展。

邊區工廠管理的基本原則，就是以較低的成本，獲得較多較好的成品。達此目的之關鍵，則在於「經濟核算」，通俗言之，即一本一本之帳，也要打打算盤，計算成本與利潤。今後原料之供給與產品之出納，均將以一定的實物為標準，從根本上而來考核每個工廠的工作。然後工廠才能轉為企業化。自府各院必須消滅脫離生產人員過多的現象，同時必須建設嚴密合理的生產管理制度，反對自由放任。劉景範同志繼續指出：根據邊區的實際狀況，必須確定邊區發展工業的基本方向，是爭工業的經營方式，不照抄大都市裏的管理方式，爭取不合實際的浮靡作風。劉景範同志對於民工廠最近在清澗設立分廠，給予讚揚，並提出小型的分散經營的短小精幹的工廠，應為邊區今後工業發展主要方向之一。

至此，劉景範同志於列舉若干領導一元化重要性的事例後，即謂黨的、工廠行政、黨、工會只有為發展生產這個鬥爭的一個共同目的，各廠長為全廠最高負責人，各工廠此後均設廠務委員會，支部書記與工會主任均須參加，有不同意見發生時，一層可以向上級報告，但同時必須服從廠長的領導，廠長必須依靠工會與支部幫助他工作，發揮其效能，應該經常關心工人的生活，注意工人提出合理的要求，在可能範圍及時解決其困難。

最後劉景範同志在宣佈了各工廠的生產任務後，鄭重宣佈說：我們必須堅決執行黨和政府在工業建設上「集中領導、分散經營」的政策，統一各工廠的領導和制度，應當提高政治警惕性，注意破壞份子對於我們的經濟建設，發揮每一個從事革命工作的主人翁的作用。而在各廠負責同志方面，必須實事求是，調查研究，密切上下級的聯系，放下大架子，深入到工人中間去，按實際的結果來檢查執行政策、執行任務是否正確，並以此為獎懲的標準。

# 安塞移民超過計劃兩倍
## 政府和老戶幫助下
## 移民生活蒸蒸日上

【本報安塞訊】本縣春耕初步總結會日來陸續舉行，會議第三大鄉檢查各區對移難民的優待情形，及幫助其工作。據檢查結果，各區新來的移難民均超過原計劃。按本縣原擬移入移民一百戶，現已移來三百四十五戶，一千二百零一人，三百七十一個全勞力，九個半勞力；除去九十餘戶給人攬工外，餘皆自耕，開荒八千六百六十五畝。[illegible]

# 延川縣書等同志
# 赴清澗參觀

【本報延川訊】[illegible]

# 邊區新華書店一週年
# 發行書報百萬份

【本報訊】今日為邊區新華書店成立一週年紀念日，該店於此年中，對邊區文化教育事業貢獻極大，[illegible]

# 隴東各地民眾合力墾荒
## 慶陽某鄉一天開百五十畝
## 合水借款糧給移難民

【本報隴東廿四日電】[illegible]

# 赤水豐泉區
# 普遍施肥

【本報關中廿三日電】[illegible]

# 定邊督促二流子生產
## 男的打鹽種莊稼
## 女的參加紡毛線

【本報三邊廿一日電】[illegible]

# 作家相繼下鄉
## 文抗分會結束會址

【本報訊】文抗分會住會會員，為響應中央文委的「文藝與實際結合」的號召，近已紛紛下鄉工作。[illegible]

# 「五一」勞動節歷史

溫濟澤

今天是「五一」國際勞動節。全世界的勞動者，都在反法西斯戰爭的烽火中，熱烈地紀念這個偉大的節日。我們邊區的勞動人民，在今年來紀念這個節日，也格外興奮。因為我們邊區今年比往年展開了更普遍深入的生產運動，創造了許多勞動英雄，轉變了不少「二流子」，在邊區就日益走向民主政權的領導下，我們正在用自己的勞動創造出更美好的生活，勞動已經從「受苦」變成快樂的幸福的事情了。

紀念「五一」勞動節，應該知道它是怎樣產生的，它的鬥爭歷史是怎樣的。現在讓我們來講一講「五一」的歷史故事吧。

以五月一日為國際勞動節，是在一八八九年第二國際各集的第一次代表大會上決定的。在這個決定以前，曾經有幾十年的鬥爭的歷史。還在一八三二年的時候，美國工人就開始有要求縮短工作時間的運動發生。這個運動，漸漸擴及到歐洲的好些國度。到了一八六六年，由第一國際在日內瓦舉行的第一次大會上，通過了一個「爭取八小時工作制」的決議案，以八小時工作制為全世界勞動者鬥爭的目標。

又過了十年，一直到一八七六年，八小時工作制，在美國才被國會通過。可是工人們經過幾十年積極奮鬥爭取得來的八小時工作制的法令，結果在實際上只不過是一紙空文，在工廠實際上沒有實行，這樣就激起了工人的憤怒。於是，在一八八四年美國工人在芝加哥開的美國勞動同盟第四次代表大會上，就決定了：每年五月一日，舉行「以實行八小時工作制為目的」的示威運動。並決定了一八八六年五月一日為第一次示威運動的日子，假如這個要求得不到圓滿的答覆，就實行總同盟罷工。

一八八六年五月一日，全美國的工人都罷工了，結合盛大的勞動人民的示威，特別是在芝加哥舉行了一個大規模的遊行示威運動。特別式的衝突，結果，工人被殺死傷很多，美國工人領袖斯比士等也被捕殺。這引起了全美國和全世界工人的憤怒。經過這次流血，不久，美國有二十多萬工人開始得到了每天八小時工作制度的保障。

後來，一八八九年，第二國際在巴黎召開的第一次代表大會，就正式決定五月一日為國際勞動節，並決定：各國勞動者團結勞動保護法的問題，它的內容有以下幾點：一、每日工作時間不得超過八小時；二、十四歲以下的童工一律禁止；三、[illegible]

[illegible]

# 光华印刷厂十六劳动英雄受奖

## 工人保证超过计划 提高质量

【本报讯】工作日益改进的光华印刷厂，在纪念五一节时，对于提高全厂生产情绪有功绩的十六位劳动英雄及模范工人，厂方曾以三千余元及若干肥皂、毛巾等在纪念大会上分别予以奖励。获得特等奖的范耀武、丁立智两劳动英雄，除物质的奖励外，厂方与工会并赠以锦旗一面。该厂纪念大会的特点，是多数工人不仅提供了他们今年的生产计划，而且提供了完成计划的保证。例如完成股工人李成银他所制订的七条生产计划已是很高了，但是他在大会上说，一定还要超过它，数量上要超过一千张，质量上要减少坏片一倍。如果做不到，愿受大家的批评。现在他的农业生产已开荒一亩多了。过去曾经受坏分子影响，不安心工作的制版工人崔文彦，他在纪念会上反省道："现在我已了解了，工厂是我们工人自己的，我敢在大家面前保证，一直到老，我也决不跳厂或离厂了。"他现在提出，除了制版外，一有空暇，就帮助印刷组工作，决不浪费一分时间。例如此类发言，在该厂壁报"五一特刊"上，记载尤多。而在行政方面，在厂长、副厂长的发言中，尤着重提出管理制度的改进。高厅长并即席保证到明年"五一"，决不使材料纸张缺乏。总务科长卢俊耀同志说：今天会议，同志们都没有提到伙食问题。因此，他特向大家保证，一定要把伙食办得更好。半数以上的工人，均曾就此发言，热烈之状，为该厂有史以来所未有。纪念会自下午五时，开至深夜一时，始在余兴后散会。

【本报讯】新华化学工厂，"五一"劳动节纪念仪式于是日下午一时举行，中央职工委员会朱宝庭、马清固诸同志，均冒雨前往参加，极受工友们之热烈欢迎。会中朱老以极愉快的声调说明了今年在开展赵占魁运动中纪念"五一"的意义，并以苏联工人直接参加前线战斗的英勇事迹来鼓励大家努力生产，安心工作。马清固同志讲话的中心意思则为阐述旧的劳动态度与新的劳动态度的不同。一个十四岁的童工张风堂在发表对“五一”节的感想时，他说：去年“五一”时咱们光喊了口号，实际上没有动起来，今年大家都认识了生产的重要，无论加工、种地，都非常卖力，真正是拿实际工作纪念“五一”了。

# 光華印刷廠 十六勞動英雄受獎

## 工人保證超過計劃提高質量

# 邊區紡織廠

## 工人自發進行競賽

# 邊區被服廠

## 縫製制服超過計劃一倍

# 生產戰線上的晉西北工人

# 晉東南我軍連戰皆捷 寇屢受挫損失甚重

## 敵對友軍壓力業已減輕

# 三邊獎勵盧若萱

## 爲鹽民婦女模範

### 今年打鹽四百馱 砍柴三萬五千斤

# 晉察冀邊委會通令 加強春耕具體領導

# 志丹同志靈櫬抵志丹

## 軍民舉行公祭定期安葬

# 抗戰日報號召工友 學習張秋鳳

# 山東各工廠紀念「五一」 舉行五月大競賽

更正

# 边区纺织厂工人自发进行竞赛

【本报特讯】边区纺织厂以贯彻公营工厂管理一元化精神纪念国际劳动节，因雨天关系工人并未举行集会，在一间为墙外绿叶鲜花衬映的巨室内，若干工友以极愉快的心情做各种娱乐。自即日起，该厂领导管理业由边府财政厅移交建设厅。在昨日举行之全厂干部会议上，可以看出他们对革命财产爱护的程度，"盘存"工作做得很认真，干部工作情绪一如往昔。最近该厂工友生产热忱亦上涨不已。按该厂于本年一月十九日，由团结、交通两纺织工厂合并，归财政厅领导以来，布匹生产量即逐月上升，若以二月份为基数，三月份即增加三分之一。伟大劳动节日之前月，生产量又增数十匹。该厂在此三个多月中，供给财政厅被服厂之布（匹大布）约在一千七百疋左右。赵占魁运动在该厂展开已具备充分条件，在过去数月中，工友间自发进行竞赛，如青年铁机织工刘祝华（二十岁）与青年残废退伍军人牛元德（二十三岁），木机织工南京虎之与刘同英，都暗自竞赛着。总结三月份生产量时，刘祝华以二十六疋零九丈比二十六匹零五丈获得优胜。刘祝华操习铁机仅半年，能得到如此成绩，深为牛元德钦佩，而刘祝华亦钦□[敬]曾因抗战负伤的伙伴尚有此优良成绩。他们在为迎接五一节来到的暗自竞赛中，刘祝华的生产量更达二十八匹。四月中双方均织了几疋土布（织土布之速度较半洋布慢三分之一）。牛元德虽只织了二十五疋但实际上要超过半洋布二十六匹以上。在木机织工中，南京虎以终日不歇的劳动，创造了三月份该厂木机产量之最高纪录，织小布三十六匹五丈三尺五，压倒刘同英（刘同英仅做工三星期，织小布三十匹）。但在四月份中，刘同英又以惊人的数字超过南京虎，刘之记录是：三十匹半洋布，六匹土布，若以土布合成半洋布，则共织四十二匹。除此之外，在四月份中，尚有不少积极生产者出现，如铁机织工王应才在月底最后三天内，能织两匹半大土布；崔先海在四月做工之十八天内织布十九匹；青年铁机学徒徐士伟，在四月前半月仅织布四疋，下半月即升为九匹。而十九岁之手巾织工韩宪章，在四月份中创造一百三十打的纪录（每月以二十六日计，平均每日织五打），超过一般同志一——二打。该厂这些不断涌现的积极生产者，将都是未来该厂开展赵占魁运动的核心分子。该厂展开赵占魁运动问题，工会已积极着手布置，个别工友如刘祝华同志已制订出其今后三个月之生产计划。该厂厂长顾光旭同志称：赵占魁运动在最近几天即将开始，同时，并将在职工中，传达工厂会议决议，深入检查工作。

# 光華印刷廠 十六勞動英雄受獎

## 工人保證超過計劃提高質量

【本報訊】本市印刷廠光華印刷廠，在紀念五一節時，對於提高六廠生產而有功績的十六位勞動英雄及模範工人，該方曾以三千餘元及若干毛巾、毛巾等在紀念大會上分別予以獎勵。……[illegible]

## 邊區紡織廠 工人自發進行競賽

【本報特訊】邊區紡織廠以貫徹公營工廠當前一元化精神紀念國際勞動節，因天陰已經工人決定未舉行集會，在一個保溫室外的頂室內，若干工友以極愉快的心情作各種競賽。自即日起，該廠領導管理漢由邊府財政廳移交建設廳。在昨日舉行之全廠幹部會議上，可以看出他們對革命財產愛護的程度，「儲存」工作做得很認真，幹部工作仍精一如往昔。最近該廠工友生產熱忱亦上漲不已。按該廠於本年一月十九日，由團結、交通兩紡織工廠合併，歸財政廳領導以來，布疋生產量即逐月上升，若以二月份爲基數，三月份即增加三分之一。偉大的勞動節日之前月，生產量又增數十疋。該廠在此三個多月中，供給財政廳大批之布疋（大布）約在一千七百疋左右。趙占魁運動在該廠展開已具備充分條件，在過去數月中，工友間自發進行競賽，如青年紡織工劉銳萃（廿歲）與青年段慶元暨牛光榮（廿三歲），木機織工南京虎之與劉同英，都能自覺發奮。總結三月份生產量時，劉銳萃以廿六疋零九丈比廿六疋零五丈獲得優勝。……[illegible]

## 邊區被服廠 縫製制服超過計劃一倍

【本報訊】……[illegible]

## 生產戰線上的晉西北工人

……[illegible]

## 晉東南我軍退敵增援 寇屢受挫損失甚重 敵對友軍壓力業已減輕

【新華社太行一日電】……[illegible]

## 三邊獎勵巡倉萱 爲鹽民婦女模範
### 今年打鹽四百馱 砍柴三萬五千斤

【本報三邊廿五日電】……[illegible]

## 晉察冀邊委會通令 加強春耕具體領導

【晉察冀電】……[illegible]

# 志丹同志靈櫬抵志丹
## 軍民舉行公祭定期安葬

【本報特訊】……[illegible]

## 抗戰日報號召工友 學習張秋鳳

【新華社晉西北廿九日電】……[illegible]

## 山東各工廠紀念「五一」 舉行五月大競賽

【新華社山東電】……[illegible]

### 更正

……[illegible]

| 解放日报 | 时间 | 1943-5-3 | 期 | 第712期 |
|---|---|---|---|---|
| | | | 版 | 第2版 |

# 边区被服厂缝制制服超过计划一倍

【本报讯】用检查工作和积极开展赵占魁运动来纪念今年的“五一节”，这是边区被服厂全体职工的行动口号。三月份的生产竞赛，曾经突破过去的成规，超过生产计划百分之二十。在“五一”纪念会上，门市部的工友们一致声称：提高产量，超过计划，保证每个革命的干部和战士都有衣服穿，到什么时候，穿什么衣服，并且要做得很好。女工白莉芬说：“这是我参加的最好的一次会，也是我在大会上第一次讲话，我觉得工厂就是我们的家庭，要爱护它，要努力生产。”——因为在这个会上检查了过去的工作，所以女保管员周冷波提出：“说出别人的缺点，是我们的阶级友爱，是同志间的义务。”因之在大会上展开了自我批评和工作检查。他们认为：今年所做的军衣，质量已提高到百分之百（一寸十四针），而干部制服原计划每天七套，但最高的十八套，平均数是十一套。目前衬衣缝制即将开始，大家都着重提出：节省原料、超过数量，提高质量。工人罗立秀、蒋怀秀、吕汉亭生产积极、爱护工厂、团结工人，厂方认为他们是工人中的模范。学徒张保全在赵占魁运动中提出永远不要工资，厂方劝他修改这个条件，他坚称：“不，别的条件可改，这个条件不能改。”

【本报讯】纬华毛织厂以新的面貌来迎接今年的劳动节，从学校中，从农村中涌进了许多新的血液，学生占四分之一，女工占五分之一，全体都是青年人由大批积极分子在纪念会上讲了话，他们要求：提高产量质量，减低成本，检查工作，规定严格管理制度，积极开展赵占魁运动。他们表示：我们爱护工厂，要像爱护自己的家庭一样，高度发挥自己的劳动热忱。他们今年要生产一万二千磅毛线、四百匹毛布和一百匹毛呢，大家都相信可以完成并超过这个计划。现在延安许多女同志手里拿着的打毛衣的毛线，就是该厂的出品。他们正研究如何提高质量，使染色经久不退，作为纪念“五一”的实际行动。

【本报讯】"五一"在兴华纺织厂，该厂同志曾举行工人大会，以传达工厂会议决定与检查工作，作为纪念工人自己的节日。自三月份以来，该厂试织土经土纬的土布，由于原料质量较差等原因，试织初期虽曾历经甚多困难，但在工人们努力的创造下，现已有适当改进，因此对于完成今年边府命令中所给予的任务——半洋布四二〇匹、土布九〇三匹，不仅具有完成这个任务的信心，据曾受这次工厂会议上称赞的工会主任张长春同志说："从过去产量突破成规的已有成绩来看，我们是能够超过计划的。"

【本报讯】留政印刷厂全体工友纪念五一之实际行动，即是迅速将该厂布置就绪进行印刷书报。该厂由安塞移来本市，但搬运以及修路、修房子等工作都由工友们全体担负，该厂工人在印刷书报之余，又全体参与农业生产，并参加挑水、做饭工作，充分发扬了传统的艰苦作风。该厂于前日下午，假俱乐部纪念"五一"劳动节，由留政宣传部部长萧向荣同志，报告"五一"劳动节意义与历史。并指出留政印刷厂具体的任务：首先是多生产，其次是教育。增多生产将产量提高后，抽出多余人做其他工作，或在印刷方面暂时没有事做时，就兼做其他事情，这对于公私都有好处。教育方面，应以整风教育作为实际教育。留政印刷厂厂长王□[格]同志，以回忆的口吻说："我们从前在上海时，在"五一"劳动节这天，如果十个工人走在一起，侦探就要盯梢，而现在在我们自己的边区，就可自由自在开纪念会。"他又说："我本人也是工人，我们工人在边区才真正得到自由解放，我们要尽最大努力，增加生产，建设边区。"继由工友韩瑞麟、霍仲奎讲话，晚间举行娱乐会。

# 光華印刷廠 十六勞動英雄受獎

## 工人保證超過計劃提高質量

## 邊區紡織廠 工人自發進行競賽

## 邊區被服廠 縫製制服超過計劃一倍

## 晉東南我軍邀擊營捷 寇壓受挫損失甚重

### 敵對友軍壓力業已減輕

## 生產戰綫上的晉西北工人

## 三邊獎勵滬荅萱 為鹽民婦女模範

### 今年打鹽四百馱 砍柴三萬五千斤

## 志丹同志靈櫬抵志丹

### 軍民舉行公祭定期安葬

## 晉察冀邊委會通令 加強春耕具體領導

## 抗戰日報號召工友 學習張秋鳳

## 山東各工廠紀念「五一」 舉行五月大競賽

更正

# 抗战日报号召工友学习张秋风

【新华社晋西北二十九日电】张秋风运动于五一节前后，即将广泛展开于晋西北各工厂中。此间抗战日报在“开展张秋风运动”的社论中，指出了晋西北特等工人劳动英雄张秋风在生产中的四个特点：（一）在同等条件下，产量超过一般人百分之二十甚至有超过百分之五十者，且质量亦较一般为优良。（二）爱护工具，节省原料，同一工具一般人用三个月，他至少可多用半个月。（三）遵守劳动纪律，不请假，不迟到，不早退，还做了不少义务劳动，坚持着始终如一的埋头苦干的劳动态度。（四）耐心的教育学徒，热心的研究技术，不间断的学习文化，力求进步。并说明张秋风这种工作学习与劳动态度，是适合于根据地开展生产的，号召根据地工人向他学习。关于怎样开展张秋风运动，该报扼要地提出了三点，第一要认识开展张秋风运动对开展生产建设根据地的重要性，从而加强其领导，各厂必须采取一致的步调，随时研究，胜利进行这一运动的方式和方法，反对忽视和轻视的观点。第二张秋风运动，是一个长期的实际运动，不是暂时的突击工作，所以必须要在经常的生产运动中，一点一滴地教育工人，提高其觉悟，学习张秋风的劳动态度和学习精神，改造不守纪律、不积极工作、不爱好学习的少数落后分子。第三各厂必须加强具体领导，根据行署颁布的工人劳动英雄条件，发动劳动竞赛，采取适当的奖励，提高生产效率，完成并超过今年各厂的生产计划。最后社论中提出了“将工厂□[当]作我们的战场，工会当□[成]我们的学校”的口号，号召全晋西北工人，加强生产，努力学习，向张秋风看齐，当个模范的生产战士。

# 十六勞動英雄受獎

## 光華印刷廠

### 工人保證超過計劃提高質量

## 晉東南我軍還擊奮捷

# 寇軍受挫損失甚重

### 敵對友軍壓力業已減輕

## 三邊獎勵滬翁堂

### 為鹽民婦女模範

今年打鹽四百馱

砍柴三萬五千斤

# 志丹同志靈櫬抵志丹

## 軍民舉行公祭定期安葬

## 邊區紡織廠

### 工人自發進行競賽

## 邊區被服廠

### 縫製制服超過計劃一倍

## 生產戰線上的晉西北工人

## 晉綏貫邊委會通令

### 加強春耕具體領導

## 抗戰日報號召工友

### 學習張秋鳳

## 山東各工廠紀念「五一」

### 舉行五月大競賽

〔4〕　478

| 解放日报 | 时间 | 1943-5-3 | 期 | 第712期 |
|---|---|---|---|---|
| | | | 版 | 第2版 |

# 山东各工厂纪念“五一”举行五月大竞赛

【新华社鲁中一日电】今日为“五一”国际劳动节，此间各工营工厂各生产部门，五月生产大竞赛已正式开始。工友们正以无限之兴奋鼓舞与崇高之劳动热忱，纪念自己的节日。大众日报社全体职工同志，响应了分局和报社社务会议的号召，自今日起，发动五月生产竞赛，决心使全报社造成一强固的机器，把每个职工人员锻炼成具有新的劳动观念熟练于自己业务的工人。以提高质量，巩固基础，坚持敌后新形势下的文化出版事业。今日清晨，报社各部门分别召开动员大会，各部门或各个人之间，纷纷发动挑战竞赛，全体职工人员，均卷入了生产竞赛的热潮。山东军区后勤部各工厂，亦于今日开始“红五月生产大竞赛”，争取创造赵占魁式的劳动英雄。由于该部此次生产大竞赛，乃自三月十七日开始布置四月一日开始动员，故虽未到竞赛日期，而四月份全月中各工厂已涌现出许多模范式的劳动英雄，奠定了红五月竞赛的基础。

# 光華印刷廠 十六勞動英雄受獎

## 工人保證超過計劃提高質量

## 邊區紡織廠 工人自發進行競賽

## 邊區被服廠 縫製制服超過計劃一倍

## 生產戰線上的晉西北工人

## 晉東南我軍邀戰皆捷 寇屢受挫損失甚重 敵對友軍壓力業已減輕

## 三邊獎勵濫苔萱 為鹽民婦女模範 今年打鹽四百馱 砍柴三萬五千斤

## 晉察冀邊委會通令 加強春耕具體領導

## 志丹同志靈櫬抵志丹 軍民舉行公祭定期安葬

## 抗戰日報號召工友 學習張秋鳳

## 山東各工廠紀念「五一」 舉行五月大競賽

更正

# 加紧生产纪念“五一”　山东各厂超过计划

## 晋察冀工人一人作两人工作，张秋凤产量超出百分之二十四

【新华社鲁中二日电】山东军区后勤部各工厂，自三月中布置红五月生产竞赛后，四月中各工厂即陆续涌现许多劳动英雄。在精制、耐用、节约、爱惜机子口号下，纺织厂全体工人，自四月一日起每天提前起床，提高劳动效率，该厂毛巾组工人，从每日每张机子织巾四打，提高到七打零两条。织袜组工人从每天每张机子织袜三打半，增至五打半，超过了预定之五月生产计划百分之五十五。某军工厂工人在“后方多流汗，前□[方]少流血”的口号下，提高生产量两倍，打破该厂有史以来之空前纪录。被服厂工人，响应上级赶制单衣，准备反“扫荡”的号召，将半月生产计划，提前在十天内完成，现单衣已全部发出。该厂工会分会主任翟连升同志，由于一年来在剪裁中设计得法，共节省布四万尺。印刷厂工人动员竞赛后，装订工人由每人每天折页子二千九百页，增至三千八百页，超过预定之五月份计划百分之十。石印工人由每架机器印刷一千五百份，增至一千八百份。检字工人由每人每时检字六百增至八百字。鞋厂一等工人，则由每天每人做皮鞋两双半增至三双半。二等工人由一双半增至二双半。三等工人亦由一双增至一双半。最为难能可贵者，为某军工厂的残废工人和青年工人，他们在竞赛中亦不甘落后，提高劳动效率百分之二十。同时由于总工会同志在动员期间，抓紧了思想领导，不断进行新的劳动观念的教育，故各工厂中宗派、行会及雇用等不良观念，已逐渐克服，全体工人正以新的姿态，迎接“五月生产大竞赛”。其中印刷厂的行政组组长兼劳动保护委员吕□[纪]同志，在他向全厂工人同志提出的挑战书中，宣布他的五月份生产计划：第一，领导本小组工人由每小时印刷一千八百份，增至两千份，并研究胶质板的代用品。第二，培养四个学习员，其中两个人为熟练工作的学习员。帮助一个小同志学会新文字，保证全组团

结。第三，帮助驻地村长识字，组织本村农村俱乐部。第四，积极改善工人生活。并保证向军区政治部战地报多投稿。

【新华社晋察冀二日电】为了迎接“五一”，边区产业工人都正热烈地从事劳动。冀中被服厂，自从职工会成立以后，工作效率即大为提高。个人对个人男工对女工都提出了工作竞赛，轻病号都坚决不下缝纫机。四分区被服厂，在精兵简政后，工人们自动提出要成为真正的精兵，一个顶两个的口号。突击的时候，人虽少，生产多了百分之四十。做单衣时他们又组织了纪律检查组，规定明线每寸十六针，各组互相检查成品质量。这一工作他们已按期胜利完成了，每寸竟做到了二十余针。学徒要求在星期日不歇工，练习生在下午游戏时间还蹬机器，一面学习，一面生产，三个月的统计，每人每日平均生产军衣二十三件。丹华制药厂工人，喊着我们要一个人顶一个人，二个人的事一个人干，全厂工人在二十三天中就完成了一个月的生产计划。军区工业部各厂，自提出竞赛后，工作学习都有了惊人的成绩。岳海侪同志，脚上生着很大的疮，还坚持工作，手里端着六十斤的大铁锤，每天倒小炮弹壳二十五箱以上。穆雪起同志，泻了四五天肚，还照常拉大风箱。某厂过去每天生产洋布八匹、土布三匹，竞赛中每天增至洋布十二匹、土布四匹。织绑带过去每人每天生产八根，竞赛中增至十根、十二根。

【新华社晋西北一日电】张秋凤所在工厂，举行的纪念“五一”的生产大竞赛，已于日前结束。在生产的质量和数量上，大有进步。原来提出的目标是要比一月份多一倍多。但在工人们的努力下，其中手榴弹制造一种，便超过计划百分之十五，质量威力提高了一倍。学习方面提出的目标是每人要在“九一八”前，认识五百字，这个月内几次的测验，平均分数都在七八十分以上。模范工人张秋凤，在这次竞赛中，无论其本人及其所领导的工作部门之成绩，均堪称模范。在他所领导的部门，生产量比一月份多一倍。任务是胜利完成，并且还超过了竞赛目标百分之十以上。张秋凤个人则超过百分之二十四。竞赛中他对他所领导的小组工作，每天至少检查两次，他的青年学徒们，翻造的两万个手榴弹壳子中，无一废货。产量均增加约百分之六十，他的学徒学习的时间还不够三个月，其成绩已超出一般工人的水准。其中段□[基]希成绩尤为惊人，到厂不及一月，即创造了砂箱通气孔的新办法，与以前的办法相比较，不但出气更保险，在工作速度上，也有更大的增进。同一时间内，可多作两倍多。他的劳动态度，也像张秋凤那样，几个月没有请过假，有两次病了，张秋凤三番四次要他休息，他还是坚持做下去，短短数月间，其技术已超过其他一般学徒之上。

解放日報

中華民國三十二年五月四日 第七一三號 每日出一大張

本期零售一元 每月三十元 三月八十元 半年一百六〇元 全年二九〇元 社址：延安



## 文抗分會啟事

本會原址已於五月一日起正式結束，以後一切關於本會之公私文件，請寄交邊區文協轉伸平同志收轉，特此公佈，請各界注意爲荷。

## 加緊生產紀念「五一」
# 山東各廠超過計劃
## 晉察冀工人一人作兩人工作
## 張秋鳳產量超出百分之廿四

## 晉察冀民兵爆炸大王
# 安永昌巧計殲敵
## 每顆地雷炸死敵人一二三名

## 冀中成立抗聯會
## 確定今後民運方針

# 庫班紅軍殲敵七千
## 奧勒爾南克重要山丘

## 湘境空戰猛烈
## 敵機十餘架被毀

# 敵兵蝟集太行魯中
# 我軍民緊急備戰
## 同蒲白晉綫遭我破壞

## 晉察冀邊委會號召
## 軍民節衣縮食
## 救濟災區難胞

## 今日「五四」青年節
## 邊青救會獎勵模範青年

## 敵在晉準備
## 搶糧四千三百萬斤

| 解放日报 | 时间 | 1943-5-4 | 期 | 第713期 |
| --- | --- | --- | --- | --- |
| | | | 版 | 第2版 |

# 木工劳动英雄郝作明向全市流动工人竞赛

## 做到节工省料、经久耐用

【本报讯】木工劳动英雄郝作明，在全市七十余土木工头所举行的“五一”纪念会上，已被正式选为劳动英雄，市政府昨并决定赠以劳动英雄称号，不日在新市场与农民劳动英雄刘雨云同时给奖。郝作明同志当选劳动英雄的具体事例，见四月二十五日本报。现新市场口，郝作明的画像已与赵占魁的肖像同时并列，而为路人所敬仰。他并致函本报，向全市土木流动工人提出生产竞赛，提倡所做工具要结实□[耐]用，劳动时间配备适宜，提高工作技术与加强学习，原函如下：我是一个流动木匠工人，在延安整整过了六年的流动生活，去年在市工会的帮助下，开了一个木铺，今年又同公家合股开了木厂，我亲身感到公家待我很好，我应当为公家多出些力。虽然我不识字，可是我年轻有信心，只要我努力发奋，将来一定会得到进步的。前些时听到工会报告劳动英雄赵占魁的事迹，我非常高兴，我想他也是工人，我也是工人，为什么不能同他一样呢？我决定从今天起，要向他学习，我虽不敢提出向他竞赛，但我敢这样讲，向本市所有流动工人、所有木工作坊，比赛生产，我是有信心的。所以要求工会代我写这个竞赛条件，看谁敢同我竞赛？我的条件是：一、不提高工资，不浪费时间，做一件东西，要事先很好的计划，选择材料。劳动配备要适宜，做到节工省料，减低成本。二、保证出的木器经久耐用，桌凳三年不脱腿，门窗不漏缝，房子十年不倒塌，要做到结实、好看。三、对待工人学徒如亲兄弟一样，并帮助他们提高技术，保证学徒两年能出师。四、工余时间要学习记□[账]、识字、保证今年认识两百生字。

# 綏德深入整風學習

## 糾正對整風的自由主義態度

## 根據高幹會文件檢查各人思想

【本報綏德訊】發揚和貫徹高幹會的整風精神，分區黨委正在全體黨員幹部中進行普遍深入的思想教育。分區一級整風學習原定於三月間開始，但因當時負責同志及幹部多忙於下鄉，故延期至四月二十一日。十九日分區一級黨員幹部願數百人，齊集大禮堂舉行整風學習動員大會。地委書記習仲勳同志及專員袁任遠同志均有講話。地委黃植同志報告去年分區一級整風學習的總結。大會並通過學習計劃及規約六條。黃植同志於總結報告中首先指出去年整風的成績：經常注意實際聯系，使大家對文件已得一些了解，對整風學習的意義和態度逐漸提高，工作作風也有某些改變，而建立了學習制度和學習風氣，爲今年繼續學習一個很好的準備。但去年整風中存在的偏向及缺點仍多，而且相當嚴重，今後必須加以糾正。……

# 隴東駐軍增開荒地

## 慶陽新堡區獎勞動英雄

# 松樹林合作社業務發達

### 組織運輸代運公私鹽千五百馱

### 發放實物農貸協助開展婦紡

# 「我選上爲勞動英雄」

——青年農民胡高銓的自述，劉建同志整理——

# 西北局機關人員生活改善

# 綏德各校實行生產教育

### 教職員學生掏地種菜植樹

# 西北局的農業生產

彭平

# 首谷驛開荒三百畝

### 棉花已下種三百畝

# 本市舉行田二鴻給獎大會

### 市委贈以「手創村風」錦旗

# 木工勞動英雄郝作明向全市流動工人競賽

### 做到節工省料經久耐用

【本報訊】木工勞動英雄郝作明，在全市七十餘土木工匠所舉行的「五一」紀念會上，已被正式選爲勞動英雄，市政府昨並決定贈以勞動英雄獎狀，不日在新市場與其他勞動英雄同時給獎。郝作明同志當選勞動英雄的具體事例，於四月二十五日本報發表。現新市場口，郝作明的畫像已與趙占魁的肖像同時並列，並爲路人所稱仰。他曾致函本報，向全市土木流動工人提出生產競賽，提倡所做工具要結實耐用，勞動時間要儘量延長，提高工作技術與加緊節約，原函如下：我是一個流動木匠工人，在延安縣經過了十幾年的流動生活，去年在市工會的幫助下，開了一個木舖，今年又同公家合股開了木廠，公家待我很好，我應當爲公家多出些力。雖然我不識字，可是我年輕，有力氣，只要我努力發展，將來一定會得到進步的。前些時聽到工會說吾勞動英雄趙占魁的事蹟，我非常高興，我知道他也是工人，我也是工人，爲什麼不能同他一樣呢？我決定從今天起，要向他學習，我雖不能像趙占魁那樣，但也願意像他那樣，向本市所有流動工人、木工作坊，比賽生產，我是有信心的，所以要求工會代我寫這個競賽條件，看誰能夠競賽？我的條件是：一、不要高工資，不浪費時間，做一件東西，要那先做好的計劃，選擇材料，勞動態度要誠實，做到節工省料，減低成本。二、保證出的木器經久耐用，桌凳三年不脫榫，門窗不漏縫，房子十年不倒塌，要做到結實、耐看。三、對待工人徒如親兄弟一樣，要幫助他們提高技術，保證教會兩年當出師。四、工餘時間要學習文化、識字，保證今年識滿二百生字。

# 裴莊水渠修復

### 管理所佈告放水灌溉等辦法

# 蟠龍區嚴防牛瘟

更正

| 解放日报 | 时间 | 1943-5-5 | 期 | 第714期 |
| --- | --- | --- | --- | --- |
| | | | 版 | 第2版 |

# 绥德鱼池沟纸厂向分区各厂挑战

## 实行兵工制 星期日不休息

【绥德讯】专署鱼池沟纸厂以开展赵占魁运动来纪念“五一”劳动节，除发动厂内进行生产竞赛外，并向全分区各工厂挑战。该厂现分捞□[纸]、晒纸、杂工三大组，各组均由工务科聘有组长一人负责领导。各组间竞赛条件，除遵守劳动纪律、节省原料、爱护工具、增加产量、改进质量外；捞纸组更具体提出每个池子每天要完成□[对]开纸四百张；杂工组提出保证原料打细、洗净、蒸熟，并保证原料供给不生问题。全厂则继续研究改进最近试验成功的麦秸造纸。该□[厂]此次发动开展赵占魁运动者，为工会主任李增光、捞纸组学徒霍之花及晒纸组一位小同志延锡忠三人。全厂现已一致行动，“向赵占魁看齐！”该厂给全分区各工厂的挑战书上写道：我们是兵工制的工厂，自愿取消星期休息制，每天工作十小时。全厂除两个技术工人外，其余的都是新来的学徒，我们在响应政府发展生产的号召下，一概不赚工资，最近有捞纸组工人霍之花等还自动退出了已领的工资。我们提的竞赛条件是：（一）遵守厂规；（二）切实执行劳动□[纪]律；（三）五月份要生产七百刀以上的纸，并决心超过原定计划，纸的质量要好；（四）做到全厂同志互相友爱团结，并学习文化课（每星期两次）；（五）我们的口号是多生产一张纸，等于多造一颗子弹。该厂最近开了一个大会，奖励技术工人魏春云。在会上，又有霍之花、宋之奎等人，提出彻底实行兵工制。魏春云今年三十八岁，葭县榆口人，从十二岁就在造纸工厂做学徒；十七岁到神木造纸工厂，后又到山西兴县造纸，一直工作到二十八年才来绥德分区纸厂。他一直工作十九年，他虽然是一个老技术工人，□[但]毫不摆老资格，很有吃苦。冬天里他帮助喂牲口，赶运输队，收集原料等，都很□□[高兴]地干。对于学徒，热心地教。亲自去指导各部门工作，提出意见。去年全厂的生产他是第一名，人家的产量最高是六百到七百帘，他能做八百帘。这次开会，奖了他三百元钱，并且号召全厂工友向魏春云的技术学习。

中華民國三十二年五月五日　解放日報　星期三　第二版

# 延長模範村賀家莊寨
## 男耕女織勤勞成風
### 生產優異幫助移民踴躍繳公糧

# 綏德魚池溝紙廠
## 向分區各廠挑戰
### 實行兵工制星期日不休息

【綏德訊】魚池溝紙廠以開展趙占魁運動來紀念「五一」勞動節，除發動廠內進行生產競賽外，並向全分區各工廠挑戰。該廠現分撈紙、晒紙、雜工三大組，各組均由工務科動員組長一人負責領導。各組開展競賽條件，除遵守勞動紀律、節省原料、愛護工具、增加產量、改進質量外：撈紙組更具體提出每個池子每天要完成……

# 中國國民黨現在的中心任務
（上接第一版）

# 綏德各界歡迎軍事學院

# 工藝實習廠
## 工人紛訂增產計劃
### 切麻機試驗成功

# 高幹會傳達在各縣

# 關中分區
## 唐將班子相互挑戰
### 胡文貴與閻宣權全縣移難民競賽

# 延縣移民鄉開荒二千畝

# 葭縣張慕貞
## 修塌溜崖擴大耕地
### 深耕細鋤多打糧食

# 調劑給卅垧好地
## 中長林幫助移民
### 教育二流子組織紡婦

# 三邊植樹
## 超過計劃

# 日本工農學校
## 同學[illegible]開[illegible]十五[illegible]

# 青年勞動英雄
## 霍之花當選

# 大光紡織廠
## 舉行三週競賽

# 延川

# 大光纺织厂举行三周竞赛

【本报绥德讯】此间大光纺织厂，自本月五日起竞赛三周。其竞赛标准如下:（一）在产量方面，关于织工、打穗子及打络子皆有头、二、三等之规定；浆染、轮线及掏综各组，亦有明确规定。（二）除数量外，还求质量好。（三）节省原料，爱护工具。（四）遵守劳动纪律及拥政爱民纪律。关于奖金特规定头等八十元，二等五十元，三等三十元。该厂选出的三十余位模范兵工劳动英雄，除以前曾报道者外，并有织布工人赵银山，今年二十二岁，一九三八年参加八路军当勤务员，一九四〇年，在“兵工生产”的号召下，入工厂当学徒，现在已能使用铁机织布。去年每天只能织布五丈多，今年他的最高纪录曾达到十七丈。他自己学着修理机子，并且很虚心地学习技术。贺天顺是全厂唯一会调色染毛的工人，但是他从不因此自高自大，常常以创造出的新花样和大家研究，他有研究和创造的进取心。平时对教育学徒、帮助别人、修理机子等，都非常耐心和气。崔森林每天能织布十七丈，而且质量很好。十八岁的青年工人李某，手指生了疮，竞赛中还不休息地工作着，别人劝他停一会，他说：“吃了公粮为革命工作闲不住呀。”大光纺织厂在这三十多名赵占魁式的工人劳动英雄的推动下，正在飞跃地进展着。

# 延民模範村賀家莊窠
# 男耕女織勤勞成風
## 生產優異幫助移民踴躍繳公糧

# 綏德魚池溝紙廠
# 向分區各廠挑戰
## 實行兵工制星期日不休息

# 大光紡織廠
# 舉行三週競賽

# 青年勞動英雄
# 霍之花當選

# 工藝實習廠
# 工人紛訂增產計劃
## 切蘇機試驗成功

# 綏德各界
# 歡迎軍事學院

# 高幹會傳達在各縣

# 中國思想界現在的中心任務
（上接第一版）

# 關中分區
# 唐將班子相互挑戰
## 胡文貴與同宜耀全縣移難民競賽

# 延縣移民鄉開荒二千畝

# 延川

# 葭縣張慕貞
## 修壩溜崖擴大耕地
## 深耕細鋤多打糧食

# 調劑給卅垧好地
# 中長林幫助移民
## 救育二流子組織紡婦

# 日本工農學校
## 同學種菜地十五畝

# 三流植樹
## 超過計劃

# 工艺实习厂工人纷订增产计划

## 切麻机试验成功

【本报讯】工艺实习厂自四月份□[起]即酝酿着赵占魁运动，这以十九位同志自动增加义务工为其前奏。当解放日报把农具工厂职工会向边区各工厂挑战的消息传到本厂后，全体职工均大为振奋："向农具工厂应战！""向赵占魁看齐！"的口号，在每个同志的口中不绝地流传着。工厂党、行政、工会也忙于研究、讨论及布置计划。四月二十三日，由工会召开动员大会，会后各部门职工都按照自己的条件，纷纷制订出"提高一步，向赵占魁看齐"的计划。截至二十八日，正式订出计划的已达百分之五十。有四个生产班的工人学徒，□[都]全体参加了这一运动。现陆续参加的，正不断增加。工作方面已表现了空前的紧张，"铆工"同志天天加工，赶制一只能容××加仑的肥皂锅。在翻砂□[间]里，生产管理员蒋应川同志，自己亲自下手端着铁钵子，在高热的熔铁炉旁边浇那只高压打风机的底座。在机工间里为大量造纸所急需的切麻机，已试验成功。在另一间工房里，几位工人同志，正在试验着代用品的制造，现在已告成功的有自制火花塞，试用结果满意。

# 延長模範村賀家莊窠 男耕女織勤勞成風

## 生產優異幫助移民踴躍繳公糧

【延長訊】本縣城關區模範村賀家莊窠，該莊在革命前即是一個勤勞生產、向前富庶的莊子，村裏都是患呼模範的勞動農民，沒有一個閒人、二流子，六命時，有七戶中農和三戶貧農，其中只有貧農因缺少勞動力，曾安了兩年夥子；另外一戶僱了一個攬羊娃。十三戶農家共有四百多垧土地。現在發展到廿一戶，九十五口人，耕牛十五頭，騾子二頭，驢子十二頭，羊子一百六十五隻，土地五百垧。現在已經有三戶發展為富農。在今年的春耕中，該村自十五歲至六十歲的男子沒有一個閒著，只有一個不上山生產的老漢，現常在家裏紡毛線。他們都有一個很好的勞動作風，早起、晚睡，在勞動互助上該村年年有變工及扎工。今年因人多滿到，故未扎組，亦殺戮才「變工」掏地，還是由於荒地缺少的緣故。在這個村子裏，果樹很多，全村有二千多株樹。在該莊窠的前後都是風蓋的水漫地，這些都有一段段的石壁來保護地畔，以防水沖。該村家的門口可以看到一堆堆的糞，這都是多天拾的，足夠春及發個月用。所以一提起賀家莊窠，附近的人們都會說：「人家都是個好莊子。」這是指其生產發展而言。今年的每戶計劃表，十五個耕牛、二個驢騾，廿二垧余勞動力十個半勞動，計劃種秋二百五十二垧半，種夏一百五十七垧，留荒廿二垧半，棉花共四百六十二垧。紡績廿五人，紡毛三百斤。該村村民會上公約：平均每垧地（秋夏）要上糞五袋以上，最少鋤垧上糞十五袋，打卡三次，每垧估計收花十五斤。平地鋤三次，山地一次，這樣山地收四斗以上，平地收六斗以上。

對外來戶，他們在住處、用具、牲畜、土地等方面都儘量幫助。在該村勞動精神的影響下，外來戶生產精神也被提高了許多。在負擔上，賀家莊窠從不落後，而且經常起模範作用。他們常負擔全行政村的一半。一九四一年出公糧四十石，一九四二年出三十八石，從不拖欠。今年公糧代金，全村都在二月廿八日以前提早繳完了前半年的；並有四戶早已繳完全年。自該村被發現後，縣府特於上月十九日在該村召開數千人的群眾大會當面獎勵。縣府獎賀家莊窠匾一幅，獎給該村耕牛，以資獎勵。

# 綏德魚池溝紙廠 向分區各廠挑戰

## 實行兵工制星期日不休息

【綏德訊】專署魚池溝紙廠於五一勞動節，除發向分區各廠門徵行……

# 青年勞動英雄 霍之花當選

# 大光紡織廠 舉行三週競賽

# 工藝實習廠 工人紛訂增產計劃

## 切蔴機試驗成功

【本報訊】工藝實習廠自四月份開始推行占氣運動，還以十九位同志自動給加強勞動共精神。各部工廠以向日報把發具工廠驗工會向各部工廠號召：「向發具工廠應戰！」「向用占氣看齊！」的口號，在每個同志的口中不斷的提倡著。工廠黨、行政、工會也忙於研究、討論及佈置計劃。四月二十三日，由工會召開動員大會，會後各部門發工都按照自己的條件，紛紛的訂出「提高一步，向趙占魁看齊」的計劃。截至廿八日為止，正式訂出計劃的已達百分之五十。有四個生產班的工人學徒，還參加了這一運動。現在積極參加的，正不斷增加。工作方面已表現了空前的緊張，「轉工」同志天天加工，總與一業務者×入加會的肥皂鍋。在翻砂間自下手繼續推銷子，在高熱的鍋爐旁邊搞高產作風的底爐。在機工部凌樹大量發紙所急需的切蔴機，已試驗成功。在另一個工房裏，提倡工人同志，正在試驗替代用品的製造，現在已告成功的有自製火花塞，試用結果滿意。

# 綏德各界 歡迎軍事學院

# 關中分區 唐將班子相互挑戰

## 胡文貴響應宣耀縣移難民競賽

# 延縣移難民開荒二千畝

# 高幹會傳達在各縣

## 固臨

## 延川

# 中國思想界現在的中心任務

（上接第一版）

法西斯主義是以民族之名來壓迫剝削本國人民的。墨索里尼說：「法西斯（？）制度的國家，自由主義與社會主義在其中已經過了時。」但是孫中山先生的民族主義，卻與民權主義民生主義相結合而不可分離，所以孫中山先生批評帝實革命的根本失敗，「就是由於當日同志僅僅知道注重民族主義，忽略了民權主義和民生主義的錯誤」。

法西斯主義既然要「拒絕」自由主義和社會主義，當然也就是要「根絕」民權主義和民生主義。法西斯主義認為民權主義的時代已經過去了，認為人民不應該有什麼自由和權利。希特勒說：「大多數人不得決定，只有少數人可以決定」，但是孫中山先生卻主張少數人不得決定，只有大多數可以決定，主張「以人民為主人，以官吏為公僕」，主張「共和與自由」，余為人民不但要待現在是「民權時代」，並且說，以後的時期很長遠，天天應該要發達」，中國只應該比法美更進步，造成假議式的「最新式的共和國」。在經濟上希特勒黨的政綱大綱明白規定着「國家統治一切社會化的……

「統制」「劃一」之下成了最大的財閥。但是孫中山先生的民生主義，卻是要「四萬萬人都可以享福」，要「大家有平米吃」，要「耕者有其田」。孫中山先生不但在理論上反對法西斯，而且在行動上反對法西斯的，但是遠在民國十三年，中國這樣的民族，本是只應該團結起來反對法西斯的。……

為了反對法西斯，為了貫徹反法西斯戰爭的目的，中國一切革命的民族主義者和民主主義者應該聯合起來，應該廣泛宣傳孫中山先生的反法西斯思想，來加強抗日戰爭的力量，加強民族團結的力量，加速全國人民爭光明的新來而鬥爭的信心和熱情。

在這個反對法西斯的大聯合中，三民主義者、共產主義者、自由主義者，應該是親密的朋友，因為無論三民主義、共產主義或自由主義，都是與法西斯主義不能並存的。

「五四」和「五五」是中國民主思想的二十四週年紀念日，是馬克思誕生的一百二十五週年紀念日，是孫中山先生在廣州革命根據地就任非常大總統的二十二週年紀念日。這三個紀念日這樣巧妙地聯合在一起，應該是思想界反對法西斯大聯合的一個象徵吧。

中國抗日戰爭和全世界反法西斯戰爭的勝利萬歲！

中國思想界反對法西斯的大聯合及其勝利萬歲！

# 三邊植樹 超過計劃

# 日本工農學校 同學種菜地十五畝

# 葭縣張慕貞 修塌溜崖擴大耕地 深耕細鋤多打糧食

# 調劑給卅垧好地 中長林幫助移民

## 教育二流子組織紡婦



中国共产党早期新闻史史料汇编

# 关中各厂生产竞赛纺织等厂超过任务

## 马栏纪念“五一”遥祭刘志丹同志

【本报关中一日电】“五一”在关中，已成为加紧生产动员的旗帜。关中纺织厂与被服厂为迎接“五一”而发动的生产竞赛，将继续到本月底。纺织厂全体工人宣布他们在十二天内完成了十七天的生产计划（系与被服厂竞赛者），织布一百九十匹，并超过了十匹。该厂工友马克礼等四同志，于竞赛期内，超过生产任务百分之一百五十。被服厂五十名工友，在迎接“五一”前的半个月内，制作了单衣二千七百五十套。其中八百五十套是超过原计划的。地委农场主任张贵德同志，于“五一”前夕，与专署农场发动了今年一年的生产竞赛。地委裁缝工人董顺生等三同志，谢绝了今天一天的休假，他们的理由是他们休息一天，地委同志们的单衣就得迟发一天。马栏各界于“五一”下午四时在关中大礼堂举行纪念大会，除纪念“五一”“五四”外，并遥祭刘志丹同志。地委书记张德生同志追述刘志丹同志革命事迹。德生同志号召大家学习刘志丹同志对党的无限忠诚，对群众的热烈爱护，对革命的百折不回，对纪律的严格遵守，特别要学习刘志丹同志决定政策、处理问题从实际出发的方法。最后并强调指出：我们关中党政军民每个同志，必须用积极工作、积极生产，来建设繁荣的关中。驻军政治部主任杜平同志于会上指出关中部队今年纪念“五一”，要创造更多的模范生产者与劳动英雄。

【本报绥德讯】地委为纪念革命的五月，特向各级党委指示，纪念“五一”节，主要的是组织公私营工厂、盐炭业以及手工业工人之间的生产竞赛，展开赵占魁运动。纪念“五四”节，除组织学校青年学生的学习竞赛外，并可召开劳动青年群众大会，号召青年努力参加生产，发展家庭经济。纪念“五五”马克思诞辰，则以深入动员党员干部的整风学习为主。又分区工会亦已指示各县县工会发展赵占魁运动，并规定劳动英雄的四个条件：（一）遵守劳动纪律；（二）积极生产，超过一般生产量的百分之二十；（三）学习上也是模范；（四）有新的技术发明。据统计，全分区计有工厂工人七千余人，水手工人八百余人，盐炭业工人一千余人，城市小手工业工人五百余人，共计达九千余人。

# 關中各廠生產競賽 紡織等廠超過任務

## 馬欄紀念「五一」遙祭志丹同志

【本報關中一日電】「五一」在關中，已成爲加緊生產勞動的旗幟。關中紡織廠與被服廠爲迎接「五一」而發動的生產競賽，紡織廠到本月底，紡織廠全體工人宣佈他們在十二天內完成了十七天的生產計劃（係與被服廠競賽者），織布一百九十疋，並超過了十疋。該廠工友馬克禮等四同志，於競賽期內，超過生產任務百分之一百五十。被服廠五十名工友，在迎接「五一」前的半個月內，製作了單衣二千七百五十套。其中八百五十套是超過原計劃的。迫發動場主任張貴德同志，於「五一」前夕，謝絕了今天一天的休假，他們的理由是他們休息一天，地委同志們的生產鼓勵。地委發給工人單衣[illegible]一次。馬欄各界於「五一」下午四時在關中大禮堂舉行紀念大會，除紀念「五一」、「五四」外，並遙祭劉志丹同志。地委書記張德生同志講述劉志丹同志革命事跡。張德生同志號召大家學習劉志丹同志對黨的無限忠誠，對革命的百折不回，對紀律的嚴格遵守，特別要學習劉志丹同志決定政策，與羣衆聯繫從實際出發的方法。最後並號召指出：我們關中黨政軍民各個同志，必須用積極工作，積極總結，兼[illegible]的關中。並[illegible]主任[illegible]同志於會上指出關中部隊今年紀念「五一」，要創造更多的模範兒童與各項勞動英雄。

【本報綏德訊】綏德爲紀念革命的五月，特向各級黨委指示，紀念「五一」節，要[illegible]組織公營工廠、機關部隊以及工人之間的生產競賽，展開勞動英雄運動。紀念「五四」節，除組織學校青年學生的學習競賽外，並可召開青年勞動英雄大會，號召青年努力參加生產，發展勞動英雄運動。紀念「五五」馬克思誕辰，可以深入向員工以生產的[illegible]爲主。又分區工會亦已指示各縣區工會發展組織，規定勞動英雄的四個條件：（一）遵守勞動紀律；（二）積極生產，超過一般生產量的百分之二十；（三）學習上也是模範；（四）有新的技術發明。據統計，全分區計有工廠工人七千餘人，水手工人八百餘人，窯炭業工人一千餘人，城市小手工業工人五百餘人，共計約九千餘人。

### 赤水農民
# 任廣德去年拾糞卅車
## 六旬老年勞動英雄不斷湧現

[illegible]

# 臨鎮怎樣安置難民

固臨　曹九德

[illegible]

# 吳堡獎勵勞動紡織英雄

## 王作寬鑽營得法歡年豐收
## 尚老太太畢生紡織創立家業

[illegible]

# 隴東[illegible]

[illegible]

### 延縣文協
# 種菜地卅垧

[illegible]

### 延川春季各項貸款
# 放出百餘萬元

[illegible]

### 延縣合作社
# 業務發達股金激增
## 辦理運鹽貸放棉花羣衆獲利

[illegible]

### 放下鋤頭拿起筆桿
# 固臨駐軍進行整訓

[illegible]

### 三邊駐軍
# 耕地二千畝
## 生產互助軍民親密

[illegible]

### 靖池一小學
# 辦理良好受獎

[illegible]

四月七日

| 解放日报 | 时间 | 1943-5-6 | 期 | 第715期 |
| --- | --- | --- | --- | --- |
| | | | 版 | 第2版 |

# 吴堡奖励劳动、纺织英雄

## 王作宽经营得法歉年丰收，尚老太太毕生纺织创立家业

【本报绥德讯】吴堡县劳动英雄王作宽，纺织英雄尚老太太，业被此间党政负责同志深入群众具体领导生产时发现，曾在群众大会上，并经乡、区、县干部会议评判，在各种条件相比之下，乃确定为该县生产英雄。县府除召开大会给奖，号召全县男女劳动人民向他们学习外，并呈请专署审核发奖。现专署已制造红绸绵[锦]旗两面，拟赠给两位英雄。

【本报吴堡讯】六十岁的王作宽，接受了劳动英雄的光荣称号。他住在李家沟区后胡家山村。他曾做了三十年的揽工生活。民国二十年他积蓄了一些工资，买了一条毛驴，回家去租种李老财的八垧山地，但是租额高重，生活仍然穷困。民国二十三年，王作宽在土地革命中翻过身来：他变成了有土地的自耕农。从此他懂得："在自己的土地上，更应该努力劳动，"因为"在革命的政权下，土地不会亏人的，多下一分力，自己就多得一分粮。"现在，王作宽已有十二垧土地、四只羊、三只鸡、三十株桑树、二十株枣树。去年他的妻子和一个媳妇纺了四十六斤线，织布二十三疋，除了卖出二十疋外，自己还穿了三疋。王作宽对他的土地经营下了最大的功夫，去年吴堡年成并不好，而王作宽却"歉年丰收"，十二垧地收了十石八斗粗粮，平均每垧地比别人多打三斗。他丰收的原因就是农作法好，他的劳作程序是："春上打坝截圪楞，秋里翻地溜崖畔；多锄护堆耕作深。"此间农谚有："耕三耙四，锄捞七次，打的是八米二糠。"（即每一斗谷子碾八升米二升糠）就说明这个道理。虽然王作宽的粮食还没有"八米二糠"那样好，但是他的一斗谷子能碾六升细粮，这较别人一斗碾四五升的好多了。王作宽在群众中有高度的威信，他耿直爽快，急公好义。去年槐树村李春弟没有麦子下种，王作宽就很爽快地借一斗麦子给他。又一次村里一个穷娃娃元儿病了，王作宽便拿出三斗粮帮

助元儿医病。去年他出公粮五斗五升，别人都说太重了，可是他却这样回答人家："我希望明年能出几石才好，这样我的日子可以过得更好。"今年他应出公盐代金四百零七元，规定分两期交，但他一次就交了三百一十元。

【本报吴堡讯】六十二岁的纺织英雄尚老太太，她是以纺织为武器，从穷苦与饥饿中斗争出来的出色人物。她从十四岁出嫁后，就给邻家揽工织布，做鞋底。经过一年多的忍饥挨饿，她积蓄了些本钱，便开始自纺自织，在她年轻的日子中，每天常纺花十三两，织布四丈（全年纺花一百六七十斤），生过孩子后，日间家□繁忙，她就在晚上纺花，贫穷使她点不起灯，但因此却锻炼了她黑夜纺纱的技能，她不知疲倦地和饥饿搏斗，终于创造了惊人的劳动成绩：从她二十岁到三十五岁的十六年中，她以纺织换到的一百九十三吊铜钱和二百二十二元白洋，买进了十八垧土地，现在她的土地已扩增到三十五垧，此外还喂了一头驴、七只羊羔、十一只大羊、四只鸡，种有桑、枣树各一百株。家里有四个儿子、四个儿媳、四个孙子、三个孙女，但是尚老太太却仍然带着因长年纺织而致病的左肩，继续她的纺织生活，虽然现在的生产量不及往年，但是一天纺五两花或织二丈布，在她还不是难事。在她的率领下，她的儿孙们都积极劳动。此外尚老太太还是一位爱护革命的明理人，她认为共产党是："为大家办好事的。"她的家住在刘家沟区七乡尚家塬的大道边上，公家人来往很多，而尚老太太总是殷勤地招待他们进去休息、吃饭、住宿。冬天还给他们预备下被褥。去年她家应征公粮一石一斗，可是她自动硬要多出二斗，今年公盐代金还没有确定每家数目，尚老太太早就把盐准备好了。

# 關中各廠生產競賽
## 紡織等廠超過任務
### 馬欄紀念「五一」遙祭志丹同志

## 赤水農民
## 任勝德去年拾糞卅車
### 六旬老年勞動英雄不斷湧現

## 臨鎮積極安置難民

固臨　曹九德

## 吳堡獎勵勞動紡織英雄
### 王作寬經營得法歡年豐收
### 尚老太太舉生紡織創立家業

## 延川春季各項貸款
## 放出百餘萬元

## 延縣合作社
## 業務發達股金激增
### 辦理運鹽貸放棉花群衆獲利

## 三邊駐軍
## 耕地二千畝
### 生產互助軍民發密

## 雞池一小學
### 辦理良好受獎

## 固臨駐軍進行整訓
### 放下鋤頭拿起筆桿

# 延县合作社业务发达股金激增

## 办理运盐贷放棉花群众获利

【本报讯】延安县联社，于日前在南区合作社，召开全县合作会主任联席会，检查运盐、妇纺、营业、精简等工作。会议进行五日，延安县政府，边府建设厅均曾派人参加，从会议上对三个月的工作检查中，看出了延安县的合作事业，三个月来，有了极大的发展，而其主要特点，是合作社与生产运输的结合。首先表现在合作社力量的激增，自今年一月至四月半止，社数由二十九社，增至四十三社，业务多系综合性质，包括纺织、制毡、粉坊、面坊、染坊、饭馆、骡马店、过载栈、运输队、木工厂，以及消费与生产用品之供给，土产品之收购与推销等。股金由二百七十六万二千一百二十九元增至一千五百零二万七千二百零一元。一百余头骡子的运输队，现增至骡马三百二十六头，毛驴一百七十一头，骆驼一百七十七头。现有工作人员二百五十六人，运输人员二百一十五人。其次表现在业务的活跃，三个月已运盐六千八百九十三驮。供给日用品及生产用品约值七百万元。各项盈余约三百万元。在供给人民必需品上，价目平均低于市价百分之十至百分之二十。如蟠龙合作社，每包火柴比市价低五元，每□[页]□比市价低四十五元，棉花每斤比市价低二十元，布每尺比市价低二角等。在三月底到四月不到二十五天中间，放出弹熟之棉花约七千斤。据不完全统计，三个月来新发展纺妇约一千人，协助政府放出农贷二百余万元。特别是运盐和妇纺工作，对发展经济和增加人民收入上作用更大，如运盐工作，在县政府"通过公盐完成私盐"的决定下，群众即以公盐代金向合作社入股，合作社即抽出部分公盐代金组织运输队，驮运公盐和私盐，由合作社完成公盐负担和驮运私盐的任务。这样不仅减轻了人民负担，完成了抗战动员任务（公盐），扩大了合作社股金，而且有了长脚运输队驮盐，群众便可以集中力量从事春耕。又如妇纺工作，在合作社适当调剂下（取得工厂棉花，弹熟供给群众收取土纱），据估计全年最低可纺八万斤花，仅工资部分，即可赚四万斤棉花，合市价约值八百万元，其收入超过全县公盐代金之支出数目（公盐代金只七百六十万元）。

# 關中各廠生產競賽 紡織等廠超過任務

## 馬欄紀念「五一」遙祭志丹同志

# 赤水邊民 任廷德去年給養用車

## 六旬老年勞動英雄不斷湧現

# 臨鎮怎樣安置難民

同志　曹九德

# 吳堡勞動英雄 王作寬會經營 紡織英雄 尙老太太畢生紡織創立家業

# 隴東救濟難民

# 延川春季各項貸款 放出百餘萬元

## 區文協 種菜地卅垧

# 延縣合作社 業務發達股金激增

## 辦理運鹽貸放棉花羣衆獲利

# 三邊駐軍 耕地二千畝

## 生產互助軍民發展密

# 鎮池一小學 辦理良好受獎

# 固臨駐軍進行整訓

## 放下鋤頭拿起筆桿

四月七日

| 解放日报 | 时间 | 1943-5-7 | 期 | 第716期 |
| --- | --- | --- | --- | --- |
| | | | 版 | 第1版 |

## 好消息

本厂新由外边聘来专门技师监制大批石灰，质地优良为一般石灰所不及，且定价低于市价，欢迎各界前来订购，或多或少，或取或送，购者自便。接洽处飞机场留守兵团干部招待处生产科。

尹家沟建新石灰厂启五月一日

解放日報

日七月五年二十三國民華中　號一六七第　張一大版出日今

安延：址社　元○五一全半　元○九二全年　元十八月三　三十三月每　元一售零期本





# 晉察冀各工廠

# 突擊生產成績優良

## 三紙廠增產一倍質量提高

## 農具工廠四月份

# 產量超過百分之卅一

## 節省洋鐵木料木炭等甚多

代論

# 在公營工廠中如何開展趙占魁運動

鄧發

自從去年九月在陝甘寧邊區提出發動趙占魁運動之後，……

## 塔斯社闢謠

## 敵再犯滑河區又撲空

# 我軍轉移外綫擊敵

## 邊聯工會文教處等指示

# 根據地今年紀念「五四」

## 貫徹戰鬥生產教育任務

# 東班紅軍推進八哩

## 克十一城殲敵七千

## 膠東軍區政治部

# 總結擁政愛民工作

## 月來助民耕地三七〇畝

（下轉第二版）

# 晋察冀各工厂突击生产成绩优良

## 三纸厂增产半倍质量提高

【新华社晋察冀五日电】为了迎接五一劳动节，边区各地工人曾于四月中发动生产突击，努力提高生产质量，改造生产技术，现结果成绩完满。唐县造纸厂全体职工，共同决定四月份为生产突击月，一个月来工作情绪高涨，工作效率大大提高。在数量上，过去一个池子每人每日捞纸五百张，现在增加到七百五十张，最高率到达九百张。在重量上，过去每刀九十张重二斤半，现在一般却减到斤十二两，最好的已减至一斤半。在质量上，不但薄而匀，而且消灭疙瘩同时在技术学习上，也更加紧张，饭后游戏及例假休息的时间，都不肯休息。完县五一造纸厂工人，每天早起晚睡，工作情绪十分高涨，没有一点懈怠的现象。过去一个工人一天捞四百二十张，今天捞六百二十张，增加了三分之一。并且相互研究，提高技术，使纸比前光亮，价格比前便宜。双十纸厂，自从产联会提出生产突击的号召后，工友们都掀起了生产热潮，在不宜造纸气候的冬天，他们欣然坚持工作，解决了边区部分纸张困难问题。同时质量也提高了，由每刀二斤六两减轻到二斤上下。在技术改造方面，军工七分会余同志，发明新染色法，试验结果，节省原料百分之六十，节省燃料三分之一，每天染布超过数量二百疋。易县江里村贺振声，改造了旧纺车，每天能纺棉花二三斤。元丰工厂李上文同志，造铅印油墨，交报社试印，成绩甚佳。工具厂在突击月中，发明了“碎力机”，利用水力分解破布，制成纸浆，可造成很好的纸张。又能分解棉花，成为火柴的原料。该机功效与价值甚大，为边区极重要之一大发明。此外更创制了铸字炉，改造了弹毛机，对边区的印刷及纺织事业，都有极大贡献。

【新华社晋察冀六日电】精简以来，一分区供给处各军工厂的工作，空前紧张活跃起来。在完成任务上，×连每个工人，都超过了生产计划，保证八十天完成了三个月的生产。×连的工人织手巾，提前五天完成。织腰带提前十天完成，打线提前一月完成。其他□[三]队超过任务的工人，也都在百分之七十以上。在生产品质量上，也是逐渐提高了，缝衣服每寸布达到十三针，而且做到样式好看，切合身体。每双鞋上到六十针，甚至七十针。腰带织成后，干净平匀，经久耐用。劳动纪律、劳动态度，也有很大的进步。缝衣织手巾的工作，总是夜以继日地继续着。熄灯号吹过很久，他们还不休息。鞋厂半数以上的工人，诚挚地要求行政上增加工作时间。生产技术的提高也收到了很大的成绩，如技术工人李少亭，两个月教会七个学员织手巾。刘占奎、刘志春，利用损坏了的零件，改造了生产工具。“把技术提高一步，技术越高，对抗战的贡献也越大”的口号已经成为每个工人的行动方针了。四月二日，三个月工作总结大会上，各厂涌现了一一四位模范生产工人，其中如革云市同志，每天工作超过任务三倍多。新学员赵增森，几个月就学到了一门熟练的打袜技术。卢明同志脸腮肿大，干饭吃不下，还不休息。行政上分配他班上做六十床被子，他自己就做了四十床。高顺同志有病，上级叫他休息，他不但不听，工作还超了要求数目。赵增儿在二十二天中，多圈鞋一〇六双。田瑞连每天圈鞋十九双，刘玉杰每天织腰带二十二条，质量在全厂说来是最好的。王乔一天打线八斤（别人顶多打五斤），李大林合线能供两架机子，李少亭每天织手巾六十条，等等，实在不胜枚举。

中華民國三十二年五月七日　　JIEFANG RIBAO　　星期五　第一版

# 解放日報

中華民國三十二年五月七日　第七一六號　日出版一大張
社址：延安
本報零售一元　每月三十元　三月八十元

## 好消息

本廠新由外邊聘來專門技師，製大批石灰，質地優良，為一般石灰所不及，且訂價低於市價，歡迎各界前來訂購，或多或少，或取或送，購者自便，接洽處飛機場留守兵團幹部招待處生產科。

尹家溝建新石灰廠啓
五月一日

## 本報廣告科啓事

## 晉察冀各工廠　突擊生產成績優良

### 「三」紙廠增產半倍質量提高

## 農具工廠四月份　產量超過百分之卅一

### 節省碎鐵木料木炭等甚多

## 根據地今年紀念「五四」　貫徹戰鬥生產教育任務

### 晉冀魯豫文教會等指示

## 塔斯社闢謠

## 敵再犯滄河區又撲空　我軍轉移外綫擊敵

## 代論　在公營工廠中如何開展趙占魁運動

鄧發

## 庫班紅軍推進八哩　克十一城殲敵七千

## 膠東軍區政治部　總結擁政愛民工作

### 月來助民耕地三七〇畝

# 农具工厂四月份产量超过百分之三十一

## 节省碎铁、木料、木炭等甚多

【本报特讯】农具工厂在最近一月中，赵占魁运动又向前推进了一步。现全厂自动报名参加赵占魁运动的工友，截至“五一”，已达七十九人。在赵占魁运动中，该厂最重要的收获，是全厂职工劳动态度均有显著的改变，即若干过去曾被称作“二流子”的工人，现亦积极生产。第一股四月份生产较三月份提高百分之四十三，该股股长晋俊鹏同志每月五升米的津贴，自动捐给工会至十月革命时为止，该股全体工人在四月份自动加工三一四小时，所得工资之半数，亦已捐交工会。五十四岁老工人梁生友同志，除以每月工资百分之三十捐助工会，并发动其妻从事农业生产，生活全部自给，节省工厂对于职工家属的负担。总务部门并在开饭时间、喝开水等方面改进工作。在四月份，全厂生产量平均超过百分之三一点五，过去需要一百小时完成的产品，现在七十六小时内即可完成。在节省方面，碎铁片节省四百公斤，木料节省需用量百分之六十，木炭节省需用量百分之五十，连其他杂物计算在内，节省之价值约值一万余元，另并以自力劳动，为工厂节省土石工程费六万余元。“五一”纪念大会在该厂，曾举行热烈纪念，若干过去曾是二流子的工人，且自动在大会上彻底反省，工人白维家提出到十月革命节时，要成为赵占魁式的劳动者。邓发同志并曾亲自参加该厂“五一”纪念大会，除勉励全体工人把积极生产的热潮坚持下去，长期努力外，并提出为建立模范工厂而奋斗。全厂职工现已热烈响应。

# 解放日報

中華民國三十二年五月七日　第七一六號　今日出版一大張

社址：延安　本期零售一元　每月三十元　三月八十元　半年一五〇元　全年二九〇元





## 晉察冀各工廠
# 突擊生產成績優良
## 三紙廠增產半倍質量提高

工廠的活門，全廠職工現已熱烈響應。

## 農具工廠四月份
# 產量超過百分之卅一
## 節省碎鐵木料木炭等甚多

## 代論
# 在公營工廠中如何開展趙占魁運動

鄧發

## 魯藝工會文教處等指示
# 根據地今年紀念「五四」
## 貫徹戰鬥生產教育任務

## 塔斯社闢謠

## 敵再犯滹河區又撲空
# 我軍轉移外線擊敵

# 庫班紅軍推進八哩
## 克十一據點殲敵七千

## 膠東軍區政治部
# 總結擁政愛民工作
## 月來助民耕地三七〇畝

（下轉第二版）

〔4〕 498

中国共产党早期新闻史史料汇编

# 警区工人冯振僧积极工作、教育学徒

## 刘玉厚等座谈农作经验

【本报绥德讯】分区甲等赵占魁式的劳动英雄，已在××工厂出现。他叫冯振僧，河北人，今年四十四岁。一九三八年他带了自己的锯凿刨等工具，自动参加八路军。开始就说："不打走日本鬼子不回家。"现在是木工组组长。他有高度自发的工作热情，别人两天做一件工具，他一天做一件，并能细心研究创造新法。他爱护公物，每天收工时，□[总]要把工具、材料等整理保存好，无论一个螺丝钉，一寸木头，他也要非常注意。每晚，他要检查工房里的火炉是否熄了。冯振僧同他的伙伴们关□[系]很亲密友爱，有时工人生了病，他夜间起来烧水，帮助找医生诊治，殷勤地照顾，伙伴们对他是感激与尊敬。他从来不摆老资格，更不打骂学徒，他反对有些技术工人所说的"教会了学徒，自己吃不开"的看法，他认为大家都学好了，革命的力量就更大。冯振僧总是细心地教育和帮助学徒及杂务人员。他把津贴买成笔记本送给他们，并每天教他们四个字。他□[自]己的文化程度，在几年来，也有飞跃的进步，过去只识七百个字，只能开个条子，现在已经认了二三千字，不但能读小报，而且能看通俗的文艺作品。他写日记已经两年了，没有间断过。他从未违犯过厂规或劳动纪律，每次总结工作时，工人们总要提出他来表扬。

【本报绥德四日电】此次在"五一"大会受奖之丙等劳动英雄柳福进，为华兴工厂织布工人。他的模范行为，表现积极生产，遵守劳动纪律，坚决服从领导，团结友爱。刘福进每天都比别人早到、晚退，生产量超过别人百分之三十。他每天能织布七丈（别人每天五丈，木机织），织毛巾四打（别人织毛巾二打多），现在他在厂内向别的工人和各班提出比赛。他没有私人用过一寸布、一条线，上级给他的工作任务，从来都是不打折扣地完成。工人薛荣德的机子坏了，刘福进马上去帮助修理，还教他修理的方法。每天晚上，刘福进总是和大家在一起，讲工人们团结友爱和努力生产等故事。因为他为人好，技术高，产量又多，所以全厂工人都很拥戴他。

【本报绥德三日电】□[刘]玉厚等十一位劳动英雄，此次聚会绥德后，县委县府特于一日召开生产英雄座谈会，会中各英雄均踊跃发言，相互交换农作法经验。大家认为在地少人多的绥德，除勤锄、深耕、细作外，上粪是收获的最大保证（上粪多的，可多打粮食百分之五十）。此外关于变工、植棉，栽枣树、梨树等方法，大家也谈了很多。刘玉厚最后向大家说："咱们都要互相学习，看谁的成绩好？"

# 南泥灣駐軍某部 勞動英雄開荒競賽
## 劉順清等四人獲特等英雄銜

## 綏西獎勵勞動英雄
### 崔池張振財增開荒地

## 綏德植棉達二千畝

## 五位勞動模範

## 本市計劃 興修河壩

## 擁軍運動和擁政愛民運動的經驗

## 警區工人馮振僧 積極工作教育學徒
### 劉玉厚等座談農作經驗

## 延縣二流子改過自新 縣府獎勵積極生產者

## 鹽務局張局長視察各鹽池 老池荷池開始打鹽

## 朱家溝煤礦二月份 產炭百五十萬斤

## 財廳會計訓練班 第一班結束

## 生產模範公民模範 志丹朱永祿馬海旺等受獎
### 羣衆堅決反對二流子舒占山

| 解放日报 | 时间 | 1943-5-9 | 期 | 第718期 |
| --- | --- | --- | --- | --- |
| | | | 版 | 第2版 |

## 财厅弹花厂实行计件工资

【本报讯】财厅弹花厂自五月份起，开始实行计件工资制，规定头等线子每斤四升半米，二等三升半、三等二升。据一般工人的技术程度而论，平均每人每天可出产线子一斤，每月可得米一石余，除衣食及生产中消耗费用外，尚可得货币工资千余元。此制度执行以来，所得成绩颇大。例如在执行的第一天即增加产量三斤，且经过严格的质量检查，同时在管理人力上亦节省了保管、收发、管理员等数人。

# 南泥灣駐軍完成十萬畝春耕任務

# 全體指戰員捲入整訓熱潮

## 某部三營九連七班爲學習模範

## 志丹模範公民蕭老漢

## 輸糧救災捐資興學

## 幫助劉玉梅耕織爲能手

## 綏德獎勵模範青年

## 安塞青年胡高拴推動全村參加變工

## 關家川的開荒

陳 凌

## 延屬警區美協舉行書展

## 劉長村和部隊中去

## 一二〇師政治部影展觀衆踴躍

## 關於農戶計劃的問題

## 同宜耀穀糜大部下種

### 廟灣二鄉群衆普遍組織換工班

## 大鳳川某部開荒八千八百畝

## 各地生產簡訊

## 財廳彈花廠實行計件工資

## 延縣金盆區集合幹部細密檢查思想與工作

### 動員全區變札工突擊開荒

## 軍事學院進行擁政愛民

### 紀研究班總結教育經驗

| 解放日报 | 时间 | 1943-5-10 | 期 | 第719期 |
|---|---|---|---|---|
| | | | 版 | 第2版 |

## 新宁将放纺织贷款　预计今年织布四千匹

### 张芝兰决定教会三十六名纺妇

【本报新宁讯】据调查，全县纺织事业最有成绩的九□区一乡去年共织土布一千一百二十二匹，政府今年因拟发放大量纺织贷款，预计可织土布四千三百二十匹。该乡共有织机五十架，其中四十八架集中于占才与东细两村。该乡去年所织的布，有百分之五十七推销于友区，销售于边区内的为百分之二十六，其余百分之十七为织户自用。自去年至现在，全乡经常保持七架织机开工，其中专门从事织布维持生活者有两家。今年政府发的纺织贷款，解决了过去织户中最感困难的资金问题。

【本报赤水讯】□[黎]家区三乡妇联主任□[张]芝兰同志，刻正领导全乡一百一十二名妇女从事纺织，她是全乡纺织中最能干的一人，她今年的纺织计划是织布八十四丈，纺线十斤，并保证教会三十六名妇女纺线。最近她曾亲到十里塬集上买到好花三十斤，分借给六个缺乏棉花的妇女纺线。又该县丰泉区五乡纺妇杨仙芝在政府奖了她一架纺线车后，最近纺织更加努力，她计划赶今年旧历年底要纺线五十斤，织布九十丈，而她去年的成绩是纺了好线三十五斤，织布五十多丈。该县四区五乡夏娃的母亲去年织布七十五丈，解决了全家的费用，她今年除给别家织布不计算外，要纺线二十斤，织布四十丈。

# 三邊各池鹽工 變工札工互助打鹽
## 新鹽質量極好

# 李文煥打鹽四百馱
## 督導兩個小組努力生產

### 赤水三科長 文林同志病逝

# 延長縣區幹部 集中整風

## 綏德高等成 植活菓樹千餘株
## 全縣種樹超過計劃

# 靖邊縣楊橋畔水利

盛占英

## 百里川開荒八百畝
# 新寧保障移民地權
## 同宜耀移民劉忠理 當選村長積極領導生產

## 新寧將放紡織貸款
# 預計今年織布四千疋
## 張芝蘭決定數會卅六名紡婦

## 安塞模範抗屬李林海
# 自力種地百餘畝

## 安塞羣衆 送柴慰勞駐軍

## 本市千人集會
# 獎勵劉雨雲郝作明
## 慶陽勞動英雄受獎

| 解放日报 | 时间 | 1943-5-11 | 期 | 第720期 |
| --- | --- | --- | --- | --- |
| | | | 版 | 第2版 |

## 新中国木工厂徐正鹅当选劳动英雄

### 爱护工厂提高技术帮助别人

【本报讯】据本市抗联会报道，机关木工劳□[动]英雄已于日前选出，当选者为新中国木工厂工友徐正鹅同志。他的特点是埋头苦干，少说话多做事，他一九四一年才开始学木工，到现在仅仅两年，一般的木器他都会做了，不仅在技术上日日改进，生产量也日益增高，据厂方一九四三年精确统计：单就椅子来看，二月份每把需十五小时，三月份需十三小时，四月份仅需七个半小时了。他常说："我们不能浪费革命财产。"故对材料很节省，对工具很爱护。他自己遵守厂规，对政治认识差的同志，亦多方劝告，比如某两工人开始对工作不安心，对学习不努力，在他的帮助下，现在都成为很好的工人。

# 隴東展開墾荒運動
# 曲子超過計劃一倍半
## 鎮原支部黨員推動群衆變工

## 鹽池發現
# 養羊模範劉占海
## 辦法特多羊群極少死亡

# 漫談吳堡生產問題
鹿鳴

### 一、農業生產中的耕作法和勞動力

### 二、紡織生產中的問題

### 三、推廣紡織事業

# 延川縣區幹部集體整風
## 縣委常委會兼學委會

# 騾馬大店
林朗

## 鄜縣甘泉等地駐軍
# 開荒均超過計劃

## 新中國木工廠
# 徐正鵝當選勞動英雄
## 愛護工廠提高技術幫助別人

【本報訊】據木市揚勞會報導，模範木工勞動英雄徐正鵝同志，已於日前當選，當選者為新中國木工廠工友徐正鵝同志。他的特點是埋頭苦幹，少說話多做事，他四一年才開始學木工，到現在僅僅兩年，一般的木器他都會做了，不僅在技術上日日改進，生產量也日益增高，據廠方一九四三年的統計：單就椅子來看，二月份每把需十五小時，三月份需十三小時，四月份僅需七個半小時了。他常說：「我們不當浪費革命財產。」故對材料很節省，對工具很愛護。他自己遵守廠規，對政治認識差的同志，亦多方勸告，比如某兩工人開始對工作不安心，對學習不努力，在他的幫助下，現在都成為很好的工人。

# 關中整頓黨報通訊組織
## 馬欄淳耀首先完成

## 安塞創辦女小一處
# 獎勵青年勞動英雄

第二卷（上）

| 解放日报 | 时间 | 1943-5-12 | 期 | 第721期 |
| --- | --- | --- | --- | --- |
| | | | 版 | 第1版 |

## 张秋凤致函赵占魁详述半年生产奋斗目标

### 希望彼此交换经验相互督促

【新华社晋西北八日电】晋西北劳动英雄张秋凤，于“五一”致函陕甘宁边区模范劳动英雄赵占魁，其中除将其半年生产奋斗目标详为叙述外，并恳切希望赵占魁对他及晋西北工人多多帮助，经常交换工作经验，互相督促鼓励，以求得为抗战为无产阶级解放能贡献出更大的力量。

【新华社晋西北八日电】纪念“五一”暨庆祝张秋凤大会，于某地举行。是日春雨霏霏。十七个单位的工人及附近学校部队群众二千余人列队入场，上空中苏英美国旗随风飞展。纪念会上牛副议长称张秋凤是集体的英雄，大家应该向他学习。建设处处长号召工人一点一滴地学习张秋凤，提高生产技术质量，努力学习团结工人的精神。在日常生产中，展开竞赛，争取一九四三年的劳动英雄。抗联主任阎秀峯同志说明了张秋凤之所以成为模范，是因为他懂得现在的劳动是为着抗战，为了建设根据地。各工厂、学校及晋西北全体工人向模范劳动英雄献旗、献花、献歌，成为大会中最精彩的一幕。张秋凤于鼓乐齐鸣中登台，他代表全晋西北工人致答词，最后宣布了他个人半年的生产奋斗计划。他说为了抗战胜利，为了争取大多数人的最后幸福拿出我们最大的力量去生产，是我们的责任。

【新华社晋西北八日电】张秋凤同志个人半年生产奋斗的目标如下：（一）产量较平时提高百分之三十；（二）在质量上保证比一般人减少百分之五的废活；（三）对自己领导下之小组，按现在的成员及人数，在数量上保证比平常提高百分之二十五，质量上减少百分之五的废活；（四）保证全组捡回本组一切碎铁及不抛弃一块能用的炭料；（五）对现有的几个学徒，保证在半年内完全提高到一般熟练工人的程度，并保证他们在生产上团结和积极工作；（六）在需要时，保证本组每人每日做义务工一小时；（七）在我担任工会生产委员期间，保证推动全体工人完成行政上给予的生产任务，推动各个技术研究小组，认真教育青年学徒，积极为完成手榴弹爆炸碎片增加两倍至三倍而奋斗；（八）在个人学习上，保证多认识四百个字，达到能看懂大众报的程度。并看到厂内工人有缺点或错误时，把它当作自己的缺点或错误一样，帮助他克服纠正。并向工厂附近群众经常进行宣传工作，并保证除自己不侵犯他们利益外，遇别人违犯时，一定加以劝阻。要经常反映群众意见，和尽力帮助群众解决困难。张秋凤的半年生产奋斗目标宣布后，引起到会工人的极大激动，特别是去年的劳动英雄，更纷纷草拟自己的生产计划，以向张秋凤看齐。

解放日報
中華民國三十二年五月十二日　第七二一號　今日出版一大張
社址：延安　本期零售一元　每月三十三元　三月八十八元　半年一五〇元　全年二九〇元

## 生產展覽會啓事

本會籌備之生產展覽會現已就緒，歡迎黨政軍民各界參觀指導。

地址：文化溝青年俱樂部。

時間：五月十三，十四，十五，每日午前九時至午後五時。

中直軍直生產展覽籌備委員會啓　五月八日

## 啓事

本會已成立爲一行政單位，現移資珍山北側辦公，今後各機關有關事宜請至本會新址接洽爲荷。

邊區撫卹委員會啓　五月六日

# 新正模範黨員張清益
# 倡建義倉救濟貧民
## 關中駐軍决定幫助羣衆萬個工

【本報關中九日電】新正第三區模範黨員張清益，在他本村（當莊）成立義倉的創舉，不僅博得全村廿二家農民的一致擁護，且從這義倉學習的，已有北迪、後掌、楊坡頭等六個村莊。當莊義倉成立的基礎，係由全村農民共同開荒地卅畝，由全村公推委員五人，將公荒收益負責保存起來，用以救濟全村村民臨時發生的困難問題。同時此項收益尚可投於公益事業（如合作社等）給大家謀利益。該村義倉所開荒地卅畝，在張清益同志領導下，目前已完成廿畝。又：該村在開荒中曾與楊坡頭村發生荒地糾紛，但在張清益同志的調解下，雙方意見已趨一致。他說：「這塊荒地離楊坡頭村近，當莊是應該把這地讓給楊坡頭的，但楊坡頭人民必須保證今年把這塊荒地開完」。聞其他六村爲建立義倉，亦將各開荒數畝。

【本報關中八日電】馬關區春耕工作，近日已進入緊張的播種階段，老戶的玉米已大部下種，移難民中百分之六十一點五採取換工方式。移難民的播種……已大體調劑完畢。……

【本報關中訊】駐軍救濟移難民工作……

[illegible]



# 張秋鳳致函趙占魁
# 詳述半年生產奮鬥目標
## 希望彼此交換經驗相互督促

【新華社晉西北八日電】勤奮勞動英雄趙占魁，其中除請其半年生產奮鬥目標詳爲敍述外，並懇切希望彼此經常交換工作經驗，互相督促鼓勵，以求得爲抗戰貢獻出更大的力量。

[illegible]

經常反映羣衆意見，和羣力幫助羣衆解決困難。張秋鳳

# 邱吉爾抵華府

【路透社華盛頓十二日電】邱吉爾首相已抵達華盛頓。……

[illegible]

# 北嶽區平靈民兵活躍
# 一週間斃傷敵僞百人
## 張樹春不爲敵俘彈盡殉國

【新華社晉察冀十日電】……

[illegible]

# 安鄉南縣續有激戰
# 洞庭湖西寇軍登陸

【中央社常德十一日電】……

[illegible]

# 十日國際述評

## 斯大林五一命令

蘇聯最高統帥斯大林於五月一日發佈了命令。這個命令總結了過去五六個月中蘇德戰場的形勢，指出：紅軍在冬季戰役中從高加索方給予希特勒德國的打擊，與英美盟國，從西方予德寇的打擊（北非勝利攻勢及西歐轟炸）。第一次融結成爲一個協合的打擊，這個打擊震撼了希特勒匪幫，但還沒有打破它，爲了要徹底擊敗「德寇方和東方將來三個興論去五六個月內加諸希特勒軍隊頭上的那樣的打擊」。這個命令號召全蘇軍民爲擴大冬季戰役成果，準備決戰。

……

## 蘇德戰場

自紅軍冬季攻勢結束後，三週來蘇德前線的沉寂，又爲庫班紅軍發動的新攻勢所打破。……

## 北非戰況

……

# 紅陸海軍會攻諾港
## 傳蘇軍即將進攻奧勒爾

[illegible]

# 華府人士紛紛推測
# 盟國勢將進攻歐陸
## 德寇已陷四面包圍

【中央社華盛頓十日專電】……

[illegible]

# 新宁三区合作社扩大股金

【本报新宁讯】本县第三区合作社六年中共扩大股金四次，收到股本三万一千六百元，六年中除分红利六万四千元外，现有存货值价十四万七千余元。该社于日前召开社员代表大会，深入检查过去工作。代表一致承认合作社的优点，是货价比一般商店便宜，如清油每斤比市价低四元，火柴每小盒低两元。该社两年来的成绩是在较廉于一般商店物价的原则下，供给了群众十九万元的日用品。代表发言中指出：去年合作社丢了一千多元的货，是个别干部责任心不够的表现；群众还了钱不记账，也是对工作马虎的表现。在大会上，代表们重新选举了社员袁志家为主任。并撤换最坏的干部（会计）刘□亭等，并经社员代表决定在本年内扩大股金五十万元，至于股金的用途，现正在筹划中。

# 吳旗模範黨員梁顯榮
# 對黨忠誠勞動積極
## 勉勵二弟做好支部工作
## 種地百垧領導村民互助

# 吳堡岔溝與李區
# 競賽生產中黨的工作
## 請看後面家幹部努力勞動

## 延川勞動英雄郝[illegible]
# 影響全村植棉超過計劃

# 靖邊某家生產計劃的模範

## 新寧三區合作社
# 擴大股金

# 東關菜地

# 「合各牛」
## ——延安縣變工形式的一種
弗后

# 臨沂[illegible]豪傳開審
# 謀殺[illegible]民判處死刑
## 人民擁護民主政府公正

# 隴東與華開荒十天
# 各縣爭取超過新任務
## 華池合水變工集體挖荒

| 解放日报 | 时间 | 1943-5-14 | 期 | 第723期 |
| --- | --- | --- | --- | --- |
| | | | 版 | 第1版 |

# 鲁清河区各工厂热烈进行五月生产竞赛

## 晋察冀易县涞源大兴水利

【新华社鲁北十二日电】清河区各工厂“五月”生产竞赛，正在积极进行中，迄今某纺织厂手巾组，已增加生产百分之二十，织布组增产百分之十一，现正向“完成数量、提高质量、情绪经常、团结互助”的目标前进。

【新华社胶东十二日电】阜平讯，本县群众正以加紧生产纪念红五月。某区妇救会，顷决定奖励纺织英雄办法，规定凡具备以下四条件之一者，即为劳动英雄。（一）自“三八”迄今“老手”纺八斤线或五个布（每个布三丈二尺）或教会三个新手，并自己织一个布者。（二）“新手”纺五斤线或两个布者。（三）不但自己积极纺织，并能教育说服他人者。（四）纺织得精细，不粗糙者。该区某村妇女，正在向着胜利的目标前进。某村逢集时，各村大娘大姐们，纷出买棉花，回家日夜加工，争取模范。随着纺织热潮之高涨，合作事业已有开展，某村妇女已投入村消费合作社资金千四百元，并计划改组为生产合作社。某村妇女为记账方便，已与村中小学议妥，增加算术课，开始学习阿拉伯字码，本县另一村，则在村民大会上，奖励二十三位劳动英雄，其中第一名为雇工高文义，他自年前增资后，生产积极性大为提高，春耕提早种十天，一个人种地二十七亩，博得全村村民的称赞。另有妇女受奖者十三名，第一名徐叔华，是一个老寡妇，抚育一儿一女，种地五亩，平日辛勤耕作，在今年纺织中，每天织布丈余，生活大大改善。儿童受奖者申克己，他在学校课余之暇，经常发动同学为抗属拾草拾粪。

【新华社晋察冀十二日电】易县、涞源在今年春耕中，都强调地提出了水利建设工作。易县除普遍布置督促检查旧有水渠的整修以外，实业科特别抓住了几个可以开发水利的区村，一个一个地去实际帮助，组织计划。在四个区内新修了八十多道小水渠，可浇地五千五百多亩，其中百分之八十的面积，都已播种了大麦。开凿着八眼井，可浇地九十多亩，不日即将竣工，能增加产量一百二十多市石。在县政府所在村，实业科花了四五天工夫，直接领导凿一大水泉，增加了水田八十八亩，可多打粮食九十多市石。此外还开了五道小渠，把一百二十二亩旱地完全变成了水田。涞源的唐河、拒马河，过去没有很大的滩荒，几年来在附近居民的经营下，现已垦修大部，群众生活大为改善。这个事实，刺激了存有滩荒的村庄，对修滩工作，也提高了信心。现在二十个村子有一千六百多亩滩荒，都建筑了修滩委员会，修滩合作社正在进行垦修。预计今年放滩种稻，将增产三千多市石稻子，该地居民并根据水利工程的大小，和地主订立了修滩契约，有的四五年，有的六七年，契约的订立，使修滩的积极性，更加提高了。在修渠工作上，涞源开挖了四道水渠，把七百六十多亩的旱田，变成水田，可增产三百八十市石粮食。另外修通两条废弃几年的水渠，浇着六百多亩地，改道整修费了四五百个工，六七天的工夫，就整修妥善。他们在做工的时候是分段进行，每个人听着监工的指示，没有一个偷懒怠工的。涞源北城水渠，也已全部修妥，现在正研究着水道的组织与管理办法，以便今后的养渠工作。

解放日報

中華民國三十二年五月十四日　第七二三號　今日出版一大張

社址：延安　全年一九〇元　半年五〇元　每月三十元　三月八十元　零售一元　期零售一元





# 敵兩度進犯北嶽區 被我軍民奮勇擊退

## 晉西北我攻入汾陽羅城鎮

# 寇軍二萬竄犯太行 我軍阻敵戰鬥猛烈

# 魯灣河區各工廠 熱烈進行五月生產競賽

## 晉察冀易縣淶源大興水利

# 北非戰事結束

## 兩年來盟軍戰績輝煌 殲敵卅七師俘四十萬

# 敵機肆虐魯北

# 晉西北部隊助民春耕 軍民關係益趨密切

## 政治部一週幫助人民送糞四萬斤

# 庫班紅軍 突入德防禦圈

## 頓尼茲前線殲敵四百

# 濱海日人反戰同盟支部 對敵進行「櫻花廣播」

# 黨的領導一元化和三三制政策

## ——答覆賴其正同志來信

來信摘要

本報答覆

| 解放日报 | 时间 | 1943-5-14 | 期 | 第723期 |
| --- | --- | --- | --- | --- |
| | | | 版 | 第2版 |

# 吴堡刘家沟薛母被誉为模范工属

## 勤劳耕织自动缴公粮

【吴堡讯】本县刘家沟区委书记薛恩华同志的母亲，已被全区群众公认为模范工属纺织英雄，区府已奖给棉花一斤，毛巾两条及奖状一纸。薛母今年四十六岁，纺织五年，过去身体强健时，一个月能纺线十五斤，平均每天可纺半斤。去年纺花七十二斤，织布三十六匹，出卖二十匹。二十九年她分得八垧山地，她种庄稼也顶上一个男子劳动力。现在家里喂了两只站羊、一个猪娃、三只母鸡，日子一天比一天过好了。去年征公粮时，她家不够起征点，可是她要自动交五升。她村里有许多年轻妇女，在她的教导下，都学会了纺纱，别人如果纺了坏纱，她也不客气地给予批评，因而获得本村人对她的敬爱。

# 創造歷年春耕新紀錄

## 鄜縣開荒三萬畝

### 修水地千畝安置移民八百戶

### 延縣姚區推廣札工變工組織

合水蟠馬區決定

## 增開荒地千畝

### 西華池商人集資運鹽

## 女黨員楊生榮同志

向景義

葭縣各村

## 紛紛選出勞動英雄

### 高煙雲組織變工打墒壩

吳堡劉家溝

## 薛母被譽為模範工屬

### 勤勞耕織自動繳公糧

## 一個集體開荒戶

昆林

中直軍直生產成績

## 產品萬件昨日展覽

### 豐衣足食計劃已經變為事實

關中移民馮思義等十二人

## 相繼和李學義競賽

南泥灣機關農場林場等

## 「實驗」等場成績顯著

### 耕作精緻組織完善

綏德永昌公司

## 發展分區紡織業

### 供給原料調劑土布市場

| 解放日报 | 时间 | 1943-5-14 | 期 | 第723期 |
| --- | --- | --- | --- | --- |
| | | | 版 | 第2版 |

# 绥德永昌公司发展分区纺织业

## 供给原料调剂土布市场

【本报绥德讯】永昌公司根据边区政府建设厅指示，确定发展警区纺织事业为其业务方针。目前具体工作是：供给原料、提高土纱质量和调剂土布市场。供给原料方面，已准备将政府纺织贷款，由延安购回大批棉花，再转贷给各县区合作社廉价出售（市价每斤三百五十元，规定价格为二百三十元，每人每次最多购花两斤）。为了鼓励纺好纱，除规定纺纱一斤，在合作社换回一斤二两棉花外，再按纱的质量发给工资。其标准及工资价格如下：每两纺六百条为特等纱，每斤工价相当四升小米；五百条以上、六百条以下为上等纱，工价相当三升小米；四百条以上、五百条以下为中等纱，工资相当二升小米；下等纱一般规定不收，特殊情形（如新学纺纱的妇女）酌量处理，工资相当一升小米。收卖土布方面，并规定统一幅长、重量，以提高民间织布业的发展。现该公司已贷给米脂民办合作社价值十三万元的棉花。

# 創造歷年春耕新紀錄
# 鄜縣開荒三萬畝
## 修水地千畝安置移民八百戶
## 延縣姚區推廣札工變工組織

# 合水蟠馬區決定
# 增開荒地千畝
## 西華池商人集資運鹽

# 女黨員楊生榮同志

# 葭縣各村
# 紛紛選出勞動英雄
## 高煙雲組織變工打壩堰

吳堡劉家溝
# 薛姆被舉爲模範工屬
## 助勞耕織自動繳公糧

# 一個集體開荒的故事
昂林

# 中直軍直生產成績
# 產品萬件昨日展覽
## 豐衣足食計劃已經變爲事實

# 關中移民週思義等十二人
# 相繼和李學義競賽

# 南泥灣機關農場林場等
# 實驗成績顯著
## 耕作精緻組織完善

# 新中国鞋厂工人张洪儒生产计划超过一倍

【本报子长讯】此间新中国鞋厂，在模范工人刘春德同志影响下，生产热忱已普及到全厂。锥底工人秦炳□[申]、邱拴劳、李世英、白玉花、吴杜林等，都先后超过计划百分之三十，此外绱鞋工人杨善庆、周自兴等，亦都超过计划百分之四十。张洪儒同志，在别人上工前时他已经上好两双鞋子，吃罢午饭有一点半钟的休息时间，而他不休息，因之五月份开始便超过计划百分之一百（由上十二双增到二十四双），每双针□[码]的密度，都在八十码以上。机子工人郭如泗、刘殿□[俊]，也超过计划百分之二十。马瑞和同志超过计划百分之七十（由扎三十双增到五十双），质量上针眼亦较过去整齐码小。现全厂都在制订个人生产计划，已订出者有刘春德、秦炳申、马瑞和、朱龙泉、白玉花等人，兹将刘春德同志三个月生产计划节录于下：（一）带一期学徒两个，每天保成皮子四张（由生牛皮成为□[燻]皮），五月份熟皮子一百零四张，六月份熟皮子一百一十五张，七月份熟皮一百三十张，三个月共熟皮子三百四十九张。（二）除我个人不浪费一钱硝，不损失一根牛毛外，并监督学徒也不浪费与损失。（三）三个月我自己研究燻皮的改进法，并保证两个学徒学会熟皮子技术，在熟皮子过程中，为了不让一刻钟白白过去，利用空隙时间教会他们锥底技术。（四）每天我保证做十二小时工外，并推动学徒也做到十二小时的工。（五）每礼拜我保证学作日记两篇，夜校的课程不误。（六）每礼拜日都要种些菜进行农业生产。（七）我不爱讲话，以后每逢开会，都要发表我个人的意见。现刘春德同志除向赵占魁同志应战外，并拿这个计划作为向各工厂工友挑战的条件。

# 隴東地委獎勵模範女黨員楊生榮

## 響應黨的號召努力認字 多出公糧推動群衆實報先繳

【本報隴東訊】環縣模範婦女楊生榮同志，因積極擁護隴東地委提拔優秀女黨員，並作出決定，通知各級黨委，號召全分區黨員向她看齊。地委書記馬文瑞同志和組織部長陶鑄同志，並簽名致信楊生榮同志予以獎勵。楊生榮同志，環縣環城區二鄉人，現年五十三歲。對人忠厚老實，是遵守黨紀、執行黨的決定及政府法令的模範。當的小組開會時，她從未缺席而且早到，遇到會的人她就批評。按時交黨費，對於黨的決定，一貫堅決執行，如去年縣選號召黨員學習文化，她不以「年紀老了」或者「麥收家忙」當做理由，在工作繁忙中，抽出時間來認字，全年認會四十多字。她能夠辨別是非，站在黨的正確觀點上，去說服別人，揭破個別壞份子在農村散佈的謠言。她當村長、當變抗會主任時，積極執行政府法令，她負責的村完成得最快最好。去年徵糧時，按照條例，她家出七斗就夠了，但她多出七升，影響和推動了其他群衆實報先繳。政府動傳婦女不要纏腳，她就不要她的兩個孫女纏腳。她在群衆中很有威信，平時別人對不滿的事，她一去就說轉好。她體恤群衆疾苦，常常勸人多養豬，好好過光景，周圍群衆對她很信任。一九四〇年被選爲縣參議員，去年又被選爲環縣政府的候補委員。

# 劉錦章同志談

## 各地合作社改進辦法

### 要爲群衆解決困難才能發展

[illegible]

# 記志丹同志二三事

王子宜

[illegible]

# 安塞合作社會議決定

## 擴大資金包運鹽二千馱

[illegible]

# 勞動家庭

酒書

[illegible]

# 胡高拃組織牲口

## 變工送糞

[illegible]

# 南泥灣駐軍某部

## 八十位勞動英雄競賽

### 每人一天開荒均在二畝以上

[illegible]

# 延縣豐富區

## 吳氏父子積極生產

[illegible]

# 新正二三兩區

## 麥苗遭蟲災

[illegible]

# 政府積極幫助推動下

## 馬欄移民開荒四千畝

### 同宜耀與修水田移民續增

[illegible]

# 新中國鞋廠工人張洪儒

## 生產超過計劃一倍

[illegible]

| 解放日报 | 时间 | 1943-5-16 | 期 | 第725期 |
|---|---|---|---|---|
| | | | 版 | 第2版 |

# 师玉梅等超过计划百分之七十 新华厂各组竞赛生产

## 新中国厂木凳包用三年

【本报讯】新华化学厂自改组后，在推动赵占魁运动上收效甚大。一月来订出个人生产计划的工友，已达全体工人的二分之一。且部分工友在执行计划时表现了惊人的成绩，其中如女工师玉梅、童工张风堂仅在打肥皂一项上，即超过了原订计划的百分之七十至百分之一百，粉笔组工友王全德因病未完成计划，病愈后日夜加工迅速赶上。其次个人生产积极者也在不断涌现中，桂肇基同志即是一位因做工而从来不睡午觉的工人，熬碱工人王世明一向埋头苦干，在这次运动中更向组长建议多分配他点工作，否则他会不舒服。现组与组的竞赛亦正热烈进行中。肥皂组曾以两个夜晚的时间仔细检讨了该组过去的工作，并在这个会议上订出了自己的计划，以如下条件：（一）保证完成每月三万五千条的任务，且超过两千至三千条；（二）保证质量经常，不软不硬；（三）每月抽出二十个工（二百小时）帮助其他组工作等，首先向全厂挑战。立即起而应战的是装潢组，他们说他们保证将每天所有之成品，全部包完，同时熬碱组的检讨会更得到了丰富的收获，他们除检讨了组内某些不团结的现象、批评了组长的领导外，还讨论了怎样把工作搞好，和应战的问题。他们曾有人在会上埋怨组长说："我们早就想向别组挑战了，现在倒被人家挑了咱！"但对这一运动的基本态度他们一致的认识则是："我们不是为出风头，得锦标，而是增加产量，实际去干。"因之，在几度的讨论以后，他们订出了惊人的节省计划，在三百多斤炭熬十□锅碱的现有成绩上，再增加两锅（过去熬四锅碱用四百多斤炭），同时并以此向全厂职员挑战，要求他们在原料的供给上，保证不间断，且质量良好，例如最近厂方买回的碱，含有大量的芒硝，工人们便请厂方退回卖主，免得浪费公家财产，且影响肥皂质量。由此可见在赵占魁运动中的今日，工人们是怎样在爱护着自己的工厂。现该厂□[五]月份生产计划已于月初公布。并于工人中讨论完毕。同时，职员工作制度，工房暂行规则，亦均先后建立，工作时间已由九小时增为十小时，全厂生产热情正高度发展中。现该厂已决定向农具工厂应战，并愿以兄弟般之友谊向难民、纬华两工厂递出革命竞赛的挑战书。

【本报讯】劳动英雄郝作明的挑战书到达新中国木工厂后，该厂全体工友即群起应战。新中国木工厂早于四月前便已开始布置赵占魁运动，此次又接获此项挑战书，使工友们之生产情绪，更为热烈，现每日当下工钟敲过后，许多工友们都还在劳作不□，全厂工友们，除愿学习郝作明的一切优点外，还一致决议改良成品。改良成品先从凳做起，过去延安市上普通的坐□子“凳腿”、“四衬”极易损坏，现除“凳腿”照旧外，另增加两衬共为“六衬”，并用“双峁”，三年内“脱腿”，免费修理，此种改良新木□，新中国木工厂刻下已制成一大批。在赵占魁运动及此次应战中，该厂更取得三种显著之成绩：第一、即技术不断提高，使成品变为更美丽与坚固，他们在实际工作中感到用湿木板做桌、椅，制成成品后，容易裂口，以后即设立一“烤木板室”，将木板烤干后制作成品。桌、椅等裂口的事，便全可避免。第二、产量大大提高，二月份的每十五小时做一张靠椅，四月份每七时半做一张靠椅，过去两人做的产量，现在一个人就能完成了。第三、爱护工厂、爱护工具的观念也比以前增强了。并且工友们都能在星期日自动替厂方搬晒木板。

# 三邊初步總結春耕
# 擴大耕地五萬六千畝
## 幹部積極領導農民努力勞動

# 師玉梅等超過計劃百分之七十
# 新華廠各組競賽生產
## 新中國廠木機包用三年

# 陝甘寧邊區各級政府幹部任免暫行條例草案
——民國三十二年四月二十五日

# 晉西北擁軍月
# 行署指示着重優抗代耕

## 蘇木樹懷溫
## 植桑樹百餘株

# 慶陽卅里鋪區
# 民衆互助開荒即可完成
## 合水太白一鄉四村變工挑糞

# 子長棉田四千畝已出苗
## 賀生榮認眞優待抗屬
## 代種的莊稼比自己的好

# 美共五一宣言

更　正

| 解放日报 | 时间 | 1943-5-17 | 期 | 第726期 |
|---|---|---|---|---|
| | | | 版 | 第1版 |

# 光华印刷厂今日起全厂生产大竞赛

## 四月份产量超过一半

【本报讯】光华印刷厂以赵占魁运动为骨干的全厂生产大竞赛，今日起正式开始。一切筹备工作，均于昨日结束。全厂各个部门，以及各个职工、生活、学习、生产计划均自动订立齐全，已无一人站在赵占魁运动之外。此外，生产两大部门的印刷股和完成股，均根据计划订立竞赛条件；工人与工人之间的生产大竞赛亦已开始，石印组工人孟立直、保管组工人吴宗麟，均已向该厂模范工人丁立智提出挑战，吴宗麟并在所订计划之外，自动规定每周增做一个义务工。全厂工人现正互相商量竞赛条件中。这里，必须着重提出的，该厂工人所订的计划，大都均已做到与超过，四月份生产量，超过厂□所订产量百分之五十。过去摇铃上工，一刻钟后才听到马达的响声，现在铃响前十分钟时，工人均已齐集工房，整理机件，铃声一响，印机的轮轴也就跟着转起来了。下工时亦在铃响十分钟之后。生活方面在集体的动作中，充满蓬勃、紧张与快乐的气氛，无一人不自动遵守制度。学习方面之特色，则均提倡言行一致与帮助别人，并以此作为评判学习的标准。副业生产已超过原定任务，该厂周围山头的荒地均已开罄。该厂合作社股金在十天内，即集足六千余元。昨晚该厂全体职工举行生产竞赛大会时，发言之职工约在半数以上，情绪热烈异常，莫不表示胜利完成各自所订计划的信心。过去曾被伙伴们认为“二流子”的张继昌在大会上说：“我工作不积极，现在我愿向大家保证，不仅要完成计划，而且要超过它。”据该厂工务科统计，自四月份起，张继昌□[确]能按照计划生产了。印刷工人吴一平同志在大会上提出：“我们党员不仅要完成自己的生产计划，而且要处处起模范作用，组织与发动非党员同志积极生产，并肩完成革命任务。”该厂支书鲁俊耀同志更进一步地希望非党员工人督促党员工人。该厂生产竞赛检查委员会随即正式成立。按发动全厂生产大竞赛，尚以光华印刷厂为第一倡导者。

【本报讯】光华印刷厂全厂生产大竞赛是一个经常的运动。今日开始后，除每月底作小总结外，十月革命节时作大总结，按照各人所订计划，□[评]判优劣，奖励优胜，以后仍将继续进行。昨日成立的竞赛检查委员会，所有人选，均由民主选出。副厂长常景林被选为主席，负责计划、检查、总结。规定每五日和各委员谈话一次，出席各科及工会会议，广泛收集材料；检查□[每]半月举行一次，每月总结一次。

解放日報

中華民國三十二年五月十七日　第七二六號　今日出版一大張

社址：延安　本期零售一元　每月三十元　三月八十元　半年一五〇元　全年二九〇元





# 冀東撫寧克榆關鎮

# 敵僞千餘襲我擊退

## 晉察冀井陘北我殲敵全勝

【本報冀東十四日電】……

## 西坡頂山頭爭奪戰中

## 我軍搶先奮勇殲敵

## 北嶽區羣衆團體

## 實施統一領導加强工作

### 召開代表大會確定當前任務

## 晉西北各界追悼

## 朝鮮革命戰友文明哲同志

## 晉西北軍區直屬隊

## 幫助羣衆一千個工

### 抗聯發動羣衆積極擁軍

## 安鄉敵西侵陷羌口

## 騰衝寇軍增援北犯

## 宋慶齡主張

## 予各黨派同等機會

## 參加抗戰建國工作

## 庫班紅軍殲敵續進

### 橋頭堡爭奪戰入決定階段

### 紅色空軍打擊力量倍增

## 敵機襲昆明

### 被我擊落廿五架

## 光華印刷廠今日起

## 全廠生產大競賽

### 四月份產量超過一半



第二卷（上）

| 解放日报 | 时间 | 1943-5-17 | 期 | 第726期 |
| --- | --- | --- | --- | --- |
| | | | 版 | 第2版 |

## 中管局实验工厂　毛线产量提高一倍

### 边区弹花厂工人减少，生产增加

【本报讯】产量急剧上升的中管局实验工厂，在二月份时尚只出毛线一百八十斤，四月份同一□[产]□[量]的工人，便已□[能]出到三百八十三斤毛线。在此生产热潮中，又涌出了张文林、许得胜、张好□[贤]、李新范、谷成五位劳动英雄。张文林打破过去最高纪录。他以脚踏机纺毛线，每天纺甲等线达两斤半，许□[得]□[胜]两斤四两，张好贤用手纺机每天纺特等线一斤三两，李新范一斤零八钱，谷成每天合合股线七斤三两。这五位劳动英雄，在该厂“五一”纪念大会上，曾获得厂方的奖励，他们五人的名字与生产成绩，并由中管局制成图表，在机关生产展览会上张贴示范。实验工厂除生产情绪极高外，工友们爱护工厂及遵守劳动纪律的精神亦很好，尤其在这次整风学习中，犯过错误的工人，都坦白地反省出来。在节省方面，过去纺车上所用的油，常有浪费，现在则已逐渐减少了，又如羊毛散在地上以及剩毛头的事，现每人差不多已减少三分之二。该工厂自四月份起开始布置赵占魁运动后，于五月作一小总结，十月革命节，再根据实际情形，给予工人以奖励，并将此一运动巩固，保持经常性。

【本报讯】边区弹花纺纱厂最高的一天弹花达到百分之一百二十。兹以四月份全月生产和五月一周的生产加以对比，则更可看出其显著的进步：纺纱四月份共一百四十一斤，五月一周纺纱六十五斤，平均计算，提高了百分之一百。弹花四月份共一八〇六斤，五月一周共八四二斤，平均计算也提高了百分之一百。纺纱中纪录最高的王九令同志，每天纺头等纱至少一斤四两到一斤半，最低的学徒一天也能纺半斤以上头等纱。弹花最高的是刘来华同志，他所以弹得又好又快，其原因在于他每天下工后修整机件，起很大作用。现一般工人情绪都空前高涨。有一女学徒以前吊儿郎当。工厂精简时调她走，她听了决心愿意改变，后来她果真转变好了。目前根据上级指示，该厂进行精简，现只有纺纱工人十六名，弹花工人四名，钳木工修理等工人四名，共二十四人（原三十一人），自五月份起又响应工厂联席会的号召采取全面工资制，即将原先的货币实物混合制，实物一部分（如伙食被□[服]供给）完全变为工资，但仍以小米为基础，每月按市价计算，多生产者多得工资，教育“二流子”积极生产。该厂自宣布此种新工资制后（在边区工厂中还是第一个试验），五月开始，第一天纺纱即提高了三分之一，如四月三十日，十七人纺纱一六五两五，平均每人九两七，五月三日，十四人即纺纱一七四两，平均每人十二两五钱。同时，两个弹花机子，四月一天最多不过弹大秤一百斤，五月四日一机一天即弹一百六十三斤，提高三分之一强。

# 新正完成春耕計劃

## 開荒六千畝移民三千

### 志丹一區示範村變牛工模範

# 中管局實驗工廠 毛綫產量提高一倍

## 邊區彈花廠工人減少生產增加

# 安塞的紡織業

賀興旺

# 綏德分區土辛公鹽代金 已全部收齊

# 延縣黨員馬占勝 教育二流子七人改過

## 組成札工隊已開荒六十埫

# 合水某區勞動英雄 王義財等受獎

## 獻糧多又能督促旁人運鹽

# 共產國際雜誌 五一社論

# 前晉一團政委 曹家慶同志病逝

解放日报 | 时间 | 1943-5-18 | 期 第727期 | 版 第2版

# 模范的木工厂

【本报通讯】在南泥湾许多荒寂无人的深沟里，有着密密的丛林，但就在这样的地方，我们常常可以听到砍树声，锯板声，人语声，那么，我们就会很快地意识到：这里又是一个木工厂。现在，木工厂已经成为南泥湾部队生产的主要对象了，几乎在每一个单位的生产计划上，都能见到：除粮食自给外，还有木工厂、骡马大店、运输队、小铺子。这是什么呢？这就是从正当的营业上，发展边区的经济，同时又解决了本部门的衣服和一切杂支费用。在一个单位的经费收入上，木工厂的经济价值被认为：五十万元甚至一百万元。因之，到处出现了木工厂，但木工厂怎样办得更好呢？这是一个问题。这里介绍一个模范的木工厂，它是关于“陈左”部的。一九四□[二]年以它的全部生产品作价估计，共为八十万元。现在它所表现的优点，是政治教育进行得很好，大家都安心于自己的工作，同时，生产力又超过其他木□[工]厂的四分之一至三分之一。这个厂是一九四一年六七月间成立的，起初只有十多个人。后来逐渐发展了，现在共有四十三人。正副厂长、正副指导员、管理股长、管理员共六人，他们掌握行政、厂务、政治文化教育、生活、工作管理及技术改进等一切事项。另外有一个专管伙食的司务长和四个伙夫，因为住得很分散，所以分成三个伙食单位。拉板班：共有十人，都是年轻力壮的小伙子，内有两个熟练工人，每两个人拉一张锯子（有些工厂是三个人拉一张锯子，以便替换休息），现在树正起浆，是最难拉的时候，多者一天拉两丈一尺，一个月后，每天就可拉三丈了。他们有两个人砍树，八个人拉四张锯子，三月份平均每天每张锯子拉一丈五尺一，不久即可提高至平均每天两丈。礼拜天不休息。据工人谈：拉得好的条件有三个：（一）两个人要对手；（二）会使用家具，主要是会修理锯子；（三）会使巧劲，劲使得好，不很费力，反而拉得又光又好。生产班：共八人，大多是精简后的老弱残废同志，春、夏、秋三季种地，冬天烧木炭，闲时砍木料，对于动员他们劳动的口号是：大家都要劳动，不能做重的，就做轻的。去年种地五十余亩，菜蔬全部自给。根据他们的经验，田里种粮食，边上种麻子，空隙种南瓜或豆荚，这样可以阻止牲口扰害，并使植物互相帮助，避免风吹。今年他们农□[业]副生产是种地四百五十亩。运输班：六辆大车，十八匹牲口，由九个人管理，除替本部门拉粮运输外，每月可赚五万元。另外，还有两个做细货的工人，还有两匹牲口磨面打杂，还有一个小型合作社，去年盈利三万元，今年可赚四万元，而所生产的桌□[凳]椅几等家具，准备在延安设一小铺，零星或整批出卖，其价较廉，物品耐用。王厂长说：他们所以能够保证生产情绪继续增高，并能增加数量、提高质量，有两个主要的原因；（一）教育上的保证：首先在他们的人事配备上，有正副厂长和正副指导员，这就提供了实施教育的先决条件，每年除突击生产期外，每天都有政治课和文化课，大都利用早晨、中午在树荫下或晚间休息时进行。时事每周报告一次，大家都很有兴趣。在拉板班的十个人中，就有七个人会写日记，政治文化课本和连队一样。（二）伙食上的保证：每天七钱油，五钱盐，斤半菜，每月杀两口猪，三月份平均每人吃四斤三两肉，每天三餐饭（夏天都是□饭），麦收后，经常吃面，现在还能保持每周两餐面食，有时用荞麦代替，常用榆钱和在豆面里，既经济，又好吃，并经常以小米或苞谷蒸□[馍]做面，稀饭里放枣子。他们改善伙食的方法是多换花样，并能适应战士的乡土习惯，所以大家都很乐意。自从自给自足的行动口号提出后，工人特别加油。过去，这个木工厂是纯供给性质的，今年已改为半营业半供给的，这样，就更易促进它的发展。

# 靖邊石工張仲成 受獎為水利勞動英雄

## 以五萬五千元修成六十萬元的工程

[illegible]

# 鎮原三岔區政府 幫助回民擴大生產

## 地主牛連貴違法抽地受罰

[illegible]

# 模範的木工廠

[illegible]

# 鎮靖區一鄉支書張玉珍 領導修水漫地兩百畝

## 訂勞動規約及放水制度

[illegible]

# 崔田夫同志任邊區抗聯主任

## 指出今後應增強羣眾觀點 通過生產去組織教育羣眾

[illegible]

# 春耕領導的兩個典型

（上接第一版）

[illegible]

（二）與志丹縣一區一鄉支書……談話

[illegible]

# 中直軍直四機關 伙食改善最好

## 每週換菜廿一樣

[illegible]

# 魯藝公餘生產 已有廿餘人完成任務

[illegible]

# 安塞七區首次運鹽 獲利六萬餘元

[illegible]

# 延川一個黨小組作核心

[illegible]

華池二流子轉變

[illegible]

| 解放日报 | 时间 | 1943-5-19 | 期 | 第728期 |
| --- | --- | --- | --- | --- |
| | | | 版 | 第1版 |

## 难民工厂大进步　全厂生产热潮高涨

### 贯彻厂长会议精神，深入检查过去缺点

【本报特讯】自厂长会议后，难民工厂内即进行了紧张的工作。首先是吴厂长在全场职工大会上关于厂长会议的传达，接着是纪念“五一”大会上，洛甫同志的演讲，均给了全场职工以很大的影响。总的工作方针，是在号召全体职工大胆揭发本厂工作中的缺点和错误，并反省自己在工作中、在思想上的缺点和错误，以求得本厂工作的彻底转变。在大会号召的前后，同时经过党的、行政的、工会的各种会议，进行具体的动员。特别被重视的是党的支部。从支委会到全体党员大会，一共开了六个大半天，发动了党员思想斗争的积极性，对个别同志挑拨离间、假公济私、闹独立性的倾向，大家做了严厉的批评，对厂内官僚主义、自由主义、麻木不仁、贪污浪费的现象，也做了无情的揭发。这样，经过大会的号召，与下层的，首先是党员干部的动员及思想准备，于五月五日晚开始了全厂职工大会。职工大会的讨论，直到现在，尚未结束。大会上职工们的发言，很是积极。他们不但严厉地批评了厂方在工务、总务、人事工作中的缺点错误，揭发了某些工作人员的挑拨离间、贪污腐化等许多事实；而且对于自己过去在工厂工作中如何不负责任，如何浪费公家财产，如何吊儿郎当起不好作用，如何不遵守劳动纪律等，也有了许多好的反省。这种批评与自我批评，在本厂内是空前的。许多职工自己说：这些会议，在思想上给了我们最大的教育。全场职工大会照例是在晚间举行。除此职工大会外，又决定对本厂各部门的工作做进一步的深入检查，这样的会议，决定为全厂行政干部会议。自五月六日起，这个会议每天下午开，会议带座谈会性质，提出问题，发现问题的思想根源，实行坦白的批评与自我批评，但对具体问题，不做最后决定。这个会议，实际上是一种在实际工作中贯彻整风的会议，对到会同志，益处很大。现在会议上已经讨论的，

有总务工作、人事工作、工务工作等，至今尚未结束。这个干部会议给大会的帮助，是在丰富大会的内容，提高大会的思想认识，更多地教育职工群众。这是普遍（职工大会）与提高（干部会议）互相配合的实际运用。在全厂职工这个思想与工作的转变过程中，洛甫同志于五月九日写了一封信给这里工会的墙报——工先报，号召本厂职工参加赵占魁运动。同时，洛甫同志又把他亲自同三个男工同志谈话后，帮助他们订定的个人生产计划，及一个女工同志的个人生产计划附在信的后面。这样，洛甫同志的信，不但是一般的号召，而且是给了实现这个号召的具体办法。这样的个人生产计划，经过洛甫同志的推动，在其他一些工人中亦已开始酝酿。洛甫同志的信及四个工人的生产计划，除在工先报发表外，工会执委会、支部大会、全厂工人小组会议，均拿来讨论。工先报更发表赵占魁的个人生产计划及农具工厂职工会向各工厂挑战的信，以激励全厂工友。于是赵占魁运动在本厂蓬勃地发展起来了。关于这个运动的详情，以后再报。洛甫同志写给工先报的信及三个男工一个女工的个人生产计划附志于后：洛甫同志致函该厂号召参加赵占魁运动四位工友订出生产计划工先报编辑同志：自吴厂长报告后，本厂工友们的生产热忱与劳动纪律，均有进步。这使我很是高兴。为完成边区政府给予本厂新的生产任务，为进一步发扬工友们的生产热忱与提高劳动纪律，每个工友规定他们的生产计划，是必要的。最近我同本厂某些工友们谈话，根据他们自己的意见，代他们写下了各人自己的生产计划，这样的计划，我现在已经有了三个。这些计划都是很好的，今一并寄上，希望在贵报上把它们公布出来。这，一方面可以推动全厂工友们都能制订出这样的计划；另一方面，大家也能来督促这些计划的具体实现。同时，我希望在这些计划的制订与执行中，发动个人与个人间、小组与小组间、部门与部门间的竞赛，使赵占魁运动在本厂内开展起来。不知你们意见如何？请考虑。敬礼洛甫五月九日王武定同志五月份工作计划——王武定同志是难民工厂制造部木工组组长，是一个为抗战而负伤的同志。工作向来积极负责。（一）完成本组铁机木架五台、梭皮子九十把、纬管三千个的生产计划。临时修理，力求迅速。（二）节省原料：尽量将木料烤干使用，大料小料均要使用，不浪费。废料应收集在一起，不丢掉。（三）爱护工具：工具用毕后，安放在原定地方，不乱丢乱□[踹]。经常点验工具，不使遗失。（“一天数三遍，没了就寻见。一天数一遍，没了寻不见。”）（四）检验本组生产成品，不能使用的，本人负责加以修理。（五）宝贵工作时间，监督本组工人学徒不偷闲，不胡闹。（六）克服本组内少数同志吊儿郎当，对工作不安心不负责的现象。（七）教育学徒们学习技术，提高技术水平。（八）本人利用晚间学习记账，并督促工友们学习。（九）在修理工作中，同其他各科同志保持和睦友好关系，绝不吵架。（十）本人努力完成组长任务，服从上级领导。马生才同志五月份工作计划——马生才同志是难民工厂棉织科铁机二组的组长，是边区的一个青年工人，向来工作比较积极。（一）保证本组完成土布一百零八匹，毛布二十七匹的生产任务，并尽量求得超过。（二）保证工人织出的布均合于质量标准。尽量帮助学徒，不织坏布。（三）保证本组组员不丢掉一个纬管。（四）教育本组组员爱护机子、梭子及其他工具。（五）经纱断头一律接上，不丢掉烂纱。（六）本人保证不吵架，不说吊儿郎当的话，不赌博，不吸大烟。尽量教育本组组员也能做到。（七）不浪费工作时间。保证本组组员不挂假病号，不旷工。（八）本人负起组长责任，服从科长及上级领导。（九）工余工作：本人积极参加自卫队工作，并努力动员本组人员完成集体种菜的任务。（十）学习识字（每天识三个字）。马德英同志五月份工作计划——马德英同志是难民工厂棉织科铁机一组的工人，是一个为革命流过许多血汗的残废同志。他过去生产是不积极的，现在他愿意订立如下计划。（一）在布的质量方面：织十六匹土布（过去每月只织九疋），保证织出的布合于质量标准。（二）节省原料与爱护工具方面：机子底下不掉烂纱，不丢掉一个纬管，不损坏工具，损坏了尽量修理，不换新的。（三）在遵守劳动纪律方面：不吵架，不说吊儿郎当的话，不犯厂规，不挂假病号，不旷工，在工作时间内不自由行动减低生产量。坚决服从组长、科长及上级领导。（四）工余生产：自纺毛线五斤，种菜二畦，帮助工友们打洋铁缸子。（五）不做违犯政府法令的事情，不赌博，不吸烟，不喝酒。（六）安心工作，工作有经常性。杨爱珍女同志的生产计划——杨爱珍同志是难民工厂棉织科唐科长的婆姨，她有一个小孩，但仍积极参加生产。同志们：我为了响应上级今年丰衣足食的号召，保证自己生产计划能够完成：（一）络经土纱每月二百斤。（二）每三斤土纱不超过一钱废纱。（三）保证质量好，接头不大。（四）保证把捆纱的线腰解开络上。（五）保证不揉搓浆纱，不洒水上潮。（六）保证每天最低认识一个字。（除了照护小孩外，工余还要进行如下的副业生产，改善自己生活。）（七）全年收洋芋二百斤。（八）全年收各种蔬菜一千斤。（九）喂鸡三只、鸭三只。（十）喂猪半头（同别人伙喂一头）。（十一）抱鸡娃子一窝。

中華民國三十三年五月十九日　星期三　第一版

# 解放日報

今日出版一大張　第七二八號　中華民國三十三年五月十九日

社址：延安　本期零售一元　每月三十元　三月八十元

快看！

洞泰號文具店大批新貨又到了：

蓮花白苗（茴蒿白）

## 難民工廠大進步
# 全廠生產熱潮高漲
## 貫澈廠長會議精神　深入檢查過去缺點

## 洛甫同志致函該廠
# 號召參加趙占魁運動
## 四位工友訂出生產計劃

## 盟軍攻歐時　法將發生總起義
——法共中委格勒米葉談話——

## 晉西北行署決定發放　青貸一百六十萬元
### 曾家寨某園藝三天成績優越

## 洞庭湖西敵續竄犯　澧縣西竟日激戰

## 寇軍滅絕人性　捕我同胞作肉靶子
### 敵士氣衰落國內危機四伏

## 曾家窰小學生　努力幫助家庭生產

## 蘇軍繼續集結前綫
### 諾港東北紅軍擊退德寇攻勢

解放日报 | 时间 | 1943-5-21 | 期 | 第730期 | 版 | 第2版

# 边区纺织厂两月来产量提高百分之二十

## 被服厂门市部检查工作，五女工参加赵占魁运动

【本报讯】边区纺织厂现自动报名订立个人生产计划，参加赵占魁运动者已达三十余人，且全厂生产和节约，均有显著成绩：如土纱经过选奖后，织土布的成功，以及工具和技术上困难的克服等（如小眼网综改成大眼，竹口由九〇〇的密度改作六五〇-七〇〇的密度），都说明了生产上的进步。节约中仅机油一项，上月用去一一〇斤，本月连工务科灯油在内，将不会超过五十斤。此外该厂职工教育已转为以赵占魁运动之实际内容作为中心教材，并派员分赴农具、难民、中印、光印等厂吸收经验。现该厂正拟利用现有人力全部开动停工的机器，现已开动者有五台。两月来的生产，已按原计划超过百分之二十；土布七七五匹增到八二〇匹，毛巾二万条增到二八、五〇〇条。现该厂每日生产时间超过十小时以上，全场工友情绪极高。

【本报讯】被服厂门市部工作，于前月二十日经财厅派员协同厂方工会开始检查，历二十余日，现已检查完毕，于十一日召开全体职工大会，南厅长亦亲临指导，气氛极为热烈。首由栾厂长作总结报告，依据工厂会议精神，及经济核算原则，指出门市部工作缺点为：（一）门市部生产少。即令以三月份，每台机子平均二二七点五套的最高纪录计算，比较厂部仍相差甚远。（二）质量不好。所制干部服中，经检查结果有三分之二不合尺码。（三）成本高。虽比较市面低些，但和厂部比较则要高得多，如厂部在四月份每套为三十九元□角九分，而门市部在四月份则为五十六元一角。（四）浪费大，开支大，脱离生产的人员过多。（五）违反政策。门市部营业股的任务原在平抑市价帮助不发衣服的机关解决缝制困难，目的不在营利，而在服务；但他们没有执行这一方针，竟与有的老百姓裁缝铺一样，进行偷布行为。继由甘照寰同志宣布财厅命令：撤销门市部主任杜占彪本兼各职，及营业股长刘小

峯的职务。随后杜占彪同志即向大会进行深刻反省，一面表示诚恳接受上级处分，一面痛悔前非，认为门市部工作没有搞好，完全是他的官僚主义领导和缺乏政治责任心所形成的，并愿继续进行反省。工会主任赵永泰同志代表全场职工讲话，表示拥护上级对于杜、刘的处分，并宣布了门市部因这次检查工作而积极参加赵占魁运动的五个女工所订的条件。最后由南厅长对大会作出总的指示，一面指示这次检查工作的收获和检查工作的重要性，一面鼓励杜占彪同志深刻反省，和女工积极参加赵占魁运动的精神。最后勉励全体职工以这次检查门市部工作的精神来检查全厂的工作。该厂关于此次门市部营业股与私人裁缝合伙挪存之布，经财厅指示后，已决定一律照退。同时，并由厂部决定将各种衣服使用原料数目悬牌公布，避免私人裁缝铺减料偷布之弊。

# 邊區紡織廠兩月來
# 產量提高百分之廿
## 被服廠門市部檢查工作
## 五女工參加趙占魁運動

【本報訊】邊區紡織廠現自動報名訂立個人生產計劃，參加趙占魁運動者已達卅餘人，且全廠生產和節約均有顯著成績：如土紗經過選擇後，線上市的成功，以及工具和技術上困難的克服等（如小眼網擺改成大眼，竹口由九〇〇的密度改作六九〇——七〇〇的密度），都說明了生產上的進步。節約中除機油一項，上月用去一一〇斤，本月連工務台機油在內，將不會超過五十斤。此外該廠職工教育已轉變以趙占魁運動之實際內容作為中心教材，並派員分赴農具、維民、中印、光印等廠吸收經驗。現該廠正提利用現有人力全部開動停工的機器，現已開動者有五台。兩月來的生產，已按照計劃超過百分之廿：土布七七五疋增到八二〇疋，毛巾二廠從增到二八、五〇〇條。現該廠職員生產時間超過十小時以上，全廠工友情緒極高。

【本報訊】被服廠門市部工作，[illegible]

# 綏德農民大量種棉
## 減租保佃工作獲有成績

【本報綏德訊】[illegible]

# 一鄉支部在春耕中作了什麼

徐國財

[illegible]

# 米脂印斗區的變工

苗鵑

[illegible]

## 兵站捐款數千元
# 救濟河南災胞

【本報訊】[illegible]

# 志丹縣區幹部整風
# 舉行反自由主義座談會
## 曹專員號召具體反省

【本報訊】[illegible]

## 鎮原撥糧救濟貧民
# 突擊墾荒八千畝

【本報鎮原訊】[illegible]

## 光華印廠范耀武丁立智
# 函趙占魁響應競賽
## 范捐助文教費幫助學徒進步

【本報訊】[illegible]

## 留政生活改善
# 肉食超過標準
## 警衛班等公餘生產已完成

【本報訊】[illegible]

## 合水城區互助生產
# 有牛出牛無牛出力

【本報合水訊】[illegible]

## 節約公費三萬
## 平劇院牛樹新

【本報訊】[illegible]



第二卷（上）

| 解放日报 | 时间 | 1943-5-21 | 期 | 第730期 |
| --- | --- | --- | --- | --- |
| | | | 版 | 第2版 |

## 光华印厂范耀、武丁立智函赵占魁响应竞赛

### 范捐助文教费帮助学徒进步

【本报讯】光华印刷厂全厂生产大竞赛开始后，一切竞赛调剂均已充分具备。该厂模范工人范耀武、丁立智因此特提出条件，具函赵占魁同志，响应他提出的友谊竞赛。按个人响应赵占魁竞赛，此尚为第一次。兹将范、丁二人给赵占魁函照录如次：高长久同志并转赵占魁同志：当我们看到你的生产计划后，我们相信以你只知有党不知个人的革命品质，以你勤劳始终如一的工作作风，以你实事求是的工作计划，边区的生产运动在你的影响下，定将形成无可比拟的高潮。这一高潮将保证毛主席给我们生产战斗任务的胜利完成。因此，我们对你表示无限的敬佩，并决心向你学习。不过，我们不能仅仅在口头上对你表示敬佩，我们认为必须积极地参加这一运动，共同推动这一运动。现在我们也订出个人生产计划（并保证全厂职工都订立生产计划与工作计划），愿以弟弟的资格向你老大哥提出革命竞赛，作为推动这一运动的具体步骤，不知你的意见如何？请你赐一回信为盼！此致敬礼！

光华印刷厂

范耀武、丁立智

五月十日

【本报讯】响应赵占魁生产竞赛的光华印刷厂模范工人范耀武、丁立智，除丁立智同志的模范事例及其生产计划已详载四日本报四版外，范耀武同志是该厂印刷股股长、工会主任，全厂职工一致认为他是该厂最优秀的共产党员，是赵占魁式的工作者。并为该厂历年以来的劳动英雄。他的模范史实不日即在本报发表。他们两人所提出的条件，大部均已做到。兹将范耀武同志□竞赛条件探录如次：（一）从五月份起，我要严格监督全厂职工，不违反厂

规，遵守劳动纪律，并帮助他们订出计划，克服各别同志中间的某些弱点。（二）从五月份起，我保证本股（印刷股）每一个同志都订出个人生产计划，以提高数量，改进质量，并保证每个同志都有副业生产（以不妨碍本身工业生产为原则）。（三）我本人每月除了参加一天义务工外，每一礼拜并做一天夜班（白天照常工作）。（四）我所赚的工资除了购买必需品外，余下的钱响应劳保委员的号召，作为合作社的股金。每月并捐助工会文教费小米六升，开展文教工作。（五）在十月革命节前，保证十个学徒都懂机器的构造，和使用材料的方法，每礼拜给他们上技术课一次，至少要提拔两个学徒会上机，印刷简单东西。（六）我是工会主任，我要订出具体的工作计划，保证和行政、支部在工作上配合一致，为完成总的生产任务而斗争。执委间明确分工，克服过去责任不清的毛病，并严格建立汇报制度，保证每月开一次职工大会，总结工作。（七）我不会笔算，自五月至年底，要学会加减乘除。每天除作日记外，并帮助马正义同志认识三个生字。

# 邊區紡織廠兩月來 產量提高百分之廿

## 被服廠門市部檢查工作 五女工參加趙占魁運動

# 綏德農民大量種棉

## 減租保佃工作獲有成績

# 一鄉支部在春耕中作了什麼

徐穎時

# 米脂印斗區的變工

苗鵬

## 兵站捐款數千元 救濟河南災胞

## 鎮原撥糧救濟貧民 突擊墾荒八千畝

## 志丹縣區幹部整風 舉行反自由主義座談會 曹專員號召具體反省

## 光華印廠范耀武丁立智 函趙占魁響應競賽 范捐助文教費幫助學徒進步

光華印刷廠 范耀武 丁立智 五月十日

## 留政生活改善 肉食超過標準

警衛班等公餘生產已完成

## 合水城區互助生產 有牛出牛無牛出力

## 平劇院牛樹新 節約公費三萬



中国共产党早期新闻史史料汇编

解放日报 | 时间 | 1943-5-22 | 期 | 第731期 | 版 | 第2版

# 安塞陈家洼民营工厂每月织布百余丈

## 县府帮助解决困难

【本报安塞讯】据县委仵遵一同志报道：此间模范村陈家洼群众所自动集股创办的小型纺织工厂，自开工以来，现织出洋经土纬窄面布八十余丈，平均每日可出布五丈二尺左右。所出之布除出售于真武洞街市及一区旧城外，其余半数均卖于本村及附近群众，以价钱便宜（较每尺三十八元的布价便宜三四元），经纬密实而深受群众欢迎，故每日到该村买布和定购者，络绎不绝。现该厂又新制织布机一架，不日即可开工，故在旧历四月份下半月内，织出一百二三十丈布的计划，是保证完成了。据该厂创建人安义元同志谈，在织布的改良与发展上，拟请求县府二科帮助购买大批棉花，经过本乡民办社发给附近纺妇，以便广泛收集线子，供给工厂两架织机之用，以免再去延安购买洋纱。如此即将现在之洋经土纬布转变为土经土纬，既可减低成本，又能供给群众以坚实耐用之布料，但目下该厂所存在的困难问题，主要是棉花的来源不多，故目前还不能大量发放棉花到农村去，而多收线子，致暂时还必须购买洋纱作经。此外，又如那一架大纺线机工人尚不熟练，纺线不多，缺乏倒线工人等。目前县府及县联社正在设法协助解决中，以促其更大发展。

【本报固临讯】安河纺织合作社近来生产日形加速，本月六日，九人共织土布十五匹（以土纱经纬，每疋长五十四尺，宽二尺五寸），每日平均能织两疋者已达五人。以该厂目前生产情形看，每月非一千五百斤土纱不敷应用，现正积极设法吸收农村纺妇的土纱。

# 曲子勞動英雄孫萬福 改良耕作收穫倍增

## 帶人子弟入營 籌動修橋

[illegible]

# 突擊運動掀起熱潮 合水開荒近兩萬畝

## 華池縣白馬區五天墾荒五千畝

[illegible]

# 回顧延屬各縣整風學習

曹文

[illegible]

## 固臨縣聯社 已運鹽四次

縣府辦農場一所

[illegible]

## 高等法院伙食改善 每週變換飯菜十二樣

邊府各單位試驗改進辦法

[illegible]

# 廿七天織布四十五疋

——興華廠張書年創新紀錄

曾傑

[illegible]

# 安塞陳家窪民營工廠 每月織布百餘丈

## 縣府幫助解決困難

【本報安塞訊】縣聯發件滿一周志報導：此間樓鎮村陳家窪群眾所自動集股創辦的小規紡織工廠，自開工以來，現織出洋線土線兩布八十餘丈，平均每日可出布五丈二尺左右。所出之布除出售於其試調供市及一區鎮城外，其餘全數均賣於本村及附近羣眾，以價錢便宜（較每尺三十八元的布價便宜三四元），經群衆普遍深受羣眾歡迎，故在縣府四月份下半月內，織出一百二三十丈布的計劃，是保證完成了。繼該廠創始人安發元等每日到該村賣布布定購者，絡繹不絕。現該廠又新製織布機一架，不日即可開工，故在同志等，在織布的改良與發展上，擬請求縣府二科幫助購買大批棉花，經過本區民辦社發給附近紡婦，以便廣泛收集線子，供給工廠兩架織機之用，以免再去購買安塞洋紗。如此即將現在之洋線土線布試變為土經土緯，既可減低成本，又能供給羣眾以價廉耐用之布料，但目下該廠所存在的困難問題，主要是棉花的來源不多，故目前還不能大量發放棉花到各村去，而多收線子，致暫時還必須購買洋紗作經。此外，又如那一架大紡線機工人尚不熟練，紡線不多，缺乏個線工人等。目前縣府及縣聯社正在設法幫助解決中，以促其更大發展。

【本報固臨訊】安河紡織合作社近來生產日形加強，本月六日，九人共織土布十五疋（以土紗經緯，每疋長五十四尺，寬二尺五寸），每日平均能織兩疋者已達五人。以該廠目前生產情形看，每月非一千五百斤土紗不敷應用，現正積極設法發放各村紡婦的土紗。

# 幹部積極領導 慶陽農戶普遍變工開荒

## 縣府發糧款各鄉調劑荒地

[illegible]

# 邊區衛生處 改造中藥代替西藥

[illegible]

[illegible]

# 延园纸厂四个月造纸两千刀超过去年总产量

## 王国初等发起竞赛

【本报讯】延园纸厂的工友在今年（一月至四月）中，共产纸二、一六八刀，超过一九四一年全年总产量的百分之一五，去年总产量的百分之六点六。五月份原计划出纸七〇〇刀，至十五日则已产成品四八〇刀，占[估]计五月可能超出计划二〇〇刀。同时，在三月、四月两个月的生产中，亦涌现出不少的劳动英雄，捞纸组两年来每月个人最高产量是一〇〇刀。其他同志最多的也没有超过一二〇刀，但在今年三月份，王国初同志则实际交库一九〇刀，打破该厂两年来的最高纪录。在这一辉煌的成果下，更激起了热烈的竞赛，张治安同志四月份决心要超过王国初，计划交库二〇〇刀，但至月底却实际交库二六七刀零五十张，超过计划百分之三三.七五。其他如晒纸的王占才同志就晒出了二三一刀；蒸马兰草的宋仲林四月份亦供给了八七〇刀的原料（过去一月只蒸三、四百刀的原料），并且保证蒸得熟；同时为了节省，他自己烧了好石灰，用不着到市场去购买。

# 吳旗全縣已運私鹽七千八百馱

## 雇農白牛牛運鹽八個月賺牲口五頭

【本報吳旗十九日電】吳旗縣春耕工作後，曾有上級電，號召運私鹽（公鹽除外），茲將情況如下：計各區現有長腳行耕一百一十七頭（由原有長腳擴大），共有牲口二、一五二頭，從又擴大長腳牲口一、一八頭。劉生海已運鹽五次，一般農民絕大多數均運過四次，共計運鹽七、七三三馱，給人揹鹽（無牲口的農戶）者爲人代運的共一三〇馱。目前因各農戶正忙於播種及等待牲口放青，故運鹽者尚少。……

# 慶陽開荒萬七千畝

## 環縣各機關種地兩千畝

## 城區六鄉突擊墾荒超過三倍

# 產量提高種類增多

——記本報豆腐坊

# 垧牛地養活五口人

——記綏德勞動英雄劉培洲的話

陳犀

## 延園紙廠四個月造紙兩千刀

# 超過去年總產量

## 王國初等發起競賽

【本報訊】延園紙廠的工友在今年（一月至四月）中，共產紙二、一六八刀，超過一九四一年全年總產量的百分之一五，去年總產量的百分之六·六。五月份原計劃出紙七〇〇刀，至十五日止已完成品四八〇刀，估計五月可能超出計劃二〇〇刀。同時，在三、四兩個月的生產中，亦湧現出不少的勞動英雄，撈紙組兩年來每月個人最高產量是一〇〇刀。其他同志最多的也沒有超過一二〇刀，但在今年三月份，王國初同志即實際交庫一九〇刀，打破該廠兩年來的最高紀錄。在這一輝煌的成果下，更激起了熱烈的競賽，張治安同志四月份決心要超過王國初，計劃交庫二〇〇刀，但至月底卻實際交庫二六七刀零五十張，超過計劃百分之三三·七五。其他如撈紙的毛占才同志就撈出了二三一刀；蒸馬蘭草的宋仲林四月份亦供給了八七〇刀的原料（過去一月只蒸三、四百刀的原料），並且保證蒸的熟；同時爲了節省，他自己燒了好石灰，用不着到市場去購買。

## 延屬分區改造另一種二流子

# 組織巫神參加生產

## 專署指示各縣進行

## 赤水檢討擁軍工作

## 工藝實習廠

# 大批工人受獎

## 邊區被服廠

# 檢查全廠工作

# 吳家棗園開荒統計表

| 户名 | 去年開荒畝數 | 今年計劃畝數 | 實際開荒畝數 | 糧熟增畝數 | 勞動力 | 與去年勞動力比較 | 牛 |
|---|---|---|---|---|---|---|---|
| 吳滿有 | 四五 | 七五 | 一二三 | 一八〇 | 五 | 去年雇一長工今年僱兩長工 | 二 |
| 孫占魁 | 二六 | 三〇 | 六三 | 一八〇 | 三 | 與去年同 | 二 |
| 陳明詳 | 六 | 九 | 二一 | 三九 | 二 | 去年雇半個長工，今年雇一個 | 一 |
| 郝維發 | 〇 | 一五 | 三三 | 四九 | 二 | 今年雇一長工 | 一 |
| 李 華 | 〇 | 一五 | 二四 | 〇 | 二 | | |
| 賀上仁 | 一八 | 二四 | 三三 | 一八 | 二·五 | 長子參加雇二十個短工 | |
| 王成祥 | 一八 | 九 | 二七 | 一八 | 一 | | |
| 張裕德 | 一五 | 九 | 一二 | 一五 | 一 | | |
| 霍瑞宗 | 九 | 九 | 九 | 九 | 一 | | |
| 王殿占 | 一八 | 九 | 六 | 一八 | 〇·五 | 牛有病 | |
| 劉裕雲 | 六 | 〇 | 六 | 六 | 一 | | |
| 李金清 | 〇 | 〇 | 一五 | 〇 | 一 | | |
| 徐寄艾 | 〇 | 〇 | 九 | 七五 | 一·五 | 六十老漢今年僱人安移 | 二 |
| 徐庭元 | 三 | 三〇 | 三 | 三九 | 一·五 | | 一 |
| 高登俊 | 一二 | 九 | 一八 | 一二 | 一·五 | 雇二十個短工 | |
| 楊明山 | 六 | 九 | 一三 | 三六 | 一·五 | | 〇·五 |
| 徐金水 | 三 | 九 | 一二 | 一二 | 一 | | |
| 合計 | 一七一 | 二三四 | 四四七 | 六九六 | 二九·〇 | | 九·五 |

說明：（一）吳家棗園第一次開荒計劃爲一八六畝，第二次均爲二三四畝。（二）吳滿有開荒數內有十八畝……

# 边区被服厂检查全厂工作

【本报讯】边区被服工厂近配合赵占魁运动进行全厂生产工作大检查，其意义在于彻底贯彻厂长联席会之精神，使每一职工在思想与实际工作中，认识边区公营工厂的性质，及新的劳动态度。此项检查系由该厂门市部起始，然后以其经验推及全厂。现该厂已由党政工三方面组成一检查委员会，十三日起，已开始进行检查。第一步为搜集与整理材料，这期间，一面在干部中以讨论与研究朱总司令、洛甫同志、邓发同志关于建设工厂的文件为主，进行反省，一面并于每晚在工人中，组织以生产小组为单位的漫谈会，搜集厂中具体材料，然后再将文件中的观点精神，传达到职工当中去做详细讨论。第二步是由厂方几位负责干部，根据研究文件后的认识和反省，对工厂领导工作向全体职工做公开报告，然后并开大会讨论。第三步则将大会中暴露的问题按照性质及不同意见，指定专人负责作专门问题的深刻研讨，并得出具体克服与改变的办法，初步订立各种制度规则，然后经全厂干部会议讨论后，最后做出总结。现此项检查工作，正进入第一阶段。

# 吳旗全縣已運私鹽七千八百馱

## 雇農白牛牛運鹽八個月賺牲口五頭

# 慶陽開荒萬七千畝

## 環縣各機關種地兩千畝

### 城區六鄉突擊墾荒超過三倍

# 垧牛地養活五口人

## ——記綏德勞動英雄劉培潤談話

陳犀

# 產量提高種類增多

## ——記本報豆腐坊

# 延園紙廠四個月造紙兩千刀

## 超過去年總產量

### 王國初等發起競賽

# 延屬分區改造另一種二流子

## 組織巫神參加生產

### 專署指示各縣進行

# 赤水檢討擁軍工作

# 吳家棗園開荒統計表

# 工藝實習廠大批工人受獎

# 邊區被服廠檢查全廠工作

# 工艺实习厂大批工人受奖

【本报讯】工艺实习工厂，在“五一”劳动节之纪念大会上，奖励了大批工作积极的工人，受奖人数占全体工人百分之六十四，获得特别荣誉的甲等奖的模范工作者有：王希哲等十位同志。　在赵占魁运动激烈开展的当中，举行这次奖励，其意义尤为重大，因这十位模范工作者就是向赵占魁看齐的活榜样，他们平常的工作精神和工作态度，是每个同志所熟悉的。王希哲他在工厂工作了五年，一贯总是站在工作的前列，特别值得称道，是他在工作中的研究精神和创造性，修配引擎上的涨圈和火花塞是颇难解决的问题，但他多方设法，找寻各种材料来试行自制，结果，都收到完满的成功。该厂×部引擎能够经常开动不停，大都是靠王希哲同志的力量。王元喜他也是管理引擎的工人，星期例假修理引擎，照例应得百分之三十的加工工资，但他自愿为工厂多做这些工作，不领取丝毫的报酬，并且每日要做到十小时以上的工作。姜载玉是青工，在厂工作积极细心，五年如一日，技术学习进步也非常快，又兼任教员，在工作中在教室里，都十分耐心地帮助同志。陈光斗在前方是数次光荣负伤的战士，初到该厂来任警卫班长，因工作积极负责，提升警卫排长，以后那里工作发生困难，就把他调到那里去，他对于上级的命令，总是欣然服从，一直要把工作干好。譬如去年在山上烧木炭的同志发生问题，眼看着不能完成自己的计划；厂部急把陈光斗同志调到山上去领导烧炭，在他以身作则的领导下，不但胜利地完成了计划，而且还多烧了五千斤木炭。今年运输队的问题又发生了，许多运输队员不安心工作，以致运输力非常低，于是厂部又调他到运输队当队长，这以后，不安心工作的逐渐减少了，运输力也大大地提高了，使工厂里各种原料及燃料都能按时供给。

# 吳旗全縣 已運私鹽七千八百馱

## 雇農白牛牛運鹽八個月賺牲口五頭

## 產量提高種類增多

——記本報豆腐坊

# 慶陽開荒萬七千畝

## 環縣各機關種地兩千畝

## 城區六鄉突擊犁荒超過三倍

## 延園紙廠四個月造紙兩千刀 超過去年總產量

王國初等發起競賽

## 赤水檢討擁軍工作

## 延屬分區改造另一種二流子

# 組織巫神參加生產

## 專署指示各縣進行

# 垧牛地養活五口人

——記綏德勞動英雄劉培潤談話

## 吳家棗園開荒統計表

## 工藝實習廠 大批工人受獎

## 邊區被服廠 檢查全廠工作

解放日报 | 时间 1943-5-26 | 期 第735期 | 版 第2版

## 难民工厂半数以上职工热烈参加赵占魁运动

### 个人与小组纷订生产计划展开竞赛，不仅要完成任务而且要转变思想

【本报安塞难民工厂特讯】难民工厂赵占魁运动在洛甫同志的号召与帮助下，已经蓬勃展开。自九日的工会执委会，十日的支部大会及十一日全厂小组会，讨论了洛甫同志给工先报的信后，即有大批的工人，参加赵占魁运动。全厂工作人员中的知识分子，都被动员起来参加十一日全厂各工人小组的会议，帮助他们写下个人的以及小组的生产计划。洛甫同志亲自参加了棉织科铁机三组的会议，帮助他们写出了一个工作计划（计划附后）。吴厂长亲自参加了铁机一组的会议，也帮助他们写出了个人的与全组的工作计划。他们不是代替工人们订计划，而只是帮助工人们写计划。工人们的话，工人们所要做与能做的事情，由知识分子写成条文，加以分类，这就是工人们的生产计划。这种个人的与小组的生产计划，在十一日全厂小组会议后，大批地出现了。个人与个人、小组与小组的竞赛，也在制订计划的运动中开展起来了。到今天为止，这样参加赵占魁运动的，已占全厂职工总数的百分之六十强。订定个人与小组生产计划的工作，在赵占魁运动中是一个很重要的工作。因为全厂的生产计划，只有当它变成每个工人、每个小组的生产计划时，才能具体实现。同时，在订定生产计划中，工人们都要思索一番他所要做与所能做的事情，把自己斗争的目标意识化、明朗化；把他从不自觉的或半自觉的状态，提高到自觉的状态。这对于他以后的行动，有极大的帮助。如果帮助工人们写计划的同志能够加以提调，加以启发，那这种制订计划的工作，等于给工人们上了一课很有益处的政治课。而且计划一经订出后，计划本身就带有一种强制的与督促的作用，过去工人们以为可做、可不做的事情，在计划订出后，就成为必须做的事情了。所以在赵占魁运动中，个人与小组的生

产计划，占一个重要的位置。在这些生产计划订出后，即抄成三份，一份在壁报上发表，一份存厂方，一份贴在本人或本组的所在地。这样，使每人每组的生产计划在群众、在行政机关、在本人本组的注意与监督之下，能够很好地实行起来。从这些计划中（请参考铁机三组的计划），我们可以看到，这次该厂的赵占魁运动与过去该厂的生产竞赛是大不相同的。这里，不但在生产品的数量上质量上规定了所要完成的任务，而且对于公共财产的爱护与节省上，对于劳动态度与对于劳动纪律的转变上，对于个人缺点与错误的纠正上，对于人与人间的关系的改善上，均提出了保证的条件。这种计划表现出工人们不但要完成他们的生产任务，而且要彻底转变他们的思想与工作态度。这也就是发展该厂赵占魁运动的基本方向。

# 難民工廠半數以上職工熱烈參加趙占魁運動

## 個人與小組紛訂生產計劃展開競賽

## 不僅要完成任務而且要轉變思想

【本報安塞難民工廠特訊】難民工廠趙占魁運動在洛甫同志的號召與幫助下，已經蓬勃展開。自九日的工會執委會，十日的支部大會及十一日全廠小組會，討論了洛甫同志給工會報的信後，即有大批的工人，參加趙占魁運動。全廠工作人員中的知識份子，都被動員起來參加十一日全廠各工人小組的會議，幫助他們寫下個人的以及小組的生產計劃。洛甫同志親自參加了織紡科試織三組的會議，幫助他們寫出了一個工作計劃（計劃附後）。與廠長親自參加了織機一組的會議，也幫助他們寫出了個人與全組的工作計劃。他們不是代替工人們訂計劃，而只是幫助工人們寫計劃。工人們的話，工人們所要做與能做的事情，由知識份子寫成條文，加以分類，這就是工人們的生產計劃。這樣個人的與小組的生產計劃，在十一日全廠小組會議後，大批的出現了。個人與個人、小組與小組的競賽，也在訂定計劃的運動中開展起來了。到今天為止，這樣參加趙占魁運動的，已佔全廠職工總數的百分之六十。

訂定個人與小組生產計劃的工作，在趙占魁運動中是一個很重要的工作。因為全廠的生產計劃，只有當它變成每個工人、每個小組的生產計劃時，才能具體實現。同時，在訂定生產計劃中，工人們都要思索一番他所要做與所能做的事情，把自己鬥爭的目標具體化、明朗化；把他從不自覺的或半自覺的狀態，提高到自覺的狀態。這對於他以後的行動，有極大的幫助。如果幫助工人們寫計劃的同志能夠加以提倡，加以啟發，那這種訂定計劃的工作，等於給工人們上了一課很有益處的政治課。而且計劃一經訂出後，計劃本身就帶有一種強制的與督促的作用，過去工人們以為可做，可不做的事情，在計劃訂出後，就成為必須做的事情了。所以在趙占魁運動中，個人與小組的生產計劃，佔一個重要的位置。

在這些生產計劃訂出後，即抄成三份，一份在壁報上發表，一份存廠方，一份貼在本人或本組的所在地。這樣，使得個人與小組的生產計劃在群眾、在行政領導、在本人身邊的注意與監督之下，能夠很好實行起來。

從這些計劃中（請參考織機三組的計劃），我們可以看到，這次發展的趙占魁運動與過去該廠的生產競賽是大不相同的。這裏，不但在生產品的數量上質量上規定了所要完成的任務，而且對於公共財產的愛護與節省上，對於勞動態度與對於勞動紀律的轉變上，對於個人缺點與錯誤的糾正上，對於人與人間的關係的改善上，均提出了保證的條件。這種計劃表現出工人們不但要完成他們的生產任務，而且要徹底轉變他們的思想與工作態度。這也就是發展趙占魁運動的基本方向。

# 九天內增產百分之卅八

## 「工先報」起推動與組織作用

五月十日，是難民工廠可以紀念的日子，趙占魁運動就是在這一天內大規模展開的。自此難民工廠的氣象「煥然一新」了。根據十日至十九日的調查，過去工廠中在工作時間東跑西走及隨意請假、稱病假的人，幾乎很少了。相反的，早上工、遲下工的現象不但發生，而且參加人數天天增加。吊兒郎當、發怪話、打鬧吵架的事情，也大大減少了。棉織科織布數量，在趙占魁運動前七天內，每天平均產土布十六至十七丈定；自趙占魁運動後九天內，每天平均產土布、毛布（毛布比土布減產）廿二丈定以上，即增加了百分之三十八。布的質量，也較前進步。過去每英寸土布只有緯紗廿七八根，現在大多數都在卅根以上。彈紡科彈毛組同志為了完成他們本月彈毛七千斤的任務，每天吃過午飯後，不休息就上機子，因為中午太陽大氣乾燥，毛特別好彈。製造部木工組修理生產量現在比過去增加了一倍以上，紡織本架五台，已全部完成。其他各科各組如毛織科的毛織組、滾染組，棉織科的線紗組，彈紡科的紡毛組的生產量亦均有增加。在節省原料方面亦已有了初步的成績。以個人來說，上次在本報發表的王武定、馬德英、馬生才、楊光治四同志的個人生產計劃都能完全做到。其他個人的生產計劃，證實現的亦佔大多數。素來有名的吊兒郎當的「二流子工人」，大都有了轉變。顯然，趙占魁運動在該廠內，已經有了顯著的成績。

在發展趙占魁運動中值得特別介紹的，是工廠壁報「工先報」的作用。個人的以及小組的生產計劃，各部門對於趙占魁運動的消息，不斷在壁報上發表出來。凡工作做得好的就在壁報上得到讚揚；不好的就受到批評。洛甫同志也親自參加壁報編輯，並經常幫助該壁報寫稿及指導本廠趙占魁運動的發展。自趙占魁運動開始，到今天止只有十天，「工先報」已出版了四期。每期出版後，看的人都很擁擠。為使不識字的工人，工會委員組織了部份知識份子給工友們讀報。因為這個報紙所說的都是廠內熟悉的事情，所以工人們極感興趣，對他們的影響也很大。這樣，在趙占魁運動以前，作用很小並向來不被人重視的「工先報」，在趙占魁運動後變得活躍起來，一變而為推動與組織該廠趙占魁運動的有力武器了。

附難民工廠棉織科織機三組的工作計劃：

為了響應本廠趙占魁運動的號召，完成我們工人在抗戰中所負担的革命任務，我們全組同志共同決定做到下面的幾件事情：（一）生產品的數量與質量：五月份保證完成一百三十五定土布、毛布的生產計劃，工人學徒織的布，均不打字，布的經緯，由檢驗員同志評定，不去爭吵。（二）節省原料：[illegible]（三）愛護工具：[illegible]（四）[illegible]（五）勞動互助：[illegible]（六）清潔衛生：[illegible]（七）歡會活動：[illegible]

# 新寧發動老戶幫助移難民開荒

## 五天內合開千五百畝

[illegible]

# 赤水麥田鋤草緊張

## 四區採用搭莊稼互助方式

## 參議員發起競賽響應「多鋤」

[illegible]

# 西北局伙食是怎樣改善的

袁福清　劉文蔚

[illegible]

# 鹽池城市鄉婦紡運動

[illegible]

# 「長城」部突擊開荒

## 本月底達到萬畝

[illegible]

# 三邊駐軍開始黨風學習

## 「吳淞」部集中整訓　張治國積極認字

[illegible]

更正

[illegible]

| 解放日报 | 时间 | 1943-5-26 | 期 | 第735期 |
| --- | --- | --- | --- | --- |
| | | | 版 | 第2版 |

## 九天内增产百分之三十八

### “工先报”起推动与组织作用

五月十日，是难民工厂可以纪念的日子，赵占魁运动就是在这一天内大规模开始的。自此难民工厂的气象“焕然一新”了。根据十日至十九日的调查，过去工房中在工作时间东跑西走及无故请事、病假的人，差不多很少了。相反，早上工、迟下工的现象不但发生，而且参加人数天天增加。吊儿郎当、说怪话、打骂吵架的事情，也大大减少了。棉织科织布数量，在赵占魁运动前七天内，每天平均产土布十六至十七大匹；自赵占魁运动后九天内，每天平均产土布、毛布（毛布比土布难织）二十二大匹以上，即增加了百分之三十八。布的质量，也较前进步。过去每英寸土布只有纬纱二十七八根，现在大多数都在三十根以上。弹纺科弹毛组同志为了完成他们本月弹毛七千斤的任务，每天吃过午饭后，不休息就上机子，因为中午天气干燥，毛特别好弹。制造部木工组纬管生产量现在比过去增加了一倍以上，铁机木架五台，已全部完成。其他各科各组如毛织科的毛织组、漂染组，棉织科的浆纱组，弹纺科的赶毡组的生产量亦均有增加。在节省原料方面亦已有了初步的成绩。以个人来说，上次在本报发表的王武定、马德英、马生才、杨爱珍四同志的个人生产计划都能完全做到。其他个人的生产计划，能实现的亦占大多数。厂内有名的吊儿郎当的“二流子工人”，大都有了转变。显然，赵占魁运动在该厂内，已经有了显著的成绩。在发展赵占魁运动中值得特别介绍的，是工厂壁报“工先报”的作用。个人的以及小组的生产计划，各部门关于赵占魁运动的消息，不断在壁报上发表出来。凡工作做得好的就在壁报上得到赞扬，不好的就受到批评。洛甫同志也亲自参加壁报编辑，并还帮助写些短评来具体指导本厂赵占魁运动的发展。自赵占魁运动开始，到今天为止只有十天，“工先报”已出版了四期。每期出版后，看的人都很拥挤。为便利不识字的工人，工会里还组织了部分知识分子给工友们读报。因为这个报纸所说的都是厂内熟悉的事情，所以工人们极感兴趣，对他们的影响也很大。这样，在赵占魁运动以前，作用很小并向来不被人重视的“工先报”，在赵占魁运动后突然活跃起来，一变而为推动与组织该厂赵占魁运动的有力武器了。附难民工厂棉织科铁机三组的工作计划：为了响应本厂赵占魁运动的号召，完成我们工人在抗战中所负担的革命任务，我们全组同志共同决定做到下面的几件事情：（一）生产品的数量与质量：五月份保证完成一百三十五疋土布、毛布的生产计划。工人学徒织的布，均不打字（不织坏布）。布的好坏，由检验室同志评定，不去争吵。（二）节省原料：不吊经线，不掉纬管，纬纱尽量织完。拴机时，了机线不超过一尺长。用了机线接头，不丢掉废纱。（三）爱护工具：尽量保护机器，不使损坏。机器不好使用时，及时修理，不失掉机器零件，不需要的机件，一律送机房保管。机子周围要干净。（四）遵守劳动纪律，服从领导，不说吊儿郎当的话，不打架，不吵嘴，不赌博，不喝酒，不挂假病号，遵守工房规则，服从组长、股长、科长及上级领导。即使袁光华同志发脾气，也不同他闹别扭。有意见，经常向组织提出，不乱闹、乱说。（五）劳动互助：学徒需要帮助时，工人应即去帮助，不得推托。工人应经常帮助学徒在技术上进步。（六）清洁卫生：大小便到厕所。卧室内保持清洁，空气流通。被服衣衫要干净。（七）社会活动：积极参加一灶农业生产，保证种的瓜菜长得又多又好。张祺、王少武二同志为一灶生产委员，应领导全灶同志努力参加生产。帮助伙夫同志，保持同伙夫同志的友爱关系，一定时期内给他们慰劳，并愿同别灶比赛。刘永茂同志为工会青工委员，多组织打球、演戏等文化娱乐工作。任何同志被选派到的工作，应负起责任来。有关会议，应积极参加，并积极发言。发现别人错误，应出来纠正，不怕惹人。（八）学习：全组同志依文化技术水平的高低，分别参加本厂学习组织。全组同志一致认为这个计划的基本精神不是为了临时的突击，而是长期的行动方针。我们愿意在互相勉励、互相督促之下，改造我们自己，成为觉悟的前进的工人，不愧为边区人民以至全国人民的先锋队。

# 難民工廠半數以上職工熱烈參加趙占魁運動

## 個人與小組紛訂生產計劃展開競賽　不僅要完成任務而且要轉變思想

【本報文寨難民工廠特訊】難民工廠趙占魁運動在洛甫同志的號召與幫助下，已經蓬勃展開。自五月的工會執委會，十日的支部大會及十一日全廠小組會，討論了洛甫同志給工廠的信後，即有大批的工人，參加趙占魁運動。全廠工作人員中的知識份子，都被動員起來參加十一個全廠各工人小組的會議，幫助他們寫下個人的以及小組的生產計劃。洛甫同志親自參加了紡織科試驗三組的會議，幫助他們寫出了一個工作計劃（計劃附後）。與廠長親自參加了鐵機一組的會議，也幫助他們寫出了個人的與全組的工作計劃。他們不是代替工人們訂計劃，而只是幫助工人們寫計劃。工人們的話，工人們所要做與能做的事情，由知識份子寫成條文，加以分類，這就是工人們的生產計劃。這種個人的與小組的生產計劃，在十一日全廠小組會議後，大批的出現了。個人與個人，小組與小組的競賽，也在訂定計劃的運動中開展起來了。到今天爲止，這樣參加趙占魁運動的，已佔全廠職工總數的百分之六十強。

訂定個人與小組生產計劃的工作，在趙占魁運動中是一個很重要的工作。因爲全廠的生產計劃，只有當它變成每個工人、每個小組生產計劃時，才能具體實現。同時，在訂定生產計劃中，工人們都要思索一番他所要做與所能做的事情，把自己們爭的目標具體化、明朗化；把他從不自覺的或半自覺的狀態，提高到自覺的狀態。這對於他以後的行動，有極大的幫助。如果再幫助工人們寫計劃的同志能夠加以提倡，加以啓發，將這種訂定計劃的工作，等於給工人們上了一課很有益處的政治課。而且計劃一經訂出後，計劃本身就會有一種強制的與督促的作用。過去工人們以爲可做，可不做的事情，在計劃訂出後，就成爲必須做的事情了。所以在趙占魁運動中，個人與小組的生產計劃，佔一個重要的位置。

在這些生產計劃訂出後，即抄成三份，一份存廠方，一份貼在本人或本組的所在地，一份在壁報上發表，以便使工人們在彼此互相監督之下，能夠很好實行起來。

從這些計劃中（請參考紡織三組的計劃），我們可以看到，這次該廠的趙占魁運動與過去該廠的生產競賽是大不相同的。這裏，不但在生產品的數量上質量上規定了所要完成的任務，而且對於公共財產的愛護與節省上，對於勞動態度與對於勞動紀律的轉變上，對於人與人間的關係的改善上，均提出了保證的條件。這種計劃表現出工人們不但要完成他們的生產任務，而且要轉變他們的思想與工作態度。這也就是發展該廠趙占魁運動的基本方向。

# 九天內增產百分之卅八

## 「工先報」起推動與組織作用

五月十日，是難民工廠可以紀念的日子。趙占魁運動就是在這一天內大規模開始的。自此難民工廠的氣象「煥然一新」了。根據十日至十九日的調查，過去工房中在工作時間裏跑四宅及聊故講事、病假的人，並不多很少了。相反的，早上工、遲下工的現象不但發生，而且參加人數天天增加。吊兒郎當、說怪話、打屁吵架的事情，也大大減少了。總計紡織科織布數量，在趙占魁運動前七天內，每天平均產土布十六至十七大疋；自趙占魁運動後九天內，每天平均產土布、毛布（毛布比土布難織）廿二大疋以上，即增加了百分之三十八。布的質量，也較前進步。過去每英寸土布只有緯紗廿七八根，現在大多數都在卅根以上。彈紡科彈毛組同志爲了完成他們本月彈毛七千斤的任務，每天吃過午飯後，不休息就上機子，因爲中午天氣乾燥，毛特別好彈。鐵匠部木工組採管生產量現在比過去增加了一倍以上，紡織科的經紗組，整經組的生產量亦均有增加。在節省原料方面，亦已有了初步的成績。以個人來說，上次在本報發表的王武定、馬德英、馬生才、楊受珍四同志的個人生產計劃都能完全做到。其他個人的生產計劃，能實現的亦佔大多數。廠內有名的吊兒郎當的「二流子工人」，大部有了轉變。顯然，趙占魁運動在該廠內已經有了顯著的成績。

在發展趙占魁運動中值得特別介紹的，是工廠壁報「工先報」的作用。個人的以及小組的生產計劃，各部門關於趙占魁運動的消息，不斷在壁報上發表出來。凡工作做得好的就在壁報上得到表揚；不好的就受到批評。洛甫同志也親自參加壁報編輯，並還幫助寫些短評來具體指導本廠趙占魁運動的發展。自趙占魁運動開始，到今天止只有十天，「工先報」已出版了四期。每期出版後，看的人都很踴躍。爲便利不識字的工人，工會還組織了部份知識份子給工友們讀報。因爲這個報紙所說的都是廠內熟悉的事情，所以工人們極感興趣，對他們的影響也很大。這樣，在趙占魁運動以前，作用很小或不被人重視的「工先報」，在趙占魁運動後突然活躍起來，一變而爲推動與組織該廠趙占魁運動的有力武器了。

附難民工廠棉織科織機三組的工作計劃：

爲了響應本廠趙占魁運動的號召，完成我們工人在抗戰中所負擔的革命任務，我們全組同志共同決定做到下面的幾件事情：（一）生產品的數量與質量：五月份保證完成一百三十五疋土布、毛布的生產計劃。工人學徒織的布，均不打字（不織快布）。布的好壞，由檢驗官同志評定，不去爭吵。（二）節省原料：不吊經線，不掉線管，把紗線盡量織完。接線時，了線頭不超過一尺長，用了機頭零頭，不要損散紗。（三）愛護工具：機器不好使用時，及時修理，不失掉機器零件，不損壞的機件，一律送廠房保管。機子週圍要乾淨。（四）遵守勞動紀律，服從領導，不說吊兒郎當的話，不打架，不吵嘴，不賭博，不喝酒，不[illegible]……（五）[illegible]……（六）[illegible]……（七）[illegible]……球、演戲等文化娛樂工作。任何同志被選派到的工作，應負起責任來。有關會議，應積極參加，並積極發言。發現別人錯誤，要出來糾正，不怕惹人。（八）學習：全組同志依文化技術水平的高低，分別參加本廠學習組織。

全組同志一致認爲這個計劃的基本精神不是爲了臨時的突擊，而是長期的行動方針。我們願意在互相勉勵、互相督促之下，改造我們自己，成爲覺悟的前進的工人，不愧爲邊區人民以致全國人民的先鋒隊。

# 赤水麥田鋤草緊張

## 四區採用搭莊稼互助方式　參議員發起競賽響應「多鋤」

【本報赤水訊】一區今春麥田鋤草的普遍與積極，爲[illegible]參加。現該區麥苗已普遍鋤過一次，鋤第二次者亦不[illegible]熱烈。五鄉高塔村全村卅二戶中，有廿七戶全家男女[illegible]……

【本報赤水一區訊】[illegible]

【本報赤水訊】各區轉變過來的二流子，於鋤麥中表現[illegible]……用，並凡他自給到家包鋤麥地十畝。

# 新寧發動老戶

## 幫助移難民開荒

### 五天內合開千五百畝

【本報新寧訊】新寧縣[illegible]……

# 鹽池城市鄉婦紡運動

江雲

[illegible]

# 「長城」部突擊開荒

## 本月底達到墓畝

【本報訊】某地駐軍「長城」部於日前檢查春耕成績，共開荒八千畝，已超過原定計劃（三千五百畝）一倍以上，並已全部播種完畢。[illegible]

# 三邊駐軍開始熱烈學習

「吳淞」部集中整訓　張治國積極認字

[illegible]

# 西北局伙食是怎樣改善的

袁福清　劉文蔚

自毛主席提出「豐衣足食」的口號後，西北局總務處[illegible]……

| 日期 | 菜 | |
| --- | --- | --- |
| 一日 | [illegible] | |
| 二日 | [illegible] | |
| 三日 | [illegible] | |
| 四日 | [illegible] | |
| 五日 | [illegible] | |
| 六日 | [illegible] | |
| 七日 | [illegible] | |
| 八日 | [illegible] | |
| 九日 | [illegible] | |
| 十日 | [illegible] | 包子 |

[illegible]

加一灶農業生產，保證換的瓜菜長的又多又好。張峻、王少武二同志爲一灶生產委員，應領導全灶同志努力參加生產，幫助伙伕同志，保持同伙伕同志的友愛關係，並一定時期內給他們慰勞，並願同別灶比賽。劉永茂同志爲工會青工委員，參加組織打[illegible]

# 关中被服厂的竞赛

【本报关中通讯】在马栏街东尽头，有三间宽大但又破旧的平房，这就是关中被服厂四十三位工友的作坊（漂染组住在街的另一端）。在剪裁组，四十多岁的组长王德宣和其他四位工友在精确地等量着，而又极其迅速地剪裁着十层灰布的衣料。工友周福龙同志把十二层灰布用手抹平后看着我，犹豫了一会儿，突然说："同志，你别看这工作简单，我们要节省布料就全凭这几把剪刀。一剪刀稍微裁歪一线，就要浪费两尺布哩。"剪裁组的五位工友除去两名是学徒外，其他三人都是长征老干部，他们曾担任过连长、排长，对于工作极其负责，这次他们向锁扣组竞赛，提出的条件除去增加数量以外，主要的就是节省布料。锁扣组的特点，是全组十八名工友，都由妇女组成，每天有数百套灰单衣经她们的加工最后完成。这是一种简单而又细致的工作。如才从农村进入部队的杜萃兰同志，她在机关里生活了五天，总觉得太不自然，可是她现在工作得异常起劲，她兴奋地说："这是做革命工作呢！"机器部是这工厂主要的工房，十六架扎衣机无间隙的嗒嗒地响着。这十六架扎衣机又分成了三个小组，现在他们之间正进行着激烈的比赛。第一组组长萧家元，是个不大健康的长征干部，已不能上机做费力的动作，但他却整天地坐在工房里做着其他轻松的工作。在过去半个月的生产竞赛中，他的组里创造了两位模范生产者——匡天金和张玉明。被服厂和纺织厂的比赛正在继续下去，将至本月底止，他们向被服厂提出的新条件是超过任务百分之三十。在生产竞赛的浪潮里，这个年幼的工厂将日益壮大起来。

# 太行八路軍策應友軍
# 三度猛攻收復林縣
## 繳獲甚多追殲東竄殘敵

# 馬不恩全家春耕完畢
## 影響莊戶比去年多種地一牛
## 馬杏兒組織婦女參加紡織

## 代耕地下鋤

# 延屬地委指示各縣各部隊
# 進一步加強領導生產
## 超過開荒任務立即準備夏耘
## 抓緊農閒運鹽改善機關生活

## 綏德司令部佈告
# 非軍人不得穿軍裝
## 工作人員着藍黑色制服或便服

# 關中被服廠的競賽

# 安塞運輸業的五十天

# 靖邊公地分給無地農民
## 得地者生產熱忱倍增

## 定邊賀保元種完莊稼

## 吳旗生產模範
# 李興發等受獎

# 延大木工厂获利五万元

【本报讯】延大鲁记木工厂自成立以来，由于经营得法，成绩很好，为该校工业生产中获利最丰者。他们的办法是将此项生产人员分作两组，一组上山砍伐木料，另一组与老百姓木工合伙开厂，老百姓三人以工具技术为资本算作三股，该校则供给材料，及管理干部二人，亦作为三股计算，获利平均分配。但在开张前他们都没有投入分文资本，仅把各机关订货金买些材料用品及做其他开张之用，俟第一批成品制成后，木料已由山中源源运回，又将所赚得的钱，作为流动资本，再雇用工人扩大生产，故两月来除去雇工工资外，再不需要任何开销。上月份该校工业科虽曾投资三万元，但事实上并不需要，现已准备全部抽回改作他用。据最近初步结算，该厂以无分文资金的基础，赚纯利五万元左右，且剩余木梁椽等甚多。

解放日報

# 延屬地委召開縣書會議 檢查春耕討論整風

【本報訊】延屬地委廿七日召集各縣縣書聯席會議，檢查春耕及各項生產工作，並討論深入整風學習。地委書記宋邦英同志在第一天的座談上首先指出：本年各縣生產工作，比起去年做得均有成績，單以開荒來說，各縣都完成了任務，許多縣並超過了計劃，主要原因乃是高幹會後幹部在思想上對經建工作有了新的認識，領導上抓得緊，勞動力組織得好，運用各種辦法提高了羣衆的生產熱忱；但有的縣也還做得不夠，怎樣及時檢查執行程度，總結經驗教訓，克服缺點，發揚優點，以便進一步地加強和推進今後各縣生產工作，就是開會的第一個目的；其次，各縣整風學習舉行一年，現又重新開始，但尚未深入，爲貫徹整風精神，讓同志們五點，有系統的審查幹部，使各縣幹部在整風中聯系實際，深刻反省自己，以便進一步地改造思想和改進工作，就是開會的第二個目的。同時，並將藉此次會議解決各縣所存在的一切實際問題。此次會議約須十餘日，先檢查生產工作，後討論整風學習。會議方式，主要是自下而上，以開縣爲中心，圍繞一個中心發言，凡遇有意見者可以展開討論；基本精神在於從實際出發，提出問題，解決問題，掃除形式主義和背誦教條的毛病。各縣縣書均於開會前一日抵齊，並攜帶了書面報告及各種經建材料，事先均有了充分準備。

# 春耕勝利完成 田二鴻村開始鋤草

## 移民受到幫助生產特別積極

# 赤城五鄉的租佃關係

馮治國

# 志丹已運公鹽千馱

## 本市裘 社運鹽三次

# 鄜縣完小 教員 招收學生成績好

# 延大木工廠 獲利五萬元

# 葭縣實行減租保佃 農民進行勞動競賽

## 細緻鋤草人工增造肥料 移民植棉均已超過任務

# 關中分區一級整風中 討論典型人物事件

## 張德生同志號召發揚自我批評

# 延長提高工資 獎勵婦女紡紗

# 中直軍直種菜經驗

## 各機關互助贈送菜蔬 種菜人員生活很好

# 定延路籌備試車

## 路局與民衆增打水井

# 延长提高工资奖励妇女纺纱

【本报延长讯】自延属各县妇联会主任联席会议后，此间抗联会即配合政府四科及合作社，邀请各有关部门讨论如何开展本县妇纺工作，根据建厅指示及本县具体情况，决定：（一）今后不仅工厂发花，且在县城工厂门市部及四、六区合作社发花收线，予人民以便利。（二）重新规定工资，纱分三等，头等纱一斤花交十五两，工资为另给一斤生花的市价；二等纱交一斤，工资为十五两花价；三等纱交一斤，工资十二两花价；如要棉花者，则生花为二斤三两，熟花为二斤。（三）提出奖励，在麦收前纺出八斤头等纱者奖毛巾二条，纺出十斤二等纱者奖毛巾一条；而合作社将给纺纱多者以折扣购货优待。抗联会在群众之集会上（旧历四月八日）进行妇纺宣传，除展览连环画外，并演出活报“还是纺线好”。

# 延屬地委召開縣書會議 檢查春耕討論整風

## 春耕勝利完成 田二鴻村開始鋤草

### 移民受到幫助生產特別積極

## 赤城五鄉的租佃關係

## 志丹已運公鹽千馱

### 本市裴莊運鹽三次

## 鄜縣完小本教員 招收學生成績好

## 延大木工廠 獲利五萬元

## 葭縣實行減租保佃 農民進行勞動競賽

### 細緻鋤草人工撿造肥料 移民植棉均已超過任務

## 關中分區一級整風中 討論典型人物事件

### 張德生同志號召發揚自我批評

## 延長提高工資 獎勵婦女紡紗

## 中直軍直種菜經驗

### 各機關互助贈送菜蔬 種菜人員生活很好

## 定延路總修試車

### 路局與民衆增打水井

# 离石纺织贷款发放完毕 妇救推进纺织运动

【新华社晋西北二十八日电】离石纺织贷款经一个半月之时间，已大部发放完毕。贷款大半放给贫农妇女。某村五十二个妇女，自动组织了十个纺织小组，合伙购买织布机。妇救会员李桂蓉等三人，做新织布机一架，另外十二个妇女，修好了四架旧织布机。还有八个妇女，将多年不用的八架旧纺车，重新修理使用。自动购买棉花纺线的妇女更多。此次发放纺织贷款，县区妇救干部都很努力。妇救会的威信，因之更加增高，会员正在迅速增加。某村在半月内，新增会员二十六人。某村有三分之二的妇女，参加了妇救。有一个老太婆，看到妇救会能给妇女解决困难，在群众大会上，也提出了参加妇救的要求。各级妇救已决定妇救会员都要学会纺纱织布，以推动纺织的发展。三区妇救会，更发起一个布（五丈）的运动，规定每个会员每月最少织一个布。有某些村庄在贷款时，即按一个布的价钱贷出，这个运动已获得广泛的响应。妇女参议员王月仙发起之妇女纺织合作社，已于五月二日正式成立，由王参议员亲自主持。该合作社此次借到纺织贷款三万元，最近又由农村妇女中集股数万元，已置有改良机两架、袜机一部。成立第二天，即收到纺织妇女交来土纱六十余斤，可见群众拥护之一斑。该社织布师傅也已聘好，日内即可开工。妇救干事刘世英，已被称为该村的纺织模范，一般妇女每天平均纺四两，她能纺六两，别人一天织二丈布，她能织三丈。而且在她的领导推动下，全村一百五十个成年妇女，参加纺织的已达一百四十二人。寡妇李兰店有两个儿子，家境贫困，六年来全靠她的劳动养家过日子，深为村人赞扬。今年她又种地二十多亩，并积极纺织，平均每五天可织粗布一个（三丈二尺），他这种积极劳动的精神，对于村中居民生产热忱之推进影响甚大。

# 晉察冀邊區行政委員會 四次簡政面貌一新

## 整風簡政結合收效宏大

## 晉西北我游擊隊 襲入寧武東關西關

## 「不能維持」

沁源羣衆圍困敵人鬥爭的報導

蘇策

## 離石紡織貸款發放完畢 婦救推進紡織運動

## 本市日益繁榮

東市場將告落成 南北市場整修馬路水溝

## 修路運鹽

同宜耀

## 新正組織勞動力 廿天開荒萬一千畝

幹部分工領導農戶及時解決困難

## 清澗新社區辛家溝 春耕中被譽為模範村

變工擴大耕地今年鋤草四次

## 安塞二流子楊樹枝 已轉變為健壯勞動者

種地四十五畝影響旁人進步

## 新寧獎勵勞動英雄

劉顧珍等幫助新來移難民

# 志丹妇纺逐渐发展

## 从点到面由积极分子去推动，半年来人数增加一倍以上

【本报讯】志丹妇纺运动从本年“三八”节后，在迅速地发展着。一九四一年政府曾一度号召妇女纺线，并发车子，但当时响应的不多，只个别的干部老婆和个别的群众参加纺线，到一九四二年调查全县纺妇才四十人，而且不是每人都经常纺。但现在经常□[纺]的却已增加到一百零九人了。以城区一乡最多，共九十人，二、四、六区有十人，三、五、七区，也有会纺的，尚未统计。所有参加妇纺者，都经过合作社领花，二斤花换一斤线，城区合作社因积极帮助纺妇解决困难，该区纺妇也就发展最快，数量最多。计今年全县发出棉花七十八斤，已经纺完六十八斤半，已卖出者二十五斤十二两，每斤六百元，除本一百四十元外，每斤可赚净利四百六十元，二十五斤十二两线，共可获利一万一千五百元。现在很多群众妇女都认识到纺纱利大而争着向合作社领车子领花。提起志丹妇纺发展的历史，其最大的特点：乃是由点到面，用具体事实去宣传推动，全县以志丹市为中心，各区以干部老婆为核心，今年计划发展三百五十人，仅仅两月多的时间，现在志丹市已经完全做到，而大多数的区也开始做起来了，这里可以举出几个典型的例子，来说明志丹市妇纺发展的经过。一区一乡群众妇女张瑞英，在“三八”节会上听到政府发展妇纺的号召，回去就开始向合作社领花学纺，不到一月就纺了二斤，卖了一千余元，缝了一件新衣服穿上，她父亲很高兴，到处向人夸奖，她并得到政府奖励半斤花，本庄妇女都羡慕起来，纷纷向她请教学纺纱。又王家塌李秀英也是在“三八”节会上听到政府宣传纺纱的好处，回去就向县上二科长的老婆借了一架纺车学纺，不到一月纺了二斤线，并教会本村八个妇女。不久前报上曾披露过志丹受奖的模范纺妇申秀英，就是李秀英教会的。她们正在积极推广本村妇纺。又沙道子肖金花从四月开始学纺，半月内纺了

一斤，就得了政府半斤花的奖励，本村的妇女都说："纺了线自己赚钱，政府还要奖励，哪有这样好的事，咱也跟肖金花学，她是女人咱也是女人，到合作社领花去。"很短的时间，肖金花的庄上就有九个妇女参加防线了。这样的例子在志丹开始一天天地多起来了，如一区桥儿上共产党员朱丕玉的妻子除参加农业劳动外（"三八"节受奖为女模范劳动英雄），并从四月开始学纺，现在不仅自己学会，并将两个女儿教会了，她在群众中的威信比丈夫还要高，人们都说："朱丕玉只会种庄稼，你看他婆姨又能上山，又能纺线，本领可大呢！"政府就抓紧这些具体例子在扩大宣传妇纺运动。据县委书记□[王]耀华同志谈：发展妇纺要建立据点，由点扩展到面，同时，要奖励积极分子，用她们的模范事实去推动，把握了这个原则，就有办法，志丹今年妇纺计划是可以完成的，不过目前主要的困难是缺乏棉花，为解决这个困难，决定以纺毛为主，纺棉为辘，但因纺棉较纺毛利大，故先从纺棉做起，然后慢慢转变到纺毛，纺毛则原料毫无问题，销路已和建设厅订好了，弹毛机的问题，□将由合作社设法解决。他并指出：发展妇纺要与合作社工作配合得好，合作社要在农村里得到群众的信任，也必须转变过去怕麻烦不顾群众需要的错误观念，要以妇纺为中心工作。县府已给各区合作社这一任务，但执行得最好的只有城区合作社，别的区应该向城区合作社看齐。

# 大鳳川槐樹莊駐軍完成春耕開始學習

## 整風為整軍重要環節

# 劉雨雲將進行夏耘

## 不僱短工同田二鴻比賽

## 孟慶成擬組織札工鋤草

# 同宜耀減租工作及其影響

同宜耀縣委書記　楊安仁

# 赤水模範黨員郭守珍

## 組織群眾麥田鋤草兩次

# 志丹婦紡逐漸發展

## 從點到面由積極份子去推動

## 半年來人數增加一倍以上

【本報訊】志丹婦紡運動從本年「三八」節後，在迅速地發展着。一九四一年政府曾一度號召婦女紡線，但當時響應的不多，只個別的幹部老婆和個別的羣眾參加紡線，到一九四二年與會全縣紡婦才四十人，而且不是每人都經常紡。但現在經常紡的卻已增加到一百零九人了。以城區一鄉最多，共九十人，二、四、六區有十人，三、五、七區，也有會紡的，尚未統計。所有參加紡婦者，都經過合作社領花，二斤花換一斤線，城區合作社因積極幫助紡婦解決困難，該區紡婦也就發展最快，數量最多。計今年全縣發出棉花七十八斤，已經紡完六十八斤半，已賣出者廿五斤十二兩，每斤六百元，除本一百四十元外，每斤可賺淨利四百六十元，廿五斤十二兩線，共可賺利一萬一千五百元。現在很多羣眾婦女都認識到紡紗利大而奉行向合作社領取棉花。擾起志丹婦紡發展的歷史，其最大的特點：乃是由點到面，用具體事實去宣傳推動，全縣以志丹市為中心，各區以幹部老婆為核心，今年計劃發展三百五十人，僅僅兩月多的時間，現在志丹市……

# 三邊分區運鹽任務已完成三分之一

## 金湯合作社擴大運輸隊

# 定邊鹽池駐軍紀念志丹同志

# 生產突擊超過任務

## 挖甘草四十萬斤開荒兩萬畝

# 中直軍直集會慰勞生產人員

## 種菜的決定時期已到

# 鹽池移民趙福生活富裕



第二卷（上）

| 解放日报 | 时间 | 1943-6-3 | 期 | 第743期 |
| --- | --- | --- | --- | --- |
| | | | 版 | 第2版 |

## 葭县万人集会奖励劳动英雄

### 受奖人当场提出竞赛

【本报葭县讯】本县劳动英雄给奖大会，已于旧历四月初八日（五月十一）在白云山大庙会上举行。劳动英雄在各界赠送的数十面奖旗及大队吹鼓手的吹奏中进入给奖台，当时鸣砲九响，来赶庙会的陕晋绥各省民众万人，均纷纷争看劳动英雄。十时开会，首由主席报告边区经建成绩，及葭县春耕中群众生产情绪高涨情形。继即介绍劳动英雄并分别给奖。受奖者：高烟云为深耕细作模范，并能领导全村改良耕作法；李兰英（女）为日耕夜织勤劳起家的模范，冯桂英（女）是模范工农，又是纺织英雄；尚家乐为积极领导群众生产的村主任；某工厂工人劳动英雄武斌，每日工作十二小时，两年来未请假，并有技术上的发明。又各区尚有数位劳动英雄获得奖品。劳动英雄高烟云当场提出生产竞赛，他的条件是：领导中心变工小组推动全村好好生产。立即有犍牛沟减租会主任阎朋尧跃起应战，他的条件是：改造全村七个二流子，领导五个锄草、挖水窖的变工队，农闲时组织一个赶脚队。此外尚有店镇等区劳动英雄马德川、高自前等相继应战。大会至下午二时由驻军文工队表演秧歌“庆贺劳动英雄”后，始奏乐散会。

# 合水開荒超過一倍半

## 三個區集體變工即逾兩百隊

## 調劑土地貸款借糧

## 黨政盡力幫助民衆

## 從曲折中得到勝利

### ——甘泉四區春耕過程介紹——

## 甘泉農貸放畢

# 農民獲得耕牛農具

### 擁護邊府「不折實」辦法

# 難民工廠檢查趙占魁運動

## 葭縣萬人集會

# 獎勵勞動英雄

### 受獎人當場提出競賽

### 勞動英雄馬德川、高貴爾等，貿勞動英雄「後，始奏樂贊禮……大會至下午二時……由警軍文工隊表演秧歌「慶會」。

## 鄜縣駐軍屯墾

# 造成羣衆生產熱潮

### 六旬隣子亦上山挖地

# 怎樣把豆腐做得好？

### 中管局召集各機關總結經驗

## 太行反「掃蕩」中

# 雇工雇主患難相助

## 冀省主席易人

### 吳旗喬馬旺母親種地四十年

# 今年增產細糧四石

| 解放日报 | 时间 | 1943-6-3 | 期 | 第743期 |
| --- | --- | --- | --- | --- |
| | | | 版 | 第2版 |

# 难民工厂检查赵占魁运动

【本报安塞难民工厂通讯】难民工厂自赵占魁运动发动起来后，为了使运动坚持与深入下去，厂方除平日注意检查外，于本月十九日还进行了一次全厂的检查。棉织科织布的各小组联合在一起开会，络纱的各小组又在一起开会。毛织科、弹纺科、制造部，均以科与部为单位来开会。在这些会议上，工人发表意见很积极，并提供了很多好的意见。从这些检查中，关于赵占魁运动的成绩，已在本报上次通讯中报道外，发现一部分工人对赵占魁运动还有不正确的认识，如以为赵占魁运动只是一两个月的临时突击，以为赵占魁运动只是为公家提高生产，同工人没有关系，甚至有的以为赵占魁运动是公家“剥削”工人的一种方法，因而对运动采取被迫的、勉强的、敷衍的、言行不一致的态度。此外，在赵占魁运动中，还发现了少数人的破坏活动，如一个工人因反对工人早上工而乱打大钟，一个女工多拿络经筒子，为人发觉，在工房内乱骂人，一个工人因一点小病同厂长闹，还有人在看社戏时甚至企图挑拨难民工厂工人同皮革厂工人打架。在各种会议上，及“工先报”上，对于这种不正确的思想，均给予了批评，指出赵占魁运动的双重任务，为完成公家生产计划及改造工人的思想与工作态度，都是工人自己的事情，这不是临时的短促突击，而是一个长期的奋斗过程。对于破坏赵占魁运动的人则公开指明，给予了斗争。这种批评与斗争对一般工人均起了一定的教育作用。为了进一步提高工人的阶级觉悟，于检查大会后的一日（即二十日），洛甫同志又做了一个关于反对少数破坏分子斗争的报告，指出这些分子在工厂中活动的目的与方法，使工人们对于工厂内各种错误思想与行动，有了进一步的认识，在政治把他们提高了一步。在本厂开始检查工作以前，工人职员中的思想，是很混乱的。对于某些破坏捣乱的行动，一般的只看作某人“脾气不好”，“个性太强”的结果，毫无警觉性。但自检查工作开始，经过全厂职工大会，支部大会，行政干部会，工会会议，凡是不正确的思想与行动，都受到了揭发与批评。赵占魁运动发动后，全厂职工才算从多条心向着一条心前进一大步。破坏捣乱的行动也大大减少了。然而不正确的思想与行动不是一次批评、一次揭发能完全改变的。有时，一个人在一个问题上似乎改变了，在另一个问题上，又暴露出马脚来了。所以在检查赵占魁运动中，时时注意各种不正确思想的具体表现与各种破坏捣乱的行动而及时加以纠正，是完全必要的。在赵占魁运动中，一种错误思想的散布，一次破坏行动的放任，好像伤寒菌一样，会很快地传染到不健康的职工们的身上。所以这种思想与行动的自由主义，是赵占魁运动的大敌。此外，在检查中还发现了一些赵占魁运动中急需解决的具体问题，如一部分工人因贪求数量而不注意质量，特别是浆纱组的同志，平日一天只浆一百六十斤上下的纱，有一天浆有四百多斤，结果把纱浆坏了，影响了络纱与织布的生产量。又如因总务科柴火供给不上，致使漂染组同志的工作受到了障碍。这些问题发现后，均迅速地解决了。但这些问题，在工厂内也是经常发生的。工厂的整个生产组织，好像一个有机体，一部分发生了毛病，是会影响其他各部的。对于这类问题解决的迟缓或不解决，也会给赵占魁运动以不好的影响。总之，要使赵占魁运动坚持与深入下去，经常检查与解决运动中所发生的一切问题，是最重要的条件。发动运动，只是事情的开始。要把赵占魁运动坚持与深入下去，没有经常的具体领导，是不可能的。这里，官僚主义，是万万要不得的。所以以为只要赵占魁运动一发动起来，即“万事大吉”的思想，在本厂内是受到警告的。赵占魁运动的坚持与深入，必须肃清厂内领导上的官僚主义与自由主义。关于赵占魁运动的检查与督促，现在均由吴厂长亲自负责。现在感觉到困难的，即旧的工厂行政机构，党支部的委员会及工会的执行委员会，在赵占魁运动中的作用均很不够。他们向来同工人群众的联系很差，他们不能很迅速地反映出群众中的情形，及时地解决问题。故为坚持与深入赵占魁运动，这些组织及人员的调整与改造，是当前迫切的任务了。赵占魁运动在工人职员中创造出了一批新的积极分子。这批积极分子，是同群众有密切联系的，显然他们是应该被推选到党、行政、工会三方面的领导机关中去的。现吴厂长已去建设厅，一则是报告厂长会议后该厂的工作，接受新的指示，同时也是为了解决这些具体问题。

# 合水開荒超過一倍半
## 三個區集體變工即逾兩百隊

【本報慶陽一日電】合水縣春耕工作已告結束，計開荒二萬九千七百五十四畝九分，秋翻除陳荒地、歇地外，俱已下種。已播種百廿七畝半（超過計劃廿七畝半）。植樹一千三百零一[illegible]，植樹一萬九千三百四十七株（超過六千八百四十七株）。特別是開荒工作在該縣創造了空前未有的紀錄：今年縣級初計劃開荒一萬一千畝，後來重新改變計劃為二萬四千三百五十四畝九分。現完成數超過原來計劃一倍半，比之修改後的計劃，亦已超過五分之一強。超過去年開荒五倍（去年開五千九百七十三畝）。此項新開荒地約可收細糧五千石。在開荒中，特別是從五月一日開始突擊運動以來，由於全縣區鄉幹部具體的領導，全縣群眾幾乎全數捲入了生產高潮中，模範三個區的不完全統計，共組織了八十四個集體開荒隊，一百卅七個變工隊，共參加牛七百一十四頭，勞動力一千二百零二個。另外，從下面的事實中也可以證明動員深入的程度：城區共有居民一千三百五十二戶，參加開荒者一千一百八十五戶，佔全區居民百分之九十強。該區二鄉自二月開全縣幹部大會後，僅集中在一個鄉實行，該鄉共有居民一百六十九戶，共開荒一千二百三十一畝，平均每戶開荒七畝五分強。更可寶貴的收穫是改變了幹部的思想和工作作風，春耕開始時，尚有不少區鄉幹部對今年「生產第一」的方針認識不足，對領導羣眾生產抱消極「自流論」的觀點，因此在春耕工作形成自流現象，但在實際工作的體驗當中，由於許多的具體事實，如金鎮鄉最初沒有組織，放棄領導，於三月中至四月底一個半月內，只開荒一萬零六百五十三畝，四月以後，由於幹部們深入的具體領導，於十天內即完成一萬三千七百零一畝，更使轉變幹部一致的領會：要使生產工作搞好，必須發動組織勞動力，而要使勞動力組織好，則必須實現具體深入的領導，事實上他們大多數是這樣做了的。而且不少幹部在工作中，學會了細密的、切實的工作作風和方法，一個區長在春耕總結會上這樣說：「我過去覺得也沒組織：領導羣眾生產會成為政府的工作。現在我肯定的說，要想把生產搞好，沒有政府的領導，讓羣眾自流的去幹是幹不好的。」

## 調劑土地貸款借糧
# 黨政盡力幫助民衆

【本報隴東一日電】此次合水興開荒運動所以獲得成績的主要原因在於：（一）幹部深入領導，特別在突擊中，各級幹部皆深入農村組織變工隊；不少縣長和支部書記，親任變工隊或集體開荒的「隊頭」。同時在生產中各支部均發動黨員積極參加，並起了模範推動作用。（二）根據各農戶的具體生活情況，訂了農戶計劃，並進行發展生產的宣傳，大部以階級為單位鼓勵了分勞英雄，這在羣衆中起了很大的影響。如二區勞動英雄[illegible]，綽號叫「狗熊」的二流子，在他的影響下，也開了七畝半荒地。（三）解決了羣衆的困難。開荒中政府頒佈：「先開荒後過主」，「開荒三年不交租，一年不交公糧」的口號。不許有荒地不墾，規定自己不開就應租給勞人，這就為農民解決了土地困難，並提高了羣衆的生產積極性。在開荒中農村土地糾紛不斷發生，特別是地權、地界爭執問題尤多，全縣在春耕中共解決土地糾紛一百七十三件。這幾塊的都找到了荒地關係。同時全縣發放了五十萬元農貸，有三個區發放貸耕牛九十頭，另借給四個區兩百石糧，五十石籽種，解決了部份羣衆耕牛、農具、籽種和沒有吃的困難。另外各機關、學校、部隊進行生產，對羣衆推動作用也很大。如三區羣衆看到[illegible]努力開荒，他們也積極的參加了開荒運動。在這次工作的缺點是：在整個領導上，開始時對開荒抓得不緊；有的幹部對生產工作的認識仍然不夠[illegible]，以至個別區鄉還有自流現象，也沒有深入的組織勞動力，普遍的貸款競賽；對於改造二流子工作，也做得不够好，全縣一百九十一個二流子，有一百一十個參加生產，共只開荒八十多畝。

## 甘泉農貸放畢
# 農民獲得耕牛農具
## 擁護邊府「不折實」辦法

【本報甘泉訊】今春甘泉農貸共一百二十萬元，已分三次發放完畢。貸款對象，經縣決定以移難民為主，但因牛瘟甚重，乃發放到死牛太多而無力耕種的農戶。開始時，曾有個別弊端發生，如城區三行政村城村主任和其好友私相用決七千元；三區三鄉三行政村[illegible]以移難民名義冒領三千元。但此種現象經發覺後，即予以糾正，收回另發他戶。最初，對以下的三種人照顧不夠周到：（一）窮人不敢用，因他們不願以實物折算歸還（由於不明貸款意義，幹部宣傳解釋不够）。（二）幾個軍人因自己不能確切保證歸還，使放款有所顧慮。（三）沒有保的人，用款也發生困難。但自發覺此缺點後，立即予以糾正，即經照邊區決定（不折實）辦法，民衆自[illegible]擔保，使[illegible]的人，得用連環保；對沒保的人，[illegible]借款。對[illegible]有力生產的人，大[illegible]；對[illegible]努力耕種的人，余力幫助解決牛[illegible]。計在三期貸款中，買牛[illegible]二八九條，[illegible]四一六、[illegible]一、〇五二把，鋤一八六頁。因此緣努力糾正的結[illegible]

【本報甘泉訊】本縣四區農貸共四〇五、〇〇〇元，發放主要對象是缺乏耕牛、農具的農戶及移難民，並以一小部份放給個別努力勞動耕[illegible]的中農，以資鼓勵。[illegible]在[illegible]放中，力求從實際出發，打破平均分配的舊慣例，如該區四鄉[illegible]死牛共七[illegible]，[illegible]移難民多，地[illegible]又小，但在一五七戶中，難民佔一一九戶，故農貸[illegible]佔大多數。[illegible]中[illegible]牛瘟曾遇發生，乃將放款對象略事移[illegible]，衛區鄉幹部對農貸[illegible]

# 難民工廠檢查趙占魁運動

【本報安塞訊】難民工廠自趙占魁運動發動後，為了使運動堅持與深入下去，廠方於本月十九日還舉行了一次全廠的檢查。棉織科、毛織科、紡紗科、鐵木[illegible]等的各小組聯合在一起開會，在[illegible]以科與部為單位來開會。在檢查會議上，工人發表意見很積極，並提供了很多好的意見。從這次檢查中，除掉外，發現一部份工人對趙占魁運動已在本[illegible]上次通訊中提到外，發現一部份工人對趙占魁運動還有不正確的認識，如以為趙占魁運動只是一、二個月的臨時突擊，以為趙占魁運動是公家「剝削」工人的一種方法，因而對運動採取被動的、勉強的、敷衍的、實行不一致的態度。此外，在趙占魁運動中，還發現了少數人的破壞活動，如一個工人因反對工人早上工而亂打大鐘，一個女工多拿棉絮做[illegible]，某人發覺，在工房內亂罵人，一個工人因一點小病間廠長鬧，還有人在背[illegible]

源余同挑撥難民工廠工人同皮革廠工人打架。在各種會議上，及「工先報」上，對於這種不正確的思想，均給了批評，指出趙占魁運動的嚴重任務，為完成公家生產計劃及改造工人的思想與工作態度，都是工人自己的事情，這不是臨時的突擊，而是一個長期的奮鬥過程。對於破壞趙占魁運動的人即公開指明，給了鬥爭。為了進一步提高工人的階級覺悟，於檢查大會後的一日（即二十日），給由同志對一般工人均起了一定的教育作用。為了進一步提高工人對某些份子在工廠中活動的目的與方法，使工人們對於工廠內各種錯誤思想與行動，有了進一步的認識，在政治上把他們提高了一步。

在本廠開始檢查工作以前，工人職員中的思想，是很混亂的。對於某些破壞搗亂的行為，一般的只看做是某人「脾氣不好」、「個性太強」的結果，還缺乏警覺性。但自檢查工作開始，經過全廠職工大會，支部大會，行政幹部會，工會會議，凡是不正確的思想與行動，都受到了揭發與批評。趙占魁運動發動後，全廠職工才算從各條心向着一條心前進一大步。破壞搗亂的行為也大大減少了。然而不正確的思想與行動不是一次批評、一次揭發就完全改變的，有時，一個人在一個問題上似乎改變了，在另一個問題上，又發現出這種東西了。所以在檢查趙占魁運動中，時時注意各種不正確思想的具體表現與各種破壞搗亂的行動，及時加以糾正，是完全必要的。

在趙占魁運動中，一個錯誤思想的散佈，一次破壞行動的放任，好像傳染病一樣，會很快的傳染到不健康的職工們的身上。所以對錯誤思想與行動的自由主義，是趙占魁運動的大敵。

此外，在檢查中還發現了一些趙占魁運動中急需解決的具體問題，如一部份工人因貪求數量而不注意質量，特別是紡紗組的同志，平日一天只紡一百六十斤上下的紗，有一天竟紡了四百多斤，結果把紗紡壞了，影響了織紗與織布的生產量。又如因總務科燒火供給不上，致使漂染組同志的工作受到了障礙。這些問題在發現後，均迅速的解決了。但還有些問題，在工廠內也常經常發生的，工廠的整個生產計劃，好像一個有機體，一部份發生了毛病，就會影響其他各部的。對於這類問題，如不解決的話或不解決，也會給趙占魁運動以不好的影響。

總之，要使趙占魁運動堅持與深入下去，經常的檢查與解決運動中所發生的一切問題，是嚴重而的條件。發動運動，只是事情的開始。要把趙占魁運動堅持與深入下去，沒有經常的具體領導，是不可能的。虛誇，官僚主義，是萬萬要不得的。所以以為只要趙占魁運動一發動起來，即「萬事大吉」的思想，在本廠內是受到警告的。趙占魁運動的堅持與深入，必須整肅廠內領導上的官僚主義與自由主義。

關於趙占魁運動的檢查與督促，現在尚由吳廠長親自負責。現在感覺到困難的，即當的工廠行政機構，黨支部的委員會及工會的執行委員會，在趙占魁運動中的作用均很不夠。他們同來同工人羣衆的聯系很差，他們不能很迅速的反映出羣衆中的情形，及時的解決問題。故為緊持與深入趙占魁運動，切整組織及人員的調整與改造，是當前迫切的任務了。趙占魁運動在工人職員中創造出了一批新的積極份子。這批積極份子，是同羣衆有密切聯繫的，顯然他們完全應該被推選到黨、行政、工會三方面的領導機關中去的。現吳廠長已去趙校部，同時也是為了解決這些具體問題的工作，接受新的指示。

# 從曲折中得到勝利
## ——甘泉四區春耕過程介紹——

【本報甘泉訊】本縣春耕已近結束時期，原計劃開荒一五、〇〇〇畝，據五月十日統計，已完成六、七三〇畝，超過計劃一、七三〇畝。雖然尚有老戶尚在開荒突擊高潮中，預計還可種植增加五、四四四畝，故今年實有完成數，當在兩萬二千畝以上。

按今年甘泉的春耕備證與計劃組織工作，並非一帆風順，而是經過許多曲折困難的，此在成績較好的四區表現得尤為明顯。四區原計劃三、七五〇畝，截至五月十日已完成五、七七四畝，實超二、〇二四畝，預計至五月底止，還可完成三、二三九畝。此種成績的獲得，約略[illegible]

委書紀賈懷濟同志說：現在看來，樣其自然和平常，但實非始料所及。當二月中旬時，四區春耕動員已由區佈置到各鄉，但區鄉幹部對此認識不夠，認為開荒上[illegible]，羣衆比我們積極得多，何必[illegible]領導，而羣衆自己也覺得[illegible]：領地開荒，並非線人自己的事，自己會做，開會講說也[illegible]。因之第一次春耕動員會議在農民[illegible]，就是[illegible]。

從三月二十六日至四月十五日為第二時期，由於縣上抓得緊，縣委組織部長到四區檢查督促，區級幹部在思想上才開始轉變，大家認識到發展生產是解決邊區經濟困難主要關鍵，同時了解到幹部積極領導生產是政府給予的任務，對幹部說服及實現這個工作，想一切辦法去完成它。於是區級幹部重新下鄉，加上各鄉幹部動作起來。如四鄉在支書[illegible]士英的模範行動下，組成了六個變工隊，分八個組，共五十七人，每隊隊長都由羣衆自己選舉生產積極有辦法有威信的人來擔任。這些變工隊訂出規約：天明早上山，早午飯都在山上吃，由伴隊長指揮，不准[illegible]

[illegible]倫圍。永好[illegible]變工隊還給了本村羣衆與其他村莊競賽，同時對二流子也採取強制和教育辦法，所有二流子都轉變過來。如三鄉賈玉彼相定開荒五晌，但自己沒有牛，他就白天攬荒，晚上借牛開荒地，每天早出晚歸，現已開荒三晌，成為好勞動。不過這時雖有大的轉變，但還有缺點存在。這表現在：只選村上幾個幹部主觀的平均分配農戶作為開荒的計劃，缺乏對羣衆的督促檢查，有些地方只對居民抓得緊，對移難民採取放任態度；而另一些地方，又只對移難民抓得緊，對羣民採取放任態度。又認為村政府主任保證就行了。

及至四月二十一日才佈入第三個時期，此時縣委書記親去四區，特別注意揭破[illegible]

幹部的思想，開會三天，在檢查時，一切從實際出發，證實變工隊比個體力量大，六人集中一天可開四畝，一人六天只開三畝，就是說，變了工，一人可增開荒地一畝。並使區鄉幹部明確了要衣足食和預防荒年，因之，冷部幹部後漸大大的積極，以身作則，總結了經驗教訓，六個[illegible]長重新訂出計劃開荒什晌，各鄉長幹部均[illegible]，最少的也開荒七晌。在具體解決問題方面：決定自給吃糧，貢獻給[illegible]移難民保證足有三月土地的移難民，以便使移難民土地和公地，以便使移難民永久安居和出力的開荒。工作方式：（一）逐戶計劃，給部分佳[illegible]一農家，兩戶共商量，條件[illegible]勞力、耕牛、熟地面積訂出切合實際的計劃——[illegible]四區原為三、七五〇畝，（見[illegible]）[illegible]此次調查研究後，提高到[illegible]

七、八五〇畝，並將可能超出一、一六三畝。（二）具體的幫助解決新老戶中的很多[illegible]、土地、農具、耕牛，尤其是嚴重的牛瘟問題——全區共死牛二七一條，用農貸買牛八十餘條，實際尚缺四匹，並把可能利用的小牛及驢馬都動員和組織起來。（三）各鄉普遍組織變工隊，全區六個鄉總計[illegible]二十一隊，三十八組，包括五十四戶，一七二人。該區計在前冊天已開荒三、三二一畝，但在此次總結深入動員與良好組織的十天突擊中，竟完成二、四四三畝，為什麼四區能夠這樣好？實際這同志認為：

[illegible]

精兵簡政、機關部隊生產、供給制度（公家人負擔每人每天減少一兩）在實質上幫助明公家減輕民衆負擔，幫助農民發展的具體意。同時獎勵勞動英雄和開展的廣播作為，也起了很大的作用，如勞動英雄宋生有彬及許康[illegible]在[illegible]會上提出競賽：一、保證春耕到底；二、自力更生；三、嚴格遵守法令；四、幫助政府工作；五、互愛互助。[illegible]許多農民以興奮和鼓舞的作用表現在從農民首先響應的黨部的統一號召，直接參加變工隊，堅持到底，如有的台陳次的變工隊，都由黨員到山上說服而又恢復起來。在解決羣衆食糧、工具、住宿等困難時，支書、鄉長、黨員首先捐獻，自動拿出，對生產消極落後的人，分工進行解說，幫助和安慰他們，提高他們的積極性。

# 葭縣萬人集會
# 獎勵勞動英雄
## 受獎人當場提出競賽

【本報葭縣訊】本縣勞動英雄給獎大會，已於舊曆四月初八日（五月十一日）在[illegible]大廟會上舉行。勞動英雄在各界歡送的數十面獎旗及大隊吹鼓手的吹奏中進入給獎台，當時鳴砲九響，來趕廟會的陝晉綏各省民衆萬人，均紛紛爭看勞動英雄。十時開會，首由宋縣長報告邊區經濟建設成績，及邊縣春耕中羣衆生產情緒高漲情形。繼即介紹勞動英雄[illegible]分別給獎。受獎者：高[illegible]為深耕細作模範，並能領導全村改良耕作法；李綢英（女）為自耕農模範勞動家的模範；溝祖英（女）是模範工[illegible]，又是紡織英雄；向家樂為[illegible]領導羣衆生產的村主任；某工廠工人有技術上的發明，又各[illegible]二小時，兩年來未請假，[illegible]勞動英雄武[illegible]，每日工作十有數位勞動英雄獲得獎品。勞動英雄高[illegible]當場提出生產競賽，他的條件是：領導中心變工小組推動全村好好生產，並[illegible]

[illegible]生產。立即有[illegible]主任[illegible]提出應戰，他的條件是：改造全村七個二流子，領導五個紡織、挖水[illegible]的變工隊，農閑時組織一個運輸隊。此外尚有[illegible]勞動英雄[illegible]鵬川、高[illegible]前等。賀勞動英雄」後，始[illegible]和體旗。大會至下午二時[illegible]由軍文工隊表演秧歌「[illegible]」會。

# 怎樣把豆腐做得好？
## 中管局召集各機關總結經驗

【本報訊】打破紀錄，一斗豆子出產豆腐七十斤的×委豆腐坊，該坊負責同志昨在中管局舉行的豆腐坊、磨坊、粉坊人員的會議上，就一直被大家詢問着：「你們豆腐用的是什麼水」？「是用什麼去濾豆腐的」？×委豆腐坊的負責同志，就一一十的逐答覆他做豆腐的經驗，他說：「我們的水是河邊挖的井水，點豆腐用的是「鹵水」磨漿水，但使豆腐做好主要還是豆子要磨得細，因此在磨豆子時，豆子就要放得均勻，石磨也要選得好的，洗得更要洗淨，由於我們豆腐坊採取了這些辦法，我們做的豆腐就由一斗豆子出四十餘斤，一躍而為七十斤」。中央黨校的豆腐坊，過去每斗豆子只做豆腐卅斤，經過換石磨，更換做豆腐的水，以及吸收各機關豆腐坊的經驗後，就增到五十五斤。本機豆腐坊李光裕同志，答覆大家向他詢問所做的豆腐新花樣。這三個機關同志在會上的發言，都能使與會同志參加經驗。在討論與研究中，大家更希望×委豆腐坊後均極勁聽。經大家討論與研究結果，認為要使豆腐做好，除上面所說的外，如能把撈下倒豆腐好，第一、注意檢查石磨的好壞，特別注重於石磨的邊緣，磨口要好，槽當要均勻要平，要經常刷潔石磨。其次，做豆腐用的水，最好是用泉水，（泉水不滲有土的最佳）因為一般的水多含有鹼、硝、鹽，會使豆腐產量減少。落三，要使灰燼，柳樹葉子溜鬧，否則就會使豆腐結不成，但遇到此種情形時，就用[illegible]川[illegible]在豆腐內做動，就可使豆腐凝成。為達到一斗豆子提高到七十斤的產量，會上特指定×委、本機、中央黨校、中管局、幹部修養所、警備團六單位的豆腐坊，為參觀的目標，並訂於今日出發，互資交換經驗。另外，又由中直、軍直生產委員會，發動各單位豆腐坊開展比賽，當場選出的有中央黨校對中管局，詳細的條件，雙方現正協商中。

【本報訊】中直、軍直醫務工作的同志，於昨日在作坊人員會上，分別報告各機關的磨坊情形，先後報告的有中管局、中央醫院、×局、警備團、中央黨校五單位，中央黨校磨坊的經營形式，為一個生產與黨的結合，每斗麥子交公家麵粉二十四斤，餘下的麩和麩子就按價格售給公家，除去每人吃飯、穿衣的費用和牲口的草料外，工作人員按百分之十分紅。自此辦法提出後，生產人員就更為積極，並注意節約，除完全保證了自食的麵粉外，每月結餘尚可由[illegible]斤節省到廿二斤，以節省把使掉了。該磨坊四月份獲純利三萬九千餘元，工作人員每月除用去三招，現在一員每月每人分紅利二百四十二元。

工資過低者，須按他們增加，同時主雇雙方均不得任意退工，如雙方同意解雇，亦應以半月為期限，以便另找雇主，不得立即辭退。此項保證和要求，已在勞資兩方會上雙得雙方全部同意。但在雇工增加工資會上，亦提出某些雇主欺壓雇工現象，如一雇主時領兒（見[illegible]）堅持不給雇工雇主[illegible]，並[illegible]永區工會[illegible]，[illegible]加十元，借給劉永風，全場[illegible]感動。[illegible]家塔堅王興歷主亦於最近接[illegible]意見，以繼增加生產員的工及其他雇主的嚴厲批評，另一雇工任引林，見雇主[illegible]仍不接受大家的意見，乃發揚[illegible]友愛，願自己少五元，勸[illegible]，結果圓滿，雙方為了生產，均極高興，會後雇工即組織工會，[illegible]進行教育

# 太行反「掃蕩」中
# 雇工雇主患難相助

【新華社太行卅一日電】由於本區教民運動的開展，在此次反「掃蕩」中，雇工雇主的關係，表現更加密切，真正作到了患難相助。特別是雇工確實執行了政府「戰時雇工幫助雇主轉移」的規定。和(順)縣一區某村常雇周的雇工齊貴小，平時和雇主[illegible]保即復和睦，在戰爭中幫雇主家老小，寬存糧，並照顧家中婦女轉移。敵人搜山時，因雇主家老小逃到[illegible]，齊貴小被敵打死，他存家無受傷。又五[illegible]後被敵打死，他存家無受傷。[illegible]是，持找到雇主家人，即分頭找常讓問題[illegible]如[illegible]家人，在[illegible]火中奔走，買[illegible]鍋鏟。當雇主仰問周到，[illegible]存糧拾回，一同回家[illegible]給補品吃，一面[illegible]治療。雇主感激齊貴[illegible]二人英雄犧牲，患難相助的精神，組織雇工家進行慰問。又如武鄉雇工劉保定[illegible]村中民兵，戰時除積極完成任務外，還給雇主家[illegible]牲口，從不誤事。[illegible]主劉和保，經常照顧雇工家生活，敵[illegible]退走，雇工們就上地勞作，農村恢復生活氣象。

論戰後生產及改善生活，雇工們均紛紛提出意見，保證勤懇生產，按時[illegible]，[illegible]心愛護牲口和工具。雇主亦願改善雇工生活，每年發雇工二雙鞋，每一雙，手巾一條，手[illegible]一條、一雙襪，雇工確比長工多一雙鞋。[illegible]雇工每年因雇家[illegible]，饃工千只左右，不扣工資，生病在半月以內者吃主家。

【本報[illegible]訊】[illegible]

## 吳旗喬馬旺母親種地四十年
# 今年增產細糧四石

【本報吳旗訊】五區五鄉紅乃崖[illegible]喬馬旺的媽媽，已被縣政府[illegible]為下屆勞動英雄之一。喬母今年五十四歲，但巳從事農業勞動四十二年了，當她十二歲的時候，因家中貧困即隨父上山掏地、抓糞、挖地（下種）、鋤草、收割，樣樣都[illegible]上一個成年的農[illegible]了。十七歲結婚後，因為[illegible]的父親不[illegible]，[illegible]完全要依靠[illegible]她的[illegible]，從此就開始了她[illegible]的[illegible]生活，在入不敷出的艱難狀況下，他們一家[illegible]不致[illegible]餓，並負上一身債。革命使她翻了身——分得了土地、免除了債務，她現在個人冊多畝）有牛四個、牛犢七八十[illegible]（自己四十多[illegible]），今年的生產計劃是種[illegible]地七十五晌，開荒十晌，每晌上糞十二袋半十六袋，比去年約糧四大石。紡[illegible]時，兩個[illegible]一天[illegible]，[illegible]

# 冀省主席易人

【中央社重慶一日電】政院六一六次會議通過，河北省政府委員兼主席鹿鍾麟應[illegible]免本兼各職，任命馬法五為河北省政府委員並代理主席。

# 晋西北纺织工厂每机增产百分之七十四

## 推动民间制造土纱解决原料困难

【新华社晋西北三日电】五月十七日，行署建设处检查直属各工厂的生产情形，各厂较去年皆有显著进步。纺一厂在原料缺乏下，一月至四月中，织布一、二五三匹；纺线四三五斤。纺二厂的机子比过去少了三分之一，但布的总产量较过去超过百分之十五以上；平均每部机子增产百分之七十四。工人赵雷、马俊民及史汉奎，每日织布十七丈，成绩超过去年劳动英雄标准的一半。化学厂原料不足，肥皂的产量三、四月份比一、二月份超过一倍。三月起，每日制油印油墨一百一十盒，并利用废料造墨锭。工具厂生产率比去年提高了百分之四十。此外关于乡村纺织人员的训练，农业试验厂对种菜、种棉事业的扶助推广，亦颇有成绩。建设处决定今后：（一）扩大生产计划，纺一厂、纺二厂在原料问题解决后，尽力扩大生产。工具厂要多造纺机、纺车，推销的工具要比市价低。（二）工厂方面，向群众以较高价格收买土线作经线。农场要根据群众生产迫切需要，试验推广各种作品。（三）开展张秋风运动，加强工人教育。干部方面则抓紧整风，特别注意经济观念与官僚主义的反省。又纺二厂在研究用土纱作经线织布方面，已获有成就，织出的布，质地良好。在"五一"生产展览会上，得到各方好评。该厂正积极推动民间制造此种经线，三分区纺织工厂文化指导员王一祥关于土纱作经线的研究，亦告成功。她的方法，是在纺纱时，将棉絮捏紧，把纱拉长，慢慢卷到锭子上。

# 合作社承包全部運鹽任務
# 延縣運輸隊日益壯大
## 擁有七百頭牲口已運鹽八千馱
## 廿位黨的優秀幹部起決定作用

# 興縣農民互助開荒 政府貸給糧款
## 二區模範村精密組織生產

# 便利農民專力生產 組織嚴密闖名延定路

# 郝豐田
——延川婦紡小組的組織者

# 魯濱海各縣 減租增資提高生產
## 日照莒竹修堤防水增加秋收

# 綏德根據實際 改訂經濟計劃

# 關中防止牛瘟
## 發放農貸扶助受損農戶

# 保證肉食供給 中管局提倡多養母猪
## 李老漢養猪最負責任

# 晉西北紡織工廠 每機增產百分之七十四
## 推動民間製造土紗解決原料困難

# 「南昌」部二督 自帶食糧助民春耕

# 我軍續克公安

# 蚌埠偽保安團長 率部反正

# 郝丰田

## 延川妇纺小组的组织者

【本报通讯】延川城里三天一集，每集都有成群的妇女们蜂拥在合作社门口，把一捆捆的线子交到经理人手里，然后再从那里换回一捆捆雪白的棉花。有时候这些妇女，也用着非常轻快和熟悉的口吻，跟经理人打招呼："给咱挑上两斤漂亮花吧，别看咱不是赵家沟的，下集咱来保管也给你交上一斤好线线。"延川的妇女，在去年还没有从合作社领花纺线的习惯，现在却不同了，合作社每一集却都要□出三百多斤棉花，收回一百五十斤线子。围绕在合作社周围的，已经有了二百个以上的妇纺小组。一斤线子可以换二斤花，妇女们从合作社的交易上获得了丰厚的利润，纺花的妇女，谁都知道这个交易是从赵家沟的姊妹们那里学来的。赵家沟的妇女们，有着许多值得发扬的事迹，譬如说：全延川的妇纺小组，她们是第一个建立起来的，她们和合作社建立起换花的关系以后，全县的妇纺小组就像雨后春笋一样普遍地跟着组织起来。特别是她们曾经促成了有名的赵家沟和张家湾两村的生产大竞赛。但是当你和她们深谈起这些事情的时候，他们都很谦逊地说："咱们算不上什么，这是咱郝主任领导起来的！"县抗联会主任郝丰田同志的印象，第一次深刻地记在她们的脑子里，这是今年一月里的事。那时候抗联会刚刚改组不久，郝丰田同志带着群众工作要与生产任务密切接合的信念，来到赵家沟，"同志，你又是来找青年家开会吗？我们村里的青救会才开过会不久呢！"自然，郝丰田同志很明白他们这句话的意思；但他心里这时候所想的是怎样帮助这个村庄发展生产。他走进二流子杨梭的家里，杨梭不知又到什么地方逛荡去了，杨梭的婆姨和邻居的几个女人，正围拢在一起谈说着杨梭的不是，郝丰田知道这是一个好机会。便很起劲地和她们漫谈着改造二流子的事："你们可以用自己的劳动来影响这些二流子！"接着他又亲切地把话头转到女人的纺织上来，给她们详细地计算纺织的利润。“好同志！纺织线的好处我们也解开，可是去年夏天涨水，种几亩棉统统被水推走了，纺不成！”“谁可不高兴纺呢？就是棉花缺得太！”郝丰田把这些意见一件件记在心里。他知道这村里的妇纺是可以推动起来，棉花来源却是一个群众自己不能解决的问题：“好，你们还有什么困难？把村里的婆姨们都找来大家商量一下吧！”妇女去找妇女，她们低声地传说着：“县上来放棉花了！”于是，全村的妇女很快地就集合在一起，有四家提出要县上贷给一辆纺车，有一家要求贷给一架机子，郝丰田从这些妇女的要求里了解到开展妇纺的关键，是必须解决原料和工具的问题，于是他把这些意见带到县上，和县委商量，和合作社商量，他想着这些比想着自己私人的事情更重要得多！这一次郝丰田带着四辆纺车、一架机子、一捆棉花又到了赵家沟，赵家沟的妇女们紧紧地围绕着他，热情地接待着他；“郝主任，我们计算着这几天你应该来了。”“郝主任，添了这四辆车子，我们赵家沟的婆姨有办法了。”真的，她们的要求解决以后，全村的妇女们马上活跃起来了，从早到晚，到处响着纺车的声音，延川第一个健全的妇纺小组，就这样诞生了。这一月郝丰田给她们的任务是纺十一斤线子。但只杨梭的老婆一个人，这一个月就完成了四斤，其余最少的也纺了两斤，因之十一斤线子的任务是大大超过了。她们最初换花的手续是在家里交给郝丰田同志，你一斤，我半斤，郝丰田耐心地把它搜集在一起，自己背到合作社里，然后再把换好的花照样背回来分配。每次散集过后，赵家沟的妇女带着愉快的眼睛站在村口等待他，带着愉快的声音跟他开玩笑：“郝主任，你为什么不卖了线线，自己进馆子去。”郝丰田在脸上揩一把汗，老实地微笑着，一声不响地把线子交给她们。“郝主任，让你集集都去跑，俺心里太下不去了。”过了几天，她们便把换花的职务托付给自己的丈夫、兄弟去做。“你们也去试试看吧，就说郝主任没有空闲来。”赵家沟的男人，虽知道妇女们纺织是好事，对于妇纺的利润他们是体验得不够的。但他们自从到合作社里打过几次交道回来以后，有的甚至竟向自己老婆提出这样的要求来：“天气一天天地暖和了，下一集换回来的花给咱做件新衫子吧。”这些要求大致都没遭受拒绝。但过了不久，妇女们便自己出现在集市上，她们提着线子，站在合作社门口，望着里面怡然自得地说：“咱是赵家沟的。”这样的事实在所有赶集的妇女都会注意的。赵家沟邻村的人们羡慕地说："有了郝主任，赵家沟的婆姨可吃开了，家家拿线子到合作社里去换花。"有的村子甚至带信叫郝丰田到他们那里去，可是郝丰田没有离开赵家沟，因为他在这村里还要布置一件更重要的工作。一天晚上郝丰田出现在一家光棍窑里，在这里一群农夫们正在闲谈庄稼事。郝丰田故意说："婆姨们一月四斤线，咱们男人的生产反而吃不开了！"当然，汉子不肯服气这种说法的："我们不会落在婆姨后头，郝主任你看看吧"，"看着你们有什么办法呢"？"我们吗，你告诉我们一个办法吧！"郝丰田就在这时提出了他的第二个计划："我们村子和别人家比赛一下生产吧！"这一个切合时机的提议，在村民会上通过了，群众热烈地响应，他们并且很有信心地选择了张家湾来做对象。两村的挑战和应战条件提出以后，郝丰田并没有认为他的任务已经完了，相反，他更忙碌起来，因为他的视线已经由赵家沟的妇纺小组转移到两个村子全面的生产竞赛上，隔两三天，就要到两个村里挨户去做一次访问，观察农户的情绪，征询他们的意见。每逢到赵家沟就问张家湾的情形，到张家湾又问赵家沟的情形。也正因为这样，竞赛时间虽久，两村群众的热忱却不见懈怠。五月初，张家湾的行政村主任到了赵家沟，带着几分傲慢的口气说；"我们的棉花已经锄过两次了。"不久，赵家沟的群众便推选了三个有经验的农民，到张家湾逐户做了一次调查，他们并且亲自到田地里看了庄稼，张家湾也照样地做了一次回访。目前两村的竞赛，还在继续进行着，不过，路人从张赵两村附近走过时，已经可以看到碧绿的麦浪，青青的棉田，修整得松匀的谷地，使你感到它与别的村庄显然不同。赵张两村的生产竞赛，是赵家沟的妇纺小组推动起来的，赵家沟的妇纺小组是郝丰田同志推动起来的，现在赵家沟的纺车声已经传播到延川几百个大小的村庄；但郝丰田同志却仍旧在两个村庄里忙来忙去，也许他心里又在盘算着什么新的计划呢！（千风）

中華民國三十二年六月六日　解放日報　星期日　第二版

# 合作社承包全部運鹽任務
# 延縣運輸隊日益壯大
## 擁有七百頭牲口已運鹽八千馱
## 廿位黨的優秀幹部起決定作用

# 便利農民專力生產
## 組織嚴密固名延定路

## 政府貸給糧款
# 興縣農民互助開荒
## 二區模範村精密組織生產

# 郝豐田
## ——延川婦紡小組的組織者——

## 魯濱海各縣
# 減租增資提高生產
## 日照集村修堤防水增加秋收

## 綏德根據實際
## 改訂經建計劃

# 關中防止牛瘟
## 發放農貸扶助受損農戶

## 保證肉食供給
# 中管局提倡多養母猪
## 李老漢養猪最負責任

## 晉西北紡織工廠
# 每機增產百分之七十四
## 推動民間製造土紗解決原料困難

# 「南昌」部二營
# 自帶食糧助民春耕

# 我軍續克公安

# 塞北工厂制成毡帽一万顶

## 计划产衣胎、被胎等五万件

【本报三边五日电】塞北工厂计划增加出产毡帽×万顶，毡鞋二万五千双，毛衣胎三万件，毛被胎一万五千件，老羊皮大衣五千件。该厂自二月初筹备以来，三月底即开始了新的生产任务，现已完成毡帽一万顶、鞋五百双、毛口袋四百余条，二毛皮衣在本月底即可完成二百余件，衣胎除已由元华工厂承做一万件外，塞北工厂现正□[扩]修工房，设法由各处雇用工人赶制被胎及衣胎。至于老羊皮衣除现有一部分材料外，还须再购一批。关于该厂原料供给，专署及物资分局均予以协助，另一方面该厂在内部积极建立正规管理制度，研究节省原料，提高产量的办法，以便奠定扩大生产的基础，为此，该厂曾邀请大光工厂厂长，及城市各业工人代表二十余人开座谈会，研究提高产量及工资问题，翌日即实行计件工资制，因此工人生产热忱大增，产量提高，如原来锥空心鞋底一人每日产九双，后即增至十一双，并有若干工人宁愿不要午睡，积极生产，经工务科提出纠正反对“拼命主义”，并注意质量提高问题后，现各项生产，均较原来提高十分之一、二，质量也很好。对于改进技术，增加产量，朱厂长曾不断悉心研究，如毛毛匠工人原来每日只交毛线四斤，但经朱厂长亲自督促后，工人每小时即捻线半斤，每日产量较前超过半倍到一倍。又关于做鞋扎帽等，如依照裁、剪、沾、贴、针缝等顺序按步分工，也可提高产量。朱厂长并曾分别召集各小组开会，研究改善技术问题，但在正规制度未正式建立前，尚未能完全实现。在节省原料上，现有二十二张毡可裁帽三百二十六顶，每张毡较前多裁十六顶。厂方已决定在节省原料费中，提出百分之五十奖给工人，以资鼓励。最近厂方即将开办一夜校性质的讲习班，利用晚上时间，教十几个青工学习文化和政治，工务科科长亲自教课。目前该厂每月可出毡鞋四千双，除衣胎、被胎尚有一部分须别的工厂帮助完成外，其他任务完全可以保证完成。

【本报五边三日电】塞北工厂在扩大生产中出现了许多模范工作者，如朱厂长及白会计都是很好的工厂建设者。此外如保管员石福财，保管认真，出品放置得整齐、有次序，经常在场内看管门户，如遇天阴或下雨，他一人便把全院□的东西收回，或用别的物件遮盖。在工人中如毡匠张明山，能埋头苦干，赵其祥生产的质量好，并且□[督]促毡匠组其他的工人生□[产]，对工作推动颇大。

解放日報

中華民國三十二年六月八日 第七四八號 今日出版一大張

社址：延安

## 普遍展開變工運動
### 義田千餘畝已下種

## 塞北工廠
## 製成毡帽一萬頂
### 計劃產衣胎被胎等五萬件

## 晉西北二區署促進紡織
## 收購土布二萬疋

## 西北局關於鋤草問題給各地委的指示

西北局

## 志丹六區成立運輸隊

## 敵在晉南
## 捕我小學教員百人
### 偽造我鈔票破壞根據地金融

## 太行反掃蕩鬥爭中
## 女參議員姚令子等殉國

## 東綫德機損失重大
### 四月來共被擊毀四千餘架
### 庫班區蘇陸空軍猛烈襲敵

## 德秘密團體呼籲
## 結束戰爭推翻納粹
### 法國各階層一致痛恨德寇

## 加里寧電英工黨

| 解放日报 | 时间 | 1943-6-8 | 期 | 第748期 |
|---|---|---|---|---|
| | | | 版 | 第2版 |

# 妇女合作社业务发展

## 组织千五百人织成毛衣三千件，前日举行第一次社员代表大会

【本报讯】边区妇女合作社第一次社员代表大会，已于前日在文化沟青年俱乐部举行。会中除通过该社章程及选举第一届理事会外，并将过去三个月的工作，由樊萍同志做一详尽报告，指出其成绩与收获，在于直接帮助延市机关妇女解决了个人公余生产中的困难问题，故自成立以来，即备受各界妇女之热烈拥护。现该社已发展社员三百余人，股份一千零六股（约八万元），加上提倡股金，现共有资本九十八万元。在它的积极组织与推动下，参加该社领毛线编织的妇女，已达一千五百名以上，自二月底至今日，该社共放出毛线五千一百一十四磅，收回成品大件二千四百八十五件，小件七百一十八件，合毛线三千三百二十六磅，此项毛衣，除极少数（小件）在该社门市部出卖外，大部均供给财厅作为今年冬衣之用，取得部分资金灵活周转，故月来该社深感成品及原料的供不应求，究其原因，除每月一千五百磅的毛线来源数量太少外，而该社因创办伊始，在组织分配、评定标准、分发工资等具体工作中，尚有未尽妥善处理。故此次会议中，诸代表同志对此建议尤多，以供今后理事会参考改进。此外，在推动群众妇女纺毛工作上，该社目下由于干部缺乏，虽予以极大注意，但仍不能直接参加这一工作，仅只能协助市妇联同志在群众中进行调查与介绍，这期间经过合作社介绍到纬华毛织厂领毛纺的妇女，已有二百人左右（大部为家庭妇女）。此次会中尚有人向合作社提出调剂纺车，及提高纺毛工资的要求。在门市部工作中，自“三八”节开张以来，在帮助解决妇女生产之原料供给、成品推销、工具筹置的宗旨下，即大量地吸收了社员和农村妇女们的生产品，代为出售（吸收价和售价相等，以免生产者吃亏），且向要生产而无原料的妇女发给原料或贷金，然后再按照价市收买其成品，同时并抽回贷款，故对一般妇女得益甚大。再加以该社门

市部一般货物较市价便宜（如红糖每斤较市价低二十元，印花布每尺较市价低六七元），且玩具、食品、儿童衣帽等花样翻新，每日前往认购者为数颇多，售货最多之日竟达两万元。现据该社最近结算，除开办费及日常开支外，仅门市部三个月来即获利五十九万元（其中包括一部分存货折价）。目前物资局为帮助其发展，又以三十万元向该社投资，故近来该社又于门市部内附设织袜与制烛两项生产，现已有织袜机两架，每日可出线袜三十六双。同时制烛试验亦告成功，目下虽小规模进行，但一俟股金增加后，即可扩大生产。该社负责人王友兰同志，曾在会中强调指出，发展社员（包括边区农村妇女社员）、提高生产为该社目前之主要工作。要求各代表发动社员关心与帮助合作社，把发展社员、增加股金作为每一个社员的义务。

# 「亞洲」部六連七班 被公認爲模範學習班

## 張治國發起學習競賽

# 綏德專署指示各縣 組織勞動力搶鋤草

## 進行秋季移民準備工作

# 好義溝村的春耕

王不中

# 陶瓷實驗廠 計劃擴大生產

## 三個月產陶瓷兩千件

# 隴東機關生產模範 王德才修成水地二畝

## 擬再修築一道變荒地爲水地

# 婦女合作社業務發展

## 組織千五百人織成毛衣三千件

## 前日舉行第一次社員代表大會

【本報訊】邊區婦女合作社第一次社員代表大會，已於前日在文化溝青年俱樂部舉行。會中除通過該社章程及選舉第一屆理事會外，並特邀去三個月的工作，由奠邦同志作一詳盡報告，指出其成績與缺點，在於直接幫助延市機關婦女解決了個人公益生產中的困難問題，故自成立以來，即備受各界婦女之熱烈擁護，現該社已發展社員三百餘人，股份一千零六股（約八萬元），加上採借股金，現共有資本九十八萬元。在它的積極組織與推動下，參加讀數領毛線紡織的婦女，已達一千五百名以上，自二月底至今日，該社共放出毛線五千一百一十四磅，收回成品大件二千四百八十五件，小件七百一十八件，合毛線三千三百二十六磅，此項毛衣，除極少數（小件）在該社門市部出賣外，大部均供給財經廳作爲今年冬衣之用，取得稀份資金繼續週轉，故月來該社保證成品及原料的供不應求，究其原因，除每月一千五百磅的毛線來源數量太少外，而該社因創辦伊始，在組織分配，評定標準，分發工資等具體工作中，尙有未盡妥善處。故此次會議中，與會代表同志對此提出很多意見，以供今後理事會參考改進。此外，在推動羣衆婦女紡毛工作上，該社目下由於幹部缺乏，尙未能予以極大注意，但仍不斷直接參加這一工作，僅只能協助市婦聯同志在羣衆中進行調查與介紹，與期間經過合作社介紹料紡羊毛織廠領毛紡的婦女，已有二百人左右（大部爲家庭婦女）。此次會中尙有人向會建議提出開辦紡車，及提高紡毛工資的要求。在門市部工作中，自「三八」節開張以來，在補助解決婦女生產之原料供給，成品推銷，工具營運的經營下，即大量的吸收了社會和農村婦女們的生織品，代爲出售（吸收價和售價相等），以免生產者吃虧，並且向要毛產而無原料的婦女發給原料或貸金，然後再按照價市收買其成品，同時並抽回貸款，故對一般婦女得益甚大。再加以該社門市部一般貨物較市價低便宜（如紅糖每斤較市價低廿元，印花布每尺較市價低六七元），且就具、食品、兒童衣帽等花樣翻新，每日前往購貨者爲數頗多，得貨最多之日竟達兩萬元，現據該社最近結算，除開銷費及日常開支外，依門市部三個月來即獲利五十九萬元（其中包括一部份存貨折價）。目前物資局爲補助其發展，又以三十萬元向該社投資，故近來該社又於門市部內附設織襪與製肥兩項生產，現已有線襪機兩架，每日可出襪三十六雙。同時製肥試驗亦告成功，目下即將小規模進行，但一俟股金增加後，即可擴大生產。該社負責人王友蘭同志，在會中號召擴大股金，發展社員（包括邊區農村婦女社員），聯繫工作，提高生產，爲該社目前之主要工作。要求各代表協助社員與社員間的聯繫，增加股金作爲每一個社員的義務。

# 怎樣養猪

曾健

# 關中各地農民 普遍實行勞動互助

## 修水利放羊均採用互助方式

# 環縣洪德區三鄉 變工播種糜子

# 大光厂开展赵占魁运动提高产量百分之三十五

## 王福禄每天织布二十丈

【本报绥德讯】大光纺织厂已卷入赵占魁运动的热流中，如四月份的生产量较三月份提高了百分之三十五强，按照评判委员的标准：平均每人每天织布十丈五尺，即足够完成任务，但是谁都超过了这数字，最多的要算王福禄，每天竟织了二十丈八尺（据说全边区织布的新纪录），打络子的平均每天十五码，而最多的打二十码，打缌子的平均每天六斤半，最多打了九斤。三月份全厂产洋经土纬的大布七七六匹（每匹十丈四尺），零布二三八丈，而在四月份根据三十五天的检查，就产了洋经土纬大布八九一疋，零布四百丈，现在厂方正积极设法解决原料困难，如购买洋纱，或研究用细匀的土纱代替洋纱。早在四月份竞赛开始前，工人们就关心地问着："我们什么时候发动赵占魁运动？"后来经过厂务会、组长会、工人大会的相继讨论，决定开展竞赛运动，规定了竞赛的生产标准，并且成立了评判委员会（这次比去年八月竞赛规定每人每天织布八丈的标准又提高了百分之三十五），首先响应专署纸厂的挑战，此外还出竞赛墙报，及定期检查工作。

【本报绥德讯】大光纺织厂顷在热烈展开的赵占魁运动中，涌现模范兵工劳动英雄王福禄、赵银山同志等三十余人，其中尤以王福禄同志之劳动成绩及阶级觉悟，为众人之冠，故警区工会曾于"五一"大会上给予奖励。王福禄同志是河北□县人，抗战前在天津织布工厂做学徒，遭受被打骂压迫的生活。抗战后他是一个八路军的班长，一九四〇年春在宋家川保卫河防战斗中腰部负伤，伤势是相当危险的□道流血。后来医好，他成了抗日荣誉军人，伤愈后他回到部队参加开荒劳作，右脚曾被磨石压坏，在开荒的队伍中，他是个模范的生产战士，现在，他在脚踏的铁织布机上，是一位模范兵工劳动英雄。王福禄同志是一位二十三岁的青年共产党员，虽然他驾驶铁机时并不方便，而阶级的觉悟鼓舞了他的劳动热忱，竟创造了每天织布二十丈零八尺的纪录，超过厂方规定的头等标准（每天织十丈五尺）百分之一百。现在他平均每天织布十六丈到十七丈，而且还保证百分之九十五以上是头等布，织的线密、眼方、边边□[整]齐。他是一贯坚持着“不织便离开机子”的原则，因此他每天上机以后如果没有□[织]成一匹布，便不下机子小便。王福禄同志的织布技术有着飞速的进步：还在去年“七七”竞赛时，他平均每天织七丈五尺，十月革命节是八丈，今年开春后每天织十丈，而现在则是十六七丈以至二十丈八尺了，每星期三、六两尺，他还要和厂内的工友们继续研究如何提高技术。他会修理机器，不论别人或自己的机器坏了，他都同样热心修理，他念过三年书，现在他担任着学习组长的责任，每天很细心地帮助伙伴们的学习。他的工作和娱乐有很好的调剂，工友们谁都知道王福禄会排剧、翻筋斗、出洋相、会唱、会跳、会笑……因此，他又是工厂工会娱乐活动的领导人。在整风运动中，王福禄同志锻炼得更坚强了，他自己承认：“我过去生活有些散漫，比如有时出门不请假，有时也要随便讲几句怪话，但是我读了反对自由主义的文件后，就觉得这不是进步工人的思想意识，因此我开始改正了！”厂内党的负责人介绍他的优点说：“王福禄同志是一个善于反省自己，并能在行动上及时纠正自己缺点的好同志。”

# 關中今春開荒十萬畝 播種鋤麥大部完成

## 駐軍墾荒超過七千畝

【本報關中七日電】關屬黨政軍民於近一個月的全力突擊，全分區今春開荒總紀錄共達十二萬四千八百六十三畝。其中駐軍共開荒二萬零九百畝，超過原計劃六千九百畝，分區及各縣黨政財經機關共開荒達一千八百畝。各縣群眾開荒總成績是九萬二千一百六十三畝，內移難民開了三萬八千九百二十一畝，老戶開了五萬三千二百四十二畝。各縣群眾於過去一個月的突擊開荒中，以新寧縣展最速，該縣於四月中旬分區縣委聯席會議首次檢查春耕時，全縣僅開荒四千二百餘畝，由於接受了聯席會議的經驗，迅速對縣組織所有機關的勞動力，並責成各級黨政幹部的具體領導，最近共已開荒兩萬一千八百畝，超過八千八百畝。同宜耀、赤正今春緊張開荒的熱潮，可由該兩縣開荒計劃數字的逐次遞進，明顯看出。同宜耀縣委、縣府於初依據該縣勞動力及往年群眾開荒經驗，曾訂今春開荒計劃為三千畝，後因群眾開荒熱潮的普遍激發，遂擴大計劃為八千畝，該縣四月中旬黨委聯席會議時，經縣委的具體幫助，該縣全部的信心更加提高，遂即將開荒完成一萬五千畝開荒任務的突擊運動，目前該縣共已開荒一萬七千一百餘畝，超過最初開荒計劃將近五倍半。該縣今春參加開荒的百分之八十的勞動力，每人平均開荒五畝。新正今春的開荒計劃，亦由最低的四千五百畝不斷上升到七千畝、一萬一千畝、一萬六千畝，開荒後已成一萬九千七百四十餘畝。此外淳耀完成一萬八千八百二十七畝，總為三千三百二十七畝。赤水縣地較少，但仍完成一萬四千五百畝，超過一千五百餘畝。分區耕地面積正不斷擴大，現各縣尚有不少移難民繼續開荒中。另據各縣邊境群眾反映，今春各縣的開荒與生產熱潮，對於友區群眾的生產亦已起很大的影響。

# 王耀華同志談 志丹決心改進工作

## 客觀條件已完全具備 關鍵在於幹部思想改造

# 鄜縣修成水地千畝

## 今年增收大米六百石

# 治牛瘟方法

志丹七區發現

# 田二鴻與移難民

曾艾狄

# 中長林在蟠龍

鄭黎

# 子長建立四個紡織據點

## 已紡花八千四百斤

# 延長徵糧完成 財廳特予獎勵

# 甘泉組成九個運輸隊

## 趙世珍約集長腳三百頭

# 大光廠開展趙占魁運動

## 提高產量百分之卅五

## 王福祿每天織布廿丈

# 綏德子洲圖書館 開設文化補習班

| 解放日报 | 时间 | 1943-6-12 | 期 | 第752期 |
| --- | --- | --- | --- | --- |
| | | | 版 | 第2版 |

## 安塞生产社模范马守俊改进机器

### 纺纱推花生产率提高

【本报安塞讯】安塞生产社工人马守俊为全社之生产模范。他是一个农村木工出身，一九四〇年来社后，就很积极地为生产社服务。在工作中，富有创造精神，细心研究技术。在这两年内，三百多架纺纱手摇车，三十架脚踏纺线车及二十架大型织布机，都是经他一手完成的。他手制的机子，质地颇佳。比如一架大纺纱机，过去一天只纺十五两二等线，现在能纺一斤头等线。织布机也比过去优良。去年十月间，大推花机的铁轮和铁钉坏了，不能使用，如果大推花机停使三四天，就会影响全部生产。于是马守俊就马上花了一天一夜工夫，修理复原。而且自改换了木轮后，推花机好使用了，每天比过去多推二斤花。马守俊不仅对于技术的改进很注意，而且在原料的节省和工具的爱护方面也是模范。他从来不浪费一点东西，因为他已认识到“一件工具就是我们一块肉，一点原料就是我们一滴血。”

# 三邊動員黨政軍民

# 千七百人搶打老池鹽

## 各池原有鹽戶組織朋工進行突擊

# 市一級各機關發起

# 義務助民鋤草

## 市南區政府組織二流子札工隊

# 怎樣趕牲口

郭水源

## 牲口的飼養

## 牲口的馱運

# 安塞生產社模範

# 馬守俊改進機器

## 紡紗推花生產率提高

【本報安塞訊】安塞生產社工人馬守俊爲全社之生產模範。他是一個農村木工出身，一九四〇年來社後，就很積極爲生產社服務。在工作中，富有創造精神，細心研究技術，在這兩年內，三百多架紡紗手搖車，廿架大型織布機，都是經他一手完成的。他手製的機子，質地頗佳。比如一架大紡紗機，過去一天只紡十五兩二等線，現在能紡一斤四兩一等線。織布機也比過去優良。去年十月間，大彈花機引擎軸和齒輪釘壞了，不能使用，如果大堆花機停使三四天，就會影響全部生產。於是馬守俊就馬上花了一天一夜工夫，修理復原，而且自改換了木輪後，推花機好使用了，每天比過去多彈二斤花。馬守俊不僅對於技術的改進很注意，而且在原料的節省和工具的愛護方面也是模範。他從來不浪費一點東西，因爲他已認識到「一件工具就是我們一塊肉，一點原料就是我們一滴血。」

# 隴東軍民熱烈互助

## 獎勵擁軍擁政愛民模範

## 所借羣衆用具一律歸還

# 本市各機關

# 夏季襯衣開始分發

## 自籌部份正在趕製中

# 楊家嶺機關伙食的改造

# 延縣各區宣傳科長

# 重視閱讀本報

# 邊衛獎勵模範工作者

## 方富標馬齊光自動參加生產

## 劉向陽管理廚房有成績



第二卷（上）

| 解放日报 | 时间 | 1943-6-13 | 期 | 第753期 |
| --- | --- | --- | --- | --- |
| | | | 版 | 第2版 |

## 制药二分厂工人生产竞赛

【本报讯】制药二分厂自“五一”开展赵占魁运动以来，全厂工友工作情绪日益高涨。工友们自己已提出“忙中求快，快中求好，好中提高”为各室互相竞赛的条件。该厂精简后，人员虽已减少，但工作效率大大提高。现计划五月到七月三个月中，要完成行军丹一万五千包，牙粉一万五千袋，退热散、健胃片等二千八百磅，精制棉一千磅。又该厂精减人员，已编为挖药队，不日出发挖药。

# 靖邊魚溝壕公壩竣工
# 淤上等地二千八百畝
## 四村村民共訂放水護壩規約

# 城市鄉增修二百五十畝
## 人民積極參加政府解決困難

# 移民四千戶
張鵬圖

# 製藥二分廠　工人生產競賽

## 晉察冀邊委會公佈
# 小學教師服務規程
## 提高教師待遇加強進修

## 高等法院
# 每日飯食多樣調劑
## 公私生產發展管理制度嚴密

## 三邊公營工廠
# 統一管理制度
## 訂定生產方針各廠具體分工

## 木市南區
# 組織二流子鋤草

## 日寇分化離間陰謀失敗
# 綏遠偽軍抗敵情緒日增

# 安塞開荒達六萬畝

# 張勇之組織變工鋤草

## 忻縣參議員
# 張錫如先生殉國

## 滬市偽鈔
# 發現諷刺圖案

| 解放日报 | 时间 | 1943-6-13 | 期 | 第753期 |
| --- | --- | --- | --- | --- |
| | | | 版 | 第2版 |

## 三边公营工厂统一管理制度

### 订定生产方针各厂具体分工

【本报三边讯】专署顷召集公营工厂厂长联席会议，参加者有塞北、新塞、大光、元华四工厂厂长及与工厂工作有关人员。会议开始，根据各工厂工作情况进行检查，专员罗成德同志做初步总结，指出各厂比过去都有了很大的发展，奠定了三边工业基础，塞北工厂虽系初创，但两个多月中，工作亦甚有成绩。罗成德同志又指出过去各厂还存在着各自为政的思想，致使相互间关系不协调，对于政府法令不够重视，并且有自由竞争的现象。因此，必须清算各厂对领导在思想上不正确的观点，贯彻领导一元化。以后各工厂应受专署领导，并决定分区成立公营工厂管理委员会，由专署二科傅科长担任主任，任务在于订定各工厂生产方针，帮助改进生产技术，提高产量，审定工资，建立各种统一的管理制度等。罗专员提出今后各厂业务应具体分工，新塞、大光两厂织毛布、毛毯；塞北工厂制衣胎、被胎、毡鞋；元华工厂偏重织毛绒毯。预定各厂今年生产量为：新塞厂被胎三千，衣胎八千件，毡帽二千顶。大光厂被胎三千，衣胎六千件，元华厂被胎三千，衣胎一万八件，毡帽二千顶。塞北厂生产任务已志前日本报。成品质量，均须较前提高；衣胎千以净毛三斤织成。被胎系四六尺，以净毛四斤半至六斤织成。各种产品，得拣样送专署审评。各厂除保证完成上述任务外，应尽量生产其他出品。现专署拨给各该厂资金十万元，并拟统一购买原料，然后发给各厂。又各厂今后将实行计件工资制。由管理委员会负责介绍工人。

# 靖邊魚溝壕公壩竣工

## 漫上等地二千八百畝

### 四村村民共訂放水護壩規約

# 城市鄉增修二百五十畝

### 人民積極參加政府解決困難

# 移民四千戶

張鵬圖

### 製藥二分廠

### 工人生產競賽

### 晉察冀邊委會公佈

# 小學教師服務規程

### 提高教師待遇加強進修

### 高等法院

# 每日飯食多樣調劑

### 公私生產發展管理制度嚴密

### 三邊公營工廠

# 統一管理制度

### 訂定生產方針各廠具體分工

### 本市南區

# 組織二流子鋤草

### 日寇分化離間陰謀失敗

# 綏遠偽軍抗敵情緒日增

# 安塞開荒達六萬畝

### 張勇之組織變工鋤草

### 忻縣參議員

# 張錦如先生殉國

### 滬市偽鈔

# 發現諷刺圖案

| 解放日报 | 时间 | 1943-6-14 | 期 | 第754期 |
| --- | --- | --- | --- | --- |
| | | | 版 | 第2版 |

# 绥德鱼池沟纸厂五月份产纸千四百刀

## 工友努力生产，厂方拨金奖励

【本报绥德讯】专署鱼池沟纸厂自发动霍之花运动以来，五月份总产量四开纸一千四百刀，超过四月份产量的百分之三十。厂方于总结五月份生产成绩后，特发奖金五千元，劳动英雄霍之花、李福年、雒海治等七人为甲等奖，每人得二二〇元；全体工友因努力生产，超过任务，亦均分别得到乙、丙等奖金。该厂获得五月份生产成绩之主要原因，为全厂工友对赵占魁运动的正确认识，并以霍之花为核心推动了个人与个人、各组与各组间之友谊竞赛。如捞纸组魏春云全月产量二六七刀，平均每天一〇〇五张。雒海治与霍之花竞赛结果，完成二七四刀。张存生与雒海治竞赛完成二二三刀。而霍之花之产量，尤其达到了今年全厂的最高纪录，全月几达三百刀，有几天内甚至每天生产十三刀。晒纸组小同志高牛、延锡忠、张应良、王中书每天平均可晒纸一千张。全厂全月煮麻四千五百斤，亦较上月多煮一千斤，并节省了原料、石灰和石炭不少。端午节厂方虽放假，但造麻、刷麻、晒纸各组，仍努力工作了一早晨。又该厂工务科长任楚同志，他除每天在厂里领导工人生产与学习外，还抽出时间帮助鱼池沟乡政府检查生产工作，帮助群众组织锄草夏收的变工队。

# 朱家溝炭工競賽

# 超過原產量五十萬斤

## 葉增柱等人分別受獎

## 劉玉厚春耕完畢

# 禾苗欣欣向榮

## 上糞六百餘已鋤草一次

# 新正縣安置移難民工作

史梓銘

# 檢查春耕領導

## 全縣無苗者佔百分之九十業加開荒

# 鎮原獎勵勞動英雄

## 安照甲生產積極幫助窮人

## 馮冬花勤勞耕作多打糧食

# 牛猴努力大變工

## 志丹四區張家溝等村

## 李應長指示加強運輸工作

## 太原鐵路工廠

# 工人千餘罷工

# 赤水完成一期公鹽代金

## 各區鄉組運輸隊已運私鹽千馱

## 綏德魚池溝紙廠

# 五月份產紙千四百刀

## 工友努力生產廠方撥金獎勵

## 山東大衆日報

# 生產競賽成績優越

## 注重思想領導的結果



第二卷（上）

# 山东大众日报生产竞赛成绩优越

## 注重思想领导的结果

【新华社鲁中十日电】此间大众日报印刷厂，五月生产竞赛，已于日前进行总结。此次竞赛由于工友们新的劳动观念的建立，和领导上的加强，已获显著成绩。各厂工作质量与数量，都提高了一步。如排字组拣字工人原定错字不超过二百分之一，现已达到不超过五百分之一的水准。该组工人常明香同志，更达到了不超过六百二十六分之一，他在连续拣的二千九百二十个字中，只有四个错字。工人冯友新同志做的工作最多，他一个月中共排字八万八千八百六十二个，还字一万二千六百个，改样子十七版，换样字十九版。机器组同志工作质量提高后，报纸上没有了掉字歪字现象，墨色也均匀了，特别爱惜报纸，已引起了同志们的注意，以前印一期报，要坏纸七十张至八十张，现已从四十张减至二十张、五张、四张。同时在数量上，也提前八天半完成了计划。装订组除了在质量上达到原定的要求外，在折页子上超过计划百分之二十，其中刘廷堦同志，超过个人计划百分之二十五。校对室工作组，超过原定计划百分之二十五。据本社记者报道，此次该工厂竞赛与以前几次竞赛，有两个显著不同的特点：第一，是强调了思想领导，并注意到组织领导的配合竞赛，以前在支部和职工会中都进行了建立□[新]的劳动观念的教育，组织了上课、讨论、反省，克服了少数工人过去工作不安心、敷衍、想做文化人等的态度。第二，也正由于从每个同志的思想上建立了新的劳动观念，所以这次竞赛，就不再是单纯的工作突击，而是逐步地巩固地把质量数量都提高一步，并奠定了今后经常工作的基础。

# 朱家溝炭工競賽
## 超過原產量五十萬斤
### 葉增柱等人分別受獎

# 劉玉厚春耕完畢
## 禾苗欣欣向榮
### 上糞六百袋已鋤草一次

# 鎮原獎勵勞動英雄
### 安照甲生產積極幫助移民
### 馮冬花勤勞耕作多打糧食

# 合水縣府
## 檢查春耕領導
### 全縣熟荒百分之九十業已開竣

# 志丹四區張家溝村
## 牛模勞力大變工
### 李縣長指示加強變工工作

# 太原鐵路工廠
## 工人千餘罷工

# 赤水完成一期公鹽代金
### 各區鄉組運輸隊已運私鹽千馱

# 綏德魚池溝紙廠
## 五月份產紙千四百刀
### 工友努力生產廠方撥金獎勵

# 新正縣安置移民工作

史傑銘

# 山東大衆日報
## 生產競賽成績優越
### 注重思想領導的結果

| 解放日报 | 时间 | 1943-6-16 | 期 | 第756期 |
| --- | --- | --- | --- | --- |
| | | | 版 | 第2版 |

# 东海工厂五月竞赛 织布厂产量增加半倍

## 太行各厂竞赛任务提前完成

【新华社胶东十四日电】东海讯，经过五月竞赛后，东海区公营工厂生产效率，空前提高。织布厂生产量，比四月份提高百分之五十，出布超过百分之四十一。毛巾厂现全用棉纱，超过以前只用洋纱的产量百分之十二至百分之二十五。织袜厂超过百分之五十。肥皂厂超过百分之二十八。西楼某区联合社的织布工织，自掀起五月竞赛后，已超过政府规定的标准，平均每人每天能织大布一匹。工人胡利秀、藤为善二人在十天中，每人织大布十五匹，荣获劳动英雄的美名。

【新华社太行十三日电】本区自新劳动者运动展开以来，各工厂工人都有了显著进步。在生产质量上更有显著提高。集总某工厂，在半个月内，工友贾韩云完成了四十二天的生产任务，王泽民完成了三十五天的生产任务，特别是郝茂生和赵同什两同志，更完成五十五天的生产任务。一般工人认识均有相当提高，他们都能了解一个革命工人在抗战中应尽的职责。情绪高涨，日前各工厂都发动募捐，抽出大部工资来，交太行救灾委员会救济本区灾胞。

【新华社晋西北十五日电】某分区铁厂全厂热烈响应开展张秋凤运动，生产情绪空前提高。生产成绩比四月以前，平均超过百分之三十，拉炭工人张某每天担炭二十一担，每担保证在一百斤以上。坦炭（焦炭）每担保证一百四十斤，一天工作九小时，能担二十二担，造成空前纪录。又如某组组长侯德胜同志，过去工作不大积极，这次养病归来，正遇厂内讨论开展张秋凤运动，他大受感动，立即在小组会上及全厂会议上深刻反省自己，坦白承认自己过去的缺点，并向大家保证，今后决不再犯错误，要积极领导全组工匠学徒，在生产上技术上向前迈进。在“五一”厂内的工人会议上，他领导着工匠学徒向毛纺、被服等厂工友们提出生产竞赛，并以下列两项条件向他们挑战:（一）除保证每月完成上级给的任务外，多生产一千个犁铧。（二）从五月到十月，教育青年学徒能做简单成品。该厂工人张某，在技术上自己积极学习，一个月就学会了烧炭的技术。这次在生产竞赛中，他提出保证他们每个人连担煤及烧焦炭，每月完成焦煤五千斤。又讯，后勤机械所，于五月三十日召开纪念大会，对四、五两月生产突击中选出的李富旺、傅玉、任忠义、武来林等十位生产模范工人，在大会上进行了奖励。

# 改造地形提高產量
## 老湖修壘築壩
### 各打鹽隊全體參加勞動

## 安塞四區三鄉
# 普遍札工變工鋤草
### 延川派幹部下鄉佈置夏耘

# 部隊的教育時間和教育法

李偉

# 趙羊觀戰鬥
### ——一個運的壯烈故事

## 鎮原模範村李家窪口
# 勤於耕耘歉年豐收
### 縣府組織羣衆加緊運鹽

## 東海工廠五月競賽
# 織布廠產量增加半倍
### 太行各廠競賽任務提前完成

# 新華化學廠生產激增
### 每鍋一次可出肥皂八千條

## 敵寇肆意燒殺冀西
# 我軍民千餘殉難
### 民衆同仇敵愾益增抗敵決心

## 綏西重修
### 茼鎮大橋

## 合水西華池各鄉
### 成立運輸合作社

### 補正

# 新华化学厂生产激增

## 每锅一次可出肥皂八千条

【本报讯】新华化学厂参加赵占魁运动者已达百分了八十。肥皂组、熬碱组常在工作完毕后，帮助别人。现组与组的竞赛仍在进行中，个人与个人的竞赛刚刚开始。检查评判委员会，已在工人大会中选出。各工房的工作日记亦于本月初建立，其中一普遍现象则为该表内之原料项下，数字逐日下降，而成品数字则不断上升。在这一运动中，厂方干部与工人间关系益为密切，在墙报上工人们积极发言，建议与批评厂方，以推动该厂工作的改进。现全厂已决定每十日休息一次，每月加工一天。又该厂由安塞运回之做肥皂的大锅，已开始应用，此稿高七十八时，直径六十七时，每次可容混合油一千二百斤，水三十担，苛性钠六百斤（约十缸）。碱化时间约三十几小时，可出肥皂八千条。以此估计，则全月产量将由三万七千条，激增至四万五千条。据该厂工务科长谈，此锅主要优点在于省工省炭，保存温度，以及成品颜色与质量的一致。又该厂肥皂组近试用胡麻油配合混合油种制造一种肥皂，色黄质细，极像日光皂，但因尚未使用，质量如何，尚难断定。

解放日报

# 改造地形提高产量 老湖修垒筑墙

## 各打盐队全体参加动工

# 普遍札工变工锄草

## 安塞四区三乡

## 延川派干部下乡布置夏耘

# 部队的教育时间和教育法

李伟

# 赵羊观战斗

## ——一个运盐的壮烈故事

# 勤于耕耘歉年丰收

## 镇原模范村李家洼口

## 县府组织群众加紧运盐

# 东海工厂五月竞赛

# 织布厂产量增加半倍

## 太行各厂竞赛任务提前完成

# 新华化学厂生产激增

## 每锅一次可出肥皂八千条

# 敌寇肆意烧杀冀西

# 我军民千余殉难

## 民众同仇敌忾益增抗敌决心

# 合水西华池各乡成立运输合作社

# 绥西重修荷镇大桥

# 补正

# 难民工厂五月份产量超过原计划百分之三十

【本报安塞讯】难民工厂五月份产土布四五三.二二匹（大匹），毛布一〇五.二二疋（四十四码），按原计划两者为五〇〇疋，则超过百分之十一。例如毛毯、毛巾、弹纺等均超过原计划百分之二十强。该厂赵占魁运动开始，迄今二十天，若以此二十天计算，产量则均超过原计划百分之三十以上。同时质量也有显著进步，如土布由二十七纬提高到三十纬以上□。在节省方面，工人自动提出了许多节省办法，如了机头纱被利用成接头纱，络三斤好纱不超过三分之一钱的废纱等。

【又讯】难民工厂制造部烘炉组组长李季华同志，于本月七日代替该组病号孙昌功工作，一人掌握两盘烘炉，日产为：捻生铁四十四斤，打开脚刀两副。与平日相较，产量提高百分之七十五。掌钳打二锤的同志也因之更加积极。这是赵占魁运动的成果。

# 王維舟同志視察鹽池 打鹽隊速率倍增

## 鹽局試用搖籃木軌車運鹽

## 赤水移民模範村 婦女開荒已成風尚

## 軍直歡迎晚會上 岡野進同志暢談來延後印象

## 市府人員 助民鋤草

## 留直總結五個月生產 共種菜糧地萬畝

## 抗大同學自建校舍 節省工資材料費九十餘萬元

## 難民工廠五月份產量 超過原計劃百分之卅

## 鋤草經驗點滴

## 靈壽縣府救濟災胞 組織生產紡紗織布

## 子長西一區三鄉 運鹽增加三百馱

## 延長縣聯社 貸款卅萬元發展婦紡

### 特製河南式紡車提高質量

## 晉西北農張秋鳳開展運動 各廠工人進行坦白反省

### 洪濤印刷廠各組展開競賽

# 赵占魁同志熔铜负伤

## 各机关代表纷往慰问，经过治疗两周后当可复原

【本报讯】劳动英雄赵占魁同志，本月七日，因熔铜时砂壶破碎，致使熔化后之红色铜汁，泼伤右脚及腰部。当即在厂方与工友们迅速救护下，送入中央医院，后经数日之疗治，现已逐渐痊愈。赵占魁同志，自去年冬季以来，在熔铁过程中，由于奋不顾身地积极工作，致曾五次为熔铁烫伤，但均无此次严重。据云，当铜汁开始烫伤时，全脚均成焦黑，浮肿起疱，痛彻骨髓，不久一层凝固之铜片即从伤处取下，但赵占魁同志对此，不仅毫无半句怨言，且因工友们多方关心救护，深表不安。本市附近各工厂全体工友闻讯后，无不关心焦急，均纷纷要求亲往探视。截至昨日，各机关及工友代表前往慰问者，已达数百人。鸡蛋、饼干、牛奶、白糖、代乳粉等慰劳品，堆满其身旁之空闲病榻。来自中央职工委、总工会及各工厂工友间之大批慰问信，均以亲切的话语，祝赵占魁同志早复健康。邓发同志闻讯后，除立即亲书一慰问信外，日前更亲往病房探视。同时，边区被服工厂更特为此事，召集全厂职工大会，当即获得全体职工之极度关怀，自动捐助慰问金一万余元（其中萧德安同志从自己积蓄之工资中捐洋一千元，以及四岁儿童萧月娃捐洋三百元的事实，尤足表示工人对本阶级劳动英雄的热爱）。并当场选出代表三人前往慰问，并将下列数语，带给这位光荣负伤的劳动英雄："……在检查工作中，我们朝着你的方向，决定以转变劳动态度，和创造新的劳动作风的实际礼物来慰问你！"这种工人阶级革命友爱的高度表现，使赵占魁同志感到衷心的安慰和感激。因此，当他接待着每一个探望者或展开每一封慰问信的时候，他都惶惑地表示着惭愧，往往指着那逐渐定痂的伤口向工友们说："这一点小伤，真算不得什么，告诉同志们，不要挂念我，好好地去完成自己的生产计划吧。我讲不出更多的话，等我伤好后，将来再用生产战线上的成绩，报答

同志们对我的关心和爱护……”现赵占魁同志之伤口已日见痊愈，精神极好，饭食照常，每日除接待探病者外，尚常与各病房同志及护士等谈天，据医生谈两周后当可完全复原。

解放日報

今日出版一大張　第七五八號　中華民國三十二年六月十八日

社址：延安　每月三十元　三月八十元 [illegible]

## 啟事

## 聲明作廢

## 清河膠東地區 我殲滅偽軍兩團

## 冀南我軍夜襲攻克兩據點

晉西北週圍敵兵增加

## 全區軍民緊急備戰

主力民兵動員保衛青苗夏收

## 本市各階層人民 生活蒸蒸日上

李與海昔日討飯今則食飽衣暖

木工郝玉亮去年賺錢寄家兩萬

## 鄧寶珊將軍抵延

木深斯克戰爭日烈

## 紅軍克敵重要防綫

蘇機猛襲奧爾查等地

## 岡野進同志帶來了 中日人民加强團結的象徵

晉西北日人反戰團體馳電致敬

## 隴東地委召開縣書聯席會 檢查生產教育工作

太行六軍分區決定

## 六月推行擁政愛民

保衛民衆夏收尊重地方幹部

## 趙占魁同志熔銅負傷

各機關代表紛往慰問

經過治療兩週後當可復元

## 南國內閣辭職

（4）　661

| 解放日报 | 时间 | 1943-6-18 | 期 | 第758期 |
| --- | --- | --- | --- | --- |
| | | | 版 | 第2版 |

## “美洲”部附设木厂工人胡占魁每天锯木丈五

【本报讯】“美洲”部所设木工厂顷出现赵占魁式的劳动英雄胡占魁同志。去年他是才学木工。当时该厂一天一张锯锯九尺木板都感到困难，但他与曹光聚同志二人竭力苦干，第一天拉一丈一尺五寸，第二天又增加了五寸。这样激起了大家的生产热忱。至四月的总结时，他们这一张锯，每天平均拉一丈四尺二寸五。有人说:“他的锯好，自然拉得多。”胡占魁同志对大家说:“谁愿意换就换吧。——不在锯的好坏，只要干，什么锯都能拉这样多。”之后，他调换了一张新锯，三个星期中，平均每天拉一丈四尺八寸五，反而比上月增加了。有三天，他虽病也没有休息。对于初学的新手，他帮助他们，教给他们锯的方法和怎样修理工具。他是五班的班长，领导全班积极生产；因此，他们这一班的模范，影响了全厂。

# 吳堡發動羣衆勞動互助

# 抓緊夏耘準備麥收

## 學習劉家溝兩模範幹部的作風

## 延川青年變工隊

# 七天鋤草三百畝

## 縣抗會獎勵積極份子黑學良等

## 林縣青年座談會

## 要求抗日教育

# 麥稭造紙

任楚

## 西北局召開衛生座談會

# 各機關應加強衛生工作

## 邊區醫校同學

# 修路打窰

## 「美洲」部附設木廠工人

# 胡占魁每天鋸木丈五

【本報訊】「美洲」部所設木工廠，採用趙占魁式的勞動英雄胡占魁同志。去年他是才補木工，當時該廠一天一張鋸鋸九尺木板都感到困難，但他與曾希榮同志二人竭力苦幹，第一天拉一丈一尺五寸，第二天又增加了五寸。這樣推動了大家的生產熱忱。延至四月底總結時，他們這一盤鋸，每天平均拉一丈四尺二寸九。有人說：「他的鋸好，自然拉得多。」胡占魁同志對大家說：「讓我們換換吧。——不在鋸的好壞，只要你，什麼鋸都能拉得多。」之後，他調換了一張舊鋸，三個星期中，平均每天拉一丈四尺八寸五，反而比上月增加了。有三天，他雖病也沒有休息。對於初學的新手，他常幫助他們，教給他們鋸的方法和怎樣磨淬工具。他這五雖的斑長，影響了全廠。

# 大後方公務員生活困難

## 政院正研究各項調整辦法

## 志丹合作社

# 業務好轉

## 各區社組織運鹽隊

## 太行朝鮮革命團體

# 追悼文明哲金山崙烈士

## 誓爲民族獨立爲死者復仇

## 華中僞幣狂跌

## 物價猛漲不已

## 赤水淳金山

# 興修水利

## 美機襲擊藕池口

# 敵大肆破壞掠奪下

# 冀南豫西一帶災情嚴重

| 解放日报 | 时间 | 1943-6-18 | 期 | 第758期 |
| --- | --- | --- | --- | --- |
| | | | 版 | 第2版 |

# 志丹合作社业务好转

## 各区社组织运输队

【本报讯】据志丹县府二科长谈，该县合作社过去基础很差，今年经过几个月的整理，已获初步成绩。县联社同一区社合并，业务范围扩大，现有毡房一，资本五万元，工人五名，每日可出毛制品十五斤。四月二十日至四月底已产四条大毡，八条条毡，驴垫子六个。口袋房一，资本三万元，工人五名，每日亦可出毛制品十五斤，四月二十日至四月底，已出毛口袋四条，料袋子四十二个，毛包子八对。此外尚有骡马店，粮店，营业部各一，均已开始营业。组织运输队三队，有骡马十八匹，毛驴二十九头。其他六个区社业务也在转变中。除四区合作社外，都各组织有运输队一队，计骡子五头，毛驴六十八头。其中四区合作社过去工作最差，主任张文远、会计李登贵，经常把合作社的门□[关]着待在家里。最近该社召开理事会时，反映了群众对他们不满的意见，批评张文远消极怠工与离脱群众的行为。该区绅士袁秉章先生，自动愿意尽义务帮助合作社搞好。他自己说："就是把我的一匹马贴丁也要把合作社搞好。"群众都拥护他。在工作中他曾帮助合作社到西华池买货，获利十余万元，供给社员大批布匹，每尺比市价低五元。同时并收买羊绒等土产，设法盈利。现区政府已派人至社协助工作，以求彻底转变。

# 吳堡發動羣衆勞動互助
# 抓緊夏耘準備麥收
## 學習劉家溝兩模範幹部的作風

# 延川青年變工除 七天鋤草三百畝
## 縣抗會獎勵積極份子黑學良等

# 麥稭造紙

## 林縣青年座談會 要求抗日救育

# 西北局召開衛生座談會
## 各機關應加強衛生工作

## 邊區醫校同學 修路打窰

## 美洲一部附設木專工人 胡占魁作天鋸木丈五

# 大後方公務員生活困難
## 政院正研究各項調整辦法

# 志丹合作社 業務好轉
## 各區社組織運輸隊

## 太行朝鮮革命團體 追悼文明哲金山尚烈士 誓爲民族獨立鋒死者復仇

## 華中僞幣狂跌 物價猛漲不已

## 赤水清泉山 興修水利

## 美機襲稱池口

# 敵大肆破壞掠奪下 冀南豫北一帶災情嚴重

| 解放日报 | 时间 | 1943-6-19 | 期 | 第759期 |
| --- | --- | --- | --- | --- |
| | | | 版 | 第2版 |

# 华侨工厂弹毛股每人一日弹七十五斤

## 十二天内完成六月份计划一半

【本报讯】当厂长联席会的总结传达到华侨工厂后，全厂立刻掀起工作检查的热潮。很多工友们均站在主人翁的立场，揭发过去厂内很多不合理的事情。现在他们虽只检查了工务科的一个部门，但就已使厂内气象焕然一新。该厂工会过去工作较差，经过此次改组，不但推进与提高了工人的劳动热忱，而且工会真正做到了团结工人。工人组的小组长，在工会领导下，已经成为工人中间的核心，他们每礼拜召开一次会议，讨论及互相批评在工作中的优缺点。工人中的文化娱乐也已加强。其他如工务科与工会及工人之间的关系，也比前更为密切。全厂已经达到大家一条心，为所负生产任务而奋斗。接着检查工作之后，该厂就开始布置赵占魁运动。该厂最近改变业务方针，以纺手为中心，故一切工作均围绕在此项任务之下进行。该厂开展赵占魁运动的办法，就是先替积极分子做个人计划，以此而影响和推动全厂工人。全厂以弹毛股生产最好。五月份他们每人每天弹毛平均为四十三斤，现在已增到七十五斤。该股八个工人原计划六月份全月弹毛四千斤，但现在仅十二天内，就完成了两千四百十五斤，与五月份产量比较，超过了百分之七十五。同时节省羊毛十二天内就达九十斤。弹毛机所用的机油，过去每天用六两，现在用四两就够了。合股线产量（二二合）每人一天原计划二十斤，但现在平均每人达二十二斤。络纱组女工郭怀兰原计划每月络一等纱一二.五斤，现络到二三点一一斤；惠子良计划每天络二等纱二十斤，现在已达到了二十八斤。

# 同宜耀白塬村
# 全村搭莊稼成績優良
## 工作有計劃靈活運用組織形式

# 關中及時發放農貸
# 四千钁鋤貸給移難民
## 一把钁頭是豐衣足食的資本

# 關中各地湧現
# 許多模範移民工作者
## 馮雲鵬成爲七百移難民領袖

## 華僑工廠彈毛股
# 每人一日彈七十五斤
### 十二天內完成六月份計劃一半

【本報訊】廠長聯席會的總結傳達到華僑工廠後，全廠立刻展開檢討工作檢查的熱潮。很多工友們均站在主人翁的立場，揭發過去廠內很多不合理的事情。現在他們都只檢查了工務科的一個部門，但就已使廠內氣象煥然一新。該廠工會過去工作較差，此次改組，不但推舉與提高了工人的勞動熱忱，並且工會實行到了團結工人。工人組的小組長，在工會領導下，已經成爲工人中間的核心，他們每禮拜召開一次會議，討論及互相批評在工作中的優缺點。工人中的文化娛樂也已加強。其他如工務科與工會及工人之間的關係，也比前更爲密切。全廠已經達到大家一條心爲所負生產任務而奮鬥。導着檢查工作之後，該廠就開始佈置趙占魁運動。該廠最近改變業務方針，以紡毛爲中心，故一切工作均圍繞在此項任務之下進行。該廠開展趙占魁運動的辦法，就是先進積極份子做個人計劃，以此而影響和推動全廠工人。全廠以彈毛股生產最好。五月份他們每人每天彈毛平均爲四十三斤，現在已增到七十五斤。該股八個工人原計劃六月份每月彈毛四千斤，但現在僅十二天內，就完成了兩千四百十五斤，與五月份產量比較，超過了百分之七十五。同時節省半毛十二天內就捻九十斤。彈毛機所用的機油，過去每天用六兩，現在用四兩就够了。合股紡線量（二二合）每人一天原計劃廿斤，但現在平均每人達廿二斤。紡紗組女工郭懷蘭原計劃每月紡一等紗一二·五斤，現紡到二三·一一斤；馮子良計劃每天紡二等紗二十斤，現在已達到了二十八斤。

## 本市西區各鄉
# 組織鋤草隊

# 志丹變工隊的創立

# 老四團和民衆的關係

韓川

# 隴東鋤草運動即將展開
## 幹部深入農村廣泛組織變工
## 發動婦女參加實現增鋤一次

## 本市木工都作明
# 提高產品質量

## 敵在豫東
# 強徵壯丁入伍

## 晉西北今年生產建設
# 注重發展民營紡織業
## 行署決定先撥經費百廿萬（元）

| 解放日报 | 时间 | 1943-6-19 | 期 | 第759期 |
| --- | --- | --- | --- | --- |
| | | | 版 | 第2版 |

# 本市木工郝作明提高产品质量

【本报讯】本工劳动英雄郝作明自“五一”获市府奖励后，其劳动热忱和学习情绪比前更为提高。他并将所获的奖品，分别赠给厂内的工人，对他们说：“如果你们好好地劳动，也可受到奖励呢！”他经常站在学徒旁边指导他们，告诉他们在锯木时一定要把锯子拿稳，凿孔凿子要执正，推铇要注意推得平。对于技术比较差的工人，他就事先告诉他们应该怎样做，或在成品做好后，指出缺点使他们改正。每天他都利用晚间学习，并常帮助其他工友识字，他很自信地说：我要在十月革命节前认识两百生字。按照他与新中国木厂比赛条件中规定的模子样式，他厂内现已制有大批。又四面齐的办公桌，有些工厂为求美观，就不把底下的衬柱露卯，他研究的结果，认为此地木料多为柳木，性质不同，为使耐用计，他就把衬柱露卯，据说此种露卯样式的桌子可用两年之久。现在他厂内，又在动工设烤板窑，木板烤干而制成的成品，就可保险不裂口。最近他厂内又为边府制造桌凳，取价较一般木厂便宜，只赚百分之二十的利润。郝作明正在不断设计以提高产品质量，他的工厂经常有人去参观。现新中国木厂等，也已经注意到成品的耐用。

解放日報

# 同宜耀白塬村 全村搭莊稼成績優良

## 工作有計劃靈活運用組織形式

# 華僑工廠彈毛股 每人一日彈七十五斤

十二天內完成六月份計劃一半

# 關中及時發放農貸 四千鑊鋤貸給移難民

一把鑊頭是豐衣足食的資本

# 關中各地湧現 許多模範移民工作者

馮雲鵬成為七百移難民領袖

# 本市西區各鄉 組織鋤草隊

# 志丹變工隊的創立

李超 王伯宗

# 老四團和民衆的關係

韓川

# 隴東鋤草運動即將展開

幹部深入農村廣泛組織變工 發動婦女參加實現增鋤一次

# 本市木工都作明 提高產品質量

# 晉西北今年生產建設 注重發展民營紡織業

行署決定先撥經費百廿萬元

# 敵在豫東 強徵壯丁入伍

| 解放日报 | 时间 | 1943-6-20 | 期 | 第760期 |
| --- | --- | --- | --- | --- |
| | | | 版 | 第2版 |

## 光华印刷厂工人友爱互助自动加工

【本报讯】五月十八日展开全厂生产大竞赛的光华印刷厂，除产量均有超过外（印刷股平均超过原计划百分之二十六；完成股平均超过原计划百分之四十八），其中最重要的收获有二：第一，全厂百分之九十以上的职工，在思想上都有了显著的转变。互助友爱的精神，已充满全厂。残废工人马德仁帮助学徒王文作单衣一件，解决了这个学徒因工作忙而来不及做衣服的困难，石印工人薛兆林的孩子病了，他又送他一斤白糖（价值三四百元），宿舍没有锁，他就把自己的钱去买了。学徒李成银利用工暇，帮助同志们打了几十双草鞋，另并以出卖草鞋的收入捐给工会，把津贴捐给文教部做壁报牌，两项即达三百五十元之多。学徒薛振国没有背心，石印工人丁立智帮他解决了。工会主任范耀武送给学徒吴东海棉花费二百元；帮助范培才药品五十元；并鼓励他们加油生产，石印工人薛兆林眼病时，学徒姜□[廷]秀立即把自己存有的眼药给他，并代他上药。职工们五月份向合作社入股的股金即达八千余元。个别不了解合作社意义的工人认为这是行政上的事，但模范工人丁立智立即在壁报上写文章反驳道："入股是为了用大家的钱，解决大家的困难，达到大家的方便。"早上工和晚下工已变成经常的事情了，印刷工人范培才笑着对伙伴们说：虽然小便把肚子都挨痛了，但是，我决不愿落在你们后面。"夜班学徒薛正国下午不睡，帮摇机器。学徒王福林都是作后一班，他说："这样可以晚下工，多生产。"石印工人张继昌近来埋头苦干，质量均有提高，人人说好。学徒李成银每星期六自动加做义务工。关于生活方面的竞赛，起床、休息、熄灯，均已按时真正做到，据生活检查委员检查的结果，现尚未发现一人不遵守生活公约的。第二，生产大竞赛中之组织力量亦已真正发挥了它应有的效果。竞委会各委员都抓紧小组长的汇报，而小组长每天的工作日记，亦均具体切实。日前该厂举行第一次竞赛检查大会时，各委员都把每一个工人的表现做了详细报告，此项报告对工人之影响极大。同时各委员并亲自检查，例如生产委员崔文彦每天上工前，他总是站在工房门口，记录每一个工人上工时间的迟、早。组织委员薛兆林虽然眼睛有病，但每当小组长汇报时，他立即登记总结。文教委员吴一平，每当本报到达时，就把有关工人的消息读给大家听，并按期出版壁报。据该厂负责同志谈：此项组织力量，在生产大竞赛中，极为重要。

# 關中等地駐軍
# 兩萬工幫助羣眾春耕
## 南泥灣部隊將以兩萬工助民鋤草

# 中直各機關
# 按照駐區助民鋤草
## 本報工作人員昨爲自家鋤草五垧半

# 延屬分區四月來生產工作初步檢查總結（上接第一版）

## 光華印刷廠工人
# 友愛互助自動加工

## 「團結」部隊募新裝五百萬元
# 設大規模軍人合作社
## 增加革命財富幫助豐衣足食

## 延川城市區合作社
# 運鹽百餘馱

## 華池環縣
# 開荒均逾三萬畝

# 新寧植樹萬二千株

## 潞城常建邦通敵叛國
# 執迷不悟判處死刑

## 華僑工廠計劃
# 月紡綫五千斤

# 华侨工厂计划月纺线五千斤

【本报讯】华侨工厂在生产热潮中，涌现出常匡辅、梁常忠、王占海等积极工人。常匡辅不但产量最高（每天弹八五点五斤），而且也把工具保护得很好，如弹毛分花刺棍，别人每根只用三个月，而他却用了半年之久。此外他看到晒毛常有浪费，就向工厂建议，利用毛线头织成网，把毛网起来晒，就可防止被风吹掉。华侨工厂以目前情形来看，每年出毛呢一百疋，一千五百磅的染色合股毛线，可全部保证完成。每月计划纺线五千斤，以六月份十天内收线一千五百斤算，全月就可纺成四千五百斤。现厂方又加设弹毛机，并与市抗联合作发展妇纺。

# 關中等地駐軍 兩萬工幫助羣衆春耕

## 南泥灣部隊將以兩萬工助民鋤草

## 光華印刷廠工人 友愛互助自動加工

## 中直各機關 按照駐區助民鋤草

### 本報工作人員昨爲居家鋤草五垧半

## 延屬分區四月來生產工作初步檢查總結

（上接第一版）

## 華池環縣 開荒均逾三萬畝

## 延川城市區合作社 運鹽百餘駄

## 「團結」部將募新股五百萬元 設大規模軍人合作社

### 增加革命財富幫助豐衣足食

## 新寧植樹萬二千株

## 潞城常建邦通敵叛國 執迷不悟判處死刑

## 華僑工廠計劃 月紡綫五千斤

# 振华分厂生产竞赛上月产纸两百令

## 质地已逐渐改良

【本报讯】振华纸厂分厂为提高质量而举行的生产竞赛，已于日前总结。由于竞赛运动的开展，该厂在四月份完成了产纸一七四点三四一令的任务，超过原计划（一百五十令）百分之十六。五月份产纸二〇〇点二三五令；质量均达到竞赛标准，生产技术因之提高了一步。按该厂在竞赛前质量不很好，因原料不干净，蒸得生熟不匀，浆打得太粗，且不匀，致每刀纸平均重二点一三斤，破纸平均五十六张中即占一张，且选纸不严。其他如帘子刷洗不够，火墙破烂，也影响了产量。在发动竞赛时，该厂便积极地着手于准备工作，不仅改造蒸锅，修理火墙，且及时合理地解决了工资问题。同时，又组织了技术研究会，规定各组质量标准。在完成上述准备步骤后，开始是蒸煮组提出挑战，晒纸组首先响应。继之在各组中个人间亦展开竞赛，打浆组李清月和马瑞堂等亦相互举行友谊比赛。他们整日劳作，在蒸锅旁——纸池边，工友们不顾天热汗流，加紧生产。他们之所以如此紧张的工作，不是由于突然发起了竞赛，实由于在赵占魁运动中对于生产认识的改变，懂得了劳动的意义和目的，从而改变了劳动的态度。故自“赵占魁运动”墙报第七期出版后，各组生产情绪极为高涨，不断涌现生产模范，如捞纸组王开武，晒纸组袁其法等。由于竞赛结果，使得劳动强度继续提高，如去年每令纸需人工是一二点二二，今年四月份是一〇点八六，五月份已减低为九点二三。同时，质的方面也在逐渐提高，如三、四月份每刀纸平均重二斤十三两。五月份纸的重量已减轻为二斤十两，破纸也减少了。该厂在生产竞赛总结中也指出此项成绩之获得，是由于竞赛前之准备工作的充分（实行全部计件工资，赵占魁运动之影响及积极分子的推动，生产技术和设备的改进，实行□[选]料等）及在竞赛中行政、党和工会的领导所致。该厂在总结□[后]对于竞赛中的优秀分子予以奖励，计获得甲等奖者为卫中围等十六名，各奖二百元；获得乙等奖者十六名，各奖一百元；获得丙等奖者十八名，各奖五十元。在团体竞赛中成绩最好者为晒纸组，该组技术进步普遍迅速，响应号召最早，病事假最少，没有违反厂规的事情发生。

# 子長渠落成
# 八百畝川地變為水田
## 高交兒發動鄰居修田畦

# 振華分廠生產競賽
# 上月產紙兩百令
## 質地已逐漸改良

# 槐樹莊面目更新

徐忠海

## 高等法院安塞分房
## 經營得法便利群眾

# 張家溝

——吳旗縣移民新村之一

周簡

# 關於共產國際解散問題
## 晉西北幹部中熱烈討論
## 敵佔區人民聞訊極為興奮

# 清澗警衛負責同志以身作則
## 發動縣區幹部進行反省

# 新華廠伙食改善
## 工人生活舒適愉快

## 曲子幹部李少華
# 精簡回家開荒三十畝

# 全國生產會議閉幕
## 通過議案達四百件

## 學員自己動手伙食改善
## 平劇院炊事員邸進元
# 創造柴灶幾十種

解放日报 | 时间 | 1943-6-21 | 期 | 第761期
版 | 第2版

# 新华厂伙食改善

## 工人生活舒适愉快

【本报讯】新华化学厂全体职工，近由于伙食与宿舍的改善，生产情绪更为提高，在职工大会上提出的每月加工一天，可增加每人肉食一斤半的计算，已普遍为工友们所拥护。自3本月份起，已做到每顿一菜一汤，隔天一顿白面。且经常能吃到粉蒸肉、蛋糕菜等。每天早晨并有豆浆。总务科副科长李子腾同志，更用决心改善伙食，亲自下厨做菜。每当吃饭时，饭厅异常热闹，欢笑之声到处可闻。装潢组学徒李子玉，便在这种快乐的心情下，写了一篇“生活大改变”的快板，赞美这种丰衣足食的工厂生活，其中词句现已流传于全厂工友之间。此外在工人宿舍的改善上，除增加窑洞，扩大宿舍，每室减少三分之一的人数外，并将过去的双层床铺，锯为单床，加以修饰后，布置得整洁美观。每当下工后，工人们均换上洁净的衣服，于室内室外，拉胡琴，唱郿鄠、打扑克、下象棋，从事娱乐。最后厂方为更加强职工们的娱乐生活，特购买锣鼓一套，由工人们自动分成秦腔、郿鄠等乐器组练习演唱。这中间很多工人均认真地拿着唱本，一面认字，一面学唱，情绪异常高涨。每当礼拜六晚，尚有小型晚会，此外篮排球等运动器械，亦在购建中。

# 子長渠落成 八百畝川地變為水田

## 高交兒發動鄰居修田畦

# 振華分廠生產競賽 上月產紙兩百令

## 質地已逐漸改良

# 槐樹莊面目更新

# 高等法院實業務 經營得法便利群衆

# 張家邊

## ——馬欄區移民新村之一

# 關於共產國際解散問題 晉西北督中熱烈討論

## 敵佔區人民聞訊極為興奮

# 清澗縣府負責同志以身作則 封鎖縣區幹部進行反省

# 新華廠改善伙食 工人生活舒適愉快

# 全國生產會議閉幕 通過議案達四百件

# 曲子幹部李少華 精簡回家開荒二十畝

# 平劇院炊事員耶奎元 創造菜樣數十種

## 學員自己動手伙食改善

| 解放日报 | 时间 | 1943-6-22 | 期 | 第762期 |
|---|---|---|---|---|
| | | | 版 | 第2版 |

## 延园纸厂上月产量超过二月份两倍

【本报特讯】延园五月份纸厂产量大增，超二月份产量约两倍，全月出纸九百余刀。延园纸厂的工友们，领着津贴制的工资（每刀工资一元，衣食住由厂方供给），要比别厂的工友们，替公家尽义务更多，但他们都从未计较过工资的高低；不仅如此，他们还能在工作过程中，不断提高产量与技术，积极爱护工厂。该厂技术研究会，根据研究所得，认为要将马兰纸搞好，马兰草中的杂物，一定要拾得干净。泡的时间冬天约两礼拜，春天约一礼拜。蒸马兰草时，要拌上适当的石灰，才会使造的纸有硬性，两千斤马兰草，约拌石灰四百斤。又草要磨得细，并要在磨池内不断添水，五十斤干马兰草，用水约两百斤洗浆。用清水要洗得干净，一般是换水四次。打浆用力要匀，才能使纸浆打开，但废碎纸打成的浆，因是各种纸质的混合，起着变化，就会使纸有疙瘩，故收集时就要将不同的纸分开，其他如捞纸、贴纸，也要用力平均和贴得平，才能使纸没有皱纹，该厂近又购得一部分捞纸“单水帘”（单水帘即是捞浆一次成纸的捞纸帘），要比“雨水帘”节省人力一倍，此项实施成功后，更可使产量比前提高。

【本报讯】延园纸厂产量最高的两位工友，张治安、王国初，他们俩在捞纸中不断地比赛着。四月份张治安捞纸二六七刀，王国初二二〇刀；等到五月份的时候，王国初便捞到二八〇刀了，厂里产量最低的工人亦捞到一四〇刀。工友们在热烈的生产中，又表现出对工具及厂方的爱护，捞纸班的工友，经常自动修理“捞纸帘”。洗浆工人刘进锡，除自己工作努力外，并能督促别人努力工作，以及报告工作不尽职的个别工人，他的洗纸的浆包，连一点小孔也把它缝补得很好。磨纸工人宋玉山，看见掉在地上的一点纸渣都拾起来，看到别人浪费就给予批评。据厂长田学文同志谈，该厂能达到目前的生产成绩，第一是由于不断教育工人启发了他们主人翁的感觉；技术的研究与改进，所起的作用亦甚大。第二是采取了累进的津贴工资制，规定每人每月捞纸达一百一十刀以上，每刀就给予两元的工资，使他们能感受到，多生产就多拿工资。第三则为气候的关系。

# 模範黨員陳兼伯

## 組織全村鋤草變工

### 共種地卅畝與建義倉

# 保證不荒一分地！

## 子長號召全縣黨員 領導札變工完成夏耘

### 杜家渠村男女發起競賽

## 留衛門診部 設立病房

## 隴東準備麥收

## 鋤草和收麥

王揆鼎 講
毛 開 記

## 同宜耀田英貴王貴發

# 多方幫助移難民

### 讓地借糧缺什麼給什麼

## 固臨開荒二三事

李 森

## 定邊上季營業稅 已大部收齊

### 回民商店優待免稅

## 延園紙廠上月產量 超過二月份兩倍

## 「做一門學一門」 某廠工友努力創造

## 魯中開展合作事業 大量吸收民資入股

## 延縣金盆區增人口四百戶

### 張玉田黨生福安置移民最積極

| 解放日报 | 时间 | 1943-6-24 | 期 | 第764期 |
| --- | --- | --- | --- | --- |
| | | | 版 | 第2版 |

## 清涧集资二百七十万元调剂茧价鼓励养蚕

【本报清涧讯】现正值蚕茧上市，县政府为发展蚕丝业起见，特向绥德专署贷款十万元，绥德银行和永昌公司贷款六十万元，并接受财政厅丝业投资二百万元，以此资金力量，组织和调剂茧的市价。已决定县府与兴业丝厂合伙经营，把握茧价每斤不低于二百元，如市场每斤茧价在二百元以下者，县府与兴业丝厂即以二百元收买茧子，如在二百元以上者，则由商人收买，借此刺激蚕桑妇女以达到发展蚕桑事业的目的。这次下乡进行锄草组织工作干部，并带有挑选蚕桑英雄，给予丝手巾和丝线的奖励的任务，鼓励妇女明年多喂蚕，多栽桑树。

同宜耀土地改良成績卓著

# 修整田壞地共九千畝

調整中佃關係農民熱烈參加修築

# 志丹各區組織勞動力 已鋤地八千餘畝

某村休息時鋤草隊變爲讀報組

## 生產領導瑣記

邵清華

晉察冀日人反戰同盟支部對

你的偉大的名字

是日本人民鬥爭旗幟

## 鹽池移民安居樂業

回民滿貫今仰將落成

## 延川縣委宣傳部號召

# 縣區幹部爲黨報寫稿

## 赤水三區四位模範紡婦

張春林

曹桐花

王珍珠

孫戀娃

孫香妊

## 「歐洲」部

# 所借群眾傢具全部送還

## 七連穀苗已長一尺

清澗集資二百七十萬元

## 調劑商價鼓勵養蠶

盟機猛炸

華容石首

淮南路東地區

# 紡織事業蓬勃發展

更正

| 解放日报 | 时间 | 1943-6-24 | 期 | 第764期 |
| --- | --- | --- | --- | --- |
| | | | 版 | 第2版 |

# 淮南路东地区纺织事业蓬勃发展

【新华社华中二十二日电】淮南讯，淮南津浦路东半塔区纺织事业，已蓬勃开展。大批妇女踊跃参加纺织热情，空前提高。该区妇抗会，以乡为单位，领导各村纺织小组生产，在纺织事业推进中，更进一步推动妇抗工作。半塔区民众合作社，在推进纺织事业上作用很大，发给民众之纺车，超过原定数目，现已达七百余架。民众自备的纺车，亦有一百余架。其中发给来自山东敌占区各地之移难民占三分之二，发给本地贫农及灾民者占三分之一，合作社担任供给从事纺织之妇女棉花，现已发出棉花一万三千余斤，每日由合作社发给的工资达八千余元。从山东移来之难民妇女，纺织技术熟练，平均每月可纺纱八千斤，以每斤四十元计，每月可得三百余元。本地妇女亦积极学习纺纱技术。小地主及富农中农，自己置备纺车从事纺织者甚多，有一家制五架车子者，如半塔刘姓农民一家共有四架车子，每天可纺二斤多，换得粮食一斗多。现各乡妇女仍纷纷向合作社领取纺织机，纺织热情正继续高涨，并影响邻区及整个路东地区，现路东区各地在合作社提倡下，将大批栽植棉花，以充分供给今冬明春纺织原料之用。

【新华社华中二十二日电】皖东天长县沃山之南，著名的陶家大坝，现在是路东中心地区，它已破败了几十年，如果遇着马马虎虎雨水还好，再多坝就关不住了。几十顷的田地，只好眼巴巴地看着让洪涛吞没。此次坝主、佃户、农抗会员商量好以后，下决心不让它再破败下去，组织好筑坝委员会，为了年成好，大家高兴地筑起坝来。有三百多个男女工，八十多个牛工参加，挑挖打坝声，配以唱歌声，极为欢乐。几十个人闹哄哄地忙了几十天，四月十五日完工时，颓残破败的陶家大坝，今天改换了面目，丈二高，几十丈远，又宽又大，那个不说，任他大风大浪，也冲不倒这个新坝。

# 同官耀土地改良成績卓著
# 修埝田墝地共九千畝
## 調整租佃關係農民熱烈參加修築

# 志丹各區組織勞動力
# 已鋤地八千餘畝
## 某村休息時鋤草隊變為讀報組

# 生產領導瑣記
邵清華

晉察冀日人反戰同盟志田閣進

# 你的偉大的名字
# 是日本人民鬥爭旗幟

# 鹽池移民安居樂業
## 回民消費合作將落成

# 赤水三區四位模範紡婦
張春林

延川縣委宣傳部號召
# 縣區幹部為黨報寫稿

「歐洲」部
# 所借群眾傢具全部送還
## 七連穀苗已長一尺

# 清澗集資二百七十萬元
## 調劑商價鼓勵養蠶

淮南路東地區
# 紡織事業蓬勃發展

# 盟機猛炸
# 華容石首

# 更正

# 日寇骗局揭穿"发还工厂"有名无实

## 所谓"物资开放"实仍有敌统制

【新华社华中二十三日电】上海消息：敌今年所实行的对华"新政策"，在经济方面所谓"发还工厂""物资开放"中，所成立的"全国商业统治协会"，曾以金城银行总经理周逆作民及前交通银行董事长唐逆寿民等之参加，被敌宣传为"中国人办中国事"之榜样。现在事不匝月，连周逆作民也对敌寇"新政策"开始失望了。敌人所"交还"之工厂，号称百余家，除这些工厂之重要设备已在敌"军管理"期间掠去而外，交还之工厂，事实上亦很少能开厂。第一，上海境内工厂过去多向英美登记，今须改向敌方登记。而事实上敌方却乘此要求"中日合股"；由过去规定之中国人占百分之五十一，日方百分之四十九，改为华方占六十，日方占四十，至少也要请日人来任监督。故各厂家如果开工，在原料采购上、出品的销路上皆无把握时，须先出一部资本，恢复工厂设备。第二，工业原料。敌方全部独占，华厂无处收买，此点即敌亦不讳言。如永安公司第一厂，被敌军占去作为被服厂。在交还工厂声中，公司方面曾由伪组织向敌方要求收回，敌明白向之表示，你们收回后也没希望，无原料开不成工，不如还是由我们作主，厂权仍算你们的，我们按期把利益分一些给你们，反正你们是为了赚钱。如果你们想明白工厂经济情形，可以派一个会计来。永安公司无法，只好派一个会计进去。"物资开放"同样也是骗局。"商统会"虽有大批汉奸在工作，而决定物资通行之权，仍在"商统会"最高指导机关之"物资统制审议会"，此审议会中日人与汉奸各半，而实际上由日人决定。敌特务机关仍掌管物资通行权，如南京商人到上海办货，必须先向南京敌特务机关领许可证，然后至上海，再向敌特务机关领通行证，即可畅行无阻。并非一定要经"南统会"系统不可。周逆作民、唐逆寿民等曾发起组织保险公司，总资本伪币二千万元，中日合股"，但日方手段太毒，恐惧上当，终未干成。又周逆作民、唐逆寿民等，曾以伪币四千万元，组织蚕丝公司，估计可以大赚钱。但敌之“华中蚕丝组合”，即出面向周等警告不要下乡收茧子，他们要茧子，日方组合可以供给，并且可以比市价较便宜些。如市价三十元一担，敌方只要二十八元，但不让他们和农村直接发生关系，免起“竞争”。日方可以独占江泰一带茧子来源，压低茧子价格，周等觉得前途困难，已将公司规模缩小，职员均半薪留职，每月减为五百元。

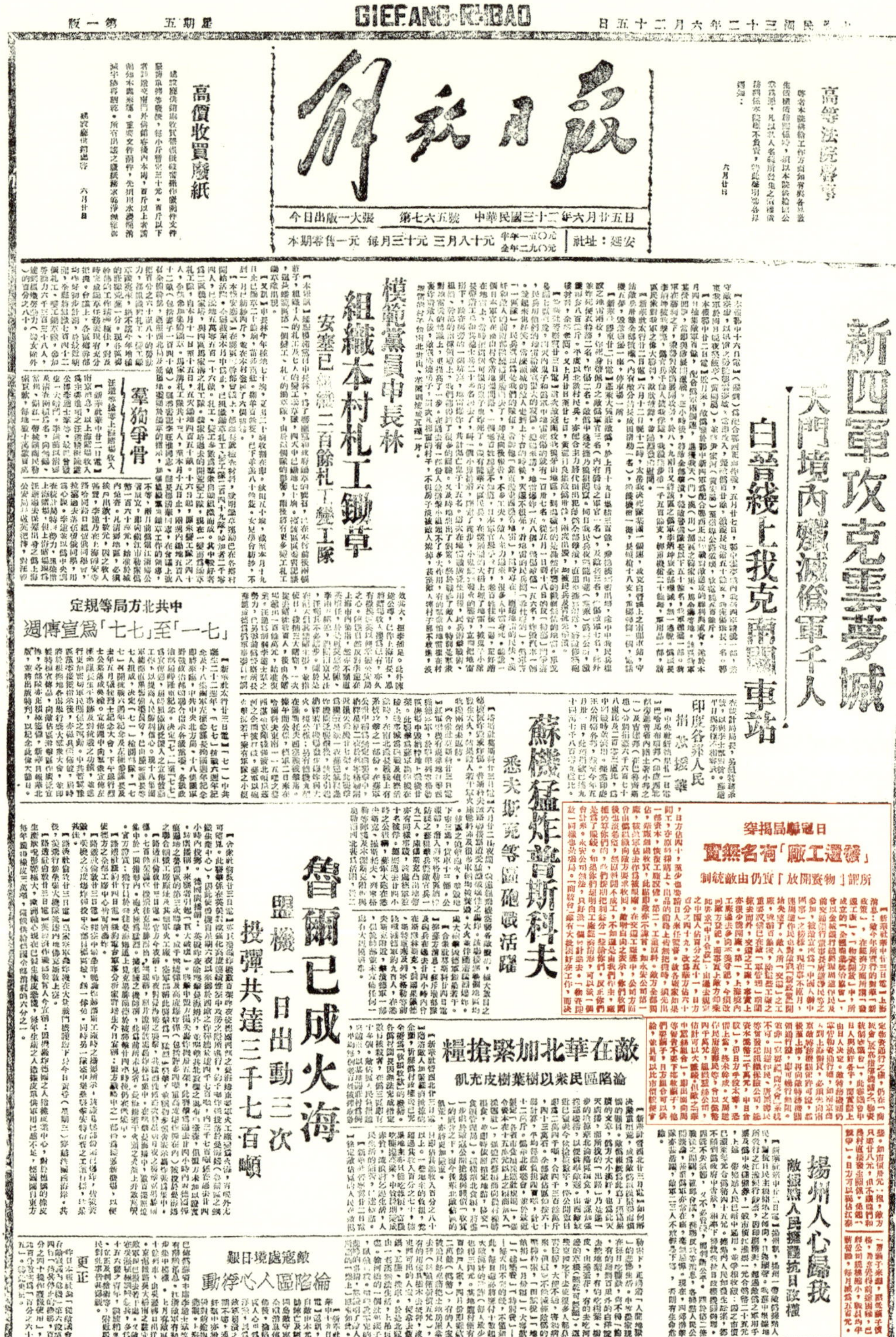

GIEFANG-RHBAO

中華民國三十二年六月二十五日　星期五　第一版

# 解放日報

中華民國三十二年六月廿五日　第五十六七號　今日出版一大張

社址：延安　本期零售一元　每月三十元　三月八十元　半年一百〇元　全年二百九〇元

## 高等法院啟事

## 高價收買廢紙

# 新四軍攻克雲夢城

## 天門境內殲滅偽軍千人

## 白晉線上我克南關車站

## 模範黨員申長林 組織本村扎工鋤草

### 安塞已組織二百餘扎工變工隊

### 羣狗爭骨

### 印度各界人民捐款援華

## 蘇機猛炸普斯科夫

### 悉夫斯克等區砲戰活躍

## 中共北方局等規定 "七一"至"七七"為宣傳週

## 日寇報局揭穿 "復工還廠"有名無實

### 所謂"發還敵產"仍由敵統制

## 魯爾已成火海

### 盟機一日出動三次 投彈共達三千七百噸

## 敵在華北加緊搶糧

### 淪陷區民衆以樹葉樹皮充飢

## 揚州人心歸我

### 敵偽壓迫人民擁護抗日政權

## 敵寇處境日艱 淪陷區人心浮動

### 更正

(4)　689

| 解放日报 | 时间 | 1943-6-27 | 期 | 第767期 |
| --- | --- | --- | --- | --- |
| | | | 版 | 第2版 |

# 靖边新城区五乡民众集资百万创合作社

## 生产消费并筹悉为群众服务

【本报靖边讯】靖边合作事业，最近有新的发展。主要表现在新城区五乡民办合作社之创立。由于群众热烈拥护和县参议员田保林、高吉祥、冯捷山诸先生之积极赞助，特别是田保林先生以身作则，为公忘私，经月余筹备，集股已达百万余元，发展至为迅速。该社具有生产与消费双重性，计已成立之部门为：（一）合作运输队，投资四十五万元，购置驮盐驴十五头。并向农民贷款五万元，三七入股，二八分红，农民运盐获利甚大，已纷纷领取贷款，扩大长脚运输。（二）开油房二处，投资四十万元，已购到麻子四十石，全年可产麻油数万斤。（三）新设药房一处，投资十五万元。请到当地名医两位，其中吴老医生（沈阳人）热心社会服务，看病不取分文报酬。第一批专治牛、羊瘟疫药品已由绥米、延安运到，人民争先购置。（四）设木匠铺一所，已请到当地熟练技术工人二名，能制书箱、精美桌椅等油漆木器，采用当地木材，大量供给群众农具等日常用品。（五）门市部，购置布匹、火柴、油、盐、酱、醋、针线等生活日用品，供给全乡农民需要。这一民办合作社的特点有三：（一）确定了完全为群众服务的业务方针。大批收买民间土产，如五乡麻子全年产一七〇〇石，除二百石自用外，一五〇〇石麻子，可榨油九〇〇〇〇斤，全部出口，值洋七百五十万元。其他如羊毛、羊皮、羊绒亦为当地大宗产品。在低价供给农民□常需要上，较诸商人，一年可省出四十万元。此合作社成立后，公盐代金全由该社包运或代出。（二）实行了股东自由入股退股的制度，三月结账一次，必分红利，纠正了过去一些合作社只准民众入股，几年不分红利的错误办法；转变了一些农民不信任合作社的认识，而使他们相信合作社是为他们服务的。（三）该社本身完全按民主集中制原则组成。全体干部，上至总经理，各部门负责人，下至杂务人员等完全是由群众推荐选举。政府不指派一个干部参加。田保林先生热心倡导农户踊跃入股几达全数该社创办之所以迅速成功，是由于广大群众自觉的需要，和政府领导的得法。五乡居民三〇〇户，入股者二七五户，占居民总数百分之九十二。同时，县参议员田保林先生之热心倡导，全力推动，也起了很大的作用。田先生曾在五月三日至五日三天内，亲冒大雨，跑遍了全乡四十二个自然村，向群众解说合作社的创办，是为了群众服务。田先生此种言行，对群众影响很大。他更邀集其他地方人士，积极商讨筹备事宜。田先生并细心研究了组织该社遇到的一切困难，想出解决的办法□。他鼓励着人们说："我们在解放日报上看见南区合作社办的那样好，咱们靖边就不能办一个好的吗？"田先生对该合作社的前途信心极高，准备与县合作社，镇罗区合作社友谊竞赛。县委、县府鉴于田保林先生创办该社成绩卓著，并接受县参议会惠议长的提议，对田保林先生予以嘉奖，现在赶制匾额一副，赠以"泽润□梓"之题词。各区区委、区府、各公私营商店，五乡群众，皆纷纷送礼物，对田参议员表示敬意。

# 靖邊新城區五鄉民衆 集資百萬創合作社

## 生產消費並籌悉爲羣衆服務

### 田保林先生熱心倡導 農戶踴躍入股發達合數

# 米脂變工改進耕作

## 節省勞動力供運炭費腳

# 再論共產國際的解散

（上接第一版）

# 夏季不宜多吃豬肉

## 要多吃青菜豆類素食

# 安塞六區二鄉變工 鋤草運鹽配合進行

# 團結部繼續整訓

## 全體指戰員習武修文

# 關中總結半年來生產與教育 各縣突擊麥收鋤草

## 發展合作事業加強移難民工作

# 志丹獎勵好幹部 王海青等受獎

## 四五兩區討論鋤草運鹽

# 三邊白家寨子屯墾隊 開荒六千餘畝

## 幫助移民掘地掘水井

# 延川禹居區 棉田已鋤二次

| 解放日报 | 时间 | 1943-6-28 | 期 | 第768期 |
| --- | --- | --- | --- | --- |
| | | | 版 | 第2版 |

# 庆阳合水镇原三县纺线两万斤、织布三万丈

## 赤城区产量占了半数

【本报陇东二十四日电】分区庆、合、镇三县的纺织业，在政府积极的领导和提倡下，很快地发展起来，三县原有纺妇五千零四十九人，今年新发展了一千五百零九人，并发展了四十个男子纺线者，现三县共有六千五百九十八人从事纺线。原有纺车四千六百五十七架，今年增置一千二百三十一架（合水未计算在内），共有纺车五千八百八十八架，原有织妇二百五十九人，（镇原未算入），织机一千七百五十架（连合水织毛机算在内），合水县有八十八个男织工。今年发展了织妇二百二十五人（镇原不在内），织机二百零七架，合水男织工又增加了四十名，现三县共有男女织工六百十二名，织机一千九百五十七架。据不完全的统计，截至上月底，共已纺线二万三千二百三十七斤半，已织布三万二千四百五十二丈。其中尤以庆阳赤城区纺织业最为发达，该区原有纺妇六百九十三人，纺车六百八十二架、纺妇八十九人，今年发展纺妇三百七十七人，纺妇一百三十四人，纺车二百八十二架。现已纺线一万一千九百二十二斤，已织布一万五千八百九十六丈。这样，该区布匹自给可达百分之六十以上。

【本报陇东二十四日电】环县原来毫无纺织业基础，去年和前年在政府提倡下，已有一百二十三个妇女学会了纺织，今年又发展了八十三人，现共有纺妇二百零六人，纺车一百九十七架，她们学习纺织的信心非常高，如耿湾区二乡年邦彦家，今年就有三个妇女学会了纺线。洪德区五乡二村吕万科，年已五十余岁，自己做了一架纺车，没有人教他纺，又没有棉花，他便整天用羊毛自己试着纺，现在已纺了三斤羊毛。再加耿湾区三乡四村韩青云的女儿，今年才十岁，每天便能纺线二两，不但够□[自]己家里用，还能卖一部分给别人。

# 全市機關學校駐軍 幫助民衆鋤草一天

## 西北局等召集會議協商辦法

## 「靈臨」部完成春耕任務 蒙胞盛讚邊區部隊屯墾

## 合水的勞動互助

## 環縣二流子參加生產

## 「天津」部守衛河防抽空生產

## 安塞二區七鄉四萬元農貸 增加耕地五百畝

## 鄜縣駐軍助民插秧

## 綏德某廠產量提高 廿一天織布七百四十疋

## 慶陽合水鎮原三縣 紡綫兩萬斤織布三萬丈 赤城區產量佔了半數

## 敵寇搶糧花樣翻新 太行軍民合力保護麥收

## 日本工農學校 新建衛生廚房

第二卷（上）

【本报陇东二十四日电】庆阳高迎区高楼原乡妇纺组织普遍开展，该乡前年纺线的妇女只有十几个人，去年经政府提倡后，即有三十七个纺妇了。今年则发展到九十四名。估计全年可纺线九百斤，可织布三百八十匹。其中三行政村村主任任生荣家，五口人自种两顷多地，他的老婆和十四岁的女儿，除做饭、照料牛羊外，每天都能纺四五两线子，保证了全家人每年每人两套单衣一套棉衣的供给，从今年二月起到现在，已纺线三十余斤。二行政村蔡德奎家有三十六口人，今年穿衣布匹，全靠自己纺织解决，共有纺车七架，织布机两架，并规定全家每年大人要纺六斤半线，小孩纺四斤。今年因政府积极提倡，从联合工厂领取了棉花，这样更刺激了她们的纺织热情，从一月到现在，纺线二百余斤，另外还帮别人织布十余匹（每匹四丈）。该乡乡长贺玉珍家十一口人，妇女们从去年才开始学纺线，现有纺车三架，已纺线四十余斤，织了二十四匹布。像这样依靠家庭妇女纺织来解决全家穿衣问题，及纺织成绩优良的妇女，现在在该区到处都可以看到。

# 全市機關學校駐軍 幫助民眾鋤草一天

## 西北局等召集會議協商辦法

# 「靈隱」部完成春耕任務 蒙胞盛讚邊區部隊屯墾

# 合水的勞動互助

# 環縣二流子參加生產

# 「天津」部守衛河防抽空生產

# 安塞二區七鄉四萬元農貸 增加耕地五百畝

# 鄜縣駐軍助民插秧

# 綏德某廠產量提高

## 廿一天織布七百四十疋

# 慶陽合水鎮原三縣 紡織兩萬斤織布三萬丈

## 赤城區產量估了半數

# 敵寇搶糧花樣翻新

## 太行軍民合力保護麥收

# 日本工農學校新建衛生廚房

# 绥德某厂产量提高

## 二十□[二]天织布七百四十匹

【本报绥德讯】驻军某工厂赵占魁运动。由于以该厂劳动英雄冯振僧为核心深入开展的结果，在五月份的二十二天内，共织大布七百四十四匹（一匹十丈），超过计划百分之十点五，这是该工厂空前的纪录。工友杨国鸿有头痛病，戴了棉帽子织布，累得满头大汗，旁人劝他休息，他却说："少一架机子织，每天就少下好几丈大布呢！"成品质量也较前提高，布眼密而均匀，布面平整，布边整齐，布上"撩当了"和"跳线"已很少看到，而每匹重布由九斤五两增至十斤。打轴子的在同一时期也很少"瞎"过，和以前比较节省洋纱七十四斤。每人一天打七斤土纱是最高纪录，十几岁的小英雄阁巨才是成绩较好的一个。该厂鞋工部，在同一时期内完成四千四百余双鞋，超过计划百分之二十五。打绳工人张宪章经常打三斤多，有一次打了四斤七两，超过规定两斤五两，打得多的原因，是他在吹起床哨以前就把篾扣好，出操回来他就开工。贾□鸣、杨景春每天总是各扎四双鞋底，超过一双，而且保持着鞋底结实耐牢，每双□[重]十四两。该厂缝工部工作更多，工人党员马益州、夏赞亭、王彬亭自动放弃礼拜天休息继续工作，他们每天在午睡和起床以前修理机子，起床哨一次，响声就先从他们的三部机子上发出了。

# 全市機關學校駐軍 幫助民衆鋤草一天

## 西北局等召集會議協商辦法

# 「靈隱」部完成春耕任務 蒙胞盛讚邊區部隊屯墾

# 合水的勞動互助

# 環縣一流子 參加生產

# 「天津」部 守衛河防抽空生產

# 安塞二區七鄉四萬元農貸 增加耕地五百畝

# 鄜縣駐軍助民播秧

# 邊區合水鎮原三縣 紡紗兩萬斤織布三萬丈

## 赤城區產量佔了半數

# 綏德某廠產量提高

## 廿一天織布七百四十疋

# 敵寇搶糧花樣翻新

## 太行軍民合力保護麥收

# 日本工農學校 新建衛生廚房

| 解放日报 | 时间 | 1943-6-29 | 期 | 第769期 |
| --- | --- | --- | --- | --- |
| | | | 版 | 第2版 |

# 解决染料困难　陇东推广种蓝

## 曲子胡俊卿首先试种成功

【本报陇东讯】种蓝在陇东还是一种新的尝试，现在已有曲子、镇原二县少数的农民试种。在今天号召“丰衣足食”的时候，推广种棉，发展纺织以解决穿衣问题，但染料也必须同时设法解决，染料若全靠外边输入，则是一个很大的支出。曲子第一个试种蓝的是胡俊卿，他是县联社的主任，今年负责领导全县种蓝的工作。去年胡俊卿向萧金镇买了一斗五升蓝□，种了六亩，因初次试种，种的不好，打蓝时坏了一窖，成了一窖，收蓝靛五十余斤，每斤可染布四丈，自己染布用完了。今年还可收蓝籽三斗多，值洋一千八百元。附近农民知道种蓝利大，纷纷向合作社买籽，并要求胡主任指导种了蓝。专署马专员知道此事，特在农贷中抽出一万元来借给曲子买蓝用，但因蓝籽缺乏，今年只曲子街附近东乡一带种了四十余亩（不完全统计），现在苗已出来了。群众看见这种新的农作物，都很羡慕，还有许多人计划种没有种上，准备明年再种。据胡主任谈蓝有两种，即大蓝和小蓝，大蓝种在旱地，色淡，种大蓝比种小蓝容易，大蓝不怕天旱，打蓝时也不要雨。小蓝种在水地，色深，大蓝一斤只抵小蓝的半斤染色，曲子所种的是大蓝，每年在谷雨前后下种（即阴历三月中旬左右），每亩需籽二升，种蓝的地最好经过秋耕，种时籽和粪拌在一起，撒在地上耕一次，磨平即妥。苗出寸许即锄第一次草，以后每半月锄草一次，多上粪，苗就长大了。三伏天时（阴历七月半左右）收割蓝草，割下即要打蓝。每亩平均可收蓝三十斤，好的能收四十斤，每斤按去年市价即值洋五十余元，则每亩可获利一千五百余元□[至]二千余元（比种粮食利益大）。蓝草割后还可种麦子。蓝根蓄在麦地里，第二年出来收蓝籽，每亩能收一斗余，地肥可收二斗，准备第三年的蓝籽。要是不种麦还可收一次“二蓝”，但不如种麦带长蓝籽有利。打蓝办法先准备好一个浸蓝池，如锅形，直径七尺，底一尺宽、深四尺，作浸蓝草之用。再做一个打蓝池，用砖砌成，长三尺六寸，宽二尺、深四尺、底面长二尺六寸。三伏天时，收割蓝草，当收时须在日出后，露水刚过去时为佳，割下四百余斤，即浸在池里，用水六十担（水要甜水不能有咸性，否则会坏蓝），一天半一翻身，三天后即要打蓝（秋凉时需六天），当时水是黄色。打法，是将浸池澄下之黄色水，舀在打池，容满为度，用石灰□升，用浸池水化开，澄清倒在打池，用耙杠使力上下杵，杵半点钟停半点钟，将澄清后的清水，舀出去，再将浸池蓝水舀进，再杵半点钟停半点钟，如此三四次，将浸池之水打完（注意不要捞动蓝草叶子），澄半点钟蓝靛将成，此时将清水舀出去。预先在旁挖好一方□[池]，用布□[铺]进去，澄下之蓝靛挖出倒在布上，待水汽过后，即完全成功。

# 關中居民熱烈互助
# 玉米十萬畝鋤草完畢
## 南泥灣駐軍開始第二次鋤草

# 晉察冀敵治攻勢中
# 藝術工作者深入敵佔區
## 一年演出三百次觀衆十二萬人

# 我們能不能完成運鹽任務
劉昆林

## 志丹六區三鄉支書
# 畢玉興同志領導變工隊
## 已鋤地五百畝

## 解決染料困難
# 隴東推廣種藍
## 曲子胡發卿首先試種成功

## 本市上半年
# 商店獲利達一萬萬元
## 商業稅進行徵收中

# [illegible]熊田關彥同志之死
秋山良照

## 甘泉四區四鄉支書
# 甄士英同志受獎
## 首先組成變工隊影響全縣

# 今年內看懂本報第二版
## 延川永勝區幹部積極學習

## 永遠區已鋤草萬二千畝

# 華僑工友劉金宇逝世
## 僑聯集會追悼

解放日报 | 时间 | 1943-6-29 | 期 | 第769期
版 | 第2版

# 华侨工友刘金宇逝世

## 侨联集会追悼

【本报讯】本市侨联于昨日集会追悼刘金宇同志，到会的同志，除侨联直属分会以外，还有华北朝鲜独立同盟延安支部代表，台湾民族革命先锋社代表和死者友好多人。刘金宇同志是马来亚华侨工人，共产党员。抗战前在马来亚参加过职工运动。抗战后曾任全马来亚抗敌后援会抵货锄奸部部长。回国后在前方工作，去年由华北来延，即在延安工业局及农具工厂工作。为该厂赵占魁型的有名□铁工人。本月七日不幸于工作中受伤逝世。噩耗传来，侨联全体会员无不悲恸！在追悼会上，各团体代表相继致深切之哀悼，并誓以加倍的努力，继承死者未竟的事业，学习刘金宇同志坚决忠贞，埋头苦干，努力学习的品质和美德。

# 關中居民熱烈互助
# 玉米十萬畝鋤草完畢
## 南泥灣駐軍開始第二次鋤草

## 晉察冀政治攻勢中
# 藝術工作者深入敵佔區
## 一年演出三百次觀眾十二萬人

# 我們能不能完成運鹽任務

劉邑林

## 解決染料困難
# 隴東推廣種藍
### 曲子胡發卿首先試種成功

## 本市上半年
# 商店獲利達一萬萬元
## 商業稅進行徵收中

### 志丹六區三鄉支書
## 單玉興同志領導變工隊
### 已鋤地五百畝

# 悼黑田彌彥同志之死

秋山良照

## 甘泉四區四鄉支書
# 甄士英同志受獎
## 首先組成變工隊影響全縣

## 今年內看懂本報第二版
### 延川永勝區幹部積極學習

### 永遠區已鋤草萬二千畝

## 華僑工友劉金宇逝世
### 僑聯集會追悼



中国共产党早期新闻史史料汇编

# 振华分厂竞赛节约

【本报讯】振华纸厂分厂自本月起正式展开节约竞赛，首先由捞纸组提出竞赛条件：（一）反对贪污浪费现象发生。（二）提高工作效率，要做到病事假最少，义务工增多。（三）要爱护工具公物，节省原料；并保证没有违反政府法令及厂规的事件发生。现各组已继起应战，且已组成九人之竞赛委员会，以便检查竞赛结果。

# 放青時期利大三倍
# 定邊鼓勵民衆運鹽
## 代爲解決困難幫助組織運輸隊

## 支部領導羣衆扎工變工
# 固臨推進夏耘工作
### 設地立即鋤完棉地鋤第二次草

# 一百二十二個長腳牲口是怎樣擴大的
### ——靖邊鎮靖區委給縣委的生產報告之一
牛山

## 振華分廠競賽節約

### 槐樹莊駐軍
## 個人生產蔬菜千斤

### 延屬專署
## 總結移民等工作

### 綏德沙坪區合作社
## 提倡紡特等紗

## 自己動手種地數十垧
# 綏西縣區機關伙食改善
### 縣委伙伕同志工作最好

### 延長縣書記長
## 率領幹部助民鋤草

# 伊斯蘭的光輝
楊白雲

### 新寧五區四鄉
# 支部領導開荒田六十畝
## 助移難民種地耐心教育二流子

# 粵東災情慘重

### 延川永勝區六鄉
# 耕地增加兩千六百畝
### 向延縣川口六鄉競賽的結果

## 子長徵收公鹽代金
## 東一區成績卓著

〔4〕　710

中国共产党早期新闻史史料汇编

解放日报 | 时间 | 1943-7-2 | 期 | 第772期 | 版 | 第2版

# 三届农工业展览

## 定今年秋收后举行，边府变更工作时间

【本报讯】边区第三届农工业展览会，经边府政务例会决议在今年秋收后举行。现筹备委员会已成立，包括党政军各有关部门代表，计高自立、霍子乐、高长久、方仲如、贺连城、叶□[季]壮、黄亚光、王震、曹力如九位同志。留守兵团司令部亦将派人参加。闻此次展览会将为历届中之规模最大者。

【本报讯】边府各机关，自七月一日起，变更工作时间，学习时间（仍为四小时）一律移到下午，办公时间（仍为四小时）一律移到上午，其余生产作息时间不变。会客改在上午办公时间内进行，非特别事故或预先约定者，学习时间概不会客。

# 冀東我軍展開破襲
# 北寧等綫敵偽震恐
## 平北我克敵據點碉堡四十七座

【本報冀東廿四日電】（遲到）五月來，冀東我軍爲粉碎敵人向我根據地內之「蠶食」……

## 昨舉行「七一」紀念晚會
## 毛澤東同志作報告

## 「堅決」部助民鋤草
## 幫助三千六百個工

## 杭州一部二連
## 集體做鞋

## 三屆農工業展覽
### 定今年秋收後舉行

## 邊府變更工作時間

## 盬池城區民兵奪……

## 安塞二區二鄉
## 札工鋤草

## 志丹示範村
## 兩個「羅圈」鋤地五百畝
## 完成第一次鋤草

## 慶陽新堡區一鄉
## 發展組運輸隊

## 你的來將延使——反戰工作飛躍進步
### 日人反戰同盟蘇北分盟電岡野

## 西南太平洋
## 盟軍展開攻勢
### 佔領維拉辣並在兩塞島登陸

## 新摩林斯克區
## 紅軍突破敵防綫
### 全綫各地偵察戰頻繁

## 消滅蒼蠅
### 保小發起比賽

## 敵在冀西滔天罪行
### 狠牙山週圍五十里盡成瓦礫
### 完縣野場等村遭難人烟絕滅

## 隴東合作社轉變
### 成立脚戶店或「貨郎担子」
### 下鄉做生意加强聯繫羣衆

## 保安縣注意衛生
## 加强捕鼠滅蠅

## 模範女黨員楊生榮說
不怕我今年已是五十三歲的人，但可向黨宣誓：決不辭懈，爲革命幹到底。
——致隴東地委信——

東　正

| 解放日报 | 时间 | 1943-7-2 | 期 | 第772期 |
| --- | --- | --- | --- | --- |
| | | | 版 | 第2版 |

## 陇东合作社转变

### 成立脚户店或“货郎担子”，下乡做生意加强联系群众

【本报陇东讯】此次分区县长联席会议上，决定今后合作社必须彻底转变为民办，使群众自愿入股，自己经营。在合作社的业务方针上，必须真正替群众谋利益。具体办法即各县集中力量先办好一处，把原有的合作社转变成脚户店或“货郎担子”，到乡下去做流动生意，供给群众必需品，收买群众各种土产。此外争取脚户及一般群众大量入股，使合作社与运输、纺织事业结合起来。同时专署商由边区银行陇东分行贷给曲子、环县、华池各三十万元，帮助合作事业发展。

# 冀東我軍展開破襲
# 北寧等綫敵僞震恐
## 平北我克敵據點碉堡四十七座

## 昨舉行「七一」紀念晚會
# 毛澤東同志作報告

## 「堅決」部助民鋤草
# 幫助三千六百個工

# 三屆農工業展覽
## 定今年秋收後舉行

## 邊府變更工作時間

## 安塞二區二鄉
## 札工鋤草

## 志丹示範村
# 完成第一次鋤草

## 你的來延將使——反戰工作飛躍進步
### 日人反戰同盟蘇北分盟電岡野進

## 慶陽新堡區一鄉
## 蔬菜組運輸隊

## 西南太平洋
# 盟軍展開攻勢
## 佔領納拉灣並在兩島登陸

## 新摩林斯克區
# 紅軍突破敵防綫
## 全綫各地偵察戰頻繁

## 保安縣注意衛生
## 加强捕鼠滅蠅

## 模範女黨員楊生榮說
不怕我今年已是五十三歲的人，但可向黨宣誓：決不投降，爲革命幹到底。
——致隴東地委信——

## 消滅蒼蠅
## 保小發起比賽

# 敵在冀西滔天罪行
## 獠牙山周圍五十里盡成瓦礫
## 完縣野場等村遭燬人烟絕滅

# 隴東合作社轉變
## 成立脚戶店或「貨郎担子」
## 下鄉做生意加强聯繫羣衆

## 更正

# 大众合作社开幕

## 发动组织妇女纺线，设立代笔等为群众服务

【本报讯】专为群众服务的大众合作社已于日前正式开幕。该合作社于七一召集有关方面举行座谈会，边府李副秘书长、延市马兼副市长等均出席指导。大众合作社萧主任，首先说明成立这个合作社的意义，主要任务是发动与组织妇女纺线，该社连前共发展了妇纺一百八十户，发出纺车共一百六十架，发出羊毛六百五十二斤，收回线子前后共四百二十斤。其次是从经济及流动工人本身利益出发，去团结他们，由合作社替工人购买工具及购进工人所出卖的工具，可免去工人受市商的剥削。最后就是替大众服务，如代笔写书信等。该社以低廉价格出售群众日常用品。一面并推销私人生产成品。此外又代群众储蓄零款，并给予利息。另一个重要意义，就是通过这种合作社形式在妇女、青年、工人中做群众工作。会上继就发毛地点问题，合作社的业务方针，一一加以讨论。李副秘书长在发言中特别强调说：边区的纺毛事业，是完全有出路的，纺毛这个方针是完全正确的。座谈会中一致认为，合作社本身就是一种服务的性质，要更能为广大群众服务，就必须在服务过程中获利，群众分得了红利后，才会对合作社有更高的信仰。

# 延縣姚店區 創辦民營紡織工廠
## 羣衆自動加股幫助解决設備困難

# 金盆區普遍組織札工變工 五千垧川地大部鋤完
## 用各種辦法解决移難民鋤頭困難

# 萬衆一心
## ——共産國際解散後訪問黨校張平化同志

莫艾

# 山東分局宣傳部華同志報告 以加强整風改進工作 擁護共産國際解散

# 巫神劉玉林 改過生産

# 武昌部 檢查宣教工作

# 邊區抗屬生產得法 七月份經費全部自給
## 退伍軍人蔡元照紡綫贏餘兩萬元

# 冀中民兵故事

孫毅錄

# 淮南路東軍民齊心合力 勝利完成救災任務
## 大通區二萬災民七月來未餓死一人

# 大衆合作社開幕
## 發動組織婦女紡綫 設立代筆等爲羣衆服務

（5）　10